日本民法学史・続編

平井一雄
清水　元　編

信山社

目　次

権利濫用・信義則の機能論 ……………………… 石 松　勉 (1)

1　はじめに (1)
2　権利濫用の機能論前史（明治期～昭和中期）(2)
3　権利濫用の機能論（昭和中期以降）(6)
4　信義則の機能論前史（大正期～昭和中期）(14)
5　信義則論の新たな潮流（昭和中期以降）(17)
6　結びにかえて (22)

法人制度論 ………………………………………… 山 田 創 一 (25)

1　はじめに (25)
2　民法成立期 (25)
3　学説継受期──明治民法成立から大正期前半まで (27)
4　展開期──大正期後半から敗戦まで (28)
5　展開期──戦後から昭和40年代まで (30)
6　停滞期──昭和50年代から平成7年まで (34)
7　展開期──平成8年から現在 (35)
8　終わりに (45)

法律行為の目的 …………………………………… 中 舎 寛 樹 (47)

はじめに (47)
1　現行民法起草前の状況 (49)
2　民法起草段階での議論 (52)
3　明治期の学説の理解 (55)
4　大正期・昭和初期の学説 (61)
5　戦後の学説 (66)
6　現在の学説 (71)
むすびにかえて (72)

意思と表示の不一致論 ……………………… 神田　桂 (75)

- 1　旧民法典制定期 (75)
- 2　現行民法典制定期 (83)
- 3　現行民法典施行後の判例学説 (89)
- 4　立法動向 (95)

日本民法学史における取得時効要件論
——「所有の意思」を中心に ……………… 草野元己 (101)

- 1　はじめに (101)
- 2　現行民法制定過程における「所有ノ意思」 (104)
- 3　現行民法典制定後から大正期までの学説 (127)
- 4　昭和前期（〜1945〔昭和20〕年）の学説 (132)
- 5　第二次大戦後から1965（昭和40）年までの学説
　　——我妻『新訂民法総則』及び川島『民法総則』発刊まで (140)
- 6　若干の考察——結びに代えて (146)

対抗問題論——民法第177条の「第三者」
　　………………………………………………… 石口　修 (149)

- 1　民法第177条における「第三者」の意義と範囲 (149)
- 2　登記なくして対抗しうる第三者（第177条の適用外の者）(174)
- 3　第177条の「第三者」とその解釈論の帰結 (190)

根抵当権論——附従性の原則を中心として
　　………………………………………………… 太矢一彦 (193)

- 1　はじめに (193)
- 2　昭和30年法務省民事局長通達以前の議論 (194)
- 3　包括根抵当の効力をめぐる論争 (200)
- 4　現行法における根抵当権 (206)
- 5　おわりに代えて (211)

民法学史・流動(集合)債権譲渡担保 ……… 小山　泰史 (217)

 1 はじめに (217)
 2 第3期：1989年（平成元年）〜1999年（平成11年）まで (223)
 3 第4期：1999年（平成11年）〜2004年（平成16年）まで (233)
 4 第5期：2005年（平成17年）頃〜2014年（平成26年）まで (243)

連帯債務の学説史 ……………………………… 福田　誠治 (257)

 1 本稿の概要 (257)
 2 起草趣旨 (264)
 3 団体性モデル (278)
 4 相互保証説 (287)
 5 パラダイムシフトと債権法改正 (296)

身元保証法理の存在意義について ………… 遠藤研一郎 (307)

 1 はじめに——問題の所在 (307)
 2 身分保証法立法小史 (309)
 3 各論的検討(1)——身元保証の内容 (315)
 4 各論的検討(2)——契約の成立要件 (320)
 5 各論的検討(3)——期間制限 (324)
 6 各論的検討(4)——責任制限 (328)
 7 おわりにかえて (335)

債務消滅原因論 ………………………………… 小野　秀誠 (337)

 1 はじめに (337)
 2 不能と不履行の概観 (339)
 3 解除と解除条件，危険負担 (350)
 4 むすび (355)

相殺論史 ………………………………………… 石垣　茂光 (361)

 1 問題の所在 (361)
 2 相殺の本質としての担保的機能の承認 (363)
 3 債権譲渡と相殺 (367)

旧民法における合意の原因 ……………………… 平井一雄 (381)

1　はじめに (381)
2　合意の原因 (382)
3　他人の物の売買 (390)

贈与契約論 ……………………………………… 小島奈津子 (397)

1　旧民法，現行民法における贈与の撤回 (397)
2　判例・裁判例の展開 (401)
3　学　説 (405)
4　近時の改正の動き (415)
5　まとめ (417)

請負契約論 ……………………………………… 大窪　誠 (419)

1　はじめに (419)
2　旧民法 (420)
3　現民法632条の起草過程 (421)
4　典型契約における請負の分類と民法632条の「仕事」とに関する学説 (426)
5　債権法改正の動向 (427)
6　結びに代えて (441)

正当化事由論 …………………………………… 清水　元 (445)

1　はじめに (445)
2　違法性阻却事由としての「正当防衛」，「緊急避難」(445)
3　その他の違法性阻却事由 (462)
4　名誉毀損における違法性阻却 (470)

共同不法行為史 ………………………………… 渡邉知行 (475)

1　はじめに (475)
2　立法趣旨 (477)

3 明治期・大正初期の学説の展開 (480)
  4 判例準則と通説の形成 (483)
  5 自動車事故事案と学説の展開 (493)
  6 公害事案と学説の展開Ⅰ（四日市判決まで）(499)
  7 公害事案と学説の展開Ⅱ（四日市判決後）(512)
  8 判例・学説の到達点と今後の課題 (529)

跋　文（平井一雄）……………………………………………(533)

執筆者紹介
(五十音順)

石垣　茂光（いしがき・しげみつ）　東北学院大学法科大学院教授

石口　修（いしぐち・おさむ）　愛知大学法科大学院教授

石松　勉（いしまつ・つとむ）　福岡大学法科大学院教授

遠藤研一郎（えんどう・けんいちろう）　中央大学法学部教授

大窪　誠（おおくぼ・まこと）　東北学院大学法科大学院教授

小野　秀誠（おの・しゅうせい）　一橋大学大学院法学研究科教授

草野　元己（くさの・もとみ）　関西学院大学法学部教授

神田　桂（こうだ・けい）　愛知学院大学法学部准教授

小島奈津子（こじま・なつこ）　桐蔭横浜大学法学部准教授

小山　泰史（こやま・やすし）　上智大学法科大学院教授

清水　元（しみず・げん）　元中央大学法科大学院教授

太矢　一彦（たや・かずひこ）　東洋大学法学部教授

中舎　寛樹（なかや・ひろき）　明治大学法科大学院教授

平井　一雄（ひらい・かずお）　獨協大学名誉教授

福田　誠治（ふくだ・せいじ）　上智大学法科大学院教授

山田　創一（やまだ・そういち）　専修大学法科大学院教授

渡邉　知行（わたなべ・ともみち）　成蹊大学大学院法務研究科教授

権利濫用・信義則[1]の機能論

石 松　勉

1　はじめに

　現在，信義則は，「社会共同生活の一員として，互に相手の信頼を裏切らないように，誠意をもって行動すること[2]」とか「当該の具体的事情の下において当事者が相手方に対して正当にもつであろうところの行動の期待を指す[3]」とされ，権利濫用は，「外形上権利の行使のようにみえるが，具体的な場合に即してみるときは，権利の社会性に反し，権利の行使として是認することのできない行為[4]」あるいは「或る行為が，法律に規定される権利内容の範囲に抽象的には属しているが，現実の具体的な諸条件の下においては属しないものと判断される場合を指す[5]」と一般に理解され定着している。しかし，ボアソナード草案にも明治民法典にもこのような信義則・権利濫用に関する規定は存在しなかった。昭和22年の民法改正の際に，第1条の2項に信義則が，3項に権利濫用が初めて明文化された[6]。これは，それまでの判例・学説において展開された成果をも踏まえて成文化されたものといわれているが，その具体的な中味についてはなお判例・学説のさらなる展開に委ねられた。その結果，

1　本稿では，権利濫用禁止の法理及び信義誠実の原則をそれぞれ権利濫用，信義則と略称して使用する。
2　我妻榮『新訂民法総則（民法講義Ⅰ）』（岩波書店，1965）34頁。
3　川島武宜『民法総則』（有斐閣，1965）50-51頁。
4　我妻・前掲注（2）35頁。
5　川島・前掲注（3）51頁。
6　新設された民法第1条の制定過程については，池田恒男「日本民法の展開（1）民法典の改正──前三編」広中俊雄＝星野英一編『民法典の百年Ⅰ全般的考察』（有斐閣，1998）特に67頁以下参照。なお，末川博「権利の濫用に関する新しい規定」民商法雑誌23巻2号（1948）1頁以下（末川『権利濫用の研究』（岩波書店，1949），同『権利侵害と権利濫用』（岩波書店，1970）に所収）も参照。

学説による信義則・権利濫用に関する事例の類型化，それに伴う要件・効果の明確化の努力が積み重ねられて現在に至り，今や信義則・権利濫用の理論状況はかなりの進展をみせている[7]。

このような理論状況の分析・検討については，周知の通り，すでに優れた先行業績が多数存在しているので，その詳細はそちらに譲ることにして，本稿では，信義則・権利濫用の意義や要件，効果，適用領域，機能といった問題群の中から，特に機能論の理論状況の把握とその展望を試みたい。その前提として，まず，その前史から簡単に概観していこう[8]。

2　権利濫用の機能論前史[9]（明治期～昭和中期）

(1)　判例の概観

(ア)　明治期——前近代的な権利の行使に対する制限

権利濫用に関する判例は，まず，財産法の領域においては下流水利権[10]，身分法の領域においては戸主権，特に居所指定権[11]についてみられた。しかし，

7　本稿では，紙幅の関係上，研究成果のすべてを取り上げることができなかった。しかし，何といってもこの分野における金字塔は，『権利の濫用 上・中・下（末川先生古稀記念）』（有斐閣，1962）に収められている各論稿であろう。また，総合的，網羅的なものとして，谷口知平編『注釈民法 (1) 総則 (1)』（有斐閣，1964）67頁以下〔信義則につき田中実執筆，権利濫用につき植林弘執筆〕，谷口知平＝石田喜久夫『新版注釈民法 (1) 総則 (1)』（有斐閣，2002）73頁以下〔安永正昭執筆〕，遠藤浩他編『民法注解 財産法 第1巻 民法総則』（青林書院，1989）37頁以下〔信義則につき山本敬三執筆，権利濫用につき潮見佳男執筆〕，林良平編『注解 判例民法 1a 民法総則』（青林書院，1994）8頁以下〔信義則につき久保宏之執筆，権利濫用につき安永正昭執筆〕などがある。本稿がこれらに負うところ大であることはいうまでもない。

8　なお，その際に，現行民法典の条文の配列とは異なり，判例・学説において信義則よりも先行した発展過程を辿った権利濫用から叙述を進めることとした。

9　青山道夫「わが国における権利濫用理論の発展」『権利の濫用 上（末川先生古稀記念）』（有斐閣，1962）9頁以下，五十嵐清「権利の濫用」石田喜久夫編『判例と学説 2・民法Ⅰ（総則・物権）』（日本評論社，1977）14頁以下，菅野耕毅「権利濫用理論」星野英一編『民法講座 第1巻 民法総則』（有斐閣，1984）39頁以下，同「権利濫用理論の現状」森泉章編『民法基本論集 第Ⅰ巻 総則』（法学書院，1994）3頁以下（以上，菅野『信義則および権利濫用の研究』（信山社，1994），同『権利濫用の理論』（信山社，2002）に所収）など参照。

10　大判明治32・2・1民録5輯2巻1頁，大判明治38・10・11民録11輯1326頁。これに対して，温泉利用権については，当時，慣習法上の物権として承認されていなかったため権利濫用は否定されていた（大判明治38・12・20民録11輯1702頁）。

近代的自由主義・個人主義法思想に基づき権利の体系として構築された民法典の下にあって，これらはいずれも，その性質を最も体現する財産法上の権利についてではなく，慣習法上の権利や封建制度下での身分法上の権利といった前近代的な権利についてその行使の限界性が問題となったものであり，時代的な特殊性があった。当時は，権利の絶対性ないし無制約性や権利行使自由の原則がようやく意識され確認され始めたばかりで，それに対する一般的な修正原理の必要性は意識すらできなかった時代であり，そのような時代において権利の絶対性ないし無制約性に一定の制限を加える必要が認識された前記二つの前近代的な権利についてのみそのような行使の制限が認められたにすぎなかったのである。したがって，これらの判例群がその後の権利濫用論の展開の基礎となるものではなかったことは，つとに指摘されていた通りである[12]。

(ｲ) 大正期——本格的な権利濫用論の展開

こうして，権利の絶対性ないし無制約性や権利行使自由の原則は，たとえば「自己の権利を行使する者は，何人に対しても不法を行なうものではない」とか，「自己の権利を行使する者は，何人をも害することはない」といった法諺が示す通り，近代私法の領域を支配していた。ところが，資本主義経済社会の到来，進展に伴い，権利の衝突・利害の対立が複雑かつ深刻化し，権利行使を各人の自由に委ねることから生じる様々な弊害が浮き彫りとなるケースに直面して，それに対する制限の必要性が強く意識されるようになった[13]。

そこで，シカーネ的な権利行使の制限として権利濫用論が本格的に展開されるに至った。シカーネ（Schikane）とは，「単に他人を害する目的のみをもってなされる『権利』行使は，許されない[14]」というものであり，権利者の主観的な容態（加害の目的ないし意思＝害意）を重視する立場である。この考え方は，まず，公害問題を扱う判例において登場した。大正5年の大阪アルカリ事件[15]や大正8年の信玄公旗掛松事件[16]がそれである。また，土地所有者が借地人に対する家屋収去・土地明渡の執行に際して乱暴な建物の取壊しにより材木の

---

11 大判明治34・6・20民録7輯6巻47頁，大判明治34・11・21民録7輯10巻80頁。
12 五十嵐・前掲注（9）16頁，菅野・前掲注（9）理論45頁など。
13 田中実「権利濫用」谷口知平＝加藤一郎編『民法演習Ⅰ（総則）』（有斐閣，1958）2頁。
14 幾代通『民法総則〔第二版〕』（青林書院，1984）18頁の脚注（二）。
15 大判大正5・12・22民録22輯2474頁。
16 大判大正8・3・3民録25輯356頁。

価値を減じたケースで権利行使の場合でも不法行為となるとした判例[17]も登場した。これらはいずれもシカーネ的な権利行使を不当としたもの[18]といえる。

　(ウ)　昭和期——権利濫用論の濫用？

　昭和期に入ると，近代的自由主義・個人主義法思想に基づき権利の体系として構築された民法典の下において最も代表的な財産権である所有権の権利行使につき，注目すべき判例が登場し始めた。昭和10年の宇奈月温泉事件[19]，昭和11年の熊本発電用水路事件[20]，昭和13年の高知鉄道線路敷設事件[21]等がそれである。宇奈月温泉事件では，権利者の主観的な意図（害意）だけでなく，当事者間の客観的利益衡量もおこなった上で，権利行使が法的に保護に値するかどうかが判断され，熊本発電用水路事件や高知鉄道線路敷設事件では，客観的利益衡量の視点が前面に打ち出され判断された点で，権利濫用論の新たな展開を遂げたもの[22]と評されることもあったが，すでにその濫用を危惧する指摘もみられた[23]。

　そして，権利濫用という表現こそみられないが，権利濫用論の行く末を暗示する板付基地事件[24]が登場したわけである[25]。のちにみるように，そこでの権利濫用論は所有階層化機能を果たすものとして学説から厳しい批判にさらされた[26]。

　昭和後期になると，権利の絶対性ないし無制約性や権利行使自由の原則に対

17　大判大正6・1・22民録23輯14頁。
18　その他にも，同系列に属する判例として，いわゆる嫉妬建築（Neidbau）に関する安濃津地判大正15・8・10法律新聞2648号11頁がある。
19　大判昭和10・10・5民集14巻1965頁。
20　大判昭和11・7・10民集15巻1481頁。
21　大判昭和13・10・26民集17巻2057頁。
22　我妻榮「判例研究」法学協会雑誌55巻2号（1937）190頁（民事法判例研究会編『判例民事法　昭和11年度』（有斐閣，1954）に所収），杉之原舜一「判例批評」民商法雑誌9巻4号（1939）168頁。後年，田中・前掲注（13）4頁は，「権利濫用理論はほとんど成熟の域に達したということもできよう」と評されている。なお，客観的な基準に基づく権利濫用の適用領域の拡大につき，磯village哲「シカーネ禁止より客観的利益衡量への発展」『権利の濫用　上（末川先生古稀記念）』（有斐閣，1962）60頁以下参照。
23　戒能通孝「判例研究」法学協会雑誌57巻4号（1939）179-180頁（民事法判例研究会編『判例民事法　昭和13年度』（有斐閣，1954）に所収）。
24　最判昭和40・3・9民集19巻2号233頁。
25　その他にも，最判昭和41・9・22判例時報460号51頁，最判昭和43・11・26判例時報544号32頁など。

する一般的な修正原理の必要性はより一層強く意識されるようになり，それに伴い，権利濫用の適用領域が広がりをみせ，適用事例も増加傾向を示した。しかし，判例はその適用に際しては慎重を期し，安易な適用を排する姿勢を強め，この状況は現在も変わっていないといえよう[27]。

(2) 学説の概観
(ア) 明 治 期

一方，学説に目を転じると，明治期においては，権利の絶対性ないし無制約性や権利行使自由の原則に対する一般的な修正原理としての権利濫用論の議論はほぼ皆無といってよい[28]。この時期，鳩山秀夫博士が，権利行使が不法行為となることはないとした浅野セメント事件[29]を契機として，不法行為と権利濫用との関連を比較法的視点から批判的に論じた論稿[30]が存在するのみである。この論稿はその後の大正期における判例の展開に大きな影響を与えたといわれている[31]。しかし，機能的分析の視座は全くみられない。

---

26 末川博「判例批評」民商法雑誌53巻4号（1966）特に130頁以下，原島重義「軍事基地用地の『賃貸借』と民法規範」法政研究32巻2-6合併号（1966）179頁以下，同「民法における『公共の福祉』概念」日本法社会学会編『公共の福祉（法社会学20号）』（有斐閣，1968）1頁以下，同「所有権の濫用」谷口知平＝加藤一郎編『新版・判例演習民法1総則』（有斐閣，1981）11頁（以上のほとんどは，原島『市民法の理論』（創文社，2011）に所収）の他にも，伊藤正己＝甲斐道太郎編『現代における権利とはなにか』（有斐閣，1972）に所収の，水本浩「権利の絶対性」，五十嵐清「権利の公共性」，原島重義「事実上の土地収用」，淡路剛久「大きな濫用，小さな濫用」，甲斐道太郎「私益と公益」の各論稿参照。
27 適用場面や適用される権利ごとの詳細な紹介・分析については，谷口編・前掲注（7）注釈民法（1）104頁以下〔植林執筆〕，谷口＝石田編・前掲注（7）新版注釈民法（1）168頁以下〔安永執筆〕，菅野・前掲注（9）理論特に68頁以下の他に，小神野利夫「信義則と権利濫用に関する最高裁判例総覧（1）～（10・完）」判例タイムズ568号～578号（1986）参照。なお，遠藤浩「権利濫用と信義則」遠藤浩＝川井健＝西原道雄編『演習民法（総則・物権）』（青林書院，1971）3頁以下も参照。
28 自由法学の立場から権利濫用などを論じたものとして，牧野英一「権利の濫用」法学協会雑誌22巻6号（1904）850頁以下（牧野『法律に於ける進化と進歩』（有斐閣，1924）に所収）があった。
29 大判明治35・5・16民録8輯69頁。
30 鳩山秀夫「工業会社ノ営業行為ニ基ク損害賠償請求権ト不作為ノ請求権」法学協会雑誌29巻4号（1911）599頁以下（鳩山『債権法における信義誠実の原則』（有斐閣，1955）に所収）。

(イ) 大正期～昭和初期

　大正期に入ると，権利濫用の研究が本格化する。とりわけ末川博博士の論稿[32]による功績は大きい[33]。権利濫用概念の歴史的沿革・比較法についてはもちろん，権利濫用の意義，要件，効果，権利行使と不法行為との関連といった多くの問題群について幅広く踏み込んだ検討を加え，権利濫用論の展開の基礎を確立させた[34]。そこでは，法律や権利の社会的機能という側面を明確に意識して権利濫用論が論じられている点に特徴がある。しかし，そこでもまだ機能的分析の視座はみられない。

3　権利濫用の機能論[35]（昭和中期以降）

(1) 総合的な分析

　前述の通り，権利濫用に関する判例の登場は，大正期後半に始まり，昭和期に入ると，数多くみられるようになったが，それに伴い，具体的な事案に即して判例の総合的，網羅的な分析を試みる動きがみられた。権利濫用理論の濫用を回避するために，何が権利濫用にあたりどのような具体的事実があれば権利濫用と判断されるのかを予め明確に予測でき，法的安定性を損なうことなく具体的妥当性を追求できるように，その明確化が図られた[36]。これは，権利濫用の具体的な適用に際してその特徴を抽出し類型化を促す契機となったものであ

31　五十嵐・前掲注（9）22頁。

32　末川博「煤煙ノ隣地ニ及ホス影響ト権利行使ノ範囲」法学論叢1巻6号（1919）85頁以下，同「ローマ法における権利行使に関する原則とシカーネ（若くは権利濫用）の禁止」法学論叢13巻6号（1925）93頁以下，同「権利濫用禁止の理論的考察」法学論叢14巻5号（1925）1頁以下，同「ドイツ民法及びスイス民法における権利濫用に関する規定の成立過程（一），（二・完）」法学論叢20巻5号88頁以下，同6号102頁以下（いずれも1928），同「フランスにおける権利濫用理論（一），（二・完）」法学志林31巻1号27頁以下，同2号145頁以下（いずれも1929），同「権利濫用概論」比較法研究第3号（有斐閣，1951）1頁以下など（そのほとんどは，末川『不法行為並に権利濫用の研究』（岩波書店，1933），同『権利濫用の研究』（岩波書店，1949），同『権利侵害と権利濫用』（岩波書店，1970）に所収）。

33　水本浩「民法学の転回と新展開」水本浩＝平井一雄編『日本民法学史・通史』（信山社，1997）210-211頁参照。

34　五十嵐・前掲注（9）22頁。

35　大村敦志『民法読解 総則編』（有斐閣，2009）14頁以下は，権利濫用・信義則論の現状を「機能的なアプローチ」と「構造的なアプローチ」の二つに大別される。

り，その後に登場する機能論の萌芽ともなったといえなくもなかろう。

(2) 機能的分析の登場

こうして，判例に現れた権利濫用の事例を具体的，実質的にみて，権利濫用がどのような機能を果たしているか，そのような機能の仕方は果たして妥当といえるか，といった視点から，権利濫用論の現実的機能を類型的に分析する研究が登場するに至った。ここでは，その代表的なものの幾つかをみていく。

(ア) 幾代説[37]

幾代通教授は，昭和26年当時，すでに，権利濫用が私法のあらゆる領域で多種多様の様相で現れていることから，そこでの紛争と問題となった権利の態様・種類，そして判決が権利濫用というとき，それが抽象的・定型的な法規範である成文法との関係において各場合にいかなる意味を持っているかにつき整理，検討する意義があるという視点から，その紛争における両当事者の利害相反の態様を観察し，その結果，次の二つの類型に分類された。第1に，平面を異にし，それぞれ独自の法的評価を受けるべき生活関係における利益が現代社会において衝突する場合，第2に，あくまでも同一平面で拮抗，対立する私人の生活利益を各人にいかに分配するかについて紛争が生ずる場合，の二つである。

第1の類型では，現実には1個の事実行為が一面では適法でありながら，他の一面では他人の権利の侵害である不法行為性が問題となっているにすぎないのに対して，第2の類型では，あるときは，成文法規の大まかな定義を具体的に確定する成文法の内在的解釈であったり，立法者が予測もしなかった社会関係についての法の欠缺を解釈で補充することであったり，さらにはまた立法者がまさしく規制の対象とした事項につき時代の推移と社会的基盤の変化に応じ

---

36 谷口知平「権利濫用と信義誠実の原則」法学セミナー1号（1956）14頁以下，深谷松男「《学説判例》権利濫用の総合的研究」法律時報30巻10号（1958）51頁以下，松本暉男「わが国における権利濫用理論の特質についての一考察」法学論集（関西大学）9巻5＝6号（1960）77頁以下，田中・前掲注（13），同「権利の濫用」綜合法学1巻1号（1958）37頁以下，同「権利濫用理論の一つの終焉」法学研究（慶應義塾大学）45巻2号（1972）195頁以下，同「権利濫用の法理の展開と反省」ジュリスト別冊『法学教室〈第二期〉』（有斐閣，1973）32頁以下など。

37 幾代通「『権利濫用』について」法政論集（名古屋大学）1巻2号（1951）139頁以下，同・前掲注（14）19-21頁の脚注（二）。

て解釈で敢然として新たな立法をなすことを意味することもあると指摘した上で，具体的事件における紛争ないし権利の態様と，権利濫用と判断することがその場合にいかなる意味を持つかを慎重に検討する必要があり，決して手軽に扱われてはならない，と警告した。

　この類型は，その後に登場した鈴木禄弥教授の類型論を承けてさらに細分化・精緻化が試みられた。すなわち，第1のものは，権利濫用理論が単に不法行為に適用されている場合としてほぼそのまま維持され，第2のものは，問題の権利の内容や範囲につき本来なら精密な規定のあることが望ましいが，実定成文法規が概括的・抽象的な法文となっているか，あるいはそこには法規の欠缺があるために，裁判における権利濫用理論の適用により，問題の権利の内容・範囲が明確化されてゆく場合，法の変化の過程つまり権利につき実質的に新しい限界が画されてゆく過程において権利濫用理論が適用される場合，そして一種の強制調停の機能を持つものとして権利濫用理論が利用される場合，の三つに区分され，さらなる機能的類型化を展開された。

　(イ)　鈴　木　説 [38]

　鈴木教授は，幾代教授による先駆的な試みを踏まえて，次のような三類型論を主張された。

　第1の類型は，権利濫用理論が実は単なる不法行為に適用されているにすぎない場合である。不適切な執行方法による建物材料の価値減少事例，信玄公旗掛松事件等では，権利者が権利を適法に行使するという当該行為の持つ適法行為としての側面が前面に出ていて，みる者の印象に強く感じられるため，それにもかかわらず当該行為は全体としては違法なものだということに説得力を持たせるためのレトリックとして権利濫用なる言葉が用いられている。本来は，権利はあるが権利濫用であるというのではなく，もともとそのようなことをなす権利などはないというべきである。そして，この事案類型のうち相隣関係事例においても，判例が累積すると，土地所有権の限界が固定化，明確化され，やがてはその問題は，明文の規定がある場合と同様に，もはや権利濫用の問題ではなく，権利の範囲の問題になってゆき，この場面での権利濫用理論は権利の範囲が明確化されていく過程において用いられていることを指摘された。

38　鈴木禄弥「財産法における『権利濫用』理論の機能」法律時報30巻10号（1958）16頁以下（鈴木『物権法の研究』（創文社，1975）に所収）。

第2の類型は，権利の新しい限界の成立過程において権利濫用理論が利用される場合である。民法612条に関して信頼関係破壊の法理を生成，確立した事例にみられるように，判例は，初期には権利自体の範囲は法文の規定する通りであるが，ある態様の権利行使は具体的事情からみて不適当だからこれを権利濫用とする形で当該の権利行使を禁じるようになり，このようなカズイスティッシュな解決法をとる同種の内容の判例が累積すると，やがて権利自体の範囲がそこまでは及ばない。かかる行為は権利に基づかない行為であるとみられるようになり，権利濫用の問題ではなくなる。その意味において，ここでの権利濫用理論は常に過渡的であり，長期にわたってその適用対象を見出し，判例による成文法の改廃の一つの重要な態様を形作っていることになる。確かに，権利の範囲が固定化されるまでは法的安定性を欠くことにはなるが，これは，法文の文理にかかわらず権利の範囲を縮減させることを要求する時代の変遷それ自体のもたらす結果であって，この要求を充たすための解決手段の良否によるわけではない，と指摘される。

　第3の類型は，一種の強制調停の機能を持つものとして権利濫用理論が利用されている場合である。以上の二つの類型とは全く異なり，全然権限のない者に対する本来正当な権利行使が権利濫用とされる場合であり，宇奈月温泉事件や熊本発電用水路事件等がこれにあたるとする。しかし，そこには，この種の判決の持つ意義と危険が存するとして，以下の諸点に留意すべきであると指摘する。

　まず第1に，ここで権利濫用として権利の行使が斥けられるとき，単に本来は正当な権利行使であるというだけでなく，その相手方は本来全くの無権利者であり，権利の行使は他人の自己に対する不法の排除を意味するにもかかわらず，そのような権利行使が権利濫用として抑えられると，特に相手方の不法が故意または過失に基づく場合には健全な市民的法感情を傷つけることになる。

　したがって第2に，この種の類型の判例がいくら累積されても，これによって新たな法命題が公認されることはありえず，常に事件はカズイスティッシュに処理される。

　しかも第3に，大資本がその資本力を利用して迅速に既成事実を作り上げ，公共の福祉や国民経済的利益に藉口して横車を押す可能性があり，ここに権利濫用理論の濫用の最大の危険がある。

　こうして，ここでの権利濫用理論は，不当な結果を避け，具体的衡平を得る

ための一種の強制調停の作用を果たしているものというべきであることから，権利濫用理論が適用されるためには，権利行使の相手方に具体的に妥当な保護を受けうる資格があることが必要であり，高知鉄道線路敷設事件のように，設置者に重大な過失ないし倫理的にも著しく非難されるべき故意が存するような場合にまで権利濫用の適用を認めることは衡平に欠けるとされる。その一方で，宇奈月温泉事件のように，土地所有者の側にある程度権利の侵害を受忍しなければならないような事情があるときは，権利濫用理論の適用可能性が大きくなるが，そのときでも，土地所有者は不当利得の返還請求や不法行為に基づく損害賠償の請求をなしうる。そのため，このような強制調停的な機能を果たす権利濫用理論の適用に際しては，権利行使の相手方に過大な損害が生ずるという事情は当事者間の具体的衡平を測定する一つのファクターとみるべきであって，これを権利濫用の適用要件として強調するときには，ファッシュ的色彩を帯びる，と警告する。

　以上のように，鈴木説は，権利濫用理論の濫用の弊害を避けるため，権利濫用の適用が具体的妥当性を得るために必要不可欠な場合以外はその適用を極力避けるべきとの立場から，権利が時代の要求により成文で定められた範囲よりも縮小していく途中の過渡的な現象として用いられる場合と当事者の利益の具体的調整のための一種の強制調停として用いられる場合には，権利濫用理論の適用の弊害は少なく，したがってそのような一定限度内でのみその適用を肯定すべきとした。

　この類型論は，その後，菅野耕毅教授により，① 不法行為的機能，② 権利範囲明確化機能，③ 権利範囲縮小化機能，④ 強制調停的機能と呼ばれて引き継がれている[39]。しかしながら，機能的類型論の進展に伴い，類型化の基準を異にする類型論[40]も混在し，また，各論者の分類には同様の，または類似の

---

[39] 菅野耕毅「信義則理論の現状」森泉章編『現代民法学の基本問題 上（内山尚三・黒木三郎・石川利夫先生還暦記念）』（第一法規，1983）2頁以下，同「信義則および権利濫用の機能」加藤一郎＝米倉明編『民法の争点』（有斐閣，1978）特に6－7頁（その後，加藤＝米倉編『民法の争点Ⅰ（総則・物権・親族・相続）』（有斐閣，1985）で改訂。以下の引用はこちらによる）（以上はいずれも，菅野『信義則および権利濫用の研究』（信山社，1994），同『信義則の理論』（信山社，2002）に所収）。

[40] 幾代教授や鈴木教授の類型論は，具体的事案において信義則が果たす機能に即して展開されているのに対して，のちにみる好美教授の類型論では，裁判官の制定法に対する関係が信義則と法規適用の機能的分析にあたっての基本的視点として据えられている。

名称が付されているにもかかわらず，各機能の中味や判例群の整序が必ずしも一致していないものも登場し始めた。本稿では，紙幅の関係上，この点を論じることはできないが，機能的類型論を眺める際に注意を要する点であろう。

　(ウ)　原島説[41]

　こうして，幾代教授，鈴木教授による機能的類型論は学界で高く評価され受け容れられた[42]が，原島重義教授は，幾代説，鈴木説の他に当時の信義則の機能的類型論の成果[43]をも踏まえ，公共の福祉ないし信義則・権利濫用に関する民法第1条の一般条項についての機能的類型論を展開された。すなわち，公共の福祉ないし信義則・権利濫用に関する民法規範が現実に妥当している姿，その歴史的，社会的性格を確認すると，一般条項の機能は，まず，①「規範具体化機能」を果たす場合と②「規範創造機能」を果たす場合の二つに大別できるとし，その際に果たされている「規範具体化機能」の意味，「規範創造機能」の社会的意味を明らかにした。次に，わが国に特殊な注目すべき類型として，特に公共の福祉に関してではあるが，③「所有階層化機能」を果たす類型を析出し問題点を検討された。そこでは，権利者側の主観的容態には問題がなく，むしろ加害者側に故意もしくは過失による権利侵害があること，取引上の信頼関係や相隣関係の利用調節というような「特別の結合関係」に特有の相互的利益調整の要求からくる「硬直性の調整」の問題ではなく，すでに権利が存するところにいきなりやってきてこれを侵害するという場合であること，そのため先例が積み重ねられても新しい制定法に実を結ぶようなことはありえず，したがって制定法改廃の過程における規範創造の機能を営むものではないこと，比喩的に"強制調停的"とでもいうほか規定のしようがないものであること，こうして全くの客観的利益衡量の外観を呈し，その基準として加害者側に存する「公共性」が持ち出されていること，などを指摘された上で，公共の福祉・権利濫用による私権の制限は，権利の間に上下の関係を認め，法の下の平等を否定する，所有秩序＝物権的帰属秩序に直接介入し，所有にランキングを付ける

41　原島・前掲注（26）『公共の福祉』概念，同・前掲注（26）所有権の濫用など参照。なお，原島・前掲注（26）市民法の理論265頁以下では，さらに詳しく信義則論を展開されている。

42　幾代・前掲注（14）19-21頁の脚注（二），甲斐道太郎「『権利濫用』論の現代的意義」奥田昌道他編『民法学1《総論の重要問題》』（有斐閣，1976）特に23頁以下。

43　好美清光「信義則の機能について」一橋論叢47巻2号（1962）181頁以下，磯村・前掲注（22）60頁以下など。

㈱　広中説[45]

広中俊雄教授も，機能的類型論を維持しつつ，信義則についてと同様に，権利濫用についても「本来的機能」と「欠缺補充機能」とに区別することが理論的に重要であるとされた[46]。

まず，権利濫用法理の「本来的機能」とは，財貨帰属法，特に所有権法の領域で所与の事案の具体的，個性的な事実関係に密着しつつなされるこの（一般的）裁判規準の適用によって個別事案につき妥当な紛争処理を導くものをいい，この機能に属する事例は，土地所有権の行使としての土地利用行為が権利濫用と判断されているものと土地所有権に基づく妨害排除請求権の行使が権利濫用と判断されているものとに区別される。

次いで，権利濫用法理の「欠缺補充機能」とは，制定法に規定の欠けている事態類型についての裁判規準の構成のために，つまり当面の事案をカヴァーしうる一定の事態類型に適用可能な（特殊的）裁判規準を構成するために利用されるものをいい，この適用領域は財貨帰属の領域に限らず広範囲にわたるが，新しい裁判規範を作り出すために利用されただけであるから，このように欠缺補充のために権利濫用法理が利用されている個々の事例は，新たな法的構成へと脱皮すべき，と主張された。

（3）　新たな潮流

こうして，権利濫用論の危険性が強く指摘されるようになると，さらに信義則論とも相まって，一般条項のストレートな適用を控え，場面ごとに適合する個別的法原則ないし下位命題を形成する動きがみられ[47]，大方の承認を得てい

44　なお，以上の類型論及びその評価は，五十嵐・前掲注（9）23-24頁，菅野・前掲注（39）現状10頁，同「権利濫用論の意義」五十嵐清編著『法学ガイド3民法Ⅰ（総則）』（日本評論社，1986）25頁，谷口＝石田編・前掲注（7）新版注釈民法（1）166-167頁〔安永執筆〕でも基本的に承認されているといえよう。

45　広中俊雄『民法綱要　第一巻　総論　上』（創文社，1989）135頁以下，同「民法第一条の機能」法学教室109号（1989）6頁以下（広中『民事法の諸問題』（創文社，1994）に所収），同「一般条項の利用による欠缺補充」法学教室177号（1995）98頁以下（同『民法解釈方法に関する十二講』（有斐閣，1997）に所収）など。原島説同様，権利濫用理論に限った分析ではないが，ここで紹介しておく。

46　星野英一『民法概論Ⅰ（序論・総則）』（良書普及会，1971）78-79頁参照。

く。権利濫用論のストレートな発動に伴う危険を回避するものとして機能的類型論が新たな段階を迎えたと評されるのもそのせいであろう[48]。かくして，権利濫用論に限ったことではないが，一般条項の濫用を阻止するために，ストレートな適用を極力避けて個別的法原則ないし下位命題の形成を推進する動きが機能論の大きな潮流の一つとなっていった。周知の通り，① 矛盾行為禁止の原則（禁反言・エストッペル），② クリーンハンズの原則，③ 失効の原則，④ 事情変更の原則以外にも，⑤ 民法612条に関する信頼関係破壊の法理や⑥ 民法177条に関する背信的悪意者排除論，⑦ 公害や日照・通風等に関する受忍限度論，日照権論，相関関係理論などが確認され，さらに，⑧ 不誠実な権利取得や⑨ 過酷な権利行使，⑩ 正当な利益の欠缺，といった個別的法原則が形成され，あるいは下位命題が抽出されたりしたわけであるが，そこでは，個別的法原則ないし下位命題の細分化が促進されるにつれ，一般的，抽象的な権利濫用の発動領域は縮小され，濫用の危険性が薄らいだとも評される一方で，権利濫用（ないし信義則）に関する判例の中には，確立された個別的法原則ないし下位命題のいずれにもまたがって分類・整序可能なものも存在し，今度は判例の位置づけそのものが一つの課題として問題となっていく[49]。また，将来さらに社会の進展や変容に伴い，新たな判例の登場も予想され，その際に改めて個別的法原則ないし下位命題の形成や新たな理論の構築が要請されてくることも考えられる。その意味において，権利濫用（ないし信義則）の機能論は，個別的法原則や下位命題の細分化・精緻化が促進されてもなお混迷状況にあるといえなくもないわけである[50]。

---

47 このような認識は，広中俊雄「信義誠実の原則の適用範囲」別冊ジュリスト4号『続学説展望』（有斐閣，1965）57頁においてもすでにみられたが，好美・前掲注（43）192-194頁，磯村・前掲注（22）特に77頁以下，原島・前掲注（26）所有権の濫用13-16頁，米倉明『権利濫用ノ禁止』法学教室15号（1981）38頁以下，同『『権利濫用ノ禁止』『自力救済』』法学教室16号（1982）6頁以下（いずれも，米倉『民法講義総則（1）〔私権・自然人・物〕』（有斐閣，1984）に所収）などが具体的な構築を試みている。
48 菅野・前掲注（9）理論91-92頁，同・前掲注（39）現状10頁。
49 谷口＝石田編・前掲注（7）新版注釈民法（1）92頁〔安永執筆〕。
50 平野裕之『民法総則〔第3版〕』（日本評論社，2011）625頁参照。

4 信義則の機能論前史[51]（大正期〜昭和中期）

(1) 判例の概観

(ア) 大正期〜昭和初期

　信義則も，権利濫用の場合と同様，昭和22年の民法の一部改正により明文化される以前から認識され承認されていた。しかし，信義則に関する判例は，権利濫用に関する判例よりも遅れて大正期に入って登場し始めた[52]。買戻権者が買戻特約付きで売った不動産の買戻に際して売買代金と契約費用を概算して合計金額527円の支払をしたが2円8銭不足していたことを理由に相手方が買戻の無効を主張するのは信義則に反し許されないとした大正9年の買戻金些少不足事件[53]がそのリーディングケースとされている[54]。また，信義則に基づき債権者（買主）にも債務の履行を実現するために協力すべき義務があるとした大正14年の深川渡事件[55]等も登場した。

　昭和期に入っても同様の判例が続く[56]。この時期には，のちに指摘されるようになる，信義則が法具体化機能を果たす判例[57]が数多く登場したということになるが，これに伴い，学説上においても，総合的，網羅的な判例研究，学理的，比較法的な考察が盛んにおこなわれ始めた[58]。この時期に登場した判例は多種多様であったが，抽象的，形式的な法律の規定の適用の際にその法規範を具体化する過程で信義則が斟酌されるケースにとどまっていたこともあって，

51　特に菅野・前掲注（39）現状3頁以下参照。

52　ただし，信義則という表現こそみられないが，同趣旨の観点から問題を処理したとみられるものとして，大判大正5・5・22民録22輯1011頁，大判大正6・7・10民録23輯1128頁などがあった。

53　大判大正9・12・18民録26輯1947頁。

54　谷口＝石田編・前掲注（7）新版注釈民法（1）78頁〔安永執筆〕。なお，この系列に属する判例として，大判昭和9・2・26民集13巻366頁，大判昭和13・6・11民集17巻1249頁，大判昭和14・12・13判決全集7輯109頁などがある。

55　大判大正14・12・3民集4巻685頁。ただし，そこでは当事者間の実質的な利益衡量の視点も見受けられ，単純に相手方の不誠実な容態の存する事例と評すべきではなかろう（谷口＝石田編・前掲注（7）新版注釈民法（1）79頁〔安永執筆〕参照）。なお，この系列に属する判例として，大判昭和9・2・19民集13巻150頁がある。

56　大判昭和9・2・26民集13巻366頁，大判昭和10・12・28民集14巻2183頁，大判昭和14・4・12民集18巻350頁など。

57　菅野・前掲注（39）現状10頁参照。

判例の平面的な研究や信義則の理念的意義を抽象的に確認，強調する研究ばかりであり59．その意味では，当時の判例状況は学説に対する機能的類型論の萌芽をもたらしうるような状況にはなかったといわざるをえないであろう．

(イ) 昭和中期以降

昭和中期以降においても上記のような判例が数多くみられたが，その一方で，民法612条に関する背信行為論ないし信頼関係破壊の法理に関する判例60，失効の原則に関する判例61，消滅時効完成後における債務承認と時効援用との関係に関する判例62，消滅時効の援用に関する判例群63，無権代理人が本人の地位を承継した場合における追認拒絶権の行使をめぐる判例64，背信的悪意者排除論に関する判例群65，さらには員外貸付の場合における無効主張に関する判例66や法人の目的の範囲外の行為についての無効主張に関する判例67，有責配偶者からの離婚請求に関する判例68等も登場するようになり，新たな段階を

58　学説のところでも触れるが，鳩山秀夫「債権法に於ける信義誠実の原則（一）～（五・完）」法学協会雑誌42巻1号1頁以下，同2号82頁以下，同5号34頁以下，同7号26頁以下，同8号45頁以下（以上はいずれも1924）（鳩山『民法研究 第3巻』（岩波書店，1926），同『債権法における信義誠実の原則』（有斐閣，1955）に所収）に始まり，常磐敏太「信義誠実の原則」法学研究（東京商科大学）1号（1932）161頁以下，野津務「『信義誠実』の発展的意義（一），（二・完）」法学協会雑誌52巻11号1頁以下，同12号45頁以下（いずれも1934），牧野英一『民法の基本問題 第四 信義則に関する若干の考察』（有斐閣，1936），石田文次郎『契約の基礎理論』（有斐閣，1940），林信雄「判例に現われたる『信義誠実』（一），（二・完）」民商法雑誌4巻5号47頁以下，同6号54頁以下（いずれも1936），同「信義誠実則の学界思潮的反省」法律時報11巻8号（1939）75頁以下，同「最近の判例に現はれたる信義誠実の原則」民商法雑誌11巻1号（1940）68頁以下（以上はいずれも，林『転形期における私法理論』（巌松堂，1938），同『判例に現はれたる信義誠実の原則』（巌松堂，1940），同『法律における信義誠実の原則』（評論社，1949）等に所収）などが登場した．なお，我妻榮「民法に於ける『信義則』理念の進展」『東京帝国大学学術大観 法学部・経済学部篇』（東京帝国大学，1942）126頁以下（鳩山『債権法における信義誠実の原則』（有斐閣，1955），我妻『民法研究II総則』（有斐閣，1966）に所収）も参照．

59　好美・前掲注（43）184－185頁の注（3）参照．

60　最判昭和28・9・25民集7巻9号979頁など．

61　最判昭和30・11・22民集9巻12号1781頁．

62　最判昭和41・4・20民集20巻4号702頁．

63　最判昭和51・5・25民集30巻4号554頁など．

64　最判昭和41・11・18民集20巻9号1845頁など．

65　最判昭和43・8・2民集22巻8号1571頁など．

66　最判昭和44・7・4民集23巻8号1347頁．

67　最判昭和51・4・23民集30巻3号306頁．

迎えた。というのも，そこでは，これまでに登場したものとは明らかに異なる特徴，つまり抽象的な法律の規定の適用に際してその法規範を具体化する要請にとどまらない機能を果たすものとして信義則が活用され，問題が処理されるようになっているからである。この時期に至り，わが国の判例においても，学説が機能的類型論を展開する素地が備わりつつあったと評することができよう。

　(ウ)　昭和後期～平成期

　昭和後期以降になると，信義則に関する判例の中にさらに新たな特徴を示すものが登場し始めた。契約に基づく債務としての給付義務以外に付随的義務や新たな義務を信義則に基づいて根拠づけようとする判例の動きがそれである。大正14年の深川渡事件においても，契約の一方当事者（買主）に履行場所の問い合わせをすべき協力義務が信義則に基づいて認められていた[69]が，昭和50年の自衛隊事故事件[70]では，「ある法律関係において特別な社会的接触関係に入った当事者間において，当該法律関係の付随義務として当事者の一方又は双方が相手方に対して信義則上負う義務として一般的に認められるもの」として安全配慮義務が承認され，また，昭和59年の歯科医師マンション購入事件[71]では，契約準備段階における信義則上の注意義務が認められ，その義務違反を理由とする損害賠償請求が認められた。そして，その後さらに，各種の契約の準備交渉過程における義務として，説明義務，情報提供義務，告知義務，助言義務といった様々な義務が種々の取引の場面で承認されるようになり，信義則に基づく新たな義務の形成は一層の広がりをみせた[72]。

(2)　学説の概観

　今でこそ，権利濫用に関する判例にもまして信義則に関する判例の登場，集

---

[68]　最判昭和62・9・2民集41巻6号1423頁。
[69]　ただし，広中・前掲注（45）機能12頁参照。
[70]　最判昭和50・2・25民集29巻2号143頁。
[71]　最判昭和59・9・18判例時報1137号51頁。
[72]　特に下級審を中心に厖大な数の判例が登場，集積しているが，ここでは，最判平成15・11・7判例時報1845号58頁〔説明義務〕，最判平成16・11・18民集58巻8号2225頁〔説明義務〕，最判平成17・7・19民集59巻6号1783頁〔取引履歴開示義務〕，最判平成18・6・12判例時報1941号94頁〔説明義務〕，最判平成19・2・27判例時報1964号45頁〔契約準備段階における信義則上の注意義務〕，最判平成23・4・22民集65巻3号1405頁〔説明義務〕，最判平成24・11・27判例時報2175号15頁〔情報提供義務〕などを挙げておく。

積はめざましいものがあるが，信義則研究は，判例が登場し始めたほぼ同時期から始まった。信義則の法理論的意義やそれと法律・契約との関係を究明するため信義則の適用事例を総合的，網羅的に検討し，理論的深化を試みる鳩山秀夫博士の研究[73]を嚆矢として，その後，学説上同様の研究が積み重ねられていく[74]。しかし，この段階では，信義則の沿革的，法理論的な研究，個別的な適用事例に対する総合的，網羅的な検討に研究が集中し，機能的分析の動きはまだみられなかった。

　もっとも，現時点から振り返って眺めた場合に，この時期の信義則論が機能的分析の推進を促す出発点ともなった側面を有していたと評することはできるかもしれない。というのも，当然のことながら，信義則に関する適用事例の総合的な研究に際してそこでは信義則の個別的な法規範との関連が論じられ，その結果，当該法規範のより具体的な意味内容，その機械的，形式的な適用の限界が浮き彫りとなった。これ自体は機能的分析の萌芽とまではいえないにしても，明らかにその段階への必要不可欠なステップの一つであったということはできるように思われるからである。

5 信義則論の新たな潮流（昭和中期以降）

(1) 総合的な分析

　こうして，信義則の法理論的な研究，信義則の適用事例の総合的，網羅的あるいは体系的な分析が続く[75]中，ドイツの学説を参考に信義則の機能的類型論を展開する学説が登場した。好美清光教授の研究がそれである。好美教授の研究は先駆的かつ充実した内容を有するものであった[76]。

73　鳩山・前掲注（58）信義誠実の原則（一）〜（五・完）。
74　前掲注（58）に掲げた先人達の業績がそれである。
75　谷口・前掲注（36）14頁以下，中川善之助「信義誠実の原則」法学セミナー18号（1957）30頁以下（中川『民法 活きている判例』（日本評論新社，1962）に所収），野田孝明「信義誠実の原則」綜合法学1巻5号（1958）31頁以下など。
76　好美教授の研究をも踏まえて，ドイツ法に依拠した考察や適用事例の総合的な研究を通して磯村教授や原島教授が，また米倉教授，安永教授が信義則・権利濫用の個別的法命題化・理論的深化を成し遂げるに至ったことは，権利濫用のところでも触れた通りであるが，これらはいずれも好美説の延長線上に位置づけることができよう。

(2) 機能的分析の登場

(ア) 好 美 説 77

　好美教授は，信義則の果たす機能を次のように四つに分け，それぞれの類型の持つ意味を検討し，そのあるべき限界を探った。その際，裁判官の制定法に対する関係という基本問題との関連で機能的に分類し，検討することを企図された。

　第1のものは「職務的機能」であり，これは，裁判官が既存の法規によってすでに予定されている構図，枠を超えることなく，法規自体のより詳細かつ具体的な実現にすぎないもの，予め立法者，法規によって計画されていた秩序，価値の裁判官による意味適合的な具体化にすぎないものであるとする。そして，これに属するものとして，債務者の履行の方法・態様等や従的義務のような債務者に対する「規準的機能」と協力義務のような債権者に対する「制限的機能」を挙げる。

　第2のものは「衡平的機能」であり，これは，当事者の権利主張ないし防禦方法の妥当性の要請，つまり法倫理的振舞いへの要請を裁判官が掲げ，実質的正義を問題とする場合であり，ここでは，法規の予定された秩序計画の実現，具体化ではなく，法規をはみ出る法形成が問題となる場合であるとする。ただし，倫理的振舞いとか衡平の要請ということも，これをさらに分類して何らかの客観的尺度，原理を与えることなくしては，法的判断の有効な道具とはなりえないとして，①自分の行為に矛盾した態度をとること，②直ちに再び返還せんとするものを訴求する者は，dolus によって振舞う者である，③不誠実な権利取得の抗弁，④容赦のない権利追求，の四つを抽出する。

　さらに，第3のものとして「社会的機能」を，第4のものとして「権能授与的機能」を掲げ，第1の「職務的機能」及び第2の「衡平的機能」とは明確に区別される。

　まず，「社会的機能」は，「衡平的機能」のように古くからの争われざる伝統的命題に基づく倫理的振舞い，正義の問題ではなく，すでに法典が予定し規定している対象でありながら，社会の進展に伴って既存の法典の枠組みでは妥当な解決がえられず，これを裁判官が実際上の必要性に基づき，権利の社会的使命，目的をも考慮して，踏み越え修正していくものであるとする。ここでは，

77　好美・前掲注（43）181頁以下。

立法者による秩序計画はすでに一義的に明確に規定されているにもかかわらず，真正面からそれに反して，法規を修正する機能を営むとともに，ここで登場するものはすぐれて特殊＝歴史的，社会的性質のものである点で「職務的機能」，「衡平的機能」とは大きく異なることを指摘する。

　次に，「権能授与的機能」は，時代の問題性に適合させるべく，判例が法規を打破し法規に反して（contra legem）新しい裁判官法を創造していく場合，信義則により実定法秩序へ歴史性を導入し，法規と現実とのギャップの中で法の創造的機能を営むものであるとする。

　こうして，好美説は，権利濫用のところでもみたように，その後，信義則・権利濫用を含む一般条項の類型的機能論として，原島説，米倉説，広中説，安永説，菅野説などへと受け継がれ，表現に若干の相違はみられるが，第1のものは「法具体化機能」，第2のものは「正義衡平的機能」と呼ばれ，両者を併せて制定法の具体化ないし補充的な機能を果たすものとして「本来的機能」を担うもの，第3のものは「法修正的機能」，第4のものは「法創造的機能」と呼ばれ，両者を併せて制定法を修正しあるいはその欠缺を補充するために「創造的機能」を担うものと確認され承認されるに至っている[78]。

　(ｲ)　菅　野　説[79]

　そのような中にあって好美説をベースに，さらには原島説，米倉説，広中説，安永説などを踏まえて四類型を確立させ[80]，信義則論の現在の到達点ともいいうる見解が菅野説であろう。菅野教授は，信義則の機能を「法具体化機能」，「正義衡平的機能」，「法修正的機能」，「法創造的機能」の四つに分類し，好美説と同じく各類型の持つ意味と信義則の適用範囲の限界を検討された。好美説が裁判官の制定法に対する関係という基本視角から信義則の機能的類型論を展開したのに対して，菅野説は信義則の適用が問題となった判例群において信義則が果たしている機能の側面から分類・整序を試みており，大きな相違がある

---

[78] 広中・前掲注（45）綱要120頁以下，水本浩編『民法Ⅰ〔総則（1）〕』（青林書院，1995）37頁〔水本執筆〕など参照。なお，遠藤他編・前掲注（7）37頁以下〔山本執筆〕も参照。

[79] 菅野・前掲注（39）現状9頁以下，同・前掲注（39）機能8-9頁，同「信義則および権利濫用」法学教室105号（1989）60頁以下。

[80] なお，辻正美『民法総則』（成文堂，1999）33頁は二つに，甲斐道太郎「『信義則』論」奥田昌道他編『民法学1《総論の重要問題》』（有斐閣，1976）27頁は三つに機能を分けて検討する。

わけではない。
　「法具体化機能」とは，制定法の枠内でその不備を補充し，制定法を意味適合的に具体化する機能をいい，大正14年の深川渡事件や昭和9年の債務弁済些少不足事件を挙げる。
　「正義衡平的機能」とは，制定法外の根拠により権利行使に倫理的振舞いを要請し，実質的正義・衡平を実現する機能をいい，時効完成後の債務承認と時効の援用に関する昭和41年の判例，失効の原則に関する昭和30年の判例等を掲げる。
　「法修正的機能」とは，制定法が予定して規定している対象でありながら，その適用が社会の進展により妥当でなくなった場合に制定法を修正する機能をいい，背信行為論ないし信頼関係破壊の法理に関する昭和28年の判例などを挙げる。
　最後に「法創造的機能」として，時代の問題性に適合させるべく，制定法に反して新しい法を創造する機能を挙げる。
　そして，以上の機能のうち，「法具体化機能」と「正義衡平的機能」は，制定法を適用する場合における具体的妥当性や当事者間の衡平を図る機能で，制定法に反するものではなく，時代や社会を超えた非歴史的，普遍的な性格を有するものであるから，さして問題はない。これに対して，「法修正的機能」と「法創造的機能」は，その時代その社会の要請に応じ，制定法に反してそれを修正し，または新たな法を創造する機能であり，特殊＝歴史的，社会的な性格を有するものである。結果的に妥当なこともあるが，状況によっては逆の作用を営む危険性をも有し，警戒を要する機能である。これらは，「社会法的機能」であり，市民法原理に反するものであるから，立法によって社会的配慮が明確化したとか，学説や世論が一致して要請する場合以外は，安易に認めるべきではない，と警告する[81]。

(3)　新たな潮流
　こうして，信義則の類型的機能論が進展し定着していく中で，法解釈方法論から，あるいは法規範体系における信義則の構造論から，各類型のあるべき適用の限界やその適用要件について再検討を試み，結果的にこれまでとは異なる評価を示す見解が登場した。石田穣教授，渡辺博之教授のお二人の見解がそれ

---

[81]　ほぼ同旨のものとして，谷口編・前掲注（7）注釈民法（1）86頁以下〔田中執筆〕。

である。

　(ア)　石　田　説[82]

　まず，石田説は，信義則は法解釈の規準として制定法を補充したり修正したりする機能を営むといわれるが，制定法の補充とは，制定法の拘束力の及ばない事件につき制定法の判断を補充することを意味し，制定法の修正とは，制定法の拘束力の及ぶ事件につき制定法の判断を修正することを意味するから，その前提として，制定法の拘束力の範囲を明確にする必要があるとして，法解釈方法論の中に信義則を位置づけて検討する。

　そこで，制定法の拘束力の範囲に関して，制定法は立法者が規律の対象として定型的に予想した事件についてのみ拘束力を有し，立法者が定型的に予想していない事件につき制定法は拘束力を有さず，したがって制定法の欠缺が生ずるとする。そして，それには，制定法がその文言によれば一見当該事件をカバーするようにみえて，実は立法者はその制定法において当該事件を定型的には想定していない「隠れた制定法の欠缺」（これにはさらに，立法者が制定法の文言の内容規定を意識的に裁判官に任せている「白地規定型欠缺」と当該事件が立法者の定型的な予想を超えている「予想外型欠缺」とがあるとする。）と，制定法の文言からみても当該事件が制定法にカバーされないばかりか，立法者も当該事件を定型的に想定していない「明らかな制定法の欠缺」とがあり，この場合には信義則はその欠缺を補充する機能を果たしているし，制定法の欠缺補充のための機能を果たすべきであるとされる。

　これに対して，信義則が立法者の定型的に予想した事件につき制定法の適用を排除する，すなわち制定法を修正するために使用されている判例は見当たらないとしつつも，信義則がその名の下に制定法を修正する機能を果たすべきではない，と主張された[83]。

82　石田穰「信義誠実の原則が民法で果たす機能について」ジュリスト別冊『法学教室〈第二期〉5号』（有斐閣，1974）33頁以下，同「法解釈の方法と信義誠実の原則」星野英一編『私法学の新たな展開（我妻榮先生追悼論文集）』（有斐閣，1975）75頁以下（以上，石田『法解釈学の方法』（青林書院新社，1976）に所収）の他に，同「制定法の拘束力」ジュリスト550号（1973）18頁以下（石田『民法学の基礎』（有斐閣，1976）に所収），同『民法総則』（悠々社，1992）特に55頁以下など。

83　以上のような慎重さは，現在も受け継がれているといえよう。佐久間毅『民法の基礎1 総則［第3版］』（有斐閣，2008）436–437頁，中舎寛樹『民法総則』（日本評論社，2010）461–462頁など参照。

(イ)　渡　辺　説[84]

　一方，渡辺説は，信義則の適用領域として信義則が当事者に対して行為規範的要求を要請している場面（その場面で果たす信義則の機能を「行為規範的機能」とされる。）と，これを実効あらしえるために裁判官が法的判断をする際に当事者が信義則にしたがって行動しているか否かを判断する基準となる場面（この場面で果たす信義則の機能を「裁判規範的機能」とされる。）があり，信義則のこのような「行為規範的機能」，「裁判規範的機能」は承認できるが，既存の法規範を修正したり法律の欠缺を補充したり，新たな法規範を創造したりする「立法者的機能」は認められない，と主張する。そしてその理由として，範とすべきドイツ民法における立法者の考えには立法者的機能を認める認識がなかったこと，その存在理由の不明確さ，その存在の危険性，の三つを挙げる[85]。

　こうして，これまでの機能的類型論とは異なる信義則の構造論的考察という分析視角から，「法修正的機能」，「法創造的機能」に対して極めて消極的な態度表明がされた。

　しかし，それにもかかわらず機能的類型論は現在でもなお基本的には維持されているといってよかろう[86]。

6　結びにかえて

　以上，わが国における権利濫用・信義則の機能論を簡単に眺めてきた。近時は，判例において契約責任や契約上の義務の拡大現象の一環として信義則が盛んに議論されている。内田貴教授[87]は，「契約の二元性」という分析枠組みからこのような現象を信義則による契約法の新たな展開の一場面[88]と捉え，現

---

[84]　渡辺博之「信義誠実の原則の構造論的考察（一），（二・完）」民商法雑誌91巻4号473頁以下，同5号700頁以下（いずれも1985）の他に，同「信義誠実の原則の構造論とその法解釈論における地位（一），（二），（三）」高千穂論叢31巻3号（1996）1頁以下，同4号（1997）1頁以下，同32巻1号（1997）1頁以下，同「信義誠実の原則の学説理論的展望の一断面（一），（二）」高千穂論叢27巻4号1頁以下，同28巻1号）1頁以下（いずれも1993）など。

[85]　なお，安永正昭「《民法学のあゆみ》」法律時報58巻7号（1986）138-139頁参照。

[86]　ただし，このような機能的分類が信義則適用の限界を探る際の適用事例の再配列として意味があるにとどまる，との指摘もある（谷口＝石田編・前掲注（7）新版注釈民法（1）92頁〔安永執筆〕）。

代契約法の再構成を試みられている[89]。これは，前述した機能的類型論とは一線を画するもの，機能的類型論の分析手法についての問題性を指摘するものであるが，その一方で，信義則による規範修正，規範創造として機能分析手法の中に位置づけられなくもないことから[90]，ここで簡単に触れさせていただいた。

　以上を要するに，わが国における権利濫用・信義則の機能論は，適用領域の拡大に伴い，その濫用の危険性を回避するという流れの中で登場し進展してきたわけであり，今後も，新たな適用領域の開拓，中でも法現象の様々な局面で次元を異にする機能を発揮していく可能性を秘めた多彩な法原則として展開していくことが期待されているといえよう。

---

[87] 内田貴「現代契約法の新たな展開と一般条項（1）〜（4）」NBL514号6頁以下，515号13頁以下，516号22頁以下，517号32頁以下（以上はいずれも1993）（加筆・修正され，同『契約の時代』（岩波書店，2000）に収録）。なお，遠藤他編・前掲注（7）37頁，39-40頁〔山本執筆〕参照。

[88] 内田教授は，機能的類型論のみではかかる判例群における法的判断を理論的に位置づけるための理論枠組みや分析視角は導き出しえないとして，従来の類型的分析手法自体に対して疑問を呈される（内田・前掲注（87）一般条項（3）22-23頁）。

[89] 内田教授は，近時における契約法の領域における信義則に関する以上の現象を，契約関係に内在する内在的規範としての関係的契約規範が信義則によって実定法に吸い上げられた結果であると理解し，吸い上げられた契約規範を「関係的契約モデル」の中核に据えて新たな契約法として解釈学的に構成しようという構想を展開されている。詳細は，内田・前掲注（87）参照。

[90] 谷口＝石田編・前掲注（6）新版注釈民法（1）92頁〔安永執筆〕参照。本稿は機能論のみを扱ったが，近時は，契約の解釈基準としての信義則を「交換的正義規範」と「信頼保護規範」に分けて検討する見解（平井宜雄「契約法学の再構築（2）」ジュリスト1159号（1999）特に139頁以下）や，民事責任の領域で信義則が不法の抑止的機能・制裁的機能を果たす民事罰概念の受け皿としての役割を担いうることを指摘する見解（廣峰正子「信義則による不法の抑制と制裁」立命館法学302号（2005）147頁以下など）等も登場し注目される。

法人制度論

山 田 創 一

1 はじめに

　法人制度に関しては，本論文集の前作で森泉教授と大野講師が共同で執筆された論文「法人論史――法人本質論を中心に――」が，①民法成立期，②学説継受期，③展開期の三期に区分して分析し，戦後における法人理論の展開としては，紙幅の関係から川島説のみを取り上げている[1]。本稿でも，この区分を継承しつつ，①民法成立期，②学説継受期，③展開期を概観し，川島説以降の法人論に比重を置いて論ずることとする。

2 民法成立期

　旧民法は，人事編5条・6条と財産取得編118条・143条のところに法人に関する規定があるだけであり，118条1項は「民事会社ハ当事者ノ意思ニ因リテ之ヲ法人ト為スコトヲ得」という規定を置いていた。

　これに対し，明治民法はドイツ民法草案の影響の下で詳細な規定を設け[2]，その33条・44条・52条の立法理由をみると同法が法人擬制説の立場に立っていることが窺える。例えば，同33条の立法理由は，「……抑モ法人ハ自然ノ存在ヲ有スルモノニ非スシテ法律ノ創制ニ係ルモノタルハ古来ノ学説，諸国ノ法

1　森泉章＝大野秀夫「法人論史―法人本質論を中心に―」水本浩＝平井一雄編『日本民法学史・各論』（信山社，平9）1頁以下。
2　富井政章『民法原論』第1巻（有斐閣，訂正増補大正11年併冊版〔復刻昭60〕）218頁以下，原田慶吉『日本民法典の史的素描』（創文社，昭29）21頁以下，相本宏「法人論」星野英一編『民法講座1民法総則』（有斐閣，昭59）134頁，林良平＝前田達明編『新版注釈民法（2）』（有斐閣，平3）279頁〔前田達明＝窪田充見〕，北川善太郎『日本法学の歴史と理論』（日本評論社，昭43）31頁以下。

制ノ均シク認ムル所ナリ近世ニ至リ往々法人ノ自然存在説ヲ唱フルノ学者アリ又此主義ニ拠リテ法律ヲ制定シタル国ナキニ非ストモ是レ必竟法人タル資格ヲ受クヘキ団体ノ存在ト其団体ノ受クヘキ法人タル資格トヲ混同シタルモノニシテ其団体ハ或ハ自然ニ存在セリト云フヲ得ヘキモ其団体カ人格ヲ得ルハ之ヲ法律ノ効力ニ帰セサルコトヲ得ス是レ本条ニ於テ仍ホ既成法典ノ主義ヲ採用シ法律ノ規定ヲ以テ法人成立ノ基礎トシタル所以ナリ……」（新字体で表記）としている[3]。

起草者の梅博士は，法人擬制説もしくは法人否認説の立場に立って明治民法33条・43条・44条を解釈しており，法人構成員もしくは寄附者の財産と法人財産を分別すること，法律関係の権利義務の主体や訴訟の当事者における単純化のために必要な法技術であることなどを指摘している[4]。

他方，起草者の富井博士は，法人擬制説，否認説，実在説の有機体説を批判し，法人実在説の組織体説に立っている[5]。

---

[3] 広中俊雄編『民法修正案（前三編）の理由書』（有斐閣，昭62）92頁。なお，「自然存在説」として批判されているのは，法人実在説のことである（相本・前掲注（2）135頁）。

[4] 川島博士は，梅博士の見解に関し，「多数の人の共同企業財産があって，その主体の一人一人が権利能力を持っている。だから，その多数者の法律関係というものは非常に煩わしいものになる。それを処理するために法人という別の主体を作って，それでもって法律関係を単純化して処理するのだ，と言っておられるのであります。これを擬制説と呼ぶこともできますが，むしろこれはいわゆる法人否認説であります。すなわち，法人というものの，社会的な実態，法人として法律上現象してくるものの社会的な実質というものは，背後にある人間およびその財産である，という意味では，これはイェーリングなどのいわゆる法人否認説の考えに近いのではないかと思われます。梅博士は，さらに財団法人についても同じことを言っておられます。……これはまさにイェーリングが言っているような意味での法人論でありまして，日本でいわゆる『法人否認説』，すなわち法人の社会的なファンクションに着目して，法人というものを一つのそういうファンクションを果たすための法律技術・手段・道具と見るわけであります。こういう考えで梅博士は，一見したところ擬制説的に見える法人の規定を作られたのだ，と考えられるわけであります。」と指摘されている（シンポジウム「法人の代理と代表」〔川島武宜発言〕私法23号〔昭36〕7頁以下）。梅謙次郎『訂正増補　民法要義　巻之一総則編』（有斐閣，明44）79・80・98-101頁，梅謙次郎『民法講義』（信山社，明34）27-35頁，なお，梅博士の説に関しては，相本・前掲注（2）135頁以下，森泉＝大野・前掲注（1）3頁以下参照。

[5] 富井政章『民法原論　第1巻　総論』（有斐閣，訂正増補大正11年合冊版〔復刻昭60〕）221頁以下，なお，富井博士の説に関しては，相本・前掲注（2）137頁以下，森泉＝大野・前掲注（1）7頁以下参照。

3 学説継受期
―― 明治民法成立から大正期前半まで ――

　明治民法成立後，ドイツ・フランスの法人学説の継受が行われた。この時期では，鳩山秀夫博士，松本烝治博士の見解が重要である。

　鳩山博士は，富井博士と同じく法人擬制説，否認説，実在説の有機体説を批判し，法人実在説の組織体説を採用する。すなわち，明治民法33条・43条・44条は法人擬制説の根拠とならないとした上で，「理論上法人ノ本質ヲ攻究スルニ組織体説特ニ法律上ノ力ヲ享有スルニ足ルベキ組織体ヲ以テ法人ノ実体ナリトスル組織体説ヲ以テ正鵠ヲ得タルモノト信ズ」として，サレイユの組織体説に賛成し，近時の多数説もこうした見解であるとする。そして，「国家ハ其構成スル個人ヲ離レテ独立ノ目的ヲ有シ，独立ノ目的ヲ有スルガ為メニ独立ノ利益ヲ有ス……国家以外ノ組織体モ其組織強固ナルニ及ベバ統一的意思ヲ有シ，統一体トシテ活動シ事実上之ヲ構成スル分子ヨリ離レテ独立ノ目的ヲ有シ，独立ノ利益ノ主体トナル」と指摘して，法人の技術性を否定し法人を独立の目的と利益をもつ組織体として団体主義的にとらえている点に鳩山説の特徴がある。また，「共有，組合，船舶共有，合有……等ニ於テ，過半数ノ決議ヲ以テ全部ノ意思トスルノ組織存在スルモ，此ノ如キ関係ヲ法人ナル観念ヲ以テ率セントスルハ，固ヨリ学者ノ承認セザル所ナリ」として，組合を法人とすることに否定的である。さらに，社団と財団の差異は，「其目的，財産ノ価値，其法律上ノ性質ニ存スルニ非ズシテ，其意思機関組織ノ方法ニ存ス」として，本質的なものでなく技術的な問題にすぎないとしている。鳩山説は，我妻説に受け継がれ，我が国の通説の基礎になったと評されている6。

　松本博士も，「余は擬制説を排して実在説に従ふ。而して実在説中ギールケの意思的実在説又はミシューの利益的実在説は共に権利の本体に付て余と論旨を異にす。独りサレイユの説は権利を以て法律上の力とする点に於て余と見解を一にす。」として，組織体説を採用するが，鳩山説が社会的組織体説と呼ぶべきものであるのに対し，松本説は「法的組織体説」と呼ぶべきものである。

　6　鳩山秀夫『日本民法総論（上巻）』（岩波書店，大12）133頁，鳩山秀夫『法人論』法協26巻11号493頁，法協26巻12号597頁以下（明41），なお，鳩山博士の説に関しては，相本・前掲注（2）143頁以下，森泉＝大野・前掲注（1）11頁以下参照。

松本博士は,「1人の理事を有する財団法人が独立の意思の主体たり,数人の社員より成る営利社団が独立の利益の主体たるは,法律上の観念として之を説明するの外なきなり」として,社会学的観察と法学的観察とを分離し,理事1人の財団法人や社員2人の社団法人においては理事や社員から離れた法人独自の意思や利益を考えることはできず,法学的観察により法的組織体にすぎないとされる。富井博士も法的組織体説を支持している点で,松本説と富井説は共通性を有している[7]。

　松本博士も,鳩山博士とともに法人の行為能力・不法行為能力を認める法人実在説を根付かせた点で,法人学説の通説の基礎を築いた一人と言うことができる。鳩山説・松本説は,ドイツのギールケが主張した有機体説というよりはフランスのサレイユが主張した組織体説を採用し,反個人主義的色彩が濃厚である点に特徴がある[8]。

4　展　開　期
—— 大正期後半から敗戦まで ——

　この時期は,日本法が独自性を自覚し,日本社会の現実との関連の中で法人の議論が展開された時期である。この時期では,末弘厳太郎博士,石田文次郎博士の見解が重要である。

　自然人に属しない財産として「一定の目的に捧げられたる目的財産」や「多数人の団体に属する団体財産」があるが,「技術としての法人観念は権利主体なき所に権利主体あらしめる為めの技術」であると末弘博士は主張して,法人の技術的契機を強調する。そして,「権利主体なき所に権利主体あらしめる為めの技術」には,法人だけでなく英米法で発達した信託法理もあるとされ,権利能力なき社団の財産関係に信託法理の採用を主張する。また,法人実在説が,社会の中で活動している団体につき,それにふさわしい取扱いをするよう国家に対して要求する機能を有することから,法人実在説をとることを主張する。

---

[7]　松本烝治「法人学説」『商法解釈の諸問題』(有斐閣,昭30) 139頁,松本烝治「人法人及物」『註釈民法全書』第1巻 (厳松堂書店,明43) 299・300頁,富井政章「法人の不法行為能力」法協34巻10号 (大5) 1頁以下。なお,松本博士の説に関しては,相本・前掲注 (2) 144頁以下,森泉＝大野・前掲注 (1) 16頁以下参照。

[8]　相本・前掲注 (2) 146頁以下,森泉＝大野・前掲注 (1) 17頁以下参照。

すなわち，共同社会に存在する集団を中心に国家に対抗する社会の対等性を主張するため，集団人格を肯認するのに法人実在説が適合的であり，法人実在説を用いて国家に対し，団体の利益，ひいては団体構成員である市民の利益を擁護する。さらに，法人の技術的契機を主張する点では梅説と共通するが，社団と組合とを本質的に区別し法人実在説をとる点では梅説と相違する 9。

　石田博士は，ギールケの団体法論を論じる中で，末弘博士とは対極的な立場から個人に対して全体の優位を強調する法人実在説を主張する。すなわち，「ギールケがその学的生涯を通じて争ひ通した点は，法律学に於ける抽象的個人主義と形式的概念主義とであった」とし，「個人主義的な形式主義的な法律学の典型的学説として，法人擬制説位ギールケにとって都合のよい攻撃の標的は他になかったであらう。」とされ，サヴィニーの法人擬制説を批判する。「ギールケは個人主義を排撃して，個人の前に全体を置き，人の団体を道徳的精神的の組織的全一体として，それに実在性と法人格とを認めた。」が，「又ギールケは普遍主義のやうに，人を全然全体を構成する部分として捉へ，人は全体内に於て部分としてのみの存在を有し，個体……としてそれ自身独立の存在を有していないとはなさなかった。人は構成員としての存在を有していると共に，又独立した個体としての存在をも有している。人の生活は自己のためと同時に全体のために営まれている。人の団体も亦単一的組織体として自己自身の存在を有すると同時に，成員の集合体として成員全体のための存在を有している。……法律上の人格の付与を受くる基礎は，非現実的な全体の単一性にあるが，然し，団体の内部的構造に於て，団体の単一性を認めるがために，個人の独立的存在を否認するの要がなく，又団体の単一権……を認めるがために，成員の数多権……を否定するの要もない。団体の単一性……と構成員の数多性……とが組織的に結合して全一体を構成するところに，人的団体の構造の本質があると彼は考へた。」とされる。そして，「個人主義は全体を分離せる部分に解き，道徳を利用に，目的を原因結果に，精神を物質に，本質を機械的になすものであると云へるであらう。その社会は各人の欲望追求の職場であり，弱肉

9　末弘厳太郎「実在としての法人と技術としての法人」『民法雑記帳（上巻）』（日本評論社，昭 28）110 頁以下，末弘厳太郎「団体財産と信託法理」「一般信託法形成の必要とその方法」『民法雑記帳（下巻）』（日本評論社，昭 28）73 頁以下，76 頁以下。なお，末弘博士の説に関しては，相本・前掲注（2）149 頁以下，森泉＝大野・前掲注（1）19 頁以下参照。

強食の修羅の巷である。その法律は恰も戦時国際法と同様に，個人相互の間の権利争闘に関する規則である。その裁判は尽させぬ紛争を一時的に傍に押し除けるにすぎない。個人主義に基く利益社会の爛熟には，それ自らの裡に自己を破綻に導く契機が含まれている。階級意識から階級闘争に高まり，階級闘争は遂にそれによって変改せんとする利益社会そのものの破壊にまで導くであらう。利益社会的結合の極限とまで進んだ現在の人類の生活を，道徳的精神的の融合を基調とする団体的生活に転換せしめなければ，人類の文化は利益社会的な文化に変じたるが故に，斯る変化した形態に於て，或は文化自体が行詰るか，少くとも退歩するであらう。われわれは個人主義的な利益社会に永く留ることは出来ないのである。」と主張する。石田博士は，個人主義に対する団体主義を強調するが，その団体主義は全体主義を擁護し個人の自由と階級闘争を抑圧する主張と言える。戦後，川島教授らによって，法人実在説が全体主義につながると批判を受けることになるが，石田博士によるギールケの法人論がこうした批判を招く要因になったと言えよう[10]。

5 展 開 期
―― 戦後から昭和40年代まで ――

(1) 川 島 説

「法人は，人間個人でないところにあたかも人間個人があるかのごとくに権利義務を帰属させて法律関係を処理するための道具として使われることば（或は概念）である。たとえば，社会集団の権利義務をその社会集団の複数の構成員に帰属させないで（すなわち，複数の権利義務関係として処理しないで），団体という単一体に集中帰属させるしかたである。このような権利義務関係の単一的帰属関係に対応して，その権利義務関係はその団体の構成員等の利害関係者から分別されて処理される」。（新字体で表記）このように川島説は，法人の技術的契機に注目している点で，梅説と共通性を有している。そして，法人否認説を評価し，同説の第一の功績は，「法人の社会的実体たる社団又は財団をさらに進んで分析し，法人として現象するところのそれらの社団又は財団の現実

10　石田文次郎『ギールケの団体法論』（ロゴス書院，昭4）15・16・23・24・31・32・57・58頁。なお，石田博士の説に関しては，相本・前掲注(2)153頁以下，森泉＝大野・前掲注(1)24頁以下参照。

の内容は，社団に参加しまたそれによって利益を享受する諸個人，財団から利益を享受する諸個人，一つの活動体としての目的財団そのもの，にほかならぬことを明らかにした点」であり，第二の功績は，「法人の技術的性格を明らかにした点」であると指摘する。

また，法人とは，ある財団（財産的法律関係の一群）を他の財団から分別する技術であるとし，一人会社の問題や親子会社の問題の解明に有用な視点を提供している。

さらに，法人として処理される実体は，別の法技術，すなわち，「契約上および訴訟上の包括的代理権（管理権）の設定によってもその目的を達することができる（代表社員・支配人・財産管理人・信託）。特に，団体が少人数の場合，団体の存続時期が限られている場合（例，短期に処理される寄附財団），団体が取引行為をそれほど集団的になす必要のない場合」（新字体で表記）には，法人以外の法技術が用いられる。法人として処理される実体が信託によっても処理されることを指摘している点は，末弘説と共通性を有している。

そして，「社会有機体説あるいは団体説は，現実の社会関係における矛盾＝対抗関係を見ないで，その総体をただ統一の面においてのみながめ，その結果しばしば現状への妥協，その賛美に終っている」（新字体で表記）と批判し，「具体的な個人と個人との関係にまで分析されないで，協同体関係が他の諸関係の出発点となる場合には，しばしば，『団体』や『社会』そのものは疑うべからざる事実として前提され，法および社会関係に内在する矛盾は見失われる」（新字体で表記）と指摘して，「社会を構成する個人は，『自然状態』における孤立的個人という非現実的な・観念の世界においてのみ想像され得るような存在ではなくして，本来的に社会関係に立っているところの社会的個人」（新字体で表記）であり，「社会や諸の団体は，終局においてはかような社会的諸個人の間の一定の関係」（新字体で表記）としてとらえなければならないとする。その意味で個人主義を基調とした説になっている[11]。

---

11 川島武宜「企業の法人格」田中先生還暦記念『商法の基本問題』（有斐閣，昭27）190・196・198・199頁，川島武宜『民法総則』（有斐閣，昭40）94頁，川島武宜『所有権法の理論』（岩波書店，昭24）11頁。なお，川島博士の説に関しては，相本・前掲注（2）158頁以下，森泉＝大野・前掲注（1）28頁以下参照。

(2) 我妻説

　我妻博士は，ドイツのコーラー，フランスのデュギーなどの見解を参考にして，「法人は，決して擬制されたものではない。しかし，その実在する本質は何であるかという問題については，まず『個人以外に，これと同様に，一個独立の社会的作用を担当することによって，権利能力の主体たるに適する社会的価値を有するもの』と答うべきである。そしてつぎに，いかなるものがかような社会的価値を有するかを，社会学・経済学などの社会科学の力を借りて，社会生活の実体を考察し，これを当代の法律理想に照らして批判することによって，研究すべきものである。」と主張され，法人実在説の社会的作用説を主張される[12]。

(3) 星野説

　星野教授は，現代の法人理論の積極的な面として，まず，「法人格というものの技術性の承認」という点を指摘する。この点に関し，「法人格とはある社会的目的を達成するための手段にすぎないものだということをまずはっきり認識することから出発していこう，ということです。つまり，法人格の背後にある社会的実体の問題と，法人格そのもののもつ法技術的な問題とを分けて考えなければいけないということです。後者についていうと，法人とは幾つかの具体的な法規の総体である，一つのリファーするポイントである，ある存在が法人であるということは，そこからいろいろな法律効果が発生するということを一言でいいあらわしたにすぎないので，Ａ，Ｂ，Ｃ，Ｄの法律効果の発生する源だと一々いうのはめんどうだから，『法人』というのだ，こんなようなことがいわれております。」と述べている。

　次に，「法人格の多様性，相対性の承認」という点を指摘する。この点に関し，「法人の中にも種々のものがある，一口に法人といっても，そこからＡ，Ｂ，Ｃ，Ｄすべての効果が発生するというわけではなく，Ａ，Ｂの効果しか発生しないものもあれば，Ａ，Ｂ，Ｃ，Ｄの効果が発生するものもある。つまり，法人格があるということとないということとで，そこから生ずる法的効果が截然と異なるというものではない。……法人格があるといってもＡ，Ｂの効果しかないものもあり，法人格がないといってもＡ，Ｂ，Ｃ，Ｄまでの効果の認め

12　我妻栄『新訂民法総則（民法講義Ⅰ）』（岩波書店，昭40）126頁。

られるものもあるということです。」と述べている。

　さらに，「法人から生ずる具体的な問題の検討に重点が置かれている」という特徴を指摘する。この点に関し，「要するに法人とはことばどおりペルソナ，つまりマスク（お面）という意味ですが，その背後にある実体を探求して，その実体にふさわしい解決を与えようということです。……要するに，ある存在が法人であるから当然にＡＢＣＤＥの効果が生ずる，といった演繹的な議論をすることを避けて，一つ一つの問題に妥当な解決を与えようとしていることがいえるわけです。」と指摘し，「まず法人理論の不毛性を確認することから出発すべきではないか」と述べている[13]。

　星野教授の「いわゆる『権利能力なき社団』について」[14]は，こうした視点に立った研究の成果と言える。

(4)　日本私法学会のシンポジウム

　日本私法学会のシンポジウムで，昭和35年に「法人の代理と代表」（報告　川島武宜・鈴木竹雄・兼子一），昭和42年に「法人格なき社団」（報告　鍛冶良堅・小松俊雄・伊藤進・三枝一雄），昭和45年に「法人論」（報告　星野英一・蓮井良憲・上田徹一郎・山口賢・上柳克郎）がテーマとして取り上げられており[15]，法人・団体論の議論がこの時期は活発であったことを示している。

　星野教授は，法人研究を以下の四期に分けられる。すなわち，第一期は，「条文の解釈の時代で，主として松本烝治先生あるいは鳩山先生などの時代で，例えば公益とは何かとか営利とはどういうことを意味するかとかが議論され，今日，多数説になっているようなものがつくられました。それを我妻先生が集大成されたと思います。」第二期は，「外国の法人理論というものを紹介する時代です。そこでの傾向としては，団体の社会的な活動から直ちに法人格が認められるべしとの結論を導くといったことがありました。非常にすぐれた研究はありますが。」第三期は，「川島先生あたりから始まり，……要するに，法人格というものの法律技術的な意味を徹底的に明らかにした時代だと思います。しかしそれだけではなかったので，法人と構成員との責任の分配問題を扱ってい

---

[13]　星野英一『民法論集第四巻』（有斐閣，昭53）135頁以下。
[14]　星野英一『民法論集第一巻』（有斐閣，昭45）227頁以下。
[15]　日本私法学会『私法』23号（有斐閣，昭36）3頁以下，日本私法学会『私法』30号（有斐閣，昭43）3頁以下，日本私法学会『私法』33号（有斐閣，昭46）3頁以下。

ます。法人格というものは，もともと立法ではなくて，判例によって認められてきたものです。イギリス法――これは東印度会社から始まるようですけれども――あるいはフランス法のように，まず法人の構成員の個人債権者が法人の財産にかかれるかという問題から始まり，それを否定するのが法人ということの意味だったと見られます。次に，法人の債権者が構成員の財産にかかれるかという問題が起こりました。それらの点を検討したうえで，法人の法律上最小の意味はなにか，その次，その次というふうにかなり徹底して検討されたと思います。」第四期は，「要するに背後の社会的実体との関係で，……法人格そのものというよりはなになに法人と呼ばれるものを考えていこうという時代になったと見ております。つまり，法人の法技術的な意味はほぼ明らかになったことを前提として，法人の社会的な意義とか機能を考えながら，つまり法人の背後の実体とあわせて全体として見ていく。そうなりますと，……ガバナンスの問題とか，あるいは情報開示の問題，監督の問題，あるいは税の問題，つまり私法に限らずこれまで公法の問題といわれたものも含めて検討するという時代になったと思います。その機縁は，外国を含め，立法問題にあると見られます。」[16]

こうした観点で見るなら，この時期は第三期に位置付けられると言える。

6 停滞期
―― 昭和 50 年代から平成 7 年まで ――

大村教授は，「1980 年代から 90 年代の前半まで，民法学界では法人論・団体論は必ずしも活発ではなかった。」として，「法人論・団体論の退潮」の時期とされる[17]。この問題に関する特別な立法もなく，また，注目すべき裁判例も登場しなかったことが原因といえる。

---

16 日本私法学会『私法』66 号（有斐閣，平 16）5 頁以下。
17 大村敦志『学術としての民法 II 新しい日本の民法学へ』（東京大学出版会，平 21）21 頁。

7 展 開 期
―― 平成8年から現在 ――

(1) この時期になって，大村教授は法人論が活況を呈することになったことを指摘する。すなわち，「二つの出来事をきっかけに法人論・団体論は再び活況を呈しつつある。一つは，いわゆる南九州税理士会事件・群馬司法書士会事件などの裁判例の登場（前者は平成8年に，後者は平成14年に，最高裁判決が現れた）である。これらをめぐり様々な検討がなされたのは，憲法学におけるのと同様である。もう一つは，ＮＰＯ法・中間法人法の制定（前者は平成10年，後者は平成14年に成立した）であり，その前後を通じて多くの研究が現れた。」[18] と指摘する。とりわけ平成20年に成立した「一般社団法人及び一般財団法人に関する法律」「公益社団法人及び公益財団法人の認定等に関する法律」「一般社団法人及び一般財団法人に関する法律及び公益社団法人及び公益財団法人の認定等に関する法律の施行に伴う関係法律の整備等に関する法律」は，非営利法人法の大転換であり，これをめぐる多くの研究が現在現れている。新しい判例や立法に触発されながら，星野教授が指摘する前記の第四期にあたる研究，すなわち，法人の社会的な意義とか機能を考えながら，法人の背後の実体とあわせて具体的な法人を全体として見ていく研究が展開されていると言える。日本私法学会のシンポジウムで，平成15年に「団体論・法人論の現代的課題」（報告　能見善久・中田裕康・神作裕之・雨宮孝子・大村敦志・廣瀬久和）がテーマとして取り上げられており[19]，法人論・団体論の議論がこの時期に再び活況を呈していることを示している。

(2) まず，南九州税理士会事件・群馬司法書士会事件の最高裁判決の登場は，法人制度において法人の目的の範囲の議論を活発にした。また，それと同時に，民法学・憲法学の両陣営から，法人の活動の限界，法人とその構成員の協力義務の関係が活発に論じられたという点で，注目に値する。会社の政治献金を肯定した八幡製鉄事件の最高裁判決以来[20]，法人の社会的責任が問われる中で，

18　大村・前掲注（17）21頁。
19　日本私法学会・前掲注（16）3頁以下。
20　最大判昭和45・6・24民集24巻6号625頁。

その限界がどこにあるのかという検討を通じて法人制度のあり方が根本的に問われている点は注意を要する。

　南九州税理士会事件は，特殊公益法人で強制加入団体である税理士会が，政党や政治資金団体並びに資金管理団体に対して政治献金をすることを禁止した条文が政治資金規正法にないにもかかわらず，最高裁はその政治献金を目的の範囲外の行為とした[21]。事案は，政治資金規正法上の政治団体に寄付するため各会員から特別会費として金5000円を徴収したことが税理士会の目的の範囲外の行為とされた事案であったが，最高裁は，「政党など規正法上の政治団体に対して金員の寄付をするかどうかは，選挙における投票の自由と表裏を成すものとして，会員各人が市民としての個人的な政治的思想，見解，判断等に基づいて自主的に決定すべき事柄であるというべきである。なぜなら，……これらの団体に金員の寄付をすることは，選挙においてどの政党又はどの候補者を支持するかに密接につながる問題だからである。」とした上で，税理士会の政治献金を目的の範囲外の行為と判断していることから，徴収決議に基づき構成員から個別に強制徴収した場合のみならず，一般財産から政治献金を支出した場合も目的の範囲外になると解される[22]。また，この判決は，構成員の思想・

21　最判平成8・3・19民集50巻3号615頁。

22　南九州税理士会政治献金訴訟に関する最高裁判所調査官解説においても，「本件決議は，使途を明示した特別会費の徴収の決議でありこのような方法によらずに税理士会が政治献金を一般会費による財源から支出した場合はどうであろうか。本件のように会費の徴収を問題にすることは困難であるが，事実関係によっては少なくとも金員の寄付を決定した役員の責任が問題となるであろう。」としており（八木良一「判解」最高裁判所判例解説民事篇平成8年度（上）11事件評釈〔法曹会，平11〕227頁），税理士会が政治献金を一般会費による財源から支出した場合であっても無効となる（それ故に役員の責任が問題となる）と解している。また，河内教授も，南九州税理士会政治献金訴訟最高裁判決では，「構成員から臨時の出資を強制することが問題になっているのであるが，政治献金は法人の目的の範囲外であるとしているので，法人の資金から支出することも許されないことになると思われる。」としている（河内宏「民法43条・53条〜55条（法人が権利を有し義務を負う範囲と理事の代表権）」広中俊雄・星野英一編『民法典の百年Ⅱ　個別的観察（1）総則編・物権編』〔有斐閣，平10〕52頁）。同様の指摘をするものとして，渡辺康行「判批」ジュリ1113号（平成8年度重要判例解説，平9）13頁。

　なお，法人の政治献金を，一般財産から支出する場合と構成員から個別に強制徴収して支出する場合とを区別し，前者の場合は許されるが，後者の場合は許されないとの論理を私は「分離論」と呼び（分離論を採用した判決として，最判昭和50・11・28民集29巻10号1698頁），こうした「分離論」を無意味な区別として以下の理由から批判し

信条の自由（憲19条）が法人の「目的の範囲」を通じて私人間に間接適用される（人権の私人間効力）ことを認めたものと解される点でも注目される[23]。さらに，この判決が指摘する政治献金は投票の自由と表裏の関係にあるから構成員が自主的に決定すべき事柄であるという点を強調するならば，強制加入の

てきた（拙稿「法人の目的の範囲と構成員の協力義務の限界論との関係」専修大学法学研究所紀要31『民事法の諸問題ⅩⅡ』〔専修大学出版局，平18〕30頁）。すなわち，①法人の一般財産から政治献金を支出することが許されるとなると，構成員に事前に支出目的が知らされず反対の機会が与えられないという問題が生じること，②法人の一般財産から政治献金の支出を認めると，会費名目で政治献金を強制されるにすぎず，会員から徴収した金員を政治献金するための抜け道を与えるに過ぎないともいえること，③実態からみるならば，一般財産からの支出と個別徴収からの支出は質的に差異がなく，「分離論」は，目的を明示して個別徴収したか目的を明示せず会費として集めたかの区分でしか意味をもたないが，政治献金に使うことを知らせずに団体財産補充のために会費の追加徴収を臨時になす場合は許され，徴収決議に基づいて政治献金であることを明示し法人の構成員から個別に強制徴収する場合は許されないとするのは，政治献金に支出するという点では実質上同じ行為であるのに，使途を隠していれば法人の支出を適法とする点でごまかしを奨励する不合理な区別というべきであること，④「分離論」は拠出者と政治的信条の一体化が生じたか否かの基準で両者を区別するが（佐藤繁「判解」最高裁判所判例解説民事篇昭和50年度56事件評釈〔法曹会，昭54〕592頁），毎年同じ政党に政治献金している法人に会費を支出するのは，拠出者と信条の一体化が生じているから，この基準で区別を正当化する「分離論」は無理があるといえることから，政治献金の場合には，徴収決議に基づいて法人の構成員から個別に強制徴収する場合であろうと，法人の一般財産から支出する場合であろうと，構成員の思想・信条の自由を侵害することに鑑み，法人の「目的の範囲外」になると考える。分離論を批判するものとして，蟻川恒正「思想の自由と団体紀律」ジュリ1089号（平8）203頁以下，長谷部恭男『憲法』（新世社，平8）220頁，拙稿「法人の目的の範囲―政治献金は法人の権利能力の範囲内か―」山院38号（平9）304頁以下，甲斐道太郎「判批」リマークス15号（平9）10頁などがある。

23　私人間への憲法の間接適用の媒介となる一般条項の役割を，民法34条の法人の「目的の範囲」は果たすと指摘するものとして，芹沢斉「『人権』と法人の憲法上の権利の享有」青法38巻3＝4号（平9）482頁，橋本基弘「税理士会政治献金訴訟最高裁判決―非政治団体の政治的自由と構成員の思想・信条の自由　補論―」高知女子大学紀要人文・社会科学編45巻（平9）38頁，拙稿「政治献金と法人の目的の範囲―アメリカにおける政治資金規制を素材として―（二・完）」山院43号（平11）44頁，田中祥貴「判批」六甲台論集法学政治学篇46巻2号（平11）225頁，市川正人「判批」ジュリ1179号（平成11年度重要判例解説，平12）11頁，中島徹「団体の決定と，その構成員の思想・信条」法セ553号（平13）25頁，大津浩「私的団体の強制加入性と構成員の人権」棟居快行ほか編『プロセス演習憲法』（信山社，第4版，平23）8頁，西原博史「人権の私人間効力と法秩序の公共性保障機能―南九州税理士会訴訟最高裁判決が問いかけたもの」論究ジュリスト01号（平24）66頁。

みならず任意加入の公益法人，労働組合などの中間法人，会社などの営利法人の政治献金の場合にも，目的の範囲外になると解することができ，この判決を契機としてこうした学説が有力に主張されることになった[24]。こうして営利法人の政治献金を目的の範囲内とした八幡製鉄事件の最高裁判決は見直すべき時期が到来していると思われるが，その後，最高裁は南九州税理士会事件最高裁判決の射程範囲を限定し，中間法人（相互会社）と営利法人の政治献金を目的の範囲内と判断している[25]。

また，群馬司法書士会事件は，同会が，阪神・淡路大震災の被災者の相談活動等を行う兵庫県司法書士会ないしこれに従事する司法書士への経済的支援を通じて司法書士の業務の円滑な遂行による公的機能の回復に資することを目的として，兵庫県司法書士会に3000万円の復興支援拠出金を拠出する旨（公的支援金），及び，会員から復興支援特別負担金を登記申請事件一件あたり50円徴収する旨の決議をしたことが有効といえるかが問題となった。最高裁は，司法書士会が，「その目的を遂行する上で直接又は間接に必要な範囲で，他の司法書士会との間で業務その他について提携，協力，援助等をすることもその活動範囲に含まれる」とし，その金額も「目的の範囲」を逸脱するものではないとして，本件寄付は司法書士会の権利能力の範囲内にあるとした。また，本件負担金の徴収は，会員の政治的・宗教的立場や思想信条の自由を害するものではなく，本件負担金の額も，会員に社会通念上過大な負担を課するものではないとして，会員の協力義務を肯定した[26]。もっとも，金額が相当な範囲を超えるとして目的の範囲外であるとする二人の反対意見が最高裁であるほか，特殊公益法人で強制加入団体である司法書士会の寄付の事案であったことから，その一審判決は，前述した南九州税理士会の最高裁判決の論法を用いて，災害救

---

[24] こうした指摘をするものとして，中島茂樹「判批」法教192号（平8）97頁，森泉章「判批」判評457号（平9）36頁，木下智史「税理士会による政治献金と会員の思想・信条の自由」法教198号別冊付録『判例セレクト'96』（平9）11頁，渡辺・前掲注（22）13頁，拙稿・前掲注（22）「法人の目的の範囲－政治献金は法人の権利能力の範囲内か－」306頁，甲斐・前掲注（22）10頁，北野弘久『税理士制度の研究』（税務経理協会，増補版，平9）242頁，芹沢・前掲注（23）484頁，河内・前掲注（22）52頁，滝沢聿代「法人と理事の責任」法教251号（平13）65頁，平野裕之『民法総則』（日本評論社，第3版，平23）80頁。

[25] 住友生命・日本生命政治献金訴訟に関し，最決平成15・2・27商事1662号117頁以下，熊谷組政治献金訴訟に関し，最決平成18・11・14商事1783号56頁。

[26] 最判平成14・4・25裁判集民206号233頁。

7　展開期——平成8年から現在　　　39

援資金の寄付は「各人が自己の良心に基づいて自主的に決定すべき事柄であり，他から強制される性質のものではない」と解し，目的の範囲外であるとする判決を言い渡していた[27]。そのため，学説も当該寄付が目的の範囲内とする立場と目的の範囲外とする立場の激しい論争が展開された[28]。構成員の思想信条の自由を侵害する政治献金とこれを侵害しない災害救援資金の寄付とは質的に異なるというべく，「目的の範囲」を厳格に考える非営利法人であったとしても，災害救援資金の寄付は司法書士会の目的の範囲内と解すべきである。この訴訟は，法人の社会的責任という見地からも重要な訴訟で，公的支援金に関するものではあるがこうした行為が目的の範囲内であるとされた意義は，東日本大震災でも各種法人の災害寄付が行われたことに鑑みると，非常に大きいものであったと言えよう。

民法34条は，「法人の構成員の利益と第三者の利益を適当に調整するための『一般条項』的なものとして，巧みに用いられて来たといえる」[29]のであり，南九州税理士会事件・群馬司法書士会事件などの裁判例の登場が法人の目的の範

---

[27] 前橋地判平成8・12・3判時1625号80頁。

[28] 目的の範囲内とする見解として，拙稿「群馬司法書士会震災復興支援金事件の最高裁判決の意義とその問題点」判タ1108号（平15）16頁以下，甲斐道太郎「司法書士の社会的職責と司法書士会の目的」判タ1108号（平15）9頁以下，浦部法穂「団体の目的の範囲と構成員の思想信条の自由」判タ1108号（平15）6頁以下，西原博史「判批」受新623号（平15）13頁，岡田信弘「判批」法教269号（平15）50頁以下，古野豊秋「判批」ジュリ1246号（平15）10頁，田中祥貴「判批」六甲台論集法学政治学篇50巻1号（平15）145頁，近藤敦「判批」法セ583号（平15）115頁，織田博子「判批」リマークス27号（平15）13頁がある。

　目的の範囲外とする見解として，大野秀夫「判批」判評474号（平10）41頁，前田達明「法人の目的」法教213号（平10）14頁，渡辺康行「団体の中の個人」法教212号（平10）36頁，内田貴『民法Ⅰ　総則・物権総論』（東京大学出版会，第2版，平11）238頁，滝沢・前掲注（24）65頁，河内宏「法人の寄付について」判タ1108号（平15）13頁以下〔一般財産から支出した600万円は目的の範囲内であるが，会員から個別徴収した2400万円は目的の範囲外である〕，橋本基弘「判批」新報110巻5＝6号（平15）234頁以下，鷹巣信孝「法人（団体）の寄附と政治的活動」佐賀大学経済論集37巻3号（平16）136頁以下，河上正二『民法総則講義』（日本評論社，平19）167頁，渋谷秀樹『憲法』（有斐閣，第2版，平25）163頁。

　なお，目的の範囲内とした最高裁判決に関し，学説の多数はその結論を支持していると言える（拙稿「群馬司法書士会震災復興支援金事件最高裁判決をめぐる学説の検討」専法96号（平18）15頁）。

[29] 柳川俊一・最高裁判所判例解説民事篇昭和45年度（下）88事件評釈（法曹会，昭46）897頁。

囲の議論を憲法学及び民法学の領域で活性化させ法人制度のあり方を問いながらこのように法人論・団体論が再び活況を呈した点は注目される 30。

(3) 次に，法人に関する新しい法律（特定非営利活動促進法・中間法人法・一般社団法人及び一般財団法人に関する法律・公益社団法人及び公益財団法人の認定等に関する法律・一般社団法人及び一般財団法人に関する法律及び公益社団法人及び公益財団法人の認定等に関する法律の施行に伴う関係法律の整備等に関する法律）

---

30 憲法学で活発に論じられた問題として，一段階説と二段階説の対立がある。すなわち，構成員の思想・信条の自由を保護するために，構成員の思想・信条の自由の侵害を，民法34条の「目的の範囲外」とするアプローチと，権利侵害の故に民法90条の「公序良俗違反」とするアプローチとが存在する。南九州税理士会政治献金訴訟最高裁判決は，前者のアプローチを採用し，国労広島地方本部組合費請求事件最高裁判決（前掲注 (22) 最判昭和 50・11・28）は，後者のアプローチを採用している。この対立は，視点を変えれば，以下に述べるごとく一段階説と二段階説の対立につながる。すなわち，法人の「目的の範囲」の議論と構成員の「協力義務の限界」の議論は，構成員の思想・信条の自由を問題にする限りにおいては一致すべきで，法人の「目的の範囲内」であるが構成員の「協力義務の限界」を超える場合は存在しないとして，法人の「目的の範囲内」であれば構成員は協力義務を負い，法人の「目的の範囲外」であれば構成員は協力義務を負わないと主張する立場（一段階説）と，構成員の思想・信条の自由の侵害に関して，法人の「目的の範囲」の問題と構成員の「協力義務の限界」の問題とを一体として扱うべきでなく，二段階に分けて議論（二段階説）を行うべきと主張する立場とがある（この問題に関し，渡辺康行「団体の活動と構成員の自由　八幡製鉄事件最高裁判決の射程」戸波江二編『企業の憲法的基礎』〔日本評論社，平 22〕89 頁以下，西原・前掲注 (23) 66 頁以下参照）。そして，二段階説にはさらに二つの立場があり，第一は，構成員の思想・信条の自由の侵害という問題を，法人の「目的の範囲」（民法 34 条）の枠組みで判断することはできず「協力義務の限界」（民法 90 条）という枠組みでのみ判断することになるとする立場（二段階説Aと呼ぶ）であり，第二は，構成員の思想・信条の自由の侵害という問題を，まず法人の「目的の範囲」（民法 34 条）の枠組みで判断し，仮に法人の「目的の範囲内」となったとしても，次に「協力義務の限界」（民法 90 条）という枠組みで判断することができる（法人の「目的の範囲外」とされるケースもあれば，構成員の「協力義務の限界」を超えるとされるケースもあることになる）とする立場（二段階説Bと呼ぶ）である。一段階説は南九州税理士会政治献金訴訟最高裁判決が採用した立場であり，二段階説Aは国労広島地方本部組合費請求事件最高裁判決が採用した立場，二段階説Bは群馬司法書士会震災復興支援金事件の第二審判決（東京高判平成 11・3・10 判時 1677 号 22 頁）が採用した立場（構成員の思想・信条の自由の侵害を考えるに際し，司法書士会の政治献金は「目的の範囲外」の問題とし，同会の災害寄付は「協力義務の限界」の問題とする）である。この問題に関し，二段階説と一段階説の判例・学説の対立を整理し，二段階説の不当性を詳論したものとして，拙稿・前掲注 (22)「法人の目的の範囲と構成員の協力義務の限界論との関係」1 頁以下参照。

の成立に伴う，法人論・団体論の隆盛に関してである。

　市民のボランティア活動をはじめとする自由な社会貢献活動を促進させようとして，平成10年に特定非営利活動促進法（ＮＰＯ法）が施行され，ＮＰＯ（非営利組織）と呼ばれる市民団体に法人化への途が開かれた。多くのＮＰＯ法人が設立され民間における社会貢献活動が非常に活発になった点は[31]，社会で必要とされる多様な法人制度を立法することの重要性を示していると言える。

　平成18年に公布され平成20年に施行された「一般社団法人及び一般財団法人に関する法律」（一般法人法）は，「官から民へ」の時代の流れの中で，民法の公益法人制度を改め，剰余金の分配を目的としない社団または財団について，その行う事業の公益性の有無にかかわらず，一定の組織を備え登記することにより法人格を取得できる制度を創設し，その設立・機関等について定めている。また，同年に公布・施行された「公益社団法人及び公益財団法人の認定等に関する法律」（公益法人認定法）は，公益法人の設立の許可及びこれに対する監督を主務官庁が行う民法の制度を改め，内閣総理大臣または都道府県知事が，独立した民間有識者の「公益認定等委員会」または「都道府県に置かれる合議制の機関」の意見に基づき一般社団法人または一般財団法人の「公益性」を認定するとともに，認定を受けた法人の監督を行う制度を定めている。従来，民法の公益法人（許可主義），中間法人法の中間法人（準則主義）で規律していた制度を改め，一般法人法により非営利目的の法人を準則主義で設立できるようにし，その一般法人の中から公益法人認定法により行政庁の公益認定を受けることができた法人だけが公益法人になれるという制度に改めた。これにより，①非営利法人制度における一般法人の原則化，②公益法人の設立における行政裁量の排除，③公益法人の厳格化が図られている。そして，営利法人であろうと

---

[31] 平成25年12月31日現在で，内閣府の統計情報によれば，認証されたＮＰＯ法人の数は，4万8611であり，公益法人数（旧公益法人は2万4317法人が存在したが，新公益法人への移行認定を受けたのは9054法人にとどまっている）を大幅に抜いている（平成27年5月31日現在では，ＮＰＯ法人は5万169である）。佐藤教授は，「法には，ある組織や活動に正統性の資源を提供し，それを通じて，当事者あるいは社会の認識枠組みを変えていく機能があるが，一連の立法，とくにその嚆矢をなした特定非営利活動促進法が，「ＮＰＯ」「非営利」の活動分野について社会的認知を促進した効果は大きかった。」と指摘する（佐藤岩夫「非営利法の現状と課題－非営利法の体系化に向けた一つの素描－」広渡清吾ほか編『日本社会と市民法学－清水誠先生追悼論集』〔日本評論社，平25〕531頁）。

非営利法人であろうと，会社法・一般法人法により準則主義で法人格を取得できるようになる一方，税法上の優遇措置を伴う公益法人となるためには一般法人の中から公益認定というハードルを越えることができた法人がなることができるとして，公益法人の設立により公益法人の法人格が付与されるという従来の制度を改めた。また，一般法人においても会社法に類似したガバナンス（法人の活動に対する内部的なコントロール）の仕組みを採用しつつ，透明性を確保した形で公益認定を行わせて公益法人となることを厳格化した[32]。さらに，改正前の民法では財団法人は許可主義であった公益法人に限られていたが，一般法人法により公益に限らない非営利目的の財団法人の設立が準則主義により認められ，高額の財産の拠出は必要でなく，300万円以上の拠出で一般財団法人が設立できることとなった。なお，一般法人法のガバナンスの仕組みはＮＰＯ

---

[32] 佐藤教授は，「非営利団体の法人格取得の容易化および税制優遇の拡大を通じて，非営利団体の活動を支援・促進する枠組みが充実・強化された。」とし，「法技術的には，法人格取得の問題と税制優遇（その前提となる公益性認定）の問題とが分離されたことで，法制度設計の議論の土俵が大きく変化した。一方で法人格取得を容易にする制度設計が可能になるとともに，税制優遇（公益性認定）については，法人格取得の問題と独立に，あるタイプの団体に税制優遇を認めることが公共政策的に妥当であるかどうかをそれ自体として議論する土台が用意された。さらに，主務官庁制の廃止に伴い，非営利法人の内部規律をどのように確保するか，非営利法人のガバナンスを正面から論じる契機も与えられた。」とする一方，「①一般法人法の規定が非常に複雑であり，比較的規模の小さな団体にとっては使いにくい（法人格取得の妨げにもなりかねない）こと，②公益認定基準のなかに過度に厳格な要件があり（たとえば，公益目的事業比率，収支相償原則等），公益法人の適切な活動の障害となっていること」などを指摘する（佐藤・前掲注（31）530頁以下）。また，佐久間教授は，「法人成りと公益法人成りが完全に切り離され，法人の設立そのものは準則主義により認められることになった。とくに財団法人について，準則主義による設立が認められたことは大きな特徴である。また，公益法人には優遇税制措置が適用されるが（認定法58条参照），平成20年税制改正の大綱において，公益法人以外の一般社団法人・一般財団法人にも一定の範囲で優遇税制措置が適用されることとされた。したがって，公益法人であることと優遇税制措置の享受との連動も，一定程度切断された。」とするが，「団体の性格を考慮した法人の類型化がされなかったため，ガバナンスに関する規律はやや重いものとなっている（たとえば，理事会・評議員会への規制の強化〔一般法人法95条・189条〕）。また，公益認定を受けるためには，大規模一般社団法人・財団法人に近い組織を備え，会計や情報開示の点でもかなり重い規制に服さなければならない。これらの点は，規模の小さな団体が法人格を取得すること，公益法人となることに対する事実上の（しかも，大きな）障壁となる可能性がある。」と指摘する（佐久間毅「非営利法人法のいま」法時80巻11号〔平20〕15頁）。

にとっては重すぎるため，ＮＰＯ法は一般法人法の下でも存続するものとされた。そして，従来民法で規定していた公益法人に関する規定は削除され，民法には各種の法人に共通する一般原則がわずか 33 条から 37 条までの間に規定されるだけとなった。こうした法人法の大改正により法人論も新たな展開をみせている。

　ＮＰＯ法に関しては，ジュリスト 1105 号（平 9）は「ＮＰＯ法の検討」という特集を組み，①ＮＰＯ法の検討——市民活動団体の法人化について（座談会）〔雨宮孝子・磯部力・江崎芳雄・川井健・松原明・山田誠一〕，②いわゆるボランティア団体法人をめぐる課税関係〔佐藤英明〕，③欧米主要国のＮＰＯ法制と税制〔石村耕治〕，④公益的団体における公益性と非営利性〔能見善久〕，⑤公益的団体の財産——残余財産の帰属という視点から〔中田裕康〕が掲載されている。

　団体論・法人論に関し，ジュリスト 1126 号（平 10）は，特集号で，①団体——総論〔能見善久〕，②公益法人・中間法人・ＮＰＯ〔中田裕康〕，③団体設立の自由とその制約〔後藤元伸〕，④団体構成員の責任——「権利能力なき社団」論の現代的展開を求めて〔道垣内弘人〕が掲載されている。

　非営利法人法に関し，ジュリスト 1328 号（平 19）は，「新しい非営利法人制度」という特集を組み，①一般社団・財団法人法の概要〔中田裕康〕，②非営利法人における公益性の認定〔雨宮孝子〕，③一般社団・財団法人法におけるガバナンス〔山田誠一〕，④現行公益法人の移行措置〔梅澤敦〕，⑤一般社団法人と会社——営利性と非営利性〔神作裕之〕が掲載されている。

　また，ジュリスト 1421 号（平 23）は，「公益法人の移行・廃止とその問題点」という特集を組み，①新公益法人制度施行の現状と今後の方向〔池田守男〕，②公益認定等委員会における審査の実際〔雨宮孝子〕，③公益認定等審議会の意義・役割〔小幡純子〕，④新公益法人制度と公益認定に関する問題〔能見善久〕，⑤制度設計の歪みが起こす問題点〔堀田力〕が掲載されている。

　(4)　非営利・非公益の法人の成立を可能とした中間法人法や非営利の法人の成立を可能とした一般法人法の登場は，権利能力なき社団論の適用領域を縮小することになった[33]。ところで，権利能力なき社団に関し，かつては組合の規定を適用するとの説が主張されたこともあったが（ドイツ民法 54 条参照），その後，社団法人の規定の中には，社団たることに基づく規定と法人たることに

基づく規定とがあり，前者の規定（社団法人の内部関係に関する規定〔社員総会に関する規定など〕）については権利能力なき社団に適用されるとの説[34]が有力となり，さらに，権利能力なき社団は可能な限り法人と同様に扱いその規定を類推適用すべきとの説[35]が有力となった。しかし，一般法人法により法人格の取得が容易になったことから，権利能力なき社団を法人並みに扱う論拠の重要な部分が失われた結果[36]，一般法人法のいかなる規定が類推適用されるか検討することを通じ，権利能力なき社団の議論を活性化させる側面もあると言えよう。

そして，中間法人法が成立し，その後，一般法人法が成立したことから，社団が所有する不動産を安全に管理したければ法人を設立してその名義の登記にすることもあるという状況下で，第三者の利益を犠牲にして権利能力なき社団を保護するのは不当であるとの見解が有力に主張されるに至っている[37]。とりわけ，一般法人法の施行に伴い，その行う事業の公益性の有無にかかわらず，非営利法人は一定の組織を備え登記すること（準則主義）により法人格を取得できることになり，中間法人法の下では有限責任中間法人を設立するためには最低300万円の基金を保有する制約があったが（中間法人12条），一般法人法の下における一般社団法人においては設立時の財産保有規制は存在せず，非営

---

[33] こうしたことから，一方では，「権利能力なき社団の法理は，その主要な機能を失ったのであるから，その役割を終えたものというべきである」とし，「法人格の取得が可能であるのに，法人格を取得しようとしない団体については，権利能力なき社団の法理による法的保護を与える必要はない」と解する見解がある（後藤元伸「一般社団・財団法人法および会社法の成立と団体法体系の変容」法時80巻4号〔平20〕134頁）。しかし，他方では，「なお権利能力なき社団の理論は必要であり，かつ，その適用を厳格に限定するべきではない」とする見解がある（四宮和夫＝能見善久『民法総則』（弘文堂，第8版，平22）149頁）。設立中の会社や団体については「権利能力なき社団の理論で説明する必要がある」こと，「一般法人法が用意している法人の仕組みではうまくいかないために一般法人法で法人格を取得しないものも考えられる」こと，「市民が団体を形成して目標を追求する際に，法が用意している法人類型を利用するか，それを利用せずに団体活動をするかは，市民の自由である」ことから（四宮＝能見・前掲），後者の見解が妥当と言えよう。

[34] 我妻・前掲注（12）133頁。

[35] 星野英一『民法概論Ⅰ（序論・総則）』（良書普及会，改訂版，平5）151頁，四宮＝能見・前掲注（33）150頁。なお，この考え方は，法人格を取得しようにも取得の途がない中間的な団体を意識した議論であった（四宮＝能見・前掲）。

[36] 内田貴『民法Ⅰ　総則・物権総論』（東京大学出版会，第4版，平20）226頁。

[37] 能見善久「法人の法的意義の再検討」ＮＢＬ767号（平15）52頁以下。

利法人の法人格取得が一層容易になった状況下においては，第三者の利益を犠牲にするのは許されないと考える。こうした考慮から，権利能力なき社団Ａの不動産の登記を代表者のＢ名義にしたところ，Ｂの債権者Ｃが差し押さえた場合や，Ｂが自己の不動産と称してＤに売買した場合に関し，権利能力なき社団Ａを保護せず第三者ＣないしＤを保護する見解が近時有力になっている[38]。

8 終わりに

　中田教授は，新しい非営利法人制度の思想として，複数の異なる系統の思想が合流しているとされる。すなわち，第一の系統は，「政府と民間部門の関係の再編成」である。政府側の発想として，「『官から民へ』という流れの中で，『簡素で効率的な政府』を実現するための受け皿として民間非営利部門に期待するという発想」があり，民間側の発想として，「『官と民の相互不信又は癒着』という状態を『官と民の協力と役割分担』という関係に変えようという発想」があるとする。第二の系統は，「個人の善意の行動の支援」である。これには，「公益的目的のための財産の拠出の受け皿を確保するという形態」と「個人の社会貢献ないし非営利の活動を保障するという形態」とがあるとする。第三の系統は，「私人の財産管理の自由の拡張」である。これには，「個人の財産管理・処分の自由の拡張」と，「企業の資金調達のために責任財産を分離することの自由の拡大」という種類がある。さらに，租税の論理や地方分権の思想も加わり，こうした「異なる思想の存在と緊張関係を意識しつつ，適切な運用を図ることが求められる」とされる[39]。

　また，能見教授は，団体の二面性を指摘する。すなわち，「団体を設立する

38　こうした見解として，以下の見解が主張されている。すなわち，①債権者が背信的悪意者であれば保護しないとする見解として，能見・前掲注（37）53頁，②Ｂの債権者Ｃが差し押さえた場合には，ＡはＣに第三者異議の訴えを提起できるが，Ｂが自己の不動産と称してＤに売買した場合には，94条2項と110条を類推適用して善意無過失のＤを保護する見解として，鎌田薫「判批」判時1212号（昭62）197頁以下，拙稿「権利能力なき社団の不動産を代表者の個人財産と信頼した第三者の保護」新報113巻9＝10号（平19）1頁以下，③Ｂの債権者Ｃが差し押さえた場合には94条を適用して善意のＣを保護する見解として，内田・前掲注（36）236頁，④債権者Ｃや取引の相手方Ｄに94条2項を類推適用して保護する見解として，平野・前掲注（24）53頁などがある。

39　中田裕康「一般社団・財団法人法の概要」ジュリ1328号（平19）10頁以下。

40　能見善久「団体－総論」ジュリ1126号（平10）51頁。

ことで個人の活動を拡大・強化する側面と，団体によって個々の構成員の権利が制約される側面である。本来，多様性を実現するために国家的介入を制限するのに，国家的介入が減少することで，団体の中の少数派や弱者の権利が害される危険も増大する。」[40] 法人の多様性が要請され自律的運営が求められる中で，営利法人の会社と同じく非営利法人の設立を準則主義にした一般法人法が生まれる一方で，団体の少数派である構成員の利益をいかに図るかの限界が問題となった南九州税理士会事件・群馬司法書士会事件などの裁判例が登場したのは，こうした団体の二面性に由来していると言える。こうした団体の二面性に基づき，法人論は一層深化し，発展していくことと思われる。

法律行為の目的

中 舎 寛 樹

はじめに

　民法90条は,「公の秩序又は善良の風俗に反する事項を目的とする法律行為は,無効とする」と規定している。この「目的」とはいかなる意味を有するか,それを検討するのが本稿の課題である。文理解釈からすれば,目的には,法律行為の内容,対象,動機,原因(causa)や,当事者の意図,目指すところといった漠然とした意味まで種々の解釈が考えられる。実際上,「目的」という用語ないし概念は,民法典のいたるところで用いられており(検索した限りでは,財産法で81か所,家族法で19か所ある),そのほとんどは権利の「対象」の意味で用いられているが,「契約をした目的」(民542条,566条1項,635条),「賃借した目的」(民607条),「害する目的」(民581条2項)という場合には,対象のことを意味しないことは明らかであり,むしろ,契約をする動機ないし意図を意味するに近い。

　しかし,本稿は,このような多義的に用いられている目的の意味を一つ一つ確定するものではなく,法律行為において目的という概念がどのような意味を有するかを検討するものである。これをどのように解するかによって,法律行為において,効果意思以外のいかなる要素がその効力に影響を及ぼすかの理解が異なりうるからである。「法律行為」の目的について規定するのは,明文上は民法90条のみであり,以下では,起草段階から現在に至るまでの学説が同条における目的をどのように理解してきたかを検討することにより,目的と法律行為との関係を考えてみることにしたい[1]。

　この点に関して,森田修教授は,以下のように簡潔に問題を指摘しており,ここで同教授自身の見解が示されているわけではないが,これは,本稿の問題意識にとって,端的かつきわめて重要な指摘である[2]。

「民法90条は,『公ノ秩序又ハ善良ノ風俗ニ反スル事項ヲ目的トスル法律行為』を無効とする文言を採っているが,公序良俗違反の判断対象とされている〈法律行為の目的〉とは何か。一方で,起草時に参照されたと推測されるドイツ民法典第一草案は,公序良俗に反する『内容を有する法律行為』を無効とするという体裁を採った。ここからは〈法律行為の目的〉とは法律行為の内容を意味することになりそうである。しかし他方で同じく起草過程で参照されたフランス民法典1133条は,公序良俗に反する『コーズは不法である』としている。〈コーズの不法〉は法律行為の内容の不法よりも広く,動機の不法を包含するため,この系譜を重視すれば90条の『目的』の範囲は広がる。」

折しも,現在進められている民法改正作業では,民法90条に関しては,民法（債権法）改正検討委員会案,中間試案,要綱仮案,法律案を通じて,一貫して,「事項を目的とする」という文言を削除するとの提案がなされている。これは,同条に関する裁判例が,公序良俗に反するかどうかの判断に当たって,法律行為が行われた過程その他の諸事情を考慮しており,法律行為の内容にのみ着目しているわけではないことをふまえて,このような裁判例の考え方を条文上も明確にしようとするものであるとされている。すなわちここでは,目的とは,法律行為の内容であるとの理解を前提にして,改正にあたっては,法律行為の過程やその他の諸事情を考慮できるようにするとの趣旨が示されている。これによれば,今後は,もはや法律行為の目的の意味を明らかにする実際上の必要性はなくなるようにも思われる。しかし,錯誤については,これとはまったく対照的な状況が生じており,興味深い。錯誤では,要素の錯誤の意義,動機の錯誤の取扱い,効果として無効か取消しか,第三者保護の要否などが課題とされているが,そのうち要素の錯誤に代わる提案として,要綱仮案の段階になってはじめて「目的」という文言が登場し,法律案に至っている。すなわち,法律案【第95条】1項によれば,民法95条の規律を次のように改めるものと

---

1 本稿は,公序良俗に関する基礎理論を展開するものではない。近年における新たな視点からの公序良俗論については,大村敦志『公序良俗と契約正義』(有斐閣, 1995),山本敬三『公序良俗論の再構成』(有斐閣, 2000) 参照。また,公序良俗違反に関する総合研究として,椿寿夫・伊藤進編『公序良俗違反の研究』(日本評論社, 1995) 参照。しかし,これらでは,本稿で取り上げる「法律行為の目的」についての検討はなされていない。

2 森田修『新版注釈民法 (3)』(有斐閣, 2003) 125頁。

する，とされている．
　「意思表示は，次に掲げる錯誤に基づくものであって，その錯誤が法律行為の目的及び取引上の社会通念に照らして重要なものであるときは，取り消すことができる．
　一　意思表示に対応する意思を欠く錯誤
　二　表意者が法律行為の基礎とした事情についてのその認識が真実に反する錯誤」
　以上のように，法律案では，錯誤について，「要素」の錯誤という文言を「法律行為の目的及び取引上の社会通念に照らして重要なもの」という文言に代えるとの提案がなされている．さらに，要綱仮案の補足説明では，目的について，とくにカッコ書きで「当該法律行為が目指していたもの」と明記され，錯誤の重要性を判断するためには，その法律行為の目的がどのようなものであるのかが重要な考慮要素になると考えられるとされている．これは要素の錯誤に代わる文言をいかに規定するかに関して提案されたものであるが，本稿の関心からすれば，公序良俗違反において，現在の学説の多数が，法律行為の目的を法律行為の内容であると捉えつつ，それでは狭いとしていることと対照的であり，改正民法の下では，公序良俗での目的の削除にもかかわらず，新たな条文において再び法律行為の目的の意義が問われることになるのではないかと思われる．

1　現行民法起草前の状況

(1)　ボアソナード草案

　ボアソナード草案においては，周知のとおり，法律行為の規定はない．しかし，合意の意義および合意の成立要件において，「目的」の語が用いられている．ボアソナード草案第2編第2部第1章第1節の817条は，以下のように規定されていた[3]．
　「第八百十七條　合意トハ物權，人權ヲ問ハス權利ヲ創設シ改様シ又ハ消滅スル⁀ヲ目的トスル二人又ハ数人ノ意思ノ一致ヲ云フ
　　人權又ハ義務ノ創設ヲ合意ノ主タル目的トスルトキハ特ニ之ヲ契約ト云

3　『ボワソナード氏起草稿再閲修正民法草案註釈第二編人権ノ部』（ボワソナード民法典研究会編『ボワソナード民法典資料集成後期Ⅰ－Ⅱ』）（雄松堂，2000），第二編　第二部　人権即債権幷ニ義務ノ總則　第一章義務ノ原由即本源　第一節合意及ヒ契約．

フ」

　このフランス語原文によれば，1項の目的は but，2項の目的は objet の語が用いられており，すでに目的概念の多義性がうかがえる[4]。しかし，同条の註釈では，目的について，条文を繰り返して説明するのみであるが，目的の原語としてはいずれの目的についても objet の語を用いており，ボアソナード自身，両者の区別に関心を抱いていないようにも思われる[5]。

　他方，825条では，合意の成立要件として「目的物」の語が objet の訳語として用いられている。

　　「第八百二十五條　一般ノ合意ノ成立ニハ左ノ三個ノ條件ヲ必要トス
　　　第一　結約者又ハ其名代人ノ承諾
　　　第二　結約者ノ所置權ヲ有スル確定ノ目的物
　　　第三　真實ニシテ適法ナル原由
　　有式ノ合意即有式ノ契約ハ右ノ外尚ホ必要ノ法式ニ循ハサレハ成立セス」

　同条の註釈では，817条の目的と同条の目的物との異同が説明されている。それによれば，817条にいう目的（objet）とは「物権人権を問わずすべての権利の創造，変更または消滅」にほかならないが，合意の目的たる創造すべき権利はその目的物（objet）を有しなければならない。これが権利の目的物をもって合意の目的とした所以である。フランス語では，817条が but の語を用いていたにもかかわらず，ここでの解説では，目的，目的物ともに objet の語を用いている[6]。

　なお，ボアソナード草案825条に対応するフランス民法1134条では，契約の成立要件につき規定しており，契約は，合意，当事者能力，目的（objet），原因の諸点において適法であることを要し，さらに，特定の場合には，形式についての要件を満たさなければならないとする[7]。他方，契約の定義規定である「1126条は，『すべて契約は，当事者の一方が与え，または為しもしくは為さざる義務を負った《chose》［物または事］をもってその目的とする』と定め

---

[4]　G. Boissonade, Projet de Code civil pour l'Empire du Japon accompagné d'un commentaairé. Nouvelle édition. Tomes 1–4. Tokyo, 1890–1891, Art.317.（ボアソナード民法典研究会編『ボアソナード民法典資料集成後期Ⅳ〔第1回配本〕』（雄松堂，1998）。）

[5]　Boissonade, op. cit. no17.

[6]　ボワソナード・前掲注（3）96頁。Boissonade, op. cit. no 43.

[7]　山口俊夫『フランス債権法』（東大出版会，1986）23頁。

ているが，厳密にいえば，契約の目的とは，それが発生させる債務関係（obligation）であり，この債務関係が『物または事』として理解される一定の給付（prestation）を『目的』としてもつものであるから，1126条において契約の目的といわれているものは，実は当該契約から生まれる債務関係の目的であり，またそこで用いられている《chose》の語は，債務者の負担する債務の内容である『給付』を意味する。すなわち，契約成立要件としてここでいわれている objet de contrat とは，objet de l'obligation née du contrat（契約から発生する債務関係の目的）の略語に外ならない」とされている[8]。これによれば，フランス法における契約の目的（objet）とは，契約により生じる債務関係の目的であり，その債務関係が一定の給付を目的としてもつという関係であることになる。このような説明は，ボアソナードの註釈に類似しており，目的の語を「債務関係の発生」と「目的物」の意味に重複して用いるものである。

また，ボアソナードは，825条における原由（cause）の解説では，合意の原由は結約者をしてその合意を承諾するに決意させる理由であり，結約者の達しようと欲した目的（but）であると述べている[9]。このような解説は，目的概念に限っていえば，その異同につき必ずしも明確な説明であるとはいえず，あいまいであり，ボアソナードが817条と同様，目的の意味についてさほど留意していないことを示すものであろう。また，錯誤についても，830条[10]では，目的物（objet）の語を用いつつ[11]，その註釈では，objet の訳語として「合意ノ目的上ノ錯誤」という題目が用いられている[12]。

以上からすると，ボアソナードは，目的の意義について，「債務関係の発生」の意味で用いるとともに，「目的物」の意味や，「原因」の意味で用いる場合もあり，また厳密な意味での区別にはあいまいな認識であったことを看て取ることができるように思われる。

(2) 旧 民 法

旧民法においては，上記の規定は，財産編第二部人権及ヒ義務第一章義務ノ

---

8 山口・前掲注（7）42頁。
9 ボワソナード・前掲注（3）102頁，Boisssonade, op. cit. no 45.
10 Boissonade, op. cit. Art.330.
11 ボワソナード・前掲注（3）131頁，Boissonade, op. cit. Art.330.
12 ボワソナード・前掲注（3）135頁，Boissonade, op. cit. no 60.

原因第一節合意に，304条1項2号の「目的物」を「目的」と変更した以外は，ほぼそのままの形で残された[13]。

「第二百九十六條　合意トハ物權ト人權トヲ問ハス或ル權利ヲ創設シ若クハ移轉シ又ハ之ヲ變更シ若クハ消滅セシムルヲ目的トスル二人又ハ數人ノ意思ノ合致ヲ謂フ」

「第三百四條　凡ソ合意ノ成立スル爲メニハ左ノ三箇ノ條件ヲ具備スルヲ必要トス

　　第一　當事者又ハ代人ノ承諾
　　第二　確定ニシテ各人カ處分權ヲ有スル目的
　　第三　眞實且合法ノ原因

　右ノ外尚ホ要式ノ合意ハ必要ノ方式ヲ遵守シ要物ノ合意ハ返還セラル可キ物ノ引渡ヲ爲シタルニ非サレハ成立セス」

「第三百九條　當事者ノ錯誤ニテ合意ノ性質，目的又ハ原因ノ著眼ニ相違アリシトキハ其錯誤ハ承諾ヲ阻却ス」

ここでは，296条，304条，309条のいずれにおいても「目的」の語で統一されて用いられていることに注目できる。これにより目的は，「権利の創設，移転，変更，消滅」と「目的物」との両者を含む多義的なものとなっているといえよう。

(3)　小　括

以上のように，目的の語の起源は，ボアソナード草案および旧民法にあるが，そこでは，「権利変動」を意味する場合と「目的物」を意味する場合とがあり，また「原因」との関係も明確ではなく，このような不明確な意味を含んだ目的概念が，言葉としてはそのまま現行民法の起草段階に受け継がれたといえよう。

2　民法起草段階での議論

(1)　法典調査会での議論

現行民法の起草にあたり，ドイツ民法草案に倣い，法律行為概念を導入したことに伴い，合意の定義規定，合意の成立要件の規定はいずれもなくなった。

13　前田達明編『史料民法典』（成文堂，2004）974頁，975頁。

したがってまた，旧民法上存在した目的という語は，その限りでは見られなくなった。主査会における法律行為の冒頭説明でも，目的についてはまったくふれられていない。ただし，主査会では，錯誤に関して，要素と旧民法上の目的との関係が以下のように説明され，要素の錯誤と規定する以上，目的の錯誤について規定する必要はないとの理由が述べられている[14]。しかし，これに関しても主査会では何らの議論も見られない。

「同項（旧民法財産編309条1項）ニ目的ノ錯誤ヲ以テ亦承諾ヲ阻却スル錯誤トセリ然レトモ行為ノ目的ハ常ニ行為ノ要素ナルヲ以テ之ニ錯誤アレハ即チ行為ノ要素ニ錯誤アルモノナリ故ニ亦特ニ之ヲ規定スルコトヲ要セス」

他方，公序良俗違反については，現行法に見られる如く，「目的」の語が新たに登場した[15]。旧民法財産編には同様の規定はなく，これは，法例15条が「公ノ秩序又ハ善良ノ風俗ニ関スル法律ニ牴触シ又ハ其適用ヲ免カレントスル合意又ハ行為ハ不成立トス」とあるものを「法律」とするのでは不十分であるとして，旧民法財産編328条ただし書が「公ノ秩序又ハ善良ノ風俗ニ反スル行為」としているのに倣ったとされている。しかし，「目的」とは何かについてとくに説明はなく，また主査会での議論を見ても，「又は善良の風俗」を削除するか否かに関する議論が見られるのみである。

現行民法案では，規定の順序を入れ替えることはあったが，以上のような表現には変わりがなく，そのまま現行民法として成立したのである[16]。

以上によれば，現行民法の起草段階では，旧民法起草時の用語の混乱以前に，目的という用語を使用しながら，その意味にまったく無関心であったといってよいであろう。

(2) 起草者の理解

それでは，民法起草者は，この目的をどのような意味で理解していたのであろうか。

まず，梅は，以下のように，法律行為から不当利得，事務管理，不法行為を

---

14 『法典調査会民法主査会議事速記録』（法務大臣官房司法法制調査部監修『日本近代立法資料叢書13』（商事法務，1988）〔第93条〕647頁。
15 法務大臣官房司法法制調査部・前掲注（14）〔第95条〕。
16 広中俊雄編著『民法修正案（前三編）の理由書』（有斐閣，1987）138頁以下参照。

除くため，その定義に主たる関心があり，法律行為とは，私権に関して「法律上の効果を生じさせようとすること」を目的とする意思表示であるとする以外，目的そのものの定義に関心がない[17]。

「然レトモ狭義ニ用フルトキハ単ニ私権ニ関シ法律上ノ効力ヲ生セシムルヲ目的トスル意思表示ノミヲ指スモノニシテ我新民法ハ即チ此意義ニ於テ法律行為ナル文字ヲ用ヒタリ」「本節ニ於テハ第一ニ法律行為ノ目的ト為スコトヲ得ヘキ事項ト其目的トスルコトヲ得サル事項トノ差別ヲ示シ……」「先ツ第九十條ニ於テ不法ノ目的ヲ有スル法律行為ノ無効ナルコトヲ規定セリ」

これに対して，富井は，以下のように，目的を定義している[18]。

「一般法律行為ノ要素ハ法系及ヒ学説ニ依リテ其分類法ヲ異ニシ殆ト一定セル所ナシ然リト雖モ今此ニ其成立ニ缺クヘカラサルモノヲ挙クレハ（一）意思表示（二）目的ノ二ニ帰着スヘシ但此二要素ハ各一定ノ要件ヲ具備セサルヘカラサルコトハ後段ニ之ヲ述ヘントス」「法律行為ノ目的トハ当事者カ私法上ノ効果トシテ発生セシメント欲シタル事項ヲ謂フ即チ其意思表示ノ内容ヲ組成スルモノナリ法律行為ノ目的ハ法律ノ保護ヲ受クヘキ性質ノモノナルコトヲ必要トス」「法律行為ノ目的ト混同スヘカラサルモノアリ其縁由即チ是ナリ縁由トハ或法律行為ヲ為ス意思ヲ決定スルニ至リタル理由ニシテ当然其内容ヲ成スニ非サルモノヲ謂フ」「茲ニ又縁由ト区別セサルヘカラサルモノアリ原因コーザ即是ナリ抑モ法律行為（殊ニ契約）成立ノ一要素トシテ原因ナルモノヲ認ムルハ旧来一般ノ観念トス」「然ルニ近時仏国ニ於テハ原因ヲ以テ契約ノ一要素ト為ス旧来ノ学説ニ反対ヲ唱フル学者少シトセス」

以上によれば，法律行為の目的とは，「当事者が私法上の効果として発生させようと欲した事項」であり，「内容」である。すなわち，ここでいわれる目的は，法律行為の客体としての「目的物」のことではなく，旧民法296条における合意の定義と同様，「法律効果」のことである。しかし，さらに，目的が動機とは異なることをいうために，目的は法律行為の「内容」であるという表

17　梅謙次郎『民法原理総則編巻之一巻之二合本（復刻版）』（信山社，1991）297頁，309頁。

18　富井正章『訂正増補民法原論第一巻総論』（有斐閣，上冊初版1903，合冊1922）399頁以下，407頁以下，410頁以下。

現がはじめて登場した。これは，ドイツ民法の第一草案106条が「善良の風俗または公の秩序に反する内容（inhalt）を有する法律行為」としていたことに影響を受けたものと推測される[19]。また，動機は原因とは異なるとしている。目的と原因との関係は不明であるが，わが国では原因概念は不要であるとしているので，両者は異なるものと理解していると推測できる。

(3) 小　括

以上のように民法の起草段階では，法律行為の目的という表現を採用しながら，その意味には無関心であったが，民法制定後は，動機および原因との違いをいうために，旧民法と同様に，目的とは，当事者が発生させようとした「法律効果」であり，それは法律行為の「内容」であると定義されるようになったといえよう。

3　明治期の学説の理解

(1)　「法律上の効果」とする見解

岡松は，法律行為の目的を随所で用いており，90条の注釈では，「法律行為ノ目的」というタイトルを付けて，目的に関する要件について述べている[20]。

「法律行為ハ必ス法律上ノ効果ノ発生ヲ目的トスルコトヲ要ス法律上ノ効果トハ権利ノ発生消滅移転変更是ナリ。」「凡ソ法律行為ノ目的ハ二條件ヲ備フルコトヲ要ス（一）適法ノモノナルコト（二）可能ノモノナルコト是ナリ。不能ノ事項ヲ目的トスル法律行為ノ無効タルハ当然云フヲ俟タサルヲ以テ本法ハ特ニ之ヲ規定セス」「不適法ノ目的ヲ有スル法律行為ニ二種アリ（一）公ノ秩序，善良ノ風俗ニ反スル事項ヲ目的トスルモノ（二）法律ノ規定ニ違反スル事項ヲ目的トスルモノ是ナリ」「目的トスル行為其者ハ直ニ公ノ秩序善良ノ風俗ニ反セサルモ其包有スル事項ニシテ之ニ反スルトキハ無効ナリ例之人ヲ殺サバ金ヲ與フ可シ，又其行為ヲ約束セサルモ其

19　しかし，第二草案では，内容という語句は省かれた。これは，良俗違反の判断に際しては主観的要素も加味されることを示すためであった。大村・前掲注（1）121頁，高津幸一『注釈民法（3）』（有斐閣，1973）56頁参照。

20　岡松参太郎『民法理由総則編』（有斐閣，初版1896，訂正10版1899）158頁，165頁以下。

行為ヲ包含スルトキハ無効ナリ例之賭場ノ設立ヲ目的トスル寄附行為」
「其法律行為ノ目的（物体）タル行為其者カ公ノ秩序ニ反スルコトヲ要セ
ス其ノ法律行為ヲ為スノ理由即チ原因（縁由ニ非ス）カ公ノ秩序ニ反スル
モ可ナリ」「其法律行為ヲ為スニ決心セシメタル主観的ノ理由（即チ縁由）
カ公ノ秩序ニ反スルモ無効ニ非ス」

　これらによれば，岡松は，法律行為の目的とは「法律上の効果の発生」であり，経済・社会上の目的とは異なり，また，原因，動機とも異なるものと理解していたといえよう。

　岡松は，後に，『法律行為論　全』において，法律行為の目的を取り上げる項目を設定してはいないが，効果意思の意義について述べる箇所において，以下のように，目的の意義について，法律行為の目的は，法律上の効果であり，経済・社会上の目的のことではないと繰り返し述べている[21]。

「行為者ハ総テノ場合ニ唯経済上又ハ社会上ノ効果ノミニ著眼シ決シテ法
律上ノ効果ヲ自覚シ又ハ之ヲ目的トスルコトナシト云フヘカラス普通ノ場
合ニハ實ニ反対論者ノ云フカ如ク経済上又ハ社会上ノ目的カ法律行為ヲ為
スノ動機ト為リ之ヨリ生スル法律上ノ効果ハ或ハ全ク自覚セラレス又ハ従
タル目的タルニ過キサルヘキモ然カモ場合ニ依リテハ法律上ノ効果其物カ
法律行為ノ主タル若クハ唯一ノ目的タルコトナシトセス（一）例ヘハ債権
者ノ差押ヲ免ルルカ為ニ不動産ヲ他人ニ譲渡シ又ハ他ノ原因ヨリ生シタル
債務ヲ消費貸借上ノ債務ニ変スルカ如キ（民五五五條）ハ一ニ法律上ノ効
果ヲ目的トスルモノニシテ豪モ経済上又ハ事実上ノ目的ヲ有セス否此等ハ
皆経済上又ハ事実上ノ状態ニ変更ヲ生セシメスシテ一ニ法律上ノ関係ノミ
ヲ変更セシムルコトヲ目的トスルモノナリ（二）又一僧侶ニ巨額ノ財産を
贈与シ同時ニ其僧侶ヲシテ該財産ヲ寺院ノ目的ノ為トシ経済上ニ於テハ全
ク贈与ノ目的ナシ然カモ法律ハ其目的トシタル法律上ノ効果ノミニ着眼シ
之ニ其効力ヲ認ム即此等ノ場合ニハ法律行為ハ法律上ノ効果ヲ目的トスル
モ経済上ノ効果ヲ目的トスルコトナシ」

(2)　「法律効果すなわち内容」とする見解

　このように，法律行為の目的とは，それによって発生させようとする「法律

21　岡松参太郎『法律行為論　全』（有斐閣，初版1914，信山社，復刻版1998）42頁以下。

効果」であるという理解は，明治期の他の論者にもみられるが，他の論者において特徴的なのは，目的とは，当事者が発生させようとした法律効果とするだけでなく，富井がそうであったのと同様，それが法律行為の内容であるという説明をするようになったことである。たとえば，川名は，民法90条について以下のように述べている[22]。

「法律行為ノ目的トハ行為者カ欲シタル私法上ノ効力トシテ発生スヘキ事項ヲ謂フ即チ法律行為ノ内容其モノヲ謂フナリ民法第九十條ニ所謂法律行為ノ目的トハ此意義ニ外ナラス」

また，松岡も以下のとおり，これと同様である[23]。

「法律行為ノ内容即チ日本民法ニ所謂法律行為ノ目的（民九〇「……目的……」）ハ行為者カ法律行為ニ依リテ発生セシムルコトヲ欲シタル私法上ノ効力ニ属スル事項ニシテ可能及ヒ適法ナルコトヲ要ス」

その中でも，鳩山は，法律行為の目的について，以下のように最も詳しい説明をしている[24]。やや長文になるが，その後の学説への影響度が大きいと思われるので引用しておく。

「五　公序良俗ニ反スル事項ヲ目的トスル法律行為

（イ）　法律行為ノ目的トハ其内容ヲ謂フ即チ法律行為ノ結果トシテ生スル法律上ノ変動之ナリ（富井氏民法原論三二八頁，梅氏民法要義九五條二二〇頁，松岡氏民法論四三一頁等参照）元来目的ナル文字ハ種種ノ意義ニ使用セラル茲ニ謂フ意義ノ外法律行為ノ動機即チ当事者カ到達セントシタル事実上ノ希望ヲ目的ト云フコトモ亦普通ノ用法ナリ例ヘハ強盗ノ目的ヲ以テ刃物ヲ買ヒ醜行ノ目的ヲ以テ部屋ヲ賃借スト云フカ如シ然レトモ本條ニ目的ト云フハ此意義ニアラス蓋シ沿革上ヨリ言ヘハ本條ノ母法ト為リシ独逸ノ第一草案ニハ法律行為ノ内容（Inhalt）ト云ヘルノミナラス本法ノ用法ヨリ見ルモ動機ノ意義ニ於テハ単ニ法律行為ノ目的又ハ或ル事項ヲ目的トスト云ハスシテ法律行為ヲ為シタル目的又ハ契約ヲ為シタル目的ト云フノ例ナレハナリ（五四二條，五六六條，五三四條参照）或ハ之ニ反シテ目的ヲ広義ニ解シ動機ノ公序良俗ニ反スルモノモ本條ニ包含セシムルコトカ本條立法ノ精神ニ合スルモノナリト論スル少数ノ学者アリ（土方寧氏

22　川名兼四郎『改訂増補　民法総論全』（金刺芳流堂，1903）321頁。
23　松岡義正『民法論総則』（清水書店，1907）425頁。
24　鳩山秀夫『法律行為乃至時効』（巌松堂書店，1912）67頁，68頁。

「権利ノ目的」法学新報一五巻三号）然レトモ動機ノ不法ヲ包含セシムルトキハ客観的事実ノ不法ニ因ルコトナクシテ第三者ヨリ窺ヒ知リ難キ当事者ノ心情ニ因リ法律行為ノ効力ヲ左右セシムルニ至ルカ故ニ取引ノ安全ヲ撹乱スル弊害アルノミナラス本條ノ目的ハ当事者ノ不法行為ヲ罰スルニハ非スシテ公序良俗ニ反スル事項ニ法律上ノ効力ヲ否認シ法律行為其モノノ公序良俗ニ反スルコトヲ防クニ存スルモノナレハ其法律行為ノ内容タル事項ノミヲ標準トスヘク当事者ノ心情ニ因リテ之ヲ左右セシムルハ却テ本條ノ精神ニ反スルモノト信ス。」

　これによれば，目的という文字は多義的であり，動機を指すこともあるが，その場合には，単に法律行為の目的とかある事項を目的とするとかいわないで，「法律行為をなしたる目的」または「契約をなしたる目的」といっている（民542条，566条，534条）。目的を広義に解して，動機が公序良俗に反する場合も本条に包含されるとする少数説（土方寧）があるが，それでは取引の安全を害するだけでなく，本条の目的は，不法行為を罰することではなく，公序良俗に反する事項に法律上の効力を否認し，法律行為そのものが公序良俗に反することを防ぐことにあるので，法律行為の内容たる事項のみを標準とすべきである，というのである。すなわち，ここでは，いわゆる動機の不法が原則として本条に含まれないことに重点が置かれており，法律行為の目的とは，法律行為の内容すなわち法律行為の結果として生じる法律上の効果のことであることが明確に示されている。このような鳩山説は，その後の学説にも多大な影響を与え，現在の通説の基礎となっているのではないかと思われる。

(3)　「内容すなわち原因」とする見解

　これに対して，中島は，法律行為の目的とは当事者が実行しようと欲する事項，すなわち内容であるとしながら，目的と原因との関係につき，特別の見解を示している[25]。

「法律行為ノ目的トハ当事者カ実行セント欲スル事項ヲ云フ，法律行為ハ意思表示ヨリ成リ而シテ意思ハ必ラス目的ヲ有ス，故ニ法律行為ニハ必ラス目的ナカル可カラス，契約ニ於テハ両当事者カ実行セント欲スル事項ノ

---

[25] 中島玉吉『民法釈義巻之一総則篇』（金刺芳流堂，初版明治1911，改版増補版1925）462頁。なお，訂正17版（1922）も全体的に12頁減ではあるが，記述内容は同じである。

3 明治期の学説の理解

全体ヲ其目的トス, 例ヘハ売買ニ於テハ財産ノ移転ト代価ノ支払トヲ合セテ其ノ目的トナス, 一方行為ニ於テハ表意者ノ意思ノ内容ヲ以テ其目的トナス, 要スルニ法律行為ノ目的ハ法律行為ノ内容ト同義ナリ。」

　ここでは，法律行為の目的とは，当事者が実行しようと欲する事項，すなわち内容であるとしながら，その例としてあげる例はいわゆる「原因」のことではないかと思われる。中島は，さらにこれに続けて，目的と原因の関係を述べている[26]。

「法律行為ノ目的ハ即チ其ノ内容ニシテ法律行為ノ要素ヲ成ス，即チ必ラス存在スルヲ要シ，又其可能適法ナルヲ要ス，本法ハ目的ノ観念ヲ認メ之レニ付キテ規定ヲ設ケタリ（九〇），然ルニ外国法ニ於テハ更ニ原因ノ観念ヲ認ムルモノ多シトス，我民法ノ解釈上モ目的ノ観念以外ニ原因ノ観念ヲ認ムルノ必要アリヤ，」「我民法上原因ハ法律行為ノ要素タル可キカ余ノ信スル所ニ於テハ原因ハ前記何レノ意義ニ於テモ法律行為ノ要素ニ非ス，又広ク法律行為全般ヲ通シテ要素トナスヲ得サルノミナラス契約殊ニ双務契約ニ於テモ原因ハ必要ニ非ス，」「実質的ニハ前記諸国ノ学者カ原因ノ観念ニヨリ説明セント試ムル所ハ目的ノ観念ヲ正当ニ解スルニヨリ之レヲ説明スルコトヲ得ルカ故ニ別ニ原因ヲ認ムルノ要ナシ，請フ少シク之レヲ説カン，法律行為ノ目的ハ本節（二）ニ述ヘタルカ如ク法律行為ニヨリ当事〔者＊誤植？〕カ実行セントシタル事項ノ全体ナリ，此故ニ双務契約ニ於テハ両当事者ノ欲求スル事項ハ二アリ，例ヘハ売買ニ於テハ代価ノ支払財産権ノ移転之ナリ，此両者カ法律行為ノ目的ヲ形成ス，故ニ其一方カ不法不能ナル場合ニ於テハ法律行為ノ目的カ不法不能ナリ，従テ無効ナルカ故ニ他ノ一方モ亦義務ヲ負担スルコトナキナリ，例ヘハ茲ニ不融通物ノ売買ヲ約スル者アランカ，原因論ニヨレハ原因不能ナルカ故ニ買主ハ代価支払ノ義務ナシト論スルナリ，我輩ノ主張スル所ニヨレハ売買契約ノ目的不能ナルカ故ニ債務ヲ生セスト論断ス可キナリ，其他ノ有償行為皆類推ス可キナリ，贈与ハ実ニ原因論ノ難関ナリ，然ルニ我民法ノ主義ニヨレハ無償ニテ財産権ヲ移転スルコトカ契約ノ目的ナリ，故ニ此点ニ於テ障害ナクンハ当然効力ヲ生ス可キナリ，苦ンテ原因ヲ弄スルノ必要ナキナリ，其他一方行為（放棄，取消，解除，通知等）ニ至リテハ其ノ意思其ノモノカ

26　中島・前掲注（25）465頁，471頁以下。

直ニ効力ヲ生スルモノニシテ原因ノ存ス可キ理由ナシ，独逸ノ学者或ハ之レヲ以テ必然的ノ無原因行為ナリト説明ス究説ナリト云フ可キナリ」「縁由ハ法律行為ニヨリ直接ニ現実セラルルモノニ非ス，即チ法律行為ノ内容ヲナサス，縁由ト目的トノ関係ハ猶原因ト結果ノ関係ノ如シ，故ニ或ハ之レヲ遠因（Causa remota）又ハ原因ノ原因（causa causarum）ト称ス」

　以上によれば，法律行為の目的とは，当事者が実行しようとした事項の全体であり，売買では代価の支払いと財産権の移転の両者が法律行為の目的を形成する。それ故，その一方が不法不能である場合には，法律行為の目的が不法不能であり，無効である。不融通物の売買では，売買の目的不能であるがゆえに代金支払いの債務を生じない。その他の有償行為でもみな同じである。贈与は原因論の難関であるが，わが民法では，無償にて財産権を移転することが契約の目的であり，この点に障害がなければ当然効力を生ずべきであり，原因を弄する必要はない。動機は，法律行為の内容をなさず，動機と目的との関係は，原因と結果の関係の如くである。

　このように，中島によれは，法律行為の目的とは，当事者が実行しようと欲する事項，すなわち内容であるとしながら，それは原因のことであるが，わが民法では，目的概念があるので原因概念は不要であるとして，目的とは原因であることはっきり述べている。これは，目的とは，法律行為により発生する法律上の効果のことであり，それが内容であるというのとは明らかに異なる理解である。

(4) 小　括

　以上のように，明治期の学説の多数は，岡松および鳩山に代表されるように，起草者である富井の説明を受け継ぎ，法律行為の目的を法律効果の発生に限定しており，これを法律行為の内容としている。このような定義は，目的を動機と区別をすることに主眼が置かれたことによるものである。しかし，目的と原因との関係については，原因概念はわが国では不要とするにとどまっており，目的との異同については必ずしも明らかな説明をしているとはいえない。このような目的と原因との異同の不明確さが少数説である中島説を生じさせる契機となっており，そこでは，目的は法律行為の内容であるとされながら，それは原因のことであるされている。このような目的と原因との異同の不明確性が，その後も少数ながら現在に至るまで，法律行為の「内容」の中身の不明確さを

生み出し，法律行為の目的には，法律効果以外の要素があると解する説が存在する端緒を看て取ることができる。

4 大正期・昭和初期の学説

(1) 「法律行為の内容」とする見解

　大正期および昭和初期の学説では，岡松および鳩山の理解をそのまま簡単に受け継いで，法律行為の目的とは，法律行為の内容のことであると直截に説明し，そこから動機との区別をするものが多くなっている。以下，主要部分を引用しておく。

　飯島喬平 「法律行為ハ私法上ノ効果ヲ生セシムルコトヲ目的トス」[27]

　大谷美隆 「法律行為ノ目的トハ法律行為ノ内容ト云フ意味ニシテ，其法律行為ニ依リ生セシメントシタル総テノ事項ヲ云フモノトス，例ヘハ売買又ハ贈与ニ於テハ或財産権ノ移転ヲ其内容トスルカ如シ，若シ行為ノ当事者カ其動機ヲ発表シタル場合又ハ相手方之ヲ推知シタル場合ニ於テハ其動機モ亦法律行為ノ内容トナルモノト解スヘシ」[28]

　牧野菊之助 「茲に目的と云ふは意思表示の内容を組成する事項を謂ひ，法律上（一）確定なること，（二）可能なること，（三）適法なることを要するものである。」[29]

　三猪信三 「本條ハ公序良俗ニ反スル事項ヲ目的トスル法律行為ノ無効ナル旨ヲ定ム目的トハ法律行為ノ内容ヲ意味ス故ニ唯縁由動機カ公序良俗ニ反スルコトアルモ無効ト為スヘカラス」[30]

　長島毅 「法律行為ノ成分トハ其構成分子ヲ謂フ。」「法律行為ノ成分ハ一ニ目的又ハ内容ト云フ」[31]

　石田文次郎 「現代の経済関係の実際に於ては，各人の生活需要を満足せしめるために，直ちに財貨の移動の結果を齎す行為をなさずに，先づ財貨の移動に関する具体的の目的並に方法を確定する法律行為を締結するのが常

27　飯島喬平『民法要論』（巖松堂書店，1913）158頁。
28　大谷美隆『民法総論講義』（大明堂書店，1925）197頁。
29　牧野菊之助『民法要綱』（巖松堂書店，4版，1927）78頁。
30　三猪信三『民法総則提要』（第7版，有斐閣，1928）324頁。
31　長島毅『民法総則綱要』（訂正9版，巖松堂書店，1928）163頁，167頁。

である。換言すれば，当事者は先づ財貨の移動に関する具体的並に方法の確定を目的とする法律関係を作り，財貨の現実的な移動は其法律関係の正常的な当然の展開として惹起し，其法律関係の義務の履行として法律上必然的に発生するやうな法鎖を作るのが通常である。即ち財貨の移動と言ふことを主眼として法律行為を区別すると，具体的に財貨の移動の目的並に方法を確定する基本的法律行為と，其基本行為に従い財貨の移動そのものを実現するがために為される展開的法律行為とに分けることが出来る。」32

穂積重遠 「法律行為の一般的成立要件は，当事者と目的と意思表示とである。」「ここで法律行為の有効要件といふのは，法律行為の各成立要件について法律行為の有効に必要な状態が存在することである。即ち当事者については，一般及び特別の行為能力があることを要し，意思表示については，真意に一致すること及び瑕疵のないことを要し，目的については（1）確定し得べきこと（2）可能であること（3）適法であること（4）公の秩序又は善良の風俗に反しないこと　を要する。」「ここで『目的』といふのは，其法律行為の要素たる意思表示の内容をなす事項であつて，其法律行為を為すに至つた動機即ち所謂法律行為の縁由とは違ふ。それ故『目的』という言葉は余り適当でなく，むしろ『内容』と言ひたいのだが，法文に『目的』と用ひてある故それに従ふ。」33

小池隆一 「法律行為ノ一般成立要件ハ当事者，目的及意思表示ノ三者之レナリ。此ノ点ニ付キ或ル学者ハ意思表示ノミヲ以テ成立要件ト解シ他ノ二者ヲ除外シタリ。然レドモ法律行為ト意思表示トハ別個ノ観念ナルヲ以テ法律行為ノ成立要素中ヨリ，当事者及目的ガ意思表示ノ要素ナリト云フ理由ニ基キ之レヲ除外スルハ理論上正シカラザル可シ（鳩山氏前掲三〇〇頁）。」「法律行為ノ目的トハ当事者ガ其法律行為ニヨリテ発生セシメント欲シタル事項即チ法律行為ノ内容ヲ云フ。従ツテ其法律行為ヲナスニ至リシ動機即チ所謂法律行為ノ縁由トハ之レヲ区別スルコトヲ要ス。」34

川添清吉 「法律行為ノ目的又ハ内容トハ当事者カ法律行為ニヨリテ発生セシメントスル法律効果ニシテ表示行為ニヨリテ表示セラレタル効果意思即

32　石田文次郎『現行民法総論』（弘文堂書房，1930）282頁。
33　穂積重遠『民法総則上巻』（日本評論社，1940）249頁以下。これは，穂積重遠『改訂民法総論』（有斐閣，1931）294頁以下とほぼ同文であり，趣旨がより明確な昭和15年版を引用する。

チ所謂表示上ノ効果意思ノ内容ニヨリテ定マルモノナリ。表意者カ現実ニ有シタル効果意思即チ所謂内心的効果意思ハ法律行為ノ要素ノ錯誤等ノ場合ニ法律行為ノ効力ニ影響ヲ及ホスニ止リ法律行為ノ目的ヲ決スルモノニアラス。」35

近藤英吉 「同條に於て『目的』と謂ふのも，大体に於て，法律行為の『内容』の意味に解しなければならぬ。吾法典上又は講学上，『目的』と謂ふとき，その意味は必ずしも一様ではない。或は「客体」の意味に用ひられることもあり，或は，経済上の動機を意味することもあり，或は「内容」を指示することもある。その何れなるかは，法條の立法趣旨，又はこの語を用ひた者の思想を吟味して決定しなければならぬ。」36

田島順 「法律行為の目的確定性（Bestimmtheit）とは，当該の法律行為によりて当事者の達せんとした具体的事項が，法的評価に適する為に，一定の内容を有すべきことの要求である。」37

(2) 「内容すなわち原因」とする見解

しかし，目的，動機とともに，原因についてふれる学説では，目的と動機とは異なり，動機と原因とは異なるとする。これらでは，目的と原因との関係は，依然として不明確であるが，その説くところを見れば，目的とは法律行為の内容であり，それは原因のことであると捉えているのではないかと思われる。まず，三淵は次のようにいう38。

「法律行為の内容と云ふのはその法律行為になくてはならぬ意思表示の内容を云ふのである。或はこれを法律行為の目的とも云ふ。法律行為の縁由即ち動機とは異なる。法律行為の縁由即ち動機はその法律行為を為さんと決するに至つた理由であつて，法律行為の内容を為すものではない。例へば慈善音楽会を開くが為めに三日間青年会館を借入れる契約をしたとする。慈善音楽会を開くが為めというのはその借入の契約をするに至つた理由で

34　小池隆一『概説日本民法』（訂正5版，巌松堂書店，1933）64頁。
35　川添清吉『民法講義〔総則〕』（巌松堂書店，1934）125頁以下。
36　近藤英吉『民法要義』（松華堂，1938）230頁以下。
37　田島順『民法総則』（弘文堂書房，1938）237頁。
38　三淵忠彦『民法』（時事新報社，1926）227頁以下。三淵忠彦『日本民法新講総則編 物権編』（梓書房，1929）204頁以下もほぼ同文である。

あつて動機である。契約の内容ではない。……法律行為の縁由は前に述べた法律行為の原因と混同してはならぬ。原因と云ふのは財産の出捐行為を為すの理由であつて，其の出捐行為を合理的ならしめるものである。従て原因は法律行為上の意思表示と合体して法律行為の性質を確定するものである。例へば贈与の目的で時計を他人に与へることを約すと云ふ場合に，贈与の目的と云ふのは法律行為の原因である。何の為めに贈与の意思決定を為すに至つたのか，更にその奥の理由が動機である。」

これによれば，法律行為の目的は，意思表示の「内容」であって，動機とは異なり，動機は原因とは異なるとしながら，原因は，財産の出捐行為をなす理由であって，意思表示と合体して法律行為の性質を確定するものであり，贈与の目的は法律行為の原因であるという。

また，沼も，法律行為の目的とは，当事者が欲した私法上の効果，すなわち内容であるとし，動機とは異なるとしながら，目的の例としてあげるのは，原因のことである[39]。

「法律行為の内容とは，一定の私法上の効果の発生を欲する意思即ち効果意思の内容を為す事項にして，即ち当事者が私法上の効果を有せしめんと欲したる事項なり。例へば，財産権の移転に対して代金の支払を約することは売買成る法律行為の内容なるが如し。法律行為の内容は又之を法律行為の目的と称す。法律行為の内容又は目的は之を法律行為の縁由又は動機と区別せざるべからず。縁由又は動機は決意を促したる理由換言すれば効果意思を促したる理由にして法律行為の内容又は目的とは別個の観念なり。縁由又は動機は原則として法律行為の内容を為すことなし。」

⑶ 「内容すなわち事実関係」とする見解

以上の見解と異なり，目的とは法律効果ではないとするのが遊佐の見解である。それによれば，法律行為の目的とは，当事者が欲望した私法上の効力を組成する「内容」事項であり，「法律行為の効力それ自体」ではなく，効力を組成する事項たる「事実関係」にほかならず，個別の行為によって異なるという[40]。このような説明は，上記のような多数の説とは異なるものである。この

---

[39] 沼義雄『総合民法要論』（巌松堂書店，1938）567頁。
[40] 遊佐慶夫『民法概論総則篇』（増訂19版，有斐閣，1942）296頁以下。

事実関係というには，実質的には，動機ないし原因に類似しているのではないかとも思われるが，遊佐自身は，目的は動機とも原因とも異なるとしている。

「Ⅰ．法律行為ノ当事者ニ因テ欲望セラレタル私法上ノ効力ヲ組成スル内容事項（当事者ノ欲望事項）ヲ法律行為ノ目的ト云フ（民90）。即チ法律行為ノ目的ハ法律行為ノ効力其レ自体ニハアラズシテ，其効力ヲ組成スル事項タル事実関係ニ外ナラズ。従テ何ガ法律行為ノ目的ナルカハ各種ノ行為ニ付キ抽象的ニ一定スルモノニアラズ，各個ノ行為ニ付テ目的ハ異ナルモノトス。」「Ⅱ．茲ニ於テ法律行為ノ目的ハ之ヲ法律行為ノ縁由若シクハ動機（Beweggrund, Motive.）ト区別ス可シ。動機トハ法律行為ヲ為サントスル（法律効果ヲ欲望スルニ至リタル）決意ノ理由ナリ。而シテ目的ハ法律行為ノ構成内容ナルモ動機ハ然ラズ。」「Ⅲ．又法律行為ノ目的ハ之ヲ法律行為ノ原因トモ区別セザル可カラズ。原因ハ既述セル如ク実質ニ於テハ動機ト同一ナリ。而シテ或種ノ法律行為（原因行為）ノ成立要素ナリ。且ツ其種類ノ法律行為ニ於テハ原因ハ同一ナリ。然レドモ目的ハ同一種類ノ法律行為ニ於テモ各行為ニ付キ同一ナラザルコト動機ニ於ケルガ如シ。故ニ同種ノ行為中ニモ目的ノ不法ナル行為アリ。目的ノ適法ナル行為モアリ。又タ法律ハ無因行為ナルモノヲ認ムルモノト解ス可キガ故ニ法律的構成ニ於テハ原因ヲ有セザル行為モアルナリ。然レドモ目的ヲ有セザル行為ナキナリ。又タ原因ハ財産的行為ニ就テノミ認メラルル観念ナルモ，目的ハ非財産的行為ニ就テモ認ム可キハ勿論ナリ。」

(4) 小　括

以上のように，大正期および昭和初期の学説では，法律行為の目的とは，その法律行為の内容であると説明するものがほとんどを占めるに至っているが，さらに内容というときのその中身を見ると，これを法律行為により生じる法律効果であると解するもの，原因と同一視するもの，法律効果そのものではなく，それを組成する事実関係であると解するものがあり，内容の中身が多義的になったといえよう。

5 戦後の学説

(1) 「法律行為の内容」とする見解

　戦後の学説では，法律行為の目的との関係で原因についてふれるものは見られなくなり，また，法律行為の目的を法律行為の内容と解する見解が多数となったが，内容が何を意味するかについては，戦前の学説における不明確性をそのまま受け継いでいる。

　まず，戦後の学説の第一の特色は，目的とは内容であるとだけ簡単に述べる学説が増えたことである。たとえば，舟橋は，法律行為の有効要件について，目的という言葉を一切使わず，「法律行為の内容の社会的妥当」とするなど，すべて「内容」とする[41]。また，以下の学説も，法律行為の目的とは法律行為の内容であると簡単に述べるにとどまっている。

　吉田久　「意思表示の内容は表意者が意思表示により効力を生ぜしめたいと欲する事項である。或は意思表示に包含されてゐる事項と称しても差支へない。意思表示の内容は成文法の上では之を法律行為の目的と云ふてゐる。固より意思表示の内容と云ひ又法律行為の目的と称しても，それは意思表示を為すに至つた動機縁由とは之を区別せねばならぬ。」[42]

　薬師寺志光　「茲に法律行為の目的というのは，当事者がその法律行為によって発生せしめんと欲した事項，即ち法律行為の内容をいう。その法律行為を為す動機又は縁由を指すのではない。」[43]

　中川高男　「法律行為の目的とは，当事者がその法律行為によって発生せしめようとした意思表示の内容をいう。したがって当事者が法律行為をなすに至った縁由又は動機（Motiv, Beweggrud）を含まない。」[44]

　四宮和夫　「(2)　公序良俗に反する『事項ヲ目的トスル法律行為』とは，その内容が公序良俗に反する法律行為のことである。しかし，法律行為の内容が実質的に違法であるか否かは，単に法律行為の内容によってではなく，その法律行為に拘束力を与えることによって現実に達成されるすべての結

41　舟橋諄一『民法総則』（弘文堂，1954）117頁以下。
42　吉田久『日本民法論（総則篇）』（巌松堂書店，1950）201頁。
43　薬師寺志光『日本民法総論新講第二冊』（明玄書房，1953）402頁。
44　中川高男『民法総則要論』（明玄書房，1962）233頁。

果を，考慮に入れて初めて判定しうるものであるから，第九〇条にふれる行為は，内容自体が違法な法律行為に限定すべきではない。」[45]

高津幸一 「民法の用語で『目的』というのは，手段との関連における目的を意味するのではなく，内容（たとえば，399・400-402・410・428・448・483）あるいは客体（たとえば，179・335・343・369）を意味するのが通例である。本条にいう『目的』も法律行為の内容を意味すると解すべきである。本条の模範となったと推測されるドイツ民法第1草案106条は，『善良の風俗または公の秩序に反する内容（Inhalt）を有する法律行為は……』と表現していた。なお，ドイツ民法138条は『善良の風俗に反する法律行為』とするが，修正の理由は主観的要素をも考慮する旨を明らかにするためであるとされている。日本民法が『事項ヲ目的トスル』としたのは，ドイツ民法に比べて無効の範囲を狭めたというわけではないであろう。」「ただ，結局は，『目的トスル』という言葉にとらわれることなく，法律行為の全体の内容・態様等を広く考察して，当該法律行為に無価値判断を下すべきかどうかが決せられるべきであろう。」[46]

須永醇 「民法は，『目的』ということばをしばしば『内容』の意味で用いている（たとえば九〇条・三九九条など）が，『目的』という言葉は『手段』に対するものとしての『目的』と混同されやすいから，本文においては以下もっぱら『内容』という言葉を用いることとする。」[47]

幾代通 「法律行為の『内容』というのは，民法典の用語でしばしば『目的』といわれるもの（たとえば，九〇条の『……ヲ目的トスル』）のことである（一）。」「（一）民法典の用語で『目的』というのは，日常用語における『目的』という言葉のように手段と目的というふうに対比・関連させていうときの目的を意味するものではない。むしろ，本文のように『内容』という意味で用いられるか（たとえば，九〇条・三九九条・四〇〇条〜四〇二条・四一〇条・四二八条・四四八条・四八三条），または，『客体』という意味で用いられるか（たとえば，一七九条・三三五条・三四三条・三六九条）である。」[48]

---

45 四宮和夫『民法総則（初版）』（弘文堂，1972）210頁。
46 高津・前掲注（19）56頁。
47 水本浩・甲斐道太郎編『改訂 民法（総則・物権）講義』（青林書院新社，1979）〔須永醇〕93頁。

(2) 「内容すなわち法律効果」とする見解

法律行為の目的とは，その内容であるとしつつ，それはその法律効果であるとする見解は以下のとおりである。

　勝本正晃　「法律行為の一般的な成立要件は，当事者，意思表示，及び一定の目的である。」「法律行為の目的とは，当事者がその法律行為の効果意思によって到達せんとした法律効果の内容を云う。当事者が，如何なる内容を有する法律効果を目的として法律行為を為したかの判断は，専ら意思表示そのものを基礎として，これを為すべきであって，当事者が，かかる法律行為を為すに至った動機，縁由（Motiv, Beweggrund）の如何は，特に意思表示中にそれが表示せられていない以上，これを考慮する必要はない。」[49]

　金山正信　「第一　法律行為の目的　一　意義　ある法律行為にいかなる効果を附与するかは，原則として，行為者の意欲した効果意思の内容によって定まる。しかもこれは，法律行為によって実現しようとするものである。当事者が効果意思の内容として定め，法律行為によって実現しようとするものを，法律行為の目的という。」「二　要件　法律行為が，完全な効力を生ずるためには，——（イ）法律行為の目的，つまり法律行為の要素たる効果意思の内容が一定の要件をそなえていなくてはならない。」[50]

　金山正信　「法律行為の目的は，意思表示の本体としての効果意思の内容にある。表意者が法律上いかなる効果の発生を意欲しているか，ということである。……しかるに，この目的は，表意者以外の者にとっては，表意者のなした表示行為を通して推断するほか，他にその内容をたしかめる方法はない。」「当事者の内心的意思とか内心的動機は，法律行為の目的を左右しない。」[51]

　今泉孝太郎　「法律行為の一般成立要件とは，当事者，目的及び意思表示である。」「法律行為の目的とは，法律行為の効果意思によって達成される法律効果の内容を意味するものであるが，その内容は，前述の如く，法律行為の要素たる意思表示そのものを基礎として判断される。」「法律行為の目

48　幾代通「民法総則（第 2 版）」（青林書院，1984）196 頁。
49　勝本正晃『新民法総則』（訂正版，創文社，1952）173 頁以下。
50　金山正信『民法総則』（ミネルヴァ書房，1956）146 頁以下。
51　金山正信『民法総則要論』（有斐閣，1968）177 頁以下。

的とは，当事者がその法律行為によって発生せしめんとする事項即ち法律行為の内容をいう。」[52]

　松坂佐一　「法律行為の目的とは，当事者がこれによって達しようとした効果であって，法律行為の内容ともいう。」「ここに公序良俗に反する『事項ヲ目的トスル法律行為』とは，行為全体の性格が公序良俗に反する意であって，表示された内容それ自体が公序良俗に反する場合だけでなく，条件や対価が附せられることによって公序良俗に反する場合をも包含する。また動機が公序良俗に反する場合にも，それが表示されるかまたは相手方に知れているときは，法律行為の内容に反公序良俗的な色彩を与える。」[53]

(3)　「内容すなわち事実的効果ないし事実関係」とする見解

　以上の見解は，戦前からの学説の多数説を受け継いだものであるが，戦後は，これに対して，法律行為の目的とは，法律行為の内容であるとしながら，それは法律効果ではなく，事実的効果ないし事実関係であるとして目的の意味を非常に広くとらえる見解が登場しており，注目される。

　我妻栄　「ある法律行為の効果に関して当事者に何等かの争いを生じたときは，法律は，まずその法律行為の目的——当事者がその法律行為によって発生させようとした効果——を確定しなければならない。」「法律行為の目的とは，行為者がこれによって達しようとした効果であって，法律行為の内容ともいう。行為者が法律行為によって一定の効果の発生を欲するというのは，正確にいえば，法律行為に包含される意思表示によるのであるから，法律行為の目的は，結局，意思表示の目的，すなわち効果意思の内容によって定まることになる。」「内心的効果意思は，法律行為の効力の有無を左右することがあるだけで，法律行為の内容に影響を及ぼすことは，絶対にないといってよい。」「表示された動機は，法律行為の内容として，反社会性を決定する標準となるものと解する。なぜなら，(a)法律行為の内容とは，当事者がこれによって達成しようとする事実的効果であるが，この事実的効果の中には，動機も包含されるとみるべきである。そして，第九〇条の『事項ヲ目的トスル法律行為』とは，法律行為の内容を意味する

52　今泉孝太郎『新民法総則』（泉文堂，1956）243頁以下。
53　松坂佐一『民法提要総則』（有斐閣，新版1964，3版1974）193頁，204頁。

と解することができる。」54

　板橋郁夫　「法律行為の目的とは，法律行為の当事者によって意欲された私
　　法上の効果を組成する内容をいう。すなわち，法律行為の目的は，法律行
　　為の効果それ自体ではなくその効果の内容である事実関係にほかならない。
　　従って，何が法律行為の目的であるかは各種の行為について抽象的に定め
　　られるものではなく，各個の行為についてそれぞれ異なるものである。法
　　律行為の目的は，これを法律行為の動機（Beweggrund）や原因（Causa）
　　と区別しなければならない。動機とは，一定の法効果を意欲し法律行為を
　　なすに至った決意理由である。原因とは，財産上の法律行為について当事
　　者のなす出捐の理由をいい，しばしば動機と同一の意味に理解される。動
　　機や原因は，表意者により意思表示の内容とされない限り，その法律行為
　　の目的とはなり得ない。」55

(4)　内容ではないとする見解

　また，目的概念の拡大を意図する見解の中には，法律行為の目的とは，内容
のことではないとする見解も登場した。しかし，この見解は，行為者が法律行
為をするにあたってその効果として生じさせようとするものの総体を指すとし
て，上記の見解，すなわち，目的とは事実関係であるとする見解と方向性を同
じくしているように思われる。

　於保不二雄　「法律行為は私的自治のための法律上の手段であるが，この手
　　段によって実現しようとする事柄を法律行為の内容又は行為者の主観的立
　　場から法律行為の目的という。これは，行為者が法律行為をなすにあたっ
　　てその効果として生ぜしめようとするところのものの総体を指すのであっ
　　て，これは必ずしも法律効果自体又は法律効果の内容を意味するものでは
　　ない。そして，法律行為の内容又は目的は，結局は，法律行為を構成する
　　意思表示の意味・内容を確定して行為者が何を欲しているかを判断する法
　　律行為の解釈をまつてはじめて，決定されるものである。」56

　また，戦前から戦後に受け継がれた目的概念，すなわちこれを法律行為の内
容と理解しつつ，その中身を拡大させることが一般化する中で，おそらくは，

54　我妻栄『新訂民法総則』（有斐閣，1965）248頁以下，284頁。
55　板橋郁夫『民法総則（4訂版）』（成文堂，1967）151頁以下。
56　於保不二雄『民法総則講義』（有信堂，1955）170頁。

そのあいまいさのゆえに，それとは逆に，内容という語を用いず，法律行為によって生じる法律関係とだけ捉える見解も見られる。すなわち，星野は，公序良俗違反における「目的」について，「あまりはっきりしない表現だが」としつつ「法律行為から生じる法律関係」としている[57]。

(5) 小　括

以上のように，戦後の学説においては，法律行為の目的を法律行為の定義との関係で定義する傾向はほとんど見られなくなり，民法90条における目的に限定し，それを法律行為の内容とする見解が多数を占めるに至っている。しかしその内容の中身については，立法当初の理解と同様，その法律行為の法律効果として限定的に捉える学説から，民法90条の適用範囲の拡大と，それに伴う公序良俗違反の判断の総合判断性が一般化するにしたがって，法律効果そのものではなく，その法律行為によって達成しようとした事実的効果ないし事実関係であるとする見解や，法律行為の効果として生じさせようとしたものの総体であるとする見解，法律行為から生じる法律関係とする見解が登場するに至っており，目的概念の拡大傾向が見られるとともに，再びその不明確性が浮上してきたといえよう。

6　現在の学説

(1) 目的を論じない見解

現在の学説では，これまで見てきた多数の学説，すなわち，法律行為の目的とは内容であるという見解を前提にして，そもそも「目的」とは何かを説明せず，もっぱら法律行為の内容について論ずる見解が圧倒的多数である[58]。他方，これらは，一様に，公序良俗についての近年の判例・学説の傾向をふまえて，直接法律行為の内容ではない要素も公序良俗違反の判断に含まれうるとしている点では共通していることが特徴的である。

---

[57]　星野英一『民法概論Ⅰ（序論・総則）』(良書普及会，初版1970，改訂13刷1987) 192頁。

(2) 「法律効果」とする見解

他方，現在の学説上も，古くからいわれていたところにしたがい，法律行為の目的とは，その法律効果であるとする見解も存在しないわけではない。すなわち，田山は，「法律行為の目的とは，当事者が達成しようとした効果である。したがって，目的の確定とは当事者の有していた表示行為の内容を明らかにすることである」としており[59]，近江も，法律行為を「法律関係の変動を直接目的とする行為」と定義している[60]。しかし，これらの見解もまた，公序良俗違反の判断には，直接の法律効果以外の要素が含まれうることは当然視している。

(3) 小　括

現在の学説は，法律行為の目的の定義をほとんどしていない。しかし，これは，目的の意義に無関心であるということではない。現在の学説の多数は，むしろ，目的概念の不明確性を認識したうえで，民法90条における目的とは，法律行為の内容であると解しつつ，法律行為の直接的な法律効果以外の要素を公序良俗違反の判断に取り込むことを肯定的に捉え，実質的には，直接の法律効果以外の諸事情が目的に含まれることを認めているといえよう。

むすびにかえて

法律行為の目的について，わが国の学説がそれをどのように理解してきたかを，とくに民法90条における目的を中心に概観してきた。以下ではその結果をまとめておこう。

(1) 法律行為の「目的」という用語ないし概念は，現行民法制定前のボアソ

58　潮見佳男『民法総則講義』（有斐閣，2005）63頁以下，207頁以下，加藤雅信『新民法大系Ⅰ民法総則（第2版）』（有斐閣，2005）225頁以下，大村敦志『基本民法Ⅰ総則・物権総論（第3版）』（有斐閣，2005）63頁以下，河上正二『民法総則講義』（日本評論社，2007）263頁以下，佐久間毅『民法の基礎1総則（第3版）』（有斐閣，2008）194頁，内田貴『民法Ⅰ（第4版）』（東大出版会，2008）281頁以下，四宮和夫＝能見善久『民法総則（第8版）』（弘文堂，2010）265頁，中舎寛樹『民法総則』（日本評論社，2010）54頁以下，平野裕之『民法総則（第3版）』（日本評論社，2011）118頁以下，山本敬三『民法講義Ⅰ総則（第3版）』（有斐閣，2011）265頁以下参照。

59　田山輝明『民法総則（第3版）』（成文堂，2009）145頁。

60　近江幸治『民法講義Ⅰ民法総則（第6版補訂）』（成文堂，2012）169頁。

ナード草案，旧民法における合意の定義および合意の成立要件において用いられたことに由来する。しかし，そこでは「権利変動」を意味する場合と「目的物」を意味する場合があり，また「原因」との異同も不明確であった。

(2) 民法起草段階では，目的の意義については無関心であったが，制定後の起草者の説明では，動機および原因との違いを示すために，目的とは，当事者が発生させようとした「法律効果」であり，法律行為の「内容」であると解されるようになった。

(3) 明治期の学説は，起草者のように，動機との区別を明確にするために，目的を「法律効果の発生」に限定したが，目的と原因との関係については明確でなく，このため，目的とは「原因」であるとする見解も現れた。

(4) 大正期・昭和初期の学説になると，法律行為の目的とは，法律行為の「内容」であると定義するものがほとんどになったが，内容の中身が何であるかについては，これを「法律効果」であるとする見解，「原因」と同一視する見解，法律効果そのものではなくそれを組成する「事実関係」とする見解などに分かれることになった。

(5) 戦後の学説は，法律行為の原因についてふれるものは見当たらなくなり，また目的とは，法律行為の「内容」であるとする見解が多数となったが，その中身については，「法律効果」として限定的に捉える見解から，法律効果そのものではなく，その法律行為によって達成しようとした「事実的効果」ないし「事実関係」であるとする見解，「法律行為の効果として生じさせようとしたものの総体」であるとする見解，法律行為から生じる「法律関係」とする見解まで幅広く存在し，目的概念が拡大して，その不明確さが増大した。

(6) 現在の学説のほとんどは，もはや法律行為の目的を定義せず，法律行為の「内容」であることを当然の前提にしながら，民法 90 条の解釈に際しては，当該法律行為の直接的な法律効果だけでなく，それ以外の諸事情が公序良俗違反の判断に取り込まれることを認めているという状況にある。

以上のように見てくると，法律行為の目的の理解は，動機とは異なることを外延の定義として堅持しながら，法律行為の内容というときの中身については，理論上は，目的と原因との異同についての理解の違い，また，実際上は，民法 90 条の適用範囲の拡大に対する評価の違いを背景にして，全体的には，当該法律行為の効果として限定的に捉える見解から，しだいにそれ以外の諸事情も含まれると捉える見解への変遷が見られるといえよう。

このような目的概念の理解の変遷は，原因概念のわが国における有用性を主張する立場からすれば，後藤教授が，フランスにおける公序良俗論を検討したうえ，わが国においてもコーズを利用することにより，公序良俗違反の判断を当事者の主観を含めてより広く総合的に行うことが可能になることを指摘する[61]ことにも合致する。このように，民法90条に限っていえば，現在の学説は，同条の解釈において，公序良俗違反の対象を広くとらえ，法律行為の内容そのものにとどまらず，手段，主観的意図，その他の法律行為の周辺事情（とくに主観的事情，法律行為の手段の妥当性，対価的均衡性の有無等の事情）を取り込んでおり，これを実質的に見れば，原因概念を取り込んでいるものともいえよう。ただし，このような傾向は，現段階では，あくまで民法90条の適用範囲の拡大に基づくものであるといえ，法律行為一般についての原因論の復活であるとはいえないであろう。

　しかし他方では，冒頭に述べたように，民法改正によって，錯誤に関して，「要素」の錯誤に代わり，「法律行為の目的及び取引上の社会通念に照らして重要なもの」という文言が採用され，かつ，その目的とは「当該法律行為が目指したもの」であるとか，「契約の趣旨」であるといったように，目的の意義を幅広くとらえる解釈が示されるならば，民法95条を通じて，あらためて法律行為一般について目的の意義が問題となる可能性が高いように思われる。

---

[61] 後藤巻則「フランス法における公序良俗論とわが国への示唆」椿寿夫＝伊藤進編『公序良俗違反の研究』（日本評論社，1995）153頁以下。

意思と表示の不一致論

神 田　　桂

　「意思と表示の不一致」に関連する現行民法93条ないし96条について，旧民典法制定期，現行民法典制定期の議論の検討から両者の共通点・相違点を指摘した上で（1, 2），現行民法典施行後の判例学説および立法の動向を概観する（3, 4）。ただし「意思と表示の不一致」はその関連領域も含め広範に及ぶものと考えられるが，本稿では紙幅の制約等により重要な判例学説，論点のうちごく限られたものしか取り上げられていない。

1　旧民法典制定期

　旧民法典においては，財産編のうちの「合意の成立および有効要件」に関する規定の一部として錯誤，詐欺，強迫が置かれ，証拠編の証書の効力規定の一部として現在の虚偽表示に該当する反対証書に関する規定が置かれていた。

　旧民法典の条文注釈・起草理由等が記載されている文献は複数存在するが[1]，本稿では，現行民法規定の源流をなしている旧民法規定の構造につき概観する目的において，法律取調委員会（以下，「法取委」という）の議事筆記[2]および旧民法典の仏文理由書[3]（以下，「エクスポゼ」という）に主として参照する。

(1)　錯誤（旧民法典財産編309条ないし311条）

　旧民法規定における錯誤は，ボワソナードの発想により，事実の錯誤・法律

---

[1]　ボワソナード民法典研究会編『ボワソナード民法典資料集成　後期Ⅳ　民法理由書　第一巻　財産編　物権部』（雄松堂，2001）58頁［小林一俊］参照。

[2]　財産編については『日本近代立法資料叢書15』（商事法務，1988）より「法律取調委員会　民法草案議事筆記　自三百十四條至第千二百七十五條」7頁以下および「法律取調委員会　民法草案再調査案議事筆記」53頁以下，証拠編については『法律取調委員会　民法証拠編再調査案議事筆記　第壹巻』（日本学術振興会，1938）第三十九回・民再九ノ七八頁以下。

の錯誤に大きく二分され，さらにその対象に応じて細かくカテゴリー化されている[4]。

(ア) 事実の錯誤

旧民法典所定の「事実の錯誤」をその効果面に着目して分類すると，(1) 承諾を阻却する錯誤として，ア) 合意の性質の錯誤，イ) 合意の目的の錯誤，ウ) 合意の原因の錯誤，エ) 決意原因たる身上の錯誤，オ) 決意原因たる物の本質[5]の錯誤 (309条1項，3項，310条1項)，(2) 承諾の瑕疵をなす錯誤として，カ) 決意の付随原因たる身上の錯誤 (309条4項)，(3) 改正訴権を発生させるものとしてキ) 算数，氏名，証書の日附または場所の錯誤 (310条4項) が挙げられている。

さらに (4) 上記 (1) ないし (3) のいずれにも該当しない事実の錯誤として，ク) 合意の縁由の錯誤 (309条2項)，ケ) 物の本質以外の錯誤 (310条2項)，コ) 物の時代，出所または用法の錯誤 (310条2項)，サ) 合意の履行時期または場所の錯誤 (310条3項) が挙げられている。ただしク) は原則として無効原因ではないが，例外的にそれが相手方の詐欺に由来するときは「補償ノ名義ニテ (à titre de réparation)」の取消かつ損害賠償請求が可能となり (312条3項)，ケ) コ) サ) に関してはいずれも原則として承諾の瑕疵をなさないが，明示または事情により当事者意思がこれらに着眼したことが明白であるときには瑕疵を成す旨規定されている (310条2項但書)。

エクスポゼによると，ア) は当事者の一方が売買，他方が交換と考えたような場合，イ) は売買の目的物を取り違えたような場合であると説明される。ウ)

---

[3] 『[仏語公定訳] 日本帝国民法典並びに立法理由書　第1巻　条文 (日本立法資料全集 別巻28)』(信山社，1993) 122頁以下および497頁以下，『[仏語公定訳] 日本帝国民法典並びに立法理由書　第2巻　財産編・理由書 (日本立法資料全集　別巻29)』(信山社，1993) 360頁以下，『[仏語公定訳] 日本帝国民法典並びに立法理由書　第4巻　債権担保編証拠編・理由書 (日本立法資料全集　別巻31)』(信山社，1993) 384頁以下。なお仏文理由書 (エクスポゼ) に著者名はないが，ボワソナードが書いたものと推測されている (小林・前掲 (1) 83頁)。

[4] 多種の錯誤の区分を学説に委ねる立法は危険である旨述べられている (エクスポゼ第2巻・前掲注 (3) 360頁以下)。

[5] 旧民法典では「l'erreur sur les qualitiés substantielle」を「品質に関する錯誤」，「l'erreur sur les qualitiés non-substantielle」を「品格に関する錯誤」と訳されているが，本稿では，現代の用語とのつながりを重視し，前者を「本質の錯誤」，後者を「本質以外の錯誤」と記載している。

の「原因（cause）」は，「動機（motif）」との対比で説明され，「原因」とは当事者が決意した決定的・直接的理由であり，「動機」とは間接的・遠隔的に当事者を契約に向かわせるものであるとされる[6]。

またエ）およびカ）の身上の錯誤に関しては，無償契約では誰と契約するかは重要であり，無償契約における人の同一性の錯誤は合意のフォート，虚偽の原因により無効であるとされるが，他方，有償契約では人的考慮がa) 意思決定に決定的である場合[7]，b) 意思決定の要素の1つに過ぎない場合[8]，c) 意思決定に無関係な場合に分類され[9]，a) は309条3項により無効，b) は309条4項により取消可能，c) はいずれも不可能であると説明されている。

(イ) 法律の錯誤

311条は，法律の錯誤が合意のア) 性質，イ) 原因またはウ) 効力に存するとき，あるいはエ) 物の資格またはオ) 人の分限（qualités légales de la chose ou de la personne）に存し，それらが決意を為さしめたとき，承諾の阻却または瑕疵となる旨規定し（1項），ただし裁判所は「宥恕ス可キ情況」ある場合のみこれら錯誤を認許できること（2項），法律の錯誤は刑罰，法律上の失権，要式違反その他公序に係る法律規則の不知を救済しない旨（3項）規定する。

エクスポゼによると，ア) は使用貸借を消費貸借と誤る，長期賃貸借につき連帯債務を伴う保証と誤るような場合，イ) は契約当事者がどの有名契約をしているかは知っているが，その効果を知らず，もし知らなかったならば契約しなかったような場合[10]，ウ) は更改の例で，当事者が旧債務に拘束されてい

---

[6] エクスポゼ第2巻・前掲注(3) 361頁以下。「原因」と「動機」に関しては，例えば，売買契約における売主の合意の「原因」は（譲渡と引き換えの）代金獲得の望み／買主の合意の「原因」は（代金支払と引き換えの）所有権獲得の望みであるが，売買契約の「動機」は獲得した金銭で商売する等個人的なすべての理由が含まれるとされている。また無名契約では原因が法定されていないため原因の錯誤が起こりがちであると説明されている。

[7] 例えば事者の一方が相手方の専門性・専門的才能を求めた場合であり，家事労働サーヴィス提供，芸術作品の制作が例示されている。

[8] 例として，期限付売買，賃貸借，利息付貸借における債務者の人的考慮が示されている。

[9] 例として，現金売買，質または抵当付の利息付貸借が示されている。

[10] 例えば，売主が追奪担保責任・瑕疵担保責任に拘束されることを知らずに売買契約をした場合，または逆に，特約がなければ与えられないような権利が法律によってあるものと信じていたような場合であるとされている。

と信じ，それから解放されるために新債務に同意したが，旧債務が当初から有効ではなかった，または相殺・混同により消滅していたような場合，エ）は契約目的物の主たるかつ決定的品質に関する法律の錯誤，例えば当事者が商用であり譲渡可能であると思った物が，公用物であり譲渡不可能だったような場合，オ）は合意に関し決定的な人の資格に関する法律の錯誤，例えば相続人であると信じ遺産分割を行ったが，相続人ではなかったような場合等の説明されている[11]。

効果については，法律の錯誤は原因の錯誤であり，その原因が唯一かつ主たるものであれば契約は無効であり，そうではなく二次的な原因に過ぎない場合には取消可能であるとする[12]。なお注釈書によると，上記ア）イ）ウ）は承諾を阻却する錯誤，エ）オ）はそれが「決意ノ原因」か「決意ノ附随ノ原因」かに基づき，前者は承諾の阻却，後者は承諾の瑕疵として説明されている[13]。また311条2項の「宥恕ス可キ情況」については，法律の錯誤は（事実の錯誤と比較して）より慎重な適用を裁判所に求める趣旨の規定，311条3項は公益に関する法の不知は救済しない趣旨の規定であるとされ，責罰，法律上の失権，行為の違式，その他公序に係る法律規則の不知は，承諾の阻却もその瑕疵も為さない趣旨の規定であるとされている[14]。

　(ウ)　効　果

錯誤の効果については，旧民法典の規定上はア）「承諾を阻却す」（309条1項等），イ）「無効の原因を成」す（309条2項），ウ）「取消すことを得」（309条3項），エ）「承諾の瑕疵を成す」（310条1項等），オ）「改正（redressement）を目的とする訴権」（310条4項）の5種類が存在し，ア）は不成立，イ）は無効，ウ）・エ）は取消可能に対応するようにも思われるが，309条2項は前項を否定する趣意であるとも考えられ，また法取委・原案では「絶対無効を惹起す」（330条3項）であったものが公布された旧民法典規定では「承諾を阻却する」（309条3項）に変更されていること等より，ア）不成立・イ）無効は区別されないものとも考

11　エクスポゼ第2巻・前掲注（3）370頁以下。
12　エクスポゼ第2巻・前掲注（3）373頁。
13　井上正一『民法［明治23年］正義　財産編第二部　巻之壹（日本立法資料全集　別巻55）』（信山社，1995）118頁以下。
14　本野一郎＝城数馬＝森順正＝寺尾亨『日本民法［明治23年］義解　財産編　第三巻　人権及ヒ義務（上）（日本立法資料全集　別巻113）』（信山社，1998）113頁，177頁。

えられる。

　さらに318条以下にも関連規定が存し，エ）は瑕疵ある承諾を与えた者のみに帰属する銷除[15]訴権（l'action en rescision）の発生であること（319条1項），当事者双方に銷除訴権が帰属するときでも相互に毀滅しないこと（318条2項）が規定されている。「銷除」（316条1項，318条2項，319条）という文言については，法取委の原案，再調査案および上申案の段階ではすべて「無効」となっており，またエクスポゼにおいても319条につき無効訴権（l'action en nullité）という文言を用いて説明されていることから[16]，この「無効」はここでは合意不存在としての無効ではなく，取消可能のニュアンスで用いられているように見受けられる。

(2)　詐欺（旧民典財産編312条）

　ア）詐欺は，原則として承諾の阻却・瑕疵を成さず（312条1項本文），詐欺者に対する損害賠償訴権（action en dommages-intérêts）のみを発生させること（同2項），イ）ただし詐欺が前三条所定の錯誤を惹起した場合には錯誤により処理されること（同1項但書），当事者による詐欺はア）イ）の例外をなし，ウ）被詐欺者は，相手方の詐欺により合意を決意した場合，「補償名義ニテ合意ノ取消」および損害賠償を求めることができること（312条3項），エ）補償名義の取消は善意の第三者を害することはできないこと（同3項但書）が規定され，当事者一方の詐欺を合意の無効原因とする仏民法典1116条とは異なる起草となっている。

　エクスポゼ等によると，補償名義の取消／同意の瑕疵による取消の相違点は，前者は損害賠償の債権に過ぎないため善意の第三者に対抗不可能であるのに対し，後者は物権であることから善意の第三者にも対抗可能である点等が挙げられている[17]。

---

[15]　旧民法典財産編309条4項，312条3項，317条，320条においては「annuler, annulable, annulation 取消す，取消可能，取消」の語が用いられ，同316条，318条，319条には「rescinder, rescision 銷除する，銷除」の語が用いられており一貫性に欠けるようにも思われるが，注釈書に「取消ナル語ハ……銷除ノ字ニ照應セリ」とあるように（井上・前掲注（13）106頁），ここでは同じ意味を示すものと理解される。

[16]　エクスポゼ第2巻・前掲注（3）385頁以下。

(3) 強迫（旧民法典財産編 313 条ないし 317 条）

旧民典所定の「強暴」のカテゴリーは，仏民法典 1116 条および現行民法典 96 条よりも広く，当事者がア）抗拒不能な暴行・強迫を受け枉げて合意した場合（313条1項），イ）不可抗力の急迫の災害を避けるために熟慮することなく過度な義務または無思慮な譲渡をした場合（同2項），ウ）（ア）イ）に該当しないものの）強迫により当事者または第三者の身体財産に対する切迫にして一層重大な害を避けるために合意を為すことを決意した場合（同3項）の3種類が設けられている[18]。注釈書においては，上記ア）イ）は「意思ノ自由ヲ欠クノミナラス全ク意思ナキモノ」，ウ）は「承諾ノ自由ヲ欠ク」ものと説明されている[19]。

強迫の効果は，上記ア）イ）は承諾の阻却であり，ウ）は承諾の瑕疵，すなわち（錯誤の場合と同様に）被強迫者のみに帰属する銷除訴権の発生である（319条1項）。被強迫者は合意を維持しつつ強迫者に対し損害賠償請求のみを請求することも可能であること（316条1項），さらに強迫が（決意を為さしめたのではなく）単に不利な条件を承諾させたに過ぎないときは（銷除不可能ではあるが）損害賠償請求を妨げない旨規定されている（同2項）。また強迫者・被強迫者関係に関する裁判所の評価権限が規定されている（317条1項）。

(4) 反対証書（旧民法典証拠編 50 条ないし 52 条）

旧民法典証拠編に規定される「反対証書」に関する 50 条ないし 52 条に関しては，このうちの 50 条を修正して現行民法典 94 条が起草されている。

50条は，公正証書または私署証書の効力の全部または一部を変更・滅却する[20]「秘密ニ存シ置クヘキ反対証書」が作成された場合，ア）当事者は，（反対証書が公正証書であったとしても，原則として）署名者およびその相続人に対し

---

[17] エクスポゼ第2巻・前掲注（3）378頁以下。また補償名義の取消は，契約相手方が複数である場合には，そのすべての者が通謀していない限り，取消ができない旨も説明されている。なお法取委・民法草案議事速記によると，「補償名義ヲ以テ」とは「第三者ニハ及ブベカラズ対人権ヲ以テスルノ意ナリ」と説明されている（法取委・民法草案議事筆記・前掲注（3）9頁以下）。

[18] さらに強迫により本人以外の第三者（配偶者，直系親族または姻族）の身体財産に危難の恐を受けたときは当事者に強迫が加えられたものと看做されること（314条1項），その他第三者に対する強迫は裁判所の評価権限に属すること（同2項），また強迫は（詐欺とは異なり）強迫者の主体（相手方か，第三者か），通謀の有無を問わない旨規定されている（315条）。

[19] 井上・前掲注（13）128頁。

てのみ対抗できること（1項），ただしイ）当事者の債権者および特定承継人が当事者と約定するに当たり反対証書の存在を知っていた場合にはこれらの者に対しても対抗可能であること（2項）を規定する。

また，ウ）「不動産権利ニ関スル反対証書」が登記または附記により公にされたときは通常証書の効力を取得するが，遡及効を有しない旨規定され（51条），エ）「当事者ノ総テノ承継人」が「他ノ当事者及ヒ相続人」に対して反対証書を対抗可能であるとする（52条）。

エクスポゼによると，反対証書は，その秘密性および表顕証書（acte ostensible）を修正する性格から，上記ア）（原則としての）当事者間のみの有効性，その秘密性が破られ第三者が反対証書を認識していたとき例外としてのイ）第三者への対抗可能性が説明される[21]。

ウ）についても，公示により反対証書の秘密性が破られるため，反対証書は通常証書と同様の効力を取得し，当事者間で有効であることは勿論，第三者に対しても対抗可能となると説明される[22]。

上記エ）は，「一方当事者の承継人（包括承継人・特定承継人）」が「他方当事者およびその相続人」に対して対抗可能であるように読めるが，エクスポゼには前者として「第三者および他の利害関係人（tiers et autres interessés）」と記載されており，第三者は反対証書を援用する利益を見出す時点で援用可能であると説明されている[23]。その引例として，反対証書によって所有権者に留まる表見売主が支払不能になった場合，表見売主の債権者らが反対証書を発見し援用したときには（表見売買の）売却物が清算に含まれ，分配対象となりうることが挙げられている。注釈書においても，「相続人ハ言ヲ竣タス買得者及ヒ債権者」は反対証書を対抗可能であるとする記述が見られ[24]，（「当事者ノ総テノ

20　なお岸本辰雄『民法［明治23年］正義　証拠編（日本立法資料全集　別巻62）』（信山社，1995）214頁は，反対証書は表顕証書と同時に作成されたものでなければならない（先の証書内容を後日変更する合意は更改であり，通常証書である）とし，旧民50条の文言が後者を指すように読める点を批判する。

21　エクスポゼ第4巻・前掲注（3）384頁。

22　この例示として，不動産売買が登記された表顕証書でなされたが，反対証書がこの売買が偽装であることを述べていた場合，表見売主は表見買主と取引をした者に対し，反対証書の登記の時点から将来に向かってのみ反対証書を援用できることが示されている（エクスポゼ第4巻・前掲注（3）387頁）。

23　エクスポゼ第4巻・前掲注（3）384頁，389頁。

承継人」のみならず）第三者たる債権者も52条に基づく対抗可能であるとの理解が示されている。

(5) 条文の変遷

以下では，法取委・原案から公表された旧民法規定までの条文の変遷を概観する。

旧民法典財産編309条1項・2項，311条ないし317条，証拠編50条2項・51条本文・52条に関しては，若干の文言変更が見受けられるほかはほぼ同一である[25]。

上記以外の文言上の差異を超えると思われる変遷は，第一に，身上の錯誤に関する309条3項・4項については，法取委・原案段階では，「恩恵ノ契約ニ於ケル如ク」，「債務者ノ無資力ノ危険又ハ物ヲ保存スルノ義務ヲ惹起スル有償名義ノ契約ニ於ケル如ク」等の例示部分が存在していたが，再調査案の段階で削除されている[26]。

第二に，物の錯誤に関する310条1項・2項については，法取委・原案の段階では，物のa)「主タル品質」の錯誤，b)「原資タル品質」の錯誤，c)「原資タラサル品質」の錯誤，d) 時代，出所または用法の錯誤（4項）に分類され[27]，a) は当事者がその物に存在すると信じ，当事者の決意を助成したときは承諾の瑕疵となること，b) は反証なき限り主たる品質と推定されること，c)・d) は原則として主たる品質と看做されないが，当事者意思の明示または

24　岸本・前掲注 (20) 226頁。
25　文言の変更が見受けられるものとして，「原由」→「原因」，「縁由」→「動機」，「詭譎」→「詐欺」（財産編309条），「本性」→「性質」，「物又ハ人ノ適用ノ品質若クハ分限」→「物ノ資格又ハ人ノ分限」（同311条），「其者ノ抵抗スルコトヲ得サリシ暴行ニ因テ迫取セラレタルトキ」→「抵抗スルコトヲ得サル暴行，脅迫ヲ受ケタルニ因リ枉ケテ合意ヲ爲シタルトキ」（同313条1項），「過度若クハ無思慮ナル約務ヲ契約シ又ハ無分別ナル移付ヲ爲シタルトキ」→「熟慮スルノ暇ナクシテ過度ナル義務ヲ約シ又ハ無思慮ンハル譲渡ヲ爲シタルトキ」（同313条2項），「或ハ登記，記入ニ因リ或ハ縁辺附記ニ因リテ」→「或ハ登記ニ因リ或ハ其附記ニ因リテ」，「特定名義ノ承継人」→「特定承継人」（証拠編50条2項），「表顕証書ノ効力」→「通常証書ノ効力」（同51条），「總テノ場合ニ於テ」，「各当事者ノ一般及ヒ特別ノ承継人ハ」→「孰レノ場合ニ於テモ」，「一方ノ当事者ノ總テノ承継人ハ」（同52条）等がある。
26　法取委・民法草案議事筆記・前掲注 (2) 7頁，法取委・民法草案再調査案議事筆記・前掲注 (2) 53頁。

状況により主たる品質たりうる旨規定されていたが[28]，法取委・再調査案では「品質ト品格ノ二種トシ原資ト品質トヲ等シク品質トシ原資タラザル品質ト云ヘルヲ品格ト爲シタリ」と修正されている[29]。

第三に，合意の履行時期または場所の錯誤に関する310条3項は，法取委・原案および再調査案においては見出されない。

第四に，前掲(1)(ウ)で触れたように財産編316条，318条以下等に規定される「銷除」の文言は法取委・原案，再調査案，上申案では「無効」とされている。

第五に，旧民法典証拠編50条1項については，法取委・再調査案および上申案の段階では反対証書が「公正証書又ハ確定ノ日附ヲ有スル私書ニ係ルトキト雖モ」とされていたもののうち，確定日付を有する私書の部分が削除されている[30]。

第六に，公表された証拠編51条但書は遡及効のない旨を規定するが，法取委・再調査案の段階では但書は存在しない[31]。

2　現行民法典制定期

以下では，本稿の主題に関係ある範囲において，現行民法典成立期の条文の変遷および法典調査会における議論を参照し，その後に小括として先に検討した旧民法典制定過程のとの比較から窺える両法典の共通点・相違点を述べる。

(1) 条文の変遷

法典調査会における主査会原案から明治29年公布規定までを見ると[32]，以下のような変遷を見出すことができる。

27　なお G. Boissonade, *Projet de Code civl pour l'Empaire du Japon accompagné d'un commentaire M. G.Boissonade, première éd., t. 3*, 1882, p. 75 に参照すると，「主タル品質」は「qualiés principals」，「原資タル品質」は「qualités substantielles」に対応するようである。

28　法取委・民法草案議事筆記・前掲注 (2) 8頁。

29　法取委・民法再調査案議事筆記・前掲注 (2) 53頁。

30　法取委・民法証拠編再調査案議事筆記・前掲注 (2) 民再九ノ七八頁。

31　法取委・民法証拠編再調査案議事筆記・前掲注 (2) 民再九ノ八〇頁。

32　規定の変遷については，webサイト「法情報基盤－明治期の民法の立法沿革に関する研究資料の再構築」参照。

93条但書につき「相手方カ表意者ノ真意ヲ知リタルトキハ」(確定案1894)・「相手方カ表意者ノ真意ヲ知リ又ハ之ヲ知ルコトヲ得ヘカリシトキハ」(整理案1895)，94条2項につき「前項ノ無効ハ」(整理案1895)・「前項ノ意思表示ノ無効ハ」(民法中修正案)，95条但書につき「表意者ニ重大ノ過失アリタルトキハ此限ニ在ラス」(甲5号議案)・「表意者ニ重大ノ過失アリタルトキハ其表意者ハ無効ヲ主張スルコトヲ得ス」(甲4号議案)・「表意者ニ重大ノ過失アリタルトキハ其表意者自ラ無効ヲ主張スルコトヲ得ス」(決議案1894)である。

93条本文，94条1項，95条本文および96条については変遷は見受けられない。

(2) 法典調査会における議論
(ア) 総　論

まず現行民法典第一編第五章「法律行為」およびその第二節「意思表示」の起草理由において，旧民法典が合意に関する規定を設けるが法律行為の通則を設けてないのは一大欠点であり，かつ意思は法律行為の基本であるため意思表示に関する規定を掲げるのは当然であること，意思表示に関する意思主義と表示主義の両極端に走らず「両ナカラ相須チテ始メテ」法律上の効力を生じるとした上で，一二の例外を置く旨説明されている[33]。

(イ) 心裡留保

起草理由として，概ね以下のように述べられる。旧民法典は(仏伊民法典に倣い)規定を設けなかったため，一般原則に従い心裡留保による意思表示は無効と解せざるをえない。相手方が表意者の真意を知っている場合はそれでもよいが，そうではない場合取引の安全が害される[34]。また議論において，「知リテ」という文言が心裡留保と錯誤の分岐点であり，独民法草案に倣ってこれを取り入れたことが述べられている[35]。

(ウ) 虚偽表示

虚偽表示においては，「秘匿行為の真正性・有効性」および「外形行為の虚偽性・無効性」という二つの視点がありうることが指摘されるが，証書の効力

---

33 『日本近代立法資料叢書13法典調査会　民法主査会議事速記録』(商事法務, 1989) 632頁。
34 法典調査会・民法主査会議事速記録・前掲注 (33) 633頁。
35 法典調査会・民法主査会議事速記録・前掲注 (33) 637頁。

問題として扱う旧民法典では前者の視点から規定されていたところ，意思表示の効力問題として扱う現行民法典では後者の視点からの規定に転換されている．

　現行民法規定の起草理由において，旧民法典証拠編50条の修正であること，意思表示は書面であれ口頭であれ一切の方法をもって行うことが可能であるから，旧民法規定のように証書の効力の問題としてこれを扱うのは狭隘であること，虚偽行為が少なくとも当事者間において無効であることは普通一般に認めるところであり，これを原則として善意の第三者に不測の損害を被らせないとする立法趣旨が説明されている[36]．また秘匿行為の効力については，その要件の具備如何により決定されるのであり，明文規定を置かないことが述べられている．旧民法典証拠編51条および52条の削除理由は明らかにされていない．

　㈣　錯　誤

　起草理由において，諸外国の法典よりも効果が生じる場合を少なくしたものであり，意思と表示の不一致が最もはなはだしい「行為ノ要素」の錯誤に限り意思表示を無効とする規定であること，事実の錯誤・法律の錯誤を区別せず適用されること，意思表示が錯誤により無効となる場合において過失ある表意者が損害賠償責任を負うことは論を俟たないので明文規定を置かないこと等が説明されている[37]．

　旧民法典所定の各錯誤については，第一に，要素の錯誤となるものとして，a）性質の錯誤，b）目的の錯誤，c）原因の錯誤（309条1項），第二に，行為の性質により時に要素の錯誤となりうるものとして，d）身上の錯誤（309条2項），第三に，要素の錯誤にならないものとして，e）縁由の錯誤（309条2項），f）物の本質の錯誤・本質以外の錯誤（310条1項・2項），g）合意の履行時期または場所の錯誤（310条3項），h）算数，氏名，証書の日附または場所の錯誤（319条4項），i）法律の錯誤（311条）が挙げられている．

　その理由として，a）b）は常に要素となること，c）原因とは常に契約を成す意思または目的に他ならず，いずれも成立要件と混同するものであり，要素に他ならないこと，e）要素の錯誤のみを無効と規定する以上，縁由の錯誤は無効とならないことは明文を俟たないこと，f）物の品質，数量または価格等は当事者自らが責任をもって鑑定するのが原則であり，これら錯誤を理由とし

---

[36] 法典調査会・民法主査会議事速記録・前掲注（33）639頁．
[37] 法典調査会・民法主査会議事速記録・前掲注（33）647頁以下．

て無効を認めるのは取引の安全を害されること，g) h) はこれらが意思表示の効力に影響を及ぼさないことは明らかであり，h) については証拠保全のため誤謬の訂正を要求可能なのは疑義を容れないこと，i) につき，事実の錯誤と法律の錯誤は区別できないこと，しかし例えば，債務の存在を知らずに更改したような場合，要素の錯誤となること等が述べられている。

(オ) 詐欺

起草理由において旧民法典財産編312条の修正であることが述べられているが[38]，その内容は実質的にはかなり乖離しているように見受けられる。

詐欺はそれ自体が意思表示の瑕疵を成さず，損害賠償の原因となるのみであり，詐欺により発生する錯誤の種類に応じて処理される旨規定する旧民法典312条1項・2項についての修正理由は明確に述べられていないが，「固ヨリ之ヲ存スルコトヲ得ス」との言及等から，根本的にこれを採用しない趣旨が窺える。旧民法典313条3項所定の補償名義の取消は，その錯誤規定において意思表示の（同意の瑕疵としての）取消を認める以上，錯誤が詐欺によるか否かによって効果を異にする理由はないとされている。

また第三者の詐欺については「相手方ニ責ムル所ナキ」場合には意思表示の取消を許さないことは（旧民法典および仏伊民法典には規定されていないが）スイス債務法および独民法草案を参酌して追加するとされている。

(カ) 強迫

起草理由によると，強迫については，旧民法典313条ないし317条のうち，「暴行，脅迫又ハ災害カ抗拒ス可カラサルニ非サルモ当事者又ハ第三者ノ身体，財産ノ為メ切迫ニシテ一層重大ノ害ヲ避クル為メ当事者ヲシテ合意ヲ為スコトヲ決意セシメタルトキ」に関する313条3項のみを修正し，その他を削除したものであるとされ，英米法の不当威圧の法理は採用しない旨も述べられている。また旧民法典313条3項のうち「当事者又ハ第三者ノ身体財産ノ為」の部分は，（強迫の対象が）当事者に限られないことは明白であり，かつ名誉と身体財産を区別する理由もないから削除したと述べられている[39]。

その他規定の削除理由は，313条1項の抗拒不能な暴行・脅迫を受けた意思表示は暴行者の機械手足となったに過ぎず，表意者の意思はないから，合意が

38　法典調査会・民法主査会議事速記録・前掲注 (33) 653頁以下。
39　法典調査会・民法主査会議事速記録・前掲注 (33) 653頁以下。

無効であることの明文規定は必要ないこと，312条2項の不可抗力による急迫の災害はもとより取消原因ではないこと，316条・317条については当然のことに過ぎないから明文規定の必要のないこと等が挙げられている。

(3) 小　括
　以上の旧民法典および現行民法典制定過程の議論から窺える両法典の共通点・相違点につき以下のような指摘が可能である。
　(ｱ)　総　論
　まず全体を通じて，①旧民法典において錯誤，強迫，強暴は合意の成立及び有効要件の一部として財産編に置かれ，反対証書は証書の効力問題として証拠編に置かれていたが，現行民法典では法律行為の基本である意思表示の通則を設けるとして両者が統合され，かつ心裡留保規定が付加されている[40]。
　さらに，②旧民法典においては，錯誤および強迫はその種類または軽重により同意の阻却または瑕疵を成すとされたのに対し，現行民法典においては，意思の瑕疵たる錯誤，意思の欠缺たる強迫は，いずれも規定から外されている。また③詐欺は，旧民法典においては単体では意思の瑕疵を成さない（損害賠償原因となるのみ）という仏民法典とも異なる独自の構造を採ったが，現行民法規定は詐欺を（強迫と合わせて）取消原因となりうる意思の瑕疵として規定する。
　(ｲ)　心裡留保
　④現行民法典において追加された心裡留保規定は，相手方が表意者の真意を知らないときに取引の安全を保護する起草趣旨が述べられている。
　(ｳ)　虚偽表示
　①で述べたことに加え，⑤旧民法典下の秘匿行為（真正の行為）に関する規定が，現行民法典下では外形行為（虚偽行為）の規定に転換されている。⑥第三者との関係では，旧民法典下では秘匿行為は悪意の第三者には対抗可能であ

---

[40] なお旧民法典の上記規定において「意思」という文言は，物の錯誤の一部（物の本質以外の錯誤，物の時代，出所または用法の錯誤）および合意の履行時期または場所の錯誤（旧民310条2項，3項）について明示または事情により「当事者ノ意思 l'intention des parties」がこれらに着眼された場合のみ承諾の瑕疵を成すという形で登場するのみである。ただし注釈書において，当事者が特に契約の動機を指示し，合意の成否をその存否に係らしめたとき，その錯誤は条件の不成就となり合意は成立せず，動機は「当事者ノ意思上ノ原由」と看做されるとするものがある（本野＝城＝森＝寺尾・前掲注(14) 96頁）。

ることを原則とするが，それが公示されたときには（その時点で秘匿性が破られるため）善意の第三者にも対抗可能となるのに対し，現行民法下では外形行為無効の善意の第三者への対抗不能は登記の有無により影響されない。

(エ) 錯　誤

⑦旧民法典下ではその成立要件が錯誤対象の種類・その軽重に応じた詳細なカテゴリー化の図られていたのに対し，現行民法典においては「法律行為の要素」により意思の欠缺たる錯誤のみを対象とする限定がなされた。⑧動機の錯誤は，いずれの法典においても単独では合意・意思の阻害原因とはならず，それが詐欺に由来するときのみ取消原因となる[41]。

②および⑦の結果，⑨錯誤の効果として，承諾の阻却としての無効，承諾の瑕疵としての銷除訴権の発生および改正訴権の発生が規定された旧民法典に対し，現行民法典においては無効（という強い効果）のみが選択され，かつ重過失ある表意者による無効主張を制限することで取引の安全との調和が図られている。

(オ) 詐　欺

⑩第三者による詐欺は，（③に基づき）旧民法典においては原則として，錯誤を惹起した場合のみ錯誤規定により無効・銷除可能・訂正可能という構造を採ったが，現行民法典では錯誤と詐欺は分離され，相手方がその事実を知るという成立要件が付加されるものの，詐欺自体に基づく意思表示の瑕疵としての取消が可能となる。

⑪当事者の詐欺は，旧民法典においては⑩の例外であり（同意の瑕疵による取消とは異なる）「補償名義」の取消が可能であったが，現行民法典においては意思表示の瑕疵としての取消が可能となる。取消可能でありかつこれが善意の第三者には対抗できない点につき両者は共通するが，その構造はねじれを帯びている[42]。旧民法典下の取消は，（詐欺が原則として損害賠償の原因にしかならないことを前提に）損害賠償の手段として認められる取消であり，そうであるが

---

[41] ただし動機の意味合いはやや異なり，旧民法典における動機は原因と対比される意味での「縁由」であるのに対し，現行民法典で議論される動機は意思表示の形成過程の一部である（森田宏樹「民法九五條（動機の錯誤を中心として）」『民法典の百年Ⅱ』（三省堂，1998）146頁）。

[42] この点を指摘するものとして，中舎寛樹「民法九六条三項の異議－起草過程からみた取消の効果への疑問－」南山法学15巻3・4号（1992）39頁。

ゆえに（同意の瑕疵による取消とは異なり）第三者への対抗が不可能であると説明されていたのに対し，現行民法典ではこの前提部分を破棄しつつ（実際上の必要から）第三者への対抗不能部分のみが取り入れられたからである。

　(カ)　強　　迫

　⑫強迫は，旧民法典においては（錯誤と同様に）その種類・軽重によって三種類に分類され，それに応じた無効または取消可能が規定されていたが，現行民法典では（②に基づき）意思の欠缺を生じる強迫および自然による急迫の災害は規定上の「強迫」範疇から除外されている。両者の共通点は，意思の瑕疵たる強迫が取消原因となっている点，（詐欺とは異なり）強迫者の主体が第三者か相手方かによる区別は設けられていない点，強迫による取消しは（詐欺とは異なり）第三者へ対抗可能である点である。

3　現行民法典施行後の判例学説

　以下では，上記①ないし⑫に挙げた点を中心にその後の判例学説の展開を見るが，紙幅の関係等により網羅的にではなく重要な判例学説のうちのごく一部を概観するに過ぎない。

　(1)　総　　論

　上記①②③に関連して，現行民法典起草者らは，旧民法典の流れを汲み，意思の欠缺を生じうるものとして心裡留保，虚偽表示，錯誤，強迫，意思の瑕疵を生じうるものとして錯誤，詐欺，強迫を考えていたことが窺われる[43]。すなわち事実現象としての錯誤および強迫は意思の欠缺・瑕疵の両方を生じうるが，現行民法規定としての錯誤は「要素の錯誤」要件により前者のみを対象とし，強迫は後者のみを対象とすることになる。

　(2)　心裡留保

　上記④に関連して，表意者が自己の法律行為の効力を否定する方法としての

---

[43]　梅謙次郎『訂正増補　民法要義　巻之一総則編（明治44年版復刻版）』（有斐閣，1984）209頁以下，219頁以下，237頁以下，富井政章『民法原論　第一巻総論（大正11年合冊版復刻版）』（有斐閣，1985）433頁，458頁。
[44]　『新版　注釈民法(3)総則(3)』（有斐閣，2003）287頁［稲本洋之助］。

93条の機能は限定的であることが指摘される[44]。他方で，判例においては法人の代表者または代理人の権限濫用に関し（代理規定の補完として）93条本文類推適用[45]，同条但書類推適用[46]の法理が大審院時代から形成されている。

また起草者らによると，93条但書の無効主張権者は意思主義の観点から表意者に限定されること[47]，この無効は（94条2項のような制限がないため）善意の第三者にも対抗可能ということになることが述べられた[48]。後者の論点については，当初の学説は条文および起草者の見解に忠実に（94条2項類推適用を否定し）善意の第三者へ無効を対抗可能と解していたが[49]，後に（94条2項類推適用を認め）対抗不能とする立場が通説化し[50]，判例も後者を採るに至る[51]。

(3) 虚偽表示

上記⑥に関連して，94条の善意の第三者保護規定につき，起草者によると，（心裡留保との間に第三者の要保護性の違いはなく）通謀の事実の有無がその根拠とされている[52]。

94条2項に関しては，登記に公信力を認めない不動産登記制度において不実登記への信頼を保護する法技術として，表見法理に基づく94条2項類推適用の判例法理が昭和20年代から40年代にかけて発展していく[53]。なお保護されるためには無過失まで要するか否かについては，判例は，本来適用につき無

---

45 法人の代表者が自己の利益のために権限内で行った行為，取締役会の決議を経ずに行った行為等につき，相手方が善意無過失であれば93条本文を類推適用して有効とされる（大判大正4・6・16民録21巻953頁，最判昭和40・9・22民集19巻6号1656頁等）。
46 法人の代表者が自己または第三者の利益のために権限内で行った行為につき，相手方が悪意または有過失であったとき93条但書類推適用により無効とされる（大判昭和16・9・1新聞4721号17頁，最判昭和38・9・5民集17巻8号909頁等）。
47 梅・前掲注（43）213頁。相手方その他利害関係人は無効主張できない旨の明示がない点につき，立法的にやや不完全である旨述べられている。
48 富井・前掲注（43）426頁。ただし心裡留保・虚偽表示のいずれも善意の第三者の要保護性は共通するので，立法論として疑義がある旨述べられている。
49 鳩山秀夫『法律行為乃至時効』（巌松堂，1911）106頁。
50 穂積重遠『民法総論 下巻』（有斐閣，1921）55頁，鳩山秀夫『日本民法総論』（岩波書店，1927）349頁，我妻栄『民法総則』（岩波書店，1930）417頁，舟橋諄一『民法総則』（弘文堂，1954）104頁，川島武宜『民法総則』（有斐閣，1965）269頁，四宮和夫『民法総則（第四版補正版）』（弘文堂，1996）161頁等。
51 最判昭和44・11・14民集23巻11号2023頁等。
52 富井・前掲注（43）426頁。

過失を不要とし，類推適用の一定類型につき無過失を必要とするが54，学説は分かれている55。

(4) 錯　誤
㋐　要　件

上記㋖に関連して，起草者らによると，「法律行為ノ要素」とは狭義の目的（法律行為の履行により生ずべき事項またはこれにつながる物）に加えて当事者をも包含するものとされ56，さらに富井博士によると，法律行為の「内容ノ要部」であり，意者がその部分について有する利益の軽重によって決定されるもの，すなわちその部分に錯誤がなければ表意者は意思表示をしなかっただろうし，かつしなかったことが世間一般の観念からも正当と認めうる場合57等説明される。また梅博士によると，要素の錯誤は意思の欠缺を生じ無効原因となるが，意思の欠缺を生ずる以外の単純錯誤（詐欺によらない錯誤）は（大多数の外国法では取消を認めるが）一切認めないとされている58。他方で，富井博士は，条件，履行時期または場所，法律行為の効果，縁由，当事者または目的物の性状，物の無形の性状（由緒，時代，作者等）も，意思表示の一部に包入されて意思表示の内容となった場合には，その錯誤は重要となるとも述べている59。

53　いわゆるa）意思外形対応外観自己作出型として最判昭和29・8・20民集8巻8号1505頁等，b）意思外形対応外観他人作出型として最判昭和45・4・16民集24巻4号226頁等，c）意思外形非対応型として最判昭和43・10・17民集22巻10号2188頁等。

54　本来適用につき，最判昭和12・8・10新聞4181号9頁，最判昭和62・1・20訴月33巻9号2234頁等。類推適用に関しては，前掲注（53）のa）b）類型の第三者は善意のみで保護され，c）類型では善意無過失が要求されている。

55　本来適用に関しては無過失を要求しない説として我妻栄『新訂　民法総則』（岩波書店，1964）292頁，川島・前掲注（50）281頁），無過失を要求する説として内田貴『民法Ⅰ　総則・物権総論』（東京大学出版会，1994）50頁），無重過失を要求する説として石田穣『民法総則』（1992）320頁）等に分かれる。さらに類推適用に関しては，判例と同様に類推適用c）類型にのみ無過失を要求する説のほか，本来適用・類推適用に共通して無過失を要求する説（四宮・前掲注（50）163頁），類推適用のみa）b）c）類型すべてに無過失を要求する説（近江幸治『民法講義Ⅰ　民法総則〔第6版補訂〕』（成文堂，2012）200頁）等に分かれる。

56　梅・前掲注（43）222頁以下，富井・前掲注（43）435頁以下。

57　富井・前掲注（43）442頁。

58　梅・前掲注（43）227頁以下。

59　富井・前掲注（43）444頁。

「要素の錯誤」を（起草時のような法律行為の成立要件に即した説明から転換して）ドイツ民法的解釈を導入したと評される富井説は，その後の判例学説にも受け継がれていく[60]。

また「動機」に関しては，当初の判例学説は狭義の動機のみを「動機」として扱っていたことが指摘されるが[61]，大正期から判例はその範疇を拡大し，動機錯誤と表示錯誤を峻別するいわゆる二元説の立場に立脚しつつ価格，物の性状に関する評価等も含む広義の動機に関して，それが相手方に表示され法律行為ないし意思表示の内容となったときには要素の錯誤たりうるとする判例の主流が形成されていく[62]。しかし他方で，動機の表示に言及しないまま要素の錯誤を認める判例群も存在する[63]。

学説においても当初は二元説に基づき動機を狭義に解する伝統的立場が採られていたが[64]，昭和10年代から動機錯誤も当然に意思表示の錯誤であるとし，伝統的な意思主義的錯誤論と訣別する見解が主張され始める[65]。これを受けて昭和40年代には動機錯誤と表示錯誤を区分しないいわゆる一元説の立場から詳細な判例分析等を通じて錯誤の統一的要件の定式化を試みる学説[66]，またドイツ判例学説の歴史的・体系的分析を通じた動機錯誤論の構造的検討を行う学説[67]等が現れ，その後も伝統的錯誤論を再評価する見解（新二元説）も含め活発な研究が続き[68]，近年の債権法改正提案に至る[69]。

(イ) 効　果

上記⑧⑨に関連して，起草者らによると，その要件を外国の立法例よりも一層取引の安全を保護すべく厳しくしたことに関連して，その効果は意思の欠缺

60　判例のリーディングケースとされる大判大正3・12・15民録52巻12072頁，学説においては鳩山・前掲注（49）141頁以下，我妻・前掲注（50）427頁以下等。

61　大判明治38・12・19民録11巻1786頁等。

62　大審院時代のものとして前掲大判大正3・12・15民録52巻12072頁他多数，最高裁時代のものとして最判昭和29・11・26民集8巻11号2087頁他多数。

63　大判昭和10・1・29民集14巻183頁，大判昭和18・6・3新聞4850号9頁，最判昭和37・11・27判時321号17頁，最判昭和40・10・8民集19巻7号1731頁，最判平成14・7・11判1805号56頁他多数。

64　梅・前掲注（43）229頁，岡松参太郎『訂正2版　註釈民法理由』（有斐閣，1897）186頁等。

65　舟橋諄一「意思表示の錯誤－民法95条の理論と批判」九州帝国大学法文学部編『法学論文集：十周年記念』（岩波書店，1937）593頁，川島武宜「『意思欠缺』と『動機錯誤』」法協56巻8号（1938）1頁，後に『民法解釈学の諸問題』（弘文堂，1949）所収。

による無効として強くする旨説明されている[70]。95条但書については，実際上の便宜から，無効およびそれによる損害賠償を認める代わりに，重過失ある表意者は無効を対抗できないとして，損害自体生じさせないようにする趣旨，

---

66 須田晟雄「要素の錯誤―判例の分析を中心にして (1)～(8)」北海学園8巻1号 (1972) 215頁・2号215頁・9巻1号 (1973) 89頁・10巻2号 (1977) 439頁・11巻1号 (1975) 69頁・2号345頁・12巻3号 (1976) 481頁，・3巻2号 (1977) 347頁，野村豊弘「意思表示の錯誤―フランス法を参考にした要件論 (1)～(7)」法協92巻10号 (1975) 1340頁・93巻1号 (1976) 68頁・2号237頁・3号301頁・4号469頁・5号690頁・6号898頁，小林一俊「錯誤無効のファクターに関する考察―判例の分析を通じて―(1)～(4)」亜細亜法学14巻1号 (1979) 65頁・15巻1号 (1980) 38頁・2号31頁・16巻1＝2号 (1982) 33頁，後に『錯誤論の研究』(酒井書店，1986) 所収等。

67 磯村哲「動機錯誤と行為基礎―ドイツ錯誤論の発展 (1)～(3)」法学論叢 (京大) 76巻3号 (1964) 1頁・77巻1号 (1965) 18頁・79巻1号 (1966) 22頁，後に『錯誤論考』(有斐閣，1997) 所収。

68 村田清ярий「錯誤の経済分析 (Ⅰ)(Ⅱ) ―A.T.クロンマン所説とわが国錯誤法」大分大学経済論集35巻1号 (1983) 90頁・2号123頁，石田喜久夫編『民法総則』(法律文化社，1985) 153頁〔磯村保〕，高森八四郎『法律行為論の研究』(関西大学出版部，1991) 191頁以下，中島昇「アメリカ契約法における錯誤リスクの引受け―とくに判例を中心として」亜細亜法学31巻1号 (1996) 276頁，大中有信「動機錯誤と等価性」論叢139巻5号 (1996) 49頁・141巻5号 (1997) 100頁，森田・前掲注 (41) 論文，山岡真治「錯誤論の再検討―フランス法を手掛かりとして―」神戸法学51巻3号 (2001) 29頁，山下純司「情報の収集と錯誤の利用―契約締結過程における法律行為法の存在意義 (1)～(2)」法協119巻5号 (2002) 779頁・123巻1号 (2006) 1頁，中谷崇「双方錯誤の歴史的考察―ドイツ法の分析 (1)～(4)」横浜国際経済法学17巻1号 (2008) 119頁・2号149頁・3号 (2009) 243頁・18巻1号 (2009) 85頁，古谷英恵「契約自由の原則と錯誤のリスク負担」『現代民事法の課題』(信山社，2009) 43頁等。

69 半田吉信「錯誤規定をどう見直すか―要件論を中心に」『民法改正を考える (法律時報増刊2008年9月)』72頁以下・同「錯誤立法の基礎」千葉大学法学論集27巻4号 (2013) 5頁・同「錯誤立法と錯誤の種類」『法律行為論の諸相と展開』(法律文化社，2013) 19頁，『債権法改正の基本方針』NBL904号 (商事法務，2009) 28頁以下，民法改正研究会編『民法改正　国民・法曹・学会有志案 (法律時報増刊2009年11月)』(日本評論社) 124頁以下，小林一俊「論評・債権法改正委員会錯誤法案要件論」『債権法の近未来像』(酒井書店，2010) 23頁，滝沢昌彦「錯誤規定のあり方―より柔軟な規定を求めて」『社会の変容と民法典』(成文堂，2010) 26頁，後藤巻則「錯誤・詐欺と情報提供義務とをどのように関連づけて規定すべきか」前掲『民法改正を考える』69頁以下・同「錯誤，不実表示，情報提供義務―民法と消費者契約法の関係をどうとらえるか」前掲『社会の変容と民法典』38頁，鹿野菜穂子「錯誤規定とその周辺―錯誤・詐欺・不実表示について」『民法 (債権法) 改正の論理』(新青出版，2010) 233頁，濱田絵美「動機錯誤の法的処理に関する一考察」前掲『法律行為論の諸相と展開』55頁等。

70 富井・前掲注 (43) 448頁。

かつ相手方が表意者の錯誤を知っている場合但書の適用はないことが説明されている[71]。

　錯誤無効の主張権者に関しては，当初の判例には表意者以外の者による錯誤無効の主張を許容したものも存在するが[72]，比較的早い時期に表意者に重過失ある場合には相手方および第三者も無効主張できないとする判例が出現し[73]，さらに表意者自身に無効主張の意思がない場合表意者以外の者は無効主張できないとする判例が現れ[74]，主張権者の範囲は狭められていく。学説もこの点に関し分かれるが，さらに立法論としての錯誤の効果は取消しであるべきとする立場も登場する[75]。

(5) 詐欺および強迫

　上記⑪⑫に関して，起草者らによると，縁由の錯誤のように錯誤のみでは意思表示の効力が妨げられない場合であっても，その錯誤が詐欺に由来するときには法律行為の取消原因となる旨述べられている[76]。強迫については，意思の欠缺を生じる強迫[77]，意思の瑕疵を生じる強迫に分類され，前者は明文規定の必要がないこと，現行民法規定は後者のみを取消可能とすることが述べられている[78]。また富井博士は，急迫の災害のため意思の欠缺ありと認めるべきときは無効となりうることも述べている。

　詐欺および強迫による取消しの効果については，富井博士は，詐欺取消しは

71　梅・前掲注（43）227頁，富井・前掲注（43）448頁。
72　大判昭和6・4・2新聞3262号15頁。
73　大審院時代のものとして大判昭和14・8・5民集18巻792頁，最高裁時代のものとして最判昭和40・6・4民集19巻4号924頁参照。
74　最判昭和40・9・10民集19巻6号1512頁。
75　表意者以外の者からの無効主張を認める立場として岡松・前掲注（64）193頁，表意者に重過失ある場合であっても表意者以外の者による錯誤無効の主張を認めるが，表意者自身に錯誤無効の主張意思がない場合には表意者以外の者も無効と主張できないとする立場として高森・前掲注（68）236頁，表意者以外の者の無効主張を認めない立場として川島・前掲注（50）295頁，星野英一『民法概論Ⅰ（改訂版）』（良書出版会，1989）198頁，四宮・前掲注（50）181頁，錯誤の効果は取消しであるべきとする立場として鳩山・前掲注（50）365頁，我妻・前掲注（50）425頁等。
76　梅・前掲注（43）232頁以下，富井・前掲注（43）452頁。
77　富井・前掲注（43）458頁によると，腕力をもって他人の手を押さえて契約書に署名捺印させるような場合とされている。
78　梅・前掲注（43）237頁以下，富井・前掲注（43）458頁以下。

実際の必要上から制限主義を採り取引の安全を保護すること，強迫は（詐欺とは異なり）避けることができないために表意者には過失がなく，取消しの効果を第三者に対抗可能である旨説明されている[79]。その後の学説は，富井説を支持する見解もあるが[80]，他方，立法論としてのこのような区分は合理的ではないとする批判もなされている[81]。

(6) 不当勧誘と錯誤・詐欺・強迫等

昭和20年代～30年代にかけて社会においてさまざまな消費者問題が意識されるようになり，それに対応する消費者保護の動向が生まれたことに連動し，かつ要素の錯誤要件の厳格さ，詐欺および強迫の二段の故意および違法性要件の立証の困難さ等を原因として，欺瞞的威圧的な不当勧誘により契約を締結した者を救済する法理が探究されるようになる。事業者側に情報提供義務を課し，その違反による損害賠償義務ないし解除を認める見解[82]，錯誤・詐欺・強迫・公序良俗違反等の緩和的・拡張的適用を説く見解[83]，契約成立過程の問題とその内容不当性につき相関的な解決を主張する見解[84]等様々であり，これら流れを受けて平成12年に消費者契約法（後述）が制定される。

4　立法動向

最後に，現行民法典制定以降の立法動向につき，時系列にしたがい本稿に関連する範囲で概観する。

79　富井・前掲注（43）456頁，462頁以下。
80　星野・前掲注（75）204頁，内田・前掲注（55）80頁。
81　我妻・前掲注（50）442頁。
82　北川善太郎「契約締結上の過失責任」『契約法大系Ⅰ』（有斐閣，1958）233頁，森泉章「『契約締結上の過失』に関する一考察（1）～（3）」民研285号（1980）8頁・287号（1981）9頁・290号2頁，本田純一「『契約締結上の過失』理論について」『現代契約法大系（1）』（有斐閣，1983）207頁，宮本健蔵「契約締結上の過失責任法理と付随義務」『法と政治の現代的課題』（第一法規，1987）63頁，今西康人「契約の不当勧誘の私法的効果について」『民事責任の現代的課題』（世界思想社，1989）217頁，松本恒雄「消費者取引における不当表示と情報提供者責任（上）（下）」NBL229号（1981）6頁・230号13頁，下森定『債権法論点ノート』（日本評論社，1990）17頁等。

(1) 消費者契約法

　平成12年に制定された消費者契約法は，勧誘等が詐欺・強迫に該当するとは言えない場合であっても消費者が意思表示の効力を否定することを可能とし，誤認による取消権，困惑による取消権（4条）を規定した。前者は民法典上の詐欺，後者は強迫の成立要件を緩和・具体化・客観化する趣旨であるとされる[85]。ただし誤認・困惑いずれによる取消しも善意の第三者への対抗は認められない。

　また同法は，事業者が第三者に消費者契約の締結の媒介を委託し，かつ委託された第三者が4条所定の誤認・困惑惹起行為を消費者に対して行った場合，消費者は契約相手方たる事業者に対して取消しが可能となる旨も規定する（5条）。第三者の不当勧誘の事実および「事業者が第三者に対して消費者契約の締結の媒介を委託した」事実の証明があれば（事業者が第三者の不当勧誘行為自体につき不知であるとしても）取消しが認められる点で，民法96条2項の第三者の詐欺による取消しの要件を消費者契約につき拡張的に修正するものである

---

[83] 錯誤の活用を説くものとして長尾治助「消費者契約における意思主義の復権」判タ497号（1983）12頁，伊藤進「錯誤論－動機の錯誤に関する一考察」『法律行為論の現代的課題』（第一法規，1988）27頁，詐欺の拡張を説くものとして横山美夏「契約締結過程における情報提供義務」ジュリ1094号（1996）129頁，大村敦志『消費者法』（有斐閣，1998）89頁以下，内山敏和「情報格差と詐欺の実相－ドイツにおける沈黙による詐欺の検討を通じて（1）～（7）」早研111号（2004）552頁，113号（2005）274頁，114号（2005）278頁，115号（2005）344頁，116号（2005）344頁，117号（2006）344頁，119号（2006）1頁，詐欺・錯誤の要件緩和を説くものとして後藤巻則「フランス契約法における詐欺・錯誤と情報提供義務（1）～（3）」民商102巻2号（1990）180頁・3号314頁・4号442頁，後に『消費者契約の法理論』（成文堂，2002）所収，詐欺・錯誤型および詐欺・強迫型の拡張理論を論ずるものとして森田宏樹「「合意の瑕疵」の構造とその拡張理論（1）～（3）」NBL482号（1991）22頁・473号（1991）56頁・484号（1991）56頁，行政法規違反の不当勧誘による契約につき公序良俗違反による無効を導くものとして長尾治助「消費者取引と公序良俗（上）（中）（下）」NBL457号（1990）6頁・459号6頁・460号34頁等。

[84] 河上正二「契約の成否と同意の範囲についての序論的考察（4・完）」NBL（1991）36頁，今西康人「消費者取引と公序良俗違反」法時64巻12号（1992）84頁，平野裕之「消費者取引と公序良俗－契約解消型救済」法時66巻2号（1994）107頁，加藤雅信『新民法大系Ⅰ　民法総則（第2版）』（有斐閣，2005）234頁以下，大村敦志『公序良俗と契約正義』（有斐閣，1995）365頁以下等。

[85] 内閣府国民生活局消費者企画課編『逐条解説　消費者契約法［補訂版］』（商事法務，2003）12頁。

と言える。

(2) 電子消費者契約法

平成13年制定の電子消費者契約法は，消費者保護の観点から，パソコン等を介した消費者の意思表示につき一定の場合民法95条但書の適用を除外し，消費者側の操作ミスを救済する規定を置く。すなわち消費者が行う電子消費者契約の要素に同法3条所定の錯誤があったとき，かつ事業者側がいわゆる確認画面等により消費者の「意思表示を行う意思の有無について確認を求める措置」を講じていない場合等には民法95条但書は適用されない。

(3) 民法現代語化改正

平成16年成立の民法の一部を改正する法律により，現行民法典全体の現代語化改正が行われた。規定の文言が単なる現代語化に留まらない部分として，「前項ノ意思表示ノ無効」→「前項の規定による意思表示の無効」（94条2項），「或人ニ対スル意思表示ニ付キ」→「相手方に対する意思表示について」（96条2項），「詐欺ニ因ル意思表示ノ取消ハ」→「前二項の規定による詐欺による意思表示の取消しは」（96条3項），「意思ノ欠缺」→「意思の不存在」（101条1項）が挙げられる。なお「瑕疵アル意思表示」（120条2項）はそのまま「瑕疵ある意思表示」に置き換えられている。

(4) 民法（債権関係）の改正

(ｱ) 民法（債権関係）の改正に関する中間試案

「民事基本法典である民法のうち債権関係の規定について，制定以来の社会・経済の変化への対応を図り，国民一般等に分かりやすいものとする等の観点から，国民の日常生活や経済活動にかかわりの深い契約に関する規定を中心に見直しを行う」旨の法務大臣の諮問を受けて，平成21年11月より法制審議会民法（債権関係）部会における審議が開始された。平成25年3月に『民法（債権関係）の改正に関する中間試案』（以下，「中間試案」という）が公表され，心裡留保，錯誤および詐欺に関する現行民法規定の改正が提案された。

(a) 心裡留保

心裡留保に関しては，(1) 93条但書の「表意者の真意を知り」の部分を「真意ではないことを知り」に改めつつ，新たに (2) 上記 (1) による意思表示の

無効は，善意の第三者に対抗できないとする旨の規定を付加する提案がなされた。

(1)は一般的解釈の明文化，(2)は判例通説の明文化であると説明されている[86]。

(b) 錯　誤

錯誤に関しては，以下のような現行規定の全面的改正が提案された。すなわち，(1) 錯誤は，表意者がその真意と異なることを知っていたとすれば意思表示をせず，かつ，通常人であっても意思表示をしなかっただろうと認められるときは取消可能，(2) 目的物の性質，状態その他意思表示の前提となる事項の錯誤は，ア 当該事項に関する表意者の認識が法律行為の内容となっている場合，またはイ 表意者の錯誤が相手方の誤表示により生じた場合で，かつ当該錯誤がなければ表意者は意思表示せず，かつ，通常人であっても意思表示しなかっただろうと認められるときは取消可能，(3) 上記 (1) (2) につき重過失ある表意者は，ア 相手方が表意者の上記 (1) (2) 錯誤につき悪意または重過失ある場合，あるいはイ 相手方が表意者と同一の錯誤に陥っていた場合に限って，取消可能，(4) 錯誤による意思表示の取消しは善意かつ無過失の第三者には対抗不可能，である。

(1) (3) は現行規定の改正であり，(2) (4) は新設であるが，(1) はいわゆる表示行為の錯誤につき95条の「要素の錯誤」を判例通説にしたがって明文化し，効果を無効から取消しに改める趣旨，(2) はいわゆる動機の錯誤につき，ア 一定の場合それが顧慮されるとする判例通説を明文化し，かつイ（アに該当しない場合であっても）それが相手方の誤表示に由来する場合，相手方に誤認のリスクを負わせる趣旨，(3) は95条但書を原則維持した上で，その例外規定を設ける趣旨，(4) は錯誤者と被詐欺者との均衡を図るため96条3項を類推適用する見解を採用し，明文化する趣旨が説明されている[87]。

(c) 詐　欺

詐欺に関しては，(1) 現行96条1項を維持した上で，(2) 相手方から契約締結について媒介することの委託を受けた者または相手方の代理人が詐欺を行った場合も (1) と同様とし，(3) 上記 (2) 以外の第三者が詐欺を行った場

---

[86] 法務省『民法（債権関係）の改正に関する中間試案（概要付き）』(2013) 3頁以下。
[87] 法務省・前掲注 (86) 4頁以下。

合は，相手方がその事実を知り，または知ることができたときに限り取消可能とし，(4) 詐欺取消しは善意無過失の第三者には対抗不能とする旨提案された。

(2) は相手方の代理人が詐欺を行った場合の判例法理の明文化，かつ媒介受託者が詐欺を行った場合の規定の新設，(3) は第三者の詐欺につき表意者の意思表示に対する相手方の信頼が保護されるためには詐欺の事実につき相手方の（善意のみならず）善意無過失を要求する趣旨，(4) は学説の多数に従い保護される第三者の要件を善意無過失に改める趣旨が説明されている。

(イ) その後の動向

中間試案の公表後パブリックコメントの手続を経た後に開催された法制審議会の部会資料「民法（債権関係）の改正に関する要綱案のたたき台」（以下，「たたき台」という）および「民法（債権関係）の改正に関する要綱案の取りまとめに向けた検討」（以下，「検討」という）によると[88]，中間試案についてさらに以下のような進展が見受けられる。

(a) 心裡留保

心裡留保に関しては，たたき台において[89]，93条但書に関する中間試案 (1) につき，相手方が「真意ではないことを知り，又は知ることができたとき」に改められている。中間試案 (2) は，そのまま維持され，表意者自身が内心の意思と異なる表示をしていることを認識している点で虚偽表示と共通しているため，善意者と第三者との利害調整につき94条2項と同様に扱うという理由が付加されている。

(b) 錯　誤

錯誤に関しては，検討において[90]，動機の錯誤に関する中間試案 (2) のみ

---

[88] 法制審議会民法（債権関係）部会第76回会議・部会資料66A「民法（債権関係）の改正に関する要綱案のたたき台 (1)」，法制審議会民法（債権関係）部会第76回会議・部会資料66B「民法（債権関係）の改正に関する要綱案の取りまとめに向けた検討 (3)」参照。なお「たたき台」・「検討」の区分は，前者は「異論が少ないと考えられる論点については，当初から要綱案のたたき台を提示して細部についても検討を深め」るための資料，後者は「議論がなお分かれている論点については，論点の検討タイプの部会資料を提供して更に議論を深める」ための資料であると説明されている（法制審議会民法（債権関係）部会第76回会議・議事録2頁参照）。

[89] 法制審議会民法（債権関係）部会・第76回会議・部会資料66A・前掲注 (88) 2頁以下。

[90] 法制審議会民法（債権関係）部会・第76回会議・部会資料66B・前掲注 (88) 1頁以下。

取り上げられている．すなわち中間試案（2）アの「法律行為の内容になる」という表現に対する批判が紹介され，「法律行為の内容になる」という要件の内容および表現につきどのように考えるかという論点が提示されている．中間試案（2）イについては，相手方の誤表示により動機の錯誤が生じた場合の規定を設けること自体の批判，提示されている要件への批判等が紹介され，相手方の過失の有無，信頼の正当性の要否を含め，相手方が事実と異なることを表示したことによって表意者が錯誤に陥った場合に，その錯誤が顧慮されるための要件についてどのように考えるかという論点が提示されている．

(c) 詐　欺

詐欺に関しては，たたき台によると[91]，中間試案（1）（3）（4）は維持された上で，（2）が削除されている．中間試案（3）については，第三者にだまされた表意者の利益は，心裡留保の意思表示をした表意者の利益と比べて少なくとも同程度に保護する必要があるという理由が付されている．中間試案（2）の削除については，媒介受託者・代理人以外の第三者による詐欺の場合であっても，相手方の主観的事情を問わずに取消しを認めるべき場合があり，中間試案のように媒介受託者・代理人のみを掲げることはかえって取り消しうる場合を限定することになるため，96条1項および2項の解釈に委ねる旨説明されている．中間試案（4）の第三者保護要件が無過失まで要求される点で93条・94条に比して厳格である構造については，被詐欺者は不当な行為の被害者であり，帰責性が小さい点に求められている．

(d) 今後の予定

平成26年7月末までに「要綱仮案」の取りまとめ，平成27年通常国会における法案提出を目指し平成27年1月ないし2月に法制審議会による答申が予定されている[92]．

（平成26年5月脱稿）

---

[91] 法制審議会民法（債権関係）部会・第76回会議・部会資料66A・前掲注（88）2頁以下．

[92] 法制審議会民法（債権関係）部会・第76回会議・議事録・前掲注（88）2頁．

日本民法学史における取得時効要件論
——「所有の意思」を中心に——

草野元己

1 はじめに

(1) 近時の学説・判例の状況

わが民法162条は、その1項で、「二十年間、所有の意思をもって、平穏に、かつ、公然と他人の物を占有した者は、その所有権を取得する」と定め、また、2項で、「十年間、所有の意思をもって、平穏に、かつ、公然と他人の物を占有した者は、その占有の開始の時に、善意であり、かつ、過失がなかったときは、その所有権を取得する」と規定し、10年または20年の間、「所有の意思をもって」占有することを、所有権の取得時効の要件とする。そして、この「所有の意思」は、その文言自体からすれば、《占有者がその内心において抱く、占有物を所有しようとする意思》と解せられるはずであるが、我妻榮に代表される「従来の通説」によれば、「所有の意思」の有無は、占有者の内心の意思とは無関係に、「その占有を取得する原因である事実、すなわち権原の客観的性質によって定まる」(傍点——原文)とされ、売買や贈与のように、所有権の移転を目的とする権原によって取得された占有は自主占有(所有の意思をもってする占有)、賃貸借や寄託等の権原により取得された占有は他主占有(所有の意思によらない占有)になる、とされてきた[1]。

ところが、近時、最高裁は、〔1〕最判昭和58・3・24民集37巻2号131頁において、「所有の意思は、占有者の内心の意思によつてではなく、占有取得の原因である権原又は占有に関する事情により外形的客観的に定められる」と判示し、占有取得権原のみならず、外形的・客観的な「占有に関する事情」によっても、「所有の意思」が判断されるものとした。そして、この〔1〕判決の

---

1 我妻榮(有泉亨補訂)『新訂物権法』(民法講義Ⅱ)(岩波書店、1983) 471頁等。

判旨は，〔2〕最判平成 7・12・15 民集 49 巻 10 号 3088 頁，〔3〕最判平成 8・11・12 民集 50 巻 10 号 2591 頁によって受け継がれ，今日，「所有の意思」認定に関する判例理論として確立している，と言うことができよう[2]。

さらに，最近の学説においては，上記の判例理論に基づくものが多数ある[3]一方，「所有の意思」についてまず問題となるのは占有者の内心の意思如何であり，それが客観的に外部に顕現した場合に「所有の意思」が認定されると論ずる学説[4]や，「所有の意思」とは内心の意思そのものであり，ただ，占有権原からすると通常所有の意思がないと見られる場合は，所有の意思を表示するか新権原によって占有をしなければ，所有の意思を主張できない結果になると捉える説[5]も，少数ながら存在する[6]。

(2) **本稿の目的と構成**

(ア) 上述のように，取得時効の要件である「所有の意思をもって」する占有をめぐっては，今日もなお議論が錯綜し，その意義について不明な点があることは否めない事実である。しかし，例えば，①とにかく占有者がその内心において占有物を所有しようとする意思さえ持っていれば，たとえ不法に始めた占有であっても取得時効が認められるのか，あるいは，②不動産の賃借人を相続した者が，当該不動産は被相続人が所有していたと信じて，自分も所有者とし

2　この点については，既に，拙稿「取得時効における『所有ノ意思』とボアソナードの占有理論」遠藤浩先生傘寿記念『現代民法学の理論と課題』（第一法規出版，2002）（以下，「占有理論」と略称）123 頁以下で述べたところである。

3　〔1〕判決以降の判例理論と同旨である学説のうち，2002 年頃までのものについては，拙稿・前掲注 (2)「占有理論」140 頁以下注 (7) 参照。但し，当時においても，「所有の意思」の有無の認定について，「従来の通説」に従い，権原の性質によって決定されるとする多くの教科書・体系書等があったことについては，同拙稿 138 頁以下注 (1) 参照。

4　德本伸一「自主占有における『所有の意思』について——通説的見解への疑問——」みんけん 494 号 (1998) 20 頁，同「他主占有者の相続人の占有」佐々木吉男先生追悼論集『民事紛争の解決と手続』（信山社，2000）516 頁，518 頁。

5　石田穣『民法総則』（悠々社，1992）598 頁，同『物権法』（民法大系 (2)）（信山社，2008）517 頁以下，同『民法総則』（民法大系 (1)）（信山，2014）1106 頁以下。

6　なお，拙稿・前掲注 (2)「占有理論」124 頁，141 頁注 (8)，同「取得時効における『所有の意思』と旧民法の占有規定——容仮占有との関連を中心に——」法と政治（関西学院大学）62 巻 1 号上 (2011)（以下，「占有規定」と略称）105 頁，113 頁注 (9) も参照。

てその占有を開始したような場合，この者は一定期間の占有継続後，当該不動産を時効取得できるのか[7]，さらには，③共同相続人のうちの一人が，自分が唯一の相続人だと信じ込んで相続財産を長期間単独で占有していた場合，この者は，取得時効によって当該財産を単独で所有することができるのか[8]等の問題を解決するためには，取得時効における「所有の意思」の意味が明らかにされなければならないことは言うまでもなかろう。

そこで，本稿は，この取得時効における「所有の意思」の意義を明確にするために，まずは，現行民法の制定過程において，「所有ノ意思ヲ以テ」[9]する占有という要件がどのような理由に基づいて162条に盛り込まれたかについて探究する。次いで，「所有の意思」に関する諸学説について，民法典制定以降，前述の「従来の通説」が確立するまでの歴史を簡単にたどり，これまで学説によって主張されてきた，取得時効における「所有の意思」の解釈がどのように形成されてきたかを明らかにする。

以上のように，本稿は，現行民法典の下でなされてきた「所有の意思」の解釈を史的な観点から考察し，それとともに，それら解釈の問題点を明らかにすることを目的とする。もちろん，取得時効における「所有の意思」の意義と，民法162条の適用範囲に関する私見を示すことは，筆者の究極の目標である。しかし，本論考は，そのような私見を提示するものではなく，そこに至る一つの過程として，「所有の意思」の解釈に関する客観的叙述を試みようとするものである。従って，私見の展開は，今後発表する別稿に委ねたいと思う。

また，本稿で叙述する「所有の意思」解釈論史は「従来の通説」確立期までのものであり，それ以降の様々な解釈論については触れることができていない。これについては，筆者自身，上記の①②③等の問題を議論する前提として不十分であることは重々自覚するところである。しかしながら，「所有の意思」の

7　この問題に関連する最高裁判決として，〔4〕最判昭和46・11・30民集25巻8号1437頁，および〔3〕判決がある。

8　この問題に関連する最高裁判決として，〔5〕最判昭和47・9・8民集26巻7号1348頁がある。

9　現行民法第1編から第3編は，2004（平成16）年12月の改正で，従来の片仮名・文語体の表記が平仮名・口語体に改められ（法務省民事局参事官室「民法現代語化案補足説明」（2004）〔http://www.moj.go.jp/content/000071232.pdf （2015年6月22日最終閲覧）〕参照），162条の「所有ノ意思ヲ以テ」という語句は，「所有の意思をもって，」と書き改められた。

存否を占有取得権原によって決定するという「従来の通説」は，今日もなお大きな影響力があると考えられるため，本稿で，この説の成り立ちに一つの焦点を当てて考察することは，決して意味のないことではないと思量される。なお，「所有の意思」に関する今日の解釈論については，これもまた別稿で検討することにしたい。

(イ) 以下では，まず第2節において，法典調査会における審議を中心に，現行民法制定過程において「所有ノ意思」についてどのような議論がなされたか検討し，また，民法典の起草者が，その体系書・注釈書で「所有ノ意思」についてどのように論じていたかを考察する。次いで，第3節から第5節においては，現行民法典制定後の学説を追っていくことにするが，このうち，第3節は大正期までの学説，第4節は昭和前期（～1945〔昭和20〕年）の学説，第5節は第二次大戦後から1965（昭和40）年までの学説を検討する。そして，最後に，以上の検討に基づいて若干の考察を行い，これをもって結びに代えることにしたい。

2　現行民法制定過程における「所有ノ意思」

(1)　法典調査会における「所有ノ意思」の審議
(ア)　法典調査会の設置

　フランス人ボアソナードらが起草し，1890（明治23）年に公布された旧民法は，1893（明治26）年1月1日から施行が予定されていたが，いわゆる「法典論争」を契機として，1892（明治25）年，民法等法律の修正のための施行延期法案[10]が第3回帝国議会に提出され，その結果，施行は，1896（明治29）年12月31日まで延期されることになった[11]。そこで，民法等の修正義務を帯びた[12]政府は，翌1893（明治26）年3月25日，法典調査会[13]規則（明治26年3

10　「民法商法施行延期法律案」のこと。
11　民法商法施行延期法律案は，1892（明治25）年5月28日，貴族院で一部修正の上可決，次いで，同年6月10日，衆議院で可決，11月22日，奏上された同法律案を天皇が裁可し，同月24日（第4回帝国議会招集日〔同月25日〕の前日），「民法及商法施行延期法律」として公布された。なお，旧民法は，1896（明治29）年4月27日の民法第一編第二編第三編の公布とともにそれに対応する部分が，また，1898（明治31）年6月21日の民法第四編第五編の公布に伴い残りの部分が，現行民法施行前に廃止された（民法第一編第二編第三編・民法第四編第五編の各前文参照）。

月25日勅令第11号）を公布したが，これにより，「民法商法及附属法律ヲ調査審議ス」る（同規則1条）[14]ため法典調査会が設置され，法典調査規程[15]（明治26年4月27日内閣送第3号）2条[16]に基づき，穂積陳重，富井政章，梅謙次郎の3名が起草委員に任命された[17]。

　以下では，この法典調査会における取得時効及び占有に関する審議の状況から考察していくことにする。

---

[12] 第九回帝国議会衆議院民法中修正案委員会速記録　明治二十九年三月十三日（第十一号）152頁以下（http://teikokugikai-i.ndl.go.jp/SENTAKU/syugiin/009/7268/0091726801110313.pdf〔2015年6月22日最終閲覧〕）における内閣総理大臣伊藤博文の説明（「法典修正ノ議決ハ，前年本院ニ於テ決議サレマシテ，其結果ニ依ツテ二十九年迄延期スルコトニ相成リマシタ，其結果ニ依ツテ政府ハ修正義務ヲ帯ビマシタタメニ，……」）等参照。

[13] 「法典調査会」の「会」の原字体は，「會」。本稿では，旧字体の漢字は，人名・発行所名などを除き，すべて新字体で表記する。

[14] 法典調査会規則1条「法典調査会ハ内閣総理大臣ノ監督ニ属シ民法商法及附属法律ヲ調査審議ス」

[15] 後注（17）掲記中の若干の文献に，この法令を「法典調査規定」（傍点――引用者）と表記しているものがあるが，正しくは，本文記載のとおり，「法典調査規程」（傍点――引用者）である（国立公文書館デジタルアーカイブ〔http://www.digital.archives.go.jp/DAS/meta/listPhoto?KEYWORD=&LANG=default&BID=F0000000000000005793&ID=M0000000000001731143&TYPE=&NO=（2015年6月22日最終閲覧）〕による）。

[16] 法典調査規程2条本文「主査委員中ニ起草委員三名ヲ置キ専ラ修正案ノ起草ニ任セシム」

[17] 以上について，仁井田益太郎ほか「仁井田博士に民法典編纂事情を聴く座談会」法時10巻7号（1938）14頁以下，星野通『明治民法編纂史研究』（ダイヤモンド社，1943）153頁以下〔日本立法資料全集別巻33（信山社出版，復刻版，1994）にて復刻〕，福島正夫編『明治民法の制定と穂積文書――「法典調査会　穂積陳重博士関係文書」の解説・目録および資料――』（民法成立過程研究会，1956）3頁以下〔穂積陳重立法関係文書の研究（日本立法資料全集別巻1）（信山社出版，1989）に復刻版として所収〕，宮川澄『旧民法と明治民法』（青木書店，1965）223頁以下，小林一俊『民法総則理由概要』（三和書房，1974）9頁以下，廣中（広中）俊雄編著『第九回帝国議会の民法審議』（有斐閣，1986）（以下，『帝国議会』と略称）3頁以下，244頁以下，同「日本民法典編纂史とその資料――旧民法公布以後についての概観――」同責任編集・民法研究第1巻（信山社出版，1996）（以下，「民法研究」と略称）137頁以下，岡孝「法典論争から明治民法成立・注釈時代」水本浩＝平井一雄編『日本民法学史・通史』（信山社出版，1997）83頁以下，小柳春一郎「民法典の誕生」広中俊雄＝星野英一編『民法典の百年Ⅰ全般的観察』（有斐閣，1998）3頁以下，前田達明＝原田剛「改正民法（明治29年4月27日・明治31年6月21日）（法律第八九号，第九号，第十一号）解題」前田編『史料民法典』（成文堂，2004）1116頁以下等参照。

(イ) 取得時効に関する審議

(a) 民法 162 条原案

法典調査会で取得時効が審議されたのは，1894（明治27）年 5 月 15 日の第 12 回調査会においてである[18]。そして，同調査会で提案された現行民法 162 条の原案は，以下のようであった。

> 第百六十二条　二十年間他人ノ物ヲ平穏且公然ニ占有スル者ハ其所有権ヲ取得ス
> 　十年間他人ノ不動産ヲ平穏且公然ニ占有スル者カ其占有ノ始善意ニシテ且過失ナカリシトキハ其不動産ノ所有権ヲ取得ス[19]

これに対し，現行民法制定（1896〔明治29〕年）後，民法が現代語化される（2004〔平成16〕年）までの 162 条の規定は，以下のようである。

> 第百六十二条　二十年間所有ノ意思ヲ以テ平穏且公然ニ他人ノ物ヲ占有シタル者ハ其所有権ヲ取得ス
> 　十年間所有ノ意思ヲ以テ平穏且公然ニ他人ノ不動産ヲ占有シタル者カ其占有ノ始善意ニシテ且過失ナカリシトキハ其不動産ノ所有権ヲ取得ス（傍点——引用者）

上掲のように，原案と実際に制定・施行された成案との間には，「他人ノ物（不動産）ヲ」という語句と「平穏且公然ニ」という語句の順番の入れ替えとか，「占有スル」を「占有シタル」というように表現を改めるとかいった細かい修正もあるが，両者を比較してすぐ気づく差異は，成案にある「所有ノ意思ヲ以テ」（傍点部）という語句が原案にはなかった，という点であろう。そこで，次には，同調査会で，「所有ノ意思」に関わる説明がどのようになされたかということを中心に，162 条案の審議状況を追っていくことにする。

(b) 162 条案の審議

(i) 1894（明治27）年 5 月 15 日の第 12 回法典調査会は，午後 7 時 10 分から暫時休憩後，午後 7 時 40 分に再開される[20]が，書記が 162 条の原案を朗読した後，起草委員の梅[21]より，提案理由について，まず次のような説明がな

18　法務大臣官房司法法制調査部監修『法典調査会民法議事速記録一　第一回——第二十六回』（日本近代立法資料叢書 1）（商事法務研究会，1983）490 頁以下参照。なお，同書は日本学術振興会版の復刻であるが，本稿では，便宜上，商事法務研究会版を用いた。

19　法務大臣官房司法法制調査部監修・前掲注（18）513 頁。

20　法務大臣官房司法法制調査部監修・前掲注（18）513 頁参照。

された。

　　此箇条ハ本案中デ[22]最モ六ケシイ箇条ノ一ツデアリマス，既成法典証拠編第
　　百三十八条第百四十条及ビ第百四十八条ノ三箇条ニ規定ニナッテ居リマスル事ラ
　　ハ此処ニ合ハセマシテ夫レニ修正ヲ施シタノデアリマス，……[23]

　上掲引用文の中で，「既成法典」とは旧民法のことであるが，上記の梅の説明によれば，本162条案は，旧民法証拠編の138条・140条・148条の3ヵ条をあわせ，それに修正を施したものに過ぎない，とされる。そこで，ここにこれら3ヵ条を掲記すると，条文は以下のようである。

　旧民法証拠編138条1項　不動産ノ取得時効ニ付テハ所有者ノ名義ニテ占有シ其
　　占有ハ継続シテ中断ナク且平穏，公然ニシテ下ニ定メタル継続期間アルコトヲ
　　要ス（傍点──引用者）
　　　2項　財産編第百八十三条[24]及ヒ第百八十五条[25]ニ定メタル如キ強暴，隠密
　　又ハ容仮ノ占有ハ時効ヲ生セス
　140条1項　占有カ上ニ定メタル条件ノ外財産編第百八十一条[26]ニ記載シタル如

---

[21]　3名の起草委員のうち，時効の部分の起草担当者が梅謙次郎と考えられるという点，および，そのことを示す参照文献については，拙著『取得時効の研究』（信山社出版，1996）24頁，37頁注（64）〔拙稿「取得時効の存在理由──長期取得時効を中心に──」松商短大論叢32号（1984）初出，35頁，37頁注2）〕に記載。また，その他の文献として，小林・前掲注（17）21頁。

[22]　法務大臣官房司法法制調査部監修・前掲注（18）の凡例によれば，『民法議事速記録』の「復刻版発行に当たって，次の点について統一を図った」とされ，「濁点及び半濁点は，法文（かぎ括弧で引用されている場合を含む。）には付さないが，それ以外の部分には付した」とされている。なお，このような方針に対する批判として，広中・前掲注（17）民法研究161頁以下がある。

[23]　法務大臣官房司法法制調査部監修・前掲注（18）513頁。

[24]　旧民法財産編183条1項「強暴又ハ隠密ノ占有ハ之ヲ瑕疵ノ占有トス」　2項「占有カ暴行又ハ脅迫ニ因リテ成リ又ハ保持セラレタルトキハ其占有ハ強暴ノ占有ナリ」　3項「占有カ公然且外見ノ所ニ因リテ当事者ニ容易ニ見ハレサルトキハ其占有ハ隠密ノ占有ナリ」　4項「右占有カ平穏ト為リ又ハ公然ト為リタルトキハ其瑕疵ハ消滅ス」

[25]　旧民法財産編185条1項「容仮ノ占有トハ占有者カ他人ノ為メニ其他人ノ名ヲ以テスル物ノ所持又ハ権利ノ行使ヲ謂フ」　2項「容仮ノ占有者カ自己ノ為メニ占有ヲ始メタルトキハ其占有ハ容仮ヲ止ミテ法定ト為ル」　3項「然レトモ占有ノ権原ノ性質ヨリ生スル容仮ハ左ニ掲クル場合ニ非サレハ止マス　第一　占有ヲ為サシメタル人ニ告知シタル裁判上又ハ裁判外ノ行為カ其人ノ権利ニ対シ明確ノ異議ヲ含メルトキ　第二　占有ヲ為サシメタル人又ハ第三者ニ出テタル権原ノ転換ニシテ其占有ニ新原因ヲ付スルトキ」

キ正権原ニ基因シ且財産編第百八十二条[27]ニ従ヒテ善意ナルトキハ占有者ハ不動産ノ所在地ト時効ノ為メ害ヲ受クル者ノ住所又ハ居所トノ間ノ距離ヲ区別セス十五个年ヲ以テ時効ヲ取得ス

　　2項　占有者カ正権原ヲ証スルコトヲ得ス又ハ之ヲ証スルモ財産編第百八十七条[28]ニ規定シタル如ク其悪意カ証セラルルトキハ取得時効ノ期間ハ三十个年トス

148条　上ノ場合（動産の占有を取得したときに関する証拠編144条[29]以下の場合――引用者）ニ於テ回復者カ占有ノ無権原タリ又ハ悪意タルコトヲ証スルトキハ時効ハ三十个年ヲ経過スルニ非サレハ成就セス

　(ⅱ)　では，現行民法の起草委員は上記3ヵ条をどのように修正して162条案に統合しようとしたかというと，上の(ⅰ)に引用した説明に続けて，梅は，以下の4点を「修正ノ要点」としてあげる。すなわち，①時効期間30年の長期取得時効（旧民法証拠編140条2項・148条）は20年の時効期間（調査会原案162条1項）へ，時効期間15年の短期取得時効（旧民法証拠編140条1項）は10年の時効期間（調査会原案162条2項）へと時効期間を短縮したこと，②旧民法証拠編138条1項の「継続シテ中断ナク」という語句を不要なものとして削ったこと，③同条2項を，「一項ノ裏ヲ示シタ丈ケ」に過ぎないとして削除したこと，④旧民法では，「善意ト正権原ト」が短期取得時効の要件とされていたのを改め，（占有開始時における）善意・無過失を要件としたこと[30, 31]。

　本条案における「修正ノ要点」は以上4点である。しかし，ここで注意すべ

26　旧民法財産編181条1項「法定ノ占有カ占有ノ権利ヲ授付ス可キ性質アル権利行為ニ基クトキハ譲渡人ニ授付ノ分限ナキヲ以テ其効力ヲ生スル能ハサルトキト雖モ其占有ハ正権原ノ占有ナリ」　2項「占有カ侵奪ニ因リテ成リタルトキハ其占有ハ無権原ノ占有ナリ」

27　旧民法財産編182条1項「正権原ノ占有ハ権原創設ノ当時ニ於テ占有者カ其権原ノ瑕疵ヲ知ラサリシトキハ之ヲ善意ノ占有トシ此ニ反スルトキハ悪意ノ占有トス」　2項「法律ノ錯誤ハ善意ニ付テノ利益ヲ受クル為メニ之ヲ申立ツルコトヲ許サス但第百九十四条ノ規定ヲ妨ケス」　3項「善意タルコトハ権原ノ瑕疵ヲ覚知シタルトキハ止ム」

28　旧民法財産編187条「正権原ノ証拠アル占有ハ之ヲ善意ノ占有ナリト推定ス但反対ノ証拠アルトキハ此限ニ在ラス」

29　旧民法証拠編144条1項「正権原且善意ニテ有体動産物ノ占有ヲ取得スル者ハ即時ニ時効ノ利益ヲ得但第百三十四条及ヒ第百三十五条ニ記載シタルモノヲ妨ケス」　2項「此場合ニ於テ反対カ証セラレサルトキハ占有者ハ正権原且善意ニテ占有スルモノトノ推定ヲ受ク」

30　法務大臣官房司法法制調査部監修・前掲注（18）513頁以下。

きは，先に傍点で示したように，旧民法証拠編138条1項が「所有者ノ名義ニテ」占有することを取得時効の要件としているのに対し，調査会における162条原案は，(a)で掲記したように，「所有者ノ名義ニテ」という語句を欠いており，単に「占有スル者」と規定するにとどまっている，という点である。すなわち，旧民法と162条原案との間には，占有の内容について明らかに文理上の差異が存在しているのであるが，梅の説明においては，この点は修正の対象に含まれていないのであって，これをどう理解すべきかということが大きな問題となるのである。

そこで，これとの関連で，まずは，上記修正点②についての説明中，その冒頭部分を引用すると，梅は，以下のように言う。

　……〔修正点の──引用者〕第二ニ於キマシテハ既成法典証拠編ノ第百三十八条ニハ斯様ニアリマス，「不動産ノ取得時効ニ付テハ所有者ノ名義ニテ占有シ其占有ハ継続シテ中断ナク」云々，此「継続シテ中断ナク」トアツタノヲ本案ニ於テハ削リマシタ前ノ条件丈ケハ残シテ置テ是丈ケ削リマシタ，……32（傍点──引用者）

要するに，旧民法証拠編138条の「継続シテ中断ナク」という語句は削ったが，その前の要件は残したというのであるから，この説明からは，取得時効の要件として，「所有者ノ名義ニテ」占有するという要件はそのまま維持されるということになろう。

続いて，上記③の修正点に関する説明を引用してみると，そこでは，次のようなことが述べられている。

　……夫レカラ第三ノ点ハ此第百三十八条ノ第二項ト云フモノハ正ニ一項ノ事ヲ只裏カラ書イタ丈ケニ過ギマセヌ，「財産編第百八十三条及ヒ第百八十五条ニ定メタル如キ強暴隠密又ハ容仮ノ占有ハ時効ヲ生セス」トアリマス，此強暴ノ裏ハ平穏デアリマスシ隠密ノ裏ハ公然デアリマスシ容仮ノ裏ハ所有者ノ名義ニテスルノデアリマスカラ詰リ一項ノ裏ヲ示シタ丈ケデ別ニ必要ハナイモノト看テ之モ削ツタ

31　なお，短期取得時効の要件から正権原を省いた結果として，旧民法証拠編141条（「性質上登記ヲ為ス可キ正権原ニ基因シタル時効ハ其証書ニ依リ登記ヲ為シタル後ニ非サレハ之ヲ算セス」）・142条（「方式上無効タリ又ハ裁判上取消サレタル権原ハ時効ノ為メニ有益ナラス」）を削除したとする（法務大臣官房司法法制調査部監修・前掲注（18）517頁）。

32　法務大臣官房司法法制調査部監修・前掲注（18）514頁。

ノデアリマス……33（傍点 ―― 引用者）

　すなわち，上掲引用文は，162条原案で旧民法証拠編138条2項の規定内容を削ったことの理由を論じた部分であるが，その中で，梅は，「容仮ノ裏ハ所有者ノ名義ニテスルノデアリマスカラ」と述べているのであって，このことからも，起草者は，「所有者ノ名義」での占有という取得時効の要件は旧民法修正後も要件として維持される，と考えていたことが明らかとなる34。

　(iii)　しかし，162条原案の「平穏且公然ニ占有スル者」という語句にそのような意味が含まれていると解するのは，かなり困難なことと思われる。そこで，次に注目されるのが，法典調査会委員土方寧35の質問36に対して梅が行った答弁である。梅は，土方の質問に答えるに際して，以下のことを付け加えた。

　……夫レカラ先刻申落シマシタガ此「二十年間」ト云フ下ニ「所有ノ意思ヲ以テ」ト云フ八字ヲ加ヘマス次ノ「十年間」ノ下モ同様デアリマス「所有ノ意思ヲ以テ」之ハ占有ト云フ文字ヲ先キノ占有ノ所デ多分所有ノ意思デナイ場合デモ占有ト云フ字ヲ使ウテアラウト思ヒマスカラ此処ハ所有ノ意思デナイト往ケヌト思ヒマス夫レデ「所有ノ意思ヲ以テ」ト云フ八字ヲ一項並ニ二項ニ入レマス37

　すなわち，上記の補足説明によれば，「所有ノ意思ヲ以テ」という文言が162条の原案にはなかったので，この文言を原案に挿入するというのである。そして，その理由として，後に示される「占有」の章では，「所有ノ意思」によらない場合も占有の概念に含ませる予定であるが，そうした場合，今の162条の文案のままでは，「所有ノ意思」によらない占有によっても所有権の時効取得が認められることになって不都合であるから，ということが述べられているのである38。

33　法務大臣官房司法法制調査部監修・前掲注（18）515頁。
34　なお，以上2つの引用文をあげてほぼ同旨を述べたものとして，松久三四彦「民法一六二条・一六三条（取得時効）」広中＝星野（英）編『民法典の百年Ⅱ個別的観察（1）総則編・物権編』（有斐閣，1998）312頁注（3）〔時効制度の構造と解釈（有斐閣，2011）（以下，『構造と解釈』と略称）所収（「取得時効に関する判例法理の展開」に改題），331頁以下注（9）〕）がある。
35　官報3227号（明治27年4月6日）54頁，星野（通）・前掲注（17）163頁以下参照。
36　土方寧の質問は，前注（31）であげた旧民法証拠編141条が省かれたことについての質問である（法務大臣官房司法法制調査部監修・前掲注（18）517頁）。
37　法務大臣官房司法法制調査部監修・前掲注（18）517頁。

(ⅳ) 以上，梅の説明をまとめると，修正案における取得時効は，旧民法の「所有者ノ名義」をもってする占有という要件を引き継ぐものであるが，新しい民法の下では，占有の概念が拡張される[39]ため，修正案では，「所有ノ意思ヲ以テ」する占有を所有権の取得時効の要件として新たに書き加えた，ということになろう。そこで，この説明をストレートに解すれば，《内心に所有の意思を持ってする占有》が，旧民法以来，所有権の取得時効の要件であり，旧民法の「所有者ノ名義ニテ」というのは，「所有の意思をもって」という意味を表したものにほかならない，ということになるかもしれない[40]。

(c) 163条案の審議

さて，(b)では，「所有の意思」に関わる部分を中心に，法典調査会における現行民法162条案の審議状況を見てきた。そこで，次には，所有権以外の財産権の取得時効に関する163条案の審議も瞥見してみたい。というのは，ここでも，若干ではあるが「所有ノ意思」への言及がなされているからである。

まず，法典調査会に出された163条の原案は，以下のようであった。

　第百六十三条　所有権以外ノ財産権ヲ平穏且公然ニ行使スル者ハ前条ノ区別ニ依リ二十年又ハ十年ノ後其権利ヲ取得ス[41]

そして，梅の説明[42]によれば，地役権・地上権・永借権[43]・賃借権など物権・債権を問わず財産権は広く取得時効にかかるが，原案163条は，所有権以外の財産権の取得時効を一般的に認めた規定である，とされる[44]。その上で，

---

[38] 以上の経緯を要領よく記述したものとして，辻伸行「『所有の意思』の判定基準について（1）——不動産所有権の取得時効を中心にして——」獨協法学29号（1989）126頁〔所有の意思と取得時効（有斐閣，2003）所収，17頁〕。但し，旧民法が「所有者意思説を前提にして『占有』を捉えていた」と解している点については，本文(ウ)(a)で後述するところを参照されたい。なお，松久・前掲注（34）310頁以下，312頁注（3）〔構造と解釈296頁以下，331頁以下注（9）〕も参照。

[39] どのように拡張されたかについては，(ウ)に後述する。但し，旧民法が占有の体素を「権利ノ行使」にまで広げているのに対し，修正案は，物の所持に限定しているのであって，この点では，占有概念を縮小したことになる。

[40] このように解する今日の学説として，辻・前掲注（38）129頁以下，130頁注12〔所有の意思と取得時効19頁，23頁注（13）〕，松久・前掲注（34）312頁注（3）〔構造と解釈332頁注（9）〕。

[41] 法務大臣官房司法法制調査部監修・前掲注（18）519頁。

[42] 法務大臣官房司法法制調査部監修・前掲注（18）519頁以下。

梅は，《162条案で挿入された「所有ノ意思ヲ以テ」という語句が163条案で除かれている点如何》という法典調査会委員横田國臣[45]の質問に対し，次のように答えた。

すなわち，修正案では，旧民法と異なり，「物ノ占有ト云フモノハ必ズシモ物ノ所有権ノ占有ト云フモノデハナイ」ということになったため，162条案に「所有ノ意思ヲ以テ」を付け加えた。一方，163条のほうは，「所有スルノ意思ヲ以テ所有者トシテ占有センケレバ往カヌ」162条とは違い，「総テノ権利ニ通ズル規定デアリ」，「其権利ヲ行使サエスレバ」よいので，「所有ノ意思ヲ以テ」という言葉は省いた，と[46]。

梅の回答は以上のようであるが，これによれば，起草者らには，旧民法にお

---

[43] 永借権とは旧民法が規定する各種物権のうちの1つであり（財産編2条2項「主タル物権ハ之ヲ左ニ掲ク　第一（略）　第二（略）　第三　賃借権，永借権及ヒ地上権　第四（略）」），財産編155条（1項「永貸借トハ期間三十个年ヲ超ユル不動産ノ賃貸借ヲ謂フ」）以下に，その内容が定められていた。

[44] 但し，私見は，所有権以外の権利，換言すれば，地上権や賃借権のように，所有者との契約に基づいて発生する権利も広く取得時効にかかるという考えには否定的であり，地役権のように特別の規定がある場合を除けば，原則として取得時効は認められないのではないか，という見解である。賃借権の取得時効について消極的見解を表したものとして，拙稿「判批」リマークス41号（2010）28頁参照。

なお，旧民法が所有権以外の権利について明文で取得時効を認めたのは，用益権（財産編44条「用益権トハ所有権ノ他人ニ属スル物ニ付キ其用方ニ従ヒ其元質本体ヲ変スルコト無ク有期ニテ使用及ヒ収益ヲ為スノ権利ヲ謂フ」）と地役（同編214条1項「地役トハ或ル不動産ノ便益ノ為メ他ノ所有者ニ属スル不動産ノ上ニ設ケタル負担ヲ謂フ」）である。用益権について，財産編45条5項（「時効ヲ以テ用益権ノ取得ヲ証スル条件ハ時効ヲ以テ完全ノ所有権ノ取得ヲ証スル条件ニ同シ」），地役について，同編276条（1項「不動産所有権ニ関シ時効ヨリ生スル正当ナル取得推定ハ継続且表見ノ地役ニノミ之ヲ適用ス」　2項「隣地ヨリ引ク水ノ取得ニ関スル時効ノ期間ハ其時効ヲ援用スル所有者カ自己ノ土地又ハ承役地ニ於テ其便益ノ為メ水ヲ聚合シ及ヒ引入スル外見ノ工作物ヲ作リタル当時ヨリ起算ス」）参照。ただ，地役の取得時効に関する同編276条1項は，日本語としてやや解りにくい条文である。ちなみに，この条文の案であったボアソナード起草の再閲修正民法草案では，その796条1項に，「継続ニシテ外見ナル地役ハ不動産ノ所有権ヲ得ルニ就キ定メタル性質ノ占有及ヒ期限ヲ以テ時証ニ因リ獲得スルコトヲ得」と規定されていた（ボワソナード氏起稿『再閲修正民法草案註釈第二編物権ノ部下巻』（発行所無記載，刊行年不明）796条 468頁〔ボワソナード氏起稿『再閲修正民法草案註釈第二編物権ノ部』（ボワソナード民法典研究会編『ボワソナード民法典資料集成』後期一──二）（雄松堂出版，2000）（以下，「雄松堂版」と略称）所収，585頁〕）。

[45] 官報3227号54頁，星野（通）・前掲注（17）163頁以下参照。

[46] 法務大臣官房司法法制調査部監修・前掲注（18）520頁以下。

ける物の占有は所有の意思に基づくものであるという意識が存在し，そのことから当然に，旧民法の取得時効は内心に所有の意思を有する占有によって成り立つものである，という観念があったようにも思われるのである。ついでながら，163条の成案は，「所有権以外ノ財産権ヲ・自・己・ノ・為・メ・ニ・ス・ル・意思ヲ以テ平穏且公然ニ行使スル者ハ前条ノ区別（162条における1項と2項の間の要件の差異——引用者）ニ従ヒ二十年又ハ十年ノ後其権利ヲ取得ス」（傍点——引用者）となっており，「自己ノ為メニスル意思ヲ以テ」という語句が付加されているが，これは163条案の審議終盤で，梅の提案によって付け加えられたものである[47]。

(ウ)　「占有」の意義に関する審議

以上，「所有ノ意思」を中心として，取得時効に関する162条案，163条案の審議内容を検討してきた。しかし，上記の問題をより深く考察するには，一度，「占有」の意義について，旧民法から修正案へかけてその捉え方にどのような変化があったかということも検討する必要があろう。そこで，次には，この点について，前と同様，法典調査会の審議に沿って検討を進めていくことにしたい。

(a)　旧民法の占有規定

まず，旧民法の占有規定は，次のようであった。

旧民法財産編179条　占有ニ法定，自然及ヒ容仮ノ三種アリ
同編180条1項　法定ノ占有トハ占有者カ自己ノ為メニ有スルノ意思ヲ以テスル有体物ノ所持又ハ権利ノ行使ヲ謂フ
　　　　2項　権利ハ物権ト人権[48]トヲ問ハス法定ノ占有ヲ受クルコトヲ得其種種ノ効力ハ場合ニ従ヒ下ニ之ヲ定ム

すなわち，上の2ヵ条によれば，占有には法定占有・自然占有・容仮占有の3種類がある[49]が，このうち，各種法律効果が付与される法定占有[50]は，「占

47　法務大臣官房司法法制調査部監修・前掲注（18）523頁。
48　現行民法で言う「債権」のこと。旧民法では，債権のことを「人権」と呼んでいた。
49　なお，ボアソナードの占有理論によれば，容仮占有は自然占有の中に含められることになるが，この点の詳細については，拙稿・前掲注（6）「占有規定」126頁，134頁以下注（47）参照。

有者カ自己ノ為メニ有スルノ意思ヲ以テスル有体物ノ所持又ハ権利ノ行使」を言う，とされる。そして，旧民法を起草したボアソナードによれば，この法定占有とは，所有者として有体物を所持する場合のみならず，より広く，物権か債権かを問わず，自分自身がその権利を有するという意思で行う権利の行使のことである，とされる[51]。以下の旧民法財産編189条は，このことを占有の取得という面から具体的に規定した条文である。

旧民法財産編189条　法定ノ占有ハ或ル物ノ所有権又ハ或ル権利ヲ自己ノ有ト為ス意思ヲ以テ其物ヲ握取スル所為ニ因リ又ハ其権利ヲ実行スルニ因リテ之ヲ取得ス

要するに，物の所持に限らず，自分自身が権利者としての意思を持ってある権利を行使することがこの場合の「占有」（法定占有）であり，権利の行使をも含むという点から言えば，旧民法の「占有」という概念は，現行民法の準占有（205条）をも包含するかなり広い概念ということになろう。そして，取得

50　なお，「法定占有」の原語は，la possession civile である（*Code civil de l'Empire du Japon acccompagné d'un exposé des motifs*, t.I, Texte, Tokio, 1891, livre des biens, art. 179, art. 180, p. 69, art. 189, p. 72〔ボアソナード『仏文・日本民法草案〔復刻版〕』（ボアソナード文献双書⑥）（宗文館書店，明治24年版復刻，1984）〕）が，拙稿・前掲注(2)「占有理論」127頁以下，拙稿・前掲注(6)「占有規定」122頁注(32)では，《la possession civile》の訳として「法定占有」が適訳であるとしてきた。しかし，この《la possession civile》こそ，ローマ法以来，取得時効という重要な効果をもたらす占有（*possessio civilis*）であったという歴史的経緯に照らせば，ローマ法の概念に倣い，「市民的占有」という訳も検討に値しよう。この点について，ゲオルク・クリンゲンベルク（瀧澤栄治訳）『ローマ物権法講義』（大学教育出版，2007）13頁以下等参照。なお，マックス・カーザー（柴田光蔵訳）『ローマ私法概説』（創文社，1979）160頁以下，柴田『ローマ法概説』（玄文社，増補版，1983）263頁，267頁では，「市民法上の占有」と訳されている。但し，実定法上の条文としてふさわしい訳語を考えるならば，やはり「法定占有」という語句が妥当かもしれない。ちなみに，柴田『法律ラテン語辞典』（日本評論社，1985）269頁では，possessio civilisの語に，「市民法上の占有」，「市民的占有」，「法上の占有」の3つの訳語があてられている。

51　ボワソナード氏起稿・前掲注(44)〔二五二〕2頁以下，〔二五六〕12頁以下〔雄松堂版352頁　以　下，357頁〕，G. BOISSONADE, *Projet de Code civil pour l'Empire du Japon accompagné d'un commentaire*, 2ème éd., t. I, Tokio, 1882, n°252, pp. 321‐322, n°256, p. 326（ボアソナード『仏文・日本民法草案註解〔復刻版〕』第1巻〔ボアソナード文献双書①〕〔宋文館書店，明治15年版復刻，1983〕）。拙稿「判批」リマークス14号（1997）（以下，「リマークス14号」と略称）16頁，同・前掲注(2)「占有理論」130頁，同・前掲注(6)「占有規定」113頁注(13) 参照。

時効の要件である「所有者ノ名義」をもってする占有は，この法定占有に含まれ，その中心的なものなのである[52]。

　(b)　法典調査会における占有規定案

　(i)　しかるに，法典調査会で示された占有権の規定は，これと異なり，次のようなものであった。

　　第百八十条　占有権ハ自己ノ為メニスル意思ヲ以テ物ヲ所持スルニ因リテ之ヲ取
　　　得ス

　すなわち，この原案[53]によれば，占有権は「自己ノ為メニスル意思」で物を所持することによって取得されることになる。そして，この「自己ノ為メニスル意思」とは，旧民法の法定占有の要件（心素）とされる「自己ノ為メニ有スルノ意思」と同様のように思われないわけでもない。しかし，実は，この両者の間には，若干の違いが存するとも言われている[54]。そこで，次の(ii)では，この差異について，1894（明治27）年5月22日の第14回法典調査会[55]における議論を追って考えてみることにしたい。

　(ii)　現行民法原案の第2編物権のうち，第2章占有権の起草担当者は穂積と目される[56]が，穂積は，上掲180条案の提案理由の説明において，次のように論ずる[57]。

　すなわち，旧民法においては，一方で所有の意思を持ち（心素），他方で有体物を所持し，あるいは権利を行使する（体素）場合の占有が真正の占有（法定占有）とされる。これに対して，他人に所有権があることを認めて物を所持する場合は，「占有ノ変則デアル」容仮占有とされ，真正の占有には該当しないとされる。しかし，第一に，本修正案においては，占有権を物権の一つとし

52　以上の点について，辻・前掲注 (38) 129 頁以下注 12)〔所有の意思と取得時効 22 頁以下注 (13)〕，松久・前掲注 (34) 312 頁注 (3)〔構造と解釈 331 頁注 (9)〕参照。

53　法務大臣官房司法法制調査部監修・前掲注 (18) 592 頁。なお，制定・施行後の条文に原案からの変更点はない。

54　この点については，辻・前掲注 (38) 130 頁注 12)〔所有の意思と取得時効 23 頁注 (13)〕，拙稿・前掲注 (44) リマークス 14 号 16 頁，松久・前掲注 (34) 312 頁注 (3)〔構造と解釈 331 頁注 (9)〕，拙稿・前掲注 (6)「占有規定」113 頁注 (13) 参照。

55　法務大臣官房司法法制調査部監修・前掲注 (18) 569 頁参照。

56　仁井田ほか・前掲注 (17) 29 頁資料，星野（通）・前掲注 (17) 176 頁以下，福島編・前掲注 (17) 52 頁以下，小林・前掲注 (17) 21 頁参照。

57　法務大臣官房司法法制調査部監修・前掲注 (18) 592 頁以下。

て定めたこと，権利を物と同様に扱うためには特別の規定を設けて行うのが方針であることなどから，占有の目的物は物（有体物）であるという主義を採った。第二に，「既成法典ハ占有ノ意思ハ所有ノ意思デナケレバナラヌト云フ主義ヲ採ツテ居リマス」し58，また，従来から，フランスなどの国々では，所有の意思をもって物を所持することを占有の要件としているが，これは占有を取得時効の要件として規定していたことによる。これに対し，近時の諸国の法律には，この「所有ノ意思」を不要とするものがいくつもあるが，それは，例えば，借りている物を他から奪われた場合に借主がそれを取り返せないとすれば，はなはだしく公益を害することになるからである。そこで，本案においても，「己レノ為メニスルト云フ物ノ所持ナラバ性質ノ許ス限リ本条ノ規定ノ保護ヲ受ケルモノデアルトシタノデゴザイマス」。

以上が提案理由の概要であるが，要するに，穂積によれば，物の借主や質権者等，旧民法のいわゆる容仮占有者であっても，侵害者に対して占有訴権を行使できないのは不都合であるから，それらの者が占有訴権を行使できるようにするため59，占有意思の概念を「自己ノ為メニスル意思」というように広げた，とされるのである60。

(iii) ところが，この「自己ノ為メニスル意思」という概念をめぐっては，起草者間でその理解に対立があるということが，質疑の中で明らかとなる。これ

---

58 穂積の説明のこの部分を引用したものとして，松久・前掲注 (34) 312 頁以下注 (3)〔構造と解釈 332 頁注 (9)〕。

59 なお，穂積によれば，「物ヲ盗ンデ持ツテ居ル」者でも「盗ンデ居ルカラト云ツテ他ノ者ガ直チニ之ヲ侵スト云フコトヲ許ス」のは公益に反する，とされる（法務大臣官房司法法制調査部監修・前掲注 (18) 594 頁）。

60 但し，旧民法でも，占有訴権のうち，回収訴権（財産編 204 条〔1 項「回収訴権ハ暴行，脅迫又ハ詐術ヲ以テ不動産若クハ包括動産若クハ特定動産ノ全部又ハ一分ノ占有ヲ奪ハレタル占有者ニ属ス 但其占有カ被告ニ対シテ此等ノ瑕疵ノ一ヲモ帯ヒサルコトヲ要ス」 2 項「此訴権ハ侵奪ノ占有ヲ特定権原ニテ承継シタル者ニ対シテ之ヲ行フコトヲ得 但其者カ侵奪ノ不法ノ所為ニ関与シタルトキハ此限ニ在ラス」〕）と急害告発訴権（同編 202 条〔1 項「急害告発訴権ハ或ハ建物，樹木其他ノ物ノ傾倒ニ因リ或ハ土手，水溜，水樋ノ破潰ニ因リ或ハ火，燃焼物，爆発物ノ必要ノ予防ヲ為ササル使用ニ因リテ隣地ヨリ生スル損害ヲ懼ル可キ至当ノ事由アル不動産ノ占有者ニ属ス」 2 項「此訴権ハ右危険ニ対スル予防ノ処分ヲ命令セシメ又ハ未定ノ損害ニ対スル賠償ノ保証人ヲ立テシムルヲ以テ其目的トス」〕）は容仮占有者にも認められていた（同編 205 条「回収訴権及ヒ急害告発訴権ハ法定ノ占有者及ヒ容仮占有者ニ属ス縦令其占有カ未タ一个年ニ満タサルモ亦同シ」）。

は調査会委員横田の質問に端を発したのであるが，横田は，物を預かった受寄者も「自己ノ為メニスル意思」があると解してよいかと尋ね，この点の確認を求めた。そして，穂積がこれを肯定する答弁をしたのに対し，梅は，受寄者は自分で寄託物の上に権利を行使する者ではなく，「唯夫レヲ他人ノ為メニ預ツテ居ル」に過ぎないとして，これを否定する意見を述べた。これに対して，穂積は，受寄者は「其寄託主ニ対シテ責任ヲ負フノデ安全ニ其物ヲ所持スルト云フ」利益があり，それゆえ，「自己ノ為メニスル意思」があるとして梅に反論し，富井もこれに同調した[61,62]。

　「自己ノ為メニスル意思」の意味については起草者間でこのような対立があったのであるが，梅の意見に従うと，「自己ノ為メニスル意思」は，物の上に何らかの権利を行使する場合でなければ認められないというのであるから，これは，旧民法の法定占有における「自己ノ為メニ有スルノ意思」（財産編180条1項）「自己ノ有ト為ス意思」（同編189条）とあまり違いはないことになろう[63]。これに対し，穂積の説明によれば，受寄者のような「自分の責任において物を所持する者には，たとい直接の利益を本人に帰する意思である場合にも」[64]，「自己ノ為メニスル意思」が存在することになるのであるから，占有の心素との関連では，旧民法よりも占有の範疇がより広まることになろう。

61　以上について，法務大臣官房司法法制調査部監修・前掲注（18）594頁以下。

62　なお，富井は，1894（明治27）年5月25日の第15回法典調査会において，自己の意見を撤回した（法務大臣官房司法法制調査部監修・前掲注（18）610頁）。ちなみに，富井政章『民法原論第二巻物権』（有斐閣，1914下冊発行，1914合冊発行）626頁では，「受寄者及ヒ他人ノ財産ヲ管理スル者ノ如キモ自己ノ為メニセサルカ故ニ之ヲ占有者ト称スルコトヲ得ス」と述べ，見解を転じている。なお，同書634頁以下も参照。以下，教科書・体系書・注釈書については，可能な限り各著書の初版を参照し，それが困難な場合は，初版に近い版を参照する。

63　もっとも，旧民法の法定占有の体素が「有体物ノ所持又ハ権利ノ行使」とされていたのに対し，修正案では，「物の所持」のみが占有の体素とされたという差異は存在する。また，例えば賃借人は梅の説でも，「自己ノ為メニスル意思ヲ以テ物ヲ所持スル」者になるが，賃借人の占有は旧民法上，容仮占有であるから法定占有には該当せず，梅説と旧民法の法定占有との間にはこの点でも齟齬があるのではないか，という疑問が生ずるかもしれない。しかし，ボアソナードによれば，借家人や質権者などの占有は所有権に関しては容仮占有と言わざるを得ないが，賃借権や質権等との関連では「自己ノ為メニ占有」している，すなわち，法定占有をしていることになるとされる（ボワソナード氏起稿・前掲注（44）〔二五五〕11頁以下〔雄松堂版356頁以下〕，BOISSONADE, *supra* note 51, n°255, pp.325‐326）のであって，このような観点から見れば，旧民法と梅説との間に差異はないと考えられよう。

(iv) なお,「自己ノ為メニスル意思」の解釈をめぐる以上のような混乱を受け,法典調査会委員本野一郎[65]は,その審議の中で,占有訴権による保護については別の条文を設けるということを前提に,占有の要素として所有者意思を要するとする修正案[66]を提出した。この修正案は,結局,賛成者を得られず決議するに至らなかったが,ここで注目すべきは,本野が「元トノ法典ニアリマスル通リニ所有ノ意思ト云フコトヲ此処ニ含メタイト思ヒマスル」(傍点——引用者)と発言している点である[67]。要するに,調査会の一メンバーである本野も,旧民法では「所有ノ意思」が占有の心素であったと解しているように見えるのである。

(c) 185条案・239条案の審議

ところで,現行民法185条は占有の性質の変更に関する規定であるが,旧民法の法定占有における占有意思についての言及は,法典調査会の185条案(「権原ノ性質上占有者ニ所有ノ意思ナキモノトスル場合ニ於テハ其占有者カ占有ヲ為サシメタル者ニ対シ自己ニ所有ノ意思アルコトヲ通知シ又ハ新権原ニ因リ更ニ所有ノ意思ヲ以テ占有ヲ始ムルニ非サレハ占有ハ其性質ヲ変セス」[68])の審議でも垣間見られるところである。

また,法典調査会案239条(「所有ノ意思ヲ以テ他人カ飼養セル野栖ノ動物ヲ占有スル者ハ其占有ノ始善意ナルトキハ其動物ノ所有権ヲ取得ス但二十日内ニ所有者ヨリ返還ノ請求ヲ受ケタルトキハ此限ニ在ラス」[69])は現行民法195条(動物の占有による権利の取得)の原案にあたる[70]が,ここでも,占有の要素と「所有ノ

---

64 「」内の引用は,我妻(有泉補訂)・前掲注(1)468頁から(傍点——原文)。このように,穂積説は我妻説によって支持されており,占有意思の範囲に関する今日の通説は,穂積説を継承したものと言ってよいであろう。なお,我妻(有泉補訂)・前掲注(1)468頁は,「自分の責任において物を所持する者」として,受寄者のほか,倉庫営業者・受任者・請負人・運送人・破産管財人・財産管理人・遺言執行者・事務管理者・遺失物拾得者などをあげている。

65 官報3227号54頁,星野(通)・前掲注(17)163頁以下参照。

66 「占有権ハ所有ノ意思ヲ以テ物ヲ所持スルニ因リ之ヲ取得ス」

67 以上について,法務大臣官房司法法制調査部監修・前掲注(18)601頁。

68 法務大臣官房司法法制調査部監修・前掲注(18)629頁。これに対する185条の成案は,「権原ノ性質上占有者ニ所有ノ意思ナキモノトスル場合ニ於テハ其占有者カ自己ニ占有ヲ為サシメタル者ニ対シ所有ノ意思アルコトヲ表示シ又ハ新権原ニ因リ更ニ所有ノ意思ヲ以テ占有ヲ始ムルニ非サレハ占有ハ其性質ヲ変セス」(傍点——引用者)。185条原案から成案への変更の中で,一番重要なのは「通知」という語を「表示」と改めた点であるが,これに関する調査会の議論については,同書631頁以下参照。

意思」との関係に関する説明がなされている。よって，以下では，この2つの原案についても，簡単に触れることにしたい[71]。

(i) 185条案の審議[72]

そこで，まずは，185条案の審議から参照してみると，起草者穂積は，同案の趣旨を説くにあたり，本条案は旧民法財産編185条[73]と「同ジコトヲ規定シタノデ中ノ事ハ変ツテ居ラヌ」と述べた上で，旧民法が「法定ノ占有ト云フモノヲ所有ノ意思ヲ以テ占有ヲ為ス場合ノミニ限ツテ」（傍点——引用者）いたのに対し，修正案では「占有」の語をより広い意味で使うことにしたため規定を変更する必要が生じた，と説明している。

また，穂積は，これに続けて，フランス民法などでは，容仮占有は「瑕疵アル占有」として位置づけられているのに対し，「既成法典デハ所有ノ意思アル場合丈ケヲ法定ノ占有トシ」（傍点——引用者），「容仮ハ法定デナイトナツタ」

69　法務大臣官房司法法制調査部監修『法典調査会民法議事速記録二　第二十七回——第五十五回』（日本近代立法資料叢書2）（商事法務研究会，1984）11頁。

70　なお，現行民法195条は，同法第2編第2章第2節「占有権の効力」の中の即時取得に関する規定の後に置かれているが，法典調査会原案239条は，同編第3章第2節「所有権ノ取得」第1款「先占」の中に位置づけられていた（法務大臣官房司法法制調査部監修・前掲注（69）1頁以下参照）。ちなみに，原案239条の規定を「占有ノ方ニ動カス」ということは，法典調査会における同法案の審議で決定した（同書36頁）。

71　なお，占有の態様等に関する推定を定めた現行民法186条，および，その調査会原案186条（1項「占有者ハ所有ノ意思ヲ以テ善意，平穏且公然ニ占有ヲ為スモノト推定ス但反対ノ証拠アルトキハ此限ニ在ラス」2項「前後二個ノ時期ニ於テ占有ノ証拠アルトキハ其占有ハ継続シタルモノト推定ス但中断ノ証拠アルトキハ此限ニ在ラス」）には，「所有の意思」「所有ノ意思」の文言があるが，法典調査会の本条案の審議では，これについて特段の議論はなされていない（以上について，法務大臣官房司法法制調査部監修・前掲注（18）634頁以下参照）。また，即時取得の規定である現行民法192条の調査会原案は，「所有ノ意思ヲ以テ平穏且公然ニ動産ノ占有ヲ始ムル者カ善意ニシテ且過失ナキトキハ即時ニ其動産ノ所有権ヲ取得ス」という条文であり，この原案には，「所有ノ意思ヲ以テ」という文言があるが，本条案についても，調査会で，この文言に関する特別の議論はなされていない（以上について，同書656頁以下参照）。

72　法務大臣官房司法法制調査部監修・前掲注（18）629頁以下。

73　旧民法財産編185条1項「容仮ノ占有トハ占有者カ他人ノ為メニ其他人ノ名ヲ以テスル物ノ所持又ハ権利ノ行使ヲ謂フ」2項「容仮ノ占有者カ自己ノ為ニ占有ヲ始メタルトキハ其占有ノ容仮ハ止ミテ法定ト為ル」3項「然レトモ占有ノ権原ノ性質ヨリ生スル容仮ハ左ニ掲クル場合ニ非サレハ止マス　第一　占有ヲ為サシメタル人ニ告知シタル裁判上又ハ裁判外ノ行為カ其人ノ権利ニ対シ明確ノ異議ヲ含メルトキ　第二　占有ヲ為サシメタル人又ハ第三者ニ出テタル権原ノ転換ニシテ其占有ニ新原因ヲ付スルトキ」

とも述べている[74]。このように，185条案の審議を見ても，起草者はやはり，所有の意思こそ旧民法の法定占有における占有意思であると解しているようにも捉えられるのである。

(ⅱ) 239条案の審議[75]

次に，現行民法195条の前身である239条案は「他人カ飼養セル野栖ノ動物」を「所有ノ意思ヲ以テ」占有することにより「其動物ノ所有権ヲ取得ス」と規定するが，本条案の起草担当者と見られる[76]富井は，同案の起草趣旨について以下のように述べる。すなわち，「既成法典ハ何処迄モ占有ノ要素トシテ<u>所有ノ意思</u>ト云フモノヲ必要トシテ居ルノデアリマスケレドモ本案ニ於キマシテハ占有ト云フモノハモット広イモノニナッタ」（傍点——引用者）。しかし，本条案の場合は，「所有ノ意思デナクテハナラヌ」。なぜならば，「所有権ヲ取得スルノデアル」から，と[77, 78]。

このように，他の起草者と同様，富井も，旧民法が所有の意思を占有の心素としていたのに対して修正案では占有の概念が拡張された，という認識を前提に，本条案は所有権取得の規定であるから，所有の意思をもってする占有でなければならない，とする。要するに，旧民法は占有意思に関して所有者意思説を採っていた，という見方を示しているようにも思われるのである。

(エ) 検討

(a) 序

以上，取得時効及び占有に関する法典調査会の議論を眺めてきたが，先に(ウ)の(b)(ⅲ)で述べたように，民法修正案において占有の心素とされた「自己ノ為メニスル意思」については，起草者間でその解釈が分かれていた。だが，「自

74　以上について，法務大臣官房司法法制調査部監修・前掲注 (18) 630頁参照。但し，同所の穂積の説明はわかりにくい。

75　法務大臣官房司法法制調査部監修・前掲注 (69) 11頁以下。

76　仁井田ほか・前掲注 (17) 29頁資料，星野（通）・前掲注 (17) 176頁以下，福島編・前掲注 (17) 52頁以下，小林・前掲注 (17) 21頁参照。

77　法務大臣官房司法法制調査部監修・前掲注 (69) 11頁。

78　以上のような原案に対し，民法195条として制定された条文は，「他人カ飼養セシ家畜外ノ動物ヲ占有スル者ハ其占有ノ始善意ニシテ且逃失ノ時ヨリ一ヶ月内ニ飼養主ヨリ回復ノ請求ヲ受ケサルトキハ其動物ノ上ニ行使スル権利ヲ取得ス」というものであり，他主占有も「動物の占有による権利の取得」の要件とされる一方，その効果として，所有権以外の権利の取得も含まれるものとされた。

己ノ為メニスル意思」についていずれの解釈を採るとしても，賃借人・質権者等の占有，あるいは受寄者等の占有によって所有権の取得時効の成立を認めることはできない。このような理由で，162条案の審議では，「所有ノ意思ヲ以テ」という語句を挿入し，所有権の取得時効の基礎は所有者としての占有であることを明記することにしたのである。そして，前述（(イ)の(b)(ii)）のように，起草者によれば，現行民法における所有権の取得時効は，旧民法の「所有者ノ名義ニテ」占有するという要件をこれまでどおり維持したものとされる。

しかし，以上のような経緯が確認されたからといって，旧民法の取得時効における「所有者ノ名義ニテ」という語句も，即，《内心に所有の意思を持つ》という意味であると解し，それが現行民法162条成案の「所有ノ意思ヲ以テ」という字句に引き継がれた，とする解釈は果たして妥当なものと言えるのであろうか。確かに，上にあげてきた取得時効及び占有に関する法典調査会の審議状況を一覧すれば，このような理解は，起草者はもちろんのこと，他の調査会メンバーにも共通した理解のように思われないわけでもない。けれども，他方で，これら審議内容を仔細に検討してみると，次のような問題点も浮かび上がってくる。

(b) 180条案の提案理由とその問題点

まず，(ウ)の(b)(ii)で示した180条案の提案理由は，口頭での説明のためやむを得ないのかもしれないが，細かい点で論旨が一貫していない面が見られる。しかし，ここで起草者穂積の考えを十分に忖度すれば，その説明はおそらく以下のように分析できよう。つまり，旧民法においては物の所持と権利の行使が法定占有の体素とされるが，このうち物の所持という体素に対応する心素は所有の意思であって，所有の意思をもってする物の所持の継続が証拠編138条の規定する所有権の取得時効をもたらすものとされていた。ところが，修正案では「自己ノ為メニスル意思」が占有意思とされたため，取得時効の要件として，所有の意思をもってする占有を明記することが必要となった，と。

しかしながら，旧民法で物の所持を体素とする法定占有には，実は賃借人や質権者として物を所持する場合も含まれる[79]のであって，この点から言えば，たとえ物の所持による法定占有に限ってみても，それに対応する心素は所有の

79　前注（63）で引用したボアソナード氏起稿・前掲注（44）〔二五五〕11頁以下〔雄松堂版356頁以下〕参照。V. BOISSONADE, *supra* note 51, n°255, pp.325-326.

意思に限定されるわけではない。そうだとすれば，《所有権の取得時効は，物の所持による法定占有，すなわち所有の意思を心素とする占有，の継続によってもたらされる》という図式を描いて，そこから，証拠編138条1項の「所有者ノ名義ニテ」という語句は，《内心に所有の意思を抱いて》という意味を持つものであると結論づけるのは，論理的に飛躍があるとも考えられよう。要するに，同項の「所有者ノ名義ニテ」という語句は，旧民法財産編180条・189条が定める法定占有の概念規定からストレートに導き出された，とは必ずしも断言できないのである。

　(c) 無主物先占における所有の意思

　次に，現行民法239条1項が規定する無主物先占は，無主の動産を「所有の意思をもって占有すること」を要件として，先占者にその動産の所有権の取得を認める。そして，この無主物先占の規定は同法第2編物権編の第3章所有権の章に置かれているが，これまで見てきた時効や占有の章の中の条文と同様，所有の意思をもってする占有を要件として定めているがゆえに，所有権の取得時効の要件としての「所有の意思をもって」する占有，もしくは，旧民法の取得時効の「所有者ノ名義」をもってする占有を検討するために，比較参照すべき規定と言える。よって，以下では，法典調査会における本条案の起草担当者[80]富井の説明を手掛かりに，無主物先占における「所有の意思」の意味を検討し，それをヒントとして，取得時効における「所有の意思」，ないしは「所有者ノ名義ニテ」という語句の意義を考えていくことにしたい。

　(ⅰ) さて，現行民法239条は，1894（明治27）年9月11日の第27回法典調査会に提出された238条案に基づいている。その条文案は以下のようであり，これは修正されることなく，制定条文239条になるに至った。

　　第二百三十八条　無主ノ動産ハ所有ノ意思ヲ以テ之ヲ占有スルニ因リテ其所有権
　　　ヲ取得ス
　　無主ノ不動産ハ国庫ノ所有ニ属ス[81]

80　仁井田ほか・前掲注（17）29頁資料，星野（通）・前掲注（17）176頁以下，福島編・前掲注（17）52頁以下，小林・前掲注（17）21頁参照。
81　以上について，法務大臣官房司法法制調査部監修・前掲注（69）1頁以下参照。条文案は同書2頁。なお，無主物先占は動産にのみ妥当し，不動産には適用されない。238条案（制定条文239条）の2項は無主物先占とは無関係の，無主の不動産の帰属に関する規定である。

では，上記条文案について，法典調査会においてどのような議論がなされたかというと，実は，調査会では，ひたすら無主の不動産に関する2項をめぐる議論がなされ，無主物先占を規定する1項に関する議論は全く行われていない[82]。それゆえ，拠りどころとすべきは，もっぱら富井の提案理由についての説明ということになる。

(ii)　無主物先占における「所有ノ意思」の意味を探究するため参考になるのは，238条案の趣旨説明の冒頭部分であり，富井は，以下のように言う。すなわち，「本条ハ取得篇[83]第二条ニ当リマス唯少シク文章ヲ修正致シマシタノト第二項ヲ加ヘタノデス」，と[84]。要するに，富井は，無主物先占における「所有ノ意思」に直接言及はしていないものの，本条案1項は旧民法財産取得編2条の文章を少し修正しただけで内容に変更はない，と述べているのである。

(iii)　そこで，富井の説明に従い，今度は，旧民法財産取得編2条を参照してみると，その条文は以下のようになっている。

> 旧民法財産取得編2条　先占ハ無主ノ動産物ヲ己レノ所有ト為ス意思ヲ以テ最先ノ占有ヲ為スニ因リテ其所有権ヲ取得スル方法ナリ

すなわち，旧民法においては，「己レノ所有ト為ス意思ヲ以テ最先ノ占有[85]ヲ為ス」（傍点――引用者）ことが無主物先占の要件とされていたのであり，富井の説明によれば，これが調査会案238条の「所有ノ意思ヲ以テ之ヲ占有スル」にそのまま継受されたということになる。このように，上記傍点部分の語句からは，旧民法における無主物先占では，《無主の動産を先占しようとする者が，それを自己の所有物にしようとする》心理的な意思が必要とされていたということがうかがわれる[86]が，それが調査会案238条1項の「所有ノ意思ヲ以テ」に受け継がれたというのであるから，現行民法の無主物先占における所有の意思は，文字どおり，先占者が内心において所有を欲する意思と解釈す

82　法務大臣官房司法法制調査部監修・前掲注（69）3頁以下参照。
83　旧民法財産取得編のこと。
84　法務大臣官房司法法制調査部監修・前掲注（69）2頁。なお，調査会案238条の2項は，旧民法「財産篇第二十三条第二項ニ当ル」とされる（同頁）。旧民法財産編23条2項の条文は，以下のようである。「所有者ナキ不動産及ヒ相続人ナクシテ死亡シタル者ノ遺産ハ当然国ニ属ス」
85　なお，「最先ノ占有」という語句に関する富井の批判については，法務大臣官房司法法制調査部監修・前掲注（69）2頁参照。

ることができよう。

(iv) ところが，旧民法証拠編138条は，前述のように，「所有者ノ名義」をもってする占有を継続することを取得時効の要件とするが，無主物先占のように，「己レノ所有ト為ス意思」といった占有者の心理的意思を要求する文言は規定されていない。そうすると，旧民法の取得時効における「所有者ノ名義ニテ」という字句，あるいは，それを承継したものとされる，現行民法の所有権の取得時効における「所有の意思をもって」という語句が，《内心に物を所有するという意思を持って》という意味と解せられるのかという点については，以上見てきた無主物先占の場合と対比してみると，やはり若干の留保が必要とも思われる。要するに，現行民法において，無主物先占と取得時効の両方で「所有の意思」という同一の文言が使われていたとしても，その解釈に差異を認める可能性は十分にありうると思量されるのである[87]。

(2) 起草者の体系書・注釈書から見た「所有ノ意思」「所有者ノ名義」

以上，法典調査会における審議を中心に，所有権の取得時効における「所有の意思」はどう捉えられるのか探究してきたが，旧民法以来の経緯を吟味してみると，現行民法の取得時効規定における「所有の意思をもって」する占有は，必ずしも《内心において「所有者として振る舞おうとする意思」[88]を有して行う占有》とは言いきれないようにも思量される。

しかし，この点に関する詳細な考察は別稿に委ねることにして，次には，現行民法起草者の体系書・注釈書を素材として，結局のところ，起草者らは，取得時効における「所有ノ意思」をどのように解することになったのか，という

---

86 なお，旧民法財産取得編2条のフランス語原文は，《L'occupation est un moyen d'acquérir la propriété des choses mobilières sans maître, par une prise de possession originaire, avec intention de se les approprier.》(*Code civil de l'Empire du Japon acccompagné d'un exposé des motifs*, t.I, Texte, livre de l'acquisition des biens, art. 2, p. 230. V. note 50.) であり，その《intention》という用語から，心理的要素に基づいた占有であることが推知される。

87 これに対して，例えば，鳩山秀夫『法律行為乃至時効』(註釈民法全書第二巻)（第二冊)（巌松堂書店，1911) 670頁以下は，取得時効における「所有ノ意思」と無主物先占におけるそれとは，全く同じ意味であると解する。

88 この「所有者として振る舞おうとする意思」という表現は，辻・前掲注 (38) 128頁以下，151頁〔所有の意思と取得時効19頁，47頁〕に倣ったものである（引用は『所有の意思と取得時効』から）。

ことを中心に検討してみることにする。なお，起草者のうち，穂積については
その体系書・注釈書等が存在しないため，以下では，梅と富井の著書について
見ていくことにしたい。

　㈦　梅謙次郎『民法要義』(1896〔明29〕)
　(a)　まず梅は，その著書『民法要義巻之一』で，民法162条を注釈して，次
のように言う。すなわち，所有権の取得時効においては，「所有ノ意思ヲ以テ
スル」(傍点――原文)占有を要件とするが，「所有ノ意思トハ読テ字ノ如ク所
有権ヲ行使スルノ意思ヲ……云フ」，と[89]。このように，同書では，明らかに，
「所有ノ意思」は内心の意思として説明されている。また，同書の初版には記
されていないが，その後の版では，これに続けて，所有権の取得時効が成立す
るためには，占有者は所有の意思を占有開始時のみならず，時効期間中継続し
て持っていることが必要であるとされる[90]が，このことは，梅が，「所有ノ意
思」は占有開始時の権原によって判断されるのではなく，内心の意思に基づく
ものである，と解していた証左ともなりえよう。
　(b)　また，梅は，『民法要義巻之二』では，占有の性質の変更に関する民法
185条の注釈において，以下のように述べる[91]。すなわち，地上権・永小作
権・賃借権等を行使する他主占有者(容仮占有者)の内心に所有の意思が生じ
た場合，自主占有の心素と体素が備わったわけであるから，理論的には，「其
意思ノ変更ト共ニ占有モ亦其性質ヲ変スルコトヲ得テ可ナルカ如シ」。しかし，
所有者[92]は他主占有者を信頼して占有を委せているのに，それらの者がその
信頼に背いて「自己ノ為メニ所有権ノ行使マテヲモ為スコトヲ得ルモノトセハ
占有ノ一切ノ利益ハ……容仮ノ占有者ニ帰スル」不都合な結果となる。そこで，
民法185条により，他主占有者は，「自己ノ意思ノミヲ以テ其占有ノ性質ヲ変」
ずることはできず，「爾後己レノ為メニ所有権ヲモ行使スル旨ヲ表示シ」，また

---

[89]　梅謙次郎『民法要義巻之一総則篇』(和仏法律学校＝明法堂，1896)344頁(近代デ
　　ジタルライブラリーより)。
[90]　梅『訂正増補民法要義巻之一総則編』(法政大學ほか，訂正増補33版，1911)408頁
　　〔明治44年版完全復刻版(有斐閣，1984)にて復刻〕。なお，同書409頁も参照。
[91]　梅『民法要義巻之二物権篇』(和仏法律学校＝明法堂，1896)32頁以下(近代デジタ
　　ルライブラリーより)。
[92]　梅・前掲注(91)33頁では，この部分は所有者のみならず，「所有者其他所有権ヲ行使
　　スル者」とされているが，本稿では，説明を簡略化するため，あえて所有者で代表させた。

は，新権原によって所有権を取得したものとして占有を始めるのでなければ，占有の性質を変更することができないものとされた，と．

　要するに，梅の以上の叙述に従えば，他主占有を自主占有に変更するには，所有の意思の表示，あるいは新権原が必要とされるが，それは他主占有者に占有を委ねた所有者の信頼を保護するために過ぎず，占有の性質を変更する本質的要因はあくまでも内心で抱かれる意思以外の何物でもない，ということになるであろう．

　(イ)　富井政章『民法原論』(1904〔明 37〕)
　(a)　次に，富井は，その著書『民法原論』の第一巻で，「所有ノ意思ヲ以テスル」占有が所有権の取得時効の要件とされていることに関し，「所有ノ意思ヲ以テスルトハ自己ノ所有物トシテ占有スルコトヲ謂フ」とした上で，「例ヘハ」として，売買や贈与のような権原によって占有を取得した場合は「所有ノ意思」があるが，「権原ノ性質上所有ノ意思ナキモノト認ムヘキ占有者（地上権者，賃借人，質権者，受託者等）ハ」占有の性質の変更がなされない限り，時効によって所有権を取得することができない，とする 93．そして，このような論述は，一見するところ，「所有ノ意思」の有無は占有開始時における権原の性質によって決定される，と述べたもののように見えないわけでもない．
　(b)　しかし，同書の第二巻のほうを繙いてみると，そこでは，富井は，「占有者カ所有ノ意思ヲ以テスルヤ否ヤハ其心裡状態ニ依リテ決定スヘキ事実問題」（傍点──引用者）であると明言し，その上で，ただ実際上は，占有取得原因で所有の意思の有無を認定できる場合が多い，としているにすぎない 94．また，富井は，民法 185 条について，「若シ……他主占有者カ将来所有者トシテ占有ヲ為ス意思ヲ決シタル一事ヲ以テ自主占有者ト為ルモノトセハ所有者其外他人ニ依リテ所有名義ノ占有ヲ為ス者ハ何時其占有権ヲ失ヒ不測ノ損害ヲ被ルニ至ルヤ知ルヘカラス」とし，梅と同様，所有者側の保護のため，占有者の意思のみで他主占有が自主占有に変わることを制限することがその立法趣旨である，と論じている 95．このように，『民法原論』の第一巻・第二巻を通して見

　93　富井『民法原論第一巻総論下』（有斐閣書房，4版，1905〔初版 1904〕）582 頁（近代デジタルライブラリーより）．
　94　富井・前掲注 (62) 633 頁．
　95　富井・前掲注 (62) 646 頁．

ると，富井も，内心に所有の意思を持ってする占有の継続が所有権の取得時効の要件である，と捉えていることが理解されるのである。

　㋒　梅『日本民法証拠編講義』
　最後に，現行民法の起草者が旧民法の時効について論述した著作を探求してみると，起草者のうち，梅には，彼が和佛法律學校[96]で旧民法証拠編について口述した講義録として，『日本民法証拠編講義』という書物[97]が残されている[98]。そして，同書においては，取得時効の要件について規定した証拠編138条1項に「所有者ノ名義ニテ」とあるのは，《「占有ノ目的物件ヲ我所有ト思惟スルノ意志」をもって》ということを意味する，と明記されている[99]。
　そうすると，彼の『民法要義』では，旧民法の取得時効規定における「所有者ノ名義ニテ」という語句については一切言及されていないのであるが，『日本民法証拠編講義』をも参照すれば，梅は，この「所有者ノ名義ニテ」という文言，および，彼が起草した取得時効規定における「所有ノ意思ヲ以テ」という文言の両者とも，《内心に所有者としての意思をもって》ということを示すものとして共通した文言である，と理解していたことが明らかとなるであろう。

3　現行民法典制定後から大正期までの学説

(1)　民法総則の教科書・体系書・注釈書
　㋐　以上，第2節の検討によれば，現行民法の起草者らは，取得時効における「所有ノ意思」を，文字どおり，占有者がその内心で有する《占有物を所有するという意思》と解していた，と見ることができよう。では，現行民法制定後の学説はこの点をどのように理解していたか，以下，民法総則に関する教科書・体系書・注釈書を中心に見ていくと，明治期から大正期にかけての学説は，

96　現在の法政大学の前身。
97　梅謙次郎口述（六嘉秀孝筆記）『日本民法証拠編講義』（和佛法律學校第一期講義録）（梅『日本民法証拠編講義』〔新青出版，復刻版，2002〕）。
98　詳しくは，吉井啓子「梅謙次郎と旧民法証拠編──『日本民法証拠編講義』の復刻に際して──」新青通信11号（新青出版，2002）（梅・前掲注（97）〔復刻版〕に解題を兼ねて付された「梅謙次郎　日本民法証拠編講義〈復刻版〉」という題の栞）1頁以下参照。
99　梅・前掲注（97）364頁。

この「所有ノ意思」を起草者とほぼ同様，内心の意思と捉えていたようである（①岡松参太郎〔1896（明29）〕100，②松岡義正〔1907（明40）〕101，③鳩山秀夫〔1911（明44）〕102，④中島玉吉〔1911（明44）〕103，⑤川名兼四郎〔1912（明45）〕104，⑥曄道文藝〔1920（大9）〕105，⑦長島毅〔1920（大9）〕106，⑧三瀦信三〔1921（大10）〕107，⑨沼義雄〔1922（大11）〕108等）。

その中でもとりわけ，③の鳩山は，「所有ノ意思」とは「所有者ト同様ナル支配ヲ其物ニ付テ為サントスルノ意思」（傍点——原文）であり，「所有ノ意思ノ存否ハ純然タル内部ノ事実」であるから，「如何ナル意義ニ於テモ其外部ニ表示セラルルコトヲ要セス」と論じ，「所有ノ意思」は占有者の純粋に心理的側面の問題であるという点を強調する記述を行っていた。そして，他主占有から自主占有への占有の性質の変更の問題については，他主占有者が「其内部ニ於テ意思ヲ変更シテ所有ノ意思ヲ有スルニ至レルトキハ其時ヨリ取得時効ニ適当スル占有ニ変」ずるのが原則であり，民法185条はあくまでも，その原則に制限を加えているに過ぎないものとする109。

また，④中島は，「所有ノ意思トハ所有者タルノ意思……換言スレハ『所有者カ物ニ対スルト同一ノ意思』ヲ云フ」とする。そして，その上で，「所有ノ意思ノ有無ハ事実問題」に属するが，その有無は「必シモ占有取得ノ権原ニヨリ……決定ス可キモノ」（傍点——引用者）ではないと論じ，その理由として，「例ヘハ窃盗ノ如キハ全ク権原ヲ有セストモ猶事実上所有ノ意思アル場合」

100　岡松参太郎『訂正七版註釈民法理由上巻』（有斐閣書房，1898〔初版 1896〕）413頁〔岡松『訂正七版註釈民法理由上巻総則編』（復刻叢書法律学篇7−Ⅰ）（信山社出版，1991）として復刻〕。以下，本文の〔　〕内の数字は，著書初版の発行年を表す。
101　松岡義正『民法論総則』（清水書店，1907）586頁〔松岡『民法論総則〔明治29年〕』（日本立法資料全集別巻407）（信山社出版，2006）として復刻〕。
102　鳩山・前掲注（87）670頁以下。
103　中島玉吉『中島川名民法釈義巻之一総則篇』（金刺芳流堂＝武田芳信堂，1911）861頁以下（近代デジタルライブラリーより）。
104　川名兼四郎『日本民法総論』（金刺芳流堂＝武田芳信堂，1912）301頁（近代デジタルライブラリーより）。
105　曄道文藝『日本民法要論第一巻総論』（弘文堂書房，1920）537頁（近代デジタルライブラリーより）。
106　長島毅『民法総論』（巌松堂書店，再版，1921〔初版1920〕）631頁以下。
107　三瀦信三『民法総則提要第三冊』（有斐閣，1921）585頁。
108　沼義雄『民法要論（総則）』（巌松堂書店，第13版，1927〔初版1922〕）303頁。
109　鳩山・前掲注（87）670頁以下。

にあたり，取得時効によって「所有権ヲ取得スルヲ妨ケ」ないからである，ということをあげる[110]。要するに，以上の中島の叙述によれば，「所有ノ意思」を占有取得の権原によって判断することは，明確に否定されているということになる。

(イ) これらに対して，1905（明治38）年初版発行の平沼騏一郎『民法総論全』は，所有権の取得時効が完成するためには，時効「取得スヘキ者カ自己ノ物トシテ目的物ヲ占有スルコトヲ要ス」とした上で，それに続けて，占有開始時の権原の性質によって「所有ノ意思」の有無が決まるかのような論述を行っている[111]。しかし，この点に関する同書の記述は極めて簡略であり，また，前掲（第2節(2)(イ)(a)）した富井の『民法原論第一巻総論』の叙述と類似している点もあるため，後に我妻によって主唱された《「所有の意思」の有無はすべて権原の客観的性質によって決まる》という説[112]のさきがけに位置づけることは困難と思われる。

(2) 石坂音四郎「占有意思論」（1910〔明43〕）

(ア) 一方，(1)に示したところとは異なり，民法総則に関する教科書・体系書・注釈書の上梓こそなされていないが，当時の代表的民法研究者としてあげられるのが石坂音四郎（1877〔明10〕-1917〔大6〕）であり[113]，その論考「占有意思論」（初出：1910〔明43〕）は，その後の，取得時効における「所有の意思」の解釈に大きな影響を与えた可能性も秘めている。

すなわち，同論考において，石坂は，占有の要件について，所有者意思，あるいは支配者意思，さらには「自己ノ為メニスル意思」等の占有意思を必要と

---

110 中島・前掲注（103）861頁。
111 平沼騏一郎『民法総論全』（日本大学＝有斐閣書房，1905）681頁以下（近代デジタルライブラリーより）。
112 本稿の第1節(1)で，「従来の通説」として述べた説。
113 石坂音四郎については，岩田新『日本民法史――民法を通じて見たる明治大正思想史――』（同文館，1928）209頁以下，北川善太郎『日本法学の歴史と理論 民法学を中心として』（日本評論社，1968）313頁以下，星野（英）「日本民法学史(1)」（民法講義――総論〔第八回〕）法教8号（1981）39頁以下，辻「石坂音四郎の民法学とドイツ民法理論の導入――ドイツ民法理論導入全盛期の民法学の一断面――」獨協法学40号（1995）69頁以下〔水本浩＝平井一雄編『日本民法学史・通史』（信山社出版，1997）所収，105頁以下〕，石田喜久夫「石坂音四郎1877～1917――日本民法学の山脈における最高峯――」（日本法学者のプロフィール7）法教181号（1995）98頁以下等参照。

する主観説，および，イェーリングによって主唱された，所持意思を要素とする所持によって占有が成立するとする客観説を排し，「占有ハ単ニ物ノ事実上ノ支配ニシテ意思ハ占有ノ要件ニアラストナス故ニ意思ナキモ占有ヲ取得スルヲ得ルモノトス」（傍点——原文）る「純客観説ヲ以テ正当トナササルヲ得ス」と論ずる[114]。もっとも，石坂も，わが民法の占有規定が「自己ノ為メニスル意思ヲ以テ占有ノ要件」とする主観説を採用していることは認めており，上の主張は，わが民法の解釈論として提唱されたものではなく，純粋に理論的観点から述べられたものである[115,116]。

なお，石坂は，主観説の一つとして抽象的意思説をあげ，これは結局のところ，占有取得原因すなわち権原により占有の成否を定めるものであるが，権原によって判断するならば，それは「意思ヲ以テ占有ノ要件トナササルモノ」（傍点——原文）であると批評しつつ，この説の紹介を行っている[117]という点も，ここに付言しておきたい。

(ｲ) 上述のように，現行民法180条は，「自己のためにする意思」を占有の要件とし，主観説の立場を採用している。従って，たとえ石坂の採る純客観説が学理的ならびに実際的観点から[118]優れた説だとしても，それをそのまま解

---

114 石坂「占有意思論」法協28巻5号（1910）1頁以下，6号（1910）49頁以下，7号（1910）45頁以下〔改纂民法研究上巻（有斐閣，1919）所収，382頁以下〕。なお，占有意思に関する諸学説について，水辺芳郎「占有制度」星野（英）編集代表『民法講座2 物権(1)』（有斐閣，1984）267頁以下，279頁以下，292頁以下等参照。

115 石坂・前掲注（114）法協28巻5号4頁〔改纂民法研究上巻384頁〕。なお，石坂の「占有意思論」を評するものとして，辻・前掲注（113）111頁〔日本民法学史・通史145頁〕。ちなみに，辻・同頁によれば，「石坂は，この論文で，わが国では占有の要件につき主観説がとられているが，立法論としては純客観説をとるべきことを主張している」とされる。

116 石坂と同様，わが民法の解釈としては，占有の要件として「占有意思ヲ要ス」るが，「占有ニハ占有意思ヲ要セサルモノトスル独瑞民法カ正当ナルカ如ク思ハル」とするものとして，川名『物権法要論』（金刺芳流堂，1915）25頁（近代デジタルライブラリーより）。「立法論トシテハ」純客観説を「採ルヲ便トス」るものとして，三潴『物権法提要第二冊 地上権・永小作権・地役権・占有権』（有斐閣，再版，1917〔初版1917〕）279頁以下（近代デジタルライブラリーより）。

117 石坂・前掲注（114）法協28巻6号54頁以下〔改纂民法研究上巻402頁以下〕（引用は『改纂民法研究上巻』から）。

118 石坂は，「純客観説カ意思ヲ以テ占有ノ要件ト為ササルハ実際生活上ノ観察ニ基ク」（傍点——原文）として，以下続けていくつかの例をあげる（石坂・前掲注（114）法協28巻7号49頁以下〔改纂民法研究上巻445頁以下〕）（引用は『改纂民法研究上巻』から）。

釈論として取り入れるわけにはいかない。しかし，石坂が民法学界の「巨匠」とも目される[119]だけに，後の学説が彼の占有理論の影響を暗黙裡に受けているということは当然推測することができ，その結果として，主観説の枠内で，民法180条の「自己ノ為メニスル意思」，162条の「所有ノ意思」を占有取得の権原により客観的に解する解釈論が生み出されてきた，という仮説も十分に成り立ちうることと思われる[120]。

(3) 末広嚴太郎『物権法上巻』(1921〔大10〕)

(ア) さてここまで，「所有の意思」あるいは（それと関連する範囲で）占有に関する，明治期～大正期の学説を，民法総則の教科書・体系書・注釈書を中心に概観してきたが，最後に紹介したいのが，末広嚴太郎の著書『物権法上巻』(1921〔大10〕)である。

すなわち，同書によれば，まず，民法180条が規定する「自己ノ為メニスル意思」は内心のものであるが，占有意思の証明は事実上占有権原の証明によってなされることになり，従って，「占有意思の存否は権原の種類如何に依り抽象的に決せらる、と同一の結果となる」とされる[121]。しかし，一方，同所の注では，だからといって，占有意思の存否は常に権原の種類によって抽象的に定まるとは言えず，その存在は，権原の証明によって事実上推定されるに過ぎないとも指摘されている[122]。これに対して，末広は，「所有ノ意思」については，「当該の占有を開始せしめた原因事実（占有の権原）」によって抽象的にその存否が定まるものとし，その根拠として民法185条をあげる[123]。

(イ) もっとも，民法185条は，「権原ノ性質上占有者ニ所有ノ意思ナキモノトスル場合ニ於テハ其占有者カ自己ニ占有ヲ為サシメタル者ニ対シ所有ノ意思アルコトヲ表示シ又ハ新権原ニ因リ更ニ所有ノ意思ヲ以テ占有ヲ始ムルニ非サ

---

119 石田（喜）前掲注(113) 98頁。
120 但し，本文の(ア)に記したように，石坂自身は，このような説，すなわち，抽象的意思説は受け入れがたいものとして排斥している。また，彼によれば，占有意思を不要とする純客観説においても，先占や取得時効の要件として，内心に所有の意思を有する自主占有という類型は存在しうるものとされる（石坂・前掲注(114) 法協28巻6号95頁〔改纂民法研究上巻434頁〕）。
121 末広嚴太郎『物権法上巻』（有斐閣，1921）209頁以下。
122 末広・前掲注(121) 210頁以下【註九】。
123 末広・前掲注(121) 210頁以下【註九】，217頁。

レハ占有ハ其性質ヲ変セス124」（傍点——引用者）と規定する。そして，これについては，占有が他主占有と判定される場合としては，①賃貸借や寄託などの他主占有権原に基づく場合と，②占有者が他人の権利を承認したと認められる他主占有事情による場合とがあるが，同条は，①の他主占有権原に基づいて他主占有と判定された場合の占有の性質の変更に関する規定であり，②の場合については，占有者の内心の意思の変化で他主占有が自主占有に変わりうることを否定するものではない，との指摘がある125。そこで，このような指摘もあることを考慮すれば，末広のように，民法185条が存在することのみを根拠に，権原により所有の意思の存否が定まるとするのは，立論としては不十分ということになるであろう。

しかし，以上のように，末広の見解に不備があるとしても，この見解を，《占有を生じさせる権原の客観的性質により占有意思（「自己のためにする意思」）及び自主占有意思（「所有の意思」）が決せられる》とする，その後の通説の先駆をなすものと位置づけることは大いに可能だと思われる126。

4　昭和前期（〜1945〔昭和20〕年）の学説

(1)　民法総則の教科書・体系書・注釈書

上述のように，大正期には，「所有の意思」の存否は占有取得権原によって客観的に決定されるとする「従来の通説」の萌芽も見られた。では，昭和期に入ると，「所有の意思」の主観的解釈から客観的解釈への大転換が起きたかと

124　2004年に民法が現代語化される前の条文。

125　主として旧民法を対象にこのような指摘をするものとして，辻・前掲注（38）134頁以下〔所有の意思と取得時効27頁以下〕。なお，これを紹介したものとして，拙稿・前掲注（6）「占有規定」130頁以下。但し，筆者は，同拙稿137頁以下で，旧民法における「所有者ノ名義ニテ」行う占有（ひいては現行民法における自主占有）として認められるのは，結局のところ，所有権取得権原によって取得された占有のみであるということを論証している。

126　なお，1926（大正15）年に発行された山下博章『物権法論（分冊第二）』（文精社）（近代デジタルライブラリーより）は，その213頁で，末広と同様，民法185条を根拠に，「所有意思ノ有無ハ原則トシテ権原ノ性質ニヨリテ決定」（傍点——原文）されると述べ，さらに，占有意思の有無は「占有者ノ意思状態ヲ標準トシテ決スベキコトデハアルガ，立証問題ノ結果，結局ハ此ノ場合モ権原ノ性質ニヨリ定マルコトトナル」としており，この点で興味をひかれる。

4 昭和前期（～1945〔昭和20〕年）の学説　　　133

いうと，この時期においても，民法総則の教科書・体系書・注釈書に限って言えば，①従来と同様，民法162条1項の「所有ノ意思」を占有者の内心の意思として把握するか，あるいは，②「所有ノ意思」の内容について特に説明するところのないものが多くを占めていた，と指摘することができよう。

すなわち，①の例としては，石田文次郎『現行民法総論』（1930〔昭5〕）があげられるが，同書によれば，所有権の取得時効の要件としての占有は，「事実上所有者が為し得ると同様な支配をなす意思を以て物を所持することを必要とする」とされる[127]。また，これと同旨を述べるものとしては，田島順『民法総則』（1938〔昭13〕）[128]がある。一方，②の例としては，㋐三淵忠彦『日本民法新講総則編・物権編』（1929〔昭4〕）[129]，㋑近藤英吉『註釈日本民法（総則編）』（1932〔昭7〕）[130]，㋒穂積重遠『民法総則』（新法学全集）（1936〔昭11〕）[131]，㋓野津務『民法入門〔総則〕』（1943〔昭18〕）[132]，㋔中川善之助『民法大綱上巻』（1943〔昭18〕）[133]などがあげられる。

なお，1938（昭和13）年に発刊された末川博『民法総則』においては，「所有の意思を以て占有する」とは，「要するに自分の物であるかのやうに振舞つて物を支配してゐることであ」るとの説明がなされている[134]。これは，内心の意思からではなく，客観的な外部的態様から自主占有を捉えようとするものであるが，一方，同書を見る限りでは，その後の通説となった《「所有の意思」は占有取得権原から客観的に解される》といった記述まではなされていない。

(2) 我妻説の登場

本稿冒頭でも述べたように，民法162条等が規定する「所有の意思」の有無を占有取得権原の客観的性質によって判断するという「従来の通説」は，我妻榮を中心に唱えられたものであった。そして，我妻は，昭和初期の頃から，民

127　石田文次郎『現行民法総論』（弘文堂書房，1930）511頁（近代デジタルライブラリーより）。
128　田島順『民法総則』（弘文堂書房，1938）545頁。
129　三淵忠彦『日本民法新講総則編・物権編』（梓書房，1929）387頁。
130　近藤英吉『註釈日本民法（総則編）』（巌松堂書店，1932）588頁。
131　穂積重遠『民法総則』（新法学全集第七巻民法Ⅰ）（日本評論社，1936）470頁。
132　野津務『民法入門〔総則〕』（有斐閣，1943）181頁。
133　中川善之助『民法大綱上巻』（日本評論社，1943）126頁。
134　末川博『民法総則』（法律学全書）（三笠書房，1938）235頁。

法総則や物権法の教科書・体系書を上梓している。そこで，以下では，いよいよ我妻の著作を検討していくことになる。

(ア) 『民法総則』（現代法学全集〔日本評論社刊〕）（1928〔昭3〕）

我妻が著した民法総則及び物権法の体系書のうち最初の著作は，日本評論社刊行の現代法学全集（1928〔昭3〕～1931〔昭6〕，全39巻）に収められた『民法総則』であり，時効については，同全集第四巻（1928〔昭3〕）中の，「民法総則（四，完）」において論述されている[135]。

すなわち，我妻は，同書における時効の節の取得時効の款の中で，まず，占有とは自己のためにする意思をもって物を所持することであるが，結局のところ，それは，「社会観念上その人の勢力範囲内（事実的支配内）に属すと認めらる、ことである」（ルビ——原文）と述べた上で，所有権の取得時効の要件である「所有ノ意思ヲ以テ」する占有とは，「所有者と同様の支配をすることである」と論ずる[136]。そして，以上を見るに，これまでの学説とは異なり，「所有の意思」が内心に属するものであるという記載はなく，自主占有の有無は社会観念に基づいて，外部的・客観的に決められるとしているようである[137]が，他方，この段階では，占有取得の権原によって占有の性質が決定されるという見解は，未だ開陳されてはいない。

(イ) 『民法総則』（岩波書店刊）（1930〔昭5〕）

ところが，(ア)の著書の2年後に岩波書店から刊行された『民法総則』（1930〔昭5〕）では，占有についての説明は(ア)と同様であるが，「所有ノ意思」については，「所有の意思の有無は占有の性質に従つて客観的に決せらるる」と書き

---

135 現代法学全集第四巻（日本評論社，1928）には，我妻「民法総則（四，完）」のほか，三潴「契約概論（完）」，池田克「暴力行為等処罰法（完）」，穂積（重）「判例小話（二）」，末広「法学問答（四）」が収録されている。末広が編輯代表を務めた同全集は，各著者の著作の多くをいくつかの巻に分割掲載し，かつ，1つの巻は，分割掲載された著作も含め，複数の著作を収録するものである。我妻『民法総則』は，同全集の第一巻と第三巻，第四巻に分割登載されている。

136 我妻『民法総則』（現代法学全集）（日本評論社，1928）436頁〔現代法学全集第四巻（「民法総則（四，完）」）118頁〕。

137 先述（本第4節(1)）の末川『民法総則』（1938〔昭13〕）の叙述は，この点で，我妻『民法総則』（現代法学全集）と類似していると言えよう。

換えられる[138]。もっとも，この記述だけでは，そこでいう「占有の性質」が何であるかは必ずしも明らかでないが，これに続く文章[139]から推測すると，これは，占有取得権原の性質を指すものと理解することができるであろう。

(ウ) 『物権法』（現代法学全集）（1930〔昭5〕）

(イ)の著書が発行されたのは1930（昭和5）年の5月であるが，その3ヵ月後の8月には，我妻著作の『物権法』の第六章「入会権」，第七章「占有権」が現代法学全集第三十一巻（1930〔昭5〕）に登載された[140]。

(a) 同書において，我妻は，まず，現代における占有制度の主たる目的は事実状態を保護して「社会の平和・秩序を維持する」ことにあるとし[141,142]，その上で，次のように言う。すなわち，わが「民法の占有は『所持』と『自己ノ為メニスル意思』とによつて成立する」が，この「意思」を厳格に解せば，①所持者の意思が刻々と変ずる結果，占有関係が極めて複雑となって社会秩序を維持することができず，また，②外部から意思の存在を認識しがたいため，事実状態を保護することが困難となる。「従つて民法の解釈としてもこの意思的要素を能ふ限り寛かに解して占有の社会的作用を達成せしむることに努むべきである」と[143]。

以上のことを前提に，我妻は，一応，「自己の為めにする意思は所持による事実上の利益を自己に帰せんとする意思である」としつつ，「この意思は純粋

---

138 我妻『民法総則』（岩波書店，1930）628頁。
139 「但し権限の性質上，占有者に所有の意思なきものとする場合（例へば永小作人）にもその占有者が自己に占有を為さしめたる者（所有者）に対して所有の意思あることを表示すれば，その時から自主占有となる（一八五条）」（我妻・前掲注(138) 628頁以下）。
140 現代法学全集第三十一巻（日本評論社，1930）には，穂積（重）「親族法（完）」，牧野英一「法律講話（完）」，末広「法学問答（七）」，武田省「商法総則（一）」，田中耕太郎「法律学概論（一）」，大森洪太「人事訴訟手続法（二）」，我妻「物権法（完）」，野間海造「農業法（四）」，足立祥三「特許法（一）」が収められている。
141 我妻『物権法』（現代法学全集）（日本評論社，1930）343頁，349頁〔現代法学全集第三十一巻333頁，339頁〕。
142 但し，社会の平和・秩序の保護が特に問題となるのは，占有訴権についてである（我妻・前掲注(141) 343頁〔現代法学全集第三十一巻333頁〕参照）。
143 我妻・前掲注(141) 349頁〔現代法学全集第三十一巻339頁〕。なお，同頁では，占有の意思的要素をできるだけ緩やかに解釈すべき理由として，①②のほか，③占有者自身も内心の意思を証明できないことがあげられている。

に客観的に，即ち占有を生ぜしめた原因（権原）の性質によつて決すべき」（傍点——原文）ものとする[144]。そして，このように解することは，占有の要件に関する主観説を修正して（石坂が批判した）[145]抽象的意思説を採ることになるが，「社会の事実状態を一律に保護することが最もよく占有制度の目的に適する」（傍点——原文）等の理由から，わが民法の解釈論としては，この説に従うべきことを主張する[146]。

(b) では，「所有の意思」についてはどうかというと，我妻は，まず，「自主占有とは『所有の意思』をもつてする占有であり，他主占有とはその他の占有である」とひとまず定義した上で，両者を区別する実益は取得時効（民162条以下），無主物先占（民239条1項），占有者の責任（民191条）等で問題となるとする。しかし，これに続けて，我妻は，占有意思の場合と同様，「所有の意思」の有無も，「占有取得の原因たる事実即ち権限の客観的性質によつて定まる」（傍点——原文，「限」はママ）とし，これは「占有の意思を純粋に客観的に決すべきことの当然の結果である」とその理由を述べる[147]。そして，この論述からは——占有意思については，占有制度の目的が社会秩序の維持であることを根拠に占有意思の客観的解釈が主張されたのであるが——，「所有の意思」の有無についても，占有意思の場合と全く同様な基準で判断せんとしている，ということがわかるのである。

また，我妻は，民法185条について言及し，上述の，権原の客観的性質に基づいて「所有の意思」が判定されるという理論に従えば，例えば賃借人が賃借物を買い取った場合（新権原による占有），他主占有が自主占有に変更されるとする規定は当然のことを定めたものである，とする。しかし，その一方で，同理論の下では，185条の「占有者カ自己ニ占有ヲ為サシメタル者ニ対シ所有ノ意思アルコトヲ表示」することによっても自主占有への変更が生ずるとする定めは，「無用の規定」とされるのである[148]。

なお，動産の無主物先占（民239条1項）については，現代法学全集第二十九巻[149]登載の『物権法』第二章「所有権」第三節「所有権の取得」第一

---

144 我妻・前掲注（141）351頁〔現代法学全集第三十一巻341頁〕。
145 前述（第3節(2)(ア)）参照。
146 我妻・前掲注（141）351頁〔現代法学全集第三十一巻341頁〕注（二）。
147 我妻・前掲注（141）355頁〔現代法学全集第三十一巻345頁〕。
148 我妻・前掲注（141）355頁以下〔現代法学全集第三十一巻345頁以下〕。

款「先占・拾得・発見」に記されている。そして，同所では，「先占は意思を要素とする準法律行為であ」り，「一定の意思行為に所有権取得の効果を認めた制度」であるとされる[150]が，このような論述からは，我妻は占有権の章では，「所有の意思」は占有取得権原によって判断されるという一般論を展開しているにもかかわらず，無主物先占の場面では，内心における具体的意思を問題にしているという矛盾が読み取れるのである。

(エ) 『物権法』（民法講義Ⅱ）（1932〔昭7〕）

(ウ)の著書が出版された2年後の1937（昭和7）年，我妻は，民法各編の講義用テキストを上梓する計画の下，岩波書店から，「民法講義」シリーズの第一弾として，『物権法』を発行した。同書の「序」によれば，(ウ)の著書に比し，「物権変動の対抗要件に関しては可成り根本的に説を改めた」とされる[151]が，同著書の「占有権」の章のうち，上の(ウ)に記した点については，ほとんど変わるところはない。

但し，民法185条の，他主占有者が所有の意思を表示することによっても自主占有への変更が生ずるとする規定については，解釈論としてはともかく，「立法論としては意思の変更のみによつては占有の性質を変ぜしむる必要なきものと考へる」というように叙述を改めている[152]。これは，(ウ)の著書の「無用の規定」という記述がややあいまいであったのに対し，その立場を鮮明にし，自己の見解に基づいて同規定を立法論的に批判するものと言えよう。

(3) 物権法の教科書・体系書

以上のように，この時期において，「所有の意思」を占有取得権原から客観的に解すべきものとする我妻説が現れたのであるが，(1)で述べたとおり，民法総則の教科書・体系書・注釈書全体を見渡す限りでは，それらの記述が以前のものと大きく変化するということはなかった。ところが，ひとたび物権法の教

---

149 現代法学全集第二十九巻（日本評論社，1930）には，牧野「法律講話（三）」，藤野惠「社会行政（完）」，榛村専一「著作権法（一）」，野間「農業法（二）」，野村淳治「行政法総論（完）」，我妻「物権法（四）」が収録されている。
150 我妻『物権法』（現代法学全集）（日本評論社，1930）216頁以下〔現代法学全集第二十九巻494頁以下〕。
151 我妻『物権法』（民法講義Ⅱ）（岩波書店，1932）「序」4頁。
152 我妻・前掲注（151）310頁。

科書・体系書のほうに目を移すと，以下のように，我妻説の出現後，所有の意思の有無を占有取得権原により客観的に決すべしとする説が，むしろ多くを占めるようになってくる153。

すなわち，まず1932（昭和7）年には，①小池隆一『日本物権法論』が出版されるが，同書は，「所有の意思とは，事実上所有者と同一の支配を為」す意思であるとしつつ，「占有者に所有の意思ありや否やは，当該占有を開始せしむるに至つた原因の性質によつて決定せらるべきであり，具体的の意思を標準と為すのではない」と述べる154。そして，これと同旨の説としては，②柚木馨『判例物権法総論』（1934〔昭9〕）155，③田島『物権法』（1935〔昭10〕）156，④末川『物権法』（新法学全集）（1937〔昭12〕）157，⑤勝本正晃『物権法概説上巻』（1938〔昭13〕）158 等があげられる159。

(4) 末川博『物権法』（新法学全集）（1937〔昭12〕）

ところで，(2)で示したように，我妻による新学説が初めて世に出たのは1930（昭和5）年であるが，それから7年後の1937（昭和12）年，日本評論社

---

153 昭和期に入り，我妻による新説登場以前に初版が発行された物権法の体系書としては，岩田『物権法概論』（同文館，1929）があるが，同書163頁では，自主占有は「所有意思を有する場合」，他主占有は「他人の所有者たることを承認しつつ物を支配する意思を，有する場合」，と心理的要素に基づいて自主占有・他主占有の区別を説明しており，この点で，それ以前の説と変わるところはないものと考えられる。

154 小池隆一『日本物権法論』（清水書店，1932）74頁。

155 柚木馨『判例物権法総論』（巌松堂書店，1934）187頁以下。

156 田島『物権法』（弘文堂書房，1935）283頁。但し，田島は，まず占有意思について，これは内心的事実であるが，だからといって「厳格に解することは，徒に占有保護の範囲を狭小ならしめ，取引の需要に適する所以でない」から，その意思の存在は「客観的に占有を生ぜしむる原因たる事実」によって確定されるのもやむを得ないと論じ（同書268頁以下），同様に，所有の意思も「所持を生ぜしめた権原の性質によりて決定せらる，を不得已と」（傍点——引用者）する（同書283頁）。このように，田島は占有意思，「所有の意思」を通じ，「やむを得ざる」といったやや消極的な表現を用いているのであるが，これは，田島が，現行民法の解釈としては，占有の要素として内心の意思（心素）を否定することはできないが，その解釈論に，占有理論として正当と思われる客観説・純客観説（同書269頁）の見地を可能な限り入れていきたいとの志向を有していたがゆえの表現ではないか，と思われる。

157 末川『物権法』（末広編輯代表「新法学全集」第八巻民法Ⅱ）（日本評論社，1937）214頁以下。

158 勝本正晃『物権法概説上巻』（巌松堂書店，1938）197頁。

刊行「新法学全集」の一巻として，上掲した，④の末川『物権法』が発行された。そして，同書の叙述からは，我妻説と同様，占有制度の趣旨を詳説した上で占有意思の権原による客観的解釈を提唱し，その考え方を「所有の意思」の判定に及ぼそうとする姿勢を看取することができる。よって，以下，同書の記述をやや詳しく紹介してみることにする。

同書によれば，「占有を保護する理由」は，「現存の事実上の支配によって与へられてゐる対物的秩序を維持して共同生活の安定を図り160 また一応真実の権利関係の表象と観られるところの客観的の関係を信頼して取引する者を保護して取引の円滑を期するといふ如き点にある」とされ161，従って，民法180条のいう「自己の為めにする意思」の「有無ないし内容のいかんは一々個人の主観に立ち入つて決せらるべきではなくて，物を所持するに至つた原因──即ちいはゆる権原──に遡つてその原因において具体化（化体）せられてゐる」「或意味で擬制せられた意思」としてこれを見るべきものとされる162。そして，自主占有については，「所持者が宛かも所有者がその所有物に対して有してゐるのと同じやうな意思を有する場合に認められる」とされるのであるが，「所有の意思の有無」に関しては，「占有意思一般について述べたことがあるやうに，……占有取得の原因即ち民法にいはゆる権原の性質によつて決定せられる」と論述される163。

要するに，末川説によれば，社会秩序を維持し取引安全を保護せんとする占有制度の趣旨から，占有意思は占有取得権原によって決せられる抽象的意思と

---

159 以上に対して，石田（文）『物権法論』（有斐閣，1932）は，まず民法180条の定める占有意思について，それは外部に表現された意思でなければならず，従って，その意思は権原の中に表現されている場合もあるとする（251頁）が，同書の自主占有について記述した部分には同様な記述は見当たらず，単に占有意思の内容の証明が困難であるがゆえに，民法186条に「所有の意思」の推定規定が設けられていると述べるのみである（268頁以下）。また，近藤『物権法論』（弘文堂書房，1934）（近代デジタルライブラリーより）からは，「自己の為にする意思」「所有の意思」のいずれについても，その存否の認定に権原が関わるような記述は見出すことができない（30頁以下，34頁）。同『改訂物権法論』（弘文堂書房，1937）（近代デジタルライブラリーより）についても，同様である（57頁以下，62頁以下）。
160 なお，占有保護の理由について，既にこれと同旨を述べていたものとして，柚木・前掲注（155）184頁以下がある。
161 末川・前掲注（157）208頁。同209頁も参照。
162 末川・前掲注（157）209頁以下（特に211頁以下），213頁。
163 末川・前掲注（157）214頁以下。

して捉えるべきとされるのである[164]が,「所有の意思」の有無についても,占有意思一般について述べたと同じく権原の性質によって決まるものとされる。そうすると,これは——詳述こそされていないが——占有意思の判定基準がそのまま「所有の意思」の判断基準にも当てはまるというものであり,この点で,我妻説とほぼ同様の論理によるものと言うことができよう[165]。

5　第二次大戦後から1965（昭和40）年までの学説
——我妻『新訂民法総則』及び川島『民法総則』発刊まで——

　以上,第4節で概観したように,物権法の教科書・体系書をも視野に入れれば,「所有の意思」の有無を占有取得権原によって決定するという見解は,昭和前期に多数説になったと捉えてよいとも思われる。そこで,以下では,第二次大戦後,我妻の『新訂民法総則』が発行される1965（昭和40）年までの間に,この見解が通説としての地位を得ていく状況を,民法総則の教科書・体系書を中心にたどり,これをもって,本稿の「所有の意思」に関する学説史の検討をとりあえず終えることにしたい。

(1)　昭和20年代
　この時期において初版が出版された民法総則の教科書・体系書としては,①勝本『新民法総則』（1948〔昭23〕）,②宗宮信次『改訂民法総論』（1949〔昭24〕）,③小出廉二『民法総則』（1949〔昭24〕）,④吉田久『日本民法論（総則編）』（1950〔昭25〕）,⑤於保不二雄『民法総則講義』（1951〔昭26〕）,⑥柚木『判例民法総論下巻』（1952〔昭27〕）,⑦舟橋諄一『民法総則』（1954〔昭29〕）,⑧小池『民法総論』（1954〔昭29〕）,⑨松坂佐一『民法提要総則』（1954〔昭29〕）,⑩薬師寺志光『日本民法総論新講第三冊』（1954〔昭29〕）などがあげられる。また,我妻は,1930（昭和5）年発行の『民法総則』（本稿第4節(2)(イ)）の内容をほぼそのまま引き継ぎ,1933（昭和8）年に,岩波書店刊行の前記「民

164　末川・前掲注（157）212頁参照。
165　なお,本節(1)に記したように,同著者の『民法総則』においては,権原による「所有の意思」の認定については一切触れられていない（末川・前掲注（134）234頁以下参照）。同書は,(4)で採り上げた同『物権法』発行から1年以上経過して出版されたものであるが,その辺の経緯は不明である。

法講義」シリーズの一巻として，『民法総則』（民法講義Ⅰ）を発刊していたが，戦災で「民法講義」シリーズの紙型が全部焼失したのを受け[166]，戦後の1951（昭和26）年に，⑪『民法総則』の改版を公刊した。

　以上の教科書・体系書のうち，⑤は，「所有の意思」について何の説明もない[167]。⑦も同様である[168]。次に，①は「所有の意思」を「事実上所有者と同様の支配を為す意思」と言い[169]，また，②は「所有者と同様に完全な支配を為さんとする意思」と述べている[170]ため，これらの表現を見る限りでは，「所有の意思」は内心の意思として語られているということになろう。また，①②とほぼ同旨のものとして，④[171]，⑥[172]，⑧[173]，⑩[174]があげられる。なお，これらのうち，①は，「所有の意思」を内心の意思と定義した後，占有の性質の変更に関する民法185条も引用している[175]ので，あるいは，「所有の意思」の判断に権原も関わるという認識があるのかもしれない。

　以上に対して，③は，「所有の意思」について①と同様の定義をしつつ，「所有の意思」の有無の判定については，「占有の性質・内容に従つて客観的に決すべき」と，第4節(2)(イ)であげた我妻『民法総則』（1930〔昭5〕）とほぼ同様の説明を行っている点に特徴がある[176]。また，我妻が著した⑪は，1930（昭和5）年刊行の上掲『民法総則』から表現は現代的に改められたものの，内容的には変わりなく，依然として「所有の意思の有無は，占有の性質に従って，客観的に決定される」と述べられているだけである[177]。最後に，⑨は，まず占有について，「社会観念上，ある物がその人の事実的支配にあると認められること」と定義した上で，「『所有ノ意思ヲ以テスル』占有，すなわち自主占有」とは，「所有者としての占有」を意味するものとする[178]。そうすると，こ

166　我妻『民法総則』（民法講義Ⅰ）（岩波書店，1951）「改版の序」1頁。
167　於保不二雄『民法総則講義』（有信堂，1951）〔新青出版，復刻版，1996〕303頁。
168　舟橋諄一『民法総則』（法律学講座）（弘文堂，5版，1955〔初版1949〕）182頁。
169　勝本『新民法総則』（弘文堂，1948）335頁。
170　宗宮信次『改訂民法総論』（有斐閣，1949）230頁。
171　吉田久『日本民法論（総則篇）』（巌松堂書店，1950）334頁以下。
172　柚木『判例民法総論下巻』（判例民法論第二巻）（有斐閣，1952）416頁。
173　小池『民法総論』（慶應通信，1954）169頁。
174　薬師寺志光『日本民法総論新講第三冊』（明玄書房，1954）1129頁。
175　勝本・前掲注（169）335頁。
176　小出廉二『民法総則』（法律学全書14）（評論社，1949）247頁。
177　我妻・前掲注（166）364頁。

の説は，意思的要素には触れず，《社会観念から客観的に観察して所有者らしく見える占有》を自主占有と解している点で一定の進展があると評価されうるが，占有取得権原を基準としていない点で，第4節(1)にあげた末川『民法総則』の記述とあまり隔たりがないと言うこともできよう。

(2) 昭和30年代

上述のように，昭和20年代における民法総則の教科書・体系書においては，一部の学説は占有の客観的性質から所有の意思の有無が判定されるとしていたが，全体の傾向としては，戦前とあまり変わるところがなかったと見られる。

では，昭和30年代に初版が出版された民法総則の教科書・体系書はどうかというと，これに該当するものとしては，①今泉孝太郎『新民法総則』（1956〔昭31〕），②金山正信『民法総則』（1956〔昭31〕），③吾妻光俊『民法総則』（弘文堂版）（1959〔昭34〕），④川島武宜『民法Ⅰ総論・物権』（1960〔昭35〕），⑤中川高男『民法総則要論』（1962〔昭37〕），⑥石本雅男『民法総則』（1962〔昭37〕）などがあげられる。

このうち，②は，(1)の⑤⑦と同様，「所有の意思」について何の説明もなされていない[179]。また，⑤は，「所有の意思」を「事実上の所有者としての意思」と手短に説明するだけであり[180]，この記述を見る限りでは，「所有の意思」は内心の意思と捉えられていると言わざるを得ないであろう。

これらに対して，①は，(1)の①のように「所有の意思」を内心的意思として説明することはなく，単に「所有の意思を以てする占有を自主占有という」と述べた後，すぐそれに続けて，民法185条を根拠に，「権原の性質上占有者に所有の意思なきものとする場合には」，所有の意思あることを表示するか，新権原によって占有を開始しなければ，「事実上，所有の意思を有しても，自主占有とはならない」と言う[181]。そして，このような叙述には，見方によっては，占有取得権原によって「所有の意思」が決まるというニュアンスが含まれていると解することもできるかもしれない。また，③は，ごく簡単に，所有の意思で占有するとは「所有者としてその物を支配すること」であると述べ

178　松坂佐一『民法提要総則』（有斐閣，1954）248頁。
179　金山正信『民法総則』（ミネルヴァ書房，1956）261頁。
180　中川高男『民法総則要論』（明玄書房，1962）363頁。
181　今泉孝太郎『新民法総則』（泉文堂，1956）548頁以下。

る[182]。そうすると，この説明は自主占有の要件から意思的要素を排除したものと捉えられないわけでもないが，さりとて，「所有の意思」の判定要素として，占有取得権原が持ち出されるところまでは至っていない。

以上に対して，1962（昭和37）年出版の⑥は，「所有の意思」を「事実上所有者と同様な支配をなし，他人の支配を排除する意思」とし，一応内心の意思として叙述しているが，その後で，「所有の意思」の存否は「現実の占有の性質にしたがって，客観的に決定されねばならない」と，第4節(2)(イ)で示した我妻『民法総則』（1930〔昭5〕），および，本節(1)の③（小出『民法総則』）とほぼ同様の説明を行っている[183]。この点で，占有取得権原の性質により「所有の意思」の有無が定まるとする「従来の通説」に一歩近づいたと評することもできよう。最後に，1960（昭和35）年に発行された④は，「占有が所有の意思をもってなされるものであるかどうかは，内心の意思によってきめられるのではなく，占有の性質によって客観的にきめられる」（傍点——原文）と論ずる[184]。同書については，⑥と異なり，内心の意思によって「所有の意思」の認定がなされるのではないと明言している点が注目に値する。ただ，上記引用文の後で，占有の性質の変更に関する民法185条を引用してはいる[185]ものの，占有取得権原に基づいて「所有の意思」の有無が決定されると明示されていない点は，⑥と同様，我妻『民法総則』（1930），小出『民法総則』（1949）の記述の域をまだ十分に脱していないとも評価されよう。

(3) 昭和40（1965）年（「従来の通説」の確立）

本節冒頭で記したように，物権法の教科書・体系書にまで視点を広げれば，既に昭和前期（〜昭和20年）の段階で，占有取得権原を基準にして「所有の意思」の存否を判定するという見解は多数説になっていたと言うことができよう。しかし，本節(1)(2)で見てきたように，いったん民法総則の分野に目を戻すと，昭和30年代に至るも，権原により「所有の意思」が判断されるということを明示する教科書類は，未だ出現していなかった。ところが，昭和40（1965）年，我妻『新訂民法総則』及び川島『民法総則』の登場を境にして，このような状

182　吾妻光俊『民法総則』（弘文堂，1959）210頁。
183　石本雅男『民法総則』（法律文化社，1962）405頁。
184　川島武宜『民法Ⅰ総論・物権』（有斐閣，1960）189頁。
185　川島・前掲注（184）189頁。

況に大きな変化が訪れることになる。

　(ア)　我妻『新訂民法総則』(1965〔昭40〕)

　これまで見てきたように，我妻は，①1928（昭和3）年に，日本評論社刊の「現代法学全集」の一巻として，②1930（昭和5）年に，岩波書店発行の体系書として，③1933（昭和8）年に，「民法講義」シリーズ（岩波書店刊行）の一巻として，④1951（昭和26）年に③の改版として，『民法総則』と題する著書を上梓してきた。そして，この④の新訂版が，ここで取り上げる⑤1965（昭和40）年発行の『新訂民法総則』である。

　⑤においても，所有権の取得時効の要素となる「所有の意思」の有無は，「占有の性質に従って，客観的に決定される」とされており，この説明は④と何ら変わるところがない。しかし，⑤では，これに続けて，「相続は占有の性質を変更しない」とした上で，「借主や預り主の相続人は，たとい被相続人の所有と信じて占有を承継しても，所有の意思による占有とはならない」という文章が挿入されている[186]。そこで，この新たに付け加えられた文章に依拠すると，貸借や寄託といった権原によって得られた占有は，相続人が内心で所有の意思を持った場合でも自主占有にならないとされるのであるから，このことにより，同書で言う「占有の性質」とは，具体的には，占有取得権原の性質を意味するということが明らかになるであろう。

　(イ)　川島『民法総則』(1965〔昭40〕)

　一方，同じ1965（昭和40）年に，(ア)の⑤から5ヵ月ほど遅れ，有斐閣の「法律学全集」の一巻として出版されたのが，川島著作の『民法総則』である。

　同書において，川島は，《取得時効制度は一定期間の占有の継続をもって，所有権取得の事実の証明に代わる法定証拠とする制度である》とした[187]上で，所有権の取得時効の要素たる「所有の意思があるか否かは，占有者の内心の意思によって決せられるのではなく，客観的事実によって決せられる。すなわち，『権原ノ性質上』――事実上占有の根拠となった客観的事実（例えば賃貸借契約）の性質上――占有者に所有の意思がないもの（他主占有）とされる場合には，

186　我妻『新訂民法総則』（民法講義Ⅰ）（岩波書店，1965）478頁。
187　川島『民法総則』（法律学全集17）（有斐閣，1965）546頁。

内心の意思如何にかかわりなく所有の意思はないもの」(傍点——原文) とされる，と論述した[188]。

　以上のように，民法総則の教科書・体系書においては，1965 (昭和40) 年になって初めて《「所有の意思」の有無は占有取得権原によって判断される》ということが示されるのであるが，我妻の著書の記述にはまだ不十分なところがあり，川島の『民法総則』でようやくこのことが明記されるに至ったのである。しかし，いずれにしても，両体系書の記述により，権原に基づいて「所有の意思」の存否が定められるという解釈は，この時点で，通説の地位を築き上げたと評価することができよう。

(4) 付　言

㋐　上述のごとく，1965 (昭和40) 年より前は，占有取得権原によって「所有の意思」が決定されると明示した民法総則の教科書・体系書は出現していなかった。しかし，それらの著者が物権法の著作を出版している場合もあり，「物権法」のほうでは，《権原の性質によって「所有の意思」の有無が客観的に定められる》と述べている例がいくつか見られる。そこで，本節の(1)(2)にあげた「民法総則」の著者が著した「物権法」の教科書・体系書で，初版が1965 (昭和40) 年までに出版された著書のうち，それに該当するものをあげると，以下のようになる。

　①小池・前掲『日本物権法論』(1932〔昭7〕)，②柚木・前掲『判例物権法総論』(1934〔昭9〕)，③勝本・前掲『物権法概説上巻』(1938〔昭13〕)，④松坂『民法提要物権法』(1955〔昭30〕)[189]，⑤舟橋『物権法』(1960〔昭35〕)[190]。

　このように，たとえ民法総則の著書で，内心の意思として「所有の意思」を説明しただけの著者等も，物権法の教科書・体系書では，権原による自主占有・他主占有の決定を明記していたのであり，この点から見ても，「権原による『所有の意思』判定説」[191] は，1965 (昭和40) 年までに，段々と通説としての地位を固めていったと言うこともできよう。

188　川島・前掲注 (187) 554頁。
189　松坂『民法提要物権法』(有斐閣，1955) 67頁。
190　舟橋『物権法』(法律学全集18) (有斐閣，1960) 295頁。
191　この用語は本稿における筆者の造語であって，これまで一般に用いられていたわけではない。

(イ)　さて,「所有の意思」の有無は権原の客観的性質によって定まるとする「従来の通説」(「権原による『所有の意思』判定説」) が確立された 1965 (昭和 40) 年以降, この通説に従った数多くの著書が出版された。本稿ではそれらを網羅する余裕はない[192]が, それらの中で, 民法総則の体系書として著名なものとして, ①幾代通『民法総則』(1969〔昭 44〕)[193], ②四宮和夫『民法総則』(1972〔昭 47〕)[194] などがあげられる。また, 本節(1)で示したように, 松坂『民法提要総則』の初版 (1954〔昭 29〕) は,「所有ノ意思ヲ以テスル」占有を「所有者としての占有」と説明しただけであったが, 同書第三版 (1974〔昭 49〕) に至ると, その文章の後に,「所有の意思の有無は, ……権原の客観的性質によって決せられる」という文言が付け加えられるのであって[195],「権原による『所有の意思』判定説」の通説化という視点から見れば, この変更は大いに注目される点であろう。

　なお, 最高裁においても,〔6〕最判昭和 45・6・18 判時 600 号 83 頁でこの通説が取り入れられ, 前掲〔1〕判決が登場するまでは, その後に続く判決 (〔7〕最判昭 45・10・29 判時 612 号 52 頁,〔8〕最判昭 54・7・31 判時 942 号 39 頁,〔9〕最判昭 56・1・27 判時 1000 号 83 頁) によって判例とされていた[196] という点が注視されなければならない。

6　若干の考察
——結びに代えて——

　以上, 取得時効における「所有の意思」の解釈論について, 現行民法制定過程から, 占有取得権原によって「所有の意思」の存否が決定されるという「従来の通説」確立までの過程を概観してきた。よって, 以下では, 本稿を閉じるにあたり, この概観に基づいたごく簡単な考察を述べることにしたい。

192　「従来の通説」に従った教科書・体系書をほぼ網羅したものとして, 拙稿・前掲注 (2)「占有理論」138 頁以下注 (1) 参照。但し, 同拙稿においては, 本稿の方針と異なり, 同拙稿執筆当時における各著書の最新版にて引用されている。
193　幾代通『民法総則』(現代法律学全集 5)(青林書院新社, 1969) 489 頁。
194　四宮和夫『民法総則』(法律学講座双書)(弘文堂, 1972) 310 頁注＊。
195　松坂『民法提要総則〔第三版〕』(有斐閣, 1974) 344 頁以下。
196　拙稿・前掲注 (51) リマークス 14 号 15 頁, 同・前掲注 (2)「占有理論」123 頁参照。

(1) 現行民法制定過程の問題点について

そこで，第一に，現行民法制定過程の問題点から論ずると，先述したように，現行民法の起草者らは，旧民法で，不動産の取得時効について定めた証拠編138条1項の「所有者ノ名義ニテ」という語句と，現行民法の成案として，所有権の取得時効が規定された162条の「所有ノ意思ヲ以テ」という語句とを全く同一の意味のものと把握し，どちらも，内心における意思を表すものとしている。

しかし，第2節で仔細に検討したように，起草者らには，《旧民法では，所有の意思を心素とする占有のみが法定占有であり，法定占有の継続が所有権の取得時効をもたらす》という誤解をしているふしがあるように見られないわけでもない。そして，この「誤解」が前提となって，上述のような「所有者ノ名義ニテ」＝「所有ノ意思ヲ以テ」という解釈が生み出されたとしたならば，この点は，フランス法からの沿革も視野に入れつつ，今一度考究してみる必要があると思われる。

(2) 「従来の通説」の問題点について

第二に，権原の性質に基づいて「所有の意思」の有無が決められるという「従来の通説」の根拠が問題となる。

この点に関しては第4節で見てきたところであるが，「従来の通説」は，まず占有意思について，占有要件に関する客観説ないしは純客観説に好意を示しつつ[197]，社会秩序の維持が占有制度の目的であるということを理由に，占有を生じさせた権原の性質に基づいてその存否が判断されるとする。そして，「自己のためにする意思」（占有意思）の一形態が「所有の意思」であるとされるため，この説は，「所有の意思」の判定も占有意思の判定と同一の尺度で行われるのが当然であると解し，占有取得権原の性質を基準に「所有の意思」の判定を行わんとするのである。

もちろん，もし占有制度の目的が社会秩序の維持であり，その主要な効果と

---

[197] 例えば，我妻・前掲注（141）345頁以下〔現代法学全集第三十一巻335頁以下〕，末川・前掲注（157）205頁以下。

して占有訴権（民197条以下）が認められる[198]ということを根拠とするならば，占有を発生せしめた権原によって占有意思を判断しようとする解釈をそこから導き出すことも必ずしも認められないわけではない。しかし，民法162条が定める「所有の意思をもって」する占有は，所有権の時効取得という効果を発生させるための要件であり，占有訴権が主な効果である占有制度と同様に取得時効の趣旨を論じうるかどうかは，改めて十分吟味されなければならないであろう。

要するに，占有取得権原をもって「所有の意思」を判定するという結論を採るとしても，民法162条の「所有の意思」の解釈を，180条の「自己のためにする意思」の解釈とパラレルに行う手法には問題があると思われるのであり，前者については，取得時効の趣旨，および，民法162条の沿革等独自の見地から再度考察されることが必要であろう。

---

198 例えば，我妻・前掲注（141）343，379頁以下〔現代法学全集第三十一巻333，369頁以下〕，末川・前掲注（157）203頁以下，276頁以下参照。

対抗問題論
――民法第 177 条の「第三者」――

石口　修

1　民法第 177 条における「第三者」の意義と範囲

(1)　第三者の意義

　一般に，「第三者」とは，当事者及びその包括承継人（相続人・相続財産法人〔第 951 条〕）以外の者のことをいう。それゆえ，民法第 177 条に所謂「第三者」についても，第一義的には，当該物権変動の当事者及びその包括承継人以外の者を指していう文言と解してよい。したがって，同条の意味における第三者に該当しない者に対しては，物権変動を対抗するに際しても，登記は不要である。また，不動産登記法第 5 条は「登記がないことを主張することができない第三者」を法定している。それゆえ，これに該当する者に対しても，物権変動を対抗するに際して登記は不要である。

　それでは，上掲した者以外にもこの「第三者」から除外すべき者，即ち，「登記がなくとも対抗しうる者」を認めるべきか否か，そして，この問題を論ずるにあたっては，まず，登記がなければ対抗しえない第三者の位置づけ（基本的な類型化）をする必要がある。更に，第三者問題を考える際に，第三者の主観的態様，即ち，善意・悪意（特に悪意や有過失）を考慮要素に入れるべきか否かという問題もある。以下，これらの問題について考察を加える。

(2)　民法第 177 条の「第三者」
(ｱ)　起草者及び初期の学説――無制限説

　この問題について，現行民法の起草者[1]及び初期の学説[2]は，第 177 条の形式的な文理解釈により，同条には第三者の範囲について何ら制限する文詞（文言ないし字句）のないことを理由として，当事者及びその承継人以外のすべての者が第 177 条の第三者であるとして，所謂「無制限説」を唱えており，判例

もまた同様の立場であった。

　(イ)　大審院時代の判例

　(a)　明治41年連合部判決以前

　まず，判例は，不動産の二重譲渡がなされ，第二譲受人の法律行為が不法行為（旧刑法第393条1項の冒認罪に該当するもの）を原因とする場合でも，第一譲受人が第二譲受人に対抗するためには登記が必要であると判示した[3]。冒認罪とは，「他人ノ動産不動産ヲ冒認シテ販売交換シ又ハ抵当典物ト為シタル者ハ詐欺取財ヲ以テ論ス」，即ち，他人の財産を自己の財産として売買し，ある

1　梅謙次郎『訂正増補民法要義巻之二物権編』（有斐閣，復刻版，1984）17頁以下。

　　梅博士は，当事者及びその包括承継人を除外した後，特定承継人については，全く無関係の第三者及び権利の得喪変更の関係以外において，これを第三者に包含することは固より疑いを容れないと述べ，その理由は，甲が自己の所有する不動産の所有権を乙に譲渡した場合において，その譲渡前に，甲が丙のために地上権を設定したときは，所有権の関係では，乙は甲の特定承継人であるところ，甲・丙間の地上権設定行為より観れば，乙は第三者であり，それゆえ，丙は，地上権の登記を経由しなければ，乙に対抗しえないと述べている（同書18頁）。そして，「我民法ハ單ニ不動産ニ付キ権利ヲ有スル第三者ノミナラス一切ノ第三者ヲシテ皆登記ニ由リテ不動産上ノ権利ノ状態ヲ詳カニスルコトヲ得セシメンコトヲ欲シタルナリ故ニ若シ登記ヲ怠レハ一切ノ第三者ニ對シテ皆権利ヲ援用スルコトヲ得サルモノトス」と述べている。

2　富井政章『民法原論第二巻物権』（有斐閣，大正12年合冊版復刻，1985）61-62頁。

　　富井博士は，梅博士と同様，第三者とは当事者及びその包括承継人以外の者をいうとし，一般債権者，制限物権（地上権，永小作権等）の設定者たる土地所有者とその制限物権の譲受人らはすべて「第三者」であるとし，最後に，不法に目的物を占有する不法行為者，または故意・過失によって物権の目的物を滅失・毀損した者は「第三者」に含まれるかについて，登記または引渡しのない間は，不動産の譲受人は，不法行為者に対し，損害賠償を請求しえないものと解するのが妥当であるとして，無制限説を主張しており，立法から相当年月を経た大正12年の時点においても，後掲する明治41年の連合部判決に反対している。

　　また，岡松參太郎『註釈民法理由中巻』（有斐閣書房，第4版，1908）16頁も，当事者及びこれと同一視すべき者（例として相続人）以外の者が第177条の第三者であるとして，広く解している。更に，松波＝仁井田＝仁保『帝國民法正解第弍巻』（日本法律學校，1903）141頁も，「第三者トハ得喪移轉ノ當事者ヲ除クノ外總テノ人ヲ言フナリ其善意ト惡意トハ問フ所ニ非ス」と論じている。

3　大判明治38・10・20民録11輯1374頁：本判決は，民法第177条は第三者を保護し，かつ，一般取引の安全を確保するための規定であり，物権的法律行為が，犯罪に原因したか否か，また，第三者が善意であるか悪意であるかを区別せず，その法律行為が当然に無効でない限り適用されるとして，不法行為を原因とする取得者に対しても，登記がなければ対抗しえないとした。

いは抵当目的物とするなどの行為をした者は,「詐欺取財ノ罪(旧刑法第390条)」とするとされた犯罪行為である(同法第393条1項)。当時のフランス民法系の解釈によると,第一の売買によって原売主は当然に無権利者となるので,第一買主の所有物を自分の所有物として第二買主に売買するという行為は一種の詐欺罪または横領罪に該当するという趣旨である(フランス民法では厳格な意思主義立法がなされているため,実質的に他人物売買は禁止されている)。それゆえ,この解釈によると,このような行為は不法行為に該当する。したがって,この判例によると,第二譲受人が不法行為を原因とする取得者であっても,第一譲受人は登記をしなければ対抗しえないということになる。

次に,判例は,やはり二重譲渡の事案において,第二譲受人の法律行為が通謀虚偽表示による場合でも,第一譲受人が第二譲受人に対抗するためには登記が必要であると判示した[4]。通謀虚偽表示は,一般に法律行為としては無効であるが(第94条1項),ただし,その後,この虚偽表示について善意で新たに取引関係に入ってきた第三者に対しては,虚偽表示者は行為の無効を主張しえない(同条2項)という制度である。したがって,第二の買主が通謀虚偽表示による買主であれば,売買は無効であり,第二買主は無権利者であるから,第一買主はその無効・無権利を主張しさえすればよいのである。しかし,本判決は,未登記の第一買主は,虚偽表示による取得者である第二買主に対しても,登記をしなければ対抗しえないとした。

本判決は,元々,物権変動の効力について対抗関係に立たない者を対抗関係に立つ者としたという点において,判断を誤った判例であるかのようにも見える。しかし,物権行為の独自性・無因性(抽象性)の立場に立脚すれば,このような判断になるであろう。即ち,物権的意思表示は,債権的意思表示とは別個独立した存在であり(物権行為の独自性),原因行為の有効・無効を問わず(物権行為の無因性),つまり,契約が無効であったとしても,登記を経由しさえすれば,物権の取得が認められるという理論構成である(原因行為の無効・取消は別問題とする)。本判決は,紛れもなく,このドイツ民法的な解釈に立脚している。

---

[4] 大判明治40・2・27民録13輯188頁:本判決は,民法第177条の適用は,不動産上の権利の譲渡人と他の者とが同一不動産につきなした行為が真実である場合と,虚偽である場合とによって区別されることはないとして,虚偽表示行為者に対してでも,登記がなければ所有権を対抗することができないとした。

このように，大審院は，当初，民法第 177 条の規定は，不動産物権の取得者は不法行為者に対しても虚偽表示行為者に対しても，登記がなければ対抗しえないと判示していた。ただ，後者の明治 40 年判決は，その前提として，同一の不動産について利害関係を有する者，即ち，第三者に対しては，まず自己の権利を登記した上でなければ対抗しえないと判示していたので，若干制限的に解していたようにも見える。そして，このおよそ 1 年 10 か月後に，有名な第三者制限連合部判決の登場を見ることになる。

(b) 明治 41 年民事連合部判決——第三者制限説

本件は，Y の建築した A の所有に掛かる未登記建物を A が X に売却し，引き渡したところ，Y が自己の所有権を主張したので，X が所有権の確認を請求したという事案である。この事案において，判例は，民法第 177 条は同一の不動産に関して正当の権利もしくは利益を有する第三者に対し，登記によって物権の得喪及び変更の事情を知悉させ，これによって不慮の損害を免れさせるために存するものであり，第三者の意義に制限を設ける文詞はないが，対抗とは，利害関係にある者相互間の関係であるから，利害関係に立たない者は第三者から除外されるものと解し，ここに初めて第 177 条の第三者の意義に制限を加える解釈を提示した。そして，「本条に所謂第三者とは，当事者もしくはその包括承継人ではなく，不動産に関する物権の得喪及び変更の登記欠缺を主張する正当の利益を有する者を指称するものと定める」という有名なフレーズを判示したのである[5]。

前述したように，無制限説に立脚すると，不法行為者や無権利者である第三

---

5 大連判明治 41・12・15 民録 14 輯 1276 頁：大審院民事連合部は，本文のように判示し，具体的な適用例として，同一の不動産に関する所有権・抵当権等の物権または賃借権を正当の権原によって取得した者，また，同一の不動産を差し押さえた債権者もしくはその差押えについて配当加入を申し立てた債権者のような者は，皆均しく所謂第三者であるとした。また，反対に除外例として，同一の不動産に関し，正当の権原によらないで権利を主張し，あるいは，不法行為によって損害を加えた者の類は，皆第三者と称することはできないとした。

なお，本連合部判決が唱えた第 177 条の趣旨（本文参照）は，本判決の直前に発行された梅謙次郎『訂正増補民法要義巻之二物権編』（法政大学・有斐閣書房，第 27 版，1908）14 頁において，「立法ノ理由ヨリ考フルモ我民法ニ於テハ不動産ニ關スル權利ノ狀態ハ總テ登記ニ由リテ之ヲ知ルコトヲ得セシメ以テ第三者ヲシテ不慮ノ損失ヲ被ルノ虞ナカラシメンコトヲ力メタリ」と説明されているところと類似するが，梅博士は，この時点においてもなお無制限説を力説している点が本連合部判決と異なっている。

者に対しても，登記なくしては対抗しえないということになり，大変不合理である。本判決は，このような不合理な状況に終止符を打った判例である。そして，この制限説に立脚すると，所有者のような物権取得者であれば，登記なくして対抗しうる第三者の範囲が決められることになる。本判決にも示されているように，不法行為者や不法占有者はもちろんのこと，虚偽表示の当事者のような無権利者に対しても，物権取得者は登記なくして対抗しうるのである。

(ウ) 明治41年連合部判決以後の学説

しかし，判例法により制限説が確定した後も，今度は，実質的な理由から，無制限説を主張する学説（鳩山説）が現れた。それは，例えば，建物が譲渡されたが，譲受人Bが未登記の間に当該建物が第三者Cの故意・過失によって滅失・毀損させられた場合には，制限説によると，未登記の譲受人Bは不法行為者Cに対し，損害賠償を請求しうることになるが，不法行為者Cが登記名義を有する譲渡人Aを真正所有者と誤信して同人に損害賠償金を支払ったときには，Bへの賠償義務が残ることから，不法行為者Cに二重弁済の危険が生じてしまうとして，実際的な考慮と画一性の要求という理論的な考慮から，旧来の無制限説もなお捨てがたいという説である[6]。

しかしながら，その後，1921（大正10）年に末弘嚴太郎博士が制限説を強力に主張して以来[7]，制限説は徐々に通説化し，また，上記のような疑問を呈して無制限説に未練を残した学説を振り払うかのように，上記のような二重弁済の危険に対しては，債権の準占有者に対する弁済（第478条）を適用することによって不法行為者Cを救済すれば足りるという学説[8]が現れるや，制限説が通説化し，無制限説を唱える学説はなくなっていった[9]。

---

[6] 鳩山秀夫「不動産物権の得喪変更に関する公信主義及び公示主義を論ず」法協第33巻7号，9号，12号（1915）所収，同『民法研究第二巻（物権）』（岩波書店，1930）1頁以下（特に24頁以下〔公示主義の理由〕，42頁以下〔第三者の意義〕，57頁以下〔本稿の引用部分〕）を参照。我妻榮博士も旧来はこの考え方に立っていた（我妻『物権法（現代法学全集21巻）』〔日本評論社，1929〕124頁以下）。

　しかし，翻って考えてみると，無制限説を貫徹すると，家屋の所有者AがBに売買により所有権を移転したが，所有権の保存登記や移転登記を経由する前に，第三者Cが当該家屋を滅失または損傷した場合において，Bが未登記所有者であれば，BからCに対する損害賠償請求に対し，相手方Cから，未登記のBは登記を欠缺しているので，BはCに対し，所有権に基づく家屋の修繕等，損害賠償請求権を有しない旨の主張を許す結果となる。この結論は，到底甘受しえないものである。したがって，不法行為を念頭に置いてこの問題を考察すると，その解決に際しては，収拾の付かないことになりうる。

(3) 対抗しえない「第三者」の類型

次に，民法第177条の第三者を一定の範囲内の者に制限するという解釈からは，第三者を類型別に分類しうるということを意味する。以下に分類して，考察する。

(ア) 互いに両立しえない権利者相互間

(a) 物権を取得した者

① 所有権の取得

例えば，Aの所有する土地をBが売買によって取得したが，所有権移転登記

---

7 末弘嚴太郎『物権法』（有斐閣，1921）159頁以下（特に165頁以下で明治41年連合部判決を正当として承認する）。なお，その後も無制限説を主張した学説として，前掲鳩山博士，我妻博士のほか，石田文次郎『物権法論』（有斐閣，1932）117頁以下（特に，121頁以下）がある。

　石田（文）博士は，物権それ自体の効力の主張問題と対抗問題とを切り離して考えるべきであると主張し，判例・通説はこの問題を混同しているとして，これらを批判する。石田（文）博士は，その具体例として，新築家屋の所有権の主張と，不法行為者に対する未登記所有者からの権利主張とを掲げ，これらはいずれも所有権それ自体の主張であり，前者については，原始取得の問題であり，所有権取得の主張ではないので対抗問題ではないとし，後者については，物権的請求権や不法行為に基づく損害賠償請求の問題であり，これまた対抗問題ではないので，第177条の枠外の問題であるとして，判例・通説が，不法占有者や不法行為者を第177条の第三者ではないとした上で，対抗問題の枠内での解釈問題として扱っている点を批判している。のみならず，前掲した鳩山説に対しても，登記がなければ，不法行為者に対しても損害賠償請求権を対抗しえなくなるとして，これを批判する。要するに，この問題は，完全に第177条の対抗問題から切り離さなければならないという見解である。

8 舟橋諄一「登記の欠缺を主張しうべき『第三者』について」『加藤先生還暦祝賀論文集』（有斐閣，1932）639頁（662頁以下）。舟橋博士は，所有権登記の存在は不法行為に基づく損害賠償請求権を有することの「権利者らしき外形」（債権の準占有者）であるとして，この外観を信じて（善意で）弁済した者は保護に値すると主張する。ただ，「自己のためにする意思」（第205条）の存在について問題となるが，舟橋博士は，客観説を採るので問題はないということである。

9 以上の学説の変遷については，舟橋・前掲「論文」641頁以下，同・前掲書（『物権法』）178-179頁，我妻榮『物権法』（岩波書店，1952）96-97頁，その他適宜論文等を参照した。なお，我妻博士は，制限説に与した後も，「この標準だけで正確に範囲を決定し得るとは思っていない。この大きな標準の下に，できるだけ類型的な場合についての規準を示すことが必要である」と論じ，続けて，「多くの学説は，判例の標準を肯認した上で，一層具体的な規準を示そうとしているといってよかろう」と述べ，その例として，柚木，末弘両博士の文献を引用指示している。そして，ご自身も，第177条の第三者の類型化を試みている（我妻・同書97頁以下）。

を経由しないうちに，第三者ＣがＡから当該土地に関する物権を取得し，登記を経由した場合には，ＢはＣに所有権の取得を対抗しえない。Ｃも登記を経由していない場合には，ＢとＣは，互いに物権の取得を対抗しえない者となる。

　Ｃが登記を経由した場合において，Ｃの取得した物権が所有権であるときには，Ｂはもはや所有権を取得する見込みはなくなる。しかし，Ｃの取得した物権が制限物権（地上権，抵当権など）であるときには，Ｂはまだ所有権の登記を取得しうる。しかしながら，この取得をＣに対抗しえない結果，Ｂは，Ｃの制限物権の負担を甘受しなければならない。

　② 制限物権の取得

　次に，ＢがＡから取得した物権が地上権や抵当権などの制限物権であったという場合において，ＣがＡから所有権を取得して，登記を経由したときには，未登記のＢは当該制限物権を取得しえなくなる。ＣはＡから何ら制限のない所有権を取得したのであり，未登記であったＢの制限物権の負担を受けるいわれはないからである。

　また，ＣがＡから制限物権，例えば，Ｂと同じ地上権の設定を受け，登記を経由したときには，Ｃが地上権者となり，未登記のＢは地上権者となりえない。同一土地上に二重に地上権は成立しえないからである。

　また，Ｃが地上権者として登記した場合において，Ｂが従前に抵当権を取得していたとしても，Ｂが未登記のときには，Ｂは，Ｃの地上権という負担付きで，Ａの土地に抵当権の設定を受けたということになる。

　更に，Ｃが取得した物権が抵当権であり，Ｂも従前に抵当権の設定を受けていたが，未登記の場合において，Ｃが抵当権設定登記を経由したときには，Ｃが第１順位であり，Ｂはその後に登記しても，第２順位の抵当権者となるに過ぎない。

　更にまた，Ｃが取得し，登記した物権が抵当権であり，Ｂが所有権や地上権を取得して，登記していなかった場合には，Ａの所有する土地にＣの抵当権が設定されており，Ｂはその後に登記を経由しても，Ｃの抵当権の負担を直接に受ける形となるので，Ｃが抵当権を実行することによって，Ｂは物権を失う結果となる。

　物権が地役権の場合には，更に複雑になる。ＢがＡから地役権の設定を受けたが，未登記である場合には，Ｂから要役地の所有権を取得したＤは，承役地所有者であるＡやその承継人Ｃに対し，原則として，地役権を対抗しえない

（第177条）。しかし，通行地役権が設定された場合において，地役権の行使が継続的になされていたときには，地役権の行使の状況がその外観によって明らかであるから，承役地所有者であるAはもちろんのこと，その承継人Cも，Dの通行地役権の存在を否定することは許されないものと解されている[10]。通行地役権は，元々，相隣関係としての囲繞地通行権を地役権という約定の物権にまで高めたという制度であり，また，通路の開設と通行という事実が公示性を有するので，未登記の通行地役権者であっても，登記の欠缺をもって権利の対抗力を否認されることはないという解釈が成り立つものと思量する。

③　物権の二重譲渡・設定の間に相続が関わる場合

例えば，BがAから物権を取得した後に，CがAの相続人から物権を取得した場合でも，前段の内容は全く変わらない。即ち，BとCとは対抗関係になる。相続は包括承継であり，相続人は被相続人の地位をそのまま承継するのを原則とするからである。

④　未登記建物の譲渡の場合

Aが自己の所有する未登記の建物をBに売買し，Bに所有権を移転したが（第176条），Bが所有権保存登記を経由しないうちに，Aが所有権保存登記をして，Cに二重譲渡し，あるいは，Cに抵当権を設定して，Cが登記を経由した場合には，未登記のBはCに対抗しえない。Bは，建物の引渡し前であれば，

10　最判平成10・2・13民集52巻1号65頁：最高裁は，「通行地役権（通行を目的とする地役権）の承役地が譲渡された場合において，譲渡の時に，右承役地が要役地の所有者によって継続的に通路として使用されていることがその位置，形状，構造等の物理的状況から客観的に明らかであり，かつ，譲受人がそのことを認識していたか又は認識することが可能であったときは，譲受人は，通行地役権が設定されていることを知らなかったとしても，特段の事情がない限り，地役権設定登記の欠缺を主張するについて正当な利益を有する第三者に当たらないと」した。

また，最判平成10・12・18民集52巻9号1975頁も，同様の理由から未登記通行地役権の対抗力を認めている。

更に，この点は，競売による売却の場合でも同様であり，最判平成25・2・26民集67巻2号297頁は，「通行地役権の承役地が担保不動産競売により売却された場合において，最先順位の抵当権の設定時に，既に設定されている通行地役権に係る承役地が要役地の所有者によって継続的に通路として使用されていることがその位置，形状，構造等の物理的状況から客観的に明らかであり，かつ，上記抵当権の抵当権者がそのことを認識していたか又は認識することが可能であったときは，特段の事情がない限り，登記がなくとも，通行地役権は上記の売却によっては消滅せず，通行地役権者は，買受人に対し，当該通行地役権を主張することができる」ものと判示した。

売買の当事者であるAに対して債務不履行に基づく損害賠償を請求し，引渡し後であれば，不法行為に基づく損害賠償を請求しうるに過ぎない。

⑤ 「善意の第三者」保護制度が適用される場合

物権の譲渡人Aが無権利者である場合には，BがAから物権を取得しても，Bは原則として物権を取得しえない。しかし，Bが善意の第三者であるときには，真正所有者Cは，Bの物権取得を甘受しなければならない場合がある。

これは，A・C間に虚偽表示ないしこれに類似する状況があった場合，あるいは，A・C間に詐欺の事実があった場合において，Bは，Aが虚偽表示による取得者（無効な法律行為による取得者で無権利者）であり，あるいは，詐欺者で，法律行為を取り消される者であるという事情を知らずに（善意で），Aと物権変動を生ずる行為をした者であるときには，Bは善意の第三者保護規定により，制度上の保護を受けるからである（第94条2項，第96条3項）。

(b) 物権変動の発生後，未登記の間に同一不動産につき賃借権などを取得した者

Aが自己の所有する土地をCに賃貸中にBに売却した場合において，Cが土地賃借権の登記も建物の登記も経由しておらず，Bに対抗しえない状況のときでも，Bが登記を経由していなければ，BもまたCに対抗しえない。それゆえ，Bが登記を経由する前に，借地権者Cが地上建物の登記を経由すれば，CはBに借地権を対抗することができる（借地借家第10条）。したがって，この場合にも，最初から，BとCは対抗関係にある。

次に，この場合において，Cの権利が，将来所有権を取得することを予定する債権であるときでも，類似の問題として処理することができる。

例えば，CがAから売買予約や停止条件付き代物弁済契約をしたときである。Cが仮登記を経由しておらず，土地の買主Bも登記を経由していないときには，いずれも他方に権利を主張することはできない。しかし，CがBよりも先に仮登記を経由すれば，仮登記の順位保全効により，本登記をした時点から，Cは，仮登記の順位によって，Bに対抗することができる（不登第106条）。この場合も，賃借権と同様，債権が物権関係に影響を及ぼすというケースの一つである。

(c) 物権変動の発生による未登記権利者と一般債権者との関係

Aの所有する不動産について，Bが物権を取得しても，登記を経由しないと，BはAの一般債権者に対してでさえ，対抗しえない。

例えば，Bが抵当権の設定を受けて，その登記を経由していない場合でも，

Bは，当事者間においては抵当権者であるから，登記がなくとも，抵当権の存在が確定判決により，あるいは，公証人の公証によって証明されれば，抵当権の実行による競売手続を申し立てることができる（民執第181条1項1号，同項2号）。

しかし，抵当権の優先弁済効は，登記によって公示されるので，その優先弁済の順位は登記の順位による（第373条）。したがって，未登記抵当権者は，他の抵当権者には対抗しえない。のみならず，この未登記抵当権者は，一般債権者にも対抗しえない。もし，未登記抵当権者が登記なくして一般債権者に対抗しうるものとすると，取引の安全を害することになるからである。

判例は，かつて，物権取得者であっても，未登記の間は，当該不動産を差し押さえ，あるいは配当加入した一般債権者には登記なくして対抗しえないが（この意味において，差押債権者は第177条の第三者である。），それら以外の一般債権者には登記なくして対抗しうるものとした[11]。しかし，差押債権者の債権の効力がそれ以外の一般債権者よりも強力になるわけではないので[12]，この解釈には無理があった。そのため，その後，判例は，未登記抵当権者は一般債権者に対しても対抗しえないと判示し，従来の解釈を改めたのである[13]。

(イ) 特定の物権者に対し，契約上の地位を有する者

このケースは，Aの所有する土地について，Bが土地賃借権（借地権）を有する場合である。この場合において，Bは，土地賃借権の登記（第605条），または地上建物の登記（借地借家第10条）を有するときには，土地所有者Aに対抗しうる。それゆえ，Bは，Aから土地を譲り受けたCに借地権を対抗しうる。

それでは，最初から土地にBの借地権という負担を引き受けているCは，賃貸人としての権利をBに対して主張し，行使することができるだろうか。そのためには，Cは土地所有者としての地位を確実なものとするために，所有権移転登記を必要とするであろうか。

賃貸人の地位の移転[14] は，賃貸人の義務の内容に変化がないから，賃借人の承諾（同意）は不要と解されている[15]。賃借人としては，目的物の使用・収益が保全されれば何ら問題はなく，この意味において，賃貸人の債務には個人

---

11 大判大正4・7・12民録21輯1126頁：未だ差押えまたは配当加入をせずに，単に債権者たるに過ぎない者は民法第177条にいわゆる第三者ではないという。

12 我妻＝有泉・前掲書（『新訂物権』）158頁。

的色彩は弱く，所有者が誰であっても，その債務を履行することができるからである。

　しかし，賃貸人の地位の移転でも，経済取引の客観化という意味において，契約の個人的色彩よりも，契約における経済的基礎を重視して，相手方である賃借人に不利益を与えない限りでの自由移転を認めるという観点が重要なのではないだろうか。この意味において，賃借人の承認程度は求めるべきものと思われる[16]。特に，新賃貸人による不当な地代・家賃の値上げ，対抗力のない賃貸借を排除する目的での売買[17]などを考慮すると，対抗力のない賃借権の場合には，賃貸人の地位の移転にも賃借人の承認程度は要するものと解すべきであろう[18]。

　結局，賃借人の承認さえ得られないような新旧所有者間の合意の効果を賃借

13　大判昭和11・7・31民集15巻1587頁：Xは，AがB及びCを連帯債務者として同人らに貸与した金270円の債権をAより譲り受け，債権譲渡の対抗要件を具備した。Yは，これより前，Bに金450円を貸与し，Cの所有する本件不動産について抵当権の設定（未登記）を受けていたことから，右不動産を当時の相当価額である金500円でCより買い受け，その代金を貸付元利金の一部と差引計算した。

　　そこで，Xは，このC・Y間の行為が詐害行為であるとして，Yに対し，本件不動産売買契約の取消と登記の抹消を求め，本訴を提起した。原審は，従来の判例を踏襲し，「単に債務者B及びCの債権者にすぎないXは本件Yの抵当権取得登記の欠缺を主張しうべき正当な利益を有する第三者ではない」と判示して，Xの抗弁を排斥し，請求を棄却したので，Xから上告。

　　破棄差戻。「債務者のある財産に対し物上担保権を有する者が相当の価額を以て目的物を買い取り，その代金と自己の債権とを決済することは，特別の事情のない限り，詐害行為を目的としたことにならない。しかし，これはもとより，右の担保物権につき対抗要件を具備する場合に限る。」大審院は，原審がXを以て所謂第三者に該当しないとし，登記を経ていないYの抵当権をXに対抗させ，「本件不動産の売買行為は債権者の一般担保を減少する行為ではない」と判示し，たやすくXの本訴請求を排斥したことは失当であるとして，破棄差戻とした。

14　最判昭和46・4・23民集25巻3号388頁：「土地の賃貸借契約における賃貸人の地位の譲渡は，賃貸人の義務の移転を伴うものではあるけれども，賃貸人の義務は賃貸人が何びとであるかによって履行方法が特に異なるわけのものではなく，また，土地所有権の移転があったときに新所有者にその義務の承継を認めることがむしろ賃借人にとって有利であるというのを妨げないから，一般の債務の引受の場合と異なり，特段の事情のある場合を除き，<u>新所有者が旧所有者の賃貸人としての権利義務を承継するには，賃借人の承諾を必要とせず，旧所有者と新所有者間の契約をもってこれをなすことができる</u>と解するのが相当である」

15　近江幸治『民法講義Ⅳ』284－285頁，内田貴『民法Ⅲ〔第3版〕』245頁。

16　我妻榮『新訂債権總論』581頁。

人に対して強制すべきではなく，賃借人が承諾を拒んだ場合でも，賃借人を強制的に排除し，あるいは，強制的に新所有者との賃貸借関係を受けさせるなどということは，信頼関係を旨とする賃貸借契約の本旨にもとり，信義則上，許されないものと解すべきである。

　次に，不動産の賃貸人としての地位の移転に伴い，新賃貸人が賃借人に対して賃料債権など，債権を行使する場合における対抗要件は，所有権移転登記（第177条）と解されており[19]，債権譲渡の対抗要件（第467条）は適用されない。しかし，この場合における登記の意味は，対抗要件としての登記ではない。借地権者Bが対抗要件を充たしている場合には（第605条または借地借家第10条），Bと土地の新所有者Cとの対抗関係は既に決している（BはCに対抗しうる）。したがって，Cが賃貸人としての地位をBに対して「対抗する」というが，これは，Cの所有権を確定するという意味での登記である（学説に所謂「権利保護資格要件としての登記」）。そして，この場合において，土地の新所有者Cに登記を要求する理由は，土地所有権がAからCに移転したという確実な事実の証明であり，ひいては賃料債務を負担するBの立場を確実にするためである[20]。

17　最後の所有者が賃貸人の地位の移転を受けなければ，賃借権は消滅する。前掲最判昭和46・4・23は，対抗力なき賃借権の事案においてこの結論を認めてしまっているが，このような結論は不当である。

18　学説には，新旧所有者の賃貸借引き受けの合意はあるも，賃借人の同意を得られなかった場合につき，賃借人の意思を尊重し，賃貸人の地位は移転せず，この場合には，新所有者は，旧所有者に代位して，賃借人に賃料を請求すればよく，賃借人も旧所有者に代位して，新所有者に使用収益請求権を行使すればよいという考え方もある（加藤雅信『新民法大系Ⅳ契約法』346-347頁参照）。この場合には，賃借人に対抗力の有無を問わないと解している。賃借人が望まない新所有者との賃貸借関係を強制することは妥当ではないという見解である。

19　最判昭和49・3・19民集28巻2号325頁：本件は，AがYに賃貸中の宅地をXが譲り受けたが，Xは，当該宅地の所有権移転登記を経由しないまま，Yに対し，賃貸人としての権利を主張したという事案である。

　最高裁は，宅地の賃借人としてその賃借地上に登記ある建物を所有するYは，本件宅地の所有権の得喪につき利害関係を有する第三者であるから，民法第177条の規定上，Xとしては，Yに対し，本件宅地の所有権の移転につきその登記を経由しなければこれをYに対抗することができず，したがってまた，賃貸人たる地位を主張することができないとした。

20　我妻＝有泉・前掲書（『新訂物権』）159頁。

(4) 「第三者対抗」の意義をめぐる学説の展開
(ア) 総 説
　登記を経由しなければ第三者に対抗しえないという「第三者」の意義と類型が明らかとなったところで，次に，「対抗」の意義が問題となる。第三者相互間の関係を論ずるにあたり，従来の学説について考えてみたい。
　民法第177条の対抗要件制度をめぐって，従来，学説は紛糾を極めてきた。本段においては，その問題点を掲げた上で，従来の学説を掲げ，検討する[21]。
　周知のように，わが民法は，1855年3月23日法による改正後のフランス民法の法制度を承継し，第176条においては意思表示による物権変動，即ち「意思主義」を規定し，第177条においては，その物権変動について，不動産登記法などによる登記（民法制定当初から2004〔平成16〕年改正前までは「登記法による登記」。）をしなければ第三者に対抗しえないという「対抗要件主義」を規定する。この考え方によると，基本的に，物権変動，例えば，不動産に関する所有権の移転が行われれば，譲渡人Aは所有権を失い，譲受人Bが所有権を取得するので，譲渡人Aは無権利者となる。しかし，この第一譲受人Bが登記を経由せずに不動産を使用・収益していたところ，第二譲受人Cが現れ，所有権移転登記を経由してしまったという場合において，この第二譲受人Cが所有権を取得しうるという地位は，一体，どのような理論によって説明されるのかという問題が生ずる。
　この問題について，従来のフランス民法上の通説的解釈によると，譲渡人Aと第一譲受人Bとの意思表示によって，Bに確定的に所有権が移転するが，Bが未登記の間において，第二譲受人Cが登記を経由したことにより，譲渡人Aの無権利が治癒され，Cが所有者として扱われる。このような考え方が基本にあり，特に近時，わが国の学説は，第176条を意識して，この「無権利の法理」に基づく構成に立ち，フランス民法の解釈を意識しつつ，理論構成を行う学説が現れてきた。むしろ，近時はこちらの構成を採用する学説のほうが多い。
　他方，わが国の通説・判例（特に最高裁以降）は，ドイツの形式主義，即ち，

---

[21] 学説の分類及び紹介について，詳細は，舟橋諄一『物権法』（有斐閣，1960）141頁以下，舟橋諄一編『注釈民法（6）物権（1）』（有斐閣，1967）245頁以下〔原島重義〕，舟橋・徳本編『新版注釈民法（6）物権（1）』（有斐閣，1997）502頁以下〔原島・児玉〕，近江幸治『民法講義II物権法』（成文堂，第3版，2006）69-73頁，松尾・古積『物権・担保物権法』（弘文堂，第2版，2008）77-78頁〔松尾弘〕などを参照。

不動産に関する物権変動は登記を経由しなければ，所有権移転という物権変動の効果が発生しないという考え方をわが国の対抗要件主義の中に一部採り入れ，第176条によって所有権は移転するが（あるいは，完全には移転せず），第177条によって登記をしなければ，所有権の帰属が確定しないという理論（不完全物権変動説）を構成し，ドイツにおいてはありえない多重譲渡の物権的な有効性を力説してきた。

わが国の学説においては，この二大潮流があり，概ね，ここから派生している。以下，フランス法系からの解釈をA説，ドイツ法系からの解釈をB説とし，更に，訴訟法的観点からの解釈をC説として，それぞれを分類しつつ，検討していくこととする。

(イ)　学説の分類

(a)　フランス法系（無権利の法理）からの解釈（A説）

①　公信力説（A－1説）

この説は，第一譲受人Bが所有権を取得するので，譲渡人Aは無権利者となるものと解することから出発する考え方である。第二譲受人Cの地位は，Aの登記を信頼し，このCが善意・無過失で登記を取得した時点において，取引安全の保護を目的とする登記制度への信頼を公信力をもって保護し，例外的にCに所有権を取得させるべきものと解するのである[22]。

この公信力説に基づく近時の代表的な見解は，第一譲受人Bの登記欠缺を帰責事由と見て，第二譲受人Cの善意・無過失との比較衡量により，登記を獲得したCを所有者としている[23]。他方，この考え方を多少修正し，Cは登記を経由しなくとも善意・無過失で所有権を取得するが，BとCの排他性に基づく主張は全く同等の力を持ち（Bは承継取得者，Cは原始取得者），その間に優劣をつけられないので，登記を善意で取得したCを保護するという一風変わった対抗関係として捉える考え方がある[24]。

公信力説に対しては，わが登記制度には公信力は認められないという点から，

---

[22]　古くは，岡村玄治「民法第百七十七條ニ所謂第三者ノ意義ヲ論シ債権ノ不可侵性排他性ニ及フ」法学志林第17巻6号（1915）1頁以下が，この立場から，登記の公信力による承継の原始取得を論じていた。

[23]　篠塚昭次「物権の二重譲渡」『論争民法学1』（成文堂，1970）14頁（24－26頁）参照。また，石田喜久夫「対抗問題から公信力へ」『物権変動論』（有斐閣，1979）175頁以下は，公信力説に積極的に賛同し，結論としては，公信の原則の適用として，第192条と同様に解すべきであると述べている。

また，公信的な効果というにしては，登記を要するとし，あるいは別の論者が譲受人相互間の優劣に関して，これを結局は対抗関係と解しているという点において，公示に対する信頼（公信的信頼）の効果（保護）となっていないという批判がある[25]。また，権利者Aからの取得者である第一譲受人Bと無権利者Aからの取得者である第二譲受人Cとを同列に論ずるという点において，権利移転の経緯を軽視するものである[26]，という批判もある。

しかし，この考え方は，旧来のフランス民法の解釈と類似の歩調を取っており，また，第二譲受人Cの登記取得の効果として，第三者との関係において公信的に所有者とみなされるという意味であれば，それほど批判するに及ばない。ただ，第二譲受人C自身を保護する要件として，主観的要素である善意・無過失を入れて，公信力で保護するという点は，批判の対象となる。即ち，現行民法起草時の解釈及び通説的な考え方からは，むしろ，善意・悪意を不問と解すべきである（というか，主観的要素は別問題である）と解される結果として，公信力説は妥当性を欠くものと解される。

② 第三者主張説

1) 否認権説（A－2説）

この説は，第177条の趣旨から，第二譲受人Cが登記を取得した時点において，第一譲受人Bの所有権取得を否認する地位を第二譲受人Cに与え，Cがこの否認権を行使すると，その反射的効果として，Bは，いわば相対的に所有権を失い，Cだけが所有者になるという考え方である[27]。明治期末期から大正期（一部昭和期も）にかけて，判例もこの説に拠っていた[28]。

この考え方は，明確には無権利構成を採っていないものの，前述したフランス民法の解釈と類似する。しかし，そもそも，第二譲受人Cは第一譲受人Bの存在を知らないのが普通であることから，この否認権の行使という点は，第一譲受人Bからの権利主張に対し，いわば抗弁的に行使されるに過ぎず，所有権取得のための積極的な権利ではないという批判が考えられる[29]。

---

24 半田正夫『不動産取引法の研究』（勁草書房，1980）3頁（特に16頁以下）参照。半田（正）教授は，動産における即時取得制度を念頭に置いているようであるが，教授に所謂「命題Ⅱ」において「善意者保護」と唱えており（同書15頁），「無過失」と明言していないところから判断するに，ドイツ民法における動産の「善意取得制度」（BGB第932条以下）を念頭に置いているようである。

25 近江・前掲書（『講義Ⅱ』）72頁。

26 松尾・古積・前掲書（松尾）78頁。

否認権説は，訴訟上の防御方法としての価値はあるが，第一譲受人Bから訴訟を提起された場合における第二譲受人Cからの登記欠缺の抗弁（裁判外で第一譲受人から請求を受けた場合には，所有権確認の訴えを提起してもよい。）は，第

---

27 中島玉吉『民法釈義巻之二物権篇上』（金刺芳流堂，1916）65-67頁，柚木馨『判例物権法總論』（有斐閣，1955）178-180頁参照。柚木博士以前の学説においても，石田文次郎『物権法論』（有斐閣，1935）110頁以下などは，登記をしなければ対抗しえないという意味は，登記を経由しないうちは，互いに物権変動の事実を否認しうるという意味であると論じていた。柚木博士は，中島博士の説に倣い，更に理論化したものである。

近時では，加賀山茂「対抗不能の一般理論について」判タ618号（1986）6頁（13頁以下），浜上則雄「不動産の二重譲渡と対抗要件」阪大法学145＝146号（1988）15頁以下が，D.バスティアン（D.Bastian）の「対抗不能テーゼの一般理論」（1929）を引き合いに出して，この否認権説を論じている。しかし，バスティアンの理論構成に基づくと，第二譲受人による第一譲受人への対抗不能の援用権として，いわば抗弁権として位置づけられるはずであるが，いずれの論者もこの点を明らかにしていない。この指摘については，夙に，滝沢聿代『物権変動の理論Ⅱ』（有斐閣，2009）123頁以下（特に125-127頁）が明快に行っている。

28 大判明治45・6・28民録18輯670頁：「民法第177条の規定は不動産に関する物権の得喪変更があった場合にその登記の欠缺を主張する正当の利益を有する第三者を保護するために設けたものであるから，その登記の欠缺につき利益を有する第三者は同条の保護を受けんと欲する趣旨を主張しなければ，同条の適用を受けることはできない。蓋し，物権の得喪変更は，その登記の欠缺を主張する第三者に対しては同条の規定により効力を及ぼさないことができるが，第三者が特にこれを主張せずに実際の事実に基づきその得喪変更を論争する場合においてなお同条を適用すべき理由は存しないからである。」

この文言からすると，反対事実主張説とも取りうるが，舟橋・前掲書（『物権法』）143頁は，否認権説と解している。

大判大正7・11・14民録24輯2178頁：「地所建物の売買を第三者に対して主張するには登記法の定める所に従い登記をすることを要するものとした法規はその登記の欠缺を主張することができる第三者の利益を保護するという趣旨に出たものであるから，第三者において該法規の保護を受けんとするには右対抗条件の欠缺を主張する所がなければならない。」この文言は，明らかに否認権説である。

29 夙に，中島（玉）博士は，この否認権を抗弁権と解しており，その行使により，物権の効力を阻却しうるものとする。この点については，中島（玉）・前掲書（『釈義物権篇上』）67-68頁を参照。

また，積極的な権利ではないという批判を予想してか，柚木博士（前掲『判例物権法』178頁以下）は，登記を経由した第三者は，この登記により，自己の利益取得行為と抵触するすべての者の物権変動を否認する意思を表示したものと解するのだといい，必ずしも，第三者が特定の物権変動の存在を知り，これを否認することを要するものではないと論じている。つまり，登記が否認の意思表示であることから，積極的な否認行為を予想してはいないというのである。

177条の適用関係においては，むしろ当然の前提であるから[30]，Bの所有権取得を否認するまでもなく，Cが登記を経由することによって，反射的かつ相対的に所有権の取得が認められ，確定するものと解したほうが，むしろ理論構成としては明確である。このように解するのであれば，第二譲受人Cから第一譲受人Bに対する所有権の否認という構成は妥当である。

　ただ，私見は，第二譲受人Cは，平常の取引によって登記を経由したという事実により，第三者との関係からいわば法定的に所有権が付与されるものと解するので，俗に言われている否認権説とは異なる。このように解すると，第176条との抵触が生ずるという批判を受けるかも知れないが，第二譲受人Cは無権利者となった（が通常は登記と占有をも有する）Aからの取得者である以上，Cは，当事者間における意思表示（契約締結）の時点で所有権を取得する余地があり，登記の効力によって所有権の取得が確定するものと解するほかはない。この意味において，私見は，むしろ，後掲する「法定取得－失権説」に近い。このような意味において，所有者からの意思表示による通常の物権変動と，無権利者となった原所有者からの意思表示による二重譲渡的物権変動とは，物権変動（所有権取得）の時期という点において，若干のタイムラグが生じてもやむをえない。第二譲受人Cの所有権取得は登記経由時に無権利が治癒されて初めて確定するからである。ただ，無権利の治癒と解するのであれば，所有権の取得は登記時に確定するのであるが，取得時期は第二譲渡の時点に遡ってもよい。このように解すると，もはや解釈論としては何でもありの観を呈する。しかし，このような解釈論の展開は，わが国の登記制度が公証制度さえも採り入れておらず，その結果，登記に公信力が付与されないという欠陥制度となっていることからの帰結であり，この制度上の欠陥のほうが深刻である。

2）　反対事実主張説（A－3説）

　この説は，物権変動は，その当事者間においては完全に有効であるが，登記を経由した第二譲受人Cが未登記の第一譲受人Bの物権変動とは両立しえないこと（反対または相容れない事実）を主張した場合には，Bの所有権取得はその効力を失う（物権変動がなかったことになる。）と解するものである[31]。判例もこの説を採ったものがあるといわれる[32]。

30　そもそも，前掲大連判明治41・12・15が，第177条の第三者の意義において，「不動産物権変動に関する登記の欠缺を主張するについて正当の利益を有する者」と解している点から考えても，このような否認権という構成になる。

この説に対しては，双方未登記の間は意味がないという批判が考えられる。しかし，この説を支持する論者からは，双方未登記の場合には，共に主張しえないのだから，「対抗」とは無関係であり，そもそも，対抗要件主義とは，意思主義の下での理論的な不都合を回避するための法技術であり，この説のような考え方の上に成り立つものだという[33]。しかし，この説に対しては，そもそも第一譲渡が有効に成立しているのであれば，第二譲渡時には原所有者Aは無権利者であり，第二譲渡は他人物売買としては有効であっても，A・C間に所有権移転という効果が認められないという意味では，所有権譲渡契約としては有効ではない（所有権移転の効果が生じない）という簡単な反論を許すことになる。

③　法定取得－失権説（A－4説）

この説は，第一譲受人Bは売買によって所有権を取得するが，第二譲受人Cが登記を経由したことにより，譲渡人Aの無権利は治癒され，Cが法定承継取得し，その効果として，Bは所有権を失うものと構成する[34]。この考え方は，フランス民法の1855年3月23日法による改正により，登記をしなければ第三者に対抗しえない（改正法第3条）という制度となってから以後のフランス民法の解釈から必然的に生じた理論構成である。

この論者は，第一譲渡による譲渡人の無権利という状況が第二譲受人の登記によって治癒されるものと解することによって，無権利の法理からの脱却を図っている。ただ，論者も，第二譲渡行為は無効と解していたようである[35]。

しかし，「無効」と言い切ってしまうと，当事者間においても履行請求権が生じないので，登記請求権も生じないことになり，第二譲受人は，かなり不安定な地位に置かれることになる。したがって，この場合には，わが国では他人

31　末弘嚴太郎『物権法上巻』（有斐閣，再版，1921）154頁，舟橋・前掲書（『物権法』）146頁以下参照。

32　大判大正5・12・25民録22輯2504頁：「民法第177条は第三者に抗弁権を与える趣旨ではない。苟も，登記なしとの事実ある以上，第三者に対し権利の得喪変更を主張することができないというのであり，第三者が登記欠缺を主張するに及んで初めてこの点について判断すべしというのではない。」
　　本判決について，末弘博士は，当事者が反対事実を主張している以上，殊更に登記欠缺の事実を主張する必要はないと判示していることから，反対事実主張説に拠っているという。末弘・前掲書（『物権法上』）154-155頁の註49参照。

33　近江・前掲書（『講義Ⅱ』）71頁。同様の考え方を示すものとして，松尾・古積・前掲書（松尾）79頁がある（松尾教授は，「優先的効力説」と称する）。

34　滝沢聿代『物権変動の理論』（有斐閣，1987）122頁以下，130頁以下を参照。

1 民法第177条における「第三者」の意義と範囲

物売買として有効と解するか（フランス民法では「意思表示による物権変動」が厳格であるため、他人の所有物を売買することはできない。ある意味、ローマ法の「Nemo plus...」原則が厳格に適用されている。）、または、第二譲受人との物権的合意部分は第三者（第一譲受人）との関係において相対的に無効であるが、債権的合意部分は有効、即ち、契約は全体として一部有効であり、登記の権利確定的効力によって、無効部分の瑕疵が治癒されて、第二譲受人が晴れて所有者となるものと解すべきである。しかし、論者は、フランス法の正権原理論を引き合いに出し、第二譲受人Cには譲渡人Aと契約を締結するという権限があり、登記はこの履行であるという。

　私見は、この「法定取得－失権説」に概ね賛同するが、ただ、この説の論者である滝沢聿代教授が、譲受人双方が未登記の際は、第一譲受人Bに優先的な効力を与える[36]と論じている点には賛同しえない[37]。「登記をしなければ対抗しえない」という制度上、いかなる優先権を与えるのか明らかにしていないが、おそらくは、第二譲受人Cが登記を経由するまでの、Bの所有者としての地位・効力は保全されるという意味であろう。しかし、このように解すると、例えば、DがBから不動産を賃借し、EがCから同じ不動産を賃借した場合には、Dの賃借権を優先的に取り扱うというのであろうか。Dの賃借権は所有権において優先権を有するBから取得したものだからである。しかしながら、現実には、Eが先に賃借権について対抗要件を充たした場合には、EがDに優先するものと解されるであろう。このように、対抗関係にあるものについて、ことさらに優劣関係を擬制すると、その後の関係にまで影響を及ぼすので、妥当ではないのである。

　したがって、やはり、このBとCとの関係もまた、互いに優劣関係はないも

35　滝沢（聿）・前掲書（『物権変動』）140-141頁参照。ここでは、第二譲受人の登記は、二重譲渡による譲渡人の無権利という契約の無効原因を不問にする効果を持つと明言する。しかし、その後、この点に関する批判を受けたものの、無権利譲渡人には二重譲渡の権限がないが、無権利者からの取得が生じうるという趣旨であるとした（同書223頁註（a）参照）。しかし、その後は、実質的に無効に近いという表現を採用している。この点を明確に表したものとして、滝沢（聿）・前掲書（『物権変動Ⅱ』）112頁参照。後著は、前著の理論的説明と理論の変遷過程を明確にするとともに、その後の理論の進展をまとめたものである。

36　滝沢（聿）・前掲書（『物権変動』）265頁。

37　同様の批判をするものとして、松尾・古積・前掲書（松尾）79頁がある。

のとして扱うべきである。この説自体，登記後の優先効を第二譲受人Cに与えるに過ぎないからである。論者の主張するフランス法流の，第一譲受人は完全に有効な契約による取得者であり，第二譲受人は無効な契約による取得者であるので，原則として，前者が本来的所有者であり，後者は無権利者であるという位置づけは理解しうるが，第二譲受人は通常は善意であり（この意味において，契約は無効とは解されない。），また，同人にも登記請求権を認めるのであれば[38]，登記までは互いに優先権を保有しないものと解するのが基本である。論者も，このような批判に応え，近時，両者未登記の場合には，権利の確定を留保するといい，改説というか，柔軟な姿勢を示した[39]。

法定取得－失権説に対しては，種々の批判があるものの[40]，私見としては，基本的な理論構成としては，この説の妥当性は高いものと見ている。

(b) ドイツ法系からの解釈（B説）

では，次に，ドイツ法系からの解釈について，検討する。ドイツ法系からの解釈といっても，その形式主義を採用する学説は限られる。なぜなら，わが国の制度である意思主義・対抗要件主義と相反するからである。しかし，対抗要件である登記の効力を重視すると，第176条の意思主義は，第177条の対抗要件主義によって制限を受けるという意味になるので，ここに，登記の権利確定機能という概念が生ずる。そして，登記が物権変動の効力を制限するということは，これを徹底すると，登記による物権変動の効力発生という形式主義の解釈となりうるのである。それゆえ，ここでは，ドイツ法系からの解釈と位置づけた次第である。

① 債権的効果説（B－1説）

この説は，ドイツ民法の形式主義そのままの考え方を採用し，登記をしなければ，物権変動の効力が発生しないと解するものである[41]。

---

38 滝沢（聿）・前掲書（『物権変動』）266頁。
39 滝沢（聿）・前掲書（『物権変動Ⅱ』）114頁，200頁。
40 「法定取得－失権説」に対する批判とこれに対する回答に関しては，滝沢（聿）・前掲書（『物権変動』）268頁以下，同・前掲書（『物権変動Ⅱ』）105頁以下に詳細に掲げられている。
41 吾妻光俊「意思表示による物権変動の効力」東京商大法学研究第2号（1933）230頁以下，山中康雄「権利変動論」名大法政1巻3号（1951）288頁以下，川島武宜『民法1総論・物権』（有斐閣，1960）166頁。現代でも，石田穣『物権法』（信山社，2008）137頁以下がこの考え方を採っている。

しかし，この考え方は，意思主義・対抗要件主義の法制を採っているわが民法第176条，第177条の体系に反するという批判を免れない。ただ，この考え方から，登記の権利確定機能が導かれており，後述する不完全物権変動理論へと発展したということは否めない。

② 相対的無効説（B−2説）

この説は種々に分かれるが，概ね，登記がなくとも当事者間では物権変動の効力が生ずるが，第三者との関係では効力が生じないというものである。古くは，判例もこの解釈を採用していた[42]。

1) 川名説

この説は，第177条の趣旨は，第三者BとCとは，いずれも登記をしなければ物権変動の効力が生じないと解すべきであり，このように解さなければ，AがBに不動産を譲渡した後，未登記の間に，AがCに二重譲渡した場合には，CにはBの所有権が移転することとなり，この結果はいかにもおかしいからであるという趣旨を述べ，更に，通説（後掲2）の富井説を指していう。）は，Bが未登記の場合に，Cに対して自分が所有者であると主張しえないところ，第三者CがBを所有者と主張することはかまわないと述べているが，この点にも疑問があると論じている[43]。

2) 富井説

川名説の箇所で説明したとおり，登記または引渡しを怠ると，第三者との関係においては物権変動の効力が生じないが，第三者の側からこれを主張（承認）することはできるとする。富井博士は，この関係について，AがBに不動産を譲渡した後，未登記の間に，Aが当該不動産をCに賃貸し，賃借権を登記したという事案を想定しており，この場合には，BはCに対抗しえない（明渡しを

---

[42] 大判明治34・2・22民録7輯2巻101頁：売買により不動産を取得するも，登記を経由しないものは，その効力は単に売買当事者間の関係に止まり，これを以て第三者に対抗することはできない。大判明治39・4・25民録12輯660頁も同様の文言である。

大判明治42・10・22刑録15輯1433頁：「不動産に関する物権の得喪変更は当事者間においては意思表示のみによりその効力を生ずと雖も，第三者に対してその効力を有せしむるには，必ずこれが登記をしなければならない。その登記なき以上は，第三者はその得喪変更なきものとみなし，前権利者との間に有効に得喪変更の意思表示をすることができる。」

[43] 川名兼四郎『物権法要論』（金刺芳流堂，1915）14−15頁。ほかに，松波＝仁保＝仁井田『帝國民法正解第弐巻』（日本法律学校，1896）145−147頁がある。

請求しえない）が，Cの側からはBの所有権を認め，Aに対して借賃の支払を拒否しうるものと論じている[44]。

　3）　末　川　説

　この説は，物権行為独自性説に立脚する末川博博士の理論である。末川博士は，物権変動は意思表示のみでその効力が生ずるが，その確定は，登記または引渡しによるものという前提に立っており，この制限により，物権変動は，いわば相対的効力しか生じないという。そして，第177条の意味は，当事者間において意思表示のみで生じた物権変動も，登記または引渡しがなければ，第三者に対する関係においては，その効力を否定するという意味であると解している[45]。つまり，第三者相互間においては，物権変動は相対的に無効という取扱いであるという。ただ，2）富井説と同様，第三者Cの側から，A・B間の物権変動を承認することはかまわないという。

　4）　関係的所有権説（中川説）

　この説は，物権変動は当事者間では完全に有効であり，第三者に対しては無効であるが，これは，譲渡人Aの地位が，譲受人Bに対する内部関係では無権利者であるのに対して，第三者Cに対する外部関係においては，関係的所有権という物権を保有するものと解することにより，Cが所有権を取得しうるものと説明する[46]。次に掲げる不完全物権変動説と似ているが，当事者間における物権変動の有効を説くところだけが異なる。この説に依拠した判例もある[47]。

　③　不完全物権変動説（B-3説）

　これまで論じてきたように，フランス法系からの解釈も，ドイツ法系からの解釈も，純形式主義的な考え方は別として，少なくとも，物権変動の当事者間においては，当該物権変動の効力は当事者の意思表示によって有効に発生するものと解されてきた。

44　富井・前掲書（『原論第二巻』）59頁。富井博士は，「佛法ノ主義ハ當事者ノ意思ヲ尊重シ且簡便ヲ旨トスルモ物権ノ性質ト相容レス且第三者ノ保護ヲ全カラシメサル缺點アリ」と解し，その理由は，物権は絶対権であるから，その存立と同時に何人に対してでも対抗しうべき効力がなければならず，存立要件と対抗要件とを区別し，一般に第三者に対抗しえない物権を認めるようなことは物権の本質に反するものと言うべきだからであると論じた上で，「登記法ニシテ完備スルコトヲ得ハ獨法ノ主義ヲ適當トスヘキ」であると論じている（同書56頁参照）。

45　末川博『物権法』（日本評論新社，1956）90頁以下（95頁）参照。

46　中川善之助「相続と登記」『相続法の諸問題』（勁草書房，1949）166頁以下。

しかし，これらの考え方に対して，我妻榮博士は，登記のない限り，当事者間においても物権変動は完全な効力を生じないという考え方を打ち出した。即ち，およそ権利の帰属というものは，必ずしも物権に限らず，債権でも，本来は排他的であるはずだが，公示の原則の適用として対抗要件制度が採られている限り，完全に排他的な物権変動を生ぜず，したがって，譲渡人も完全な無権利者にはならない。つまり，第176条は意思表示のみによって所有権の移転を生ずると定めるが，その効力は第177条及び第178条によって制限されるのであり，対抗要件（登記または引渡し）を備えることによって，初めて，物権は排他的に譲受人に帰属するものと主張する[48]。この意味において，譲渡人は第一譲渡によっても無権利者にはならず，二重譲渡はいずれも完全に有効に成立するが，対抗要件を具備しない間は，その譲受人のいずれもが，完全には物権を取得していないことになる。このように，物権取得者が登記または引渡しを経由するまでは有効に物権を取得していないという意味において，この説は，不完全物権変動説といわれてきた。

　この説は，ドイツの形式主義に依拠してはいるが，登記の効力を権利確定機能として捉え，当事者間においても，第176条の意思表示だけでは物権変動の効力が完遂されていないものと解するのである。しかし，登記をするまでは当事者間においても物権変動が確定的には発生していないというのであれば，むしろ，登記をするまでは物権変動の効力発生が停止している，即ち，登記が効力発生の停止条件となっていると，明確に論じたほうが分かりやすい（実質的には停止条件付物権変動という意味と遠くはないであろう）。このように解するのであれば，ドイツの形式主義と同様の理論構成となる。

　この説は，意思表示により物権変動の効力が発生すると規定する第176条の

47　大判大正15・2・1民集5巻44頁：被相続人が不動産を甲に譲渡し未登記の間に相続が開始し，相続人が同一不動産を更に乙に譲渡しその登記をしたという事案において，大審院は，被相続人は甲との関係においては該不動産の所有者ではないが，譲渡の登記がないから，甲はその所有権取得をもって甲と反対もしくは相容れない権利を取得しその登記をした第三者乙に対抗しえないので，被相続人が相続開始前，同一不動産を更に乙に譲渡し登記をしたとすれば，乙は完全な所有権を取得するので，乙は甲の登記欠缺を主張する正当の利益を有する第三者であるとして，右の被相続人は譲渡の登記がない結果，甲に対する譲渡によって全く不動産の所有権を失った者ではなく，乙に対する関係においては，依然所有者であり，所謂関係的所有権を有するものであると判示した。

48　我妻＝有泉・前掲書（『新訂物権』）149頁。

解釈としては妥当ではないが，最高裁の判例は，基本的にこの説に依拠している49。

このように，不動産物権変動における「対抗」の意義については，古くから，フランス法系の解釈とドイツ法系の解釈とが対立関係にあり，互いに一歩も引かない対立構造を形成してきた。しかも，第176条と第177条とは連動して一体化している制度であると理解されているものの，最高裁は，第176条の文言解釈にさえ反する不完全物権変動説に依拠し続けてきた。言うなれば，不完全物権変動説が判例に取り込まれ，実務上でも機能してきたことによって，意思表示による物権変動の効力発生と対抗との関係をめぐり，わが国の解釈は混迷を極めてきたのである。

しかし，近時は，無権利的な構成が脚光を浴びており，学説上は多数説を形成しているという状況にあるものと言うことができる。

(c) 訴訟法的解釈（C説）

では，最後に，訴訟法的な観点からの解釈を掲げ，検討する。この解釈は，実体法である民法について，これは裁判規範であるという観点から，第176条と第177条との関係を説明しようという考え方である。民法を裁判規範として

49　最判昭和33・10・14民集12巻14号3111頁：本件宅地はもとAの所有であるところ，昭和5, 6年頃，Aは本件宅地をBに贈与した。Aは昭和20年3月に死亡し，その家督相続人たるCが本件宅地について相続による所有権取得の登記手続を経た。昭和22年頃，Y₁，B，C三者の協議により本件宅地はBよりY₁に贈与された。B及びY₁は，いずれも贈与による所有権移転登記を経ていない。他方，Xは，昭和24年1月14日，本件宅地について，Cとの売買による所有権移転登記を経た。その後，Y₁はY₂に本件宅地を賃貸し，Y₂が地上に建物を建築・所有し，Y₁が建物を賃借し，居住している。

Xは，Y₂に対し，建物収去・土地明渡を求め，Y₁に対し，建物退去・土地明渡を求めるため，本訴を提起した。原審は，Xの請求を認めたので，Yらから上告。

棄却。「本件土地の元所有者Aが本件土地をBに贈与しても，その旨の登記手続をしない間は完全に排他性ある権利変動を生ぜず，Aも完全な無権利者とはならないのであるから，右Aと法律上同一の地位にあるものといえる相続人Cから本件土地を買受けその旨の登記を得たXは，民法177条にいわゆる第三者に該当するものというべく（大連判大正15・2・1民集5巻44頁参照），前記Bから更に本件土地の贈与を受けたY₁はその登記がない以上所有権取得をXに対抗できない」。

本判決は，大正15年連合部判決を引用しており，学説上の分類であれば，同判決は関係的所有権説であるが，本判決の理論構成は，不完全物権変動説である。それゆえ，厳密に言えば引用誤りである。いずれにせよ，本判決以後，最高裁は我妻説（不完全物権変動説）に拠っている。

捉える場合には，第三者相互間の争いは，すべて裁判を通じて解決されるので，裁判を離れて物権の所在を論ずる意味はないという。

① 裁判規範説（C−1説）

この説は，第176条は当事者間の裁判における物権の帰属に関する争いに適用され，第177条は第三者との争いに適用される規範であり，この制度の目的は，個別具体的な訴訟の解決を図るという点に尽きるのであり，理論的な問題については一切捨象されるという考え方である[50]。

この説に対しては，裁判規範というだけで，個々の法規の具体的説明を回避することはできないはずであるという批判がある[51]。

② 法定証拠説（C−2説）

この説は，民法が裁判規範であるという観点から，第177条を裁判所が判決の基礎である事実認定をするに際して，第三者に一定の法定証拠を与えた規定であると解し，登記は，内容上両立しえない物権変動行為において，いずれの物権変動行為が先になされたかを証明するための法定証拠であるという考え方である。この考え方を適用する結果，第一譲受人Bと第二譲受人Cとの間で訴訟になった場合において，登記を経由したCが所有権の譲受人であると主張するときには，自ら登記を経由したことを主張・立証するか否かにかかわらず，Cが譲受人であることを主張・立証する以上，裁判所は，自由心証主義により，Cを譲受人と認めてよいということになる[52]。

この説に対しては，両者が未登記の場合には，先に譲り受けたBが勝つという結論を採ることになり[53]，通説・判例と全く異なる構成となるところに重大な問題点があるという批判がある[54]。

以上のように，第177条の「対抗」の意義に関しては，様々な理論構成が可能であるが，現在においてもなお，それぞれ一長一短という状況であり，まさに百花繚乱の観があり続ける問題であるといえよう。

(ウ) 小 括

本段においては，民法第177条の第三者の意義をめぐる学説の対立点に関して考察してきた。学説の対立構造は，大きく分けると，無権利構成説と登記権利帰属確定説との対立構造があり，これに訴訟法説が割って入るというもので

---

50 宮崎俊行「不動産物権二重譲渡の理論」法学研究（慶応義塾大学）27巻1号（1954）30頁以下。

51 滝沢（聿）・前掲書（『物権変動』）30頁。

ある。

　わが国の物権変動法制が継受したフランス民法の考え方は，元々，二重譲渡を許さない制度であったところ，1855年改正法により，対抗要件制度となったことから，思いがけず，二重譲渡を許す法制度になってしまい，その反面，ドイツ民法の影響が強い時期があったので，無権利構成説を採らず，登記による権利帰属の確定を主張する説の台頭があった。その結果，学説の趨勢は，真っ二つに割れることとなったのである。

　しかし，私見によると，この問題は，次段における第177条の適用が除外される第三者の地位を考察することによって幾分かは解消されうる。以下，この点について論ずる。

2　登記なくして対抗しうる第三者（第177条の適用外の者）

(1)　総　説

　前述したように，一般的な意味では「第三者」として扱われても，第177条の「第三者」として扱われるには，一定の資格が必要である。その資格者とは，「登記の欠缺を主張するについて正当な利益を有する者」であり，これに限定される。しかし，この限定以前に，そもそも，第177条の第三者規定は，どうして「登記を経由する」だけでよいのか，なぜ，「善意の第三者」ではないの

52　安達三季生「177条の第三者」柚木＝谷口＝加藤編『判例演習物権法』（有斐閣，1963）45頁（50-51頁）。古くは，石坂音四郎「意思表示以外ノ原因ニ基ク不動産物権変動ト登記（二）」法協35巻3号（1917）61頁以下があるが，ここでは，安達教授の説を掲げた。安達教授によると，この登記法定証拠説の意味合いは，時効学説のうち，時効援用の意義における一定期間の経過を法定証拠とする見解と軌を一にするものだという。

　ちなみに，石坂博士の見解は，登記は当事者が第三者に対して物権変動の事実があったことを証明する唯一の証拠方法と位置づけ，意思表示による物権変動の当事者が当事者間においてのみ生じた物権変動という事実（発生事実と時期）を第三者に対抗するには，登記という唯一の証拠方法（事実の発生と時期を確実にする手段）を用いなければならないと論じ（67-68頁），それゆえ，反対に，意思表示によらない物権変動，即ち，法律の規定（特に相続），裁判，そして，行政処分による物権変動については，事実の発生と時期が確実であるため，登記がなくとも第三者に対抗することができると論じているに過ぎない。

53　安達・前掲論文『判例演習』52頁参照。
54　原島・前掲書（『注釈民法（6）』）249頁。

かという疑問が頭をよぎる。また，登記による公示制度が「取引安全の保護」に資する制度であるならば，どうして，「善意・悪意不問」なのかという疑問も生ずる。

　まず，旧民法財産編第350条によると，登記によって保護される第三者は善意者に限るという資格限定がなされていたという事実がある[55]。この規定によると，悪意者は第177条の第三者ではないということになる。

　しかし，現行民法起草過程においては，そのような考え方は採用されなかった。即ち，第177条は第176条の原則を制限する規定であり，意思表示による物権変動を直ちに第三者に対抗させると第三者に不利益を被らせるので，これはできないとしたのだが，「一旦登記法ノ規定ニ従ヒ公示ノ手續ヲ盡シタル以上ハ第三者カ善意タルト悪意タルトヲ問ハス總テ之ヲ以テ有効ニ對抗スルコトヲ得ヘシトス」[56]とされた（善意・悪意不問説の端緒）。また，その当時の学説においても，善意・悪意の区別は難しい，法律関係が錯雑となる，登記によって権利確定と思いきや，悪意認定により逆戻りではやはり法律関係が錯雑となるなどと説明しており[57]，このような理由から，善意・悪意を不問とするかのような現行民法第177条が完成したのである。また，初期の判例は，形式的な文言解釈により，善意・悪意不問を表明していた[58]。

　しかしながら，旧民法以来の「対抗関係プラス善意者のみの保護」という立法以来の伝統があり，また，抑も不動産物権変動の対抗要件たる登記制度が取引の安全を標榜し，第三者保護に資するという制度設計であるならば，抑も論

55　この規定はフランス民法（の解釈？）からの帰結である。ボアソナード博士のプロジェ（初版）の翻訳書であるボアソナード氏起稿『註釈民法草案財産編・人権之部（三）』（出版年不明）における「第三百六十八條ヨリ第三百七十八條迄ノ註釈ノ續キ」27頁以下（特に31頁以下）の第370条（財産編第350条の第一草案）註釈によると，本条は第一の譲渡によって既に無権利者となった譲渡人（外見ノ所有者＝外見ノ本主）との間において「善意で」合意し，証書を取得した承継人（第二譲受人）を念頭に置いているということである。では，なぜ，この善意の第二譲受人が登記によって保護されるのかというと，占有を有する者から取得したからであるとされる。即ち，占有は性質上登記しえないが，「占有ノ公ケナルハ有益ニ登記ノ式ニ代ハルモノト看做スコトヲ得ヘシ」と解されていたのである（同・32-33頁）。

56　廣中俊雄編著『民法修正案（前三編）の理由書』（有斐閣，1987）219頁参照。また，本条の起草委員である穂積陳重博士は，登記をすることで物権変動に絶対的な効力を付与するために，第三者の善意とか悪意とかは規定しなかったと述べている（『法典調査会民法議事速記録一』〔商事法務研究会，1982〕584頁）。

として，第一の譲受人の登記欠缺を理由として，同人の所有権取得を否認する第三者には，「善意」が要求されて然るべきである。このような理由から，必然的に「悪意者排除説」もまた有力説として存続してきた[59]。更に，悪意者排除説を裏付けるかのような判例も存在していた[60]。

だが，このような見解は，次第に，第177条の趣旨は取引による権利変動の明確性を期し，これによって取引の安全と敏活化を図るという点にあり，このような観点から，資本主義経済社会における自由競争の尊重という思想ないし発想（自由競争原理）から，経済活動であるならば，先行契約の存在について

57　この理由づけについては，前掲『民法議事速記録一』583頁以下には現れていないが，梅謙次郎『民法要義巻之二物権編』（和仏法律学校，初版，1900）では，このような説明がなされている。同様に，富井・前掲書（『原論第二巻』）63頁も，第三者の善意を要件とすると，善悪に関して争議を生じ，挙証が困難であるため，善意者であっても悪意者と認定されるかも知れないので，法律は，第三者の利益とともに取引安全を保障するために，善意・悪意の区別を採用しなかったのであると述べている。富井博士は続けて，しかし，この理由は充分の価値あるものと言うことはできないとし，その理由は，登記も引渡しも受けていない権利者は第三者の悪意を証明することが当然であり，そのために第三者に損害を来す危険はほとんどないからであると論じた上で，立法論としては非難を免れないと述べている。この意味において，富井博士は，悪意者排除説に理解を示していたということができる。

58　判例は，大判明治33・7・9（民録6輯7巻31頁〔33頁〕）が，民法第177条の「法意ハ第三者ノ意思善意ニ出テタルヤ否ヤヲ問フヘキ精神ニ非サルコトハ善意ノ第三者ト云ハスシテ単ニ第三者トノミアルヲ以テ之ヲ推知スヘシ」と判示して以来，善意・悪意不問説を維持してきた（無制限説に立つ前掲大判明治38・10・20や，連合部判決後の大判明治43・1・24民録16輯1頁も同じである）。最高裁は，最判昭和35・11・29（民集14巻13号2869頁）が善意・悪意不問を大審院以来の判例法理として踏襲して以来，これを踏襲し続けている。

59　柚木馨『判例物権法總論（旧版）』（巌松堂書店，1934）128頁は，大審院明治41年連合部判決が「抑も同條の規定を以て『同一ノ不動産ニ關シテ正當ノ權利若クハ利益ヲ有スル第三者ヲシテ登記ニ依リテ物權ノ得喪及ヒ變更ノ事状ヲ知悉シ以テ不慮ノ損害ヲ免ルルコトヲ得セシメンカ為メニ存スルモノ』なりと解する以上，苟も同一不動産上に既に物権の得喪及び変更ありし事状を知悉せる第三者に本條による保護を與ふべき理由を認め得ない」と論じていた（しかし，戦後の新版〔有斐閣版，1955〕200頁では善意・悪意不問説に改説した）。また，岡村（玄）・前掲「論文」法学志林第17巻6号11頁も，同様に，悪意の第三者が不測の損害を被るということはあり得ないという理由から，悪意者排除説を展開していた。

更に，石本雅男「二重売買における対抗の問題－忘れられた根本の理論－」『末川先生追悼論集　法と権利1』（民商法雑誌第78巻臨時増刊号，有斐閣，1978）156頁以下所収は，第177条の立法趣旨について，梅博士の見解（『訂正増補民法要義巻之二物権編』）を引き合いに出しつつ，悪意者排除説を展開している。

単に知っているという程度の単純悪意者は不問に付するという新たな「善意・悪意不問説」が通説化していった[61]。

そして，この考え方の延長線上の理論として，不動産登記法第5条（当時は同法第4条，第5条）の「登記の欠缺を主張しえない第三者」から背信的悪意者排除理論へとつながるのである[62]。

(2) 不登法第5条の「登記欠缺を主張しえない第三者」と背信的悪意者
(ア) 問題の所在

背信的悪意者排除理論の前提として，1955（昭和30）年前後から，善意・悪意不問説を前提として，不動産登記法第4条，第5条（現行は同法第5条）の

---

60 次の二つの大審院判決は，悪意者排除説にとって有利に展開しうる。

　まず，大判昭和9・3・6（民集13巻230頁）は，Aに対する地方税滞納処分（公売）によりXが不動産所有権を取得し，Aの抵当権者Yが配当を受けたが，Yは，Xの未登記を奇貨として，B村に差押え登記を抹消させ，その不動産を強制競売に付したので，Xが異議を申し立てたという事案において，大審院は，①Yが公売による配当受領者であること，②YはXの未登記を奇貨として行動した，という理由から，Yは第177条の第三者ではないとした。この判例について，我妻榮博士は，その評釈において，①の点でのみ「第三者」から除外しうるものと解し，それゆえ，Yは当事者であると構成した（法協53巻11号〔1935〕2270頁）。しかし，②の理由は悪意者排除説の論拠となり得る。

　また，大判昭和11・1・14（民集15巻89頁）は，AがYより金円を借り受け，Bに対する抵当権つき債務を弁済した上，新たにYのために該不動産に対し抵当権を設定したところ，たまたまB・Yの債権が同一金額であることから，既に消滅したBの債権及び抵当権をなお存在するものとして，これをYに譲渡する旨の附記登記をした場合において，その後，この間の事情を知っているXが該不動産を買い受け，所有権移転登記を経由したところ，Yが抵当権を実行しようとしたので，Xが債権及び抵当権不存在確認を訴求したという事案において，大審院は，Xを第177条の第三者とすると，Xは不当な利益を獲得するので，XはYの抵当権設定登記の欠缺を主張する正当な利益を有しないものと判示した。これらの判例を契機として，悪意者排除説が台頭したともいえる。この点は，明治41年連合部判決が制限説によって「不法行為者」を第三者から排除したという点を引き合いに出しつつ，理由付けとされうる。

61 有泉亨「民法第一七七條と悪意の第三者」法協第56巻8号（1938）1577頁（1586頁以下）は，権利変動の明確性を確保し，取引の安全と敏活化を図るという目的のためには，画一的・形式的な取扱いが必要であり，その結果，悪意の第三者が保護されてもやむをえないという。また，第177条の評価は画一的・形式的に行うべきものであり，個別行為の違法性に着目して不法行為の成否を問題とすることは不法行為法独自の問題であるとして，両者は別問題として処理すべきことを論じた上で，なお，第177条の第三者は悪意であっても不法行為は成立しない（違法性はない）ものと論じている（同・1593頁以下）。

「登記のないことを主張しえない第三者」は民法第177条の第三者から除外されるという裁判例が出現し，最高裁もまた，この考え方を採用した[63]。また，この時期に先立って，学説から，牧野英一博士が信義則に基づく悪意者排除説を唱え[64]，また，当初は完全なる「悪意者排除説」[65]に与していた舟橋諄一博士が，その後，牧野博士の信義則説に影響を受け，「信義則適用・悪意者排除説」を唱え，程なく「背信的悪意者排除説」を唱えた結果[66]，この理論構成は

---

62 この不動産登記法第5条の「登記欠缺を主張しえない第三者」から「背信的悪意者排除理論」までの間に，悪意取得者による物権的請求権行使に関して，公序良俗違反や権利濫用法理を適用して，これを排除した一連の判例法理がある（最判昭和36・4・27民集15巻4号901頁〔公序良俗違反〕，最判昭和38・5・24民集17巻5号639頁，最判昭和43・9・3民集22巻9号1817頁，最判平成9・7・1民集51巻6号2251頁〔いずれも権利濫用法理〕）。

この理論上の変遷は，背信的悪意者排除理論が確立されるまでの過渡的な理論という指摘もあるが（星野英一「判評（最判昭和43年9月3日）」法協第87巻1号〔1970〕100頁〔103-104頁〕），類型別に考察すると，必ずしもそうではないということが分かる。簡単に言うと，公序良俗違反は別として，背信的悪意者に該当するか否かが微妙なケースや，これに該当しないと思しきケースにおいて，権利濫用法理（客観的構成説）が用いられているのである。例えば，借地権の対抗要件を充たしていない借地権者に対する所有者からの土地明渡請求であっても権利濫用となりうるものと判示した最判平成9・7・1（民集51巻6号2251頁）がこれに該当する。この点については本稿では特段に論じないので，詳細は，石口修「借家権・看板設置権と不動産所有権との関係について（前編）」愛知大学法経論集第199号（2014）35頁（90頁以下）を参照されたい。

63 最判昭和31・4・24民集10巻4号417頁。

64 牧野英一『民法の基本問題第四編－信義則に關する若干の考察－』（有斐閣，1936）196頁以下（「第六章 信義則と第三者」，特に226頁以下）は，自由競争原理を前提とすると，悪意者でも登記を経由すれば法律の保護を受けるのであるが，第二取得者が第一取得者を害するという目的をもって事を進めた場合には，信義誠実の原則を前提とする権利濫用法理を適用すべきものと主張している。また，不登法が登記の欠缺を主張しえない第三者を法定している理由は，登記欠缺の主張が信義誠実の原則上許されないことが特に顕著な場合なのであると主張している（同・229頁）。

したがって，牧野博士は，自由競争原理は信義則の制限の下において機能するに過ぎないものと論じているのであり，悪意者のうち，信義則・権利濫用法理の適用を受ける者は第177条の第三者から排除されるが，それ以外の悪意者はなお第177条の第三者として保護されるべきものと論じているのである。

65 舟橋博士は，前掲「論文」（『加藤還暦祝賀』）においては悪意者排除説を唱えていた（同・682頁以下）。舟橋博士は，登記は一般取引安全のための制度であるものと解し，登記を信頼して法律関係を成立させた者のみを保護すべきものと解して，この観点から，「現実に之に信頼せざる－即ち悪意の－第三者を保護すべき理由なしと考へる」と主張していた。

最高裁でも採用されるに至った[67]。

(イ) 背信的悪意者の認定に関する判例法理

　最高裁が「背信的悪意者」と認定した最初の事案は，最判昭和43年8月2日である。事案は，AがYに山林を売却したが，登記漏れの土地があったため，これをXがAから安値で買い受け，登記を経由した上で，XがYに対して高値買取を請求したが，Yがこれを拒否したので，所有権確認訴訟を提起したというものである（一部事実省略）。この事案において，最高裁は，「実体上，物権変動があった事実を知る者において，物権変動についての登記の欠缺を主張することが信義に反するものと認められる事情がある場合には，かかる背信的悪意者は，登記の欠缺を主張するについて正当な利益を有しないものであって，民法第177条にいう第三者に当たらない」と判示した[68]。

　本判決も述べているように，背信的悪意者排除理論とは，形式的に物権変動の対抗要件を具備している第二取得者が，形式的に対抗関係に立つ第一取得者の対抗要件である登記や引渡しの欠缺を知りつつ，原権利者から二重に所有権を取得し，第一取得者に対し，その所有権を否認し，反対に，自己の対抗力ある所有権を主張して，高値買取りを請求し，あるいは物権的返還請求権を行使するなど，形式的には合法的ではあるが，実質的には違法・不当な請求をしたという場合において，この請求が信義則に反し，または権利濫用に該当するようなときには，第二取得者の対抗力を切断し，第一取得者に対する登記欠缺の主張，また自己の物権変動の対抗力の主張を許さないとする考え方である。

　背信的悪意者排除理論は，法律上の制度としては不動産登記法第5条に現れており，民法第177条の解釈論として，判例及び学説によって発展した理論である。

　背信的悪意者の認定基準として，既に本判決以前の判例は，「第三者が登記の欠缺を主張するにつき正当な利益を有しない場合とは，当該第三者に，不動

66　舟橋博士は，ご本人曰く牧野博士の説に影響された結果，『不動産登記法（新法学全集）』（日本評論社，1937）75頁において改説され，悪意者排除説を原則とするも，「ただ，その行動が具体的事情との関連において，社会生活上一般に許容せられるものと認められるかぎり－すなはちその行動が誠実信義の原則に反せぬと認められるかぎり－悪意なるもなほ第三者に該当しうる」と論じ，更に，前掲書（『物権法』182頁以下）においては，より明確に背信的悪意者排除説を唱えるに至った。

67　最判昭和43・8・2民集22巻8号1571頁。

68　前掲最判昭和43・8・2。

産登記法第 4 条，第 5 条（当時。筆者註）により登記の欠缺を主張することの許されない事由がある場合，その他これに類するような，登記の欠缺を主張することが信義に反すると認められる事由がある場合に限るもの」と判示し69,

---

69　前掲最判昭和 31・4・24（肯定例）：X が A 会社から本件土地を購入したが，所有権移転登記を経由しなかった。しかし，X は，Y 税務署長に対し，土地を購入したとして財産税の申告・納税を行った。その後，Y は本件土地の名義が A であったので，A に対する国税滞納処分により，本件土地を公売に付した。そこで，X は，Y（国）に対し，所有権確認の訴えを提起した。第 1 審は X が敗訴したが，原審は X の請求を認容した。Y から上告。

破棄差戻。「国税滞納処分においては，国は，その有する租税債権につき，自ら執行機関として，強制執行の方法により，その満足を得ようとするものであって，滞納者の財産を差し押えた国の地位は，あたかも，民事訴訟法上の強制執行における差押債権者の地位に類するものであ（る）。それ故，滞納処分による差押の関係においても，民法 177 条の適用がある……。ここに，第三者が登記の欠缺を主張するにつき正当な利益を有しない場合とは，当該第三者に，不動産登記法 4 条，5 条により登記の欠缺を主張することの許されない事由がある場合，その他これに類するような，登記の欠缺を主張することが信義に反すると認められる事由がある場合に限る」。

「本件不動産の所有権の帰属を判定することは極めて困難な仕事であって後に訴訟において争われる可能性のあることを思えば，直ちに財産税還付の手続をとることなく滞納処分の続行を図ったとしても，これをもって背信的態度として非難することもまた行き過ぎといわねばならない。」

「国が登記の欠缺を主張するにつき正当の利益を有する第三者に当たらないというためには，財産税の徴収に関し，……，所轄税務署長が特に X の意に反して積極的に本件不動産を X の所有と認定し，あるいは，爾後も引き続いて右土地が X の所有であることを前提として徴税を実施する等，X において本件土地が所轄税務署長から X の所有として取り扱わるべきことをさらに強く期待することがもっとも思われるような特段の事情がなければならない……。」

差戻控訴審で X は敗訴したので，X は上告した。

再上告審である最判昭和 35・3・31 民集 14 巻 4 号 663 頁は，差戻控訴審で，X が公売処分取消申請書を提出したところ，Y の係員は申請書を正式に受理しながら，書類箱に放置したまま失念し，本件訴え提起後も，しばらくその存在に気づかず，約 1 年半を経過するに至り（差押登記後約 3 年を経過），結局，差押え当時における X の登記欠缺を理由として右申請を棄却したという事実が判明したということで，次のように判示した。

破棄自判。「X において，本件土地が所轄税務署長から X の所有として取り扱わるべきことを強く期待することが，もっとも思われる事情があったものと認めるを相当と考える。……Y は X の本件土地の所有権取得に対し登記の欠缺を主張するについて正当の利益を有する第三者に該当しない（から），Y 税務署長のなした……本件公売処分は滞納者の所有に属しない目的物件を対象としてなされたものとして……無効となり，（買受人の）所有権取得登記も抹消されるを免れない。」

その後も,「不動産登記法4条または5条のような明文に該当する事由がなくても,少なくともこれに類する程度の背信的悪意者は民法177条の第三者から除外さるべきである」と判示し[70],そして,本判決(昭和43年最判)により,前述したような判示内容に至った。

昭和43年最判は,山林の所有者Yが未登記であることを奇貨として,Yに高額で売りつけようという不当な動機(主観的要素)で土地を購入したXが,Yの所有権取得について,その登記の欠缺を主張することは信義に反しており,Xは,登記の欠缺を主張する正当な利益を有する第三者にあたらないものと判示している。この判例法理について若干説明を加える。

民法第177条は,その立法趣旨からも明らかなように,不動産の二重譲渡に

---

[70] 最判昭和40・12・21民集19巻9号2221頁(否定例):Y_1は,Y_2所有の本件土地を賃借し地上に本件建物を建築・所有して,これをX_1に賃貸していたところ,Y_1がX_2に賃貸中の家屋を明け渡してもらう代わりにX_1から本件建物を半分開けてもらい,そこにX_2を居住させるが,本件建物はX_1とX_2に贈与すると申し出て,Xらはこれを了承した。この贈与により,本件建物の所有権移転登記に要する登録税その他の費用はXらが負担することとし,これをY_1に対して支払うまでは登記を行わない旨を約し,Y_1としては,これらの支払を受けるまで所有権を留保したという認識であった。ところが,Xらは9年以上もの間Y_1に登記費用等の支払をせずに放置し,XらはY_2に地代さえ支払わなかったので,Y_1はY_2に所有権の所在を打ち明けた上,本件建物を買い取ってもらうこととし,Y_2もY_1に同情して,本件建物を購入し,代金を支払い,所有権移転登記を経由した。

そこで,Xらは,本件建物の所有権確認,Y_2の所有権取得登記の抹消を求め,本訴を提起した。第1審はXらが勝訴したが,原審はXらの請求を棄却したので,Xらから上告。

一部棄却,一部破棄差戻。「民法177条にいう第三者については,一般的にはその善意・悪意を問わないものであるが,不動産登記法4条または5条のような明文に該当する事由がなくても,少なくともこれに類する程度の背信的悪意者は民法177条の第三者から除外さるべきである(最判昭和31・4・24民集10巻4号417頁参照)。しかし,本件においては,……Y_2は,本件家屋がY_1からXらに贈与された事実を前提として積極的にXらと本件土地の賃貸借契約を締結し,爾来9年余にわたってその関係を継続してきた等……の事実があるとしても,Y_2においてY_1の言を信じた結果同人に同情して本件家屋を買い受けるに至ったものである等……の事実を考え合せれば,Y_2をもっていまだ民法177条の第三者としての保護に値しない背信的悪意者とすることはできないと解するのが相当である。」

X_1の本件建物の賃借権は,X_1が本件建物を取得した時点で混同によって消滅するが,Y_2がY_1から本件建物の所有権を取得し,X_1に対抗しうるという事実によって,X_1の本件建物の賃借権は復活し,Y_2はY_1から賃貸人としての地位の移転により,本件建物の賃貸人となる。

よる紛争解決にあたり，対抗関係にある当事者間においては，その優劣関係の解決について登記の有無という基準を用いている。そのため，第三者の善意・悪意という主観的要素については，特に問題としていない。しかし，この立法趣旨は，必ずしも公平の原則に適うものではない。

　そこで，昭和30年代に入ると，背信的悪意者排除説が採用され始めた。前述したように，この法理は，現行の不動産登記法第5条に掲げられているような不法行為者（詐欺・強迫による登記妨害者）ないし背信者（登記受託者など登記をすべき義務ある者）に関する規定を類推適用し，あるいは，信義則（第1条2項）違反，公序良俗違反（第90条），権利濫用（第1条3項）といった一般基準を適用して，徐々に形成されていった。

　そして，上記昭和43年最判は，客観的・形式的に見て第177条の第三者に該当する資格を備えている登記保有者であっても，自分より前の物権変動の存在とその物権変動における登記欠缺の事実を知っており（悪意），しかも，第一譲受人の登記の欠缺を主張するにつき，信義則に反するような事情があれば，当該第二譲受人が，たとえ登記を経由していたとしても，同人は第177条の第三者から排除されるという法理を確立したのである。

　その具体的な事案は，第一譲受人が既に土地の引渡しを受け，占有・使用しているという一方で，他方，第二譲受人は第一譲受人に日頃から怨みを持っており，それを晴らそうという動機に基づいて行動し，あるいは，本件や宇奈月温泉事件[71]のように，土地を廉価で買って第一譲受人に高く売りつけようとし，それが奏功しない場合には土地の明渡しを請求するといった信義則・権利濫用に該当するような違法性ある動機をもって行動したケースである。

　この背信的悪意者排除説は，二重譲渡によって2つの物権変動が発生し，第177条の対抗関係者相互間においては善意・悪意を不問とするという前提に立ち，第177条の枠内で処理しようとする二段物権変動説や不完全物権変動説を前提としていることから批判もある。この判例・通説を批判する代表的な学説として，判例の認定基準は実質的には「悪意」であると解する悪意者排除説や，有過失者を保護する必要はないという観点から，第三者に善意・無過失を要求する公信力説ないし過失者排除説などがある。

---

[71] 大判昭和10・10・5民集14巻1965頁。

(ウ) 背信的悪意者排除理論に対峙する学説
(a) 序　説

　これまで論じてきたように，二重譲渡事案などにおける第177条の第三者という問題について，通説・判例は，自由競争原理を基調とする善意・悪意不問説に立脚しつつ，単純悪意者については，物権の取得に関して何らの制限も設けない（つまり不問とする）という一方で，他方，単純悪意者に「背信性」が加わることで悪意性が強まることによって，もはや権利保護の対象とはなしえないという判断が下される結果として，このような背信的悪意者については，第177条の第三者から除外する（対抗力を剥奪する）という構成を採用してきた。しかし，この考え方に反対を唱える学説は多数存在する。以下，反対有力学説を掲げ，検討を加える。

(b) 悪意者排除説（判例法理の位置づけ）

　次に，近時の悪意者排除説は，従来の通説が善意・悪意不問説の根拠としてきた自由競争原理に対して疑問を提起するとともに，これまで判例法理において確立されてきたといわれる背信的悪意者排除理論は実際の基準として機能していないという前提に立っている。即ち，判例に現れた事案は，①第二譲受人が当事者に準ずる地位にあるケース（当事者に準じて給付義務に服する者〔承継人または履行補助者〕か，または不登法第5条のような第三者資格を欠く者という準当事者類型），②第二譲受人の取得時における行為態様が不当であるケース（第二譲受人に故意・過失という違法性がある不当競争類型）に大別しうるものと解し，前者の場合には，第二譲受人は当事者または第三者から除外されるので，善意・悪意は問題とならずに第一譲受人が優先し，後者の場合には，前主の処分権限の欠缺について第二譲受人が善意か悪意かが実質的判断基準になっていると分析した上で，実質的には，判例法理は悪意者排除説となっているものと主張する[72]。

　しかし，話はそう単純ではない。例えば，この説が分類する不当競争型の判例である前掲最判昭和40年12月21日を1つ採ってみても，第二譲受人Y_2が悪意であった（契約時にY_1の言動からY_1の所有と誤信したに過ぎない。）が，契約に入る動機が「Y_1に同情した」ということから，「背信的悪意ではない」と認定され，登記のあるY_2が第一譲受人であるXらに勝訴している。X_1が家屋から退去しなくてもよかったのは，家屋の前所有者Y_1との賃貸借契約がY_2との関係において復活するという反射的効果に過ぎない。

そして，判例・裁判例は，悪意のみを理由として判断を下している事案もあ

---

72 松岡久和「判例における背信的悪意者排除論の実相」奥田昌道編『現代私法学の課題と展望・中』（有斐閣，1982）65 頁（特に 113 頁以下），同「民法一七七条の第三者・再論」前田達明編『民事法理論の諸問題・下巻』（成文堂，1995）185 頁（特に 202 頁以下），同「物権法講義－8」法学セミナー 678 号（2011）85－86 頁参照。ほぼ同様の立論として，石田喜久夫「対抗問題から公信力へ」『物権変動論』（有斐閣，1979）175 頁以下，半田吉信「背信的悪意者排除論の再検討」ジュリスト 813 号（1984）81 頁以下がある。これらの見解は，従来の悪意者排除説とは異なり，背信的悪意者排除説の存在意義に対して切り込むものである。

　自由競争原理説に対する批判は数多い。従前は，半田正夫教授が，二重譲渡の第一譲受人Bが既に引渡しを受けた後は，二重債権契約の範疇に入らず，Bは完全に所有者であるから，自由競争原理の名の下に第二譲受人の存在を合法的に取り扱うのは誤りであると主張していた（半田・前掲書『不動産取引法』29－30 頁，35－36 頁）。最近はトーンがやや上がり，特に論調の強い学説として，潮見佳男『プラクティス民法債権総論』（信山社，第 4 版，2012）542－544 頁は，第三者による債権侵害の一例として不動産の二重譲渡事案を掲げ，第二買主Cは第一買主Bの債権（給付請求権）を侵害している不法行為者であると断定し，その理由として，売主Aの債務履行を不履行へと導く行為をしているからであるとして，自由競争原理を鋭く批判している。

　これに対して，佐久間毅『民法の基礎 2 物権』（有斐閣，第 8 版，2010）79 頁は，自由競争原理とその限界を論じつつも，だからこそ，不登法第 5 条や背信的悪意者排除理論があるとして，判例法理を支持している。

　確かに，自由競争原理の名の下に経済活動だから何でも許されるというのは言い過ぎであり，「自由競争はフェアーに行われなければならず，神の前で良心に恥じないやり方で競争すべきであるというのが，資本主義の倫理ではないのか」という批判もある（石田〔喜〕・前掲書〔本註〕182 頁）。また，譲渡人Aを「占有者（占有代理人）」，第一譲受人Bを「所有者」とするならば，「横領罪」（刑法第 252 条）の成立要件さえ満たすことになる（内田・前掲書〔民法Ⅰ〕458 頁）。

　しかし，不動産売買の実務では，第一に代金完済，第二に引渡し（この時点で所有権が移転する。），第三に所有権移転登記である。A・B間で売買契約を締結し，手付金を授受したに過ぎず，BがAに代金を提供しておらず，AがBに土地を引き渡してもおらず，まだAが占有しているときには，第三者Cにとっては有利に展開する。この場合には，AがBに違約金を支払って（手付倍返し）第三者Cと取引するというのは，相手方選択の自由の範囲内での経済活動として許される（第 557 条参照）。したがって，不動産売買等，物権変動の局面においては，Aからすれば，なお自由競争原理は働いているものと思われる。現に，判例は，潮見教授が不法行為の成立を強く主張する二重譲渡の第二買主でさえ，善意・悪意不問説に基づき，第一買主に対する不法行為の成立を否定している（最判昭和 30・5・31 民集 9 巻 6 号 774 頁以来，これに反する判例は現れていない）。

　以上の意味において，安易な自由競争原理否定説は，積極的な不動産取引の否定につながるおそれさえある。やはり，物権取引の関係に不法行為理論を採り入れるには，その前提において無理があるのではないだろうか。

るかのように見えるが，その多くは信義則違反，権利濫用，公序良俗違反，違法・不当な動機など，他の考慮要素を判断材料としつつ，最終的な判断を下しているのであり[73]，概ね悪意のみを基準として判断を下していると断ずるのは，妥当ではない。

(c) 公信力説

公信力説は，原所有者Aから最初に取得したBが完全に所有者であるが，原所有者Aから二重に取得した第三者Cが善意・無過失である場合には，例外的にCを所有者とするか，または，Cが善意・無過失で登記を経由した時に，Cを所有者とするという考え方であり，Cが軽過失者であっても保護に値しないという立場である[74]。それゆえ，背信的悪意者という概念とは相容れない過失者排除説となる。ただ，半田正夫教授は，善意者保護という立場であることから，「公信力説に基づく悪意者排除説」である[75]。

近時，善意転得者保護という観点から，公信力説を擁護する説が唱えられている。即ち，公示（外観）を信頼した者は保護に値すると解する反面，悪意者は保護に値しない，特に，フランス法に所謂「フロード（fraude）」を行った者は悪意プラスアルファの「害意」があるということで，このような意味における「悪意者排除説」を展開する[76]。しかし，フロード行為であれば，むしろ，背信的悪意者排除理論であり，悪意者排除を標榜するのであれば，フォート（faute）の理論（過失責任主義）による主張だけを行うべきである。

しかし，そもそも，このような対抗要件レベルの判断について，善意・悪意，過失責任概念という当事者の主観的要素及び不法行為概念を差し挟むこと自体，資本主義経済社会における自由競争を完全に封鎖する議論であり，妥当ではない。フォートの理論は不法行為理論であり，物権行為に不法行為理論を持ち込むのは，適切とはいえない[77]。確かに，背信的悪意者排除理論においても，不登法第5条の「詐欺・強迫による登記妨害者」という不法行為者を念頭に置いてはいるが，これは背信性を基礎づけるための一要件に過ぎず，真正面から不

---

73 佐久間・前掲書（『基礎2』）83-84頁は，判例を示しつつ，類型別に考察している。佐久間教授によると，第三者Cの主観的事情だけで判断するのではなく，取得者Bの客観的事情とこれに対するCの認識可能性の程度を勘案して，Cの主張の当否を判断すべきだということになる。

74 篠塚・前掲書（『民法学1』）24-26頁。同様に，公信力説に基づき善意・無過失説を採る学説として，石田（喜）・前掲書（『物権変動論』）189頁がある。

75 半田（正）・前掲書（『不動産取引法』）25頁以下。

法行為の成否を判断するものではない。もっとも，論者は，対抗要件レベルの議論を通り越して，公信力レベルで話をしているのだというのであるが，そうなると，制度を度外視した議論となるので，意味がない。更に，そもそも，たとえフォート理論を説いたとしても，公信力説は「登記に対する信頼の保護」を標榜するという点において，公証制度に基づく登記という制度上の要請から登記に公信力を認めるという本来的な公信力とは意味が異なる。この点においても妥当性を欠く。

(d) 重過失者排除説

この説は，基本的に悪意者排除説に立つ論者が，登記に公信力を与えるという公信力説への疑問から，第二譲受人が第一譲受人による物権取得を知りつつ，二重に物権を取得するという行為それ自体は通常は悪意に起因するが，仮に第一譲受人の存在を知らない場合でも，現地検分等の懈怠など，不動産に関する取引秩序に反するような重大な過失に起因するような場合には，単純な過失と区別するという意味において，登記欠缺の主張を許すべきではないという[78]。

---

76 鎌田薫「不動産二重売買における第二買主の悪意と取引の安全」比較法学9巻2号 (1974) 31頁 (118頁以下)。

　　フランスでは，破棄院1968年3月22日判決以降，フロード（背信的悪意者排除）理論よりも，むしろ「フォート（過失責任）理論」(CC第1382条) によって，悪意・有過失の第二買主の権利取得を認めていないのであるが（悪意者排除），鎌田教授によると，従来の判例が第二買主固有のフロードを重視していたのに対し，この破棄院1968年判決により，民事責任説（過失責任主義）へと転換したものと解されている。この点については，鎌田・前掲論文・比較法学9巻2号91－94頁参照。ただ，鎌田教授は，フロードもフォートも個々人において相対的に判断されるべきものと主張し，これによって，善意転得者は保護されるべきものと主張する（同論文・95頁以下）。ちなみに，従来の判例である破棄院1949年5月10日判決は，フロード理論により，フロード行為者からの転得者は，無権利のフロード行為者の地位を承継するものと解しており（フロードの協同），「絶対的構成説」を採っていた。その後の判例については，鎌田「二重売買における買主の注意義務」判タ422号 (1980) 36頁以下，滝沢（聿）・前掲書（『物権変動Ⅱ』) 176頁以下を参照。

　　なお，滝沢聿代教授は，破棄院1992年5月11日判決を引用しつつ，フランスの背信的悪意者排除理論から悪意者排除理論への転換について批判しており，フランスの判例が物権変動にフォートの理論を採り入れた点について，これは仮装の理論に過ぎず，権利承継の論理を放棄しているために，物権法の理論となりえていないという点に根本的な問題があるものと指摘している。滝沢（聿）・前掲書（『物権変動Ⅱ』) 183頁参照。

77 近江・前掲書（『講義Ⅱ』) 86頁は，「民法不動産法においては，『悪意』を問題とする論理性は存在しない」と主張している。

(e) 過失者排除説

次に，近時，急速に有力化している「過失者排除説」がある。前述したように，公信力説を標榜してきた研究者のうち，少なからざる者が，フランスの判例法理の変遷に応じてフロード理論やフォート理論に傾倒し，過失者排除説に移行している。ここで紹介する説は，真正面からそのようなフランスの理論を引き合いに出していないので，別掲している。

まず，第二譲受人は，原則として，第一譲受人の地位を譲渡人との契約締結により侵害しているとして，この第二譲受人が保護されるためには，第一譲受人の存在について，善意・無過失の場合に限られるという説がある。この見解は，自由競争原理を否定し，また，判例の立場は実質的には悪意者排除であるという前提において，通常，第二譲受人は，登記簿を確認し，現地検分をした上で，契約に臨むものであり，このような調査をすれば，第一譲受人の存在を確認しうるのであり，このような合理的な調査を怠った第二譲受人は保護に値しないというのである。つまり，第一譲受人の存在について，悪意者はおろか，善意者であっても，前記のような調査をしない者には過失を認定し，そのような者は正常な取引者ではないという位置づけを行っている[79]。

また同様に，自由競争原理は，売主が第一譲受人に売るか，第二譲受人に売るかという局面においてのみ機能するのであり，第一譲受人に売った後で第二譲受人に売るなどというのは，横領を奨励するのに等しいとして，第二譲受人が悪意者や過失者である場合には，これを排除すべきものと解する説がある[80]。

しかし，前述したように，登記簿を確認し，現地調査をした上で，第一譲受人の未登記を知り，どうしても当該不動産が欲しいと思う者が譲渡人に働きかけ，譲渡人が第一譲受人に対して違約金を支払うだけの金額を上乗せし，更に

---

78 半田（吉）・前掲論文・ジュリスト813号85頁。しかし，半田教授は，単純な調査義務違反という意味での過失責任は不問とされる点において，いかなる行動を悪意と同視するのかという点において疑問である。ただ，調査義務違反でも，これが業者の場合には重過失とされることが多いので，不動産業者が関係するような事案における現地検分の懈怠を重過失と解するのであろうか。あるいは，前述したフランス法のフロード理論，フォート理論を参考にしているのであろうか，この点は定かではないが，半田教授も，破棄院1979年5月28日判決を引き合いに出しており，同判決は，フォート理論を理由として，第二譲受人を排除しているので，この点を顧慮しているのかも知れない。

79 松岡・前掲「物権法講義」法セミ678号86頁，682号93頁。

80 内田・前掲書（『民法Ⅰ』）458-459頁。

高額で購入するとして取引に臨む姿勢は自由競争原理という名の下に許される行為である。制度上でも，当事者の一方が売買契約の履行に着手する前であれば，売主は手付倍返しによる解除が認められている（第557条1項）。私見によれば，不動産に関して所有権を始めとする物権を取得しておきながら，未登記のまま放置している状況こそ，正常な取引ではないものと思量する（売主の登記移転義務は債務を構成する）。この意味において，第二譲受人が排除されるのは，やはり，その物権取得後の行為が広い意味での「背信性」に基づく場合に限られるものと思量する。

(f) 第94条2項類推適用説

次に，無権利説を徹底すると，第一譲受人Bが完全所有者であり，原権利者Aからの第二譲受人Cは所有者とはなりえない。しかし，Bに登記がなく，無権利者となった譲渡人Aに登記があるという状況は，虚偽表示に準ずる状況であるとして，第三者Cが善意もしくは善意・無過失である場合に限り，Cが保護されるという。第94条2項を類推するということは，公信力説とは異なり，本来は登記の有無とは無関係にCが保護されるはずである。しかし，論者は，この問題について，本来は第177条の問題として処理すべきであるが，第177条の問題とすると，判例法上，第三者に善意・無過失を求めえないので，敢えて，第94条2項を類推適用するのだという[81]。

しかし，この説によると，反対に，Cが悪意もしくは有過失であるときには保護されないということになる。仮に，第三者保護基準として善意のみを顧慮したときでも，その場合には悪意者排除説と同様となり，悪意が認定されにくいとなれば，重過失者排除説と同様となるので，結論から考えた場合には，あまり意味のある立論ではない。そうすると，本来，この場合に第94条2項類

---

[81] 川井健『不動産物権変動の公示と公信』（日本評論社，1990）28頁以下参照。川井博士は，背信的悪意者排除説の登場により従来の悪意者排除説は存在意義を失い，制限説の不徹底により悪意者を保護したことの不都合を解消したものと解している。しかし，川井博士は，それでもなお悪意者や過失者を保護してしまうのは不適切であるという理由から，第94条2項類推適用で解決するというのである。しかしながら，川井博士の立論は，結局のところ，過失者排除説と何ら変わりはないことに帰着する。

なお，公信力説に理解を示しつつ，第94条2項類推適用説を採用し，重過失者排除（善意・無重過失者保護）説を唱える学説として，米倉明「債権譲渡禁止特約の効力に関する一疑問（3）」北大法学論集第23巻3号（1973）540頁（582頁以下）がある。米倉博士は，登記簿検査と現況調査の両方とも怠った者は重過失者であると論じている。

推適用を持ち込むのは，単に第177条の問題から切り離すという意味において存在価値があるに過ぎない。

　しかしながら，敢えて重ねて批判すると，善意・悪意，過失という主観的な要素と対抗という局面は，そもそも，場面が異なるというべきである。特に，不動産の取得という物権取引の局面においては，法律は「商売上手な者」までは許すが，「あくどい商売人」は許さないという姿勢でこれに臨むべきである。この局面に「過失責任主義」を導入すると，「商売上手」という形容句さえ許されないことになってしまう。ここにおいて，第177条のレベルで考察する限り，主観的な要素を入れる余地はないという価値判断がなされるのである。仮に，主観的な要素を入れるとすれば，それは，背信的悪意者排除という場面において，悪意者に「背信性」，即ち，信義則違反・権利濫用法理の適用という局面における，またその限りでの「違法性」を根拠づけるために入れられる一つの要素に過ぎず，またそれで十分である。

　しかし，信義則違反・権利濫用法理の適用においても，主観的な要素は本来不要なはずである。「権利の行使」が客観的に見て他人の権利や法益を侵害するものであるときには，少なくとも信義則に反するのであり，その場合には客観的に違法性を具備する行為と評価され，個別・相対的に許されない行為として判断されるのである。そして，通説・判例が構築してきた背信的悪意者排除理論は，第177条の第三者について，まさに客観的・個別相対的に信義則違反・権利濫用法理を適用して問題の解決を図ってきたものにほかならない。現在でも，この理論構築を覆す必要はないものと思量する。したがって，「主観説」は，信義則・権利濫用法理の適用という観点からも，適切ではない[82]。

82　この権利濫用法理の立法及び解釈に関する主観主義から客観主義への移行については，わが国では我妻榮博士の主張に始まり（我妻榮『新訂民法總則』〔岩波書店，1965〕35頁），また，もともと，「権利の行使は，これが他人に損害を与えることのみを目的としうるときには許されない。」と規定し，主観主義立法であったドイツ民法（BGB 第226条：権利濫用の禁止〔Schikaneverbot〕）においても，同一法系に属するスイス民法が，「権利の明白な濫用（der offenbare Mißbrauch）は法の保護を受けられない。」と規定し（ZGB 第2条2項〔1項はわが国と同じ内容で信義則を規定する。〕），客観主義を採用していることもあり，ドイツの通説は主観主義から客観主義へと解釈が変遷したので，客観主義が大陸法における確定法理と解することができる。この点については，ここではこれ以上立ち入らないが，権利濫用法理の適用に関する主観主義から客観主義への変遷に関して，詳細は，石口修「借家権・看板設置権と不動産所有権との関係について（前編）」法経論集（愛知大学）第199号35頁（51頁以下）を参照されたい。

3 第177条の「第三者」とその解釈論の帰結

　これまで論じてきたところから，旧民法財産編第350条における善意による登記取得者限定理論，また，その反対解釈ともいいうる旧学説以来の悪意者排除理論，現行民法起草者の善意・悪意不問説，判例に現れた公序良俗違反，信義則・権利濫用理論，特に行為の背信性（信義則違反）を重視した背信的悪意者排除理論，そして，発展的な回帰理論ともいいうる最近の悪意者排除理論，更に旧民法やフランス民法からの帰結である公信力説，過失者排除説など，二重譲渡事例において登記を経由した第二譲受人の悪意ないし背信性に着目して第一譲受人の地位を保護せんとする理論構築の全体像が明らかとなった。

　これらの理論の当否を断ずることは研究論文としての性質上適切ではない。この問題は，むしろ，有力どころと思しき悪意者ないし過失者排除理論と，通説・判例である背信的悪意者排除理論のうち，いずれが法理論として妥当かつ適切であるかという観点から導かれる価値判断の問題であるということもできる[83]。

　繰り返しになるかも知れないが，ここでの問題は，第一に，登記取得者に「善意」を要求する旧民法財産編第350条と，「第177条の第三者」を「登記欠缺を主張するについて正当な利益を有する者」として，その適用範囲を画した前掲明治41年大法廷判決の第三者制限説をどのように考慮するのかという点，第二に，悪意者排除説と善意悪意不問説（及びその後の自由競争原理説）との対立関係，第三に，善意悪意不問説に基づくものの，権利行使の行き過ぎに対する法的規制としての信義則・権利濫用法理の適用，不動産登記法第5条の「登記欠缺を主張しえない第三者」から，背信的悪意者排除説という判例法理の登場とその通説化という一連の流れと，これに対する公信力説からの反論，新たな悪意者排除説，過失者排除説からの反論という学説の対立関係の歴史をどのように考えるかという点に尽きる。

　私見は，基本的に，伝統的な「自由競争原理」に基づく考え方，即ち，「商売上手」は賢い商売人であり，あくどいやり方で不動産を取得するのでない限

---

[83] 吉原節夫「一七七条における背信的悪意者」ジュリスト増刊『民法の争点Ⅰ』(1985) 114頁 (116頁) も同様の趣旨である。

り，許されて然るべき行動と考えている。だからこそ，「あくどい商売人」に対しては，第一の物権変動の事実と登記欠缺の事実を知っているという意味での悪意の存在と，これにプラスすべき考慮要素として，所有権の主張ないし行使態様などを客観的に観察し，信義則違反・権利濫用と評価して，背信的悪意者排除理論によって対応すべきものと解するのである。反対に，近時の有力学説が主張するように，第二譲受人の行為は須く第一譲受人の所有権取得行為に対する妨害であり，第三者による債権侵害が成立するので，第一譲受人との関係において，第二譲受人を第177条の第三者から除外するという理論構成は，近時のフランス民法の解釈論に倣っているに過ぎないように思われる。確かに，第177条の沿革から考えた場合には，「必要的善意」という思想があったことに間違いはない。しかし，この考え方は，現行民法の起草過程において「妥当ではない」と判断された結果，「善意・悪意不問」に落ち着いた以上，今ここで「悪意者排除」，「過失者排除」と唱え，軽々に解釈論を変更し，民法改正へと進むという方向性は，その必要性と許容性という点において，物足りなさを感じる。

　然るに，私見が想定する自由競争原理の枠内における対抗関係者については，その前提要件として，第一譲受人が占有を取得していないことが必要と考えている。前述したように，第一譲受人が売買契約を締結しただけで，代金の提供など，履行に着手せず，引渡しも登記もしていない段階であれば，譲渡人には手付解除が認められる（第557条1項）。それゆえ，背信的悪意者排除理論もしくは権利濫用法理を論ずる前提としては，最低限，第一譲受人が引渡しまで受けており，現実に土地を利用していることが必要となる（第1要件：理論適用の端緒）。しかし，この場合でも，売買契約の内容を構成する「登記」を懈怠していた第一譲受人との比較において，登記を先に経由した第二譲受人を第177条の第三者から除外するには，更なる背信性を必要とする（第2要件：登記懈怠と第三者の背信性の存否）。もっとも，譲渡人が登記を有しており，不動産の占有も有しているという状況下では，通常，第二譲受人は第一譲受人の存在について善意・無過失であることが多いものと思われる。しかし，たとえ第二譲受人が善意・有過失もしくは悪意であったとしても，通常は考えられない登記懈怠の状況，即ち，売買契約の履行を完全には受けていない状況にあった第一譲受人の地位との比較衡量に基づけば，やはり単純悪意者を第177条の第三者から除外すべきではない。このような場合を契約面における双方過失と把

握し，五分五分の状況と考えれば，先に登記を経由した者は保護されて然るべきだからである。

　この点において，やはり，第177条の第三者という問題は，「二重譲渡事案」を中心とする事象に対する「価値判断（価値観ないし世界観）」の問題に帰着するのであり，この意味において，合理的かつ統一的な理論の構築に行き着くのは無理であると言わざるをえない。この点を無視して，過失者排除説などの「主観説」を「通説」であるとして位置づけ，仮にでも制度化しようという動きがあるとすれば，それは方向性を誤った行動であると言わざるをえない。そのような動きが本格化することは，是が非でも避けたいと思っている。この問題は，本当に，古くて新しい問題なのである。しかし，私は，この問題について，理論上の終止符を打ちたいと念願している。この問題は，まさに，物権法とその他の民法体系との相克（解釈問題）であるということである。そして，物権法の領域に対して，不法行為の領域からの異議は基本的に無理があると主張するのみである。この点について，関係諸氏のご理解を賜りたいと念願するばかりである。

根抵当権論
──附従性の原則を中心として──

太 矢 一 彦

1 はじめに

　普通抵当権は，特定の債権を特定の目的物で担保する手段であり，住宅ローンなどのように取引が一回きりなものを想定しているといえる。しかし，たとえば，銀行等の金融機関と取引先との間，あるいはメーカー・商社と取引先との間での取引を考えてみると，そこでは両者間で複数の債権が継続的に発生し，一定の時期ごとの決済により消滅している。このような場合に，その都度，抵当権設定契約を締結し，登記をしなおさなければならないとすれば，きわめて煩雑となり不便である。そのことから，将来にわたって継続的に発生する不特定多数の債権を予め，一定の極度額を限度として一括して担保する特約のある抵当権として発展したのが根抵当権である。

　根抵当権は，明治34年・35年の大審院判決で，その有効性が認められ，学説もこれを承認してきたといえるが，明文規定が置かれていなかったため，根抵当権の意義，効力等に関して解釈上の疑義が生ずることが少なくなかった。また特に第二次世界大戦後，銀行取引が増大するなかで，包括根抵当と呼ばれる根抵当が広く用いられるようになったが，昭和30年6月4日の法務省民事局長通達[1]によって，包括根抵当は無効とされ，登記の申請が受けつけられなかったことから，包括根抵当の効力をめぐって，さまざまな見解の対立を生み，実際の根抵当取引に支障を生ずるおそれまででるに至る。

　このような混乱期を経て，根抵当権は，昭和46年の民法改正[2]において立

---

[1]　昭和30年6月4日民事甲第1127号民事局長通達『先例輯追加篇Ⅰ』（法務省民事局，1957）。

法化されることとなる。そこでは，根抵当権に関する解釈上の争いについて立法による解釈を図るため，根抵当権設定が不特定債権を担保するものであることを明確にした上で，それに伴う細部の問題に対処するため合計 21 条もの条文を民法 398 条の 2 以下に設けたのである。

しかし，根抵当権が立法化された後もなお様々な点において解釈上の争いが生じており，そのなかでも，特に根抵当権の被担保債権の範囲については重要な論点となっている。学説上，根抵当権の被担保債権の範囲をめぐっては，根抵当権の性質論，とりわけ担保物権の通有性である附従性の原則を，根抵当権においてどのように考えるかという観点から議論がなされてきたといえる。また，この問題について，最も激しい議論がなされたのは包括根抵当権についてである。そのようなことから，本稿では，根抵当権における附従性の原則に関する判例・学説の概要を辿りながら，特に包括根抵当権について考察してみたい。

2　昭和 30 年法務省民事局長通達以前の議論

(1)　大審院時代の判例

根抵当権は，大審院時代において既に銀行および商人間において慣行として広く行われていたようであり[3]，大審院もその有効性を認めていた[4]。

大審院明治 35 年判決[5]は，根抵当権の性質について「将来ニ於テ発生ス可キ債務ヲ償還スルコトノ担保トシテ前以テ抵当ヲ設定シ置ク所ノ行為ナリ」とし，根抵当権をもって将来発生する債権を担保するものとしている。そしてその根抵当については，①極度額を登記することで，第三者に損害を与えるものではないこと，②慣例として広く認められたものであること，③将来の債権を目的とすることは民法のほかの規定においても認められていること[6]を理由とし，実質的な見地から根抵当権の有効性を認めていたといえる[7]。本判決では，根抵当権の附従性について直截の論及はなされていないが[8]，この点について

2　民法の一部を改正する法律（昭和 46・6・3 法律 99 号）。
3　大判明治 34・10・25（民録 7 輯 9 巻 137 頁）の判決文のなかにこのような記述がある。
4　高木多喜男「抵当権の被担保債権」『不動産法大系第 2 巻担保』（青林書院新社，1971）385 頁。
5　大判明治 35・1・27 民録 8 輯 1 巻 726 頁。

2 昭和30年法務省民事局長通達以前の議論

鈴木博士は，大審院は，根抵当権を将来の債権のための抵当権の一種と解していることから「根抵当権は，この将来の債権に対しての附従性を有する」と解していたのではないかとの見方を示されている[9]。

その後も，大審院判決は，根抵当権をもって将来債権のための抵当権の一種とする立場を維持するものの，通常の将来債権のための抵当権との違いを意識した記述がみられるようになる。

大審院昭和8年判決[10]は，根抵当権が普通抵当権と異なるところとして，普通抵当権では被担保債権が抵当権設定時に特定しているのに対し，根抵当権における被担保債権は，「常ニ増減変動シ其ノ決算期ニ至リ始メテ担保セラルベキ債権ノ特定スルニ至ル」点にあるとする。そのうえで，単なる将来債権のための抵当権については，抵当権の設定当時に被担保債権が特定していることから有効であるが，根抵当権においては，その特定の目的が，既存の債権を特定債権として担保する趣旨ではなく，将来の決算期における債権の一定限度額を担保するものであることから，その債権が現存しないことは根抵当権の設定を害するものではないと判示している。

また，大審院昭和10年判決[11]では，「根抵当権ハ将来ノ債権ヲ担保スルモノ」としながらも「当座貸越契約手形割引契約等将来ノ債権ノ発生ヲ期待シ得

---

6 本判決では，具体的に次のような規定をあげて説明している。「之ヲ民法其他ノ法令ニ照スニ一モ抵触スル規定ナシ無キ而已ナラス民法中其第六百二十九条労務者ヨリ使用者ヘ身元保証トシテ担保ヲ供シ置クコト又第六百三十八条ノ場合ニ於テ工作物若クハ地盤ノ瑕疵ニ付テ一定ノ期間担保ヲ供シ置クコト又第九百三十三条被後見人保護ノ為メ親族会ニ於テ後見人ヨリ担保ヲ供セシメ置クコト等ノ如キハ民法ノ規定ヲ以テ孰レモ明カニ抵当ヲ設定シ得ルコトヲ認メラレタル場合ナリ而シテ是等ノ場合ハ皆ナ将来ニ於テ時々発生ス可キコトヲ予想シタル未定ノ債務ヲ担保スル為メ予メ抵当ヲ設定シ置クモノナルカ故ニ是等ノモノト其類ヲ同フスル根抵当ハ民法ノ法理ニ依ルモ亦類推適用ヲ以テ有効ト認メラレ裁判上有効トシテ保護セラルヘキモノタル愈以テ明確ナリ」としている（ただしここでの933条の規定は旧法の規定である）。

7 同趣旨のものとして，小林資郎「根抵当」『民法講座3物権(2)』（有斐閣，1984）219頁がある。

8 中島博士は，大審院の判決は，慣習法又は法律行為自由の原則により根抵当の有効性を肯定したものであり，抵当権の附従性に全く触れていないことを批判されている。中島玉吉「根抵当論」法学協会雑誌33巻3号（1929）5-7頁。

9 鈴木禄弥『根抵当法概説』（新日本法規出版，1973）3頁。

10 大審院昭和8・12・2民集12巻2804頁。

11 大審院昭和10・12・24民集14巻2121頁。

ヘキ基本タル法律関係ノ存スル場合ニハ之ヲ設定シ得ルモノナリ」とし，その場合には「其ノ被担保債権ハ基本関係カ終了シタル場合ニ於テ始メテ確定シ根抵当権者ハ終了当時現存スル債権ニ付設定行為ヲ以テ定メラレタル限度内ニ於テ其ノ権利ヲ行フコトヲ得ルモノナリ」としている。

以上のように，昭和8年，10年の大審院判決では，根抵当権を将来債権のための抵当権の一種ととらえながらも，普通の将来債権のための抵当権は，その被担保債権が抵当権設定当時に特定されており，そのことから特定の債権を担保するものであるが，根抵当権は将来増減変動する一団の不特定の債権を担保するものであることから，その被担保債権が決算期までは特定されないという特殊性をもつものと解していたといえる。さらに，昭和10年判決では，根抵当権は将来の債権を発生させる継続的取引契約，いわゆる基本契約が存在する場合にのみ成立する権利であるとし，根抵当権における被担保債権の範囲は，いわゆる基本契約によって限定されるものと解されていたといえる。

(2) 学説

根抵当権に関する初期の学説は，大審院の判例と同様に，根抵当権の特質を将来債権のための抵当権の一種と解したのであるが[12]，根抵当権設定時に現実に存在していない債務を担保することをどのように解するかという点において見解が対立していた。

㈦ 停止条件付債務担保説

この見解は，根抵当をもって，停止条件付の債務を担保するものと解する。梅博士は，根抵当においては，まず抵当権設定当事者間に与信契約が締結され，受信者は「若し信用契約に基いて借入金を為したらば」という条件付債務を負担することになるとされ，このような条件付き債務も，民法129条によって通常の債務と同様に担保することが可能であることから，その条件付債務を担保するものが根抵当であるとされる[13]。そして，この見解では，現実に抵当権が存在するに至るまでは，仮登記によってその権利を保全しうるにとどまるとし，「借入金を為したらば」という条件が成就して，消費貸借が成立したときに，抵当権設定契約は主たる債権と共に効力を生じ並びに抵当権を生ずるとされる[14]。

---

12 鈴木禄弥「包括根抵当権の有効性について」財経詳報31号（1956）7頁。
13 梅謙次郎「根抵当を論す」法律新聞55号（1901）1頁。
14 梅・前掲注（13）2頁。

しかし，この見解に対しては，通常の条件付法律行為においては，その法律行為はすでに成立しており，条件が成就することによって，その効力である権利義務が発生するのであるが，根抵当の場合においては，その担保すべき債権の発生原因たる法律行為，すなわち金銭の借入行為は未だ成立していないのであり，そのことからすれば，条件付き債務も未だ存在していないといえ，これを担保するとは言えないのではないかとの批判がなされていた[15]。

(イ) 信用債務担保説

この見解は，根抵当権は将来発生する債権を担保するものではなく，根抵当権設定時に現実に存在している信用債権を担保するものであるとする[16]。

この見解によれば，信用開始契約においては，その直接の取引対象は信用そのものであって，信用開始契約の締結により，受信者は信用をうけることから，実際においては債務者となり，その受けた信用を担保するために設定するのが根抵当であるとされる。そのことから，抵当権の効力が生じるためには担保とされる債権が発生していることを必要とせず，信用開始契約が成立することによって，担保とされる債権が発生し，それと同時に，根抵当権は効力を生じるとする[17]。

しかし，この見解に対しても先の見解に対するのと同様に，ここで言われている与信契約は，法律上，結局一種の消費貸借の予約にすぎないのであり，根抵当権によって担保すべき債権は未だ発生していないのではないかとの指摘がなされている[18]。

---

15 この点について中島博士は，条件付き債務と将来の債務とは異なるものであり，信用契約は，消費貸借の一方的予約にして，与信者には，何等の義務をも生じないと批判されている。中島・前掲注(8) 12-14頁。三潴信三『全訂担保物権法』(有斐閣，1927) 315-317頁も同旨。

16 横田秀雄『物権法』(清水書店，1926) 700頁。

17 横田・前掲注(16) 701頁以下。

18 中島・前掲注(8) 15-17頁，三潴・前掲注(15) 313-315頁。

19 岡松博士によれば，根抵当とは，将来の借入による被担保債権の成立を停止条件とする質権及び抵当権の設定行為であり，条件成就までは，条件付の質権あるいは抵当権しか存在しないとされる。岡松参太郎「質疑」内外論叢5巻3号(1906) 171頁。石坂音四郎「根抵当論」『民法研究 改纂上巻』(有斐閣，1933) 513頁以下(初出「根抵当論(1)～(4)」法協34巻1号・4号・7号・10号(1916))，富井政章『民法原論第二巻』(有斐閣，1923) 460頁以下，山下博章『担保物権法論』(巌松堂書店，1928) 196頁も同様の見解をとられている。

(ウ) 条件付抵当権設定説

　この見解は，根抵当権を設定することは，将来債権の発生によって効力を生ずべき停止条件付きの担保権設定契約を締結することであるとする[19]。

　すなわち，根抵当権は，信用契約に基づいて「借入をなしたならば」という条件をもって担保権を設定するものであり，後日，その条件が成就し，消費貸借が成立したときに，抵当権設定契約は主たる債権とともにその効力を生じ，担保権が発生するとされるのである[20]。

　この見解と，先の(ア)停止条件付債務担保説とは次の点において解釈を異にする。(ア)の見解では，被担保債権を条件付きとすることで，将来発生する債権を現在すでに存在している債権と擬制し，そのことから抵当権の附従性に反しないとする。これに対し，ここでの見解は，根抵当権設定契約そのものが条件付きであることから，抵当権の附従性には矛盾しないとするのである。

　この見解に対しては，担保権の附従性をあまりに狭く解するものであり，さらに民法上，条件と称するのは，当事者が任意に法律行為に付したるものに限るのであって，それと異なる仮装条件に真の条件に関する規定を準用し又はその効力を認める場合については，民法は別に規定を設けているのに対して（131条乃至134条），根抵当等にはこのような規定はおかれていないとの指摘がなされている[21]。

(エ) 将来債権担保説

　この見解によれば，もともと民法396条の債権には将来債権も含まれると解し，抵当権を債権に先立ちて設定することは可能であり，将来の債権について，抵当権を設定することも，抵当権の附従性の性質と矛盾するものではないとする[22]。

　この見解では，民法その他の法律は，いたるところで将来債権の担保を前提とした規定をおいており，根抵当について特別の明文がおかれていないとしても，将来債権の担保とすることに別段の支障はないとする[23]。そして，根抵当権は，将来生ずべき債権を担保するために，現在において抵当権を設定する行

20　富井・前掲注（19）460-461頁。
21　中島・前掲注（8）17頁以下。
22　三潴・前掲注（15）322頁以下。中島・前掲注（8）23頁以下。
23　中島・前掲注（8）27-33頁。
24　中島・前掲注（8）32-33頁。

為であるとし，したがって抵当権はその設定と共に効力を生じ，直ちに本登記を為すことができるとする[24]。

ただし，この見解における将来債権とは，少なくとも将来において債権を発生すべき客観的事実関係が既に存在しているものであることが必要であるとされており，具体的には，不在者の財産管理，後見人の被後見人の財産管理，他人の占有を妨害する危険ある工作物の設置のようなものを指すとされている。すなわち本見解では，客観的事実関係をいわば包括的な発生原因として，そこから生ずる債権に対し根抵当権の設定がなされると考えられていた[25]。

以上のように，初期の学説は，根抵当権の特質を将来債権の担保の一種と解し，未だ発生していない債権に対する根抵当権の附従性をどのように説明するのが妥当であるのかという観点から議論がなされた。しかし，同時代に，消費貸借において金銭の授受に先立って設定された抵当権の効力をめぐって，数多くの判例が，被担保債権と抵当権の同時発生ないし同時併存を要件とせず，消費貸借に先立つ抵当権設定の効力を認めてきたことから[26]，将来債権を被担保債権とすることに関する議論は，次第にみられなくなる[27]。しかし，ここでの初期の学説は，その後の根抵当権の被担保債権の範囲に関する議論，とりわけ包括根抵当の有効性に関する議論について重大な影響を及ぼしたものと思われる。この点について，我妻博士は，根抵当権の性質を将来の債権ないし条件附債権のための抵当権と理解する学説を評して，そこには次の二つの問題が含まれているとされる。1つは，根抵当の被担保債権については，将来成立する一個の特定のものではなく，後見人の任務懈怠とか，労務者の契約違反などという，包括的な発生原因とするものもあるが，被担保債権を発生させる原因たる法律関係の存在が考えられており，その点において，抵当権の成立における附従性が棄てられていないこと。もう1つは，成立における要件に注意が奪われて，一度担保される状態になった債権が消滅しても，担保権は消滅も減少もしないで存続し，その後に生ずる債権を担保するという特色が見失われているこ

---

25 中島・前掲注（8）33-34頁。
26 大判明治38・12・6民録11・1653，大判明治40・3・25民録13輯321頁，大判明治43・10・14民録16輯684頁，大判大正2・5・8民録19輯312頁，大判大正14・9・24民集4巻470頁等。
27 高木・前掲注（4）386-387頁。
28 我妻栄『新訂 担保物権法（民法講義Ⅲ）』（有斐閣，1968）465-466頁。

とであるとされる[28]。そして，前者の問題は，根抵当権の成立要件としていかなる法律関係を必要とするかの議論として，いわゆる包括根抵当の効力に連なるものであるとされ，後者の問題は根抵当権を設定し得る被担保債権の範囲の問題として，以後の根抵当に関する議論に現れることになるとされる[29]。

3　包括根抵当の効力をめぐる論争

(1)　昭和30年法務省民事局からの通達

　根抵当権の法律的性質については，先にみたように学説上の対立はあったものの，判例・学説は一貫してその有効性を認めてきたといえる。

　その後，日本が高度経済成長期をむかえ，銀行と企業間での継続的な与信取引が増大すると，当座貸付契約のほかにも，手形割引，手形貸付など広範な債権を担保する必要が銀行側に生じることとなる[30]。そのことから，銀行実務では，取引において将来発生するであろう他の債権に対して優先的な地位を確保するため，「当座貸付契約等の銀行取引から生ずる債権その他一切の債権を極度額の範囲内で担保する」という形式の「包括根抵当」が広く利用されるようになる。

　そのようななか，昭和30年，東京法務局長から「現在および将来において発生すべき一切の債務を担保する旨の根抵当設定契約（基本的債権契約のない）による登記の申請は受理出来ないものと考えますが，如何でしょうか。」との照会がなされたのに対して，法務省民事局長から，「被担保債権を特定せしめるに足りる当座貸越契約等の基本契約が存しないで，単に現在及び将来の一切の債務を担保する旨の根抵当権の設定契約は，有効のものと解することはできないから，所問の登記申請は受理すべきでない」との回答および通達が出されたことから，包括根抵当の有効性をめぐって，実務において大きな混乱が生じることになる。

　そして，この民事局長通達以降も，下級審では包括根抵当の有効性を肯定したことから[31]，当時の学界・実務界において，包括根抵当の有効性をめぐり激

29　我妻・前掲注 (28) 465-466頁。
30　このような信用に関連する法現象を分析したものとして，清水誠「企業をめぐる信用と担保制度」『岩波講座　現代法9』(岩波書店，1966) 171頁以下が参考となる。

しい議論が展開されることになり，それと関連し，改めて根抵当権の法律的性質，特に附従性の原則との関係が論じられることになるのである。

(2) 包括根抵当の効力に関する学説

　包括根抵当の効力に関する議論は，根抵当権も担保物権の通有性である附従性の原則，とりわけ「成立の附従性」が必要であるとの考えを前提として，担保権設定契約において被担保債権を定める必要があり，それをどのように定めればよいかということが問題とされた。より具体的には，根抵当権は，当事者間に将来の債権を発生させる継続的取引契約，いわゆる基本契約にもとづいて生じる債権を担保するものであると考えられ，その基本契約が，どの程度のものであれば被担保債権の範囲が定められるか，言い換えれば，基本契約との関係で，根抵当権の担保する個々の具体的な債権の発生可能性は，どの程度のものでなければならないかということについて見解が対立したのである。

　学説は，根抵当権の担保する個々の具体的な債権の発生可能性は，客観的に存在する必要があるとする客観説と，発生可能性は当事者の主観において存在すれば足りるとする主観説とに大きく分かれており，客観説はさらに債権発生の可能性が法的・客観的に存在する必要があるとする説と，事実的客観的に存在すれば足りるとする説とに分かれて議論がなされた。

(ア) 法的客観説

　債権発生の可能性が，基本契約という形で法的・客観的に存在する必要があ

31　その代表的なものとして東京高決昭和32・7・17（下民集10巻5号292頁）では，抗告人は，①自動車事故による不法行為による損害賠償債務の例を挙げ，たまたま債務を負うこととなった「偶然的債務」も，被担保債権に含まれるのは不合理である，②担保されるべき債権の発生可能性は無限であり，そのような債権全てに根抵当権が成立する場合，設定者はいかなる債権が発生するかを予測できない（被担保債権を特定できない）ことから著しく不安定な立場におかれることになる，③被担保債権を特定できないことから，実際には必要のない極度額が設定された場合，担保目的物について設定者が，新たに抵当権を設定することができず，不動産金融の障害になるという抗告理由を主張した。これに対し裁判所は，根抵当権では，根抵当権の極度額を定めることが有効要件とされており，この極度額と，債権についての利息履行遅延の場合の損害金の特約など，根抵当権の効力のおよぶ限度を確定するに必要な事項を登記することによって第三者に損害を与える恐れは生じないこと。また当事者は，抗告理由にあるような内容を承知して包括根抵当を設定したものであり，それは私的自治，契約自由の原則からいってもその効力を否定されるものではないとした。

るとしながらも，基本契約は，与信供与の権利義務を負うものでなくてもよいとする見解である。

　香川元判事は，まず根抵当権の成立についても附従性の充足を必要とするのであり，その附従性充足の程度，態様としては，根抵当権の設定当時において，被担保債権の発生原因である継続的取引契約（基本契約）その他の法律関係が存在していなければならず，当該根抵当権によって担保されるのは，当該根抵当権の基礎たる基本契約その他の法律関係から生じた債権に限るとされる。そして，この場合の基本契約は，債権者において信用を供与する法律上の義務を負っているもの（たとえば，融資を拒否した場合，債務不履行による損害賠償責任が発生する）であることを要せず，当該根抵当権によって担保される債権の発生原因が特定していること，換言すれば，根抵当権の設定契約において，被担保債権の発生原因が約定の基本契約ないし法律関係によって，明確に特定されたものであれば足りるとされる[32]。

　この見解によれば，法務省の通達と同様に，当該根抵当権において担保される債権の発生原因が特定していないような包括根抵当については，その効力が否定されることとなる[33]。

(イ)　事実的客観説

　債権発生の可能性が，事実的・客観的に存在すれば足り，必ずしも基本契約の存在を要しないとする見解である。

　加藤博士は，根抵当によって担保される債権関係は，いわば二重の構造をもっているものとされ，その第一は，与信契約のようないわゆる基本契約から生ずる一つの包括的な債権関係であり，第二に，その基本的関係から発生する個々の具体的な債権であるとされる。そして，第二の個々の具体的な債権発生の可能性という点からは，債権発生の客観的基準を基本契約，たとえば一定の与信契約の存在という点におくならば，かりに与信者側に当然の融資義務がない形になっているとしても，いちおうそこに定めた極度額までの債権の発生の可能性が客観的に存在するといえ，さらに，第一の点もあわせて考えるならば，「基本契約に基づく包括的債権関係の担保という点に根抵当の附従性を認めた

32　香川保一『改訂担保』（金融財政事情研究会，1966）655頁。
33　加藤一郎「包括根抵当契約有効か」ジュリスト107号（1956）14頁。
34　加藤・前掲注（33）16頁。
35　加藤・前掲注（33）20頁。

い」とされる34。そしてそこでの基本契約は銀行取引契約，手形取引契約等の程度の限定を有するものであれば十分であるとされている35。

　加藤博士がこのような見解を主張される理由として，「銀行取引契約という形でいちおう与信契約を締結するならば，融資義務が法律的にないものであっても，銀行としてはいちおう慎重な態度をとり，ある程度までは自制することが期待され」ること。また，「銀行取引ということで限定すれば，不法行為による損害賠償債務，売買契約上の債務，銀行が第三者から取得した債務者に対する債権など，根抵当権で担保することの合理的ではない債務は，被担保債権から除外されることになる」などの理由を挙げられている36。

(ウ)　主　観　説

　債権発生の可能性が当事者の主観において存在すれば足りるとする見解である。

　西原博士は，法務省民事局の通達が「手形取引契約」とか「銀行取引契約」などが基本契約に該当しないとする根拠は，被担保債権が特定せず，しかも，根抵当権設定当時，その被担保債権の発生の客観的な可能性が存しない，という点にあるとされたうえで，なぜ可能性に拘る必要があるのかを問題とされる37。そして，その可能性をもって，債務者が一方的に融資を請求する権利のある法律関係とするのなら，法定な可能性と認められるが，そこまで徹底しないならば，事実的可能性と解しても五十歩百歩であり，根抵当は，経済的需要を尊重して，判例が承認発展させたものであることからも，可能性があると考えればこそ根抵当権を設定するのだから，可能性の有無の判断は，当事者の自治に任してよいとされる38。

　この主観説の立場からすれば，被担保債権を「一切の債務」とした場合でも，当事者がそれを被担保債権発生の可能性ありとして設定したと考えられることから，理論上は「包括根抵当」も有効と考えられることになろう。

　鈴木博士は，この説をとるのが妥当であるとされながらも「その被担保債権の不特定性をその本質とし，普通の将来の債権のための根抵当と割然と区別さるべきものであって，根抵当権については，厳格な意味での抵当権の附従性の

36　加藤・前掲注（33）18頁。

37　西原寛一「基本契約のない将来の債務を担保する根抵当権」金融法務事情98号（1956）153頁。

38　西原・前掲注（37）153頁。

原則は完全に破られて」おり，包括根抵当を無効とするか有効とするかは付従性の問題から論理演繹的に導かれるものではないとされる。そして包括根抵当の有効性については，実際的に包括根抵当を認むることの利害得失から検討する必要があるとされる[39]。

(3) 包括根抵当における附従性と弊害の有無

すでにみたように，包括根抵当の効力の問題は，根抵当権の被担保債権の範囲をどのように設定するかを中心に議論されたのであるが，そこでは二つの問題が混在した状態で論じられてきたものと思われる。1つは，根抵当権の成立における附従性の問題，そして，もう1つは，包括根抵当を認めることの弊害の有無である。これらの問題は，先に鈴木博士が指摘されたように，それぞれ別個のものとして区分して考察されるべきものといえ，本稿では，これらの問題を，(ア)根抵当権における附従性の問題と(イ)包括根抵当を認めることでの弊害発生の有無ということを分けて学説の見解を整理しておきたい。

(ア) 根抵当権における附従性の問題

柚木博士は，根抵当権の附従性について「通常の将来の債権のための抵当権においては単純に付従性との調和が問題となるにすぎないが，根抵当においてはこれに加えて特定性との調和の問題が重要な課題となる。」[40]と指摘されている。

さらに林博士は，特定の概念は多義的な意味をもつものであるとしながらも，根抵当権の附従性においては，「特定は債権の個性が決定されていることであり，確定は最終的に被担保債権たることが確定することである」とされ，特定の意味を「特定＝確定」と理解される。そのうえで，「根抵当と区別される将来債権の担保は，現に成立しない現存の債権ではないが特定の債権を担保するものであり，したがって特定＝確定もしているに対し，根抵当ではどの債権が被担保債権として特定＝確定するのか未定であることに特長がある」とされる[41]。

柚木博士・林博士の指摘にあるように，通常の将来債権のための抵当は，その被担保債権が抵当権設定時に特定されており，そのことから特定の債権に対

---

39 鈴木・前掲注（12）7頁。
40 柚木馨『担保物権法』（有斐閣，1958）216頁。
41 林良平「〈共同研究〉根抵当法試案に関する検討と提案 第一部総論 根抵当立法化の附従性理論」法律時報40巻12号（1968）13頁。

する附従性を問題とすればよいのに対し，根抵当権では，発生・消滅を繰り返しながら入れ替わる不特定の債権を担保するものである。そのことからすれば，林博士が指摘されたように，根抵当権では，どの債権が被担保債権として特定＝確定するのかは未定なのであり，したがって，「特定性」の観点から考える場合，通常の抵当権において必要とされる「成立における附従性」は根抵当においては不要と解さざるをえないことになるであろう[42]。

そして，包括根抵当の効力に関する議論においては，先にみたように当事者間に将来債権を発生させる継続的取引関係，いわゆる基本契約と，そこから具体的に発生するであろう個々の債権との関係が注目され，それを基礎として議論がなされた。そこでは，本来は被担保債権の特定の問題であったものを，担保される債権の発生原因が基本契約において特定されているかと否かという問題に置き換えて，そこに根抵当権の「成立における附従性」を見出そうとしたものと考えられる。しかしこのような考え方に対しては，鈴木博士から，「抵当権の附従性なるものは，元来，債権との関係において考えられてきたものである。（……省略……筆者）しかるに，ここで突然に，契約に対する附従性ということをいい出すに至ったのは，いわば，問題のすりかえなのである」との批判を受けることになる[43]。

(ｲ)　包括根抵当を認めることで生じると考えられる実質的な弊害の有無

包括根抵当の効力の問題については，先にみたように主として抵当権の本質的属性とされる附従性との関係から議論がなされたのであるが，それとともに根抵当権の登記と関連して包括根抵当の有効性を認める場合に生じるであろう実質的な弊害が懸念されたことも重要である。

包括根抵当を認める場合に生じると考えられる実質的な弊害をまとめると以下の三点となろう。第一は，包括根抵当権者側が，優勢な立場を利用して，不当に高額な極度額を設定する場合，設定者の不動産担保価値の効率的利用が妨げられることになること。第二に，包括根抵当を認めると，その担保される債権のなかには，不法行為や不当利得に基いて発生する債権等，偶発的債務も担保されることになり，そのことは抵当権制度の経済的存在理由およびその歴史的沿革にはふさわしくない。第三に，設定者の信用状態が悪化した場合，担保

42　我妻・前掲注（28）471頁。
43　鈴木・前掲注（9）4頁。

価値に余裕のある包括根抵当権者は，第三者が設定者に対して有している債権を安価で譲り受け，担保目的物から回収することで不当な利益を得るおそれがあり，そのことは設定者および他の一般債権者を害するおそれがあることである[44]。

しかし，これらの見解に対しては，次のような反論がなされている。まず，そもそも根抵当権の有効性を認めてきたこと自体が，附従性や特定性を相当の程度まで緩和してきているのであり，商取引の需要とそこにおける当事者の意思を尊重し，抵当権の存在目的に反しない範囲で最小限度の附従性を要求すればよく，さらには第三者に損害を与えない程度まで特定性を緩和すべきではないかとの主張がある[45]。そして，この見解においては，登記法上，被担保債権の特定のためには極度額を記載し，登記原因として単に根抵当権設定契約のみを記載すれば足り，それに併せて基本契約の記載の要はないとされる[46]。また，後順位抵当権者その他の債権者の地位の安定も，債権極度額の登記によって充分に保障されるのであり，不法行為債権のような偶発・不定の債権は解釈によって被担保債権より除外することが充分に可能であるとの見解も主張されている[47]。

4　現行法における根抵当権

(1)　根抵当法の成立（民法の一部を改正する法律（昭和46・6・3法律99号））

　昭和30年の法務省民事局通達によって，それまでに議論のあった包括根抵当の有効性に関する問題が表面化することになり，学説が激しく対立するとともに，取引実務にも重大な混乱をきたすことになる。

　そのようなことから，従来慣習に基づく判例法によって処理されてきた根抵当権の法律関係の立法化が，主として昭和30年以降に，明確な形で議論されるようになり，昭和46年の民法の一部改正によって，根抵当権に関する条文が民法に追加されることになる[48]。新たに立法された現行民法398条の2第1

44　包括根抵当論の無効論の根拠として，川島一郎「根抵当権に関する立法上の問題点（上）」商事法務研究319号（1964）3頁以下，香川・前掲注（32）653頁以下が詳しい。
45　林良平編『注釈民法 (8)』（有斐閣，1965）249-250頁［柚木馨，高木多喜男］。
46　林良平・前掲注（45）250頁［柚木馨，高木多喜男］。
47　鈴木・前掲注（12）7頁以下。

項は、「抵当権は、設定行為で定めるところにより、一定の範囲に属する不特定の債権を極度額の限度において担保するためにも設定することができる」と規定し、根抵当権は「不特定の債権」を担保するものとした。そのことより、根抵当権は、少なくとも担保権設定時における被担保債権への附従性（いわゆる「成立における附従性」）を不要とし、被担保債権への附従性については、優先弁済実現の段階でのみ認められればよいとする立場をとったものと理解することができる[49]。

さらに、根抵当権は「不特定の債権」を担保するとしたことからすれば、包括根抵当を認めることも可能であったといえるが、民法398条の2の第2項、第3項で、根抵当権の被担保債権の定め方を「特定の継続的取引契約」あるいは「一定の種類の取引」から生ずる債権と限定したことから、法文上は包括根抵当権は認められない趣旨であると解される。

根抵当の被担保債権が上記のように限定された理由については、政策的考慮から、包括根抵当を認めることで、担保権者が不必要に多数の極度額を定め、不合理な経済的支配関係を生ずるおそれがあることが考慮されたとの指摘があるように[50]、抵当権の附従性の原則から論理的に導かれたのではなく、包括根抵当を認めた場合に想定される実質的な弊害に対処するためであったとの見解が有力である[51]。

昭和46年の根抵当権の立法化では、学説から特別法形式の方が無難であるとの見解も主張されたが[52]、根抵当権は民法の一部改正という形で、民法のな

---

48 根抵当の立法過程に関する文献は膨大であるが、特に全体的な視点で書かれたものとして、高木多喜男「根抵当と民事立法学」法律時報53巻14号（1981）70頁以下、同・前掲注（4）385頁以下、清水誠「根抵当立法における基本的問題点」法律時報40巻12号（1968）4頁以下を挙げておきたい。また、昭和43年4月8日に法務省民事局参事官室において公表された「根抵当立法要綱試案」までの根抵当の立法に関する関係資料としては、法律時報40巻12号（1968）での「特集・根抵当法試案の検討」の45頁以下が詳しい。法律時報40巻12号では、その特集のなかで「〈共同研究〉根抵当法試案に関する検討と提案」として第一部「総論」、第二部「各論」第三部「討論」という形で「根抵当立法要綱試案」について、様々な角度からの検討がなされている。

49 柚木馨＝高木多喜男『担保物権法［第三版］』（有斐閣、1982）424－423頁。

50 我妻・前掲注（28）466頁。川井博士は、根抵当権者が、不正に債権を集めて、後順位担保権者などを害するおそれがあるためとされる。川井健『民法概論2物権［第2版］』（有斐閣、2005）420頁。また遠藤博士は、包括根抵当が認められなかったのは、附従性の論理からそのようにしたのではないと明確に述べられている。遠藤浩「根抵当における附従性」金融法務事情636号（1972）9－10頁。

かにとり込まれることとなる。そのことから，現行法における根抵当権の性質が，普通抵当との関係で，いかなる特色をもつものなのか特に抵当権の附従性の原則を現行法上の根抵当権ではどのように解すればよいかについて，改めて学説の見解をみておきたい。

(2) 根抵当における被担保債権の「特定」性の意義

根抵当権における被担保債権の特定性の意義について，高木博士は「根抵当は，不特定の債権を担保するものであるが，この場合に用いられる『特定』の意味と，根抵当権の『特定』性（被担保債権の）のそれとは異なる」とされ，「根抵当権の特定性とは，設定当事者に根抵当権が発揮する優先弁済的効力の範囲を，予め設定時に量的（極度額），質的（被担保債権の範囲）両面から特定（限定）せしめ，それが根抵当の内在的性質となっていることを指し，これに対して，根抵当が『不特定』債権を担保するとは，普通抵当とは異なり，設定時に特定した債権を担保するものではない，すなわち入れ替わり可能であるということを意味する。」とされる[53]。

(3) 根抵当権の附従性

根抵当権の附従性について，我妻博士は，「根抵当は，根抵当権者と設定者との間で，特定の不動産の担保価値の一定量（極度額）を優先的に把握する旨の合意によって成立する特殊の抵当権であって，普通の抵当権における附従性のうちの，成立における附従性，存続における附従性，消滅における附従性の三個の附従性を失い，ただ優先弁済を受けるについての附従性だけを保有する

---

51 鈴木博士は，包括根抵当について「念のためにいえば，従来はしばしば，附従性を否定することと包括根抵当を肯定すること（つまり，附従性を肯定することと包括根抵当を否定すること）とは表裏の関係に立つ，として説明されてきたが，それは正確ではない。このことは，新法において，上述のように，根抵当の付従性は否定されているが，しかも，包括根抵当は──政策的見地から──認められていないことからも，明らかである。」とされている（鈴木・前掲注（9）9頁）。また，我妻博士も，根抵当設定契約において「一切の債権を担保する」とした場合（包括的決定基準）にも，根抵当によって担保される債権の範囲を決定する基準になりうるが，新法は，立法政策上の考慮から，この基準は認めなかったとされている（我妻・前掲注（28）472頁）。

52 前掲注（48）・法律時報40巻12号「特集・根抵当法試案の検討　第三部討論」40頁〔椿発言〕。

53 高木多喜男『担保物権法［第4版］』（有斐閣，2005）257頁。

ものと解すべきである。」54 とされる。そして，「成立における附従性」が不要とされることから，根抵当権の設定は，根抵当権者と根抵当権設定者との間の根抵当を設定する旨の物権的な合意だけで成立するものであるとされる55。

さらに鈴木博士は，附従性の原則について，「根抵当権についても，権利実行における附従性のみは，存する，ということは根抵当権もまた，債権担保を目的とする物権つまり担保物権の一種であり，ドイツ法の土地債務 Grundschuld とちがって，債権とは——少なくとも法律上直接には——まったく無関係な純粋な価値権 Wertrecht ではないことを意味する」とされ，そして，「従来いわれてきた意味での附従性をもたない根抵当権が新法により抵当権の一種に加えられた結果，抵当権ないし担保物権一般の不可欠的性質の一つとして，従来の意味での附従性をあげることは，できないことになった，といわざるをえない。しかし，附従性などというドグマにとらわれなくても，§369 Ⅰの文言どおりに，『占有ヲ移サスシテ担保ニ供』せられた物件に付き，権利者に『他ノ債権者ニ先チテ自己ノ債権ノ弁済ヲ受クル権利』を与えるものとして抵当権を定義すれば，根抵当権をもこれに含みえて，十分であろう」とされている56。

また近時，道垣内教授は，附従性の原則について，「担保物権は，債権の担保を唯一の目的として存在し，独立の価値を有する権利ではない，という原則」であるとされ，「附従性が存在しないか否かは，債権の担保という目的を離れて，担保権が独自の価値を有するに至っているか否かで判断すべきことになろう」とされる57。そして普通抵当権には「成立における附従性」「消滅における附従性」があるが，根抵当にそれらが必要とされないのは，「たんに被担保債権の定め方が異なることから当然に生じることにすぎず，附従性の有無

54　我妻・前掲注（28）470-471頁。

55　我妻・前掲注（28）472頁。遠藤博士も我妻博士と同様に，新根抵当権の設定は，本質的には債権とは関係のない，根抵当権者と根抵当権設定者との単純な物権行為であると理解すべきであるとされる。遠藤・前掲注（50）8頁。また川井教授は，根抵当権は，「極度額という一種の枠を支配する独自の物権の性格をそなえている」とされる。川井健『担保物権法』（青林書院，1975）153頁。

56　鈴木・前掲注（9）9頁。これに対して，清水元検事は，新根抵当法の制定直後の逐条解説のなかで，根抵当の基本的特質について，確定前における根抵当権は債権に対する附従性を否定し，極度額を限度とする一個の独立した価値権として構成しているものということができるとされている（清水湛「新根抵当法の逐条解説（上）」金融法務事情618号（1971）10頁）。

57　道垣内弘人「普通抵当と根抵当」『民法の争点』（有斐閣，2007）150頁。

の問題ではないのではないか」とされている[58]。

(4) 確定根抵当の性質に関する学説

　既にみたように，現行法では，根抵当権の被担保債権は不特定の入れ替わる債権であるとされた。しかし，根抵当権の優先弁済的効力を発揮させるためには，その被担保債権が確定されなければならない。確定により，増減変動する不特定の被担保債権は，その流動性が失われ，その時点で存在する債権だけが被担保債権とされ，その後に発生する債権が被担保債権の特定基準に合致するものであっても，新たに被担保債権とされることはない。そのことから原則として確定後の根抵当権には，確定前の根抵当権に関する規定は適用されず，ほとんどの点において普通抵当権に関する規定が適用されることになっている。

　しかし，被担保債権との関係で確定根抵当の性質をどのようにみるかについては学説が分かれている。我妻博士は，元本が確定したのちも，根抵当については民法375条の適用はなく，担保される債権の利息・遅延損害金は，2年分に限られず，極度額まで担保されることから，普通抵当権に転化したとはいえず，その限りで根抵当権の性質をなお有しているとされる[59]。

　これに対し，鈴木博士は，375条は第三者保護のための政策的なものであり，普通根抵当権に375条のような制限を附さない立法も考えられることからすれば，確定根抵当権に375条の適用がないことをもって，普通根抵当の一種ではないということはできないとされ，確定根抵当なるものは，普通抵当権の一種である一部抵当の一亜種であるということができるとされる[60]。また近江教授も「根抵当の基本的性格が不特定債権の担保，すなわち枠支配にあるとするならば，『確定』後の根抵当権については，それまでの根抵当法理が一切適用されないわけであるから，普通抵当に属するものと考えるべき」[61]とされる。

　さらに，後順位担保権者など他に配当を受けるべき債権者が存しないとき，根抵当権者は，確定された被担保債権とそこから発生する利息，遅延損害金の全額について弁済（配当）を受けることができるかという点についても，学説の見解は分かれている。

58　道垣内・前掲注（57）150頁。
59　我妻・前掲注（28）542頁。
60　鈴木・前掲注（9）391-392頁。
61　近江幸治『民法講義Ⅲ　担保物権［第2版補訂］』（成文堂，2007）251頁。

この問題について，債務名義を伴わない根抵当権の実行には限界があり，また根抵当権は極度額という枠支配権としての性質をもつものであることから，根抵当権者が極度額を超えて弁済をうけることを否定する見解がある[62]。

これに対して，根抵当権の元本が確定した後は，それまでの根抵当法理が一切適用されないことから，普通抵当権に転化したと考えられることを前提に，375条の解釈と同様に解し，後順位抵当権者や一般債権者が存在しない場合であり，かつ抵当不動産の所有者が被担保債権の債務者には，根抵当権者は極度額を超えて弁済を受けることができるとする見解がある[63]。

5　おわりに代えて

本稿では，特に担保物権の通有性とされる附従性の原則を中心として，根抵当権に関する学説を概観したが，最後に包括根抵当について若干の考察を試みたいと思う。

椿博士は，現在椿民法研究塾にて，民法の規定と異なる契約，つまり特約を結んだ場合に，その特約は問題の規定を排斥し，あるいは内容を変更できるかという問題設定をなされ，強行法・任意法をどう捉えるかという観点から共同研究をされている[64]。本節では椿博士の問題意識に依拠し，現行法において根抵当権設定契約で「包括根抵当の特約」がなされた場合，その特約の効力をどのように考えればよいのかという視点において，現行根抵当権制定以降の包括

---

[62] 川井・前掲注（50）423頁。同旨，船越隆司『担保物権法第三版』（尚学社，2004）304頁，石田穣『担保物権法』（信山社，2010）534頁。

[63] 近江・前掲注（61）239頁。この問題については，確定根抵当権を任意弁済により消滅せしめるには，第三取得者・物上保証人は，極度額の支払いで足りる（398条の22）のに対して，債務者たる設定者は，全債務の弁済を要することとの権衡で，債務者が抵当不動産の所有者であれば，根抵当権者は全債務について配当を受け得ると解するのが妥当であるとする見解も主張されている。高木・前掲注（53）262頁。

[64] 椿寿夫「民法の規定と異なる合意・特約の効力序説」法律時報84巻4号から連載を開始され，法律時報86巻8号で終了した。現在学習参考用として，椿寿夫編著『強行法・任意法でみる民法』（日本評論社，2013）が出版されており，研究版の刊行も予定されている。

[65] 筆者も，椿・前掲注（64）のなかで，「包括根抵当の特約」のテーマにて共同研究の機会を与えていただいた。そこでは，根抵当権の立法過程から，包括根抵当の特約は一律無効との結論を述べたが，後述するように，本稿を執筆するなかで若干考えが揺らいでいる。

根抵当に関して若干の検討を試みたい[65]。

　清水元検事は，新根抵当法の制定直後の逐条解説のなかで，根抵当の基本的特質について，確定前における根抵当権は債権に対する附従性を否定し，極度額を限度とする一個の独立した価値権として構成しているものということができるとされ，根抵当の独立性を強調されている[66]。

　香川元判事は，対談のなかで，根抵当立法当時，法制審議会での議論の参考資料を作成するにあたり，包括根抵当を立法で認める場合に生じるであろう問題点を，どう解決すればよいかを整理したとされ，「それらの問題点をクリアーさえすれば，包括根抵当を認める形での立法は必ずしも不可能ではないと，そのつもりで資料を作った」とされており[67]，ここでは包括根抵当権は，抵当権の本質から否定されるべきものではなかったとの趣旨がうかがわれる。

　また，すでにみたように現行法上，包括根抵当は政策的見地からその効力が否定されたとする見解が多数であり，学説上議論があった「成立の附従性」から，その結果が導かれるのではないと考えられる。

　また，現行法上，根抵当権の被担保債権の範囲は，民法398条の2第2項，第3項で定められ，その決定基準として398の2第2項で「特定の継続的取引契約」あるいは「一定の種類の取引」から生じた債権とされるのであるが，具体的にどのようなものが当該取引によって発生した債権といえるかについて基準は明確とは言えないであろう[68]。

　この点について継続的取引契約における具体的な範囲が問題となった判例がある[69]。この判決では，登記簿記載名称が「手形取引契約」又は「手形割引契約」となっている場合において，手形要件または権利手形の欠缺により行使さるべき手形上の債権が，根抵当の被担保債権の範囲に含まれるかが問題とされた事案において，これらの登記簿上の記載から特定される契約において当該根抵当権により担保せらるべきものとして当事者間に合意された債権は，原則としてすべて当該根抵当権の被担保債権の範囲に属することを根抵当権者において第三者に対し主張することができるものと解すべきであり，第三者に対し主

---

[66] 清水湛「新根抵当法の逐条解説（上）」金融法務事情618号（1971）10頁。
[67] 「特集Ⅰ＝根抵当法20年の検証〈座談会〉①根抵当実務の諸問題とその法的検証」金融法務事情1342号（1993）10頁［香川発言］。
[68] 登記実務の取扱いに関しては，鈴木・前掲注（9）51頁以下が詳しい。
[69] 最判昭和50・8・6民集29巻7号1187頁。

張することができる被担保債権の範囲を手形上の債権のみに限定すべきではないとし，根抵当権の被担保債権の範囲については，当事者の合意に重きをおく判断がなされている[70]。

さらに最高裁は平成5年の判決[71]において，被担保債権の範囲が「信用金庫取引による債権」として設定された場合における，「信用金庫取引」の範囲は，当該取引界における商慣習を考慮し，信用金庫を債権者とし取引先を保証人とする保証契約も，信用金庫の取引先に対する与信行為に準ずるものとして信用金庫取引約定書の適用範囲に含まれるとの原審の判断を是認している。

また学説上も，根抵当権の被担保債権の範囲に関し，「銀行取引」とした場合に，銀行法10条との関係で，それが客観的に明確な基準となりうるのか，あるいは「商社取引」とした場合にもそれは「一定の種類の取引」として有効となるのか[72]など，根抵当権の被担保債権の決定基準については，見解が激しく対立している[73]。

このようなことからすれば，398条の2第2項の「特定の継続的取引契約」あるいは「一定の種類の取引」から生ずる債権という規定は，必ずしも明確な被担保債権決定基準として機能しているとはいえず，398条の第2項の文言から根抵当権の被担保債権の範囲を論理的に導くのは困難であるといえよう。

そして，鈴木博士は，根抵当法20年の検証についての座談会で，「新法は包括根抵当を否定したというのか，肯定したというのか，どちらかわからないの

---

[70] この判決に対する判例批評のなかで，鈴木博士は，現行法における具体的債権範囲基準も，結局は被担保債権の範囲を限定する一方法にすぎず，特定の継続的取引関係の名称が登記されるのは，その契約自体を特定するためだけではなく，むしろ，第三者に被担保債権の範囲を公示することを主目的にするとされ，契約により根抵当権の被担保債権となると定められている債権でも，その旨が第三者に対する関係でも有効とされるためには，当該の債権が具体的債権範囲決定たる特定契約に基づいて生ずべきことが該契約の名称上予想されうる場合に限るとし，本判決を批判されている。鈴木禄弥「最判昭和50・8・6判批」判例評論204号（1976）126-127頁。

[71] 最判平成5・1・19金融法務事情1347号6頁。

[72] 「商社取引」という基準の定め方が，許されるべきものとする見解として，岩城謙二「根抵当権の被担保債権」ジュリスト439号（1969）79頁がある。川井博士も，「銀行取引に対応し，商社取引を一定種類の取引として肯定してよいのではないか」とされている。川井・前掲注（55）157頁。

[73] 「鼎談　根抵当立法を振り返って」『貞家最高裁判事退官記念論文集　民事法と裁判　下』（民事法情報センター，1995）400頁以下においても，なお「一定の種類の取引」の決め方について活発な議論が交わされている。

ですね。その点は，包括根抵当の定義によるわけで，被担保債権の範囲をまったく限定しないのが包括根抵当だといってしまえば，新法がそこまでは認めていないことは確かなのですが，それでは包括根抵当を否定したかというと，そうでもないともいえることになります。」とされ，包括根抵当のとらえ方次第で包括根抵当も認められる可能性があることを示唆されている[74]。

さらに清水元判事は，根抵当立法を振り返る鼎談なのかで，根抵当権の被担保債権の範囲について「範囲の限定というものについては，基本的には，純粋な包括根抵当をみとめるべきだという立場をとりながら政策的に範囲を限定した，という立場の人たちは，あまり細かいことをいわないで，一定の種類の取引なんかも少し大らかに認められたらどうか，という基本的なスタンスがあるのです。それに対して，包括根抵当については反対なのだと。基本的には，基本契約が必要だという解釈は正しいし，立法政策としても，基本的には，そういうスタンスを大幅に踏み出すべきではない，というような人たちは，一定の種類の取引による限定についても，これを重視し，かなり厳密，かなり限定的な解釈をしよう，という現象があるような気がします。これは，そもそも根抵当権というものはこういうものだ，という論理的なものがあって，それから出てくる結論ではなくて，基本的には，新根抵当法が包括根抵当という性格を認めながら，政策的に担保債権の範囲を限定したために，政策的な，というのは，言葉としてはちょっと不適当かもしれませんけれども，解釈の幅が揺れ動くのです。」とされ，解釈によって根抵当権の被担保債権の範囲が異なる可能性があることについて言及されている[75]。

以上のような見解を前提とするならば，根抵当権の範囲を限定した民法第398条の2の第2項，第3項において，包括根抵当に関する合意の効力を一律

---

74 前掲注（67）10頁［鈴木発言］。
75 前掲注（73）424頁［清水湛発言］。
76 石田博士は，「被担保債権の範囲が以上の債権や請求権に限定しないで定められた場合であっても，極度額が定められる以上，債務者が不当に害されることは少ないと考えられる」ことからも，「立法論としては，被担保債権の範囲を廃止し，債務者が不当に害される場合には民法90条により対処するのが妥当であろう」とされている。もっとも，当該引用箇所の注にて，現行規定では被担保債権の範囲は登記事項とされていることから（不動産登記法88条2項1号），被担保債権の範囲の定めない根抵当権の登記の申請は受理されないことを指摘されている。石田・前掲注（62）522頁。

に認めないとすることについては，いささかの疑問が生じるのである。根抵当権設定契約における被担保債権の範囲については，債務者および第三者との利害や登記との関係を考慮しながら，当事者の合意のあり方，その程度の問題ととらえなおす必要もあるのではないかと思われる[76]。そしてそのなかで包括根抵当のとらえ方も定まるのではないかと考えるのである。この問題についての具体的な検討は，改めて別稿にて試みたい。

民法学史・流動(集合)債権譲渡担保

小 山 泰 史

1 はじめに

(1) 本稿は，集合債権譲渡担保に関する理論的な展開の系譜を辿り，その議論の変遷をトレースすることを試みるものである。検討する時代の区分は以下の通りである。

・第1期：民法制定後から1978年（昭和53年）まで，
・第2期：1978年（昭和53年）から1989年（平成元年）まで，
・第3期：1989年（平成元年）から1998年（平成10年）まで，
・第4期：1999年（平成11年）から2004年（平成16年）まで，
・第5期：2005年（平成17年）頃から2014年（平成26年）まで。

以下で述べるように，本稿は主として第3期以降に限定して議論を整理するものであるが，まず，第1期と第2期の議論を簡単に整理しておこう。

(2) これらのうち，第1期の将来発生する債権の譲渡に関する初期の学説や判例については，既に池田真朗による詳細な紹介がある[1]。もっとも，1966年の鈴木（禄弥）の論文には，「売掛金台帳を譲渡担保に供する形での多数の売掛金債権の一括譲渡担保も行われる」との記述が既に見られ[2]，また，1976年のある座談会では，ゴルフ会員権やリース料債権などの個別債権を譲渡担保の目的とすることが議論され[3]，その関連で既に以下のような指摘がなされてい

---

[1] 池田真朗「将来債権譲渡の有効性」同『債権譲渡法理の展開（債権譲渡の研究第2巻）』（弘文堂，2001）239頁（初出＝NBL665号（1999）8頁以下）。
[2] 鈴木禄弥「譲渡担保」『企業担保』〔経営法学全集9巻〕（ダイヤモンド社，1966）252頁。

た。「集合債権担保というのは，そういう債権が資産の大部分を占めるような会社で現実に必要な問題として出てきているが，適当な担保方法がなく困っている[4]。」「下請代金債権をずっと担保に取りたいが」「基本契約的な継続納入契約があるなら債権を特定できるかもしれませんが，どんな注文が来るのかわから」ず，譲渡の目的となる債権の特定方法が未だ未開発であって，第三債務者が特定されている場合・不特定の場合，いずれにおいても対抗要件具備の方法に困難があることが吐露されている[5]。当時，すでに，対抗要件を具備するために，第三債務者に承諾を求めたり，通知を行う場合には，設定者の信用不安を惹起する可能性があること等が指摘されていた[6]。このことに鑑みれば，実務では，既に集合債権譲渡担保を何とか利用しようと苦心していたことが窺われる。

(3)　次に，第2期における研究の一つの頂点といえるのが，椿のモノグラフ『集合債権担保の研究』（有斐閣，1989年[7]）である。同書に収録された論稿は，1982年から1987年にかけてジュリストや金融法務事情等各誌に公表された連作である。1983年の私法学会において開催されたシンポジュウム「現代における担保法の諸問題」において，椿は，権利担保・債権担保をめぐる問題点の概観を行った[8]。その研究手法は「新しい課題に直面したときは，既存の近似物を借用する」というアプローチを採るものであった[9]。もっとも，担保の目的財産は，従来から担保化が模索されていた賃貸借の保証金返還請求権[10]等

---

[3]　鈴木禄弥ほか「銀行取引と譲渡担保（第16‐19回）」金法787号20頁・788号15頁・789頁25頁・790号28頁・791号28頁（1976）。
[4]　鈴木禄弥ほか「銀行取引と譲渡担保（第29回・30回）」金法803号24頁・804号26頁（1976）。
[5]　鈴木ほか・前掲注(4)金法803号（1976）25頁。同804号（1976）26‐29頁も参照。ただ，同・座談会・金法788号15‐16頁における鈴木正和発現によれば，売掛債権・請負代金債権を担保とする例は少なくないとされる。
[6]　小川幸士「将来の売掛代金債権の譲渡担保(1)」法時52巻9号（1980）117頁。
[7]　椿寿夫『集合債権担保の研究』（有斐閣，1989）。同書の書評として，生熊長幸「書評」民商103巻1号（1990）61頁以下がある。
[8]　椿寿夫「新しい金融取引と債権の担保化の展開」椿・前掲書前掲注(7) 111頁以下。
[9]　椿・前掲注(8) 118頁。
[10]　石外克喜「保証金返還請求権の担保化」金法996号6頁・1005号14頁・1006号14頁（1982）・1034号6頁（1983）。

ではなく，リース・ファクタリング割賦販売などから生じる債権であった。椿は，集合債権譲渡担保を，倒産に瀕した債務者をして最後の手段として債権を譲渡させる「危機対応型」と，「正常業務型」の区分を提案し，実務に対して影響を与えた[11]。

第2期の代表的な判例である最判昭和53・12・25（判時916号25頁）は，将来の診療報酬債権1年分の譲渡可能性について，「発生が確実に期待される」債権につき，「右債権は，将来生じるものであっても，それほど遠い将来のものでなければ，特段の事情のない限り，現在すでに債権発生の原因が確定し，その発生を確実に予測しうるものであるから，始期と終期を特定してその権利の範囲を制限することができる」ことを，譲渡の有効要件として示した。すなわち，譲渡契約の法律的原因が存在し（「譲渡の法律的可能性」），かつ事実的な可能性もまた必要であるとした。

高木による「集合債権譲渡担保の有効性と対抗要件[12]」は，最判昭和53・12・25に関して，次のように批判する。すなわち，未発生の債権につき発生に関するリスクを考慮したうえでこれを目的とする債権譲渡契約が締結された後，リスクが現実化せず，目的債権の全部または一部が発生したにもかかわらず，契約締結時においてその発生可能性が低かった等として契約の効力を覆すことは不合理であり，取引に影響を与える。問題は，目的債権の適格をその発生についての法律的基礎の有無や発生可能性の程度といった曖昧な基準によって制限することによってではなく，契約の有効性を広く認めたうえで，事案に則し当該契約の公序良俗適合性等を判断することによって解決すべきである。法律的可能性と事実的可能性を区別することなく，むしろ特定性・包括性の観点，又は，対抗要件の側から解決すべきである，というのである[13]。これは，堀龍兒による集合債権譲渡担保設定契約の書式の提案[14]を受けて展開されたものであり，その後の学説の多数説を形成し[15]，最判平成11・1・29民集53

11　椿・前掲注（8）123-124頁。
12　高木多喜男「集合債権譲渡担保の有効性と対抗要件」同『金融取引の法理第1巻』（有斐閣，1996）112頁（初出＝NBL234号（1981）8頁）。
13　高木・前掲注（12）112頁，春日通良「最判平成11・1・29調査官解説」『平成11年度最高裁判所判例解説民事篇』（法曹会，2002）89-90頁。
14　堀龍兒「『集合債権譲渡担保契約書』作成上の留意点（上）（下・完）」NBL201号12頁・204号32頁（1981）。
15　池田・前掲注（1）253頁（初出＝NBL665号（1999）30-31頁）。

巻 1 号 151 頁の前提理論を示した[16]。また，1983 年前後に，田邊光政はドイ
ツ法の解釈論を前提として，「集合債権譲渡」概念の内容を明らかにしようと
した[17]。伊藤進は，集合物譲渡担保における価値枠説と同様の発想に立ち，集
合債権譲渡担保の目的は個々の将来債権ではなく「債権群」であると解する。
その上で，債権群を構成する個々の債権についてはまだ譲渡担保権者が譲り受
けたものと解することはできず，当然に譲渡担保設定者＝債権譲渡人が自己に
帰属する債権として取立権を持つと解している[18]。一方，鳥谷部の一連の論
文[19] は，債権譲渡担保と代理受領・振込指定を類似の担保手段として認識し
た上，それらの異同を丁寧に検証しようとしていた[20]。鳥谷部は，さらに，将
来債権の譲渡の可否についても，髙木説の主張する，有効な譲渡を行うために，
債権発生に関する法律的可能性も事実的可能性も不要とし，問題を特定性・包
括性あるいは対抗要件の側へ移すという考え方に対しては，債権の純粋な譲渡
と区別されるべきだとして，基礎的法律関係の存在を要求した。

(4) この第 2 期には，集合物譲渡担保の判例の展開を受け，「債権の集合物
担保制度の利用を」提唱する動きがみられた[21]。例えば，1987 年のある座談
会において，次のような発言が見られる[22]。「〔「現在および将来発生する債権いっ
さいとります」という契約書〕のような枠の取引のなかで，将来生じてきたら，
その段階で（担保の目的に）繰り込まれますよと。それは集合物担保の物の担
保とパラレルになる〔と〕……は考えられないのですか。何も将来のものとい

---

[16] 最判平成 11・1・29 が高木説を採用したものと位置づけることに疑問を呈するものと
して，道垣内弘人「将来債権の包括的譲渡の有効性と対抗要件」ジュリスト 1165 号
（1999）72 頁。
[17] 田邊光政「集合債権譲渡の若干の問題」金法 1039 号（1983）6 頁，同「集合債権の
譲渡担保」別冊 NBL10 号（1983）68 頁。
[18] 伊藤進「集合債権の譲渡担保と権利の実行」金判 737 号（1986）78・81 頁。
[19] 鳥谷部茂「権利の譲渡担保」同『非典型担保の法理』（信山社，2009）131 頁以下（初
出＝「債権の譲渡担保」法時 52 巻 6 号 106 頁・52 巻 7 号 121 頁以下），同「将来債権
の担保」『非典型担保の法理』（信山社，2009）157 頁以下（初出＝別冊 NBL10 号（昭
和 58 年））。
[20] 例として，鳥谷部・前掲注（19）前掲書 106 - 110 頁，椿寿夫『新しい集合債権担保
論の基礎』椿・前掲書前掲注（7）154 - 159 頁。
[21] 鈴木正和「債権の集合物担保制度の利用を」金法 1197 号（1988）4 頁。
[22] 浦野雄幸ほか「〔座談会〕企業活動における担保をめぐる諸問題（その 6）」1148 号
（1987）38 頁〔林良平〕。

1 はじめに

わなくてもいいので，そのことをいえば，倉庫に入っている集合物担保の洗剤がありますね。将来そこへ入るかもしれないものに将来担保が及ぶか，そういう議論はせずに，来た時に議論するわけでしょう。同じように，その取引関係で生ずるものは，債権が生じた時には担保になるというものを集合物債権と考えてはいけないのですかね」と。また，同じ座談会では，「中身は自由に入れ替わっているが，〔担保権を〕実行する時点で，中身が確定することになる[23]」等の指摘がされ，債権譲渡の予約と異なり，譲渡契約時から設定契約後に生じる債権が，集合物論と同様に，直ちに担保の目的として物権としての効力（第三者効）が与えられないかを模索していた[24]。また，米倉明は，1981 年の論稿において，集合物譲渡担保の特定性を肯定した最判昭和 54・2・15 民集 33 巻 1 号 51 頁を前提として，集合物譲渡担保の目的である在庫品の転売代金債権の担保化に関して，集合物譲渡担保と集合債権譲渡担保とを同時に利用することを指摘した[25]。

(5)　最判昭和 53・12・25 以後の下級審裁判例には，譲渡契約締結後譲渡人が取得する全債権が将来債権譲渡の目的とされたが，譲渡の目的は明確に特定され，継続的な融資による譲渡人への経営支援のために譲渡契約が締結され，実際に譲渡された債権額と被担保債権額との間に著しいアンバランスがなかったため，譲渡が有効とされた事例（大阪地判昭和 56・11・30 金法 1001 号 50 頁）や，第三債務者が特定された事案につき，「債権担保の目的で，現在および将来にわたって継続的に生ずる特定の売掛債権を譲渡し，信用を悪化させる事由が発生した場合に，譲渡債権額を確定すべく，譲受人が譲渡人に代わって第三債務者に譲渡通知ができるように日付，金額等を空白にした譲渡通知書を予め譲受人に交付する」譲渡契約を有効としたもの（東京地判昭和 55・3・31 判時 975 号 48 頁[26]）があるものの，東京地判昭和 60・10・22 判時 1207 号 78 頁[27]は，将来の債権を対象とする包括的債権譲渡担保契約が，譲渡の対象である売

23　浦野雄幸ほか・前掲注（22）36 頁〔吉原正三〕。
24　浦野ほか・前掲注（22）39 頁〔河合・林ほか〕。
25　米倉明「非典型担保の展望（上）」ジュリスト 731 号（1981）95 頁。後掲の椿寿夫「譲渡担保論の課題と考え方」椿・前掲書前掲注（7）『集合債権担保の研究』73 頁（初出＝法教 49 号（1984）31 頁）も参照。
26　第 2 期前半の 1983 年までの裁判例については，椿「新しい金融取引と債権の担保化の展開」椿・前掲書前掲注（7）125 - 129 頁にコンパクトにまとめられている。

掛代金債権の債務者が不特定であり，目的債権の発生時期・限度額も限定がなかった事案で，「このような将来の債権譲渡契約は，これを有効と解すると，譲受人である債権者は，譲渡人である債務者の取得すべき全売掛代金債権につき，随意選択して自己の債権の優先弁済の用に供することのできる地位を，公示の方法もなしに，何時までも保有すること」となって，「債務者の経済的な破綻が現実化した危機状態の到来に接着して行われる」ことから，債権者間の平等を害することが著しい[28]」として，譲渡契約を無効とした。

このような裁判例の傾向に対して，高木は，集合債権譲渡担保の効力をいかにして制限するかにつき，第三債務者名，債権の発生原因，金額，および支払期日が必要であるとする[29]。伊藤眞は，集合債権の特定のために利用できる指標としては，第三債務者名と債権の発生原因しかないとする。例えば，「債務者甲産業が第三債務者乙川商店に対して，化粧品の販売に基づいて取得する売掛金債権[30]」等である。倉田卓次は，抽象的な債権債務を問うレベルでは，第三債務者は特定していなくても，債権発生原因が特定していることを考えることができる，そうすれば，第三債務者を特定するのは，集合債権譲渡担保の有効要件としては不要である，という可能性に言及した[31]。また，椿は，東京高判昭和57・7・15判タ479号97頁に関する各学説の評価を詳細に検討した上，前掲書に収録された論稿において，集合債権譲渡担保の効力の制限につき，第三債務者による特定を重視した[32]。

以上，この時期（第2期）においては，第三債務者不特定の将来債権譲渡については，その可能性は意識されるものの，対抗要件具備の困難さから綿密な議論はまだなされていないといい得る[33]。

---

27 同判決の評釈として，堀龍兒「判批」判タ635号（1987）52頁，吉原正三「判批」金法1144号（1987）4頁がある。
28 東京高判昭和57・7・15金判674号23頁も同旨。同判決の判批として，倉田卓次「判批」金法1056号（1984）13頁，椿寿夫＝三林宏「判批」法時56巻7号（1984）108頁がある。
29 高木・前掲注（12）117-118頁（初出＝同論文（上）NBL201号（1980）12-13頁），髙木多喜男『担保物権法〔初版〕』（有斐閣・1984）352-353頁。
30 伊藤眞「集合動産・債権担保と会社更生」『債務者更生手続の研究』（西神田編集室，1984）344頁。同様の基準を示すものとして，小川・前掲注（6）13頁がある。
31 倉田卓次「東京高判昭和57・7・15判批」金法1056号（1984）16頁。
32 椿寿夫「将来の金銭債権の包括的譲渡の第三債務者の『特定』」椿・前掲書前掲注（7）137-139頁（初出＝NBL288号（1983）8頁）。

他方，伊藤眞は，第 2 期に属する 1981 年から 82 年にかけて公表した論文において，会社更生手続開始後に発生した債権についても，手続開始前に締結された集合債権譲渡担保の効力が及ぶか，という問題を既に論じていた[34]。また，集合動産・集合債権の譲渡担保の目的財産の減価資産性故に，中止命令後に新たな担保目的財産が流入しない恐れが強いこと，および，これらの担保手段が，いわゆる駆け込み担保として使われがちであったこと，および，債務者の財産を包括的に担保の目的とすることから，他の債権者を害する可能性の高いこと等を指摘していた[35]。もっとも，在庫品・売掛債権の「目的物は，それを処分し，換価することが債務者の事業活動の資金を得るために不可欠であ」る。これらの担保手段では，債務者に個々の目的物の処分権を認めるので債務者にとっても好都合である。「債権者としては，被担保債権額に見合う目的物が維持されている限り，個々の動産や債権に追及する必要はな」く，両者の利益に合致する担保手段として評価している[36]。さらに，伊藤眞は，既に集合動産・債権担保と否認権の関係をも詳論していた[37]。

(6)　以上が，第 1 期と第 2 期の議論の概要である。以下で取り上げる第 3 期以降と比べて，集合債権の担保化の議論が活発になる以前には裁判例も文献も限られている。しかし，第 3 期以降は，集合物譲渡担保と並んで集合債権の担保化が複数の学会シンポジュウムで取り上げられるようになり，新たな対抗要件立法も加わって，平成 11 年以降の最高裁判決の展開を招来することになる。
　なお，本稿では，いわゆる「権利の譲渡担保」（ゴルフ会員権や知的財産権等）や，譲渡禁止特約[38]の問題は，紙数の関係上取り上げないこととする。

2　第 3 期：1989 年（平成元年）〜 1999 年（平成 11 年）まで

(1)　この時期の動向をまとめるならば，椿寿夫によるモノグラフ（『集合債

---

[33]　椿・前掲注（32）138 頁，米倉・前掲注（25）89 頁。
[34]　この点は，最判平成 19・2・15 民集 61 巻 1 号 243 頁を第 5 期で論じる際に言及する。
[35]　伊藤眞・前掲注（30）334 - 335 頁。
[36]　伊藤眞・前掲注（30）334 - 335 頁。
[37]　伊藤眞・前掲注（30）364 頁以下。
[38]　近時の研究として，石田剛『債権譲渡禁止特約の研究』（商事法務，2013）がある。

権譲渡担保の研究』）の出版（1989）後，1990年代に学会レベルで集合債権譲渡担保が取り上げられるようになったこと，伊藤眞の論稿を契機として，集合債権譲渡担保の否認を巡る議論と裁判例が展開されたこと，および，債権譲渡の対抗要件の特別法の制定，という3点が主要な内容である。

(2) この第3期全体を通じて，最高裁は，一方では担保権としての実質と矛盾しない限りにおいて譲渡担保権者に所有権者としての権利主張を許し，他方では設定者にもこれと矛盾しない範囲で所有権者としての一定の権利主張を認めて，譲渡担保権者には債権担保の目的を達するのに必要な範囲内においてのみ，所有権移転の効力が生ずるとの立場を採用する傾向（例，最判平成5・2・26民集42巻2号1653頁）を展開した。これを前提として，学説には，譲渡担保の目的物ごとに譲渡担保についての法理を区別して考える傾向が強くなった。1992年の金融法学会において，「権利（債権）の非典型担保～その現状と課題」というシンポジウムが開催された（椿を座長とする)[39]。伊藤進は，我妻榮『近代法における債権の優越的地位』における指摘[40]を引用しつつ，集合債権譲渡担保には，①包括債権群を担保の目的とする，②将来債権群を目的とする，③個別債権の発生・消滅を前提とする流動債権群を担保の目的とする，という3つの特徴があることを述べた上で，当時の代表的論者であった髙木や田邊（光政)[41]らは，③の視点を十分に検討していないことを指摘[42]して，当時の契約書式の分析から，(ア)担保のための債権譲渡と捉えるもの，(イ)機能的に集合債権譲渡担保として機能することを意図するもの，(ウ)「純粋の理念系」たるもの，があるとした。伊藤進によれば，(ア)では，被担保債権の弁済への充当の期待の保護が問題であり，個別債権の特定のために，債権の発生原因と第三債務者の特定が不可欠であって，流動性に関する議論は重要ではないとされた。(イ)においては，包括的に譲渡担保設定を考えるものの，個別債権ごとの担保的譲渡にとどまり，集合物における分析論的な発想に留まるから，結局のところ対抗要件具備も個別の債権毎に考えることになる。なお，譲渡担保設定者

---

[39] シンポジウム「権利（債権）の非典型担保」金融法研究9号（1993）63頁以下。
[40] 我妻栄『新訂担保物権法』（岩波書店，1968）671-672頁。
[41] 田邊・前掲注（17）の論文を参照。
[42] 伊藤進「集合債権担保」シンポジウム「権利（債権）の非典型担保」金融法研究9号（1993）66頁。

（債権譲渡人）による譲渡債権の取り立ては，弁済期前は設定者（債務者）に債権者（譲渡担保権者）から取立委任をするという構成が示されている．次に，(ｳ)については，個別債権レベルの特定性は不要であり，一定の債権群についての特定で足りるとし，伊藤進が集合動産譲渡担保について提唱する「価値枠論」的な発想から，債権発生原因としての営業の種類と残高総額で十分であるとの主張が展開された[43]．

次に，1993 年（平成 5 年）の法律時報の特集「譲渡担保論の現課題[44]」，および，1995 年（平成 7 年）の第 58 回私法学会シンポジウム「担保法の当面する課題」[45] において，角は，大要以下のような主張を展開した．すなわち，後者のシンポにおいて，角報告「債権非典型担保」では，集合債権譲渡担保ではなく，あえて「流動債権譲渡担保」という呼称が意識的に用いられている．これは，集合物論に対応する「集合債権」概念を，債権譲渡担保において採用する必要はなく，あくまで個々の債権（将来債権を含む）の束が譲渡担保の客体となっていることを強調するもの（集合物譲渡担保における分析論に対応）であった[46]．その分析によれば，流動債権譲渡担保において最も問題となるのは，担保権者と無担保の一般債権者の利益の衝突であり，そもそも流動債権譲渡担保に優先弁済権を認めるべきか，および，一般債権者による個々の債権の差押を譲渡担保権者が排除できるか，という点であった[47]．前者については，目的債権の範囲の限定により，後者については，担保の実行前には設定者に取立権を認める限り個々の債権の差押えを排除できないとすることで，債権譲渡担保の包括性に一定の歯止めを加えようとしている．また，担保の実行後に設定者

43　伊藤進・前掲注（42）68‐70 頁．

44　「譲渡担保論の現課題」法時 65 巻 9 号（1993）6 頁以下，特に椿寿夫「譲渡担保論の現状と課題」法時 65 巻 9 号（1993）7 頁参照．

45　https://www.jstage.jst.go.jp/article/shiho1949/1996/58/1996_58_3/_article/-char/ja/

46　角紀代恵「債権非典型担保」私法 58 号（1996）29 頁以下，同「債権非典型担保」椿寿夫編『担保法理の現状と課題』別冊 NBL31 号（商事法務，1995）76 頁以下，84 頁，同「流動債権譲渡担保をめぐる混迷」椿寿夫編『担保法理の現状と課題』別冊 NBL31 号（商事法務，1995）202 頁，同「流動債権の譲渡担保」法時 65 巻 9 号（1993）15‐16 頁．同旨・加藤雅信「非典型担保法の大系」椿寿夫編『担保法理の原状と課題』（商事法務，1995）73 頁，河合伸一「第三債務者不特定の集合債権譲渡担保」金法 1186 号（1988）73 頁注（14）．

47　角・前掲注（46）私法 58 号 31‐33 頁．

の下で発生する債権については，譲渡担保の効力が及ばないと解している。他方，角は，最判昭和 53・12・19 の将来債権の譲渡を 1 年で区切るという点については，全く意味がないとして切り捨てている[48]。

(3) 平成 16 年 (2004 年) 改正前の旧破産法 74 条は，支払の停止または破産の申立てがあった後に対抗要件の具備をした場合に，その行為が権利の設定，移転または変更のあった日より 15 日を経過した後に悪意でなされたとき，これを否認することができると規定していた。この 15 日の期間は，権利移転の原因たる行為の日からではなく，当事者間における権利移転の効果を生じた日から起算する (最判昭和 48・4・6 民集 27 巻 483 頁) とすれば，将来債権譲渡において，その譲渡契約締結時から起算するのか，それとも債権の現実の発生時から起算するのかが問題となる[49]。

第 2 期において，椿は，集合債権譲渡担保を「正常業務型」・「危機対応型」に区別した[50]が，堀論文の譲渡契約書[51]にみられたように，いわゆる「通知留保型」，すなわち危機時期になって債権者側から債権譲渡人を代理して譲渡通知をなすように，白地の債権譲渡通知書を債権者に交付することが行われていた (椿のいう「危機対応型」に対応)[52]。このように，第 2 期の実務は，債権譲渡人〔譲渡担保設定者〕の破産寸前になるまで対抗要件を具備しないことが多かったのである。そこで，対抗要件否認の事態を回避するために，債務者に支払停止等の事由が生じたときに債権者が予約完結権を行使できる一方の予約の形式や (宮廻の整理)[53]，停止条件付譲渡の形式を採る契約[54]が実務で広く

---

[48] 角・前掲注 (45) 私法 58 号 33 頁，同・前掲注 (46) NBL31 号 84 頁。その後の角の見解については，角紀代恵「流動債権譲渡担保」法時 73 巻 11 号 (2001) 24 頁，同「流動債権譲渡担保の対抗要件――立法化への提言」ジュリスト 1090 号 (1996) 151 頁を参照。また，秦光昭「集合債権譲渡担保権の理論構成と実務対応」金法 1242 号 (1990) 39 頁も参照。

[49] 伊藤眞・前掲注 (30) 375 頁および 384 頁注 (81) は，1981-82 年段階で対抗要件否認の可能性を既に指摘していた。

[50] 椿・前掲注 (8) 123-124 頁。

[51] 堀・前掲注 (14) NBL201 号 12 頁・204 号 32 頁 (1981)。

[52] 田邊・前掲注 (17) 10 頁。

[53] 宮廻美明「将来債権の包括的譲渡予約と否認権の行使」法時 55 巻 8 号 (1984) 117 頁。

[54] 梅本弘「集合債権担保に関する問題点」判タ 510 号 (1984) 71 頁。この他，三井一雄「集合債権譲渡担保と破産法上の否認」NBL298 号 (1984) 6 頁がある。

行われることとなった[55]。

　第2期において，梅本は，かつて椿の示した分類に従い，債権譲渡予約を代物弁済予約の場合（予約完結によって代物弁済として債権が移転される）と，予約完結によって譲渡担保権が成立する（狭義の）譲渡担保予約を区別した。前者にあっては債権譲渡予約が担保の設定であり，予約完結による本契約の成立は担保の実行であるのに対し，後者では，債権譲渡予約は担保設定の予約にすぎず，本契約の成立は担保の設定の本契約になるとする[56]。その上で，梅本は，代物弁済予約型を債権譲渡予約の本来の型と解することを前提として，債権譲渡の効力発生時が予約時ではなく予約完結時だから，債権譲渡通知をしなければならない（旧破産法74条の）15日という期間の起算点も予約完結の日と解すれば足りる，と主張した[57]。この結論について，「予約完結型の場合，予約完結権を行使するまではまさに無担保債権者なのであって，……G〔債権者・譲渡担保権者〕による予約完結の意思表示（旧破産法72条）所定の故意否認および危機否認の対象となる可能性がある」との指摘がなされる一方[58]，本契約型（通知留保型）についても，「債権者がもっぱら債務者のためを慮って，対抗要件の具備を差し控えることとし，債務者に一定の危険な兆候が現れてはじめて対抗要件を備え得るという特約をした場合，たとえ担保設定時に債権譲渡の効力が生じているとしても否認しうべき行為とはいえないと解釈すべき」として[59]，本契約型での否認回避を指向する説も現れていた。担保権としての効力

55　田原睦夫「停止条件付集合債権譲渡担保と否認」同『実務から見た担保法の諸問題』（商事法務，2014）298頁（＝初出・金法1528号（1998）4頁）。高木・前掲注（12）109頁は，停止条件付債権譲渡と，狭義の債権譲渡予約を区別した上で，前者は，予約完結によって目的債権が代物弁済として移転する代物弁済予約，および予約完結によって譲渡担保権が成立する譲渡担保予約に分かれるとした。

56　梅本・前掲注（54）73頁および宮廻・前掲注（53）123頁は，「予約完結の意思表示の時から15日を経過したのちに悪意で譲渡通知をしたときは，対抗要件否認」できるとする。

57　梅本・前掲注（54）73頁。同旨として，宮廻・前掲注（53）122-123頁は，大要，以下のように述べる。平常時になされる譲渡担保予約は，その時期の故に否認の対象とならず，危機時期になされる予約完結の意思表示は，債権者の行為であるから否認の対象とならず，また，その後になされる個別的な債権譲渡通知は，予約完結の時点から15日を起算するから，多くの場合否認されない，と。

58　椿寿夫＝三林宏「集合債権担保判例の一斑」椿・前掲書前掲注（7）322-323頁（初出＝判タ551号（1985）55頁）。

59　吉田光碩「集合債権担保と対抗要件否認」判タ618号（1986）31頁。

発生時期を債権者に自由に選択させ，予約完結後に，債務者から予め授権された通知代理権ないし預託された通知状によって債権者自ら第三債務者に通知する方法で対抗要件を具備するとすれば，担保設定時と対抗要件具備の時点とが極めて接近する。その結果，債権者が支払停止または破産・会社更生の申立後に対抗要件を具備したとしても，それが旧破産法72条の「権利の設定，移転，又は変更があった日から15日を経過した後」悪意で行ったものに該当する可能性は少なく，対抗要件具備行為自体が否認される可能性は少ない（前掲最判昭和48年4月6日に牴触しない），というのである[60]。

(4) しかしながら，既に第2期の段階から，このような考え方には批判が少なくなかった[61]。最判昭和48・4・6の解釈から対抗要件否認を免れたとしても，故意否認・危機否認（旧破産法72条）との関係でも，予約完結時を担保供与時とみるのが素直であり，予約契約時を担保供与時と解するのは無理があり，故意否認・危機否認を避けることはできない，という批判である[62]。伊藤眞は，梅本（宮廻）の上記主張に対し，「〔旧〕破産法74条あるいは〔旧〕会〔社〕更〔生〕法80条が15日の制限をおいたのは，対抗要件がその原因行為から遠く隔たった時点で具備されることが，一般債権者に不測の損害を与える点に配慮したものであり，たとえ予約であっても，それが対抗要件具備行為の原因行為となっているのであれば，15日の期間は，予約の時点から起算すべきである。そうでなければ，一般債権者がまったく知る可能性のないままに，債務者の主要財産が担保化されてしまうという事態が生じる」ことを指摘した[63]。

第3期（1990年代）に入り，長井判事は，次のような重要な批判・分析を行った[64]。すなわち，停止条件付集合債権譲渡契約は，担保権を設定する契約

60　千葉恵美子「集合債権担保の成立と予約——特定債権事業規制法を参考に」判タ887号（1995）17頁の整理による。

61　第2期において，既に河合伸一は，以上の通知留保でかつ債権譲渡予約による予約完結権行使による対抗要件具備につき，疑問を投げかけていた。河合・前掲注（46）61頁以下。

62　須磨美博「集合債権譲渡予約制度と立法化への要請によせて（上）」債権管理51号（1991）27頁。

63　伊藤眞・前掲注（30）384頁注（81）。

64　長井秀典「停止条件付集合債権譲渡の対抗要件否認」判タ960号（1998）41-42頁。実務上の取り扱いについては，池辺吉博「包括的債権譲渡担保と商社実務」Credit & Law 82号（1996）24頁を参照。

であって，契約時に一種の担保権が発生する。……被担保債権の履行期が到来すると，外部的に債権移転の効果が生じ，担保権者に取立権が生じ，取立・充当の方法により担保権が実行される。これは譲渡担保と異なる独立の非典型担保であって，通知留保型もその一種であり，予約型はその一部の変形したものである。すなわち，一種の停止条件付代物弁済として構成され，担保権取得時は契約時であって否認の猶予期間の15日は契約時から起算され，譲渡通知が停止条件成就時からなされても15日の期間経過後であるから否認される，と。この解釈は，一見，最判昭和48・4・6に牴触するように見えるが，この判例の事案は，原告が停止条件付集合債権譲渡の対抗要件を否認せず，単に債権譲渡の対抗要件を否認しようとしたため，それならば権利移転の日を確定してその時から15日の期間を起算すべきとしたのであって，以上の法律構成では否認の対象が異なり牴触しない。通知留保型（本契約型）の集合債権譲渡では，譲渡契約時に設定された非典型担保権についての対抗要件が，契約時から15日以上経過してから行われる譲渡通知によって初めて備えられるので，これが否認される。停止条件型・予約型であっても，通知留保型の集合債権譲渡の法的な効力を明らかにしているにすぎずその亜種であって，管財人が否認すべきなのは，債権譲渡の対抗要件ではなく，集合債権譲渡という担保権設定行為の対抗要件としての譲渡通知なのであり，よって，15日の期間は担保権が設定された契約の日から起算すべきこととなる[65]。

⑸　このような議論を経て，第3期の1990年代後半では，集合債権譲渡担保につき，いわゆる停止条件型ないし予約型の効力を破産手続で否定する裁判例が現れるようになった（例，東京地判平成10・7・31（判時1655号143頁・金判1048号3頁））。例えば，基本契約締結時に債権譲渡の効力が既に生じ，対抗要件具備の否認を肯定するもの（静岡地判平成5・10・29判タ831号222頁）や，当該債権譲渡が，契約締結時に債権の発生原因，限度額，第三債務者が特定され，条件未成就の間単なる停止条件付の債権譲渡ではなく，契約締結時に担保権は既発生だが，条件未成就の間は担保権が実行されない集合債権譲渡の担保設定契約とされ，旧破産法74条1項により対抗要件具備行為を否認した事例

---

[65] 長井秀典「停止条件付集合債権譲渡と否認」金判1060号（1999）107頁。なお，長井・前掲注（64）41頁は，停止条件付集合債権譲渡を「停止条件付代物弁済契約」ではなく，譲渡債権の取立て，充当がなされて初めて被担保債権が消滅すると解する。

（大阪阪高判平成 10・7・31 金判 1050 号 3 頁 66，大阪高判平成 10・9・2 金判 1050 号 6 頁 67）である。学説には，これらの裁判例につき，事案としては停止条件型と認定していないにもかかわらず，停止条件型として評価するものもある 68。問題となる債権譲渡契約が，本契約型でかつ通知留保型であるのか，予約型ないし停止条件型であるのかは，契約の解釈によるというほかはなく，集合債権譲渡担保の効力を制限しようとする学説の傾向を前提とすれば，破産法の否認の規定の面では大きな違いを生じていなかったといってよい 69。また，集合債権譲渡担保については，長井説が登場し否認の可能性を認める裁判例も現れたものの，なおも，実務家を中心として，停止条件成就時に担保権および債権譲渡の効力が発生し，否認の対象にはならないという考え方も有力であった 70。なお，この他，第 3 期の下級審裁判例には，債権譲渡予約自体を民法 90 条違反で無効とするもの（東京地判平成 8・1・22 判タ 915 号 264 頁）と，良俗違反ではないとして有効とするもの（大阪地判平成 6・10・28 判時 1555 号 95 頁）がある。

(6) 1992 年（平成 4 年）5 月 29 日，クレジット債権およびリース料債権等の特定の種類の債権につき，保有資産の流動化を目的として，「特定債権等にかかる事業の規制に関する法律」（特債法）が簡易な対抗要件具備の制度として初めて制定され，この対抗要件立法が，いわゆる「債権流動化」の端緒となった 71。この特債法では，債権流動化の法形式として，いわゆる譲渡方式・信託方式・組合方式・匿名組合方式が認められており，譲渡方式を中心として規定が設けられ，他の方式に，譲渡方式に関する規定を準用する立法形式が採用された 72。特債法は，債権譲渡の対抗要件取得の問題を解決するために，新

66　その原審の大阪地判平成 10・3・18 判時 1653 号 135 頁も同旨である。同判決の評釈として，田原・前掲注（55）298 頁。

67　大阪地判平成 10・3・12（判例集未載）・金判 1050 号 4 頁のコメントを参照。なお，停止条件型を含めて，最判平成 11・1・29 までの下級審裁判例については，升田純「将来債権に関する最高裁判決（平 11・1・29）と実務のガイドライン（上・下）」Credit & Law 115 号 11-16 頁・116 号 16-25 頁（1999）を参照。

68　上原敏「停止条件付集合債権譲渡担保契約と否認権について」銀法 558 号（1999）14 頁。

69　池辺吉博ほか「(座談会) 債権譲渡法制度の改革と実務（下）」Credit & Law113 号（1999）12-15 頁参照。

70　上原・前掲注（68）18 頁，堀龍兒『集合債権譲渡担保と集合物譲渡担保』高木新二郎編『破産・和議の基礎知識』（青林書院新社，1996）283 頁。

たに公告制度を導入し，この公告をもって，民法467条の確定日付による通知があったものとみなしていた（特債法7条）。すなわち，特債法は，特定事業者に対し，通産大臣（当時）への債権譲渡計画の届出を義務づけ，同法7条1項により譲渡計画の確認を受けた特定事業者は，通称産業省令（当時）で定めるところにより公告できるとし，同条2項は，「前項の規定による公告がされたときは，当該特定債権の債務者に対して民法467条の規定による確定日付のある証書による通知があったものとみなす。この場合においては，「当該公告の日付を以て確定日付とする」とした。これによって，限定された種類の金銭債権についてであるが，債務者の知らない状態で対抗要件の具備が可能になった。なお，特定事業者は，公告をするにあたり，譲渡債権に関して通商産業省令（当時）で定める事項を記載した書面を通産大臣に提出することを要し（特債法8条1項），特定債権の債務者，特定事業者から特定債権を譲り受けるものまたは特定事業者の債権者は，この書面の閲覧をすることができた。この書面の閲覧が，第三者をして個別債権についての情報にアクセスすることができるのであり，公示手段と対抗要件が分離された[73]。

その後，債権流動化をいっそう促進するために，平成10年（1999年）に公布され，同年10月1日に施行されたのが債権譲渡特例法である。債権流動化においては，資金調達を望むオリジネーター（譲渡人）が，自己の保有する多数の債権を特定目的会社（SPC），信託会社等に譲渡し，SPC等が譲り受け債権の信用を裏付けとして証書を発行し，投資家に販売する。投資家の購入代金はSPC等を経由してオリジネーターの手許に入り，投資家に対する償還金はSPC等がオリジネーターから譲り受けた債権の回収金で充てる，という仕組みをもつ。その際，SPC等へ譲渡される債権が多数に及ぶことから，実務界

---

71 山川萬次郎「債権流動化と新しい対抗要件取得の方法」金法1348号（1993）28頁。特債法の規定の詳細については，片山義広「特定債権法における『みなし対抗要件』規定と民法467条」ジュリスト1040号（1994）21頁以下，および片岡義広「特定債権等事業規制法と債権譲渡担保論」法時65巻10号（1993）19頁以下を参照。なお，特債法は，2004年11月26日成立の信託業法改正法の附則第2条によって，2004年12月30日をもって廃止された。木下正俊「特定債権法の改正に関する覚書」広島大学法科大学院論集1号（2005）1頁。

72 千葉恵美子「特定債権事業規制法に基づく債権譲渡と差押」阪法44巻2＝3号（1994）72頁。

73 千葉・前掲注（72）87頁。特債法の公告制度のもつ問題点につき，債権譲渡法制研究会「債権譲渡法制研究会報告書」金法1484号（1997）52‐53頁を参照。

から，SPC 等への債権譲渡について，民法 467 条 2 項の第三者対抗要件制度の簡素化が求められ，その結果，債権譲渡特例法が制定されたのである[74]。法施行後 60 日間で，その登記された債権の個数が 387 万件余，登記された債権の総額は 1 兆 8000 億円を超え，特債法の平成 6 年から 8 年までの実績を既に上回った[75]。

当時の予約型や停止条件型の集合債権譲渡担保が否認される裁判例が登場したことに鑑み，そのような法律構成を捨てて，当初の債権譲渡契約時に債権譲渡登記を備えて，第三債務者に知られることなく第三者対抗要件を備えることが可能になった[76]。それまで，債権譲渡につき確定日付ある通知を行って，債権譲渡の事実が第三債務者に知られると債務者につき信用不安が生じる恐れがあった。債権譲渡登記をすることが実務上定着すれば，そのような不安も杞憂に終わることも期待された[77]。もっとも，立法当初は，債権譲渡登記規則により，商業登記簿に債権額と譲受人が記載される点が，かえって信用不安を惹起しないかが危惧された[78]。また，立法当初は，「譲渡に係る債権の債務者その他の譲渡に係る債権を特定するために必要な事項」を登記事項としており（立法当初の債権譲渡特例法 5 条 6 号），第三債務者不特定の将来債権の譲渡につい

74　森井英雄他編『債権譲渡特例法の実務〔新訂・第 2 版〕』（商事法務，2002）3 頁．渋佐愼吾「債権譲渡登記制度の概要と運用状況」金法 1567 号（2000）32‐33 頁，池田真朗「債権譲渡特例法の評価と今後の展望（上）」前掲書前掲注（1）140‐141 頁（初出＝NBL656 号（1999）35 頁）。

75　池田真朗「運用を開始した債権譲渡登記」銀法 557 号（1999）1 頁。

76　池田真朗・前掲注（75）1 頁，中村廉平他「〔座談会〕債権譲渡特例法と担保実務」銀法 557 号（1999）5 頁〔堀龍兒〕・6 頁〔菅原胞治〕，池田真朗「債権譲渡特例法の評価と今後の展望（下）」前掲書前掲注（1）151‐154 頁（初出＝NBL657 号（1999）23‐25 頁）。

77　中村他・前掲注（76）8 頁〔高山満〕。

78　中村他・前掲注（76）8 頁〔堀龍兒〕。とりわけ，商業登記簿記載事項の中に「債権の総額」があり，そこに膨大な金額が記載されることがあることから，誤解により信用不安を招く恐れがあり，債務者が登記を拒否することが危惧された．巻之内茂「債権譲渡特例法施行後の集合債権譲渡担保取引と倒産手続における取扱い」金法 1567 号（2000）66 頁，花井正志「債権譲渡特例法と集合債権譲渡担保実務」Credit & Law 112 号（1999）28 頁以下を参照。

79　吉田光碩「債権譲渡特例法による集合債権譲渡担保と最 3 小判平成 11・1・29 による新判断」金法 1541 号（1999）4 頁。すなわち，最判平成 11 年 1 月 29 日以前から，弁済期未到来の賃料債権は，発生の確実性の高いことを理由に，既発生の債権とほぼ同等の譲渡可能性を認められてきたといい得るという。白石大「債権の発生時期に関する一考察（3）」早稲田法学 88 巻 3 号（2013）128‐129 頁。

ては，第三者対抗要件を具備することはできなかった[79]。

3　第4期：1999年（平成11年）～2004年（平成16年）まで

(1)　債権譲渡特例法の施行によって第三債務者に債権譲渡を知られることなく対抗要件具備が可能となった（1998年）直後から，最高裁は，立て続けに重要な判例を展開していった。まず，最判平成11・1・29民集53巻1号151頁は，医師の診療報酬債権の譲渡の有効性が争いになった事案において，「将来発生すべき債権を目的とする債権譲渡契約にあっては，契約当事者は，譲渡の目的とされる債権の発生の基礎を成す事情をしんしゃくし，右事情の下における債権発生の可能性の程度を考慮した上，右債権が見込みどおり発生しなかった場合に譲受人に生ずる不利益については譲渡人の契約上の責任の追及により清算することとして，契約を締結するものと見るべきであるから，右契約の締結時において右債権発生の可能性が低かったことは，右契約の効力を当然に左右するものではない」とした。将来債権譲渡を，債権発生についての譲受人のリスク負担を前提にされる契約であることを明確に認識して，債権発生の可能性を問題とする必要はないとして，有効性を承認したのである[80]。これによって，前掲最判昭和53・12・15は事例判決にすぎないことが明確にされた。

以上の説示は，最判昭和53・12・15に対する高木説に従ったものと解される[81]が，譲渡契約の効力を左右しない理由に関する最高裁の説示からは，合理的なリスク計算が行われていない場合には，高木説と異なり，将来債権の譲渡の有効性について債権発生の可能性を問題とする余地を残していると解する見解[82]もある。すなわち，将来債権といっても，単なる期待あるいは希望にとどまる債権（例，作家志望の学生が将来執筆するかもしれない小説について出版社に対して取得する原稿料債権）のように，その譲渡にあたって，全くリスク計算ができない債権についてまで，譲渡の有効性を認めたとは解し得ないとの疑問もある[83]ことに注意を要する。

80　池田真朗「将来債権譲渡契約の有効性」前掲書前掲注（1）227頁・256頁，古積健三郎「最判平成12年4月21日判批」民商123巻6号（2001）88頁。この判決に対する実務の反応につき，特集「将来の診療報酬債権の譲渡に関する最3小判平11・1・29を読んで」金法1544号（1999）17頁以下を参照。
81　この説示は，高木・前掲注（12）112頁（初出＝NBL234号（1981）8頁）による。

(2) 既存債権または将来債権の譲渡担保の設定が可能であるとすると，集合債権譲渡担保における公序良俗の問題とは，譲渡対象債権が包括的であるため，債務者，第三債務者または他の一般債権者を不当に害するかどうかによる[84]。前掲最判平成11・1・29は，「契約締結時における譲渡人の資産状況，右当時における譲渡人の営業等の推移に関する見込み，契約内容，契約が締結された経緯等を総合的に考慮し，将来の一定期間内に発生すべき債権を目的とする債権譲渡契約について，右期間の長さ等の契約内容が譲渡人の営業活動等に対して社会通念に照らし相当とされる範囲を著しく逸脱する制限を加え，又は他の債権者に不当な不利益を与えるものであると見られるなどの特段の事情の認められる場合には，右契約は公序良俗に反するなどとして，その効力の全部又は一部が否定されることがあるものというべきである。」との一般論を示していた[85]。最判平成12・4・21民集54巻4号1526頁では，A・Yを含む11社に対してAが現にまたは将来有することのある一切の商品売却代金債権を対象とする債権譲渡予約につき，Yに対する債務の弁済を遅滞し，支払停止に陥り，またはその他不信用な事案があったときに期限の利益を喪失し，Xは直ちに債権譲渡予約を完結し，譲渡債権の取立てができるという特約があった。最高裁は，「本件予約の締結に至る経緯に照らすと，XがAの窮状に乗じて本件予約を締結させ，抜け駆け的に自己の債権の保全を図ったなどということはできない。」「本件予約においては，AにXに対する債務の不履行等の事由が生じた

---

82 道垣内・前掲注 (16) 72頁，角紀代恵「将来債権の包括譲渡の効力」みんけん（民事研修）515号 (2000) 18-19頁。さらに，冬木千成「8年3か月にわたる将来の診療報酬債権の譲渡を有効とした事例」税54巻3号 (1999) 231頁は，最判平成11年1月29日の事案が，債権発生の基礎が備わっている事案であり，争いとなった債権は具体的に発生していた債権であるから，譲渡契約時の債権発生の可能性の有無を問題とする必要がなかった点を指摘し，法律的基礎・事実的基礎を不要とした判断を含まないとする。他方，佐久間毅「将来債権の譲渡――（第三）債務者不特定の場合を中心に」ジュリスト1217号 (2002) 34頁注7は，道垣内らの評価に疑問を呈する。
83 角紀代恵「流動債権譲渡担保」法時73巻11号 (2001) 26頁。
84 春日通良「最判平成12・4・21解説」『最高裁判所判例解説民事篇平成12年度（上）』（法曹会，2003）507頁。
85 公序良俗違反を導く「特段の事情」とは，①譲渡時期が譲渡人の業績悪化後で危機時期に接着していること，②譲渡人の窮迫につけ込み債権譲渡を受けたという事情，③目的債権の包括性（目的債権の限度額・発生時期，権利を行使し得る時期等についての定めもない），④被担保債権と譲渡債権との均衡や過剰性，等であるという。山垣清正「小額債権の譲渡性及び被差押適格性」公証126号 (1999) 29-30頁。

ときに，Xが予約完結の意思表示がされるまでは，Xは，本件予約の目的となる債権を自ら取り立てたりこれを処分したりすることができ，Aの債権者もこれを差し押さえることができるのであるから，本件予約が，Aの経営を過度に拘束し，あるいは他の債権者を不当に害するなどとはいえず，本件予約は，公序良俗に反するものではない」，との判断を示した。

　従来，集合債権譲渡担保の特定性を判断する要素として，①第三債務者，②債権発生原因，③債権発生時期，④金額，⑤弁済期等が挙げられていた[86]。もっとも，最判平成10・1・30民集52巻1号1頁は，将来3年分の賃料債権の譲渡を有効と解していた[87]。すなわち，最判平成11・1・29以前では，将来債権の譲渡については「発生の確実性」が要求されており，その存否の具体的判断が，診療報酬債権と賃料債権の場合とで異なる扱いを受けていた[88]。この点につき，前掲・最判平成11・1・29は，「債権譲渡契約にあっては，譲渡の目的とされる債権がその発生原因や譲渡に係る額等をもって特定される必要があることはいうまでもなく，将来の一定期間内に発生し，又は弁済期が到来すべき幾つかの債権を譲渡の目的とする場合には，適宜の方法により右期間の始期と終期を明確にするなどして譲渡の目的とされる債権が特定されるべき」とし，最判平成12・4・21は，「債権譲渡の予約にあっては，予約完結時において譲渡の目的となるべき債権を譲渡人が有する他の債権から識別することができる程度に特定されていれば足りる。そして，この理は，将来発生すべき債権が譲渡予約の目的とされている場合でも変わるものではない」とする。

　予約型については，終期の定めがなくとも譲渡の有効性には無関係であり，譲渡の対象となる債権も予約完結時に残存する債権に限られるから，目的債権の範囲の限定も問題にならない[89]。最判平成11・1・29，最判平成12・4・21

86　角紀代恵「最判平成12・4・21解説」『民法判例百選Ⅰ〔第5版新法対応補正版〕』（有斐閣，2005）207頁。

87　その他，大阪高判平成7・12・6判時1564号31頁は，「平成5年12月分以降」という形で，周期の定めなく賃料債権が譲渡されているが，譲渡自体が有効であることを前提とする。東京地判平成8・1・22判時1581号127頁も，将来の賃料債権の譲渡を有効とした。

88　道垣内・前掲注（16）70頁。弁済期未到来の賃料債権は，発生の確実性が高いことを理由に，既発生の債権とほぼ同等の譲渡可能性を認められてきた。道垣内・同70頁，角・前出注（82）18－19頁，白石・前掲注（79）128－129頁。

89　古積・前掲注（80）93頁。

は，包括担保の許容度を，将来債権の譲渡の有効性あるいは特定性の問題とは切り離して，公序良俗の枠組みで判断しているともいえる[90]。もっとも，公序良俗違反と譲渡目的債権の特定との関係は今ひとつ明確ではないが，ある学説は，特定の存否は契約自体から判断されるのに対し，公序良俗違反は，むしろ特定性から外れる諸事情をカバーするものとして機能すると評価する[91]。

(3) 最判平成13・11・27（民集55巻6号1090頁）は，「指名債権譲渡の予約につき確定日付ある証書により債務者に対する通知又はその承諾がされても，債務者は，これによって予約完結権の行使により当該債権の帰属が将来変更される可能性を了知するに止まり，当該債権の帰属に変更が生じた事実を認識するものではないから，上記予約の完結による債権譲渡の効力は，当該予約についてされた上記の通知又は承諾をもって，第三者に対抗することはできない」とした。他方，最判平成13・11・22（民集56巻6号1056頁）は，「甲が乙に対する金銭債務の担保として，発生原因となる取引の種類，発生期間等で特定される甲の丙に対する既に生じ，又は将来生ずべき債権を一括して乙に譲渡することとし，乙が丙に対し担保権実行として取立ての通知をするまでは，譲渡債権の取立てを甲に許諾し，甲が取り立てた金銭について乙への引渡しを要しないこととした甲，乙間の債権譲渡契約は，いわゆる集合債権を対象とした譲渡担保契約といわれるものの一つと解される。この場合は，既に生じ，又は将来生ずべき債権は，甲から乙に確定的に譲渡されており，ただ，甲，乙間において，乙に帰属した債権の一部について，甲に取立権限を付与し，取り立てた金銭の乙への引渡しを要しないとの合意が付加されているものと解すべきである。したがって，上記債権譲渡について第三者対抗要件を具備するためには，指名

---

90 角・前掲注 (83) 28頁。なお，後掲最判平成14・10・10民集56巻8号1742頁の事案は，債権譲渡人が第三債務者から取り立てた金銭を営業資金等に充てることが認められ，被担保債権である既発生のリース料債権が漸減すること，増加すべき損害額等は予め定められた範囲に留まること等から，譲渡担保権者が譲渡担保設定者の財産を無制限に独占するとは考えられず，良俗違反とは認定されないとの評価がなされている。八尾渉「最判平成14・10・10調査官解説」『最高裁判所判例解説民事篇平成14年度（下）』（法曹会，2005）822‐823頁。

91 古積・前掲注 (80) 95‐96頁。池田真朗「集合将来債権の譲渡予約における債権の特定性」池田・前掲書前掲注 (1) 264頁以下（初出＝判評507号（判時1740号）173頁以下）も参照。

債権譲渡の対抗要件（民法467条2項）の方法によることができるのであり，その際に，丙に対し，甲に付与された取立権限の行使への協力を依頼したとしても，第三者対抗要件の効果を妨げるものではない」とした。

　予約型の場合，債権の移転の時期は予約完結権行使時であり，その予約完結権行使の通知ないし承諾を確定日付でなさなければ，第三者対抗要件たり得ない。その根拠は，債権の移転の効果の発生自体が予約完結権行使まで不確定であるため，譲渡の通知ないし承諾から債権の帰属の変更を債務者が知ることが期待できないことにある。これに対し，本契約型の場合，契約時に確定日付ある通知をなせば，将来発生する債権も含めてその帰属が確定的に変更されたことを，債務者が通知により知り得るため，将来にわたって対抗要件を具備し得る。他方，譲渡人の取立権については，本契約型では，将来発生する債権が譲渡担保権者に移転し，設定者に取立権が授権されることで説明するのに対し，予約型では，予約完結権行使時まで，譲渡人は自己のものとして債権を取り立て得ることで説明する。最判平成13・11・22および最判平成13・11・27により，予約型で譲渡実行通知前に対抗要件を備える道は閉ざされ，将来債権につき対抗要件（民法467条2項および動産・債権譲渡特例法5条の債権譲渡登記）を備えるためには，本契約型を用いることが実務上要請されるに至った[92]。「債権譲渡担保を本契約方式で行ない，債権譲渡の通知を契約と同時にする。このようにすることによって，その債権が総債権者のための責任財産から除外されていることを外部に明らかにすれば，他の債権者は，そのことを前提として，譲渡人と取引に入る。そうなれば，他の債権者を害することはない。その意味で，破産法上の否認の対象となることはないし，また，他の債権者を不当に害するとして，公序良俗違反となることもない[93]。」すなわち，譲渡予約の方式では，予約完結権の行使について，故意否認（破産法160条1項1号），危機否認（同法同条1項2号）や対抗要件否認（同法164条）等の問題を抱えることになるため，担保権としての手段に限界がある。そこで，実効性ある担保として利用するためには，予約方式は適当ではなく，債権譲渡を契約時に行う本契約方式を採用し，かつ，対抗要件を留保すべきでない，というわけである。

---

[92] 石田剛「最判平成13・11・27判批」ジュリスト1224号（2002）79頁。
[93] 淺生重機「最判平成12・4・21判批」金法1604号（2001）20頁。

(4) 以上の理は，予約型だけではなく，契約時には担保設定の効力を生ぜしめず，期限の利益を失わせる事由の発生により当然に債権譲渡の効力が生じる「停止条件型」の債権譲渡担保にも妥当する[94]。最判平成 16・7・16（民集 58 巻 5 号 1744 頁）は，停止条件付債権譲渡契約につき，「その契約締結行為自体は危機時期前に行われるものであるが，契約当事者は，その契約に基づく債権譲渡の効力の発生を債務者の支払停止等の危機時期の到来にかからしめ，停止条件とすることにより，危機時期に至るまで債務者の責任財産に属していた債権を債務者の危機時期が到来するや直ちに当該債権者に帰属させることによって，これを責任財産から逸出させることをあらかじめ意図し，これを目的として，当該契約を締結している」とし，「上記契約の内容，その目的等にかんがみると，上記契約は，（平成 16 年改正以前の旧）破産法 72 条 2 項の規定の趣旨に反し，その実効性を失わせるものであって，その契約内容にかんがみれば，上記契約に係る債権譲渡は，債務者に支払停止等の危機時機が到来した後に行われた債権譲渡と同視すべきであり，上記規定に基づく否認権行使の対象となる」とした[95]。

既に述べたように，第 3 期の大阪高判平成 10・7・31（金判 1050 号 3 頁）や大阪高判平成 10・9・2（金判 1050 号 6 頁）は，長井判事の見解に沿って，旧破産法 74 条 1 項により対抗要件具備の否認を認めた。これらは，担保設定契約としての実質が停止条件付債権譲渡担保契約の契約時から存在するとの判断を示した。しかし，以上の判断構造は，最判平成 13・11・22，最判平成 13・11・27 のように，債権譲渡があれば権利は移転し，そうでなければ権利は移転しないという法律構成とは矛盾する[96]。対抗要件否認の起算点は，予約型では予約時点，停止条件型にあっては譲渡担保契約時と解する点[97]が，債権譲渡の効果が生じて初めて対抗要件具備の効果を認める以上の最高裁判例法理とは矛盾するため，もはや長井説に依拠して対抗要件否認を行うことは困難な状況にあった[98]。そこで，最判平成 16・7・16 は，破産法 74 条の対抗要件否認

---

94 荒木新五「最判平成 13・11・22 判批」Credit ＆ Law150 号（2002）48 頁。
95 本判決は，旧破産法 72 条 2 項の危機否認を認めたものであり，旧破産法 74 条の対抗要件否認の 14 日の起算日を権利移転の原因行為の日ではなく，権利移転の効果を生じた日とする最判昭和 48・4・6 民集 27 巻 3 号 483 頁と牴触しない。
96 池田真朗「停止条件付債権譲渡契約と否認権行使」同『債権譲渡の発展と特例法』（弘文堂，2010）177 頁。
97 角紀代恵「最判平成 16・7・16 判批」判タ 1173 号（2005）107 頁。

ではなく，同 72 条 2 号の危機否認を認めるために，「その契約内容を実質的に見れば，上記契約に係る債権譲渡は，債務者に支払停止等の危機時機が到来した後に行われた債権譲渡と同視すべきであ（る）」として，危機時機到来後に債権譲渡行為があったという擬制を行い，この擬制を通じて，債権譲渡担保設定契約自体ではなく，危機時機到来後に生じた債権譲渡の効力を否定したのである[99]。なお，以上の理は，平成 16 年（2004 年）以降の現行破産法 162 条 3 項の下でも妥当する[100]。

(5) 以上，最判平成 13・11・22 と最判平成 13・11・27 により，予約型で譲渡実行通知前に対抗要件を備える道は閉ざされ，将来債権につき対抗要件（民法 467 条 2 項および動産・債権譲渡特例法 5 条の債権譲渡登記）を備えるためには，本契約型を用いることが実務上要請されるに至った。その一方で，一連の判例の展開によって，集合債権譲渡の予約型・停止条件型によって対抗要件否認を回避する実務の方向性は，最高裁によって否定され，本契約型を前提として債権譲渡特例法による対抗要件具備を推進する方向に，大きく動くこととなった[101]。

平成 10 年代半ばまでの最高裁判例の展開によって，集合債権譲渡担保は当初（第 1 期）の将来債権の譲渡の可否という議論から，流動する集合債権の譲渡担保の効力と包括担保の許容度を論じる段階に至った[102]。もはや，最判昭和 53・12・15 が議論されていた頃のように，期間の長さ等によって譲渡債権

---

[98] 宮坂昌利「最判平成 16・7・16 調査官解説」『平成 16 年度最高裁判所判例解説民事篇（下）』（法曹会，2007）520 頁，山本和彦「停止条件付債権譲渡と否認権（最判平成 16・7・16 判批）」NBL794 号（2004）44-45 頁。その他の下級審裁判例については，飯島敬子「集合債権譲渡担保契約の否認」判タ 1108 号（2003）24-30 頁を参照。

[99] 山本・前掲注（98）45 頁，吉田光碩「支払停止等を停止条件とする集合債権譲渡と否認権行使」銀法 641 号（2005）24 頁。この見解は，最高裁判決以前の「脱法行為説」（東京地判平成 10・7・31 金判 1048 号 3 頁）の立場に近いとされる。宮坂・前掲注（98）522 頁。その後，最判平成 16・9・14 裁事 1371 号 1 頁は，最判平成 16・7・16（第 2 小法廷）と同じ判断を示した。また，東京地判平成 22・11・12 金判 1365 号 56 頁は，予約型について最高裁の判断を踏襲し，現行破産法 162 条 1 項 1 号により否認されるとした。

[100] 角紀代恵「最判平成 16・7・16 判批」判タ 1173 号（2005）108 頁，宮坂・前掲注（98）509 頁以下を参照。

[101] 石田・前掲注（92）79 頁。

[102] 角・前掲注（83）28 頁。

の特定性を操作することで，集合債権譲渡担保の効力を論じるという時期は過ぎ去った。包括的な債権譲渡は，譲渡の包括性のみで契約の効力を否定すべきではなく，契約の内容，締結時期，当事者の主観的態様などの諸般の事情から，当該の契約が詐害行為取消しや破産法上の否認の要件に該当し，あるいは公序良俗に反すると判断されて，効力が否定される103。

ただ，最判平成13・11・22の原審（東京高判平成11・11・4民集55巻6号1084頁）は，まさに譲渡担保設定者への弁済を許す旨の通知の記述が，第三債務者をして，誰に対して弁済をなすべきか，換言すれば，誰が債権者であるのかについて混乱を招来するために，対抗要件たり得ないと解した。これに対して，最高裁は，「本件通知中の『Aは，同社がCに対して有する本件目的債権につき，Xを権利者とする譲渡担保権を設定したので，民法467条に基づいて通知する。』旨の記載は，AがCに対し，担保として本件目的債権をXに譲渡したことをいうものであることが明らかであり，本件目的債権譲渡の第三者対抗要件としての通知の記載として欠けるところはない」として，設定者への取立権の付与は，譲渡担保設定当事者間の内部的な約定にすぎず，インフォメーションセンターである第三債務者の認識には影響せず，このような内部的合意があることが，契約時に確定的に債権を移転させる債権譲渡契約と矛盾するものではないとした。

けれども，特に債権譲渡人＝譲渡担保設定者に譲渡債権の取立権があることの説明につき，最判平成13・11・22に疑問を呈する見解もある。すなわち，債権譲渡担保の契約時には担保権設定にとどまり，その実行により債権の移転が生じる，換言すれば，実行前には設定者になお譲渡債権が帰属するとの立場（千葉）である104。設定者に取立権を留保した確定日付ある「設定通知」によって，①担保権の存在を外部に公示し，かつ，第三者に対して担保権者たることを主張することを認めるが，②流動集合債権譲渡担保は，実行通知がなされるまで設定者に取立権が留保されることが担保権の内容であるから，「設定通知」がなされただけでは，担保権者は第三債務者に対して弁済を請求できない，というのである105。もっとも，このような見解は，「第三者に対する関係での担保としての優先的地位」は担保取得時（債権譲渡担保設定契約時）に確保

103　佐久間・前掲注 (82) 36頁。
104　千葉恵美子「いわゆる流動型集合債権譲渡担保と対抗要件」ジュリスト1223号 (2006) 78-80頁。

するとともに，債権譲渡担保による「権利移転」は担保実行時点に行われたとみて，対抗要件否認制度の適用を回避する立場に近い[106]。最判平成16・7・16（民集58巻5号1744頁）によって停止条件型につき危機否認が認められたことに鑑みれば，本契約型と予約型・停止条件型のいいとこ取りを狙ったとしても（著者にはそのような意図はないとしても），最高裁は，このような見解を排除するものといえよう[107]。

(6) 1998年の債権譲渡特例法制定以降，同法による登記の方法については，同法の規定の他に，債権譲渡登記令，債権譲渡登記規則・法務省告示に具体的な定めがおかれている。その登記事項は，「債権を特定するための事項」として，①債権者および債務者，②債権の種別，③債権の発生年月日等が挙げられている。法務省告示によると，債権発生年月日については，項番24で「債権発生年月日（始期）」を記録することとされ，終期については，「債権の発生日が数日に及ぶ時に限り，その末日の年月日を記録する。将来発生すべき債権についても，同様である」とされていた[108]。債権譲渡登記は，調査の出発点として位置づけられる登記ではなく，登記の記録から客観的に判断される範囲で対抗力が認められる構造を採っているので，譲渡の対象であることが登記の記載から認識できない譲渡については登記の対抗力が及ばないことになる[109]。そこで，最判平成14・10・10民集56巻8号1742頁では，債権の発生期間の始期のみの記録がある債権譲渡登記によって，始期当日以外の日に発生した債権も譲渡の目的となっていることが認識可能かが争われた[110]。

同判決は，発生期間の終期のない債権譲渡登記は，「その債権譲渡登記に係

---

[105] 千葉・前掲注（104）80頁，池田雅則「最判平成13・11・22解説」法教263号（2002）191頁。このような見解は，将来債権の「発生時に権利が移転するという考え方に立って順位保全効のある対抗要件を構想する方向と，譲渡契約時に何らかの権利ないし地位が移転し対抗要件を具備できると考える方向」（中田裕康「将来又は複数の財産の担保化」『動産・債権譲渡担保融資に関する諸問題の検討』（金融法務研究会報告書（18））（2007）21-24頁および33頁）のうち，前者の考え方に近い。

[106] 潮見佳男「担保のためにする債権譲渡における債権の帰属変更と第三者対抗要件」道垣内弘人・大村敦志・滝沢昌彦編『信託取引と民法法理』（有斐閣，2003）73頁。

[107] 潮見・前掲注（106）85-86頁。

[108] 塩崎勤「最判平成14・10・10判批」判タ1154号（2004）47頁。

[109] 八尾渉「最判平成14・10・10調査官解説」『最高裁判所判例解説民事篇平成14年度』（法曹会，2005）241-242頁。

る債権譲渡が数日にわたって発生した債権を目的とするものであったとしても，他にその債権譲渡登記中に始期当日以外の日に発生した債権も譲渡の目的である旨の記録がない限り」，始期当日以外の日に発生した債権の譲受けを債務者以外の第三者に対抗できないとした。その理由として，「上記のような債権譲渡登記によっては，第三者は始期当日以外の日に発生した債権が譲渡されたことを認識することができず，その公示があるものとみることはできないからである」と述べる。より具体的には，「項番24（債権発生年月日の始期）の条件欄には「必須」，項番25（同終期）の同欄には「任意」と記載されているところ，これらに付記された「（注）4」及び「（注）5」の記載を併せて考えれば，債権の発生日が一つの日であるときは項番24の始期の記録のみで足りるが，債権の発生日が数日に及ぶときは始期の外に項番25の終期を記録するなどしてその旨を明らかにすることを要するものと解すべきであり，後者の場合にも始期のみで足りるという趣旨に解するのは相当でない」とされたのである。

　以上の他，債権譲渡特例法による債権譲渡登記については，立法当初より2つの問題があった。債権譲渡登記の概要が商業登記簿に記載されるという特例法9条の規定と，将来にわたる集合債権の譲渡担保について債権譲渡登記をする場合に，同法が当初要求していた債権総額の記載（旧5条1項5号）の際に見積額として累積譲渡額を記載した，という2点である[111]。前者は，立法段階で新たに付け加えられたものであり，実務からは大変不評であったし，後者も，売掛金が発生する都度の譲渡債権の累積額が記載されることで，外観上不必要に巨額の債権が譲渡されるように見えてしまい，かえって信用不安を助長してしまうのである[112]。その後，後者については累積額から予想残高が登記されるように実務が変わり，さらに，平成16年法律第148号による債権譲渡特例法の改正により，将来発生すべき債権については，譲渡に係る債権の総額を登記しないこととされた（動産及び債権の譲渡の対抗要件に関する民法の特例

110　すなわち，本判決の集合債権譲渡担保は，最判平成13・11・22と異なり，本契約型であり終期の定めのなかった事案であった。中田裕康「最判平成14・10・10判批」法協120巻10号（2003）213頁，池田雅則「最判平成14・10・10判批」法教272号（2003）109頁。

111　池田真朗「債権譲渡特例法——施行後3年の総合検証」池田・前掲書前掲注（96）60頁（初出＝みんけん（民事研修）534号（2001）7頁），森井英雄＝辰野久夫「集合債権譲渡担保契約における限度額の定め」Credit & Law 127号（1999）4頁。

112　池田・前掲注（111）61頁（初出＝みんけん（民事研修）534号（2001）9頁）。

等に関する法律8条2項3号)。また，法務省は債権譲渡登記規則を改正して (2001年3月22日法務省令第29号・債権譲渡登記規則の一部を改正する省令)，商業登記簿への記載が継続されたものの，記載事項から債権の総額が除外されたことによって解決された[113]。2001年3月26日から，オンライン申請も可能となった。

以上の判例法理と対抗要件制度の整備を背景として，2002年末の臨時国会において，経済産業省は，中小企業者が売掛先に対して有する売掛債権を担保の目的として金融機関が融資を行う場合に，信用保証協会が保証を行う，「売掛債権担保融資保証制度」を創設した[114]。かつては危機時期に駆け込み的に非正常取引として用いられてきた集合債権譲渡担保は，こうしてようやく「企業の正常取引における資金調達方法」として用いられるようになったのである[115]。

4 第5期：2005年（平成17年）頃～2014年（平成26年）まで

(1) 債権譲渡登記が設けられた時点（1998年）では，第三債務者が特定されていない将来債権については，譲渡時から第三者対抗要件を備える手段はなかった。しかし，将来債権をより広範に資金調達の手段として利用したいという実務上のニーズから，2005年以降，第三債務者不特定の場合でも第三者対抗要件を具備することを可能にする態様で，同法が改正された（同法8条)。とりわけ，将来債権だけを譲渡しようとする場合，および将来債権と既発生の債権とを併せて譲渡する場合については，債務者名を必要的記載事項から除外することによって，第三債務者不特定の将来債権譲渡についても債権譲渡登記を経由することが可能になった（同法8条2項第3号)。また，同法8条2項4号によれば，債権譲渡登記には，譲渡にかかる債権を特定するために必要な事項を記載しなくてはならないとされ，動産・債権譲渡登記規則9条によれば，債権の特定のためには，債務者（債務者不特定の場合には債権の発生原因)，債権

---

[113] 池田・前掲注 (111) 63頁 (初出＝みんけん (民事研修) 534号 (2001) 10頁)。
[114] 池田真朗「売掛債権担保融資保証制度の創設とその法的論点」池田・前掲書前掲注 (96) 119頁以下。
[115] その後，同制度は，売掛債権に加えて在庫品を担保として活用する「流動資産担保融資保証」へと発展した。池田・前掲注 (114) 136頁以下。

の種別，債権の発生年月日，債権額（既発生債権のみ）が必要であるとされる。

将来債権については，その総額は見積額とならざるを得ず，見積額と実際に発生する債権額との間に食い違いが生じるのが一般的であるため，将来債権についても債権の総額を登記事項とすると，利害関係人を混乱させる恐れがある。また，将来債権と既発生の債権とを併せて譲渡する場合において，既発生の債権の合計額に将来債権の合計額，すなわち見積額を合算した額を債権の総額として登記させることとした場合にも，同様の恐れが生じる。そこで，改正法においては，既発生の債権のみを譲渡する場合に限って，債権の総額が登記事項とされ，譲渡の対象に将来債権が含まれている場合には債権の総額は登記事項とされなくなった[116]。こうして，最判昭和53・12・15以降，高木説等が指摘していた第三債務者不特定の将来債権譲渡につき，対抗要件を具備することが可能になった。

(2) 以下で詳論するが，この第5期を全体としてみれば，第4期までに形成された判例法理を前提として，集合債権譲渡担保をかつての分類で言う「正常業務型」として活用することが通常の融資形態となっていることが明らかになる。その背景には，集合動産譲渡担保と集合債権譲渡担保を併用する融資形態であるABL（asset-based lending）の普及がある。ABLとは，例えば「債務者の事業のキャッシュフローの源泉となる資産を担保とする融資」と定義される[117]。具体的には，債権者は，不動産担保や個人保証に依存するのではなく，債務者の在庫と売掛金（売掛債権）について譲渡担保の設定を受ける（集合物譲渡担保・集合債権譲渡担保）と同時に，債務者の事業の状況をきめ細かくモニタリングし，必要に応じて債務者と協議を行い，事業の円滑な遂行と発展と共に担保価値の維持を図っていくという融資手法である[118]。ABLは本質的に運転資金融資であって，平時における事業資金のほか事業再生を図るための資金供給手段であり，かつ法的倒産時におけるDIPファイナンスとしても活用

---

116 植垣勝裕＝小川秀樹編著『一問一答動産・債権譲渡特例法〔3訂版補訂〕』（商事法務，2009）95頁。

117 ABLの定義について，森田修「ABLの契約構造――在庫担保取引のグランドデザイン」金法1959号（2012）34頁以下を参照。

118 中島弘雅「ABL担保取引と倒産処理の交錯――ABL定着と発展のために」金法1927号（2011）71頁，中村廉平「再建型法的倒産手続におけるABLの取扱いに関する考察――いわゆる『固定化』問題を中心として」NBL908号（2007）29頁

されるが[119]，その担保権としては集合物・集合債権の譲渡担保が利用される。例えば，倒産時の集合債権譲渡担保の効力をめぐる議論において，集合債権論がなお提唱されるのは，設定者の取立権と回収金の自己利用の態様が，集合物譲渡担保と類似性を有するからでもある。しかし，そうであるからこそ，原材料・在庫品→売掛債権（将来債権）→預金（回収金）と循環するABLにおいて，倒産手続開始時に「固定化」を生ずることを否定し，倒産手続開始後に発生した債権や新たに購入された動産に譲渡担保の考慮を及ぼそうとする議論が存在するのである[120]。よって，ABLの視点からは，集合物の譲渡担保と集合債権の譲渡担保が，一連の時間的連続性をもって捉えられる点を看過すべきではないといえよう。ただ，ソフトウェア会社のように在庫を持たない業態の場合，ABLといっても債権譲渡担保単体で行われるケースも少なくないと思われるため，在庫から売掛債権及びその取立回収金というキャッシュフローのプロセスが，ABL全てに共通するわけではないことも確かである。在庫品をも対象とするABLでは，担保権者は価値の源泉である在庫品をも同時に担保の目的として押さえるのに対して，在庫を持たない債務者の場合のABLでは，債権それ自体が価値の源泉であるという特徴がある[121]。

(3) 国税徴収法24条1項には，国税滞納者の財産につき滞納処分を執行してもなお徴収すべき国税に不足すると認められるときは，滞納者が設定した譲渡担保財産から国税を徴収することができる旨，定められている。しかし，同条6項には，譲渡担保権者が国税の法定納期限等以前に譲渡担保財産となっている事実を証明した場合には，同条1項の規定を適用しないとする。最判平成19・2・15（民集61巻1号243頁）では，債務者との間で金銭債務の担保として既発生債権および将来債権を一括して譲渡する集合債権譲渡担保契約を締結

---

[119] 堀内秀晃「Asset Based Lendingの事業再生融資への活用に関する考察」NBL955号（2011）48頁。
[120] 中島・前掲注（118）82-83頁，粟田口太郎「倒産手続におけるABL担保権実行の現状と課題——再生手続における集合動産譲渡担保権の取扱いを中心に」金法1927号（2011）94頁。なお，池田雅則「集合財産の担保化」吉田克己＝片山直也編『財の多様化と民法学』（商事法務，2014）450-456頁，千葉恵美子「集合動産譲渡担保理論と集合債権譲渡担保理論の統合化のための覚書——流動財産担保法制の理論的課題を明らかにするために」名古屋法政254号（2014）289頁等も参照。
[121] 和田勝行『将来債権譲渡担保の倒産手続』（有斐閣，2014）18-19頁参照。

した譲渡担保権者が，確定日付ある通知により対抗要件を具備して，第三債務者が債務者に対して負う売掛代金債務につき供託した供託金に対する還付請求権を取得したところ，国が債務者の国税の滞納を理由として国税徴収法24条の譲渡担保権者の物的納税責任に基づき，譲渡担保権者に帰属する供託金還付請求権を滞納処分により差し押さえた。そこで，譲渡担保権者が，債務者の滞納国税の法定納期限よりも先に集合債権譲渡担保の対抗要件を具備していると主張して，差押処分の取り消しを求めた[122]。

原審（東京高裁平成16・7・21金判1264号28頁）は，「滞納者と譲渡担保権者が，既に発生した債権及び将来発生すべき債権を一括して譲渡担保の目的とするいわゆる集合債権譲渡担保契約を締結し，その旨を第三債務者に対し確定日付のある証書により通知して対抗要件を具備した場合であっても，滞納者の滞納国税の法定納期限等が到来した後に発生した債権については，当該債権の発生時に滞納者から譲渡担保権者に移転するものであるから，当該債権はその発生時に譲渡担保財産となったものと解すべきである。」「本件債権は，本件国税の法定納期限等が到来した後に発生したものであって，本件国税の法定納期限等以前に譲渡担保財産となっていたものではないから，本件において，上告人（原告）が国税徴収法24条6項所定の証明をしたとはいえず，本件差押えに違法はない」として譲渡担保権者を敗訴させた。

これに対し，最高裁は，原審を破棄し，譲渡担保権者を勝訴させた。「将来発生すべき債権を目的とする譲渡担保契約が締結された場合には，債権譲渡の効果の発生を留保する特段の付款のない限り，譲渡担保の目的とされた債権は譲渡担保契約によって譲渡担保設定者から譲渡担保権者に確定的に譲渡されているのであり，この場合において，譲渡担保の目的とされた債権が将来発生したときには，譲渡担保権者は，譲渡担保設定者の特段の行為を要することなく

---

[122] 以上は，井上繁規「最判平成19・2・15原審（東京高判平成16・7・21）判批（上）」金法1765号（2006）38頁によった。なお，元々この事件は，前掲最判平成13・11・22の後，敗訴した被告国（国税局長）が譲渡債権の債務者に対する原告の供託金還付請求権を差し押さえたものであり，同事件で争われた差押えの対象が，譲渡人（債務者）の第三債務者に対する売掛代金債権であったのに対し，最判平成19・2・15では，国税徴収法24条に基づく譲渡担保権者の物的納税責任を問い，原告に帰属が認められた供託金還付請求権が差し押さえられたものである。池田真朗「将来債権譲渡担保における債権移転時期と，譲渡担保権者の国税徴収法24条における物的納税責任」池田・前掲書前掲注（96）181頁（初出＝金法1736号（2005）9頁）。

当然に，当該債権を担保の目的で取得することができるものである。そして，前記の場合において，譲渡担保契約に係る債権の譲渡については，指名債権譲渡の対抗要件（民法467条2項）の方法により第三者に対する対抗要件を具備することができる」として，最判平成13・11・22を引用した上，「以上のような将来発生すべき債権に係る譲渡担保権者の法的地位にかんがみれば，国税徴収法24条6項の解釈においては，国税の法定納期限等以前に，将来発生すべき債権を目的として，債権譲渡の効果の発生を留保する特段の付款のない譲渡担保契約が締結され，その債権譲渡につき第三者に対する対抗要件が具備されていた場合には，譲渡担保の目的とされた債権が国税の法定納期限等の到来後に発生したとしても，当該債権は国税の法定納期限等以前に譲渡担保財産となっている」ものに該当するとした。

原審判決（東京高判平成16・7・21）は，将来債権を含む集合債権譲渡担保について，「集合債権」としての1個の価値を担保として把握したものと捉え，しかも，この価値を譲渡担保権者が現実に発生して初めて具体的な担保として把握することができるとみた上で，「集合債権譲渡担保において，譲渡担保権者が把握している価値は，発生し，かつ，消滅していく債権の担保権実行時の残高」であるとした。このアプローチは，集合債権譲渡を，集合動産譲渡担保における「集合物」への担保設定の類推で捉えたものといえる[123]。学説にも，原審判決の結論には反対するものの，明確に「集合債権論」を提唱するものがある[124]。例えば，伊藤眞は，（将来）債権譲渡担保契約時に確定的に譲渡されているのは，将来発生すべき債権の集合体であり，個別債権については，発生の都度，譲渡担保設定者から譲渡担保権者に当然と移転する，このような集合体としての将来債権も，国税徴収法24条6項にいう譲渡担保財産にあたることを認めたのが，最判平成19・2・15の意義であるする[125]。すなわち，集合

---

[123] 潮見佳男「将来債権譲渡担保と国税債権の優劣」NBL856号（2007）15頁。

[124] 堀龍兒「集合債権論」堀龍兒ほか編『担保制度の現代的課題』（伊藤進先生古稀記念論文集）（日本評論社，2006）269－271頁。白石大「将来債権譲渡の対抗要件の構造に関する試論」早稲田法学89巻3号（2014）135頁以下も参照。

[125] 伊藤眞「倒産処理手続と担保権――集合債権譲渡担保を中心として」NBL872号（2008）63頁。同様に，今尾真「将来債権譲渡と流動債権の譲渡担保に関する考察」『債権法の近未来像』（下森定先生傘寿記念論文集）（酒井書店，2010）177頁注（58）は，最判平成13・11・22の「確定的に譲渡されている」もの，および最判平成19・2・15の「譲渡担保財産となっている」のは，集合債権（優先弁済枠）を意味すると解する。

債権譲渡担保の本質は，対象債権の回収等によって集合物から離脱する個別債権の担保価値を，新たに集合物に流入する個別債権の担保価値が補償することによって，集合物としての担保価値を譲渡担保権者が把握しているとみるのである[126]。

(4) 原審判決は，将来債権が譲渡担保権者に移転する時期について，集合債権譲渡担保契約が締結された時と解するか（契約時移転説[127]（対抗要件具備時説[128]））、将来債権が現実に発生した時と解する（発生時移転説[129]）かの議論のうち，後者に依拠するものであった。池田真朗は，この見解によれば，債権が現実に発生する以前の契約時に対抗要件を具備することになり，その対抗要件はいわば順位保全の効力を持った仮登記にすぎず，債権の発生により自動的に本登記としての効力を持つことになるとしてこれを批判する[130]。もっとも，最判平成19・2・15の調査官解説によれば，譲渡担保の目的とされた将来債権の移転時期につき発生時説（発生時移転説）に立ったとしても，国税徴収法24条6項の解釈に論理必然的に一つの結論が導かれるわけではないという[131]。対抗要件が具備されれば第三者に対抗できるので，未発生の将来債権の所在が

---

126 三村藤明ほか「会社更生手続における集合債権譲渡担保と ABL（1）」NBL825号（2005）41頁。
127 池田真朗「金銭債務の担保として既発生債権および将来債権を一括して譲渡する集合債権譲渡担保契約における債権譲渡の第三者対抗要件」池田・前掲書前掲注（96）153頁（初出＝金法1652号（2002）25頁。森田宏樹「事業の収益性に着目した資金調達モデルと動産・債権譲渡公示制度」金融法研究21号（2005）89頁ほか。
128 潮見・前掲注（123）15頁。
129 （債権）発生時移転説については，井上繁規「最判平成19・2・15原審判批（下）」金法1766号（2006）52頁以下のまとめを参照。
130 池田真朗「将来債権譲渡担保における債権移転時期と，譲渡担保権者の国税徴収法24条における物的納税責任」池田・前掲書前掲注（96）187頁（初出＝金法1736号（2005）12-13頁）。浅野隆「将来債権譲渡担保における債権の移転時期」銀法679号（2007）17頁も参照。
131 増田稔「最判平成19・2・15調査官解説」『最高裁判所判例解説民事篇平成19年度（上）』（法曹会，2010）134頁，角紀代恵「垂れ込めていた暗雲は去った」NBL854号（2007）32頁。道垣内によれば，譲渡担保権者に「移転しているのは（中略）一定の条件の下で債権者として債権を原始的に取得するという法的な地位なのではないか」という見解も，契約時移転説のバリエーションとして注目に値するという。道垣内弘人「将来債権譲渡担保における債権移転時期と，譲渡担保権者の国税徴収法24条における物的納税責任」（最判平成19・2・15原審判批）金法1748号（2005）32頁。

譲渡人の下でも第三者は差押えあるいは滞納処分を行うことができないとするのが本判決の立場だからである[132]。

　契約時移転説は，将来債権について譲受人の権利行使が可能になるのは債権発生時からであるが，当該債権の債権者たる地位や処分権能は譲渡時に譲受人に移転すると構成する[133]。契約時移転説を採用したとしても，集合債権譲渡担保権者が，例えば毎月10億円の売掛債権を継続的に取得し，3か月程度で回収している債務者につき，1年分の将来債権の譲渡を受けたからといって，将来1年分の売掛債権全てを把握するとは限らない。例えば，30億円の担保価値に掛け目（例えば7割）をかけて1年後に元金を一括払いの約束で21億円を貸し付けるとする。このような債権譲渡担保は「循環型将来債権譲渡担保」と呼ばれる[134]。3年分の売掛債権を譲渡担保に供したとき，担保権者が担保を実行するまでの間，譲渡担保設定者は，担保目的物の価値代償物である取立金を担保から解放してもらう一方，担保権実行時には，実行時以降に発生する売掛債権を担保の目的から解放してもらうことになる[135]。また，仮に最判平成19・2・15が契約時移転説を採るなら，債務者（譲渡担保設定者＝債権譲渡人）につき再建型倒産手続が開始された場合，手続開始時以降に発生する売掛債権も全て譲渡担保権者に帰属するなら，従業員の給与も，商品供給者の商取引債権に対する仕入れ債務を支払えないため，事業再生も挫折することになってしまいそうである[136]。その反面，発生時説に従うと，破産管財人だけでなく保全命令に基づく保全管理人も「第三者」として財産の管理処分権を有し，倒産手続開始時に法主体が異なることから将来債権の効力が及ばない，とする議論に親和性を有する[137]。

　これに対して，同様の事例で，担保権者が，毎月10億円の売掛債権を取得し，これを3か月で回収する債務者の将来1年分の売掛債権を担保に取るとき，

---

[132] 手塚貴大「最判平成19・2・15判批」ジュリスト1382号（2009）151頁，道垣内弘人「単純な判決ではない」NBL854号（2007）46頁。
[133] 田高寛貴「最判平成19・2・15判批」銀法683号（2008）44頁。学説につき，井上繁規・前掲注（129）52頁参照。
[134] 片山直也「残された課題――将来債権譲渡担保における『担保目的を達成するのに必要な範囲』とは？」NBL854号（2007）28頁の乙類型に相当する。
[135] 井上聡「将来債権譲渡担保と民事再生」ジュリスト1446号（2012）69頁。
[136] 岡正晶「労働債権・商取引債権等vs将来債権譲渡担保」NBL854号（2007）24頁。
[137] 小野傑「平成19年判決の証券化に与える影響」NBL854号（2007）25頁。

担保権者が120億円の担保価値に掛け目（例えば7割）を掛けて84億円を貸し付け，回収金の全部又は相当部分をもって順次元利金の返済を受ける取引態様もあり得る。このような「累積型将来債権譲渡担保[138]」では，担保権者と債務者（譲渡人）の間で，回収金についても，また担保権実行後に発生する売掛債権について譲渡担保の効力が及ぶ範囲につき，および回収金の設定者による費消についても，合意による限定を必要としないであろう[139]。累積型の譲渡担保の設定者は，循環型の設定者よりも将来債権の処分対価として多額の与信を受けることができるから，循環型よりも累積型の方が担保権の効力の及ぶ範囲が広くなることにも合理性がある[140]。

もっとも，譲渡契約時説と債権発生時説との対立には，異なる2つのレベルがあるとされる。第1に，将来債権譲渡担保における「債権の移転時期は何時か」という観点から問題を捉え，2つの説の対立を論じるもの。第2に，この議論が最判平成19・2・15のいう「譲渡担保財産となった」との意味を債権譲渡の効果が発生したという意味で理解するのか（譲渡契約時説），それとも債権が具体的に発生したという意味で理解するのかという点にあると捉え，2つの説の対立を論じるものである[141]。潮見佳男によれば，最判平成19・2・15は，この問題を後者のレベルでとらえ，国税債権との関係では第三者対抗要件具備時点（譲渡契約時）を基準時とする立場を採用したという。すなわち，同判決は，前者の問題，つまり，将来債権譲渡担保における債権移転時期は何時かについては，何ら言及するものではなく将来の判例等の展開に委ねられているとされる[142]。他方，森田宏樹によれば，権利移転を語る際の両説の対立は，譲渡される将来債権の捉え方の違いにあるという。すなわち，債権発生時説は，

---

138 片山・前掲注（134）28頁の甲類型に相当する。
139 井上聡・前掲注（135）69頁。
140 井上聡・前掲注（135）70頁。最判平成19・2・15の原審（東京高判平成16・7・21）が批判を招いたのは，債権発生時移転説に立ち，譲渡担保権者が把握する担保価値を，担保権実行時に存在している債権残高によって理解した点にあった。循環型であれ，累積型であれ，譲渡担保権者は，担保取得時に把握可能な将来の発生蓋然性ある債権群に担保の設定を受ける。実行時の価値が当初の予測を下回っても，設定者に対する契約責任の追及によって清算するのであるから，原審が批判を招いたのも当然であろう。奥国範「最判平成19・12・15原審判批」金法1791号（2007）79-80頁。
141 潮見・前掲注（123）15頁。後者の立場の例として，森田宏樹「最判平成19・2・15判批」ジュリスト13354号（2008）75頁。
142 潮見・前掲注（123）15頁。

債権の発生前には譲渡の目的となる債権はおよそ存在し得ないとの前提に立つのに対し，譲渡契約時説は，債権の発生前には請求可能性を備えた債権は存し得ないが，譲渡の目的として処分権のみを備えた「将来債権」を法的に観念することは可能であるというのである[143]。

　ただ，この債権の移転時期をめぐる議論は，その後沈静化していく。「債権の移転について，当事者は取引関係のある第三者との関係では対抗要件具備時から債権の移転を対抗することができ，当事者間では契約内容に従った解決をすれば足り，これに加えて債権の移転時期を独自に確定する必要はな〔く〕，そもそも債権の移転時期を問題にすること自体が妥当でない」との理解が広まったためである[144]。

　(5)　こうして，最判平成19・2・15以降の譲渡債権の移転時期を巡る議論は沈静化したものの，近時は，譲渡人の倒産の場面における集合債権譲渡担保の効力が問題となっている[145]。すなわち，将来債権の譲渡がなされた後に譲渡人が倒産した場合，管財人等の下で倒産手続開始後発生した債権（開始後発生債権）について譲渡の効力が及ぶとされたときに，以下のような問題が生じる。例えば，電子部品の将来の売掛債権が譲渡されていた場合，電子部品や費用のために支出される金銭は倒産財団に属し，これらについては，債権譲受人は何らの優先的権利を有しておらず，倒産債権者共同の引当てとなるべきものであるにもかかわらず，それらを費消することによって発生した売掛債権を債権譲受人が取得する。このとき，倒産債権者共同の引当財産である倒産財団を，特定の権利者の利益のために費消してはならないことは倒産法上の公序であって，将来債権譲渡の倒産手続開始後の効力を認めることは，この公序に衝突するこ

---

[143] 森田宏樹・前掲注(141) 75頁，同「譲渡の客体としての将来債権とは何か」金判1269号(2007) 1頁。道垣内によれば，債権譲渡担保権者に「移転しているのは（中略）一定の条件の下で債権者として債権を原始的に取得するという法的な地位なのではないか」という見解も，契約時移転説のバリエーションとして注目に値するという。道垣内・前掲注(131) 32頁。

[144] 民法（債権法）改正検討委員会編『詳解・債権法改正の基本方針Ⅲ——契約および債権一般(2)』(商事法務，2009) 274頁，石田・前掲注(38) 297頁。中村・前掲注(118) 29頁，33頁は，「手続開始後の債権のうちどの範囲のものを譲渡担保の目的とするかは，担保権を設定した契約当事者が決定すべき事柄である」とする。

[145] 藤澤治奈「将来債権譲渡と譲渡人の倒産に関する一考察」山本和彦＝事業再生研究機構編『債権法改正と事業再生』(商事法務，2011) 242頁。

とになる[146]。加えて，倒産手続開始後に発生する債権にも譲渡担保の効力が及ぶと解する立場を前提として，債権譲渡人＝譲渡担保設定者をして取立などの処分権限を認め，処分の対価として受けるべき金銭について自己の事業資金として用いることを認める約定は，手続開始後もなお効力を維持するのか，という問題も存する[147]。

すなわち，この問題は，譲渡人に対する倒産手続が開始された場合において，管財人や再生債務者に対しても将来債権譲渡の効果を主張することができるか，という論点なのである[148]。この点についての肯定説は，最判平成13・11・22等の判例法理によって，対抗要件を具備した将来債権の譲渡担保につき，倒産処理手続が開始されたからといってその効力を制限する理由に乏しいこと，融資をする側として，せっかく将来債権を含めて譲渡担保にとったにもかかわらず，途中で設定者に倒産手続が開始されると，そこで譲渡担保権の効力が切断されるのでは，期待が裏切られ，事業用資産担保の機能が損なわれることを理由とする。この指摘は，特に累積型の将来債権譲渡担保に妥当する[149]。

他方，否定説は，循環型の将来債権譲渡担保を念頭に置きながら，肯定説を採れば，集合債権譲渡担保の特質がそれを構成する債権の流動性にあるにもかかわらず，譲渡担保の実行によってその特質が失われた後に発生する債権も全て捕捉されるとすれば，集合債権譲渡担保はブラックホールのように将来発生する債権を飲み込んでいくと批判する[150]。そこで，伊藤眞は，集合物譲渡担

---

146 小林信明「将来債権譲渡に関する法制」山本和彦＝事業再生研究機構編『債権法改正と事業再生』（商事法務，2011）118-119頁，和田・前掲注（121）5-6頁。

147 伊藤眞「集合債権譲渡担保と事業再生型倒産処理続再考——会社更生手続との関係を中心として」曹時61巻9号（2009）3頁。

148 斉藤芳朗「債権譲渡の改正点について」ジュリスト1419号（2011）120頁，赫高規「将来債権譲渡の効力と債権法改正（上）」銀法731号（2011）39頁。

149 伊藤眞「倒産処理手続と担保権——集合債権譲渡担保を中心として」NBL872号（2008）66-67頁。

150 永石一郎編『倒産処理実務ハンドブック』（中央経済社，2007）526頁，赫高規・前掲注（148）42頁等。なお，否定説に立つ場合，会社更生手続における法定主体の相違に着目して，債権譲渡担保契約の実体法上の効果が管財人に及ばないとする説（事業再生研究機構編『更生計画の実務と理論』（事業再生研究機構，2004）125頁）につき，更生手続開始決定によって構成会社の管理処分権が管財人に帰属しても譲渡担保の債権の帰属主体は変わらない点が指摘され（真鍋美穂子「更生手続と集合債権譲渡担保」西岡清一郎ほか編『会社更生の実務（上）』（きんざい，2005）266頁），否定説の論拠は弱まったとされる。籠池信宏「将来債権譲渡担保と更生担保権評価（上）」銀法696号（2008）25頁。

保とのアナロジーから集合債権論を採った上で，譲渡担保の実行により債権の循環構造を断ち切って流動性を喪失させた（「固定化」）後はその後に発生した債権には譲渡担保の効力が及ばないと解し，かつ，再生手続開始申立てや更生手続開始決定後に譲渡担保の実行がなされない場合には，流動性は失われず譲渡担保の効力がなお及ぶと解する[151]。換言すれば，再生手続や更生手続が開始され，あるいはその前に保全管理命令が開始されたときであっても，それらの事象に基づいて固定化の効力が発生することはなく，会社が爾後に取得する債権にも譲渡担保の効力は及ぶ。しかし，譲渡担保権者がこれらの事象発生前に担保権実行に着手していれば，その時点で目的債権の範囲は固定化するし，また，再生手続に見られるように，手続開始後に別除権たる譲渡担保権の実行に着手すれば，その時点で固定化が生ずると解する[152]。また，最判平成19・2・15につき，「譲渡担保契約によって譲渡担保設定者から譲渡担保権者に確定的に譲渡されている」と述べたところから，同判決が債権発生時移転説を採用したと理解する見解には，「債権譲渡が更生手続開始前等に確定的に譲渡されていたことになり，手続処分による処分禁止効は譲渡担保に及ばないことが確定的になった」と理解するものがある[153]。

　なお，以上の他，肯定説に立ちつつ，担保取引の類型を基準とする見解

---

[151] 伊藤眞・前掲注（147）5 - 6 頁，同・同前掲（149）66 - 67 頁。森田宏樹「集合物の「固定化」概念は必要か」金判1283号（2008）は，「集合動産・集合債権を通じて，設定者の営業活動に伴う目的財産の変動は，設定者に対する処分授権によって統一的に説明することが可能である」として，固定化概念は不要であると批判する。これに対して，伊藤眞・前掲注（147）13頁は，設定者による目的財産の捕捉と解放を示すものとして，固定化概念の有用性を説く。もっとも，道垣内弘人『担保物権法〔第3版〕』（有斐閣，2008）346頁は，債権譲渡担保については有体物概念を前提とする集合物概念はなじまず，個別の債権譲渡担保の束で考えれば足りるとする。

[152] 伊藤眞・前掲注（147）5 - 6 頁，須藤正彦「ABLの二方面での役割と法的扱い――事業再生研究機構編『ABLの理論と実践』を読んで」NBL879号（2008）31頁。須藤・同32頁は，更生手続開始によって集合債権譲渡担保の循環構造（循環型につき）が断ち切られるなら，固定化が生じるとしてよいとする。なお，債権譲渡担保の実行に対して民再法31条の担保権実行手続中止命令を発令し得るかにつき，杉本和士「非典型担保に対する担保権実行手続中止命令に関する諸問題――集合債権譲渡担保を中心として」倒産と担保・保証実務研究会編『倒産と担保・保証』（商事法務，2014）171頁以下及びそこに挙げられた裁判例を参照。また，伊藤眞「集合債権譲渡担保と民事再生法上の中止命令」『現代民事法の諸相』（谷口安平先生古稀祝賀）（成文堂，2010）439頁，倉部真由美「集合債権譲渡担保に対する担保権実行中止命令をめぐる諸問題」NBL948号（2011）20頁も参照。

や154，再生手続開始後に債権が従来の資金による営業循環に基づき発生したか，第三者の投入資金による新たな営業循環に基づき発生したかによって効力が及ぶか及ばないかを区別する説155等もある。

(6) さらに，関連する問題として，債権の発生原因となった権利関係自体が譲渡人から第三者に譲渡された場合において，第三者の下で発生した債権にも譲渡の効力が及ぶか，という問題がある156。例えば，不動産の所有者が，当該不動産の賃料債権を将来10年分にわたって将来債権を譲渡していたが，5年後に不動産を売却してしまった場合，新たな所有者にも残り5年分について将来債権譲渡の効力が及び，新所有者は債権を取得し得ないのか，という点である157。将来債権の譲渡の視点から見れば，債権譲渡人である譲渡担保設定者が，将来の売掛債権を引当に金銭を借りた以上は，正当な理由なしに，その発生原因である事業を縮小したり廃止することは，その担保価値維持義務違反を生ぜしめる158。これを債権譲渡担保の設定者とその債務者である第三債務

---

153 山本和彦「倒産手続における集合債権譲渡担保の扱い」NBL856号（2007）64-65頁，浅野・前掲注（130）18頁。
154 山本慶子「再建型倒産手続における将来取得財産に対する担保権の処遇」金融研究29巻2号（2010）170頁。
155 伊藤達哉「倒産手続における将来債権・集合債権譲渡担保の取扱い」金法1862号（2009）8頁，同「将来債権譲渡担保の未決着の論点をめぐる法的考察」金法1873号（2009）52頁，同「将来債権譲渡担保の再生手続開始後発生債権に対する効力再考」NBL932号（2010）27頁以下，同「ABLの有事における実務対応上の課題」事業再生と債権管理124号（2009）23-24頁，同「融資実務からみた将来債権譲渡に係る法改正の方向性」銀法711号（2010）29頁。会社更生手続下の保全命令申立後に保全管理人が行った融資により発生した債権，及び開始決定後の管財人による融資によって生じた債権に譲渡担保の効力が及ぶかにつき，三村藤明ほか「会社更生手続における集合債権譲渡担保とABL(1)」NBL825号（2005）41頁はこれらを肯定する。同旨・真鍋・前掲注（150）266-267頁，鹿子木康「東京地裁における会社更生事件の実情と課題」NBL800号（2005）141-142頁（もっとも，更生手続開始後にDIPファイナンスを原資として取引を継続して新たに融資をして発生した債権については譲渡担保の効力は及ばないとする）。また，肯定説・否定説双方に疑問を呈するものとして，中村・前掲注（118）32-34頁。
156 斉藤芳朗「債権譲渡の改正点について」ジュリスト1419号（2011）120頁。
157 藤澤・前掲注（145）255頁，深山雅也「譲渡人の地位の変動に伴う将来債権譲渡の効力の限界」『現代民事法の実務と理論（上巻）』（田原睦夫先生古稀・最高裁判事退官記念論文集）（きんざい，2013）237頁，浅野・前掲注（130）18頁。

者との関係から見ると，債権譲渡人（譲渡担保設定者）が費用だけを負担して清算し，しかし，発生した債権は譲渡担保権者（譲受人）に帰属することは，譲渡人が第三債務者の自己に対する抗弁を喪失させて債権の価値を現実化させる義務を負う，ということを意味する[159]。この点で，債権譲渡人の処分権の射程ないし範囲と，譲渡債権発生の原因関係維持義務ないし担保価値維持義務とは，コインの裏表の関係にある[160]。また，債権譲渡担保権者は，設定者の担保価値維持義務違反に対して，損害の賠償または不当利得の返還を求めることができる[161]。

近時の学説には，以上の議論を前提として，①将来債権譲渡の効力は譲渡人の処分権の及ぶ範囲内にとどまる，②譲渡人の倒産により処分禁止効が働き集合債権譲渡担保の及ぶ効力の範囲が制限される，③債権発生の不確実性や譲渡人の倒産リスクを含め，こうした事情というのは将来債権譲渡契約に「内在する制約」として契約締結時に存在しており，譲渡人の処分権も元来その範囲のものでしかなく，このことは契約締結時において譲受人も了解していると解するものがある[162]。

なお，近時の債権法改正に関連して，一連の提案がなされたが，その検討は省略する[163]。

＊本研究は，科研費基盤研究（C）課題番号26380128による研究成果の一部である。

---

[158] 井上聡・前掲注（135）71頁。最判平成18・12・21民集60巻10号3964頁は，敷金返還請求権が質権の目的とされた場合に，質権設定者である賃借人が，正当な理由なくして賃貸人に対し未払債務を生じさせて敷金返還請求権の発生を阻害することは，質権者に対する担保価値維持義務に反するとした。

[159] 清水祐介＝中森亘「将来債権譲渡」（シンポ・倒産実務の課題と倒産法改正）金法1995号（2014）16 - 17頁〔清水〕，和田・前掲注（121）29 - 30頁も参照。

[160] 清水＝中森・前掲注（159）16 - 17頁〔清水〕。

[161] 井上聡・前掲注（135）72頁。

[162] 清水＝中森・前掲注（159）22頁〔清水報告を中森が要約〕。担保価値維持義務の履行に関する費用負担を設定者に残すと最判平成11・1・29のいう公序良俗違反が生ずるかにつき，井上聡・前掲注（135）70頁注（5）を参照。

[163] 例えば，野澤正充「債権譲渡・契約上の地位の移転に関する民法の改正」ジュリスト1419号（2011）125頁，沖野眞己ほか「（インタビュー）『債権法改正の基本方針』のポイント──企業法務における関心事を中心に③」NBL909号（2009）54頁〔小粥太郎発言〕，民法（債権法）改正検討委員会編『詳解債権法改正の基本方針Ⅲ－契約および債権一般（2）』（商事法務，2009）273頁。

連帯債務の学説史

福 田 誠 治

1 本稿の概要

(1) 序

　連帯債務に関しては対外的な絶対的効力（連帯債務の効力論）と内部的な求償関係（求償要件や範囲論）の２つが問題になるが，中核となるのは連帯債務の効力論である。その効力論につき，昭和期までの伝統学説は債務者相互の団体性を分析視角としており，団体性が連帯債務の効力に影響を及ぼすとみていた。しかも，そこでは団体性を考慮すべきでないとする論調が主流であり，民法が多くの事由に絶対的効力を付与したことに批判的だった。しかし，平成期に入ると，団体性を分析視角とすることに異論を唱える議論が出ている。しかも，債権法改正論議の中にそれと同じ発想を垣間見ることができる。そうすると，学説史の課題は，団体性を分析視角とするような議論がなぜ登場し，またその議論がなぜ批判を浴びるようになったかという点にある。その理由はそれぞれ次の３点に整理できる。

(2) 団体性を分析視角とする議論の背景的要因
　(ア) 担保目的との関係における絶対的効力への批判的な姿勢
　団体性を分析視角とする議論が登場したことに関する第１の要因は，絶対的効力に対する利益分析上の懐疑である。連帯債務は人的担保であって，たとえ債務者の１人について債務消滅事由が成立しても，債権者が満足を受けるまでは他の債務者に対する請求権をそのまま残すべきである。この価値判断を前提にすると，絶対的効力は担保としての効力を弱体化するから，その制度趣旨に反する。特に共同不法行為では条文上，法定連帯となっているが（719条[1]），それにより絶対的効力を認めるのは被害者救済の観点に反する。そこで，民法

が絶対的効力を付与したのは債務者の団体性を考慮したからだと捉えるとともに，連帯二分論を採用し，団体性を欠いている債務類型や団体性の弱いような債務類型を不真正連帯に分類することで，絶対的効力規定の適用排除を図る。

(イ) 求償権の範囲

第2は求償や負担部分の問題である。民法は連帯債務者相互の求償関係を規定するが，共同免責以後の法定利息などを求償範囲に含めており（442条2項），これは受託保証人の求償権と同じ内容であって（459条2項），保証が事務管理等に該当する場合（462条）よりも広範である。それは，真正連帯が団体性を前提とする証左だといえる。また，連帯債務の成立時において団体性があれば負担部分を認めうるが，団体性を欠くような不真正連帯において負担部分を観念することはできない。

(ウ) ドイツ法の影響に伴う起草趣旨の軽視

以上の2点は，伝統学説を積極的に根拠づける要因だが，それとは別に負の要因もある。それは，伝統学説（特に，通説である主観的共同関係説）が過度にドイツ法の影響を受けたことである。連帯債務制度はフランス法を継受したものだが，主観的共同関係説はフランス法の発想を咀嚼せず，ドイツ法との対比で絶対的効力の範囲が広いことにこだわった。そのため，起草趣旨を十分に検討しないまま，民法は団体性を考慮して絶対的効力を広く認めたと評価したうえで，これを理論的に批判した。学説継受期におけるドイツの連帯債務論は，実益の乏しい観念的な議論に走る傾向があったが，その傾向を日本でも受け継いだように思われる。そういった議論の仕方が，団体性に着目する第3の要因になっている。

(3) 団体性を分析視角とすることに批判的な議論の要因

(ア) 担保目的との関係

大正期から昭和末期までの学説は以上の3要因によって団体性を分析視角としたが，その後，批判が出るようになった。その批判論そのものは平成期に入ってからのものだが，批判論の素地となる諸要因は昭和期に形成されている。その第1要因は，伝統学説が絶対的効力をすべて批判的に捉えていたことへの

---

1 本稿では，現行民法については法令名を省略し，条数だけで引用する。また，明治29年民法は平成16年改正で現代語化されたが，連帯債務に関わる諸規定は実質的変更を受けていないので，明治29年民法を現行法ということにする。

反省である。これにつき，椿（本稿では敬称を省略する）は，フランス法における第2次的効力[2]が債権者にとって有利であり，絶対的効力を一律に批判することの弊害を指摘した。すなわち，債務消滅事由はともかく，請求の絶対的効力は担保としての制度趣旨に適っている。また，共同不法行為に関して被害者保護の発想を前面に出すことについて，淡路は保護を強調しすぎだと批判した。

(イ) 求償権や求償期待の保護に関する理論の発展

第2に，椿はローマ以来の法継受史やドイツの連帯二分論を検討し，不真正連帯でも常に求償を認めるべきであることを指摘した。また，これを踏まえて，淡路は，不真正連帯でも場合によっては絶対的効力を付与すべきだと説いており，限定的ではあるが求償期待の保護を図っている。

さらに，視野を弁済者代位制度（500条以下の法定代位制度）に広げると，寺田は代位制度の沿革を検討した。寺田によれば，当初は，委任や組合などの関係がないケースにおいて求償関係を創設するという機能を果たしていたが，事務管理や求償利得（求償不当利得）の法理が発展したことで代位の機能が変容し，その重点が，固有の求償権を確保するという機能に移っていった。伝統学説は連帯債務規定と弁済者代位制度との関連を殆ど意識しておらず，不真正連帯の中心が損害賠償であるためにむしろ賠償者代位制度（422条）と関連づけたが，寺田の指摘や昭和末年における判例の展開があったことで，その問題連関に注目が集まるようになった。これは，弁済者代位やその背後にある求償利得が団体性とは無関係に認められ，かつそこでの求償期待は代位制度における担保保存義務（504条）によって保護されるからである。そして，求償期待の保護という共通項に着目し，弁済者代位における担保保存義務と債務免除や時効の効力論（437条，439条）を関連づければ，免除や時効による負担部分型の絶対的効力は団体性から切り離して捉えることができる。

民法はそういった弁済者代位制度をフランス法から継受し，さらに発展させたが，主観的共同関係説はそれを意識せず，むしろ賠償者代位制度に着眼した。これは，明治末年以降，ドイツ法の学説継受が支配的だったことに由来する。すなわち，連帯債務や弁済者代位はフランス法の影響を受けたものだが，通説である主観的共同関係説はむしろドイツ法の影響を受けたことでその視野を連

---

[2] 具体的には，時効中断や付遅滞・履行不能に関する帰責事由・判決を指しており，これらの絶対的効力は債務者相互間の相互代理によって説明されている。

帯債務に限定し，結果的に民法体系における価値の序列体系（価値のヒエラルキー）を見失った。これに気付く契機となったのは，次にみる相互保証説の問題提起である。

　(ウ)　起草趣旨における団体性への配慮

　最後の要因は，相互保証説（特に淡路）が主観的共同関係説の問題点を指摘して，団体性の理論を突き詰めたことと関係しており，その結果として団体性という分析視角の限界が明らかになった。相互保証説によれば主観的共同関係説の難点は２つあって，その１つは，同説が団体性の内容を具体化させていなかったことにある。そのため，相互保証説は団体性概念の具体化・明確化を試みた。しかしそれ以上に重要な問題提起は，主観的共同関係説が絶対的効力の背後に団体性をみいだすさいに，議論の土俵を意識しないままそれを論じていたという点にある。これを反省した相互保証説は３つの異なる土俵があることを指摘した。すなわち，①まず問題になるのは連帯債務の背景にある実体であり，債務実体に焦点を合わせ，団体性の存否を論ずることが可能である。もっとも，背景的実体は法理論に直結するものではなくて，かりに団体性が存在するとしてもその実体を法理論に反映させるかどうかは別問題である。そのために，②民法規定が債務者相互の団体性を反映させているかどうかや，③解釈論または立法論として団体性を法理論に反映させるべきかどうかが問題になる。そのうちどこを議論の土俵にするかによって立論内容が異なるのは当然だが，何れにせよ③解釈論や立法論として団体性の命題を提示するためには，その前提として①債務実体の分析や②起草趣旨を検討する必要がある。しかし，主観的共同関係説は，絶対的効力を不当視するという利益分析を理論に直結しており，その利益分析の前提となる分析道具の正当性に関わる検討を省略してしまっている。すなわち，背景的実体はどういった債務類型であるかという点や，起草過程でその実体を考慮したか否かという点についての検討を省いている。

　その点の反省を踏まえて，淡路は，①日本における連帯債務の実体は相互保証だが，②起草委員はその実体を考慮しなかったと指摘し，③そのうえでの解釈論として相互保証の実体を考慮すべきではないが，絶対的効力を認めるべきか否かは債務類型に応じて考えるべきだと主張した。もっとも，②起草委員が実体を考慮しなかったというのであれば，債務実体における団体性とは別の考慮が絶対的効力をもたらしたといえるところであって，その再検討が必要になった。これが第３の要因である。

(4) 新たな分析視角と債権法改正への影響

(ア) 満足効という分析道具の正当性

　平成期に入り，上記(3)の3要因を背景として，福田はフランス法の継受史を再検討し，次のような結果を得た。まず論じたのは，債権者の満足という基準を分析道具とすることの是非である。たとえば，連帯債務者ABのうちAについて更改が成立しても，債権者は更改後の新債務につき履行を受けるまで満足を受けない。それにも拘わらず，435条は一体型の絶対的効力を認めており，更改契約の成立によってAの旧債務とともにBの債務も消滅する。これだと担保としての効力は弱体化するというのが伝統学説の発想である。しかし，福田は満足という基準を分析道具とするのは不適切だとみる。これは，他にも類似の問題があって，その調和を図るべきだからである。すなわち，伝統学説は弁済や代物弁済であれば満足効があるから絶対的効力を認めてよいというのだが，それは皮相的な捉え方であって，債権者が弁済等によって一旦は給付を受領しても，その給付を保持できるとは限らない。かりに第三者が所有権を主張し，債権者の受領物を追奪すれば，債権者は最終的な満足を受けないことになる。それらのケースをフランス法は1つの問題群として捉え，統一的な理論を示しており，これを現行法の起草委員も共有している。

　それによれば，弁済の場合と異なり，債権者は自由意思によってAとの更改や代物弁済に応じている。しかも，更改等が成立したことでBは連帯債務の消滅を期待している。そうであれば，債権者が最終的な満足を受けないことで債権者とAの間で元の債務を主張できるにしても，Bに対する関係で債権者は債務消滅の効力を否定できないとみるのである。そういった発想からすると，債権者の満足という分析道具を前提として現行法の利益調整を批判するのは失当だといえる。

(イ) 求償および求償期待への配慮

　次に求償の問題に関しては，すでに旧民法が全部義務にも求償を認めていたし，現行法の起草委員も求償利得の成立を広く認めている。そればかりか，弁済者代位制度における担保保存義務に関しては，フランス法を継受する過程で求償期待保護の拡張を図っている。すなわち，フランス法で債権者の担保保存義務違反を主張できるのは保証人だけであり，しかも当該保証人が保証契約時に代位を期待できた担保だけが保存義務の対象である。しかし，旧民法や現行法はその拡張を図り，すべての法定代位権者に保存義務違反の主張を認め，ま

た保存義務の対象となる担保に関する制約を外したのである。これによって，連帯債務者であれ保証人であれ，その債務成立時に債権者が取得していた担保だけでなく，債務成立後に債権者が新たに取得した担保に関しても，求償期待の保護を図るようになった。

そして，連帯債務者相互間における求償の根拠が事務管理や不当利得にしかないケースを考えると，そこでは，債務免除や時効による負担部分型の絶対的効力が求償期待の保護を図っている。そうであれば，担保保存義務の射程を拡張したのと同様に，免除や時効による負担部分型の効力も不真正連帯に拡張できるはずである。かりに，負担部分型の効力とともに担保保存義務についても批判的に捉えるのであればまだ理解できるが，実際には，担保保存義務への批判は特に強いものではない。それにも拘わらず負担部分型の効力だけを疑問視するのはバランスを欠いており，利益分析の道具となる価値の序列体系を崩してしまう。このように考えると，債務免除の効力論は団体性から切り離して考えるべきことになる。

(ウ) 団体性への配慮

以上の 2 点だけからすると，起草委員は団体性の払拭を図っていたといえそうだが，問題はそう単純ではない。というのは，真正連帯の成立要件や連帯債務規定の一般方針に関して団体性を前提とした説明がみられるからである。ただし，その肝心な点で 3 人の起草委員は立場を異にするうえに，一般論の違いは必ずしも具体的な効果論に影響をもたらさない。

まず富井は，連帯債務規定の一般方針として，一体的な契約[3]によって連帯債務が成立するケースを想定し，そこでの契約の雛形を民法が用意するのだと説いている。また，富井は真正連帯と不真正連帯の共通点として目的物の同一性を挙げるとともに，その差異として真正連帯ではさらに債務原因の同一性が必要だとしており，これに穂積も同調する。このように，目的物と債務原因の同一性を要求するというのであれば，真正連帯では債務者相互の団体性が前提になっているといえる。

他方で，梅は目的物や債務原因の同一性を真正連帯の要件から外しており，給付の一倍額性という関係さえあれば真正連帯の成立を認める。ここでは，要

---

3 ここでいう一体的な契約とは，債務者全員と債権者との契約が一体的であることを指している。このため，契約の背後に一体的な団体性がある場合だけでなく，相互保証的な団体性を背景とする場合を含んでいる。

件論における真正連帯と不真正連帯の垣根を取り除いている。また梅は，真正連帯の効果が旧民法における全部義務と「些細ノ違ヒシカナイ」と説明する。当時のドイツでは第1草案・第2草案ともに対外的効力を単純連帯型に統一する方針をとっていたが，それと同じ姿勢を梅にみいだすことが可能であって，絶対的効力を広く認めたのは――ドイツの単純連帯と異なり――当時のフランス法や旧民法が全部義務にも一定限度で絶対的効力を認めていたからである。

そうすると，連帯債務の一般論として富井や穂積の立場を強調するか，それとも梅の立場を強調するかによって，起草趣旨の捉え方が異なることになりそうである。しかし，富井＝穂積の立場であっても，少なくとも債務免除や時効の効力については上記(イ)との関係で団体性は影響していないし，上記(ア)からわかるように，団体性が更改の効力論に強い影響を与えたわけでもない。他方で梅説を前提としても，請求の効力に限っていえば団体性が関係している。

　(エ)　平成期における議論の対立点と債権法改正

福田は法継受史を検討しただけであって，具体的な解釈論に踏み込んではいないが，団体性の問題につき梅の立場に着目しつつも請求の効力論につき梅とは異なる観点から捉え直すことで，絶対的効力は団体性と無関係だとみる発想を示唆する。これは連帯二分論を否定するものである。また，一元論を前提として，求償期待を保護するために負担部分型の効力を認めるが，必要に応じて，絶対的効力を生ずる「負担部分」の範囲を調整するという解釈を主張する。

それと同時期に平林は裁判例や比較法を検討し，連帯二分論の差異が請求の効力にとどまると主張する。その結論において福田と異なる部分はあるものの，差異は僅かであって，ともに，債務消滅事由の効力論では基本的に団体性が無関係だとみている。また，今次の債権法改正においては，相対効原則の強化による連帯の一元化を意図している。そこでは一部に絶対的効力を残しているが，その利益調整において団体性を考慮していない。この点で福田や平林の示唆と親和的である。もっとも，要綱仮案における利益調整の中身は福田のそれと異なっており，その結果として，価値の序列体系が一貫しない部分があるように思えてならない。

(5)　本稿の構成

本稿では以上のことを明らかにしたい。ただし，紙数の制約から明治期の議論に関する詳細は別の機会に委ね，以下ではその概要を紹介するにとどめる(2)。

そこで起草趣旨を確認したうえで，大正期以降に通説となった主観的共同関係説(3)・すでに明治末年に提唱され近時は有力となっている相互保証説(4)を紹介した後に，平成期におけるパラダイムシフトの要点を示しつつ，債権法改正の問題点に触れたい(5)。これを上記の概要との関係でいえば，2は忘却された議論を発掘するものであり（上記の(4)），3および4は団体性の理論が醸成されかつそれを具体化する過程で理論の限界が明らかになったことを示すものであり（上記(2)および(3)），5は平成期における議論の対立点を紹介し，かつそれを前提として債権法改正を検討するものである（上記(4)）。

2 起草趣旨

(1) 真正連帯の成立要件と絶対効規定の基本方針

(ア) 起草委員の説明

現行法の起草趣旨に関して注目すべきこととして，真正連帯の成立要件と絶対効規定の基本方針に関して，富井と梅は異なる立場をとっていた。すなわち，富井は連帯債務（真正連帯）と全部義務（不真正連帯）の共通点を目的物の同一性に求めたうえで，原因の異同が差異だとしており4，連帯債務（真正連帯）の成立には目的物と原因の同一性を要求する。しかも富井によれば，原因の同一性によって債務者相互間に「密接ノ連絡」を保つ5。また，絶対効を定めた諸規定の基本方針として，富井は，「法律ガ恰モ契約ノ雛形ヲ作ツタヤウナモノデ，最モ多クノ場合ニ当嵌マルヤウナ規定ヲ置テ，特約ノ煩ヲ省クコトガ主眼デナクバナラヌ」6と説く（読点は福田が付した）。そこでは，当事者が連帯の効力を定める場面を想定しているのであって，契約連帯が前提になっている7。

4　富井政章『債権総論 完』（1912年度講義録，復刻1994）120-121頁。また，法典調査会『民法議事速記録3』（1984）174頁（富井発言）も同旨。そのほか，穂積も原因の異同を分類基準にする。穂積陳重『隠居論』（1915）450頁。

5　富井・前掲注（4）134頁。また，富井『債権各論 完』（1912年度講義録，復刻1994）206頁では，共同不法行為による法定連帯に関し，不法行為を実行する目的において意思の共通が必要だが，通謀までは不要だとする。他方で，法典調査会『民法議事速記録3』189頁（富井発言）では，債務免除の意思内容が一体的なものであることを原則とすべき程度の「密接ノ関係」は「現ハレテ居ル」（おそらく，「居ラヌ」の速記ミス）という。

6　法典調査会『民法議事速記録3』172頁（富井発言）。

7　淡路・後掲注（149）158頁。

他方で梅は，原因が異なる場合でも連帯債務（真正連帯）の成立を認めており[8]，要件論において真正連帯と不真正連帯を区別しない。それは効果論でも同じであって，現行法は連帯債務（真正連帯）の効力を旧民法における全部義務（不真正連帯）に近づけており，旧民法の全部義務と異なるのは請求の絶対的効力（434条）にとどまる。このため，梅は「既成法典〔における全部義務〕ト違ハヌ位効力ガ狭クナッテ居ル」，「〔連帯債務と全部義務は〕些細ノ違ヒシカナイ」ようなものだと述べている[9]（亀甲内は福田の補足）。

(イ)　一般論と具体論の関係

　もっとも，要件論や一般方針は必ずしも個別規定の制度趣旨に反映していない。それが特に顕著なのは請求による時効中断効の拡張である。梅によれば，この拡張は連帯の効力を十分に発揮させるためであって，かりに中断効が相対的だと債務者全員に対する請求が必要になってしまう[10]。そこでは，連帯約定によって分割債務原則を排除し，債権者の自由な請求を許した点に鑑みて，請求の効力が全員に及ぶことを甘受しているはずとみている。この説明では，各債務者が互いに他の債務者の存在を認識しているケースを想定しているから，請求の効力論に関する限りでは，梅も相互認識があるような団体性を前提にして絶対的効力を付与したといえる[11]。

　他方で，富井は一般論として団体性を前提とし，契約の雛形として民法が絶対的効力規定を用意したというのだが，この説明がすべての規定に妥当するわけではない。特に債務免除の効力（437条）は免除の意思表示に関する解釈規

---

[8]　梅謙次郎『民法要義巻之三（訂正増補33版）』（1912，復刻1984）106頁。

[9]　法典調査会『民法議事速記録5』（1984）405頁（梅発言）。旧民法では，共同不法行為における共謀の有無を基準として連帯債務（真正連帯）と全部義務に区別していた（財産編378条）。これにつき梅は，現行法の連帯債務は旧民法の全部義務と殆ど同じ効果であることを理由として，共謀の有無による区別をやめるべきだと主張している。
　　他方でニュアンスの異なる説明として，現行法の連帯債務は，「旧民法ノ連帯ト全部義務トノ中間ニ在ルモノト謂フヘシ」とも述べている。梅・前掲注(8) 103頁。

[10]　梅・前掲注(8) 110頁。そのほか，法典調査会『民法議事速記録3』180頁（富井発言），廣中俊夫編著『民法修正案（前三編）の理由書』（1987）421頁（元版361頁），富井・前掲注(4) 143頁，仁井田益太郎「民第407号問題」『法典質疑録巻之二』（1896－1898）341頁以下参照。

[11]　ただし，各債務者の相互認識を欠くケースについて請求の絶対的効力を排除していたとまではいえず，それについては解釈に委ねていたように思われる。これは，相互認識が絶対的効力の前提ではあっても，正当化理由ではないからである。この点につき，後述5(2)(b)参照。

定だとしている12。それは更改（435条）でも同じである13。しかも，雛形論とは別に，富井は連帯債務規定の一般方針として，絶対的効力を認めるのが当事者の意思や実際の便宜に適うと説明するが14，債務免除や更改との関係でいえば，そこでいう当事者意思とは免除の意思表示や更改契約を指しており，連帯債務成立時の契約ではないはずである。また，時効に関しては後にみるように求償侵害の制裁という発想が働いており，団体性は関係しない。このため，富井のいう雛形論が個別規定の制度趣旨に反映しているといえるのは，せいぜい請求や相殺適状（436条2項）・混同（438条）だけである。

(2) 債務消滅事由の効力における基本発想

後にみるように，大正期以降の通説は目的到達の理論との関係で債権者の満足を分析道具の1つにする。これを前提にすると更改は直ちに債権者の満足をもたらすものではなく，そのために通説は一体型絶対的効力の推定を立法論として批判する。しかし，フランス法では，むしろ満足という基準を分析道具から排除している。それは，更改後の新債務が未履行の場合だけを論ずるのではなく，債務者から弁済または代物弁済として給付された物が第三者の所有物だったことで債権者が追奪を受けた場合や供託金の受領前に供託者が取り戻した場合など15を1つの問題群として捉えるからである。その問題群では，債権者が最終的に給付を受けられずまたは給付を保持できないのだから，満足という分析道具は無力であって，フランス法はそれを債権者の自由意思という観

12　法典調査会『民法議事速記録3』189頁（富井発言），廣中編著・前掲注（10）423頁（元版363頁），富井・前掲注（4）145頁。

13　富井・前掲注（4）144頁。限定的ながらもそこに団体性の影響を窺うことができないわけではない。これは，不真正連帯の要件に関する富井説を前提にすると，更改によって目的物を変更した場合は新旧の両債務を給付の一倍額性の関係に置くことができず，旧債務を消滅させるしかないからである。そういった不真正連帯の要件論はフランス法における連合債務（l'obligation conjointe）の要件と同じであって，一定の団体性を背景としている。そのため，更改の効果が団体性とは無関係だとはいえない。もっともその意味は，不真正連帯の債務者相互間にも目的物の同一性という意味での団体性が必要であり，それとの関係で更改を相対的な効力にすることができないというものである。そういった意味での団体性は，一体型の絶対的効力を積極的に根拠づけるわけではなくて，富井のいう雛形論には結びつかない。福田・後掲注（175）北法50巻3号477頁，480頁注3参照。

14　法典調査会『民法議事速記録3』172頁（富井発言）。梅も衆議院で同旨を述べている。廣中俊夫編著『第九回帝国議会の民法審議』(1986) 218頁（梅発言，元版126頁）。

点から検討している。しかも，この発想を日本の起草委員も共有しており，その内容は次の通りである[16]。

　更改後の新債務が不履行となった場合や一旦は弁済として受領した給付を保持できなかった場合など，債権者が最終的な満足を受けないのであれば，更改や弁済等の当事者間では元の債権関係を常に主張できる。しかし，他の連帯債務者や保証人・後順位抵当権者などの利害が関わる場合には，弁済の場合に限って元の担保権の存続を認める。これは，弁済として提供を受けた物が第三者の所有物であることが明白だというのでない限り，債権者は提供物を受領しなければならないからである。

　他方で，更改や代物弁済等ではそれに応ずるか否かの自由が債権者にあって，債権者は自由意思によって更改等に応じている。ここでの保証人や他の連帯債務者は更改等によって債務が消滅したと期待しており，この期待は保護に値する。そのため，更改等において特に条件を付けていない限り担保権は確定的に消滅し，更改後の新債務に関する不履行や代物弁済による給付物の追奪は債務消滅効を左右せず，その不履行や追奪は更改等の当事者間の問題にとどまる。

　換言すると，債権者としては更改契約にさいして新債務の履行を旧債務消滅の条件としておれば他の連帯債務者に対する権利を保存できるのであって，そういった特約を付けずに更改契約に応じたのだから債務者全員の債務を消滅させる意思だったと評価されてもやむを得ない[17]。しかも，これは債権担保に共通する問題であって，債務者相互間における団体性の有無とは無関係である。

(3) 求償権の存否と求償期待の保護
㈦ 求償権の存否とその性質
(a) 連帯債務では内部的な負担部分を観念できるが，負担部分の有無は全部義務（不真正連帯）との差異になるだろうか。これにつき，旧民法は全部義務

15　更改や代物弁済・供託のほか，混同（438条）に関しても同じことがいえる。福田「民法438条再考」松久三四彦ほか編『民法学における古典と革新（藤岡康宏先生古稀記念論文集）』（2011）227頁以下。
16　福田・後掲注（175）北法50巻4号772頁，782頁以下。
17　梅は，「当事者ノ普通ノ意思ヲ推測シ」，債務者全員の債務を消滅したと説明し，また富井は，435条が強行規定ではないものの，履行に代わる効力が更改にあると説明する。これらは，本文の趣旨を示したものだと理解できる。梅・前掲注（8）111頁，富井・前掲注（4）144頁参照。

者の相互間にも事務管理に基づく求償[18]や弁済者代位による求償を認めており（債権担保編73条2項），起草委員もそれを前提とする[19]。

　(b)　では，真正または不真正の連帯債務者ABのうち，Aの債務が免除や時効によって消滅した後にBが弁済した場合において，BはAに求償できるだろうか。そこでは，免除や時効がAの債務消滅をもたらしたのであって，債務消滅原因はBの弁済ではない。そして，AB間に委任や組合の関係がある場合を考えると，ここでは費用出捐の必要性があれば費用償還請求が可能であり（650条1項，671条），具体的には「〔出捐〕当時ノ事情ヲ考ヘ普通ノ鑑識アル者カ必要ト認ムヘキモノナルトキ」は費用の必要性を認定できる[20]。そのため，Bの弁済がAの債務消滅をもたらしたという事情がなくても，BがAの債務消滅を認識できないままに弁済したのであれば一応は求償要件を充足し，事前・事後の通知義務（463条1項，444条1項，2項）が問題になる[21]。他方で，求償の根拠が事務管理や不当利得だとすれば，費用の有益性や利得が要件となるから[22]（702条1項，703条），Bの弁済前にAの債務が消滅しておれば求償権は成立せず[23]，通知義務はおよそ問題にならない。

　それらは委任・組合や事務管理・不当利得の一般法理を前提とした帰結だが，保証人から主債務者に対する求償についても同じことが規定されている[24]。そ

18　これは，今日の理論でいえば事務管理よりも不当利得であろう。渡邊力『求償権の法律構造』（2006，初出2004）253頁。

19　それが顕著に現れるのは，連帯債務者Aのためにする保証人が弁済した場合における保証対象外の債務者Bに対する求償である（464条）。これにつき，旧民法は弁済者代位で処理していたが（債権担保編37条），現行法はむしろ固有の求償権を基軸に据える。これは，代位だとAだけでなくBに対しても弁済額全額の求償が可能になってしまうからである。その代位を制限するために，梅や富井は，保証人の弁済がBに利得をもたらすのは負担部分の限度だとみることで，事務管理または不当利得を理由とする求償権を認めている。法典調査会『民法議事速記録3』502頁（梅発言）。また，梅「法典批評」法協10巻6号（1892）570-571頁，富井・前掲注（4）198頁参照。

20　梅・前掲注（8）743頁。また，650条2項に関してだが，廣中編著・前掲注（14）240頁（富井発言，元版148頁）参照。

21　ただし，受託保証人の求償に関しては異なる理解もある。注（128）参照。

22　梅・前掲注（8）860頁，743頁，富井・前掲注（5）149頁，152頁参照。

23　保証人の求償に関してだが，梅・前掲注（8）192-193頁，同『民法原理　債権総則完』（1902，復刻1992）645頁，富井・前掲注（4）196頁参照。

24　本文では要件の差異に重点をおいたが，効果に関しても違いがあって，委任や組合の関係があれば弁済日以後の法定利息や損害が求償範囲に含まれる（650条1項，3項，671条）。この点の一般法理も受託保証人の求償権に応用されている（459条2項）。

うすると，連帯債務でも事務管理や不当利得の論理はそのまま妥当するはずであって，上例のBはAに対して求償できない。このため，後にみる求償期待の保護が問題になるところだが，それへと進む前に，もう少し求償の可否に関する起草委員の発想を検討しておこう。

(c) ここで問題にしたいのは共同保証人相互の求償である。そこでは，債権者に対する関係での全額支払義務の有無に着目し，この義務さえあれば委任・組合の論理を準用する（465条1項）。これにより，各保証人の契約時には互いの存在を知らない場合であっても，主債務者との連帯によって，各連帯保証人は相互間において委任・組合の論理にしたがった求償関係に立つ。それは連帯債務や不可分債務における求償であっても同じであって（442条1項，430条），特に真正連帯の要件に関する梅説を前提にすると（(1)(ア)），委任や組合の関係がない場合でも442条を適用することになり，これは委任や組合の一般法理から離れた特則という意味をもつ。

このように全額支払義務の有無に着目したことにつき，梅は，その義務に基づいてやむを得ず弁済したのだから弁済者を特別に保護したのだという 25。それをさらに補えば 26，内部的に主従のない同列の負担義務者だという関係に着目して，そこに組合類似の関係をみいだしたといえる。では，それらを理由として起草委員は要件効果の両面で一般法理から離れる意図だったのだろうか。

それにつき，梅が差しあたりの問題にするのは求償範囲であって 27，要件論に特則性を及ぼす趣旨だったという形跡はない。かえって梅は求償要件に関して事務管理・不当利得の論理を使っており，保証人の1人が自己の負担部分を超える弁済をすれば「之ニ因リテ他ノ保証人ハ利益ヲ受クヘキカ故ニ之ニ対シテ求償権ヲ有スルコト疑ナキ所ナリ」28 と説明する。それは連帯債務に関する

25　梅・前掲注（8）201頁。また，法典調査会『民法議事速記録3』510頁（梅発言）参照。
26　本文のように説明を補うことで特則の趣旨説明として十分であるかについてはなお疑問が残る。これは，求償という内部関係の問題でなぜ対外的な全額支払義務を考慮するのかは定かでないからである（西村信雄編『注釈民法（11）』(1965) 287頁（西村））。しかし，それは差しあたり脇においておく。
27　梅がいうのはこうである。465条1項の定める諸場合には，保証人の1人が負担部分を超えて弁済することで他の保証人も債務を免れるから求償権が成立するのは当然だが，求償権の範囲に関してはケースによって差を生ずる。しかし，全額支払義務によってやむを得ず弁済するのだから，「特ニ之ヲ保護シカクメテ損失ヲ被ムラサラシムルコトヲ要ス」。梅・前掲注（8）200-201頁。
28　梅・前掲注（23）660頁。

時効の効力論でも同じである。すなわち，時効による負担部分型の絶対的効力を説明するにさいし，梅は，時効完成者の債務は時効によって消滅したのだから他の債務者に対して求償義務を負わないという[29]。これは，債務消滅原因が時効なのかそれとも他の債務者の弁済なのかを問うものであり，事務管理・不当利得の論理に該当する。これらからすると，連帯債務の求償に関する442条や共同保証に関する465条1項は特則であるものの，その特則性は求償の範囲論にとどまり，求償要件に関しては一般法理に従うと考えていたように思われる[30]。

(d) 他方で，富井は債務原因の同一性を真正連帯の要件とすることで一定の団体性を想定しており，その債務者相互間では組合等の法律関係が弁済前から存在している。このため，富井にとって真正連帯に関する442条は特則ではないのだが[31]，それでもなお，共同保証に関する465条1項は特則にあたるはずである。では，不真正連帯の場合について富井はどう考えていたのだろうか。もちろん，使用者責任のように債務成立の当初から契約などの法律関係が存在しておればそれが求償根拠になるのだが，それが欠けておれば事務管理や不当利得の論理を使うことになる。そこに，特則である465条1項を類推適用する趣旨だったといえるだろうか。

ところが，同項に関する富井の説明は梅よりもさらに説得力を欠いており[32]，それが特則だと認識していたかどうかさえも疑わしい。そのため，少なくとも求償要件に関しては梅と同様に考えていたとみることができる。結局，組合や

---

29 梅・前掲注 (23) 478頁。また，梅・前掲注 (8) 119‐120頁も同旨。その一方で，免除の負担部分型絶対的効力に関する説明においては，被免除者の求償義務を肯定したうえで，債権者への転償を問題とする。梅・前掲注 (8) 116頁，同・前掲注 (23) 473‐474頁。

そこで梅は時効と免除を区別しているが，これは一貫性を欠いている。たとえば，債務免除の内容が相対的免除であって，「債権者からは請求しないが，被免除者Aが内部的に求償義務を負うことまでは関知しない」という趣旨だったとしよう。この場合に，弁済者Bに対してAが求償義務を負担するには委任・組合の関係が必要であり，それを欠けばBは求償できないはずである。すなわち，梅は時効に関して事務管理・不当利得の論理を使う一方で，免除に関しては委任・組合の論理を使っているのである。

30 さらにいえば，共同保証に関する465条1項は負担部分を超える弁済を求償要件としており，そこにも事務管理・不当利得の論理をみいだすことができる。

31 富井による免除や時効の効力論はそれと対応しており，被免除者や時効完成者にも求償義務を認めたうえで，債権者への転償との関係で負担部分型の絶対的効力を説明する。富井・前掲注 (4) 145頁，147‐148頁。

委任などの契約関係が存在しない場合につき，富井や梅は事務管理や不当利得の論理によって求償要件を考えていたことになる。これを踏まえて次に，求償期待にかかわる保護の問題を検討しよう。

　(イ)　求償期待に関する保護の拡張
　(a)　真正連帯であれ不真正連帯であれ，給付の一倍額性という関係があれば求償関係が成立する ((ｱ)(a))。ただし，事務管理や不当利得が成立するには弁済によって他の債務者が債務を免れたことを要し，かりに弁済前に債務免除や時効完成があれば弁済者は求償権を取得しない ((ｱ)(b)～(d))。では，その場合に弁済者の求償期待は保護されないのだろうか。

　求償期待の保護に関して民法は2つの制度を用意しており，その第1は437条や439条である。これにより，債権者は被免除者Aの債務を消滅させる一方で他の連帯債務者Bに対する全額請求権を留保する意思だったとしても，負担部分型の絶対的効力が生じ，その限度でBは債務を免れる。それは，Bが弁済してもAに求償できないことで求償権侵害の発想が働くからである[33]。第2は，弁済者代位制度における担保保存義務（504条）であり，これも債権者による代位権侵害の限度で求償期待の保護を図っている。それらは趣旨を同じくする制度であり，両者の調和が問題になる。

　(b)　その点につき，表面的にみる限り，フランス法は両者を別個の制度と位置づける。これは，フランス法が担保保存義務（フ民2314条）において契約時における代位の期待だけを保存義務の対象とするからである。そこでは，保証

32　富井は，不可分債務の共同保証に関しては不可分債務者相互の求償と同じだとし，複数人が主債務者と連帯して保証した場合については，意思表示による任意の不可分債務と同様だと説明する（富井・前掲注（4）200‐201頁）。しかし，性質による不可分給付であれ意思表示による不可分給付であれ，不可分債務者それぞれが他の債務者の存在を知らないケースは少ないだろうが，不可分債務の共同保証人が他の保証人の存在を知らないケースは決して稀ではないだろう。それは連帯保証人相互でも同じであり，連帯保証人の1人を差し替え，または連帯保証人を追加するといった取引は日常的なものである。

33　福田・後掲注（175）北法48巻1号50頁以下，北法50巻3号484頁。他方で，AB間に委任・組合の関係があれば弁済者Bは被免除者Aに求償できるが，これが免除内容に反するケースではAは債権者に転償できる。そういった問題の回避が負担部分型の絶対的効力の理由となる（注（29）および（31）所引の文献参照）。このため，本文で扱っている事務管理・不当利得の場合とは状況が異なる。なお，福田・北法50巻4号740頁は437条の制度趣旨を求償権侵害の制裁に求めているが，そこでは委任・組合関係の有無を考慮しておらず，不十分な説明になっている。

契約の締結後に設定された担保について，その担保が弁済時まで存続すれば代位の対象とするが，弁済前に債権者が放棄しておれば——保証契約時において当該担保の設定が予定されていたという事情のない限り——担保保存義務違反による免責を否定する[34]。また，フランス法は担保保存義務違反抗弁の抗弁権者を保証人に限定し，連帯債務者にはこの抗弁を否定する[35]。このように，フランス法は連帯債務の免除による負担部分型の効力（フ民1285条2項）と保証人の担保保存義務違反抗弁を別扱いした。それでもなお不都合が顕在化しないのは，連帯債務の要件論で契約時の相互指示を前提にするからである。先行契約で後行契約を指示しておれば，保護に値するような求償期待が先行債務者にも認められ，したがって担保保存義務と同じ発想が働く[36]。すなわち，フランス法では，免除の効力論と担保保存義務の双方において債務成立時の求償・代位期待を要件としているのであって，その点で調和がとれている。

しかし，旧民法は担保保存義務の制度を見直して，保証契約後に設定された担保を保存義務の対象に含めた[37]。これは，負担の分配基準を簡明化するために，弁済者代位による求償範囲と担保保存義務の範囲を調和させたものである[38]。それとともに，抗弁権者の範囲拡張を図っており，旧民法は連帯債務者や不可分債務者にも抗弁を認め（債権担保編72条1項，91条2項），さらに現行法はそれを法定代位権者一般に拡げた[39]。これらによって，連帯債務の成立要件とは無関係に免除の効力を論ずることが可能になった。すなわち，事務管理や不当利得の関係しかないような連帯債務者相互間でも求償権侵害の制裁が働いて，免除や時効は負担部分型の絶対的効力をもたらすことになる。それは不真正連帯でも同じはずである。

それにつき，起草委員は不真正連帯を特に想定した議論を展開していないが，ボワソナードが拡げた担保保存義務の制度を現行法はさらに拡充しているので

---

[34] 福田「担保者相互間における求償とその求償期待の保護」西村重雄ほか編『日本民法典と西欧法伝統』（2000）450‐451頁，辻博明「担保保存義務に関する一考察——沿革的・比較法的考察(2)」岡法61巻2号（2011）255‐256頁。

[35] 前注参照。

[36] 福田・後掲注（175）北法48巻1号103頁。

[37] 福田・前掲注（34）456頁，辻博明「担保保存義務に関する一考察——民法第504条の立法過程を中心に」岡法56巻1号（2006）39頁。

[38] 福田・前掲注（34）459頁。

[39] 福田・前掲注（34）470頁注73。

あって，それに歯止めをかけた痕跡はない。このため，事務管理や不当利得の関係しかない場合にも求償権侵害の制裁を図るのが起草趣旨だといえるのであって，これにつき疑問の余地は少ない40)。

(c) そうすると，不真正連帯に関して437条や439条の適用を排除するのは無意味であって，かりに適用を排除しても，別途，504条によって負担部分型の絶対的効力と同じ結果が生ずる。このため，たとえ富井のように真正連帯の要件論で団体性を前提にしたとしても，免除や時効による負担部分型の効力は不真正連帯にも適用可能だといえる。

結局のところ，求償の根拠になる契約関係が存在しない場合でも不当利得や弁済者代位による求償が可能であり，さらに，もし一部の債務者が免除や時効によって弁済前に債務を免れておれば，他の債務者はそれに伴う負担を債権者に押し付けることができる。つまり，民法は不真正連帯でも求償を認め，しかもその求償期待を保護しているのであって，そうであれば負担部分を常に観念できる。民法の構造を前提にする限りは，かりに連帯二分論をとるにしても，負担部分の有無を分類基準にすることはできない。

---

40) ただ，これは旧民法における変更点だが，1つだけ，フランス法と比べて担保保存義務の射程を狭めているようにみえる点がある。フランス法は，「債権者が有する諸権利および抵当権・先取特権」の代位行使が阻害された場合に担保保存義務違反を認めるのに対し，旧民法は「担保」の保存義務だけを債権者に課す（財産編512条，債権担保編45条）。そのため，旧民法は原債権を保存義務の対象から除外しているように読めるところであって，現行法504条はそれを受け継いでいる。しかし，求償権侵害という制度趣旨からいって，保存義務の対象を原債権の担保権に限定するべきではなく，504条の「担保」は拡張解釈するのが望ましい。

それを敷衍するとこうである。不真正連帯債務者ABのうちAが債務免除を受けたとする。この場合に，Aに対する債権の喪失を理由にして，Bが債権者Gの担保保存義務違反を主張できるだろうか。ここで問題になるのは，GA間の債権が504条にいう「担保」にあたるのかという点であり，むしろそれは原債権にあたるとみることも可能である。しかし，求償権侵害を制裁するという制度趣旨からいって，そこでいう「担保」を保証や担保物権のような担保権に限定すべきではないと考える。

それにつき，かりに異なる考え方をとろうとすれば，求償要件そのものを見直して，442条1項が事務管理や不当利得の関係しかないケースでも特別に委任類似の関係を創設したとみる必要がある。その発想を示唆する見解もあるが，その詳細（特に，特則となる442条1項の制度趣旨）は明らかでない。潮見佳男「求償制度と代位制度」中田裕康ほか編『金融取引と民法法理』(2000) 255頁のほか，辻「担保保存義務に関する一考察——判例・学説の推移 (15)」岡法60巻3号 (2011) 547頁参照。

(4) 小　括
(ア) 起草者自身の発想

　梅と富井，それぞれの考え方をまとめておく。まず梅は，原因の同一性を真正連帯の要件から外しているうえに（(1)(ア)），真正連帯の効力を旧民法における全部義務に近接させており，差異はせいぜい請求の一体型絶対的効力（434条）にとどまる[41]（(1)(イ)）。このため，請求の効力との関係で連帯二分論をとっていたとみる余地はあるものの，それ以外の諸事由に関しては真正連帯と不真正連帯の違いはない。梅の議論を全体として整理すると合理的な起草趣旨としては一元論になるのであって，旧民法における全部義務を現行制度の土台にしている。

　それは，梅が債務者相互の団体性を絶対的効力の前提にしていなかったことを意味する。もちろん梅は連帯債務のモデルとして契約連帯を想定するが，その理論モデルを絶対的効力に反映させていない[42]。むしろ，各種の債務消滅事由に関わる利益調整が絶対的効力として現れている。更改による一体型絶対的効力の背景にあるのは合意内容の推定であり，更改契約に特段の条件を付けない限りは債務者全員の債務を消滅する趣旨だとみている（(2)）。また債務免除や時効では，求償期待を保護する発想が負担部分型絶対的効力をもたらしており，この利益調整は，給付の一倍額性の関係にあるような多数当事者関係に妥当しうる（(3)(イ)）。

　他方で，富井は真正連帯と不真正連帯を区別し，債務者相互の団体性を真正連帯の前提とする。それは，真正連帯の要件として原因の同一性を要求し，そこに「密接ノ連絡」関係の契機を見出したことや，契約の雛形の条文化を基本方針に据えたことに現れている（(1)(ア)）。ただし，請求に限っては梅がその効

---

[41] 請求のほか，混同（438条）に関しても旧民法の全部義務と異なっており，負担部分型（財535条1項，債担73条1項本文参照）であったものを一体型に変更している。しかし，それに関する梅の説明には十分な説得力がない。他方で，相殺適状の効力（436条2項）は全部義務と同じだが（財521条2項前段，債担73条1項本文参照），現行法の起草過程では法定相殺に関する要件の変更を看過しており，負担部分型の絶対的効力を認めたことの妥当性が問題になる。本稿は連帯債務の全体構造に焦点を当てており，混同と相殺適状を脇において検討を進める。混同については福田・前掲注（15）232頁以下，相殺については福田・後掲注（175）北法50巻4号745頁，750頁以下，また旧民法における全部義務の効力については同・北法50巻3号505頁参照。

[42] 福田・後掲注（175）北法50巻4号782頁。

力を団体性に関係づけていたのと同様に，富井にしても，すべての事由を団体性に関係づけていたわけではない。これは，基本方針としての雛形論が必ずしも個別規定に関する制度趣旨に反映していないからである（(1)(イ)）。そして，富井自身の論述からは明らかでないものの，民法の構造からいえば更改や債務免除・時効に関しては，梅と同様に考えていたといえる（(2), (3)(イ)(b)）。

　重要なのはその最後の点である。梅と富井は同床異夢の関係にあったが，それでも共通点は少なくない。両者は更改の効力論において満足の有無にこだわらず，更改契約の趣旨に重点をおいていたし，また債務免除や時効の効力論では求償期待の保護に重点をおいていた。さらに，団体性の強弱を別とすれば，請求の効力論において団体性を前提にする点でも共通する。このため，両者の対立点はさほど大きなものではなく，どの事由において団体性を考慮したのかという点で異なるにすぎない。

　それは同時に，後の通説との大きな違いである。絶対的効力は個々の事由におけるそれぞれの利益調整を示したものであり，その調整にさいし債務者相互の団体性を考慮した事由もあるのだが，梅と富井は何れも，すべての事由に関して団体性を考慮したわけではない。この点で，後の通説・判例が，団体性を欠くまたは弱い団体性しかないような不真正連帯に関して，絶対的効力を一律に排除しようとしたのとは一線を画している。

　(イ)　起草趣旨に関する後の評価

　後の学説は起草趣旨をどのように評価したのだろうか。明治期にはおそらくは梅の影響で一元論が目立っていたが[43]，大正期以降の諸学説はむしろ連帯二分論をとっており，起草趣旨の多くは忘れられてしまった。これはドイツ法の学説継受によるものであって，その特徴は次の３点にある。第１に，大正期以

---

[43]　岡松参太郎『民法理由下巻』(1897) 120‐121頁，松波仁一郎ほか『帝国民法〔明治29年〕正解第5巻』(1897, 復刻1997) 256頁，信岡雄四郎「連帯債務ノ性質」志林35号 (1902) 5頁，土方寧『民法債権法講義上巻（明治43年度）』221頁, 258頁（国会図書館近代デジタルライブラリー：http://kindai.ndl.go.jp/info:ndljp/pid/791837）。岡松は，旧民法下でも，適切な分類基準がないとして二分論に反対している。岡松「連帯債務ト全部義務ノ区別」法協13巻2号 (1895) 108‐109頁。

　ただし，岡松は留学後に出版した講義録において二分論に改説し，富井とほぼ同じ考え方を示している。岡松参太郎＝石坂音四郎『民法債権総論 完』(1903頃) 227頁（岡松担当，京都法政大学。近代デジタルライブラリーに内容の同じ異本が２冊出ており，本稿は後者で引用する。http://kindai.ndl.go.jp/info:ndljp/pid/791868, http://kindai.ndl.go.jp/info:ndljp/pid/2937560）。

降はドイツ法との対比で日本法が絶対的効力を多く残したことに違和感を抱き，絶対的効力による担保力の低下を問題視する。これは債権者の満足を分析道具にするからであって（後述3(2)(エ)），それにより，更改後の新債務が不履行の場合を弁済や代物弁済における類似問題と対比しつつ債権者の意思によって整理しようとするフランス法の発想が失われた。興味深いこととして，更改の効力論（435条）が更改契約の解釈問題にすぎない点については大正期以降，今日に至るまでほとんど争いのないところだが[44]，それにも拘わらず連帯債務の理論では解釈規定性が必ずしも配慮されていない。すなわち，「一体型の更改を推定したのはなぜか」を問うのではなく，「なぜ一体型絶対的効力を付与したのか」を問う形で，連帯債務の理論を構築している。この点で特に我妻までの諸学説は，その傾向として，具体的な条文解釈が連帯債務の理論にうまく接合していない。

　第2は求償や求償期待の保護に関する問題である。昭和30年代に椿は不真正連帯でも当然に求償を認めるべきだと説き[45]，また昭和40年代の寺田が弁済者代位制度の法継受史を検討し，当初はもっぱら求償関係の創設機能を担っていた弁済者代位が，不当利得の射程拡張に伴って求償権確保の機能へと重点を移していったことを明らかにした[46]。そのため，今日では442条の背後にある求償利得の発想に注目が集まっている[47]。しかし，大正期以降の諸学説は不当利得の射程を狭く捉えたことで不真正連帯における求償や負担部分の存在を

---

[44] 岡松・前掲注（43）139頁，鳩山・後掲注（82）264頁，近藤栄吉＝柚木馨『註釈日本民法（債権編総則）中巻』（1935）75頁，我妻・後掲注（102）416頁，西村編・前掲注（26）85‐86頁（椿），奥田昌道『債権総論〔補訂版〕』（1992）355頁など。

[45] 椿寿夫「不真正連帯債務の観念」『民法研究Ⅰ』（1983，初出1962）93頁，98‐99頁。また，同「連帯債務論序説」同書（初出1956）3頁以下，同「連帯債務論の問題点」同書（初出1956）59頁も参照。そこでは，ドイツ民法典がほとんどの事由を相対的な効力としたことで，二分論は求償関係の有無に重点をおかざるを得なかったというドイツ法に固有の事情を指摘する。しかも，二分論肯定説は連帯債務規定による求償権を否定したうえで，最終的には不当利得による求償を認めており，その議論は実益に乏しい回り道だと評価できるという。同「観念」前掲94頁，96頁。

[46] 寺田正春「弁済者代位制度論序説（1），（2），（3）」法雑20巻1号25頁以下，2号189頁以下，3号299頁以下（1973‐1974），特に2号210‐211頁参照。ただし，ポチエが事務管理準訴権による固有の求償関係を否定したと寺田はみているが，これは誤読である。R.-J. Pothier, Traité des obligations, n°s 282 et 445 (Oeuvres par Bugnet, 2e éd. 1861).

[47] 渡邊・前掲注（18）251‐254頁。

また，債務免除に関する 437 条も任意規定だが，ここでは，特段の意思表示による例外として一体型の免除（債務者全員を免責する内容の免除）が主に論じられた[49]。他方で相対的免除に関しては，昭和戦前期においてその効力を否定する見解が優勢であり[50]，昭和 30 年代に椿が求償や転償の回避という制度趣旨の強行規定性を否定したことで[51]，これがようやく通説となった[52]。さらにその後，不真正連帯でも負担部分型の免除（4⑶⒞）や一体型の免除[53]が認

48　石坂・後掲注（55）919 頁。この発想は今日でも残っている。於保・後掲注（148）250 頁，奥田・前掲注（44）372 頁。

49　岡松・前掲注（43）142 頁，石坂・後掲注（55）841 頁，鳩山・後掲注（82）265 頁，近藤＝柚木・前掲注（44）83 頁，我妻『債権総論〔初版〕』（1940）300 頁，西村編・前掲注（26）92 頁（椿）など。

50　小池隆一『日本債権法総論』（1933）230 頁，近藤＝柚木・前掲注（44）84 頁，田島順『債権法』（1940）143 頁。それに対し，相対的免除の効力を認めていたものとして，岡松・前掲注（43）143-144 頁，遊佐慶夫『民法原理〔総則・物権・債権〕』（1924）616 頁，勝本・後掲注（82）152 頁。

51　谷口知平ほか編『民法例題解説Ⅱ』（1959）50 頁（椿），椿『連帯債務（総合判例研究叢書 民法 16）』（1960）61 頁，西村編・前掲注（26）95 頁（椿）。

52　我妻・後掲注（102）417-418 頁，奥田・前掲注（44）358 頁，平井宜雄『債権総論〔第 2 版〕』（1994）337 頁，潮見佳男『債権総論Ⅱ〔第 3 版〕』（2005）559 頁など。
　もっとも，437 条を排除する意思表示の効力についてはもっと丁寧な検討が必要である。担保保存義務に関して，判例は保存義務免除特約の効力を認めつつも，信義則または権利濫用の法理を使った限定を付けているからである。これを前提にすると，たとえ免除の意思表示において 437 条の排除を留保しても，その免除が不合理であれば債権者は留保を主張できないことになるはずである。最判平成 2・4・12 金判 883 号 14 頁，最判平成 7・6・23 民集 49 巻 6 号 1737 頁，最判平成 8・12・19 金法 1482 号 77 頁参照。
　また，学説は被免除者の負担部分を最終的に債権者が引き受ける趣旨で相対的免除がなされることを認める（勝本・後掲注（82）152 頁，山中・後掲注（134）391 頁，西村編・前掲注（26）95 頁（椿），我妻・後掲注（102）417-418 頁）。それによれば，連帯債務者 AB のうち被免除者 A は弁済者 B に求償金を払った限度で債権者に転償でき，利害関係者全員に資力があれば最終的な負担関係は絶対的効力を認めるのと同じことになる。しかし，そうまでして負担部分型の絶対的効力を排除するのはなぜだろうか。たしかに，被免除者が無資力の状況で免除を受けたのであれば絶対的効力を認めるべきでないが，その結論は負担部分の概念操作によって導くことができる，これは，無資力の A に対する求償を B は期待できず，A には負担部分がないといえるからである。そして，債権者の転償義務を前提とするような相対的免除を認めると，債権者が転償に応ずる資力のない場合にまで B への全額請求権を認めることになってしまうが，その結論が適切だとは思えない。

められており，免除の効力を決定するのは意思表示の内容だとする理解が広がっている。ここでも更改と同様に解釈規定性が長く看過されていたのである。そのうえ，求償利得や弁済者代位に十分な注意が払われておらず，それらが相俟って負担部分型の免除と担保保存義務の問題連関が見失われた。

　第3に，大正期以降の諸学説はすべての絶対的効力を団体性に結びつけている。これは，意思表示の解釈規定にすぎないか否かなど，個別事由のそれぞれにおける利益調整上の特徴を十分に考慮しなかったためである。しかも，特に主観的共同関係説は団体性の具体的内容や議論の土俵(1)(3)(ウ)を吟味しないまま理論を構築しており，その姿勢は，相互保証説が有力化するまで続いた(4)。

　結局，フランス法の影響が強い制度についてドイツ法の道具を使って分析したことで，起草趣旨は殆どあらゆる点で忘れられ，それを後に反省するようになったのである。その過程を次にみることにしよう。

3　団体性モデル

　大正に入っても一元論は残ったが[54]，他方で主観的共同関係説が登場し，これが通説となった。それによれば，債務者相互における緊密な連絡関係の存在が真正連帯の前提となっており，その関係が絶対的な効力に繋がっている。このために，緊密な関係を欠いており，各債務者が独立して全額給付債務を負担する不真正連帯においては，債権者の満足によって債権の目的が到達すれば一体型の絶対的効力を生ずるが，満足がない限りは相対効になる。すなわち，団体性を理論モデルにする実益は，不真正連帯における絶対的効力の一部排除にあり，そこでは債権者の満足を利益分析の道具概念にしている。さらに，負担部分を観念するための前提として債務者相互の主観的関係を要求する学説が長らく支配的だった。そういった考え方が醸成された過程をみていこう。

(1)「債権者の満足」という観点

　その先駆となった石坂は，弁済による債務消滅の理論を検討した[55]。石坂に

---

[53] 四宮和夫『事務管理・不当利得・不法行為 下巻』(1985) 790頁，平井宜雄『債権各論Ⅱ』(1992) 205頁など。判例も同旨。最判平成10・9・10民集52巻6号1494頁参照。

[54] 川名兼四郎『債権法要論』(1915) 325 - 327頁，330頁，岡村玄治『債権法総論』(1924) 142 - 145頁。おそらく同旨，中島玉吉『債権総論』(1928) 231 - 232頁。

よれば，債務の目的（経済的利益）[56] が同一だという連結があって，債権者が実質的な満足を受けることで債務目的が到達する[57]。そして，経済目的の同一性は真正連帯と不真正連帯に共通する性質であり，それゆえに満足事由があれば不真正連帯でも全員の債務が消滅する[58]。他方で，真正連帯と不真正連帯の差異は原因の異同にあり[59]，そのために不真正債務者の1人に対する請求（434条）は他の債務者に効力を及ぼさない[60]。

石坂説の特徴は債務消滅理論との関係で債権者の満足に注目したことであり，これは明治期の議論にはなかったものである[61]。そして，目的到達，すなわち債権者の満足を債務消滅の根拠に据えることで，石坂は更改による一体型の絶対的効力（435条）に疑問を抱き，これを立法論として批判する[62]。起草委員にとって同条は契約の解釈規定にすぎず[63]，更改契約における債権の放棄が債務消滅の根拠になっているのだから，石坂の批判は的外れである。しかし，当時の諸学説は石坂説を支持した[64]。

---

55 石坂音四郎『日本民法第三編債権 第三巻』（1913）793-794頁。
56 石坂・前掲注（55）796頁。
57 石坂・前掲注（55）794頁，822頁。
58 石坂・前掲注（55）918頁。
59 後掲注（65）。それと異なり，一元論をとる川名は，真正連帯の成立要件として原因の同一性や「意思ノ疎通」を要求せず，一方の債務者が他方を知らなくてもよいとする（川名・前掲注（54）329-330頁）。他方で，債務消滅の理論については石坂と同じ説明を示すし（川名・同書312-313頁）や，債務者の1人に100％の負担部分があるケースを別扱いする点（川名・同書325-327頁）でも共通する。
60 石坂・前掲注（55）918-919頁。請求のほかに，石坂は不真正連帯における相互的求償を否定し，それゆえ負担部分型の絶対的効力も否定する（石坂・同書919-920頁）。しかし，それは観念論にとどまっており，実質的には求償を認め，また求償期待の保護を図っている。すなわち，受寄者の不注意によって寄託物が盗取されたケースで，受寄者には賠償者代位（422条）を使った求償を認める。また受寄者が債務免除を受けても盗取者には影響を及ぼさないが，盗取者が債務免除を受ければ代位に関する受寄者の利益を奪うべきではなく，受寄者の損害賠償債務は消滅するという（石坂・同書919頁）。そこでは，負担部分を観念せず，求償手段として賠償者代位を使っているが，実質的には盗取者の負担部分を100％とみている。しかもそこには担保保存義務違反抗弁の発想も窺える。要するに，石坂はドイツ法を参照したことで，起草過程におけるフランス法の継受とその発展（2(3)(ア)(a)および同(イ)(c)）を等閑視しているものの，それは法律構成の違いにとどまり，実質的な価値判断に違いはない。
61 富井は，弁済やこれと同視できる事由に絶対的効力があるのは当然だとしており，その背後に目的到達の理論を窺うことはできる。しかし，富井は債権者の満足がなくても絶対的効力を認めており，石坂とは一線を画す。富井・前掲注（4）142頁。

もっとも，真正連帯と不真正連帯の分類基準に関して，石坂説は賛同を得られるようなものではなかった。石坂は基準を原因の同一性に求めるが[65]，これは実質的な原因という意味であって[66]，同一の売買代金債務とか同一の貸金債務という評価が可能であればよい[67]。たとえば併存的債務引受でも原債務と引受債務の原因は同一であり，真正連帯が成立する[68]。そこでは原債務者の意思を問わず，引受債務者に連帯負担の意思がありさえすればよい[69]。このように，石坂は必ずしも債務者相互の団体性を想定しているわけではない。

(2) 債務者相互間の主観的関連性
㈎　横田秀雄説[70]
　そこで横田は，意思の疎通[71]によって各債務者が共同関係に入ることを真正連帯の要件とし，これが不真正連帯との差異だとする[72]。このため，併存的債務引受の効果を場合分けしており，原債務者が債務引受を委託したとか，引受人による自発的な引受を原債務者が承諾していたといった事情があれば真正連帯になるが[73]，原債務者が債務引受の事実を知らない場合やそれを知ってい

62　石坂・前掲注 (55) 834 頁注 3。また，債務免除や時効に負担部分型の絶対的効力を認める 437 条と 439 条についても，立法論として批判する (石坂・後掲注 (118) 京法 6 巻 10 号 1491 - 1493 頁)。ただし，解釈論としては，435 条が更改には満足的効果があるとみたことを尊重して，不真正連帯でも一体型の絶対的効力を付与せざるを得ないとする (石坂・前掲注 (55) 918 頁)。また，不真正連帯では負担部分がないことを理由に 437 条や 439 条の準用を排除しつつも，不法行為責任と債務不履行責任が競合する場合において，債権者が不法行為者の債務を免除すれば債務不履行責任も消滅するという (石坂・同書 919 頁)。

63　前掲注 (13) および (17)。

64　本文で後述する末川説および我妻説を参照 ((2)㈦，㈢)。他方で，岡村・注 (54) 143 - 145 頁は，絶対的効力の付与が妥当な結果をもたらすとみることで二分論を否定する。

65　石坂・注 (55) 797 - 798 頁，914 - 916 頁。

66　石坂・注 (55) 797 頁。

67　石坂・注 (55) 799 頁。

68　石坂・注 (55) 801 頁，1352 頁。

69　石坂・注 (55) 801 頁。

70　横田秀雄「多数当事者の債権に就て (1) 〜 (6)」日本法政新誌 20 巻 1 号・2 号・4 号・5 号・7 号・8 号 (1923)。

71　横田・前掲注 (70) 日本法政新誌 20 巻 5 号 877 頁。同『債権総論〔初版〕』(1908) 505 頁では，「意思ノ共通」という。

72　横田・前掲注 (70) 日本法政新誌 20 巻 5 号 868 - 869 頁，同・前掲注 (71) 500 頁。

ても引受人と連帯する意思がない場合には不真正連帯になるとする[74]。すなわち，契約による真正連帯の成立には債務者全員の同意が必要であり，1人の意思だけでは足りないとみる[75]。

このように考えるのは，横田が求償規定のなかに組合の論理をみいだしたからである[76]。横田によれば，求償の要件や範囲を定めた442条は組合規定（671条による650条の準用）と実質的に同一であり，これからすると，真正連帯につき民法は共同関係を想定している[77]。この共同関係は債務の弁済を目的にしており[78]，弁済に関する一種の委任が成立するが，委任事項は共同免責を得ることにとどまり，新たな債務の負担には委任が及ばない[79]。もっとも，横田は不真正連帯でも事務管理や不当利得・不法行為に基づく求償を認める[80]。

その発想をとると，弁済や弁済供託・代物弁済による一体型の絶対的効力については，共同免責に関する相互代理（意思的要素をもつ共同関係）によって説明できる。また，横田は更改につき，新債務に代えて旧債務を消滅させる趣旨だったと契約を解釈することで，一体型の絶対的効力を説明する[81]。しかし，不真正連帯でも債務者全員の債務を消滅させる趣旨で更改契約が成立すれば一体型の絶対的効力を認めてもよいはずであって，真正連帯につき横田が想定する委任関係は，契約の相対効原則を乗り越えるための形式論理にすぎない。さらに，不真正連帯でも求償を認めるのであれば，負担部分型の絶対的効力が問題になるはずだが，横田は432条以下の諸規定につき不真正連帯への適用を排除する。これらの点で，連帯二分論に関する一般論が個別規定の議論と十分に対応していない。

73　横田・前掲注（70）日本法政新誌20巻5号877-878頁。
74　横田・前掲注（70）日本法政新誌20巻5号878-879頁。
75　横田・前掲注（70）日本法政新誌20巻5号880-881頁。
76　横田・前掲注（70）日本法政新誌20巻5号870頁。
77　横田・前掲注（70）日本法政新誌20巻5号871頁，7号1339-1341頁。
78　横田・前掲注（70）日本法政新誌20巻5号871頁。
79　横田・前掲注（70）日本法政新誌20巻5号873-874頁。これは，19世紀フランス法における相互代理の理論を参照したものだろう。福田・後掲注（175）北法47巻6号1712頁。
80　横田・前掲注（70）日本法政新誌20巻8号1469-1470頁。これに対し，石坂は，442条以下の適用排除を理由にして，不真正連帯債務者相互間では求償できないとする。石坂・前掲注（55）919-920頁。
81　横田・前掲注（71）521-522頁。

㈦　鳩山秀夫説

　ニュアンスは異なるものの，横田と同様に，主観的な関係に着目したのが鳩山である。鳩山によれば，不真正連帯では債務の目的が客観的には「同一」だが，各債務が「共同目的」を有するわけではないのに対し，真正連帯では「共同目的」が存在する[82]。鳩山は客観的な目的を給付に関わる経済目的と言い換えており[83]，石坂と同様に，その目的の同一性は弁済に伴う目的到達の論理が働くための要件である[84]。

　もっとも，鳩山は真正連帯の成立要件として発生原因の同一性を要求しておらず[85]，真正連帯の例として，後見人更迭に伴う新後見人と旧後見監督人の損害賠償債務[86]（昭和22年改正前の913条2項）や併存的債務引受[87]を挙げる。そうすると，鳩山のいう「共同目的」が主観的な団体性を指していたとは言い切れない。かりに，その団体性を想定していたのであれば，併存的債務引受に関して横田のような場合分けが必要になったはずだからである。

㈦　末川博説

　その点の整理を図ったのは末川であり，次のようにいう。民法は，請求に一体型の絶対的効力を認めるほか（434条），債務者の1人につき相殺適状が成立しておれば他の債務者による相殺主張を認めており（436条2項），これは反対債権の処分を許したものである。さらに求償関係では事後通知義務が課されているし（443条2項），弁済費用のほかに損害の分担請求を認めるが（443条2項），これは，かりに求償義務者が弁済しておれば回避できたかもしれないものである。そういった不利益を正当化するのは，各債務者が互いの存在を知り，かつ連帯負担の意思があるという事情である[88]。また，連帯債務規定は任意規定であり，特約による排除の可能性を留保している。この点からいっても，各

---

[82]　鳩山秀夫『増訂改版日本債権法（総論）』（1925）287頁。鳩山は増訂改版の前（1916第5版）でも同じ説明をしている。その他，同旨のものとして，嘉山幹一『改版債権総論』（1926）279 - 280頁，勝本正晃『債権総論中巻之一』（1934）113頁，249頁，石田文次郎『債権総論講義（債権総則契約総則）』（1936）250頁，158頁，沼義雄『綜合日本民法論（1）〔増訂版〕』（1937）581 - 583頁，末広厳太郎『債権総論』（1938）128 - 129頁。

[83]　鳩山・前掲注（82）253頁。

[84]　鳩山・前掲注（82）252 - 253頁。

[85]　鳩山・前掲注（82）254頁。

[86]　鳩山・前掲注（82）257頁。

[87]　鳩山・前掲注（82）382頁。

債務者による相互の認識が前提となる。その認識を欠いた債務者に上記の不利益を課すのは不当であり，そういった不当な結果を民法が容認したわけではないはずである[89]。

このような発想のもとで，末川は，真正連帯の特徴を債務者相互の主観的連結に求め，これにより主観的共同目的が成立するという[90]。そのため，併存的債務引受については横田と同様に場合分けする[91]。他方で，不真正連帯でも各債務の客観的な目的は同一であり[92]，それゆえに債権者が満足を受ければ目的到達の論理が働く[93]。しかし，更改や混同・債務免除・時効は債権者に現実の利益をもたらさないから，相対的効力にとどまる[94]。また，債務者の1人に対する請求も相対的効力となる[95]。

末川は，不真正連帯における主観的連結の欠如を理由にして負担部分を否定するが[96]，これは求償を常に否定する趣旨ではない。すなわち，債務不履行や不法行為による損害賠償債務が競合するケースでは賠償者代位（422条）による求償を認める。具体的には，受寄者の不注意で第三者に寄託物を盗取され，かつ受寄者が賠償金を支払った場合である[97]。末川によれば，理論的には目的到達によって不法行為者の損害賠償債務が消滅するはずだが，これは「法的感想」に沿わないから，例外的に債権の存続を認めるべきである[98]。

他方で，賠償者代位を使えないケース，すなわち併存的債務引受によって不真正連帯が成立する場合について，末川は求償の根拠を事務管理に求め，引受人の弁済は引受人自身の事務と原債務者の事務を一括処理したものだとみる[99]。

---

88 末川博「併存的債務引受」『債権〔末川博法律論文集Ⅲ〕』（1980，初出 1920）137-138頁。
89 末川・前掲注（88）139-140頁。
90 末川博「不真正連帯債務に関する疑問」『債権』（初出 1919）156頁。
91 末川・前掲注（88）141-142頁。
92 末川・前掲注（90）156頁。
93 末川・前掲注（90）161頁，末川「目的の到達に因る債権消滅」『債権』（初出 1918）34頁。
94 末川・前掲注（88）146-149頁。そこでは，真正連帯において更改などに絶対的効力が付与されたのは，便宜上の理由にすぎないという。
95 末川・前掲注（88）149頁。
96 末川・前掲注（90）157頁。
97 末川・前掲注（90）161-162頁。
98 末川・前掲注（90）162頁。

しかし，事務管理による求償を否定するケースもある。それは，隠居によって前戸主と家督相続人が併存的に負担する債務（昭和22年改正前の986条，989条1項，3項）など[100]であり，これは法定の債務負担だから事務管理にも該当しないとみて，前戸主が弁済しても家督相続人には求償できないという[101]。

(エ) 我妻栄説

もっとも，絶対的効力を定めた諸規定が直接に配慮したのは便宜などであって，債務者の団体性は必ずしも効力論に直結しない（2(1)(イ)および2(4)(ア)）。この点を説明したのは昭和戦中期の我妻である。我妻によれば，真正連帯では客観的目的が単一だから，債権者が満足を受ければ目的到達の論理が働くが，その他の事由は相対的効力になるはずであり，相対効とするのが概して債権者に有利である。しかし，民法は債務者相互の緊密な主観的関係に配慮して，満足とは無関係な事由についても法律関係の簡易決済や公平の観点から絶対的効力を認めた[102]。すなわち，団体性が強いから絶対的効力があるというのではなく，団体性が強いから簡易決済などに配慮して絶対的効力があるというのであり，便宜を媒介的な論理に位置づけている。そのうえで，我妻は立法政策の方向性に関して二項対立の図式を設定し，債権者の地位を強大にすることを目的とするか，それとも債務者相互の緊密な関係に重きをおくかが問題になるところ，日本法はやや後者に傾きすぎる嫌いがあるという[103]。

この二項対立図式は後の学説に次の2点で影響を与えている。第1に，フランス法でいう連帯の第2次的効力[104]は担保機能の強化に繋がっているのだか

---

99 末川・前掲注（88）152頁。

100 末川・前掲注（88）132-133頁。本文に挙げた例のほか，転貸借における転借人の直接支払義務（613条1項前段）を想定している。

101 末川・前掲注（88）153-154頁。末川は不当利得の余地を認めるが，それは債務引受以外の事情によって一方債務者が利益を受けたという場合であって，具体的には，転借人が原賃借人への前払を賃貸人に対抗できないことで二重払いを強いられた場合（613条1項後段）を想定する。

102 我妻栄『新訂債権総論』（1964）410-411頁（1940年の初版296-298頁でも同じ説明がある）。

103 我妻・前掲注（102）403頁，444頁（初版287-289頁，313-314頁でも同じ説明がある）。ただし，夫婦の日常家事債務に関しては夫婦共同生活を対外的には単一のものと捉えることで，債務免除や時効に一体型の絶対的効力を認める。我妻『親族法』109頁，111頁注6（1961）。

104 前掲注（2）参照。

ら，真正連帯と不真正連帯の対置においては担保機能という観点を分析軸に取り入れるべきだと主張された[105]。第2に，連帯の担保機能を考えれば必然的に保証との差異が問題となり，連帯債務制度に存在意義を与えるには担保機能を保証よりも強化すべきことになると主張された[106]。この点は相互保証説の柱にもなっている。

(3) 法定連帯に関する諸規定の位置づけ

連帯の効力に関して団体性に着目すると，法定連帯（特に共同不法行為）の位置づけが問題になる。これは，共同不法行為の要件論において，共謀や主観的な連絡関係を要しないという考え方が大正期においてすでに通説判例となっていたからである[107]。そして，石坂のように実質的な原因の同一性に着目するのであれば，加害行為が客観的にみて一体的だと評価できれば足りるから，これを真正連帯とみることに支障はない[108]。しかし，主観的共同関係説は債務者相互の連絡関係を真正連帯の成立要件とみているから，その連絡関係がないような共同不法行為を法定連帯として扱うことの妥当性が問題になる[109]。

それにつき，横田は，商事連帯（商法511条1項）では当事者の意思を推定したにすぎないが，共同不法行為では，「一種の共同関係の生ずべき特定の事実を基本として其間に連帯関係を生ぜしむる」ものであって，「共同の行為に因り他人に損害を加へたる以上は之をして共同して其損害の全部を被害者に賠償するの義務を負はしむるを合理的なり」と説明する[110]（濁点は福田）。また，末川はもっと端的に，当事者の意思を擬制して債権者の権利確保を図ったもの

---

105 椿「序説」前掲注（44）54-55頁，同「問題点」同書65頁。
106 椿「問題点」前掲注（44）67頁および，後述本文4(2)，(3)(a)。
107 横田秀雄『債権各論』(1912) 884-885頁，川名・前掲注（54）783頁，鳩山秀夫『増訂日本債権法各論下巻』(1924) 935頁，大判大正2・4・26民録19輯281頁，大判大正8・11・22民録25輯2068頁，大判大正8・12・9刑録25輯1255頁（1318頁）。椿『共同不法行為（総合判例研究叢書 民法12）』(1959) 110頁によれば，明治期の下級審裁判例1件を除いたすべてが，意思の共通ないし通謀を要しないという立場をとっている。
108 石坂は共同不法行為による真正連帯の成立に特段の異論を示していない。石坂・前掲注（55）805頁。
109 この論理を逆にして，共同不法行為など法定連帯では主観的関係がないことを理由に主観的共同関係説を批判する学説もあった。近藤＝柚木・前掲注（44）49頁。
110 横田・前掲注（70）日本法政新誌20巻5号874-875頁。

だと説明する[111]。そこでは，真正連帯の方が不真正連帯よりも債権者に有利だとみており，請求の絶対的効力を想定したものだろう。

しかし昭和に入ると，債務消滅事由に関する絶対的効力が不法行為の被害者にとって不利だという点に注目が集まった[112]。そのため，我妻は不真正連帯と比べて被害者に不利な真正連帯を法定することに疑問を呈した[113]。時代は下るが，その問題提起を受けて，加藤が共同不法行為の債務を不真正連帯と捉えるべきだと主張し[114]，これで主観的共同関係説の全体像が確立した。さらにその後の進展として，共謀があれば真正連帯になるかが問題となった[115]。この問いを否定する平井は，主観的共同関係の内容を明確化し，共同事業のように人的関係が緊密かつ継続しているのが常態であることを指すという[116]。

(4) 小 括

ここでは 2 点だけを指摘しておく。まず，主観的共同関係説に一応の完成形を与えたのは我妻だが，そこでもっとも意義深いのは二項対立の図式である。解釈論または立法論における理念型として考える限り（前述 1 (3)(ウ)でみた③の問題），緊密な団体性が求償への配慮に繋がったとする捉え方は一定の説得力をもつ。しかし，その理解は民法の全体構造に適合しているだろうか（1 (3)(ウ)の②）。特に債務者相互間に事務管理や委任の関係しかない場合には，担保保存義務を介して求償期待の保護が図られており，これは負担部分型の絶対的効力を定めた 437 条と同質の制度だといえる（2 (3)(イ)）。このため，二項対立の図式は民法典の構造に適合しない。また，我妻は負担部分型の絶対的効力に批

---

[111] 末川・前掲注（90）157 頁。
[112] 我妻『事務管理・不当利得・不法行為（新法学全集）』(1937) 194 頁，川島武宜「判批」『判例民事法昭和 12 年度』（初出 1938）326 頁。また，使用者責任に関するものだが，大判昭和 12・6・30 民集 16 巻 1285 頁参照。その原審は，不法行為を犯した被用者の賠償責任について消滅時効が完成すれば，使用者責任も当然に消滅すると判示した。これに対し，大審院は原判決を破棄して，被用者の賠償債務と使用者の賠償債務は連帯債務（真正連帯）ではないし，時効期間は別個に進行するから，使用者に関する時効の完成を認定すべきだと判示した。
[113] 我妻・前掲注（112）192 頁，同・注（102）444 頁。
[114] 加藤一郎『不法行為〔増補版〕』(1974) 206-207 頁（初版 1957 年でも同じ）。
[115] 椿「観念」前掲注（45）97 頁，淡路・後掲注（149）231 頁参照。判例はこれを否定する。最判昭和 57・3・4 判時 1042 号 87 頁。
[116] 平井・前掲注（53）204 頁。

判的な態度を示すが，そうであれば担保保存義務にも批判の矛先を向けるべきであり，そうでなければ一貫しない。

次に，少なくとも横田や末川は団体性の論理を求償関係から引き出し，それを対外関係における分析道具にしている。そういった推論をするには，求償法理の全体構造を踏まえつつ 465 条 1 項の特則性を解明することが不可欠なはずである (2(3)(ア)(c))。しかし，その問題を意識しておらず[117]，推論は説得力に欠けるように思われる。

4　相互保証説

以上では，主観的共同関係説の醸成過程を紹介したが，それと対立する相互保証説には 2 つの流れをみいだすことができる。明治末年の中島は，民法規定に違和感を抱きつつもそれを脇におき，規定をありのままに理論化しようと図った[118] (前述 1(3)(ウ)でみた②の問題)。その考えは長く忘れられたままだったが，平成期になって再評価されている[119]。その意図は，負担部分型の絶対的効力を付従性の作用として説明することにあるのだが，そのように考えることの当否が問題になる。このために別の流れが登場し，それが昭和戦後期の山中や淡路である。この両者は連帯債務の背景において相互保証の実体があるとみるが (1(3)(ウ)でみた①の問題)，それを法理論に直結するのではなく背景的実体と法規範を区別する。これは連帯債務に独自の意味をもたせるためであって，法規範のうえでは付従性を払拭すべきだとする (1(3)(ウ)でみた③の問題)。

このように山中と淡路は同じ土俵で議論するのだが，さらに団体性の強弱に

---

[117] 全額支払義務を負う保証人の弁済は連帯債務者の弁済と同じだというにとどまる。横田・前掲注 (71) 744 頁。
[118] 中島玉吉「連帯債務ノ性質ヲ論ス」志林 13 巻 8 = 9 号 (1911) 1 頁以下。この論文は石坂の原因同一説 (本文前述 3(1)) を批判するものであったことから，それがきっかけとなり石坂との論争を生じた。石坂音四郎「中島博士ノ連帯債務論ヲ評ス」京法 6 巻 10 号 1478 頁，中島「再ヒ連帯債務ノ性質ヲ論シテ石坂博士ニ答フ」京法 6 巻 11 号 1621 頁以下，石坂「再ヒ中島博士ノ連帯債務論ヲ評ス」京法 6 巻 12 号 1801 頁以下 (何れも 1911 年)。

　なお，本稿では議論の流れを大掴みにするという観点から中島説を紹介するにとどめ，その議論を一部省略するほか，中島 = 石坂論争にも立ち入らない。その詳細については，次注所引の文献参照。
[119] 成田博「中島玉吉・連帯債務論の再評価」東北学院大学論集 36 号 (1990) 81 頁以下。

関する段階性・連続性を強調しており，両者の共通点は多い。ただし，いくつかの重要な点で対立しており，特に相互保証の実体を山中は強度な団体性の例だと位置づけるのに対し，淡路はもっと団体性の強い共同事業関係を視野に入れることで，相互保証の実体が緊密な団体性を伴うことは少ないという。また，山中と異なり，淡路は団体性が薄弱なケースにも眼を向けて，そこにも程度の差を見出した。この議論を通じて，淡路は，不真正連帯が何か積極的な共通点をもつ概念ではなく，むしろ真正連帯の効力をすべて兼ね備えるわけではないという消極面で共通するにすぎないと指摘した。

淡路が検討の素材にしたのは法継受史や比較法だが，そこでの着眼点として，背景的実体と制度の関係を解明するという分析手法を採用し，日本の起草委員は実体を考慮していなかったことを指摘する。この検討結果からすると，起草趣旨（1(3)(ウ)②）の分析道具として実体にこだわることの適切さが問題となり，その点を次世代の課題として残した。以下ではこれらのことを示そう。

(1) 中島玉吉説
(a) 中島は，債務免除や時効による負担部分型の絶対的効力について批判的だが[120]，それを解釈論に直結するのではなく，むしろ規定構造の探求を主題に据える[121]。そのうえで，中島は併存的債務引受による連帯債務（真正連帯）の成立を認め，原因の同一性や債務者相互の連絡関係を前提にしていないと捉える[122]。中島によれば，連帯債務では債務目的の同一性が要件になるが，これは分割債務でも同じであり，連帯債務の特徴は連帯約定に分割債務原則（427条）を排除する点にとどまる[123]。そのため，連帯免除（445条）は被免除者について連帯関係を解消し，分割債務の関係に戻ることを意味する[124]。また，債務免除や時効に絶対的効力があるのは（437条，439条），全員の債務が被免除者や時効完成者の負担部分の限度で消滅するからである[125]。

それらを前提として，中島は，各債務者が負担する債務の中身を分析し，自

---

120 中島・前掲注（118）京法6巻11号1629頁。
121 中島・前掲注（118）志林13巻8＝9号4-5頁。
122 中島・前掲注（118）志林13巻8＝9号7-8頁。
123 中島・前掲注（118）志林13巻8＝9号9頁。おそらく，中島は連帯二分論を否定している。前掲注（54）参照。
124 中島・前掲注（118）志林13巻8＝9号15頁。
125 中島・前掲注（118）志林13巻8＝9号12頁。

己の負担部分に関する債務と他の債務者の負担部分を支払う債務に区別する[126]。これは，連帯の経済的な目的が弁済を容易にさせることにあって，保証と同様に担保という意味をもつからである[127]。

(b) このように，中島によれば，自己の負担部分を除いた分に関する債務は担保の意味をもっており，契約連帯でいえばそれが連帯約定の効果である。そうすると，中島のいう「担保」の意味が問題となり，単に経済的な意味なのか，それとも法的な意味なのかを考えなければならない。というのはこうである。

独立損害担保（449条参照）でない限りは主債務の消滅によって付従性が作用し，保証債務や担保物権は消滅する。しかし，この結論は求償権侵害の制裁という発想でも導くことができる（2(3)(イ)）。というのは，事務管理保証人[128]が弁済する前に主債務が免除されておれば，その弁済は主債務者に利益をもたらさないから求償要件を充足せず[129]（462条1項），これが債権者の担保保存義務違反に該当するからである（504条）。この点で付従性と担保保存義務は同じ効果を導く。

ただし，細かくみると両者は射程を異にする。付従性の特徴は，内部関係で求償を否定する事情があってもそれが作用することにある。たとえば，保証人が主債務者に対する贈与の趣旨で保証に応じており，事後求償権をあらかじめ放棄していたとしよう[130]。その場合でも主債務の免除があれば付従性が作用する。それと異なり，担保保存義務は求償関係を前提とするから，求償権をあらかじめ放棄している保証人は債権者に抗弁できない。そういった稀なケース

---

126 中島・前掲注（118）志林13巻8＝9号31頁。
127 中島・前掲注（118）志林13巻8＝9号34‐35頁。
128 ここで保証委託がないケースを想定するのは，そのケースでは求償権侵害の理論が直接に作用するからである。それと異なり，受託保証人の出捐は必要費（650条1項）に該当し，たとえ主債務の免除が弁済に先行していても求償権が一応は成立し，通知義務の問題になるはずである（2(3)(ア)(b)）。もっとも，代表的な体系書等は受託保証人の求償権に関しても保証人の出捐とは別に主債務の消滅を要件としており，免除が先行しておれば求償を否定する（鳩山・前掲注（81）323頁，我妻・前掲注（102）489頁，西村編・前掲注（26）272‐273頁（中川淳）。ただし，それは必ずしも通説とはいえない。差しあたり奥田・前掲注（44）404頁参照）。これを前提にすると，保証委託があるケースでも求償権侵害の理論が問題になる。
129 西村編・前掲注（26）281頁（中川）。
130 そのほか，実質的に金融を欲していたBが対外的には保証人となり，その金融を担保するためにAが対外的には主債務者になったところ，主債務者Aが免除を受けたという場合が考えられる。

を別とすれば，消滅における付従性と担保保存義務は同じ機能を果たすのであって，射程の差異はごく僅かである。このため，免除や時効の効力論では，どちらの論理を使うのが適切であるかを吟味しなければならない[131]。

(c) それを踏まえて中島に続く諸学説をみると，規定構造の把握（前述1(3)(ウ)でみた②の問題）に重点をおく論者は消滅における付従性を連帯債務に認めるが[132]，それはむしろ求償権侵害の制裁を指しているように思われる。これは求償なき保証人を想定していないからであって，射程の差異を自覚的に議論していない[133]。このため，負担部分はあるが求償義務を負わないような連帯債務者が債務免除を受けた場合について，それでも負担部分型の絶対的効力を認めようという趣旨だとは思えない。このように議論を整理することで，中島らの主張する相互保証説は法的な意味での保証を想定したものではないと位置づけるべきことになる。

(2) 山中康雄説

山中は議論の土俵を解釈論と立法論に設定し，すでに通説となっていた我妻の主観的共同関係説を批判する。もっとも，それは主観的共同関係説とは異なる理論を指向するものではなく，むしろ曖昧になっていた主観的連絡関係の具体化を意図したものである[134]。この点で，山中の相互保証説は主観的共同関係説の分派にすぎない。

出発点における山中の問題意識は通説批判の部分と相互保証理論定立の部分

---

131 福田・後掲注（175）北法48巻6号1350頁。
132 加賀山茂『現代民法 債権担保法』（2009）168頁，加賀山『債権担保法講義』（2011）158頁。また，成田博「連帯債務とその免除」東北学院大学論集30号（1987）38-39頁は，連帯債務者ABCのうちAが債務免除を受けた場合に関して，「Aの負担部分債務が消滅したことにより，それを担保すべき保証部分債務も消滅し，結局，B，Cが相互に相手方の負担部分債務を保証する部分だけが残る」としており，付従性の論理を示唆する。そのほか，浜上則雄『共同不法行為の研究』（1993）346-347頁も同旨。

さらに，本文で述べたような意味での相互保証説をとると，連帯二分論に与することはできず，いわゆる不真正連帯は法定の効果として連帯債務の効力が認められるものであって，その効力は真正連帯と同じだということになる。浜上・同書399頁，加賀山『債権担保法講義』168頁。
133 深川は負担部分のない連帯債務の存在を否定し，それを連帯保証とみるが，そのように結論づける前に付従性の機能や特徴をもっと丁寧に検討すべきでないだろうか。深川裕佳「連帯債務に関する相互保証説の再評価」名法254号（2014）379頁，383頁。
134 山中康雄「連帯債務の本質」勝本正晃ほか編代『私法学の諸問題(1)』（1955）374頁。

に分かれる。まず通説批判においては，主観的共同関係という概念が一枚岩のものではなく，強弱に程度の差がある段階的なものだと指摘する[135]。それを併存的債務引受でいうと，原債務者から引受人への委託が必要なのか，それとも原債務者と共同する意思が引受人にあって，引受人が債務引受を原債務者に通知すれば足りるのか，はたまた引受人からの通知がなく，場合によっては原債務者が債務引受を認識していなくても主観的共同関係の成立が可能なのか，そういった点で主観的共同関係説は団体性の具体的要素を曖昧にしている[136]。

　山中は次に，真正連帯の実体（山中は「経済的実質」と表現する）に関する仮説を立て，自己の負担部分については主債務者の地位に立ち，他の部分については保証人の地位に立つという[137]。もっとも，連帯保証が相互保証にすぎないならば，連帯債務は保証の複合形態にすぎず独自性を失う。それに配慮して，山中は相互保証の実体を法理論には直結せず[138]，立法論としては，むしろ相互保証の実体を完全に払拭したものとして連帯債務規定を設けるべきであり，それは現行法における不可分債務と同じものになるという[139]。山中によれば現行制度は中途半端であって[140]，各債務の独立性を重視して相対効原則（440条）を採用し，相互保証の実体を度外視するが[141]，それを一貫していない。すなわち，部分的には実体（付従的性格）を効果に反映させており，それは求償範囲[142]（442条2項）のほか，債務免除や時効による負担部分型の絶対的効力[143]などに現れている。

　そういった民法規定への違和感を解釈論的操作によって解消するために，山中は，団体性を欠いた不真正連帯と意思表示による不可分債務（団体性の弱い形態）・真正連帯（団体性の強い形態）の3類型に分け[144]，相互保証の実体を真

135　山中・前掲注（134）394頁。
136　山中・前掲注（134）374-375頁。
137　山中・前掲注（134）376頁，同「いわゆる連帯ということの意義」民商33巻3号（1956）343頁。
138　山中・前掲注（134）376-377頁，同・前掲注（137）民商33巻3号342頁。
139　山中・前掲注（134）394頁，同・前掲注（137）民商33巻3号345頁。
140　山中・前掲注（134）394頁。
141　山中・前掲注（134）387頁，389頁。また，同・前掲注（137）民商33巻3号343頁参照。
142　山中・前掲注（134）385頁，同・前掲注（137）民商33巻3号335頁。
143　山中・前掲注（134）386頁。
144　山中・前掲注（134）394頁，同・前掲注（137）民商33巻3号338頁。

正連帯に分類する一方で，共同不法行為などの法定連帯を不可分債務に位置づけた[145]。そこでは，真正連帯に関して強い団体性を要求しており，具体的には，各債務者が実質的な連帯保証を相互に委託したといった事情が必要だとする[146]。

(3) 淡路剛久説

(a) これは山中が自認していることだが[147]，連帯債務の背景的実体は相互保証だという理解は仮説のままで終わっており，山中は特に論証していない。その欠を補おうとしたのが淡路である[148]。ただし，淡路の分析道具は重要な点で山中と異なる。まず団体性の強弱という分析道具は，山中にとって，真正連帯と意思表示による不可分を分類するためのものであり，不真正連帯にはおよそ団体性がない。それに対して淡路は，団体性を欠いた不真正連帯の類型とは別に，弱い団体性をもった不真正連帯の類型があると考える[149]。次に，強度な団体性があるケースとして山中は相互保証の実体を想定したが，淡路は共同事業関係の方がもっと団体性が強度だと考え，これとの比較でいえば相互保証の実体は必ずしも強度の団体性がなく，むしろ緊密な団体性をもつことは少ないとみる[150]。そのさい，淡路は連帯債務の背後にある具体的な実体を主要な分析道具としており，組合や組合に至らない程度の共同事業関係・委任・相互保証といった実体関係に応じて連帯の効力が異なるという[151]。このため，団体性の単なる強弱よりも団体性の具体的なありようの方が重要であり[152]，淡路は団体性の具体的内容によって債務の効力が違うはずだと考える。

これによって，団体性の強弱という単純なものではなく，債務類型（淡路は「法領域」という[153]）が分析道具となった。いわば債権総論の各論化である。

---

145 山中・前掲注（134）394 頁，同・前掲注（137）民商 33 巻 3 号 339 頁。
146 山中・前掲注（134）394 頁。
147 山中・前掲注（134）376 頁。
148 山中の 3 年後に，於保は，「連帯債務の沿革を，その社会・経済的地盤との関連において，かつ，保証制度との関連において明確にする必要」を指摘する。於保不二雄『債権総論〔新版〕』（1972）224 - 225 頁（初版 1959 年でも同じ）。
149 淡路剛久『連帯債務の研究』（1975）10 - 11 頁，234 頁。
150 淡路・前掲注（149）238 頁。
151 淡路・前掲注（149）1 - 3 頁。
152 淡路は具体的な実体・債務類型に重点をおくが，団体性の強弱を軽視するわけではない（淡路・前掲注（149）19 頁，22 頁注 3）。ただ，おそらく淡路にとって，団体性の強弱は実体の一要素にすぎない。

これにより、一体的な団体関係と相互保証の団体関係は対置され[154]、主観的共同関係説と相互保証説は対立関係に立つことになった[155]。淡路によれば、絶対的効力のうち一体型のものに関しては、主観的共同関係説が一定の正当化根拠を提供するのに対し[156]、負担部分型の絶対的効力に関しては主観的共同関係説では十分な説明ができず、相互保証説の方が法律関係の説明に適している[157]。

このように、淡路は、実体関係（債務類型）が絶対的効力の有無に影響するとみるのだが、相互保証の実体を法律関係に直結するわけではない[158]。これは、山中と同様に連帯債務の存在意義を考えるからであって、付従性や補充性の払拭にその意義を求める[159]。

(b) そういった留保付の分析道具を使って、淡路は連帯債務の実体関係を検討し、相互保証の実体が存在するとの結果を得る。それはこうである。ローマの共和政末期までの連帯債務は組合や共同事業を背景としており[160]、フランスのポチエもそれを主な実体として想定していたが[161]、19世紀初頭のトゥリエは実体関係を組合と委任・相互保証に区分した[162]。それとの対比でいえば、日本における契約連帯の典型的な実体は相互保証であり、日本では組合と連帯の関係を切断しているし、組合類似のケース（共同事業関係はあるが明確な契約

---

153 淡路・前掲注（149）234頁。
154 淡路・前掲注（149）19頁、21頁。
155 淡路・前掲注（149）15－16頁。
156 淡路・前掲注（149）21頁、263頁。
157 淡路・前掲注（149）19頁。
158 淡路・前掲注（149）20頁。
159 淡路・前掲注（149）20頁、161頁。
160 淡路・前掲注（149）37－40頁。これを前提として、淡路は組合などの実体が一体型の効力に影響を与えたと推測しつつも、ローマ法学説の対立状況に鑑みて結論を留保する（淡路・同書33頁、41頁）。それにつき椿はもっと慎重であり、連帯と家族結合の関連を疑いつつも、かりにその関連があるとしても財産法的制度への独立・分化の過程が未解明であることを強調する（椿「序説」前掲（45）6頁、同「問題点」前掲注（45）66頁）。
161 淡路・前掲注（149）82頁。ただし、淡路によれば、ポチエは連帯債務の発生原因と効力を「いちおう」切断していた（淡路・同書73頁）。
162 淡路・前掲注（149）102頁。そこで淡路は、トゥリエが連帯債務の実体を組合・委任・相互保証の3種に分けたとみる。しかし、必ずしもそうはいえない。福田・後掲注（175）北法47巻6号1711頁。

や特別財産を欠く）については，それが連帯債務の実体となっている例もみられるが，さほど一般的でないとする163。

　淡路はさらに民法の成立過程を検討し，起草委員はフランス法よりも共同連帯的な規定164を用意したにもかかわらず実体を考慮していないとして，淡路は不満を示す165。この指摘は示唆的であって，起草趣旨を内在的に捉えるには淡路とは別の分析道具が必要だといえる。換言すれば，淡路は起草趣旨を外在的に批判するものであって，真正連帯に関する限りその検討にさほど高い説得力はない。淡路の分析道具に高い意義があるのは，むしろ不真正連帯である。

　(c)　淡路は不真正連帯についても債務類型を分析道具にする。そこでは19世紀以降のフランス法を主な検討素材とし，フランス法における全部義務が過失共同不法行為や使用者責任・不法行為責任と損害保険金債務の競合・不法行為責任と債務不履行責任の競合・生活保持義務や扶養義務のように多様な債務類型の寄せ集めであることを示したうえで166，債権者と債務者の関係は債務類型によってかなり異なるとする167。このため，淡路は，単一の制度である連帯債務制度を分解することが全部義務論の歴史的意義であって，全部義務とは異主体による請求権競合を総称したものにすぎないと位置づける168。そして，同様のことはドイツ法にも妥当し169，日本の起草委員も債務類型に応じ

163　淡路・前掲注（149）160頁。
164　淡路がいう「共同連帯的」とは，絶対的効力を認めたことを指す。たとえば相殺適状に関して，現行法は負担部分の限度で他の債務者にも相殺主張を認めるが，この考え方が当時のフランスでは有力説にとどまっていた。それを日本法が継受したのは，「フランス民法より共同連帯的である」とする。淡路・前掲注（149）142-143頁，157頁。
165　淡路・前掲注（149）149頁，158頁。しかし，明治の法典編纂期までの裁判例では，むしろ共同事業関係に関わるものが圧倒的に多いようである（大河純夫「明治前期連帯債務法の構造分析によせて」立命館法学271＝272号上巻（2000）764-766頁）。また，当時の大審院は連帯免除や時効中断に一体型の絶対的効力を認めており，これは明らかに旧民法の法理を使ったものだとされている（藤原明久「明治23年旧民法と判例連帯債務法の展開」神法47巻3号（1997）520頁，525頁）。そうすると，明治前期の判例法は淡路の分析道具に適合的であって，一体的な団体性をもった実体があるような連帯債務類型を扱い，かつ一体的な効力を認めたのである。したがって，その分析道具を前提とする限りにおいて，非難の矛先は一体型の絶対的効力規定ではなく，むしろ債務免除を負担部分型にとどめ，また時効中断の絶対的効力を請求に限定した点に向けるべきだったはずである。
166　淡路・前掲注（149）183頁以下。
167　淡路・前掲注（149）227頁。
168　淡路・前掲注（149）226頁。

て効果を考える趣旨だったとみる[170]。

　最終的な淡路の結論はこうである。不真正連帯の効力に関して積極的な枠組みは存在せず，真正連帯の効力が生じないという消極面で共通するにとどまる[171]。これは，債務免除や時効に関して負担部分型の絶対的効力を認めるべき場合が存在するからである[172]。

　(d)　山中は団体性の強弱に程度の差があることを指摘したうえで，議論の重点を強度の団体性と中程度の団体性[173]を区別することにおいた。それを踏まえて，淡路は債務類型を分析道具とすることで不真正連帯の議論を整理し，弱い団体性のなかにも，程度の差があることを指摘した。これによって共通認識が確立し，強弱は連続的なものにすぎないと理解されるようになった。

　他方で，真正連帯に関する淡路の分析は外在的なものにすぎず，債務類型という分析道具の限界が明らかになった((b))。起草委員が実体を考慮していないのであれば，何か別の分析道具が必要になる[174]。このため，起草趣旨を整理するための分析道具を明らかにすることが次の課題として残った。

　それを考えるさいに鍵の1つになるのは付従性である。山中と同様に，淡路は負担部分型の絶対的効力の背後に相互保証の実体を看取しつつ，法制度としては付従性を払拭すべきだと説く((a))。しかし，そこには中島説と同じ難点があって，負担部分型の絶対的効力を付従性や相互保証の実体と連結する必然性はない((1)(c))。このため，連帯債務の存在意義は付従性と担保保存義務の差異に求めることができるのであって，保証との対比で，それ以上に何か大き

169　淡路・前掲注（149）229頁。
170　淡路・前掲注（149）230頁。
171　淡路・前掲注（149）231-232頁，234頁。
172　淡路・前掲注（149）233頁，267頁，270頁。淡路によれば，主観的共同関係説は被害者保護を強調するあまり，賠償義務者相互の衡平を忘れてしまっている。淡路・同書163頁。
173　山中自身は，団体性が強いケースと弱いケースに分けているが，それを淡路の枠組みに置き換えると，山中のいう弱い団体性は中程度の団体性を指すことになる（本文(a)参照）。
174　しかも，それは日本法に限ったものではない。淡路が紹介するようにローマ法やフランス古法でも，債務実体から切り離して連帯債務の効力を考える議論が存在するのだから（前述注（160），（161）），歴史的に組合などの実体が存在したとする分析結果についても確定的なものではない。他方で，明治前期の判例法に関しては債務実体が連帯の効果と整合している（前述注（165））。

5　パラダイムシフトと債権法改正

　平成期に入ると，新たな分析道具を使って福田が連帯債務の絶対的効力を再検討し，また平林が連帯二分論を再検討した。これらは，免除や時効による負担部分型の効力が必ずしも不当でないことを示したものである。しかし，今次の債権法改正で法制審議会民法（債権関係）部会が示した要綱仮案は，免除や時効を相対効とする。これは，現行法と異なる方法で利益調整を図ったものだが，その結果として，求償の要件論や担保保存義務違反とのバランス論に関してひずみを生んでいるように思われる。

　(1)　福 田 説 [175]
　(a)　各事由に絶対的効力が付与されたのはなぜかという問いに答えるため，福田は連帯債務と保証の議論を比較しつつ，19世紀フランス以来の法継受史を検討した。その結果，フランス法がいう第2次的効力（時効中断など）だけでなく，債務消滅事由の効力論でも債務者の団体性が影響していることが分かった。ただし，それは団体性が強いから絶対的効力があるという単純な論理ではない。

　それをたとえば債務免除でいうと，フランス民法では，債権者が連帯債務者Aの債務を免除するさいに他の債務者Bに対する権利を留保しない限り一体型の免除と推定されるが（フ民1285条1項），そういった推定を用意したのは団体性に着目したからである [176]。しかしさらに，免除にさいして留保があっても相対効になるわけではなく，負担部分型の絶対的効力を生ずる（フ民同条2項）。この効力は債権者の意思に基づくものであって，債権者が被免除者Aの対外的債務とともに内部的な求償負担についても回避を意図していたといえる限りにおいて，債権者への転償が問題になることから，負担部分型の効力によって求償と転償の一挙解決を図った。もっとも，AB間に委任や組合の関係

---

[175]　福田誠治「19世紀フランスにおける連帯債務と保証（1）～（7・完）」北法47巻5号・6号，48巻1号・2号・6号，50巻3号・4号（1997～1999）。

[176]　福田・前掲注（175）北法48巻1号41頁。その点は，旧民法だともっと顕著である。同・北法50巻3号483頁。

がなければ弁済者Bは被免除者Aに対して求償できない。この場合は，Bの最終的な負担が免除によって増大するのを回避するために，求償権侵害を理由とする制裁が働き，結局はここでも負担部分型の効力になる[177]。もっともフランスでは，求償期待保護の要件として債務成立時における求償期待の存在を要求するが，真正連帯（フランスの用語では連帯債務）ではその要件を常に充足し，求償期待が保護される（2(3)(イ)(b)）。そういった議論を前提にして，日本の起草委員は一体型免除の推定をやめるとともに，求償期待保護の要件を緩和したのであって，起草委員の発想のなかに団体性への配慮をみいだすことはできない。むしろ，意図的にその配慮を排除したといえる。

　要するに，一体型の効力を付与するかどうかと負担部分型の効力を付与するかどうかという問題は区別して考えるべきであり，一体型の効力を付与するのであればその背後に団体性（特に，共同事業のような一体的団体性）を窺えることは多い。他方で，一体型の効力がない場合に負担部分型の効力を認めるかそれとも相対的効力とするかという問題についていえば，フランス法のなかに団体性の発想を窺うことはできるが，日本法では異なる。この点で，我妻が唱えた二項対立の図式（3(2)(エ)）は利益分析として首肯できる部分があるにしても，日本の法体系には適合しない。

　(b)　むしろ，現行法の起草趣旨を全体的にみると，債務消滅の過程を整理したものが絶対的効力となって現れている。すなわち，債務免除や時効については，被免除者や時効完成者が債権者への債務とともに求償義務を免れる場合があることを前提として，求償権侵害の制裁という発想を採用したものである。また，更改や混同では，それらによって一旦は債務消滅の外形が生じた後に債務関係を事後的に復活させるべき事情が生じた場合において，その債務復活を第三者である他の連帯債務者等に主張できるかを問い，それを否定したものである（2(2)）。しかも，これらは連帯債務に固有の発想ではないから，多数当事者関係における利益調整のあり方を一般的に示したのが連帯債務規定だといえる。

　したがって連帯債務論の視座とすべきは，債務者相互の団体性ではなく，債務消滅事由の効力論だというのが福田の主張である。福田は起草趣旨の検討に

---

[177]　福田・前掲注（175）北法48巻1号53頁。これは旧民法でも同じである。同・北法50巻3号484頁。

とどまっており，具体的な解釈論には踏み込んでいないが，その議論は連帯一元論に繋がる。そのさい，重要な問題がさらに3つ残ることになる。

　その第1は連帯債務概念の存在意義である。淡路は不真正連帯という概念の存在意義を疑って，そこに含まれる債務類型の多様性を指摘し，個別の債務類型ごとに絶対的効力の有無を検討すべきだと主張した（4(3)(c)）。福田はその発想を共有しつつ，さらに拡張し，真正連帯に関しても何かの理論モデルを求めるべきでないとみている。すなわち，不真正連帯だから相対的効力になるといった演繹的発想を排斥するだけでは足りず，さらに真正連帯だから絶対的効力があるといった演繹もすべきでないと考えている。換言すれば，連帯債務規定は共同事業関係とか相互保証関係といった特定の債務類型を想定したものではなく，背景にある実体から切り離された抽象的な連帯債務というものをイメージし，そこでの利益調整のあり方を示したにすぎない。そうであれば，具体的な債務類型に応じて規定から離れた解釈をすることはかなり自由に許されてよい。

　たとえば，債務者相互に委任や組合等の関係がある場合には，弁済前から求償の根拠となる法律関係が先行しているから，たとえ債務免除があっても求償権侵害は問題にならない。これは，委任や組合等の法律関係が求償の根拠となるからであって，そこでは被免除者に関する債務消滅と求償義務の存否が直結しない。そのため免除の意思表示に関する解釈こそがその効力を左右するのであって，この問題を扱ったのが絶対的効力が生ずる負担部分の概念を操作しようとする議論[178]やいわゆる相対的免除に関する議論[179]だといえる。

　第2に，一元論からすると求償の要件効果や通知義務の問題について受託保証人と同じ規律に服することになりそうである（442条，443条参照）。民法は共同保証人相互間でも，保証連帯関係の有無を問わずに，全額支払義務があるというだけで委任・組合の論理を適用しており（465条1項），連帯債務の求償規定はそれと平仄が合っている。もっとも，それは特則にすぎず，本来であれば委任・組合の関係が存在しない場合は事務管理・不当利得の論理を適用すべきところである（2(3)(ア)(c)）。それにも拘わらず，465条1項の特則性は十分に認識されておらず，したがって特則を用意した理由は定かでない[180]。そうで

178　差しあたり，西村・前掲注（26）119-120頁（椿）。また，なお，19世紀フランスにおける類似の議論につき，福田・前掲注（175）北法48巻1号782頁以下参照。
179　差しあたり，西村・前掲注（26）94-95頁（椿）。

あれば，少なくとも要件論では，連帯債務者相互間や共同保証人相互間における求償につき，事務管理・不当利得の関係しかない限りにおいて442条1項や465条1項から離れた解釈が可能である。

第3の問題は，フランス法でいう第2次的効力として現行法に唯一残った請求の絶対的効力である（434条）。起草委員はその効力を団体性の発想で説明するが（2(1)(イ)），団体性が理由であればすべての時効中断事由に絶対的効力を認めたはずである。同条は時効中断事由のうち請求に限定して中断効を拡張しているのであって，これは，時効の効力論との関係でバランスを図ったものだと捉えるべきである[181]。特に連帯一元論をとって，不真正連帯のケースでも時効完成に負担部分型の絶対的効力を認めるとすれば，担保機能の弱体化を回避する必要性は高い。

もっとも，債務消滅事由に関しては絶対的効力が担保機能の弱体化をもたらすと批判されたのと対照的に，請求の絶対的効力については，それが債権者保護に片寄りすぎていると批判されている[182]。このため，連帯二分論を維持して，真正連帯と不真正連帯の差異を434条の適用可能性に求める見解が登場することになる。

(2) 平林美紀説[183]

(a) 平林は不真正連帯に重点をおいて検討を進め，淡路が提唱した考え方，すなわち不真正連帯を類型化する試みは成功していたとはいえないと評価す

---

[180] 我妻は，保証連帯関係がなくても，連帯保証の関係さえあれば共同保証人相互間では「連帯して負担する関係にあるものと解するのが適当だから」，連帯債務者相互の求償と同じに扱うのが妥当だとする（我妻・前掲注（102）507頁）。また西村は，分別利益がある場合と比べて全額支払義務があるのだから厚い保護に値するという（西村編・前掲注（26）289頁（西村））。しかし，それらでは理由にならない。保証委託のない連帯保証人は債権者に対して全額支払義務を負うが，それでも主債務者への求償については事務管理・不当利得の論理にしたがうからである。もっといえば，我妻は，債権者に対する対外関係では主観的共同関係説を主張する一方で，内部的求償問題においては委任や組合関係の有無を等閑視しているように思われる。

[181] 於保・前掲注（148）231頁，西村編・前掲注（26）81頁（椿），奥田・前掲注（44）354頁。

[182] 3(2)(ウ)でみた末川説を参照。そのほか，鳩山・前掲注（82）265頁，我妻・前掲注（102）415頁など。

[183] 平林美紀「不真正連帯債務論の再構成（1）〜（3）」名法178号・179号・181号（1999〜2000）。

る[184]。そのうえで，平林は連帯二分論を前提として，具体的な効果の差異は時効中断事由としての請求にあるとみる。すなわち，絶対的効力が担保機能を阻害するという従来の理解を疑って[185]，債務消滅事由に関しては不真正連帯にも絶対的効力を認めるのであって[186]，その基本的な考え方は福田と同じである。

　しかし，請求に関しては異なる考えを示しており，請求による時効中断効の拡張は，債務者相互に緊密な関係が存在する場合に限定すべきだとする[187]。これは，時効中断の事実を把握できることが中断効拡張の正当化要因だからであって，緊密な関係を欠くことで連帯債務者Aに対する時効中断の事実を他の債務者Bが把握できないにも拘わらず，中断効を拡張するのは公平に反するとみる[188]。たとえば，併存的債務引受においては，その引受契約が債権者と引受人との間で締結されることで原債務者は債務引受の事実を知らないことがありうる。そういったケースでは，引受人に対する請求があっても時効中断効を原債務者に拡張すべきではなく[189]，その結果として生ずる債権者の不利益は債権者自身が負担すべきものだという[190]。

　(b)　このように平林は福田の検討結果を側面から裏付けている。そこでは団体性という伝統的な分析枠組みの是非を正面からは扱っていないものの，おそらくは福田と同様に，その分析枠組みを放擲して，個別事由における利益分析

184　平林・前掲注(183)名法179号267頁。
185　平林・前掲注(183)名法178号55頁，同「不真正連帯債務論の再構成」私法66号(2004)114-115頁。
186　平林・前掲注(183)名法178号54頁。
187　平林・前掲注(185)私法66号115頁。また，同・前掲注(183)名法181号276頁も参照。
188　平林・前掲注(183)名法181号280頁。
189　平林「重畳的(併存的)債務引受に関する一考察」名法201号(2004)382-383頁。複数加害者による不法行為責任の競合というケースについても，同旨を説く。平林・前掲注(183)名法181号280頁。
190　平林・前掲注(189)名法201号382-383頁。ただし，そこでいう債権者の不利益が何を指すかは明らかでない。時効中断効が拡張しないことで，原債務者に対する権利を喪失することを指すともいえるし，さらに439条による負担部分型の絶対的効力を介して引受人(負担部分0％)に対する権利の喪失までもたらすことを指すともいえる。平林・前掲注(185)私法66号116頁では，連帯二分論の意義を請求の絶対効を排除することに求めており，後者のように推測できるのだが，他方で同論文114頁では，439条による負担部分型の絶対的効力を請求の効力とパラレルに扱うべきだと説いている。

に焦点を当てようとするのであろう[191]。そうすると，焦点は時効中断効の拡張を不真正連帯にも認めるべきかという点に絞られる。

　ここでは，それに関して2点を述べておこう。第1に，平林は団体性を直接には扱わなかったことで，その位置づけにつき不明瞭さが残っている。434条は請求に絶対的効力を付与する一方で，強制執行や債務承認による時効中断効の拡張を否定しているのだから，同条の背後に団体性をみいだすことはできない。かりに，請求による時効中断効の拡張が債務者相互の団体性によって正当化されるのであれば，少なくとも強制執行では同様に考えるべきだからである。しかし，平林は請求の効力論において債務者相互の連絡関係に着目しており，その点で伝統的な枠組みの中にとどまっている。

　第2に，請求の効力論において末川や平林の説明には十分に理があるけれども，それでもなお反論の余地がある。それを併存的債務引受に即してみておこう。原債務者の関知しないところで併存的債務引受が行われ，原債務者が併存的債務引受の事実や引受人に対する請求の事実を認識していなかったとしよう。それにも拘わらず時効中断効が拡張するのは不当なようにみえる。その拡張は，時効期間の経過後も原債務者が弁済の証拠を保存すべきだということを意味し，消滅時効制度の存在理由を損なうからである。しかし，民法は証拠の保存期間を10年で足りるとしているわけではないし，弁済期から10年経てば必ず債務者は負担を免れるとしているわけでもない。すなわち，債務引受を挟まないような第三者弁済を考えると，時効期間の経過直前に第三者が弁済することで，求償権が成立し（債務者が不知であれば，求償の根拠は事務管理または不当利得），その求償権につき改めて時効期間が進行する。

　後者のケースでは第三者による弁済が介在しているのに対し，前者のケースでは引受人が債権者から裁判上の請求を受けただけである。だから前提状況は異なるのだが，状況の差異は弁済者や引受人の事情にとどまる。ここでは（原）債務者がその事情を把握していなかった場合を想定しており，その点で2つのケースは共通する。そうすると，（原）債務者にとっては無関係であり，その認識すらないような事情に関して差異があるとしても，その差異に重点をおくべきではないし，その差異に着目して時効期間に関する（法律上または事実上

---

[191] 未完であり問題提起にとどまっているが，同旨を説くものとして，長谷川貞之「不真正連帯債務の類型論的思考と求償関係・負担部分（1）」駿河台法学16巻1号（2002）32頁，34頁参照。

の）伸張を区別するのはバランスを失する。そのため，第三者が弁済することで債務者が求償義務を負担するという形で事実上時効期間が伸張するのと同様に，引受人が請求を受ければ時効中断効を原債務者に拡張してよい。そのさい，請求の事実に関する原債務者の認識可能性を問う必要はないように思われるのである。しかも，434条は時効完成の効力とバランスを図るための例外規定なのだから（(1)(b)），時効が負担部分型の絶対的効力をもたらすケースではすべて同条の趣旨が及ぶはずである。

　このように整理すると，平林と福田の対立は，結局のところ時効制度の存在理由に関する捉え方の問題であって，時効制度を積極的に活用すべきとみるかどうかにかかっている[192]。

(3) 債権法改正

(ア) 要綱仮案に至るまでの状況

　今次の法改正では，当初，絶対的効力の全面的な削減が検討された[193]。すなわち，中間試案（2013年2月）は，現行制度における不真正連帯債務を原則的な連帯債務の規律として位置づけて[194]，別段の合意がある場合を除き，請求・更改・債務免除・混同・時効完成を相対的効力とした。現行制度の流れを汲むものとして，中間試案が残したのは相殺適状だけである。しかしその後の要綱仮案（2014年8月）は更改[195]と混同[196]を絶対的効力に戻した[197]。これにより請求・免除・時効完成だけが相対的効力となったが[198]，そのうち債務免除と時効完成に関しては，他の債務者が債権者に弁済すれば被免除者や時効

---

[192] 福田「連帯債務の一体性と相互保証性」内田貴ほか編『民法の争点』(2007) 206頁。
[193] 中間試案第16，3 (1) および (2) ならびに4 (4)。
[194] 法務省民事局参事官室『民法（債権関係）の改正に関する中間試案の補足説明』(2013，商事法務) 198頁。
[195] 法制審議会民法（債権関係）部会「民法（債権関係）の改正に関する要綱案の取りまとめに向けた検討 (4)（部会資料67B）」1頁以下，同「第77回会議 議事録」16頁以下。
[196] 法制審議会民法（債権関係）部会「民法（債権関係）の改正に関する要綱案のたたき台 (2)（部会資料67A）」13頁以下，同「第77回会議 議事録」2頁（笹井朋昭）。
[197] 「中間試案で，相対効の原則を採って，その上で更に個別に見直していったところ，やはり絶対効を認めたほうがいいものがあるということで，今その調整をしている段階です」。法制審議会民法（債権関係）部会「第77回会議 議事録」15頁（内田貴）。
[198] 要綱仮案第17，2 (1)，(3) アおよび (4) アならびに4 (4)。

完成者に対して求償できることを明記する[199]。これは，債務免除における通常の意思からすると，債権者は他の連帯債務者から全額の履行を受けようと考えているはずだからである[200]。

他方で求償関係については，基本的に現行制度を維持する方針が貫かれており，連帯債務者相互間や共同保証人相互間における求償を委任や組合の論理で処理する。法制審議会が主に検討したのは，通知義務の存廃に関わる問題[201]と求償要件となる弁済範囲の問題[202]（連帯債務の場合にも負担部分を超える弁済を要求すべきかという問題）である。そのうち後者の問題につき，要綱仮案は負担部分を超える弁済を要件にせず，現在の考え方を維持することとした[203]。また前者の問題に関しては，事前・事後の通知義務を弁済者に課しつつ，通知義務者の範囲を限定し，弁済者が他の連帯債務者の存在を知っている場合に限ることとした[204]。

通知義務に関して債務者相互の認識が問題になったのは，絶対的効力の範囲を縮小することで，委託のない併存的債務引受[205]や異主体による不法行為責任の競合などを連帯債務規定に取り込もうとしたからである[206]。そうであれば，通知義務の問題だけでなく，求償の要件や範囲との関係でも，委任や組合の論理を適用することの妥当性が問題になるはずだが，それに関する検討過程は公表されておらず，それを検討したかどうかさえも明らかでない。

(イ)　基本的な方向に関する位置づけ

現行制度の起草時に梅は旧民法における全部義務を現行法の土台に据えた(2(1)(ア))。中間試案や要綱仮案が採用したのはそれと同じ方向であり，それにもかかわらず対外的な効力が異なるのは，19世紀フランスにおける全部義務と現在の日本における不真正連帯の差異に由来する。それと同じ対立は今回の

199　要綱仮案第17, 2 (3) イおよび (4) イ。
200　法制審部会・前掲注 (196)「要綱案のたたき台 (2)」9頁。
201　中間的な論点整理 (2011年4月) 第11, 1 (2) ウ (ウ), 中間試案第16, 4 (2)。
202　中間的な論点整理第11, 1 (2) ウ (ア) および (イ), 中間試案第16, 4 (1)。
203　要綱仮案第17, 4 (1) ア。
204　要綱仮案第17, 4 (2)。
205　要綱仮案第21, 1 (1) ア。この方針は当初から一貫している。中間的な論点整理第15, 2 (2), 中間試案第20, 1 (1)。
206　もっとも，要綱仮案のもとで不真正連帯債務の概念が完全に解消するかどうかはなお定かでない。法制審議会民法（債権関係）部会「第77回会議 議事録」14頁（佐成実）参照。

審議経過でも見受けられ，中間試案が相対効原則の貫徹を狙ったのに対して，要綱仮案は更改や混同に絶対的効力を認めている。これらの差異は個別事由の利益調整に関わる政策判断に由来するものであって，団体性の強弱といった大きな枠組みがそこに影響しているわけではない。

そうすると残る問題は，具体的な利益調整が全体として均衡を取れているか否かという点だけである[207]。しかし，そのバランス論において，要綱仮案はひずみを抱えているように思えてならない。それを最後に論じよう。

(ウ) 要綱仮案が残した課題

債権担保の観点から考えたとき，債権者が満足を受けないで債権を喪失するという事態を正当化するには相応の理由が必要である。たとえば，債権者が連帯債務者Aに対して債務免除の意思を表示したからといって，他の債務者Bに対する債権を放棄するのが通常の意思だとはいえない。そのため，一体型債務免除の成立を認めるには特段の事情が必要である。と同時に，通常の意思からすると，債権者がAの負担部分を引き受けて，求償義務の回避を意図していたともいえない。このため，負担部分型免除と相対的免除かの認定に当たっては，通常は後者と認定すべきである[208]。したがって，Aに対する債務免除があっても，原則として債権者は債権の全額をBに請求することができ，それに応じて弁済したBはAに求償できる。また，Aは自己の負担部分をBに支払ったにすぎないから，債権者に転償できるわけではない。

ただし，そういった説明が可能なのは，AとBが組合や委任の関係に立っており，Bの弁済に先立って相互間に求償の根拠が存在する場合である。かりに，そういった関係が存在しないとすれば求償の根拠は事務管理や不当利得に求めざるを得ないから，弁済者Bは被免除者Aに求償できない。Aが債務を免れた原因は免除であって，Bによる弁済はAに利益をもたらさないからである。そうすると，Bと債権者の間では求償権侵害が問題となり，債権者は担保保存義務違反の責めを問われることになる。この問題を乗り越えるため，要綱仮案は，連帯債務者相互の求償につき組合や委任の論理を法定している。すなわち，要綱仮案は被免除者の求償義務を定めることで求償権侵害の問題を回

---

[207] あるべき立法論としていえば，強度な団体性がある場合に関わる規定を別に用意すべきだったという議論もある。鈴木尊明「複数当事者への債権債務帰属関係の基本構造」早稲田大学法研論集149号（2014）170頁。

[208] 淡路・前掲注（149）244頁。ただし，本稿でいう相対的免除を不訴求約束と表現する。

避するが，その鍵は求償につき組合等の論理を法定したことである。

　それをもっと説明しておこう。大正期以降の学説は連帯二分論を介して真正連帯の射程を契約連帯に限定しており，これにより，債務者相互間に組合等の関係が存在する場合だけが442条1項の対象になった。他方で不真正連帯に属する債務類型は団体性が希薄であり，殆どのケースで組合等の関係が存在しない。そのため，たとえば共同不法行為者相互間における求償の根拠は不当利得だと理解されている[209]。そういったなかで，要綱仮案は相対的免除の原則を採用するなどして従来の不真正連帯を連帯債務規定に取り込むとともに，被免除者の求償義務を定める。これは，組合等の関係が存在しないようなケースにも，求償の要件に関しては組合や委任の論理を当てはめようとするものであって，法律による例外規定である。

　そういった特則は現行制度でも共同保証人相互の求償（465条1項）にもみられるのだが，特則を用意した理由や特則性の具体的な意味（求償要件に関する特則なのか求償範囲に関する特則なのか）は必ずしも明確でない[210]。この点が今後の課題となるはずである。

　さらに，価値の序列体系の観点からするバランスが課題になる。要綱仮案は相対的免除の原則を採用するとともに，被免除者Aに求償義務を課すが，それでも債権者が他の連帯債務者Bに対する全額請求権を維持できるとは限らない。これは，Aの債務を担保するために保証や抵当権の設定があれば，担保保存義務違反の問題を生ずるからである。Bが弁済することでAへの求償は可能だとしても，Aの連帯債務を担保する保証や抵当権については代位行使できない。このため担保保存義務が問題となるのだが，そうすると担保の存否によって免除の効果が異なることになる。それをよしとみるかどうかは難しい問題のように思われる。

（2014年12月脱稿）

---

[209] 学説は分かれているが，判例は求償権に関する遅延損害金の発生時期を催告時とする。これは求償の根拠を不当利得に求めるものであり，それが裁判実務の支配的な見解である。最判平成10・9・10民集52巻6号1494頁，河邊義典『最判解民平成10年度（下）』809頁注15，堺充廣「共同不法行為者間の求償」南敏文ほか編『民事弁護と裁判実務⑤ 損害賠償Ⅰ』(1997) 252頁，遠山信一郎「共同不法行為者間の求償」飯村敏明編『現代裁判法体系⑥〔交通事故〕』(1998) 384頁。

[210] 2(3)(ｱ)(c)および(d)，前掲注（40）参照。

身元保証法理の存在意義について

遠藤研一郎

1 はじめに
――問題の所在――

　昭和8年（1993年），わが国において「身元保証ニ関スル法律」（以下，「身元保証法」と記す）が制定された。これは，当時の身元保証契約において，身元保証人の責任が極めて広範囲かつ多額なものとなる可能性があったことを背景として，使用者の担保に対する要求をある程度実現しつつも，身元保証人の責任を限定するために展開されてきたそれまでの法理論を立法化したものと捉えることができる[1]。現在もなお，同法は改正等も経ることなく制定当時の内容のまま存在し続けており，また，現在の労働契約等の実務において，業種を問わず，なお身元保証が活用されていることも説明を要しないであろう。

　他方，今や（一部の精力的な研究[2]を除き，民法学界全体としては）身元保証法理の研究が活発になされているとは言い難い。大正期から昭和初期のうちに議論の最盛期を迎え[3]，その後――特に，昭和40年代以降――，公表される研究の数は激減する。これに関して，継続的保証に関する研究関心の中心が，特

---

[1] 吉川大二郎『身元保証法釈義』（大同書院，1933）7頁は，身元保証法の立法趣旨について，「此の使用者担保の要求と身元保証人の責任軽減の必要とを相当範囲に於て合理的に調和し，身元保証制度の社会的機能を発揮せしめることが要請されねばならないのである。而してかかる要請は従来の学説，判例の努力に依って幾分充されてはゐたが，之が徹底を期するが為には必ずや此の点を顧慮した相当の立法が為されるを要するのであって，是即ち本法が制定されるに至った所以である。」と説明している。

[2] 能登真規子の詳細な研究がある。特に，①能登真規子「現代の身元保証（1）～（5）――2012年度実態調査」彦論399号156頁，400号136頁，401号4頁，402号20頁，403号202頁，②同「身元保証の裁判例（1）（2・完）――過去20年間の裁判例の考察」彦論392号4頁，393号50頁。

に，金融取引や継続的供給取引など，一定の継続的契約関係から将来生ずる債務を包括的に担保する，いわゆる「信用保証」（本小稿では，以下，このような意味において「信用保証」という用語を用いる）へと移行していったと評価されている。確かに，時代の流れとともに，社会・経済的にも金銭信用および販売信用の重要性が増す中，そこから生じる債務の保証に関する法理の構築・発展へと全体的な関心が移っていったことは自然といえよう。しかし，そのような点は，身元保証法理についての議論自体が停滞することの傍証にしかならない。やはり，より直接的に，「身元保証に特有の法理を論じる実益がなくなったのか（なくなったとすれば，それは何故か）」を検証する必要があろう。そして，このことは，わが国の社会において身元保証法理が何故登場したのかの背景を探り，さらに，その法理が今日に至るまでどのような変容を遂げてきたのか（または，遂げてこなかったのか）を探るという，まさに学史研究によって初めて答え得るものと思われる。

　本小稿は，以上のような問題意識をもった細やかな試みである。論じる内容としては，まず総論的に，身元保証法が成立するまでの流れを振り返り，近代的な身元保証法理の出発点を確認する（以下，2）。そしてそのうえで，継続的保証という観点から共通性のある信用保証に関する保証人保護法理[4]と対比しつつ[5]，身元保証法理がどのように推移したのかについて，法的性質，成立，期間制限，責任制限の各場面に分けて分析を行う（以下，3〜6）。

---

[3] 近代的身元保証法研究の第一人者が西村信雄であることは，おそらく異論のないところではないか。本小稿でも，特に，①西村信雄『継続的保証の研究』（有斐閣，1952），②同『身元保証の研究』（有斐閣，1965）（本小稿では，1982年再版を参照），③同『身元保証ニ関スル法律』（第一法規出版，1973），④西村信雄編『注釈民法（11）債権（2）』（有斐閣，1965）291頁以下〔執筆：西村信雄〕を中心とした一連の西村研究を大いに参考としている。

[4] 保証人保護に関する総合判例研究として，平野裕之『保証人保護の判例総合解説〔第2版〕』（信山社，2005）があり，網羅的な分析がなされている。

[5] 本来であれば，さらに，継続的保証の一種としての「不動産賃借人の保証人」保護法理も併せて比較分析することが有益であるように思われる（近時の論稿として，中田裕康「不動産賃借人の保証人の責任」千葉28巻1＝2号666頁）が，紙幅の関係上割愛せざるを得ない。別稿（遠藤研一郎「不動産賃借人保証と保証人保護法理」新報122巻1＝2号85頁）で論じることとする。

2　身元保証法立法小史

(1)　身元保証法制定前の判例・学説

　徳川時代における奉公関係[6]は，明治維新後，近代的な労働関係に転化し，主人と奉公人の関係は，市民法上の雇主と労働者の関係に変化する。それに伴い，身元保証の法的性質も，少なくとも形式的には，それまでの人民取締手段としての「人請」[7]から，私法上の取引としての「身元保証契約」へと変遷を遂げることとなる。明治初期には，それまでの名残で，まだ，奉公人の雇入れに関して，主として治安維持の目的から，身元証明書や身元保証人を取ることを強制する種々の法的制限が加えられていたようであるが，人民の居住・職業等の自由への要請や，警察組織の整備拡充に伴い，次第にそれも減少していった[8]。

　しかしそれは，直ちに，対等な契約当事者における，責任の内容・範囲・存続期間等について自由な意思に基づく合意を前提とした契約関係が，実質的にも形成されるようになったことを意味しない。被用者の立場も，そして，身元保証人の立場も，相変わらず非常に弱いものであった。契約の際に請状を必要

6　「奉公」とは，もともとは封建制度において臣下が君主に対して一身を捧げることを意味し，「奉公人」とは，封建君主に対する臣下を意味した。しかし，徳川時代に入ってからは，「奉公人」とは私的な雇用契約上の労務者を意味し，その奉公人の為す労務給付を「奉公」と呼ぶようになった。この奉公人の中には，武家奉公人（徒，足軽，仲間，小者，草履取など）も，庶民の家に召し使われた者（下男，下女，乳母，番頭，手代，丁稚，弟子など）も含まれていた。この点について，金田平一郎「徳川時代の雇傭法の研究（1）～（4・完）」国家学会雑誌41巻7号103頁，8号119頁，9号85頁，10号120頁。なお，このような徳川時代の奉公関係に関し，「奉公の本来の性質は，むしろ封建法上の奉公と別種のものではなく，最初封建法奉公より分化して，次第に公法的性質を脱して，私法上の雇用関係的性質を具備するに至る過渡的なものであり，公法的であると共に私法的多様性を有するところに特徴が認められる」との説明がある（高柳眞三「徳川時代の身元保証」法時3巻5号12頁）。

7　徳川時代には，奉公契約において必ず請人を伴うものとなっていた。また，請人の義務は行為義務を含む加重なものであり，しかも，その違反に対する請人の責任は刑事的制裁を含む厳しいものであった。徳川幕府は，全般的に，治安の維持のために巧妙精緻な警察的法制を有していたが，奉公契約における請人制度も，幕府が人民取締の意図によって制定した警察的法制の一種であると捉えることができる（金田・前掲注（6）7号123頁，高柳・前掲注（6）15頁）。

8　西村・前掲注（3）②60頁。

とすることは，実質的には江戸期と変わらなかったようであり，また，請状の内容に関しても，前渡給付金弁償義務，損害賠償義務，代人供与の義務，病気の場合の身柄引取義務，雇主に対して少しも難儀をかけないといった抽象的担保などが一般的であり，非常に広範囲なものとなっていた。明治31年（1898年）には，現行の民法典が施行されるが，周知のとおり，保証に関する一般的な規定は創設されるものの，身元保証に関する特有の規定は盛り込まれなかった。そのような中で，大正期から昭和初期になると，特に身元保証契約における身元保証人を保護するべきであるとの見解が見られるようになり，また，それが急速に発展を遂げる[9,10]。

大判大正4・10・28刑録21輯1667頁は，存続期間の定めのない身元保証契約においては，「身元保証人ノ一方ノ意思表示ニ依リ将来ニ向テ解約ヲ申入ルルヲ得ヘク且各場合ノ事情ニ従ヒ解約ノ申入後相当ノ期間ヲ経過シタル時期ヲ以テ解約ノ効力ヲ生スルモノト為スヲ以テ……当事者ノ意思ニ適合スル」として，いわゆる通常解約権を認めるとともに，存続期間の定めがある場合であっ

9　大島俊之「継続的保証・身元保証」星野英一編集代表『民法講座 第4巻（債権総論）』（有斐閣，1985）247頁参照。

10　本小稿では大きく取り上げないが，身元保証債務の相続性についても，他の保証債務と同様，以前から問題となってきた（近時の文献として，中川淳「保証債務と相続（その1）（その2・完）」戸時702号1頁，705号47頁，後藤泰一「保証債務と相続」信法15号29頁）。

判例としては，大判昭和2・7・4民集6巻436頁がリーディング・ケースとなる。同判決は，身元保証契約は「保証人ノ責任ノ範囲ハ特定ノ債務ニ付従タル義務者トシテ負担スル普通ノ保証債務ト異リ広汎ナル範囲ニ於テ責任ヲ負ハサルヘカラサルニ至ルヘキモノ」であるため，「特別ノ事由」がないかぎり，保証人の死亡によって相続しないと判示した。この考え方が，身元保証法制定以降も基本的に踏襲される（大判昭和18・9・10民集22巻948頁。ただし，昭和18年判決では，判決文の中で責任の広汎性は語られていないことには留意する必要があろう。これは，身元保証法制定に伴い，保証人の責任制限に関する明文規定が盛り込まれたからと推測される）。なお，大判昭和12・12・20民集16巻2019頁は，「特別ノ事由」を認めて相続性を肯定した。また，具体的身元保証債務については，同様に相続性が肯定されている（大判昭和4・4・13新聞3013号15頁，大判昭和10・11・29民集14巻1934頁）。

他方，学説も，相続性を否定する見解が有力なようであり，その根拠を，身元保証債務の一身専属性に求めたり，契約終了に関する当事者の意思解釈に求めたり，身元保証契約の無償性に求めたりしている（吉川・前掲注（1）80頁，中川一郎「保証債務の非相続性」法学論叢37巻5号869頁，山田晟「身元保証契約」『契約法体系IV』（有斐閣，1968）116頁）。

ても，「使用者ニ於テ被使用者ノ背任行為ニ因リ損害ノ生スルコトアリテ法律上解雇ノ原因発生シタルニ拘ハラス解雇スルコトナク依然之ヲ使用スル場合ノ如キハ身元保証人ニ於テ自己ノ一方ノ意思表示ニ依リ将来ニ向テ身元保証契約ヲ解除スルヲ得ル」という，いわゆる特別解約権が存することを認めた。学説上も，同判決に賛成する見解が有力となった[11]。

また，解約権とも関係し，債権者の通知義務が語られるようになる。末川博は，身元保証人の解約権を認めたうえで，「……被用者の地位の著しい変更が身元保証人の為に解約権を発生せしめることを認めるならば，同時に他面において，斯かる地位の変更について使用者が通知を為すべき義務を負ふことを認める必要がある。蓋し斯かる地位の変更は使用者の側で任意に為し得るところであって，身元保証人は之に関与しないのであるから，身元保証人の為めに解約権を認める以上，使用者が被用者の地位を変更した場合には遅滞なく之を身元保証人に通知することを要するとしなければならぬ。」との見解を示した[12]。

さらに，身元保証人の責任の広汎性などから，責任の内容を制限すべきであるとの見解も登場した。当時，身元保証契約において「御雇入れの上は諸事引受毛頭御迷惑相掛け申間敷候也」なる文言が例文化していたようであるが，例えば平野義太郎は，「殆んど監督も為し得ず，置き得る信用の程度も判明しなかった身元引受人に対し，自らそれを為し得た使用主が損害賠償の全部を請求することの不当なることは言を俟たない。」「『諸事引受』と云ひ『毛頭迷惑』をかけざる旨の契約に於ける意思表示に対する解釈は，……一定の合理的価値評価の下に判断が下されなくてはならぬ。」とした[13]。また，齋藤常三郎は，「……一切の損害とは保証人又は引受人が相当期間……内に発生することある

---

11 市村富久「身元保証人の責任解除に就て（1）（2）」新聞1061号3頁，1062号2頁，磯谷幸次郎「身元保証の本質を論ず」新報27巻8号40頁，末弘厳太郎『債権各論』（有斐閣，1918）670頁，鳩山秀夫『増訂 日本債権法各論（下巻）』（岩波書店，1924）536頁，齋藤常三郎「身元保証に就て（1）〜（4）」法曹公論31巻11号20頁，32巻2号30頁，3号27頁，5号41頁（特に，32巻3号），吉川大二郎「判例に現はれたる身元引受契約（1）（2・完）」法曹会雑誌9巻2号14頁，9巻3号59頁，勝本正晃「身元保証に就いて」法時3巻5号19頁。ただし，解約権が認められるための根拠については，必ずしも一致を見ていなかった。通常解約権については，契約の解釈や継続的契約関係の性質から導く方向が強かったが，特別解約権については，権利濫用，民法628条類推適用，事情変更の原則など，様々なものが根拠として挙げられた。

12 末川博『破毀判例 民法研究 第1巻』（弘文堂書房，1929）122頁。

13 平野義太郎「継続的債権契約の特質と賃貸借及び雇傭」志林25巻2号44頁。

べき相当の損害額と云ふ意味であって，而も其額は個々の場合に具体的に定まるもので常に使用者の現実被った損害の全額でない……」とした[14]。このような学説の傾向に裁判所も追随する。朝鮮高等法院連合部判昭和4・6・4法律評論19巻民法206頁は，「身元保証人ヲシテ無限ニ賠償義務ヲ負担セシムルトキハ保証人ノ全財産ヲ傾倒スルモ尚足ラズ将来ノ収入ヲモ挙ケテ提供セザルベカラザルニ至リ之カ為ニ一家ノ生計ヲ維持スルコト能ハザル悲運ニ遭遇スルに至ル」，「被用者ノ業務ニ付キ自ラ監督スルコトヲ得ズ」，「保証ヲ為スニ付キ何等利益ヲ受クルモノニアラズ」，「現時ノ社会状態ニ於テハ被用者概ネ弱者ノ地位ニ在リ身元保証人モ之ヲ職ニ就カシムル為止ムヲ得ズ身元保証ヲ為スヲ普通トス」などを根拠として，身元保証人に「過重ノ責任ヲ負担セシムルコトハ正義公平ヲ基礎トスル社会観念ニ於テ妥当ナルモノニ非ズ」とする。そのうえで，身元保証契約における賠償の範囲について，「特別ノ事情ナキ限リ身元保証人ハ相当ノ範囲内ニ於テ賠償ヲ為ス約旨ナリ」とし，具体的には，「使用者ノ職業被用者ノ執ルベキ業務身元保証人ト被用者トノ関係及被用者ノ契約当時ニ於ケル資産状態等ヲ斟酌シ箇々具体的事件ニ付キ合理的価値判断ノ下ニ決スベキモノトス」とした[15]。

　以上のような大正期から昭和初期の判例・学説の状況からは，特に身元保証契約における保証人の要保護性が強かったこと，そして，未だ残っていた前近代的な要素を排除し，身元保証人の広汎な責任を合理的な範囲に限定しようという努力をうかがい知ることができる。まさに，近代的身元保証法理の萌芽がここにある。

(2) 身元保証法の制定

　上記の判例・学説の展開の中で，立法への動きも見られようになる[16]。第44帝国議会に上畠益三によって，「身元保証ニ関スル法律」案が提出され，衆議院本会議に上程された。同法案は，衆議院では可決されたが，貴族院では審議未了となった。また，同様に，第45及び第46帝国議会においても，同人に

14　齋藤・前掲注（11）32巻2号33頁。
15　さらに，戒能通孝「身元保証契約について」法時3巻5号5頁は，このような裁判所の判断を紹介しつつ，「『一切引受』とは不正行為の結果生じた損害に関して云って居るものと見るべきではなからうか」，「『一切引受』とは『契約当時の事情を基礎として』と云ふ前提に於てのみ理解されねばならぬ」としている。

よって同様の法案が提出されたが，やはり成立せずに終わった。その後，昭和6年（1931年）になり第59帝国議会において，一松定吉が，上畠によって第44帝国議会に提出されたものと同様のものを提出したが，衆議院を通過するものの，またもや成立には至らなかった。その後，昭和8年（1933年）になり，再び一松によって法案が第64帝国議会に提出された。委員会の審議の過程で3度の修正案が提出された後に衆議院を通過し，さらに貴族院においても修正が加えられ，その修正に衆議院が同意をし，やっと同年3月23日に成立するに至った（同年4月1日に「身元保証ニ関スル法律」として公布され，同年10月1日から施行された）。

　身元保証法は6箇条から成り，身元保証契約の存続期間（1条），身元保証契約の最長期間（2条），使用者の通知義務（3条），身元保証人の契約解除権（4条），身元保証人の損害賠償責任及び金額の決定についての裁判所による斟酌（5条），本法の規定に反する特約の効力（6条）という構成になっている。なお，立法内容は，議論の最終段階に至るまで，身元保証債務を時間的な面で制限しようとするものであったが，このままでは身元保証人の責任が大きすぎるという委員会審議の雰囲気の中でなされた司法省民事局長の発言に示唆されて，貴族院修正において，内容的に制限をする規定（5条）が盛り込まれることとなった。

　身元保証法の立法は，近代の身元保証法学史上，極めて意義の大きいものがあった。保証人の責任制限を解釈論に依存することなく立法へと高めたことは，身元保証契約を，残っていたであろう前近代的な要素を取り払って市民法上の契約へと導くだけではなく，社会法的な視点から国家による身元保証契約への介入を正当化する方向へと，より前進させたと評価できる。他方，立法へ向けた議論の具体的な中身を見てみると，存続期間や特別解約権という時間的面から，身元保証人の広汎な責任を制限するという手法が中心であったことは注目に値する。

16　本段落と次段落の内容に関し，勝本正晃「身元保証に関する法律に就て」法時5巻8号21頁，齋藤・前掲注（11）32巻5号41頁，吉川・前掲注（1）1頁，西村・前掲注（3）②84頁参照。なお，第44・第45・第46帝国議会に提出された上畠の法律案については，上畠益三「身元保証に関する法律案について」法時3巻5号72頁参照。また，第64帝国議会に提出された一松の法律案については，一松定吉「身元保証に関する法律の趣旨」法時5巻6号25頁参照。

(3) 身元保証法制定後の展開

　学説上では，身元保証法の制定直後から，吉川大二郎，勝本正晃，西村信雄を中心として，同法に関する研究が相次いで発表された[17,18]が，その中でも特に，西村信雄の精力的な研究が目立つ。西村は，身元保証法制定当初から，解釈論のほかにも，身元保証に関する歴史研究や実証的研究を公表する[19]が，さらに体系化がなされ，『継続的保証の研究』(1952 年)，『身元保証の研究』(1965 年)，『身元保証ニ関スル法律』(1973 年) という各研究書へと結実していく。西村見解の特徴については適宜後述するが，前提として特筆すべき点は，広義の保証を一時的保証と継続的保証に分類し，身元保証を継続的保証へ組み込んでいるという点である。「継続的保証」という概念は，わが国では西村がはじめて提唱した概念であるが，「保証契約成立後その終了に至るまで，終始，継続的に，抽象的基本的保証責任を負担し，契約所定の一定の事由の発生する毎に，右の基本的保証責任から湧出派生する支分債務としての具体的保証債務を負担する」ものである[20]。ギールケの継続的債権関係理論に示唆を受け，抽象的基本的保証債務と具体的保証債務を分類する点に大きな特徴がある。この

17　吉川・前掲注 (1)，同「身元保証に関する若干の法律問題 (上) (下)」民商 1 巻 2 号 41 頁，3 号 67 頁，勝本・前掲注 (16)，同「身元保証に関する法律の適用」経済往来 8 巻 10 号，西村信雄「身元保証に就いて (1) 〜 (5・完)」関西大学学報 116 号 12 頁，118 号 18 頁，119 号 9 頁，120 号 3 頁，121 号 3 頁。

18　身元保証法成立後，同法の「被用者」概念について活発に議論がなされた。公務員のための保証，ホステスのための保証なども争われたが，特に事例として多かったのが，保険代理店契約の保証が身元保証法の適用を受けるか否かであった。これに関し，大判昭和 13・6・21 民集 17 巻 1297 頁は，保険代理店には，独立の営業者と，そうでないもの (被用者) とがあることを前提としつつ，身元保証法は「独立ノ営業者間ノ契約関係ニツキ保証ヲナシタル場合ニ適用スヘキ趣旨ニアラ」ずとして，適用を否定した。なお，当時の論稿として，鈴木義男「時代と判例 (15) 保険代理店外交員の身元保証人の責任」新聞 3731 号 3 頁，西村信雄「身元保証契約の概念——特に，保険代理店契約の保証人の法的地位に就て」日本公証人協会雑誌 20 号 3 頁，中川一郎「保証に関する判例研究 (昭和 10 年度)——保険会社の代理店主と保証人の責任」商業経済論叢 14 巻 35 頁などがある。

19　西村信雄「徳川時代の身元保証契約書 (奉公人請状)」日本公証人協会雑誌 14 号 41 頁，同「徳川時代の身元保証」関西大学学報 136 号 1 頁，同「明治初期の身元保証」関西大学研究論集 7 号 135 頁，同「身元保証制度の実証的研究」関西大学研究論集 5 号 57 頁，同「現代における身元保証の実態 (1) 〜 (4・完)」立命 53 号 28 頁，54 号 137 頁，65 号 25 頁，66 号 118 頁。

20　西村・前掲注 (3) ① 56 頁。

考え方は，一部の有力説によって有用性等に疑問が投げかけられている[21]ものの，現在に至るまで，学説上で広く受け入れられている考え方の枠組みといえよう[22]。

3 各論的検討(1)
―― 身元保証の内容 ――

(1) 身元保証と行為義務

　身元保証法が制定される前，身元保証の内容は，その契約の多様性を前提として，場合によっては広範囲なものとなる可能性を含んでいた。磯谷幸次郎は，「余ノ解スル所ニ依レハ身元保証トハ保証人ニ於テ使用者ニ対シ被用者ノ身体，性行又ハ技能カ其業務ニ適応スルコトヲ保証」するものと位置付けている[23]。すなわち，身元本人が当該の業務に必要な程度の完全性を備えていることを，身元保証人が請け負うことをもって要素とするという考え方である。そして，この考え方からすれば，身元保証契約の内容として，身元本人が逃げてしまった場合にこれを捜し出したり，代わりの者を供与したりする義務，身元本人を忠実に勤務せしめる義務，本人が病気を患った場合には身柄を引き取る義務などのような「行為義務」を含むものも観念し得ることとなる[24]。当時の身元保証に，かつての人請制度の名残があることがうかがわれる。

　身元保証法が制定される昭和初期の学説においても，同様の見解が有力に主張される。勝本正晃は，「債権者……に対して負担する法律上の義務に違反せざるべきことを，保証人が債権者に対して担保する」類型の身元保証がある

---

21 抽象的保証債務と具体的保証債務とを二分する考え方を否定し，継続的な保証関係においては，保証関係終了時に存在する主債務を一括して保証する（保証関係が継続している間は，保証債務は発生しない）という考え方がある。また，その考え方を発展させ，金融取引などにおける継続的な信用保証について「根担保」という上位概念を設定し，根抵当と根保証を統一的に解釈しようとする考え方がある。代表的な文献として，石井眞司「根抵当・根保証法から根担保法へ」金法1088号5頁，同「根保証の法律構成の再検討(1)～(8・完)」手形研究286号4頁，288号22頁，291号4頁，295号4頁，299号18頁，302号4頁，313号4頁，315号16頁，荒川重勝「根担保論」星野英一編集代表『民法講座 別巻1』（有斐閣，1990年）143頁，同「根保証再論」立命249号25頁。
22 「4-15 西村信雄『継続的保証の研究』『身元保証の研究』」加藤雅信編集代表『民法学説百年史』（三省堂，1999）376頁〔川地宏行執筆〕。
23 磯谷・前掲注（11）43頁。

（これを勝本は「人的身元保証」とする）ことを前提に，このような身元保証においては，「債権者は，例へば身元本人の居所不定の為め身元本人が十分に義務を履行し得ざるが如き場合には，親権者たる保証人に対し其居所を指摘することを請求し，其他保証人に対し，身元本人の義務の履行を容易又は可能ならしむべき手段を講ずることを請求し得。又身元本人が疾病等により労務に従事する能はず，雇主に迷惑をかける場合には，身柄を引取る等の義務を発生せしめる」とする[25]。また，吉川大二郎も同様に，身元保証契約の中には，「第三者（身元保証人）が使用者に対し被用者をして雇傭又は労働関係に関し使用者に損害を蒙らしめざる様努力すべく，若し之が努力を為さざる為損害の生じたるときは之を賠償することを約する契約」が存することを認めたうえで，この類型の場合には，行為義務を第一時的給付義務とするものとする[26]。

他方，西村信雄は，このような身元保証の捉え方に否定的である。近代的労働関係を対象とする身元保証は，このような行為義務を捨て去り，純粋に損害賠償の担保手段となっていることを明言する。すなわち，「現代の使用者が被用者を雇入れるに当っては，その者の経歴・性格・行状・健康・技能等々の諸事項は必要に応じて使用者自らこれを調査するのが通例であって，……使用者が身元保証に期待するところは，主として，身元本人によって——とくにその不正背任の行為によって——被るかも知れない損害の賠償を受けることである」とする。そして，身元保証契約においても身元本人の人物・性能を請合うことが実際上多いことは事実であるが，その部分は，原則として，法律上の意味での「契約」の内容を構成せず，単に非法律的な約束にすぎないと考えるべきであるとしている[27]。

身元保証法1条にも留意したい。同条は，「引受，保証其ノ他名称ノ如何ヲ

---

24 磯谷・前掲注（11）47頁は，「雇人カ疾病其他ノ事故ノ為メニ業務ニ服スルコト能ハサルノ事情ヲ生シタルトキハ身元引受人ニ於テ其身柄ヲ引取ルヘキハ当然ニシテ斯カル場合ニ雇主ニ於テ自ラ之カ救護ヲ為シ若クハ本人ノ父兄ヲ探索シテ之ニ其身柄ヲ引取ラシメサル可カラサルモノト為スカ如キハ全然身元引受ノ目的ニ反シ社会ノ実際ニ適セサルモノト謂ハサル可カラス」としている。そして，「身元引受ニ付テハ身上保証ヲモ包含スルモノナルコトハ社会人事ノ実際上顕著ナル事実」とし，「泰西諸国ノ法理」との違いを正当化している。

25 勝本・前掲注（11）20頁。

26 吉川・前掲注（1）26頁。

27 西村・前掲注（3）②118頁。

問ハズ……被用者ノ行為ニ因リ使用者ノ受ケタル損害ヲ賠償スルコトヲ約スル身元保証契約ハ」となっており，相当な制限が加わっていることが分かる[28]。勿論，同条は身元保証法の適用のある身元保証類型を限定することに目的があり，身元保証法の適用範囲外の身元保証契約を否定するものではないが，同条により，身元保証契約における身元保証人の債務の中心が損害賠償義務であることを前提としているようにも読める。そして，昭和8年当時ですらそのような状況であるなら，その後さらに，前近代的な内容から脱却していると解すべきであろう。実際に，明治期から大正期にかけては，保証の内容として，逃走した本人を捜し出す義務，病気にかかった身元本人を引き取る義務等が認められた事例も散見された（東京控判明治32（年月日不詳）新聞3号6頁，東京控判大正4・7・8新聞1043号26頁など）が，近時の訴訟においては，行為義務が問題となった事例は，判例集等に搭載されているものの中から容易に捜し出すことはできず，いずれも金銭債務（損害の賠償）に限定されている。このような状況から，今日においては，仮に身元保証契約の契約内容の中に行為義務の類が含まれていたとしても，契約当事者の意思解釈等に基づき，その部分は法的拘束力のないもの（または，少なくとも訴求力を欠くもの）としてしか位置づけられないという解釈の可能性を指摘し得る。

(2) 身元保証と附従性

昭和初期までの学説は，身元保証の内容に関する類型を，（上記のように行為義務を含む類型か否かという議論とは別に，着眼点を被用者の損害賠償義務のみに限ったとしても）附従的に保証または連帯保証するものと，被用者自身が賠償義務を負うか否かにかかわらず使用者が被った損害を担保するもの（いわゆる，

---

[28] 本小稿では詳しく論じないが，身元保証契約締結前に既に使用者が被っていた損害についても身元保証人の保証債務の内容となるかが問題となる。大判昭和4・6・10新聞2984号15頁は，身元保証契約の中には契約締結前の債務と将来の債務とを併せたものにつき保証する趣旨のものもあるから，常に将来の債務に限って保証する趣旨のものと解すべきものとはいえないと判示した。また，最判昭和57・12・2民集36巻12号2359頁は，被用者の金員横領により使用者に発生した損害の総額が不明の時点において締結された身元保証契約と題する契約について，身元保証法の適用を認めている（なお，同判決の評釈として，加藤和夫「判解」『最高裁判所判例解説 民事篇（昭和57年度）』896頁，半田吉信「判批」判評295号45頁，森田修「判批」法協104巻2号173頁，西村信雄「判批」民商89巻3号87頁など）。

損害担保契約のような独立的担保）に分類する。しかも，原則類型を，損害担保契約に置く。鳩山秀夫は，「現今普通ニ行ハルヽ身元引受ハ雇入ノ為メニ毫頭迷惑ヲ掛ケザル旨ノ趣旨ナルコト多数ナルガ故ニ普通ノ場合ニハ寧口後者〔筆者注：損害担保〕ノ性質ヲ有スルモノト解スルヲ正当トスベシ」としている[29]。また，その後の学説においても，独立的担保を原則とする見解が多数を占めることとなる[30]。

しかし，このような見解に対して，附従性を強調する見解も主張される。西村信雄は，身元保証契約について，附従的保証たる性質を有するものと，独立的保証たる性質を有するものに分類することは「観念上可能である」としながらも，「現代の身元保証は，人請に由来するところのわが国固有の伝統を保有する契約ではあるが，現代の雇傭契約ないし労働契約と前代の奉公契約とがその法的性質を全然異にしているのに対応して，今日の身元保証と前代の人請とはその法的本質を一変している。」「私見によれば，現代の身元保証は附従的保証たる性質を有するものが原則的類型であり，独立的保証たる性質を有するものは前代の人請の遺制として残存するにすぎない例外的類型にすぎないと考える」としている[31]。また，星野英一は，損害担保契約を，①補償契約，②債務者の債務不履行に基づく損害賠償債務の保証，③狭義の損害担保契約（独立的保証）に分類したうえで，雇用契約における被用者の身元保証を②類型として位置づける[32]。近時では，椿久美子が，損害担保契約の分析の中で，「身元本人に帰責事由がない場合（たとえば疾病）の損害まで身元保証人に負担させる身元引受は，使用者が優越的地位を利用して身元保証人に損害を転嫁させる契約であり，公序良俗違反による無効と解すべきである」としている[33]。

さらに，以前から裁判例においても，身元保証人の責任が問われた事例の多

---

[29] 鳩山・前掲注（11）533頁。その他，齋藤・前掲注（11）31巻11号22頁，渡邊辰吉「保証人の責任に就て（1）（2・完）」法曹会雑誌11巻7号1頁，8号19頁（特に，8号22頁）。

[30] 我妻栄『債権総論』（岩波書店，1940）324頁は，「身元保証乃至身元引受は損害担保契約なるを常とする」としている。また，柚木馨『判例債権法総論（下巻）』（有斐閣，1951）106頁，松坂佐一『民法提要 債権総論』（有斐閣，1963）149頁にも同様の記述がある。

[31] 西村・前掲注（3）②157頁。

[32] 星野英一『民法論集 第2巻』（有斐閣，1970）189頁。

[33] 椿久美子「損害担保契約の多様性と指導念書・請求払無因保証（中）」NBL780号68頁。

くは，身元本人の故意に基づく不正行為（犯罪行為）による損害に関するものであることに留意する必要がある。身元本人の過失による不正行為のケースも存するが，その場合に，故意ではないことを根拠として身元保証人の責任が大幅に減額される裁判例も見受けられる。ましてや，本人に損害賠償責任が課されないにもかかわらず身元保証人の責任が肯定されるような裁判例は見当たらない。近時の裁判例においても（法的性質論まで掘り下げて論じるものは少ないが），被用者の義務違反や不法行為が認められないケースでは，身元保証人の責任も認められていない（例えば，東京地判平成10・12・25労判759号52頁，大阪地判平成12・9・22労判794号37頁，東京地判平成19・11・21判時1194号59頁，東京地判平成20・11・26判時2040号126頁など）[34]。実質的に，身元保証人の負う責任が基本的に非独立的であることを示唆しているように思われる。

(3) 小 括

以上のような流れから，身元保証人の義務の内容は，現在では，相当程度，限定が加えられるのではないかと考える。

まず，以前とは異なり，現代的な身元保証契約においては，身元保証人の負う義務の内容が，損害賠償債務に限定される方向性となっているのではないだろうか。現在においても様々な内容の身元保証契約が存することは確かであるが，契約内容の中に行為義務に関する文言が盛り込まれていたとしても，今や，心理的・道義的な意義を超え法的拘束力（特に，強制力）を伴うものと捉え得るかは疑わしい。

また，以前とは異なり，身元保証人の義務は，一般的な保証と同様に，身元本人の損害賠償義務が前提となるものとして収斂されつつあるように思われる。今日においてもなお，損害担保法理自体が十分に解明されているとは言い難いが[35]，仮に損害担保契約を非附従的担保の代表的なものとして位置づける[36]

---

34 それを指摘するものとして，能登・前掲注(2)②（393号）59頁。
35 損害担保概念について，比較法的分析も踏まえて詳細に検討するものとして，鶴井俊吉「損害担保契約の観念は，どのような内容のものとして有用ないし必要か」椿寿夫編『現代契約と現代債権の展望』（日本評論社，1994）39頁。
36 従来，保証と損害担保を区別する基準を附従性の有無と捉えてきた。我妻栄『新訂 債権総論』（岩波書店，1964）453頁，於保不二雄『債権総論〔新版〕』（有斐閣，1972）289頁，奥田昌道『債権総論〔増補版〕』（悠々社，1992）380頁，林良平（安永正昭補訂）＝石田喜久夫＝高木多喜男『債権総論〔第3版〕』（青林書院，1996）430頁。

のであれば，実際には身元保証の場合には身元本人に責任を問い得る場合にしか身元保証人も責任に問われなくなっている（しかも，犯罪行為のような場合にさらに限定される傾向にある）ことを考え合わせると，身元保証に損害担保としての性質を見出すことは，もはや，困難となっている可能性を指摘し得る。

4　各論的検討(2)
――契約の成立要件――

(1)　保証契約書の作成・交付

　従来，一般的に保証契約は，（他の契約と同様に）方式自由の考え方に基づいてきたが，特に身元保証契約を締結する際には，身元保証書等を作成することや，そこへ署名・捺印をすることが一般的であるといわれてきた。東京高判昭和34・3・30判時189号14頁は，身元保証契約の場合，「保証人から保証書を徴するのが一般の事例であり，そのことはほとんど公知の事実である」ということを根拠として，保証書の差し入れがなかった場合に身元保証契約の成立を否定している（同様のものとして，東京地判昭和40・12・23判タ188号160頁も参照）。しかし，身元保証法には，契約締結にあたって書面を要求するような規定は置かれていない。

　他方，平成16年（2004年）の民法改正において，民法446条2項が新設され，保証契約は，書面でしなければその効力を生じないと規定された。この立法趣旨は，「保証契約が無償で情義に基づいて行われる場合が多いことや，保証契約の際には保証人に対し現実に履行を求められることとなるかどうかが不確定であり，保証人において自己の責任を十分に認識していない場合が少なくないこと」を考慮し，「保証を慎重ならしめるため，保証意思が外部的にも明らかになっている場合に限りその法的拘束力を認めるものとする」点にあると説明される[37]。また，同条項の解釈において，「書面」には，保証意思，主たる債務（発生原因ないし種類，債務額），債務者，債権者が記載されなければならない旨を主張する見解があり[38]，また，特に個人保証においては書面を公正証書によって行わなければならないという，極めて厳格な要件を課す立法論的提案も登場している。

37　筒井健夫「保証制度の見直しに関する民法の一部改正」ジュリ1283号84頁。

また，当該民法改正に先立ち，特に金銭信用の領域において商工ローン業者による保証人被害が社会問題となる中，平成 11 年（1999 年）改正において，(現行 39 の）貸金業法 16 条の 2 および 17 条において，契約締結前および契約締結時に，それぞれ貸金業者が保証人に対して書面を交付しなければならない義務が規定された（同条では，書面に記載すべき具体的内容が条文上で詳細に定められている。また，違反した場合には，業務停止などの行政処分の対象になるほか，1 年以下の懲役もしくは 300 万円以下の罰金またはこれの併科となる。貸金業法 24 条の 6 の 4 第 1 項 2 号，48 条 1 項 3 号の 2，同条 1 項 4 号）。

(2) 保証意思の確認

このような「書面」という形式的要件は，それが厳格であればあるほど，保証契約の慎重な締結に資することになろう。しかし他方で，実質的な保証意思の有無の問題は，なお残る。契約書の作成という形式が整えられたとしても，肝心な保証意思の確認等が杜撰であれば，むしろ，より多くの問題を孕む可能性もある[40]。

これに関し，身元保証契約締結時における保証意思の有無について争われた事例（後述するように，保証契約が一応有効に成立したことを前提として保証責任の範囲についての争うのではなく，そもそも保証意思があったのか否かが争われた事例）が散見される。そして，「保証書が偽造された」，「身元保証人本人の筆跡とは言い難い」，「身元保証人に保証意思があったと確認することができな

---

[38] 山本宣之「民法 446 条 2 項の保証の書面性について（上）（下）」産法 47 巻 3・4 号 261 頁，48 巻 1・2 号 158 頁。同様に，書面性について検討を加える論稿として，木納敏和「保証契約の書面性（民法 446 条 2 項）をめぐる実務的問題に関する一考察」小林一俊＝岡孝＝高須順一編『債権法の近未来像』（酒井書店，2010）133 頁。なお，現行法でも，貸金等根保証契約においては，極度額の記載が要求されている（民法 465 条の 2 第 2 項および 3 項）。

[39] 本法は，平成 18 年（2006 年）に，グレーゾーン金利の撤廃，過剰貸付規制の強化，取立規制の強化などを内容とする改正貸金業法が成立し，段階的な施行を経て平成 22 年（2010 年）に完全施行された。本改正前は，本法は，「貸金業の規制等に関する法律」という名称であった。

[40] 平野・前掲注(4) 21 頁は，「保証人に保証をしたことを忘れないよう意識させ，主債務者の状況に注意を払わせるというのであれば，保証契約書を債権者が保証人に交付することまで義務づけなければ十分ではない」とし，交付義務を民法に導入する可能性を示唆している。

い」等の理由で，身元保証契約の成立が否定された事例も存する（名古屋地判昭和26・9・17下民集2巻9号1106頁，東京高判昭和36・11・25金法293号385頁）。ただし，雑誌等に掲載されている事例の数は少ない。

他方，信用保証において，包括根保証契約および限定根保証契約に関する成立の有無が争われた事例を，特に平成期に入ってから後に多く目にすることができ，より多方面からの保証人保護法理が展開されている。例えば，新潟地高田支判平成2・12・27（新潟県弁護士会編『保証の実務』（新潟県弁護士会，2003）27頁）や大阪高判平成12・8・9消費者法ニュース38号6頁は，契約の不成立を認め[41]，東京高判平成13・2・20判時1740号46頁は，公序良俗違反による無効，錯誤による無効，詐欺による取消しを認め，京都地判平成5・10・25判時1491号127頁や高松高判平成11・11・18判時1721号85頁は，錯誤による無効を認め，浦和地判平成11・3・8判時1699号84頁や新潟地判平成11・11・5判タ1019号150頁は，詐欺による取消しを認めている。裁判所が，実質的な保証意思の存在を積極的に求める傾向にあるように思われ，保証人保護の必要性が高い場合には，意思理論的なアプローチから，保証人の責任を全面的に否定する法理が採用されているものといえよう[42]。

また，学説上でも，保証契約締結時に，債権者が保証人を保護する義務を負うべきであるとの見解が有力に主張されるようになっている[43]。平野裕之は，保証人保護義務を類型化し，①包括根保証のリスクの説明義務，②保証人の資力・収入を考慮すべき義務（適合性の原則），③主債務者との取引状況・信用状態などについての説明義務，④その他保証の意思決定に重要な事項の説明義務，⑤熟慮期間を与えるべき義務，⑥債権者による保証契約書の交付義務を挙げ

---

41 新潟地高田支判によれば，「債権者の立場にあるXとしては連帯保証人となるべき者に直接その趣旨を説明し，保証意思の確認をすべきであった」ところ，「結局，X主張の根保証契約は形式的には存在しているが，実質的には契約の成立要件が欠け，その存在を是認することは困難である」としている。

42 保証契約締結に関する近時の裁判例を詳細に紹介したものとして，新潟県弁護士会編『保証の実務〔新版〕』（新潟県弁護士会，2012），日本弁護士会連合会消費者問題対策委員会編『保証被害救済の実践と裁判例』（民事法研究会，2013）参照。

43 保証契約の締結をめぐる問題について，小杉茂雄「保証契約成立に関する一考察（1）（2）」阪法112号43頁，115号251頁は，それまでの判例・学説が，保証債務は保証契約によって成立するものだとし，実質的な検討なく無批判に極めて広く保証債務の成立を認めてきたことに疑問を提起し，新たな要件論を展開する。

44 平野・前掲注（4）22頁。

る[44]。また，道垣内弘人は，根保証契約締結における金融機関（債権者）の義務として，①保証契約の契約条項は，常に明確かつ平易な言葉で表現されなければならないこと，②保証契約においては，具体的に発生するリスクについて，保証人に正当な認識を形成するに足りる情報を提供しなければならないこと，③保証契約によって発生するリスクが，保証人にとって過大となるときは，上記①および②に加え，明確かつ詳細に最悪の場合にどのような事態になるかを説明し，その事態についての十分な理解をえさせたうえで，それを承知の上でなお取引するのかを確認しなければならないこと，④事態が急激に好転する特段の事情がなければ保証人に損失の発生することがほぼ確実であるような場合には，客観的事実を明確に認識させなければならないこと，⑤保証人を威迫したり困惑させたりすることによって保証契約を締結してはならないこと，⑥保証人の切迫，無思慮・軽率，異常な精神状態，経験不足という状況を濫用して保証契約を締結してはならないことを具体的内容として挙げる[45]。

(3) 小 括

　以上のように，保証全体としては，契約成立段階における保証人保護法理が，意思理論に依拠しつつ，相当程度発展している形跡がある。しかし，身元保証の領域に限って言えば，信用保証の領域に比べて，契約成立時における保証人保護法理の発展が十分になされているか疑わしい。厳格な要式性を求める独自の規定があるわけでもなく，また，保証意思の有無が大きく争われたり，雇主の説明義務が積極的に論じられたりする形跡もない。

　しかし，身元保証契約を締結するか否かについては，交渉の余地が少ないものと言わざるを得ない（例えば，東京地判平成11・12・16労判780号61頁は，就業規則で正社員採用の条件として身元保証書の提出を条件としていたが，被用者がその提出を拒んだため会社が解雇をした事件につき，身元保証書を期限までに提出しなかったことが，被用者の帰責事由に基づく解雇であったと認定した）ことを考えると，自由な意思に基づく契約締結とは言えない側面を多分に有している。また，当初から保証債務の額が定まっているわけではない（そもそも，身元本人である被用者が，初めから会社に対して損害賠償義務を負っているわけではない）など，責任の内容が不確定であるため，身元保証人としても，保証責任を万一

---

[45] 道垣内弘人「保証契約の成立にともなう説明義務」民研523号3頁。

の場合には負うかもしれないことへの自覚が弱く，安易な気持ちで身元保証契約を締結する可能性や，他の継続的保証以上に情義性が強かったり，その結果として必ずしも潤沢な資産を有していない者が身元保証人になったりするケースも少なくないことが，以前から指摘されている。

　実務上は，身元保証不要論すら存在する[46]。そのような中，信用保証の領域において発展した法理を参考にしつつ，身元保証人の保証意思をより厳格に要求する解釈・立法の必要性があるのではないかとの感触を持つ。

5　各論的検討(3)
――期間制限――

(1)　身元保証法理にみられる期間制限

　身元保証においては，身元保証人の責任の広汎性や，継続的な保証であるが故に伴う状況の変化というリスクから保証人を保護するために，存続期間の側面から保証人を保護しようとする発想が，身元保証法が成立する以前から発展していた。前述（2 (1)）のとおり，身元保証人において解約権（任意解約権および特別解約権）が存することを明示した判例（大判大正4・10・28刑録21輯1667頁）が，その象徴である。

　そしてその動きは，身元保証法へ盛り込む内容へと繋がっていく。まず，任意解約権と方向性を同一にするものとして，期間制限の規定が盛り込まれる。期間の定めのない身元保証契約の効力の存続期間は，「其ノ成立ノ日ヨリ三年間其ノ効力ヲ有ス但シ商工業見習者ノ身元保証契約ニ付テハ之ヲ五年トス」（法1条）とされるとともに[47]，「身元保証契約ノ期間ハ五年ヲ超ユルコトヲ得ズ若シ之ヨリ長キ期間ヲ定メタルトキハ其ノ期間ハ之ヲ五年ニ短縮ス」という規定も置かれた（法2条1項）。立法段階から，身元保証人の責任を緩和するた

---

[46]　畔柳達雄「身元保証制度無用論」法と政策11号65頁は，実務家の観点から身元保証の現状を示し，「昭和初期頃とは全く変ってしまった今日，身元保証にせよ，身柄引受にせよ，現在なお，法律制度として承認し，温存することには，強い疑問がある」としている。

[47]　何故，存続期間が3年なのかについては，3年も人を使ってみれば，その者を十分に知ることができるからというのが，一般的な説明のようである。ただし，もしそのような立法趣旨であったとすると，存続期間の起算点（身元保証契約成立日）や更新を認めることの正当性について，若干の疑問が残る（西村・前掲注（3）②300頁）。

めに，その永続性を合理的な限度に制限することが重視されて議論がなされたが，最終的に本条のように具体化された。

　このような立法は，解釈論から導き出される任意解約権と比べて，≪期間の定めのない契約→3年≫≪最長→5年≫という具体的な数値を，明確に実務に示すことができる点で優れているといえよう。他方，近時においては，このような固定的な数字だけが絶対的なものではなく，被用者の雇用関係の終了による制限も加えられている。東京地判平成14・9・2労判834号86頁は，「（身元保証法は）身元保証責任の永続性及びその広汎性について合理的な制限を加えることを目的とする法律であり，身元保証責任の範囲については厳格に解すべきであって，契約終了後の被用者の行為によって使用者に生じた損害についてまで身元保証人が賠償責任を負うと解すべき理由はない」とした。また，横浜地判平成11・5・31判タ1037号227頁は，被用者の退職4か月前に身元保証契約が締結された事例において，その契約書には保証期間が5年と明記されていたものであったとしても，保証期間は退職時までであるとし，被用者が定年後も嘱託社員として勤務し，その間に不法行為がなされても，保証人の承諾なしに当該身元保証契約の効力が当然に及ぶものではないとした。

　さらに，身元保証法は，3条において，「被用者ニ業務上不適任又ハ不誠実ナル事跡アリテ之ガ為身元保証人ノ責任ヲ惹起スル虞アルコトヲ知リタルトキ」（1号）および「被用者ノ任務又ハ任地ヲ変更シ之ガ為身元保証人ノ責任ヲ加重シ又ハ其ノ監督ヲ困難ナラシムルトキ」（2号）に，使用者が身元保証人にその旨を遅滞なく通知しなければならないという義務（通知義務）がある[48]としたうえで，同法4条において，身元保証人がその通知を受けた時は，将来に向かって解除をすることができるものとしている。通知をすることによって，そ

---

[48] 使用者の通知義務違反を認めた裁判例が少なくない。東京地判昭和34・3・14金法204号4頁，東京地判昭和34・4・4判時189号21頁，大阪高判昭和36・10・12金法290号309頁，東京高判昭和36・11・25金法293号385頁，大阪地判昭和40・3・29判時418号53頁，東京地判昭和44・8・5下民集20巻7＝8号553頁，東京地判昭和46・1・27金法612号27頁など。その他，近時の裁判例としてWest Law Japanに掲載れているものとして，東京地判平成23・8・10（平18（ワ）808号）や，東京地判平成25・1・17（平22（ワ）46374号）がある。なお，通知義務懈怠の効果として，判例は，後述する同法5条所定の身元保証人の損害賠償責任及びその金額を定める上で裁判所が斟酌すべき事情とはなるが，身元保証人の責任を当然に免れさせるものではないとする（大判昭和17・8・6民集21巻788頁，最判昭和51・11・26判時839号68頁）。

の後の損害の拡大を防止するとともに，保証の存続期間中であっても，身元保証契約を締結した基礎をなした諸事情に著しい変更が生じた場合には，身元保証人に引き続き重い責任を強いることは適当でないため，身元保証人に特別解約権を認め，将来に向かって責任から解放する途を確保している。

(2) 信用保証法理にみられる期間制限

信用保証においても，大正時代の終わりの段階から，時として保証人に過酷な責任をもたらす結果となることから責任を合理的な範囲に限定すべきであるとの考え方を前提として，保証人が，保証契約を将来にむかって契約告知し，保証債務の範囲をそれ以前に発生した債務に限定することができるものと解する考え方が登場する（判例として，大判大正14・10・28民集4巻656頁）。そして，身元保証法理で確立された「任意解約権（または通常解約権）」および「特別解約権」という2種類の解約権が，身元保証以外の信用保証についても認めるのが判例法理であると一般的に解されるようになる[49]。その概要は以下のとおりである。

まず，相当期間が経過することによって解約権が認められる通常解約権については，保証額も保証期間も無制限である根保証（包括根保証）の場合に認められるとの見解が多数を占めるが，保証額だけが限定されている根保証（限定根保証）の場合にも肯定する余地があるとの見解もある[50]。通常解約権が発生する期間は，具体的事案における取引慣行や取引形態などよって異なる（大判昭和7・12・17民集11巻2334頁。なお，東京地判昭和35・5・9判時227号26頁も参照）。

次に，包括根保証，限定根保証を問わず，「特別の事情の発生」や「著しい事情の変化」があった場合に解約権が認められる特別解約権については，裁判例としては，特に，①主債務者の資産信用状態の悪化や営業不振，②保証人の役職退任，③保証人と主債務者の信頼関係の悪化などで認められた（①に関しては，大判大正14・10・28民集4巻656頁，大判昭和7・12・17民集11巻2334頁，

---

49 菅野佳夫「銀行取引約定書における包括根保証の問題点（上）（下）」手形研究320号4頁，321号20頁，小田木毅「根保証をめぐる裁判例の分析と実務上の留意点（上）（下）」NBL234号15頁，236号26頁。

50 石井真司＝伊藤進＝鈴木正和＝鈴木禄弥＝吉原省三「根保証」鈴木禄弥＝竹内昭夫編『金融取引法体系 第5巻』（有斐閣，1984）448頁。

大判昭和9・2・27民集13巻215頁，大判昭和9・5・15新聞3706号9頁，大阪高判昭和38・9・5金法358号4頁，大阪地判昭和59・12・24金法1099号45頁，②に関しては，大判昭和16・5・23民集20巻650頁，大阪高判昭和38・4・30金法345号30頁，名古屋地判昭和60・6・14判タ566号186頁，金沢地小松支判昭和60・6・28判タ566号186頁，③に関しては，最判昭和39・12・18金法405号28頁など)。

　もっとも，このように任意解約権と通常解約権を二分する考え方に対しては，昭和50年代頃より疑問が呈されるようになる。すなわち，実際の裁判例の中で登場する解約は，いずれかに正確に当てはまるわけではないこと，「保証人の意思による期間的責任制限を認めるかどうかが重要であり，そのための判断基準こそが問題になるにすぎない」のであり，「それが，普通解約権か特別解約権かは特に問題ではない」[51]ことなどの指摘である[52]。

　他方，平成16年（2004年）の民法改正において，貸金等根保証契約の分野における保証人保護の立法がなされるが，その際に保証人の責任の期間的制限は，解約権ではなく，「元本確定期日」および「元本確定事由」という概念のもとでなされることとなる。すなわち，元本確定日の定めがない場合には，契約締結日から3年後の日が元本確定日となり（民法465条の3第2項），元本確定期日がある場合には，契約締結日から5年以内の期日としなければならない（その日よりも後の日を元本確定日とする定めは無効となる。民法465条の3第1項）。また，さらに，特に貸金等根保証契約においては，根保証契約締結時には予想し得なかった著しい事情変更に該当する場合，元本確定期日の到来前であっても元本が確定する旨の明文規定がある（民465条の4）。

51　伊藤進「保証人の保護」鈴木禄弥＝竹内昭夫編『金融取引法体系 第5巻』（有斐閣，1984）276頁。

52　鈴木禄弥「根保証人の解約権」堀内仁監修『判例先例 金融取引法』（金融財政事情研究会，1979）184頁は，「通説の理論（筆者注：通常解約・特別解約の二分論）は，一方では，根保証関係が継続的契約関係であることを前提とし，主として賃貸借・雇用につき形成された解約二分論を根保証の領域にもちこんだものであり，……身元保証法の制定の結果本家では不要となったこの解釈論が移入先でいわば化石化されて残ったもの」と評している。なお，高梨公之「判批」『銀行取引判例百選〔新版〕』（有斐閣，1972）173頁，橋本恭宏「判批」『担保法の判例Ⅱ』（有斐閣，1994）184頁も参照。

(3) 小括

　以上の流れから，まず初期の段階において，期間的な側面から身元保証人の責任を制限する法理が，信用保証における保証人保護法理に関する学史上の展開をリードしてきたことをうかがい知ることができる。前述の大審院大正4年判決を出発点として身元保証法理で確立された「任意解約権」および「特別解約権」という2種類の解約権が，信用保証法理に波及した跡が見受けられる。

　また，近時における貸金等根保証契約に関する規定における期間制限についても，身元保証法との類似の内容を読み取ることができる。確かに同規定は，「元本確定期日」および「元本確定事由」という概念を採用していることから，根抵当制度との近親性を見ることができるが，その条文の内容が，①（3年，5年という）期間制限の明確化，②期間経過がなくても，事情変更等が生じた場合には，その後に発生した債務に対する保証責任を否定する法理，の2つの柱によって構成されているという意味では，身元保証法も貸金等根保証契約に関する規定も，同一方向での立法といえる[53]。

　なお，保証の一定領域において期間制限が立法化された今日においても，信義則を指導原理とする解約権法理が，直ちに排斥され，無意味なものとなっているとは思われない。これもまた，身元保証法理においても信用保証法理においても，同様といえよう。

6　各論的検討(4)
——責任制限——

(1) 身元保証法理にみられる責任制限

　身元保証人の保護法理は，時間的軸だけではない。大正時代から既に学説では，責任制限を肯定する見解が登場していたこと，それがやがて，身元保証法5条の立法へと結実することは，前述（2(1)及び(2)）のとおりである。

　身元保証法5条によれば，身元保証人が責任を負うべき損害賠償に関し，①「被用者ノ監督ニ関スル使用者ノ過失ノ有無」，②「身元保証人ガ身元保証ヲ為スニ至リタル事由及之ヲ為スニ当リ用ヰタル注意ノ程度」，③「被用者ノ任務

53　筒井・前掲注(37)82頁によると，貸金等根保証契約における5年および3年という期間は，立法にあたって，根抵当に関する398条の6第3項および398条の19第1項前段とならび，身元保証法1条本文および2条1項前段を参考に定められたとしている。

又ハ身上ノ変化」，④「其ノ他一切ノ事情」を裁判所が斟酌することができるものとしている。当時，通常の金銭債務とは異なり，「現在一般人ガ身元保証契約ト云フモノヲ余リサウ法律的ニ考ヘテ居ラヌ，道徳的ニ考ヘテ居ルト云フ」身元保証の特殊性があることを前提として，身元保証人の責任および金額に関し，裁判所の裁量による軽減を認めた規定と位置づけることができる[54]。なお，留意すべきは，ここでいう責任制限は，恩恵的なものというよりも，公平正義の観点から認められたものであり，過失相殺に関する民法418条および722条2項との近親性が認められる点である。最判昭和37・12・25民集16巻12号2478頁も，「身元保証法5条は，民法418条，722条2項と同趣旨の規定であ（る）」と判示している[55]。

　個別の斟酌事由については，多くの裁判例の蓄積が見られる[56]。本小稿でそれを網羅的に取り上げる紙幅の余裕はない[57]が，上記①の事由が，もっとも多く，かつ重要な斟酌事由となっている（東京高判昭和29・8・31下民集5巻8号1389頁，横浜地判昭和39・10・31判タ172号209頁，東京地判昭和44・9・12判時578号68頁，大阪地判昭和47・3・27判タ282号353頁，東京地判昭和52・7・15判時884号79頁，浦和地判昭和58・4・26判時1091号123頁，神戸地判昭和61・9・29判時1217号109頁，仙台高判平成4・4・17判時1443号68頁，東京地判平成5・11・19金法1400号109頁，平成26・2・13金商1444号30頁など）。身元保証人が不正行為をした場合，その原因の一つとして使用者に監督上の過失があることを否定することは難しく，それを斟酌する事例が多いというのは当然

54　西村・前掲注（3）③111頁。
55　本判例の評釈として，瀬戸正二「判解」『最高裁判所判例解説 民事篇（昭和37年度）』472頁，西村信雄「判批」民商49巻3号370頁など。また，最判昭和60・5・23民集39巻4号972頁も，このような考え方を前提としている（同判例の評釈として，田中壯太「判解」『最高裁判所判例解説 民事篇（昭和60年度）』222頁，甲斐道太郎「判批」判評327号39頁，高森八四郎「判批」民商99巻2号57頁，難波讓治「判批」論叢121巻3号98頁，山川一陽「判批」日法51巻2号190頁など）。
56　本条は，同条所定の事情を職権探知事項とする趣旨ではなく，当該事情が訴訟に表われた資料によって認められるときに，裁判所は職権をもってもこれを斟酌すべきものとするにとどまる（最判昭和34・12・28民集13巻13号1678頁。同判例の評釈として，井口牧郎「判解」『最高裁判所判例解説 民事篇（昭和34年度）』272頁，末川博「判批」民商42巻5号134頁，西村信雄「判批」立命33号179頁など）。
57　西村・前掲注（3）③175頁以下に，多くの裁判例の紹介がある。また，近時の裁判例については，能登・前掲注（2）②参照。

ともいえよう。

　上記②の事由に関しては，保証契約締結について情義的動機が強かったり軽率性があったりすること，また，身元保証債務には未必性が強いことから導かれる斟酌事由である。裁判例としては，特に親族・親戚その他の関係に基づく情義的な動機（大阪高判昭和38・4・18金法344号451頁，東京地判昭和55・5・29判タ424号130頁など）や，単に形式的・儀礼的な保証であり身元保証契約自体をそれほど重視していなかったこと（東京地判昭和39・4・11下民集15巻4号768頁，大阪高判昭和43・5・30金法515号31頁，東京地判平成6・9・7判時1541号104頁など）を斟酌事由としているものが多い。

　さらに，上記④の事由に関しては，身元保証人の資産・収入，身元保証人が本人を監督できないことなど，様々なものが具体的な酌量事由として挙げられている（長崎地判昭和26・7・19下民集2巻7号926頁，大阪地判昭和40・3・29判時418号53頁，東京地判昭和46・3・30判時640号67頁，東京地判昭和46・1・27金法612号27頁など）。特に近時の事例において，旭川地判平成18・6・6判時1954号120頁が，農業協同組合の元職員による水増し請求等に関する事例につき，従業員が負うべき損害賠償債務は大部分が故意によるものではなく過失によるものであることからすれば，身元保証人らが負担すべき損害は10％程度が相当としている。また，福岡高判平成18・11・9判時1981号32頁[58]は，被用者が集金した工事代金等を着服・横領したため，会社がその親族に対し「再び同様の行為をしたりした場合等には，連帯して既発生の損害金3500万円余りの支払いをすること」を約束させていたところ，その後，その被用者が再び工事代金を着服・横領した事案につき，身元保証人らの年収の状況や，本人が退職金を放棄したことなどを斟酌して，身元保証人に700万円のみの責任を認めた（700万円を超える部分については，公序良俗違反に基づき無効とした）。いずれも，保証人保護の程度が強いように思われる。

(2) 信用保証法理にみられる責任制限

　民法上，保証人の責任制限についての明文規定は置かれていないものの，早い時期から，信用保証一般でも，保証人が予期しない多額の債務の支払いを余

---

[58] 判例評釈として，長尾貴子「判批」判タ別冊25号（平成20年主判解）20頁，能登真規子「判批」彦論388号42頁，升田純「判批」Lexis判例速報16号116頁，戸谷義治「判批」季労222号239頁など。

儀なくされることを問題視し，保証人の責任を制限する裁判例が蓄積される[59]。

　まず，大審院の時代には，当事者の意思解釈（諸般の事情から保証責任の限度額についての当事者の意思を合理的に推認しうる場合に，その内容の限度額の合意があったとして，それを超えた保証責任を負わないとする解釈）によって，保証人の責任を制限する傾向にあった（大判大正15・12・2民集5巻11号769頁，大判昭和13・12・28判決全集6輯4号33頁など）。この制限根拠は，その後の裁判例の中でも採用されている向きがある（東京地判昭和38・6・3金法349号121頁，東京高判昭和63・7・29金法1227号37頁など）。最高裁においても，最判平成6・12・6判タ872号174頁が，根抵当権の設定と同時に根保証契約が締結された場合に関し，「本件保証契約の文言上保証の限度額が明示されなかったとしても，客観的には，その限度額は本件根抵当権設定契約の極度額である一200万円と同額であると解するのが合理的であり，かつ，本件保証契約は，保証人の一般財産をも引当てにして，物的担保及び人的保証の両者又はそのいずれかから1200万円の範囲内の債権の回収を確保する趣旨で締結されたものと解するのが合理的である。」としている[60]。また，その後の下級審においても，黙示の意思表示による保証限度額の合意を認めたものが散見される（東京地判平成11・12・20判時1723号65頁など）。さらに，やや特殊な事案として，錯誤による一部無効という手法も見られる（大阪地判昭和63・3・24判タ667号131頁，東京高判平成11・12・15判タ1027号290頁，東京地判平成12・1・26判時1735号92頁など）。

　昭和40年代になると，身元保証法5条の類推適用というアプローチを採用する裁判例も登場する（福岡地判昭和45・11・25判時633号88頁，大阪地判昭和

---

[59] 総合判例研究として，平野・前掲注（4）。また，本小稿における分析を行ううえで，後藤勇「継続的保証における保証責任の限度」判タ445号15頁，西村義智「包括根保証人の責任制限」『現代金融取引法の諸問題』（民事法研究会，1996）215頁，久保淳一「包括根保証人の責任」金法1565号44頁，滝澤孝臣「包括根保証に係る保証人の債務ないし責任の制限をめぐる裁判例と問題点」判タ1129号45頁も参照。

[60] 本判決に対しては，多くの判例評釈が存在する。石井眞司「判批」判タ884号51頁，吉田光碩「判批」判タ879号71頁，林圭介「判批」平成7年度主要民事判例解説（判タ913号）54頁，大西武士「判批」NBL577号59頁，道垣内弘人「判批」金法1581号134頁，淺生重機「判批」金法1434号21頁，磯村保「判批」金法1428号52頁，秦光昭「判批」金法1421号98頁，松井宏興「判批」民商114巻2号150頁，荒川重勝「判批」リマークス12号（1996年上）41頁，石田喜久夫「判批」京園20号89頁，佐久間弘道「判批」銀法512号28頁など。

49・10・16金判431号19頁，大阪地判昭和50・7・15下民集26巻5〜8合併号632頁，大阪地判昭和57・6・30判タ478号93頁など。ただし，結論的には責任制限を否定するものが多い)。身元保証法は特別法でありながら，その枠を超えて，一般的な保証法理に取り込もうとする動きと評価できる。学説上でも同様に，身元保証法5条の類推適用を肯定する見解が有力に主張される[61]。西村信雄によれば，「身元保証法は継続的保証の全般の指導法則とみるべきであるから，身元保証以外の継続的保証責任の限度を判定するに当っても，同法5条を類推して，たとい無限的責任の文言があっても，適当な限度に抑えるべきである」とし[62]，また，大西武士も，同条の類推適用に賛成したうえで，類推適用の具体的場面について詳細に検討を加える[63]。

他方，身元保証法5条の類推適用に消極的な見解も有力に主張される。後藤勇は，「身元保証・身元引受とその他の一般取引の継続的保証とは，同じく継続的契約関係から生ずる債務の保証ではあるが，その趣旨や法律的性質において異なるものがある。殊に，身元保証以外の一般取引の継続的保証においては，保証人の責任額を定めるに当たり，身元保証ニ関スル法律五条に定める被用者の監督に関する使用者の過失の有無，身元保証人が身元保証をなすに当たり用いた注意の程度，被用者の任務又は身上の変化というようなことを類推適用し

---

[61] 本文で掲げる西村見解，大西見解のほか，松村俊夫「信用金庫取引契約においての新基本約定書差入れの効力等」金法692号16頁，椿悌次「根保証」『現代契約法大系〔第6巻〕』(有斐閣，1984) 87頁も参照。

[62] 西村・前掲注 (3) ④ 163頁。

[63] 大西武士『金融法研究』(ビジネス教育出版社，1999) 571頁。大西によれば，身元保証法の類推適用の具体的場面は，以下のとおりである。①取引期間については，3年および5年が一応の基準となる。②被用者の適性，業務等に関する通知義務については，主債務者の資力，信用や営業状態，融資額の変動等に関する通知義務へ類推適用される。③被用者の監督に関する使用者の過失の有無は，銀行取引において主債務者の信用状態の把握に関する銀行の過失の有無，債権保全についての銀行の過失の有無に類推適用される。④身元保証人が身元保証をなすに至りたる事由は，主債務者と保証人の関係，保障することによって保証人が得る利益の有無に類推適用される。⑤身元保証人が保証をなすにあたり用いた注意の程度は，保証人の責任の認識度，保証債務の未必性と保証人の軽率性の程度に類推適用される。⑥被用者の任務または身上の変化は，銀行取引の種類，形態 (担保，保証，期間など)，金額の増減，主債務者の営業状況・信用状態の変化に類推適用される。⑦その他一切の事情は，銀行が取引上知りえた取引先の秘密等に類推適用される。

[64] 後藤・前掲注 (59) 15頁。

て考慮する余地はほとんどない。」とする[64]。そして，信義則を中心とした一般条項による解決が重視する。すなわち，保証契約を締結するに至った事情，当該取引市場における一般的慣行，債権者と主債務者との取引の具体的態様，経過，債権者が取引にあたって債権確保のために用いた注意の程度，保証人の認識の程度，その他一切の事情を斟酌して，信義則に照らして（または，権利濫用に基づき）合理的な範囲に保証人の責任を制限するというものである。裁判例においては，昭和40年代は身元保証法5条類推適用と拮抗していたかのように見えるが，昭和50年代以降，徐々に，信義則を活用した処理へと収斂していく（具体的な裁判例を挙げれば枚挙に暇がないが，信義則によって保証人の責任を制限した事例として，大阪高判昭和38・9・5判時361号49頁，東京地判昭和45・12・8判時625号56頁，最判昭和48・3・1金判359号2頁，東京地判昭和48・11・26判時744号68頁，東京高判昭和51・4・6金法801号34頁，東京地判昭和53・2・16判タ369号344頁，水戸地判昭和51・10・20判時851号220頁，大阪高判昭和54・8・10判時946号59頁，大阪高判昭和56・2・10判タ446号137頁，大阪地判昭和59・12・24判時1167号73頁，東京高判昭和60・10・15金法1115号34頁，東京地判昭和60・10・31判時1207号72頁，神戸地判平成1・2・9判時1318号110頁，大阪地判平成2・2・15判タ727号225頁，東京地判平成2・7・23判時1386号121頁，東京地判平成3・7・31金法1310号28頁，大阪地判平成4・8・31判タ836号241頁，京都地判平成5・10・25金商949号30頁，大阪地判平成8・1・30判タ923号142頁，東京地判平成12・1・26判時1735号92頁，東京地判平成12・1・27判時1725号148頁，東京高判平成13・12・18判時1786号71頁，東京高判平成14・1・23判時1788号43頁，札幌地判平成17・9・16金商1226号26頁，東京地判平成17・10・31金法1767号37頁，大阪高判平成18・10・4金商1275号32頁など）。

そして，上記のような裁判例の傾向の中で，実務的には包括根保証契約は敬遠され，限定根保証契約が推奨される傾向となる中，平成16年（2004年）の民法改正において，貸金等根保証契約においては「極度額」概念が導入され，保証人は極度額を限度としてその責任を負えばよいこととなった（極度額の定めのない根保証契約は，無効となる。民法465条の2第2項）。

(3) 小 括

以上のことから，身元保証契約だけではなく，信用保証においても，保証人

が予期しない多額の債務を負わなければならないという不合理な結果を回避するため，保証人の責任を相当程度に制限すべきであるという視点は，以前から判例・学説が共有するところであったが，その法的根拠を巡っては，学史上，いくつかのアプローチが示されたことを認識し得る。なかでも，身元保証法5条の類推適用説が一定の支持を得たことは興味深い。信義則の用いられ方が消極的であった時期から既に，身元保証法へ注目が集まっていたことが窺われる[65]が，昭和40年代になると，より積極的に，身元保証法5条を保証一般の指導原理とすることの可能性が模索されるようになる。

　他方，時代の流れとともに，信義則による処理へと傾倒することとなる。そもそも，昭和22年（1947年）の民法改正の際に条文として民法1条2項が盛り込まれたが，戦後からしばらくは，その濫用に対する警戒心や思想的背景も相まって，契約法の適用から生ずる不都合を是正するための比較的限定的な用いられ方がなされていた。しかしその後（特に，1960年代以降），徐々に適用領域が拡大され[66]，今や「日本の裁判例で信義則が『帝王条項』たる地位をますます揺るぎないものにしつつある」[67]と評されるようまでになった。そのような信義則全般の発展の歴史に，保証人保護のための信義則活用の流れも重なり合う。そして現在では，保証契約締結に至る事情，当該取引の業界における一般的慣行，取引の通念，債権者の主債務者との取引の具体的態様・経過，債権者が債務者との取引にあたって債権確保のために用いた注意の程度，保証人が解約申入れをしなかった具体的事情，それについての保証人の過失，保証人の主債務についての認識の程度・その可能性，主債務の使途や額など様々なものが，信義則を通じて積極的に，保証人の責任を制限するための事情として考慮されるようになっている[68]。

　では，このような中で現在，身元保証法5条をいかに位置づければよいだろうか。身元保証法5条が衡平の実現を図り妥当な解決を導くことを本質とするのであれば，そもそも信義則の機能との親近性がある。そうであるとすれば，

---

[65]　石田文次郎『契約の基礎理論』（有斐閣，1940）98頁，林信雄『法律における信義誠実の原則——信義則の法理的並びに実証的研究』（評論社，1949）156頁などにおいて，当時の身元保証法への関心を窺い知ることができる。

[66]　谷口知平＝石田喜久夫編『新版 注釈民法（1）総則（1）』（有斐閣，1988）85頁以下〔執筆：安永正昭〕参照。

[67]　内田貴『契約の時代』（岩波書店，2000）71頁。

[68]　金田洋一「判批」判タ1065号21頁。

以前にも増して信義則が紛争解決に多用され，同原則を積極的に用いることに抵抗感がなくなっている今日においては，身元保証法5条という明文規定が存在するという意義は軽視することができないものの，独自の存在意義は，相当程度薄れてきているのではないか。

7　おわりにかえて

　本小稿では，身元保証法制定までの総論的な流れに加え，特に身元保証法制定後を中心として，法的性質，成立，期間制限，責任制限の各場面において，身元保証法理と一般的な信用保証法理の学史を対比しながら振り返りつつ，身元保証法理の独自の存在意義の有無について検討を行ってきた。

　各場面での分析は既に示したとおりであるため，詳細はここで繰り返さないが，要点のみを示すのであれば，①法的拘束力のある身元保証人の保証責任の内容は，損害賠償債務に限定され，しかも附従性を有するものに限定される可能性があること，②成立の局面では，身元保証人の保証意思の有無が大きく問題となっている形跡はないが，信用保証法理の動向からは，身元保証契約締結のための要件をより厳格にする可能性があること，③期間制限については，身元保証法における法定期間および解約権が一般的な信用保証法理をある程度リードしてきた形跡があるが，今や，同等のものが信用保証法理にも存在していること，④責任制限についても，身元保証法5条とならび，信用保証の領域において信義則法理が確立するに至り，保証法全体における身元保証法5条のインパクトは相当程度薄れている可能性があることなどを指摘した。

　西村信雄は，『身元保証の研究』の中で，保証一般の特殊性として，利他性，人的責任性，無償性，情義性，未必性を挙げ，また，継続的保証の特殊性として，永続性，広汎性を挙げたうえでさらに，「身元保証の独自的特殊性」を次のように分析している[69]。すなわち，①成立について，ⓐ身元保証は被用者が就職するための，もしくは，その地位を保持するための条件をなすことが少なくないこと，ⓑ保証締約の動機は，もっぱら親族関係・師弟関係・直接または間接の友人関係というような純然たる情義関係である（情義性が顕著である）こと，ⓒ要式契約化していること，ⓓ使用者側からみた場合，身元保証を単に

69　西村・前掲注（3）②172頁以下参照。

形式を整えるためにとっておくという程度に軽視されている場合があること，ⓔ保証人の側からみた場合，軽率になされる場合が珍しくないこと，②内容・範囲について，ⓐ万一の場合に備える担保であり，具体的債務は発生するに至らないのが常態である（高度に未必性がある）こと，ⓑその他の継続的保証に比較にならないほど高度の広汎性をもっていること，ⓒ身元本人の地位・職務等の変動により，具体的責任発生の危険，責任額拡大の危険が増大することが多いこと，ⓓ被用者をして不正行為をなさしめないようにこれを監督し得る地位にある者は，使用者であって身元保証人ではないこと，③存続について，永続性という特徴は，身元保証法の立法によって解決されたが，問題が全面的に解消したわけではないこと，などが特徴であるとしている。

　このような西村の分析は，現在でもなお相当程度維持し得るものと思われる。しかし，時代の流れに伴い，身元保証の近代化に加え，信用保証における保証人保護法理が発展する（すなわち，両者の位置づけが近接する）中で，身元保証法理の果たす独自の役割が極めて限定的にしか存在しなくなっているのではないかとの印象を拭えない。西村が掲げた上記の特徴は，いわば量的な問題であり，他の保証類型と比較して特殊な規範を必要とする質的問題ではなくなっている可能性はないだろうか。

　さらなる精緻な検討を通じて，身元保証法理に独自の意義を見出し得る場面が存在することが明らかになるかもしれない。しかし，本小稿を通じたラフ・スケッチを終えた現時点で，筆者は，明確な意義を見つけ出すことができていない。

債務消滅原因論

小 野 秀 誠

1 はじめに

(1) 債務の消滅原因には，多様なものがある。狭い意味では，債務が目的を達成して消滅する場合を指すが，より広義には，不能など目的の不到達の場合，さらには，時効のようなかなり政策的な消滅原因もある。より広義には，無効・取消・解除など契約が効力を失うことによって，間接的に債務が消滅する場合も含まれる。

現行民法の債権総論の中の「債権の消滅」(474条以下) では，弁済，相殺，更改，免除，混同の5つを例示し，目的の到達の場合のみにふれている。

これに対し，旧民法では，義務の消滅原因を以下の9つとした (財産編450条1項)。すなわち，①弁済，②更改，③合意上の免除，④相殺，⑤混同，⑥履行期ノ不能，⑦鎖除，⑧廃罷，⑨解除である。また，⑩義務が時効によっても消滅すると明示していた (同条2項)。すなわち，広義の定義によって，不能や解除の場合も含まれたのである。

このうち，①②④⑤の事由については，現行法にも引き継がれており，とくに説明する必要はない。もちろん，小さな相違は無数にあるが，それらの検討は本稿の対象ではない。③の免除 (Remise de dette, Erlass) には，有償の免除と無償の免除があるとされ，前者は，場合により，代物弁済，更改，和解，または解除を意味し，無償の免除は，贈与を意味していた (財504条2項)。また，債務の免除だけではなく，連帯の免除なども包含されていた (財509条参照)。契約としたのは，債務の免除は直接に債務者に利益を与えることから，その承諾なくしてこれを強いるべきでないとの考慮による (現474条2項と同趣旨)。他方，現行法の対象とする一方的な免除 (519条) は，利益は何人といえどもこれを放棄することをえるとの考慮によるものである[1]。

⑦「鎖除」は，無能力，錯誤，強迫，詐欺の場合に与えられた救済であり（544条以下），現行法では，民法総則上の取消に対応している。⑧廃罷（actio pauliana, action paulienne ou révocatoire）は，詐害行為取消権であり（財産編340条－344条），現行法下の裁判例でも，「廃罷」という語が登場することがある（たとえば，大連判明治44・3・24民録17輯117頁）。これらについても，本稿は立ち入らない。

　旧民法の⑥不能は，目的物の滅失を念頭においた概念であり（財539条），フランス民法典と当時の民法学の系譜を引くものであり（フ民1302条），ドイツ法の不能に比して，比較的狭い概念である（とくにド民旧275条)[2]。

　⑨解除は，財409条（停止条件の成就），財421条（解除条件），財422条により約定された場合である（財561条）。現行法の形成権としての解除とは，はなはだ性質を異にしている。

　(2)　債権の目的が達成されない場合の既存の債務からの解放原因としては，不能のような給付障害原因と，その債務自体を消滅させる手段としての解除が重要な機能を果たしている。損害賠償法も，差額説を採用した場合には，既存の債務と反対給付との消滅を差額計算の上で行っている。そこで，履行に代わる損害賠償は，既存の債務の解放原因として機能しているといえる。

　本稿では，これらの消滅原因のうち，債務の解放原因としての「不能」と現行法の「不履行」概念の相違，および形成権概念としての解除の発展とその一段階としての双務契約に包含された解除条件を検討する。債務の実現という面

1　梅謙次郎・民法要義（3・1912，訂正増補版）368頁。物権は，すべて権利者の意思で放棄でき，債権も，債権者のみの利益の場合には放棄でき，後者は136条2項からも明らかとする。

2　いわゆる大正期のドイツ法万能時代の影響である。もっとも，ドイツ法の不能は，遅滞と並ぶ中心的な消滅原因であるが，フランス法のそれは特定物の滅失を代表とし，不可抗力など免責事由のない障害事由のみを指している。419条3項に残された「不可抗力」概念は後者に近い。

　民法典成立後若干の学説は，不履行についてフランス民法的な解釈をしており，したがって，その場合には，損害賠償義務発生の要件として債務者の責に帰すべき事由を不要としていた（岡松参太郎・注釈民法理由（下・1898）83頁・502頁）。また，梅謙次郎・民法要義（三・1911）56頁・446頁，中島玉吉・民法釈義（債権総論上・1901）456頁参照。なお，旧民法議事速記録5巻1丁（不履行に対する損害賠償請求に関する403条参照）。他方，大正期の典型的な学説，たとえば，鳩山秀夫・日本債権法総論（1925）69頁は，明示的に過失を要件としている（初出は，大正5年＝1916）。これらにつき，小野・危険負担の研究（1995）110頁，117頁参照。

では，いずれも目的が不到達の場合に包含される。給付の不能と不履行の把握，および反対給付の消滅原因としての解除と危険負担の関係は，債務法の基礎を特徴づけるものである。種々の民法典の性格をも反映する重要な要素となるとの視点が不可欠であろう。

2　不能と不履行の概観

(1)　現行民法には，不能に関する定義規定はないが，536 条 1 項の前提として，415 条後段や 543 条の反対解釈などから，当然の前提になっているものと解される。しかし，その内容には，外国法の影響から，民法典起草当時のフランス法的解釈から，その後のドイツ法的解釈への変遷がある[3]。

現行法に対し，旧民法・財産編 539 条は，帰責事由のない不能において，義務の消滅することを明示していた。すなわち，「①義務カ特定物ノ引渡ヲ目的トシタル場合ニ於テ其目的物カ債務者ノ過失ナク且付遅滞前ニ滅失シ紛失シ又ハ不融通物ト為リタルトキハ其義務ハ履行ノ不能ニ因リテ消滅ス。若シ義務カ定マリタル物ノ中ノ数箇ヲ目的トシタル場合ニ於テ其一箇ヲモ引渡スコト能ハサルトキハ亦同シ。

②行為又ハ不行為ノ義務ハ其履行カ右ト同一ノ条件ヲ以テ不能ト為リタルトキハ消滅ス」。

財産編 539 条 1 項後段は，選択債務の全部不能に関する規定であり，現行法の 410 条 1 項（選択債務の一部不能）の延長にあるものである。財 539 条は，特定物の滅失を典型とし，フランス民法 1302 条に対応する（De la perte de la chose due）。ボアソナードは，特定物の滅失に行為給付の不能を加え，一般化したのである（財 539 条 2 項）。

また，財産編 540 条では，遅滞中の不能では，債務者は，不可抗力でも義務は免れえないとし，同 541 条は，不能の立証責任を定め，「①債務者ハ自己ノ

---

[3]　梅・前掲書 55 頁以下によれば，415 条において，「不履行」を中心に説明し，「不能」は，いわばその例外として，帰責事由のない場合を除外し，帰責事由のあることを損害賠償の前提として規定したのである。また，立証責任についても，債務者は，保存の義務をおうことから，天災によって証明をして責任を免れるものとする。小野・前掲注 (2) 110 頁。規定の沿革については，中田裕康「民法 415 条・416 条」民法典の百年 (1998) 1 頁。

申立ツル意外ノ事又ハ不可抗力ヲ証スルノ責ニ任ス」として，免責を主張するには，債務者が不可抗力のような免責自由を立証するものとしていた。フランス民法典でも，不可抗力や偶然（par suite d'une force majeure ou d'un cas fortuit）による事由では，損害賠償義務は生じない（1148条）。

帰責事由に関する立証責任の所在は，現行法では明文化されていないが，民法典制定後に問題となり，学説・判例は，債務者が免責を立証するものとした（遅滞中の不能について，大判明治45・3・23民録18輯315頁。立証責任については，大判大正14・2・27民集4巻97頁，大判昭和12・12・24新聞4237号7頁）。ドイツ民法典は，明文で，立証責任が債務者にあることを定めたことから（旧282条）[4]，対応規定のないわが法上問題となったものである。

(2) 給付障害の中心概念は，各国でかなり異なる。そして，わが起草者は，統一的な概念である債務不履行（inexécution）を基礎としており，それが415条に採用されている（フ民1147条参照）。英米法も，契約違反（breach of contract）を基礎とし，2002年に改正されたドイツ民法典も，統一的概念としての義務違反（Pflichtverletzung, 280条）を採用した[5]。ただし，その下位概念としての不能，遅滞，積極的債権侵害の意義までが失われたわけではない。

(a) そして，民法の起草者は，債務不履行に関する損害賠償責任は，債権者の過失による不履行の場合にも（債務者について）生じるので，その不都合を回避するために，現行418条では，過失相殺にさいして，裁判所は，損害賠償の「責任」をも考慮すると説明している（法典調査会・原案412条）。つまり，債務者に過失がなくても不履行責任が生じると考えていたのである。これは，債務者は，債務によって引き受けた結果責任を負担するとのイギリス法，あるいは「不履行」には当然に帰責事由が包含されるとするフランス法の客観的責任主義の影響によるものである[6]。

フランス法の免責事由は，偶然（cas fortuit, Zufall）と不可抗力（force majeure）であり，それは，たんに主観的に債務者に帰責事由がないというだけではなく，外来の危険（cause étrangère, Art. 1147）を意味しており，債務者

---

4 ドイツ民法では，第1草案から明文規定があった。第1草案239条，第2草案238条参照。Vgl. Motive, II, S. 26f.

5 Huber, Leistungsstörungen, Gutachten und Vorschläge zur Überarbeitung des Schuldrechts, Bd. 1, 1981, S. 647, D. 699ff.; Abschlußbericht der Kommission zur Überarbeitung des Schuldrechts, 1992, S. 128ff.

の人的事由、たとえば病気は包含されない。また、締約時に予見できないことを要し、当事者の支配の及ばない危険を意味する。そこで、ドイツ法やわが法の帰責事由のない場合よりもずっと限定されたものである。その意味では、英米法の不可抗力（vis major ＜ force majeure, cas fortuit, CC.art. 1148）が、厳格責任からの例外を導くことのみを意味することに近い[7]。そこで、フランス法の下でも、債務の不履行は、当然に過失（faute）を包含するものとされ、講学上の不能（impossibilié）は、例外とされ、415条の前段と後段は、こうした考え方を反映しているのである。この場合に、債権者は債務者の過失を立証する必要もない。

　もっとも、厳格責任主義といっても、このような不可抗力による免責のよちがあることが多く（たとえば、CISG、国際物品売買契約79条、80条）、まったくの無過失責任であることはまれである。さらに、瑕疵や予見可能性、因果関係の近接性、当事者の事業や財産の衡量などを要件とすることも責任の限定につながりうる。逆に過失責任主義といっても、信義則などによって、種々の厳格化装置が付されることが多く（履行補助者の責任、説明義務や付随義務、過失の程度の操作。日本の債権総論には、不可抗力概念も存続している。419条3項参照）、ある意味では、妥協の産物ともいえる。ドイツ民法典も、たんなる過失（Verschulden）のみによるのではなく、Vertretenmüssen（帰責事由）により、履行補助者の責任（厳密には他人の過失である）を含み、主観的不能（Unvermögen）には、つねに債務者の責任が生じるものとしている（さらに、無過失責任としての瑕疵担保、その拡張としての保証責任がある）。責任の帰趨は、実際には諸要素の組合せによることが多いのである。

　その後、不能をモデルとして、債務不履行に過失が必要とされるようになると、債権者がこれを立証する必要があるとされるようになったことから、債権者の立証を否定する趣旨は、のちに挙証責任の転換（債務者が帰責事由のないこ

---

[6] Vgl.Jörgensen, Die skandinavische Lehre der Vertragsverletzung, in Festschrift f.Larenz, 1973, S. 549ff., S. 565; Hellner, The Influence of the German Doctrine of Impossibility on Swedish Sales Law, Fest. f. Rheinstein z. 70. G., II, 1969, S. 705、これに関する詳細な研究は、Constantinesco, Inexécution et faute contractuelle en droit comparé (droits français, allemand, anglais) である。

[7] 英米法の厳格責任では、フラストレイションによる免責が、判例上形成され、また、制定法上は、国際取引において、商法上、不可抗力の概念が適用されたのである。小野・前掲書前掲注(2) 66頁以下、89頁以下。

とを証明する）に受け継がれている（大判大正 2・11・15 民録 19 輯 956 頁）。

（3）(a) ローマ法の伝統によれば，履行責任は，債権から直接に導かれるが，損害賠償責任や解除は，法定の責任として，過失に対する制裁と位置づけられる。すなわち，債務は，不能（たとえば，casus）や混同（confusio）にさいし，債務の目的は到達できないことから，当然に消滅する。二次的な権利である損害賠償請求権は，法定の責任として，過失を根拠として生じるのである[8]。

これに対し，英米法は，ゲルマン法の系譜を引き，基本的に債務の消滅による免責の契機を有さない[9]。ゲルマン法では，契約においても，不法行為においても，人の意思は，無視されており，債務者は，給付の結果に対して責任をおったのである。nicht-können は，nicht-wollen と同様に扱われ，給付の失敗は，過失の有無によることなく，債務者の責任とされた。

こうした厳格法の体系を修正したのは，ローマ法の継受であり，大陸では，早くから債務者は，不可抗力では，免責を主張できるようになった。不可抗力とは，債務者の支配する危険の領域や生活の領域の外にある外的な偶然を意味する。もっとも，当初は，多少の妥協が必要となった。ゲルマン法の伝統から，内的偶然は，債務者の責任を生じるとされた。そして，これは，ローマ法には存在しない最軽過失として，債務者の責任範囲とされたのである。すなわち，過失の客観化である。客観的責任概念の萌芽である。ローマ法継受後も，過失は全体として厳格化されたのである。これを本来のローマ法化するには，19 世紀のパンデクテン法学を待たねばならなかったのである[10]。

8　Sohm, Mitteis, Wenger, Institutionen, Geschichte und System des Römischen Privatrechts, 1949, S. 487. Vgl. D. 18, 4, 1 (Pomponius); D. 30, 39, 8, 9 (Ulpianus); D. 44, 7, 1, 9 (Gaius); D.45, 1, 33 (Pomponius); D. 46, 3, 95, 2 (Papinianus); D. 50, 17, 185 (Celsus). ローマ法の法文については，Otto, Schilling und Sintenis, Corpus iuris civilis, 7 Bde, 1831 - 39, Bd. 4 (1832), S. 572ff. (D. 44, 7 de obligationibus et actionibus). Vgl. Corpus iuris civilis, Institutiones (recognovit Krüger) & Digesta (recognovit T. Mommsen), 1886.

9　ローマ法の過失については，vgl.Mommsen, Die Lehre von der Mora nebst Beiträge zur Lehre von der Culpa, 1855 (Neud. 1997) S. 347ff. ローマ法継受による過失の厳格化については，小野・前掲書前掲注 (2) 297 頁。ゲルマン法の厳格責任については，簡単に，ミッタイス・ドイツ私法概説（世良晃志郎・広中俊雄訳・1961) 278 頁。

10　Ono, Die Entwicklung der Leistungsstörungslehre in Japan aus rechtsvergleichender Sicht, Hitotsubashi Journal Law and Politics, No. 30, p. 15 (2002). さらに，責任の主観化には，人の法的地位の確認とその対照としての限界に関する自然法的な契機も存在した。

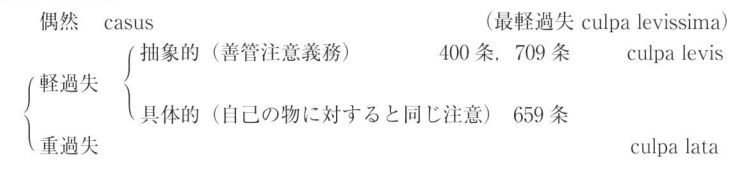

過失の諸段階
```
偶然    casus                                        （最軽過失 culpa levissima）
       ┌ 抽象的（善管注意義務）      400 条，709 条    culpa levis
  軽過失┤
       └ 具体的（自己の物に対すると同じ注意） 659 条
  重過失                                               culpa lata
```

　他方，英米法には，こうした債務からの解放や過失責任主義は疎遠なものであったから，厳格責任の構成が存続したのである。これを修正するのは，国際取引である海商法や一部の契約法の領域におけるフラストレイション法理だけである。前者では，外的な免責概念である不可抗力が導入され，債務者に過大な負担の生じることを防止した。そして，その契約法的な表現として，19世紀に入ってようやく，フラストレイション法理が形成されたのである。しかし，その経過から，フラストレイションは，大陸法の不能とは異なり，たんなる債務の消滅だけを導くのではなく，契約そのものを消滅させる構成をとっている。もっとも，フラストレイション法理の構成は多様であり，そのうち，約因の不成就理論のみが，不能と反対給付という大陸法的な債務の消滅の構成に近いが，20世紀以降，伝統的な全契約の解消（Impracticability）の構成が強まっている[11]。

　フランス民法でも，過失の概念は，必ずしも統一されていない。損害賠償義務の発生については，付遅滞（1146条），責めに帰しえない外来の原因（une cause étrangère qui ne peut lui être imputée, art. 1147）を要件とし，さらに，不可抗力と偶然（une force majeurs ou d'un cas fortuit）では，損害賠償義務は発生しないとした。他方では，物の保管について「善良な家父の注意」（soins d'un bon père de famille, art. 1137）を要するものとした。ローマ法的な種々の過失概念が統一されず，後者は，抽象的軽過失に対応するものと考えられている。ただし，これによって過失が認められないとすれば，1147条が，「外来」の事由のみを免責事由としたことは必ずしも一貫しない。十分な努力をしていれば，「内的」事由でも免責されるはずだからである。

　この区別をめぐって，フランス民法では，手段債務と結果債務の区分が行わ

---

[11] Cf. Restatement (second), §261; UCC, Section 2-615. 前掲書（前注（2））76頁以下参照。

れるようになった。その契機をなしたのは，医療契約に関する1936年5月20日の破棄院判決であった。学説には多様なものがあるが，手段債務の承認は，客観的責任の軽減のためである。ドイツ民法の発想は，もともと手段債務に近い。そこで，その補充として，法定責任としての瑕疵担保責任のような無過失責任が備えられたのである（旧459条以下。債務法現代化法では一元化されたが，なお無過失責任である。追完の437条，439条，減額請求の441条ほか)[12]。フランス民法では，担保責任が法定責任といっても，内容的には当然の規定（結果債務類似の状態）となる。

(b) こうした客観的責任の考え方は，のちに債務不履行が，不能（その他の給付障害）だけではなく，当事者の帰責事由を必要とする（責任の主観化）との構成によって克服された。そこで，債務者に帰責事由のない不能は，損害賠償義務を生じないから，債権の消滅原因となる。また，双務契約では，危険負担の問題を生じ，債権者は，対価の支払義務を免れるのである（536条1項)[13]。また，帰責事由が主観化されても，なお瑕疵担保責任（570条）や，金銭債務の不履行（419条3項）では，無過失の責任が定められている。

(c) ローマ法の債権・債務概念は，法律関係をできるかぎり二者関係に還元し，また障害をも不能に限定し典型化するものである。これは，近代の自然科学の思想（二体問題）に合致し，実務的には取引の単純に貢献したことから，有力となったが，周知のとおり，シュタウプの積極的契約侵害論によって批判されることとなった。しかし，この点も，ゲルマン法的な信義義務の体系では，前例がなかったわけではない。すなわち，レーン法は，主君に対する誠実義務を定め，その中には，不完全履行，不作為義務違反，保管義務違反，告知義務違反などの多様な違背類型が包含されていたからである（Halten-sollen）。これらの義務は，契約の交渉の開始から生じ，契約が締結されない場合にも損害賠償義務を生じたから，今日の契約締結上の過失責任（cic, culpa in contrahendo）をも包含するものである[14]。

12　Roland et Boyer, Obligations, 1995, n°. 1018（p. 425）et. s., n°. 1457（p. 601）; Demogue, Essai de classification des obligation, Rev.trim. 1936, p. 1 et s.

13　F・モムゼン（Friedrich Mommsen, 1818. 1. 3 - 1892. 2. 1）の体系がこれである。Vgl.Mommsen, Beiträge zum Obligationenrecht, 1853（Neud. 1997）に所収の3つの論文がこれを扱っている。モムゼンとその業績については，小野「法学上の発見と民法(1)」一橋法学10巻1号102頁参照。

(d)　近時の民法改正論議のうち，いわゆる改正検討委員会試案 3.1.1.62 は，英米法的な発想からのものである。「債権者は，債務者に対し，債務不履行によって生じた損害の賠償を請求することができる」。この定めは，債務不履行を一元的にとらえ，かつ帰責事由を要件としない立場である。債務不履行は，契約にもとづいて負担した債務を履行しないことによる。契約によって発生した債務の不履行の問題として把握するのではなく，直接契約の拘束力の効果ととらえる[15]。その意味では，損害賠償責任も，無過失責任の厳格責任である。ただし，これがあまりに過大な責任を生じることを考慮したのであろう。以下の制限がある。3.1.1.63「契約において債務者が引き受けていなかった事由により債務不履行が生じたときには」債務者は賠償責任をおわない。ただし，これは，原始的な不引受を理由とする免責のみを述べており，後発的原因による免責は十分ではない。英米法的な発想によるにもかかわらず，そこで肯定されている不可抗力 (force major) による免責も明文化されていない。英米法的な理論が判例法によっていることを見落とし（あるいは意図的にか），一面的に債権者に有利な規定となっている[16]。

(4)　(a)　民法は，過失責任主義を採用しているから，債務不履行が生じるのは，債務者に帰責事由（故意・過失）のある場合に限られる。したがって，債務不履行を理由とする損害賠償では，「債務者の責めに帰すべき事由」が必要である。これは，415条後段の不能の場合には明示されているが，前段の不履行については明文がない。しかし，学説上，当然のことと解されている[17]。

14　ミッタイス・前掲書前掲注 (9) 280 頁。

15　債権法改正の基本方針 II (2009) 137 頁。

16　中間試案には，関係論による反意思主義的傾向が強く反映されている。しかも，無批判なアメリカ法のつまみ食いによる新自由主義と関係論の奇妙な結合がみられる（弱者に対しては新自由主義）。関係論については，川角由和「現代民法学における〈関係的契約理論〉の存在意義」島大法学 37 巻 4 号，38 巻 1 号，3 号，39 巻 2 号参照。

17　これも古くからの通説である。鳩山秀夫・日本債権法（総論・増訂改版 1925）136 頁参照。鳩山博士は，過失の必要説として，石坂，横田，中島，磯谷，三潴の各説を，また不要説として，川名，岡松両説をあげている。判例については，明治 40 年から大正 8 年までは，不要説をとり（大判大正・8・9・11 民録 25 輯 1607 頁参照），大判大正 9・4・5 民録 26 輯 435 頁，大判大正 10・5・27 民録 27 輯 963 頁が，連合部でないにもかかわらず変更し，大判大正 14・2・27 民集 4 巻 97 頁も，過失の必要を前提に，債務者の無過失の立証を要件としたとする。我妻栄・民法講義 IV (1964) 100 頁，105 頁は，債務者の帰責事由を必要とする。過失責任主義からの当然の帰結とみるのが，戦後の大勢であろう。

債務不履行にもとづく契約の解除についても，同様の関係がある。履行不能による解除権の発生には，「債務者の責めに帰すべき事由」が必要とされているが（543条），履行遅滞の場合には明文がない（541条）。通説は，後者の場合にも，帰責事由を要件とする[18]。

　もっとも，近時の考え方では（ハーグ売買法条約やウィーン売買法条約のような国際的な統一法や2002年のドイツの新債務法にみられるもの），損害賠償とは異なり，契約の解除は，債務不履行に対する制裁と捉えるべきではなく，障害をうけた契約関係からの脱退であり，価値中立的なものであるから，帰責事由は必要ないとされる。したがって，帰責事由のない給付障害にも適用される（双務契約では危険負担をも代用するものとなる）[19]。

　危険負担は，双務契約上の給付が（当事者の帰責事由なくして）不能となったときに，反対給付義務を当然に消滅させる制度であるが（536条1項），不能にさいして，帰責事由なくしても契約の解除が可能となれば，解除によって反対給付義務も消滅するから，同じ結果となる。解除を危険負担にも転用するとすれば，両者は，当事者の意思表示によるかどうか（解除では意思表示が必要とされる。540条1項）という手続だけの点で相違することになる。もっとも，従来の危険負担は，不能と結合された当然の結果として，不能と同時に反対給付義務の消滅をもたらすが，意思表示を必要とする構成の下では，当然には反対給付義務は消滅しないから，その基準時を考察する必要が生じる。不能時とすることが一貫するが，他の選択として，契約時まで遡及するとするよちもある。この場合の解除が実質的に危険負担の代替物であり，後発的不能の調整を意図することからは，不能時とするべきであろう。売買のような一回的な給付であれば基本的に相違は生じないが（代金支払義務の消滅），賃貸借のような継続的な給付の場合には，契約時に遡る必要はなく，このことは，解除と解約告知の区分けからも正当化される。もっとも，この区分から遡及効を否定することになるが，遡及効を否定して，解除時とすることは，この間，債権者の負担を生じ

18　古くからの通説であろう。鳩山秀夫・日本債権法（各論上・増訂 1924）215頁参照。学説上履行遅滞に過失を要件としない者は，解除でも過失を要件としないとして，石坂説をあげている。判例については，大判大正10・6・30民録27輯1287頁ほか5判決をあげるが，故意過失を問わないものとして，大判大正8・9・11民録25輯1607頁をあげている。我妻栄・民法講義V1（1954）156頁は，債務者の帰責事由を必要とする。

19　これにつき，小野・前掲書前掲注（2）91頁以下参照。また，小野「給付障害の体系」一橋法学4巻3号761頁以下参照。

ることから妥当ではない。たとえば，建物の滅失・毀損による一部滅失で，賃料の減額が生じるのは，その滅失・毀損時からである（611条1項参照）[20]。

(b) 2008年に，日本でも批准されたウィーン売買法条約（1981年，国際物品売買契約に関する国際連合条約，日本では2009年8月発効）のもとでは，当事者の免責事由は，「帰責事由のないこと」ではなく，「不可抗力」である。後者は，債務の厳格責任（strict liability, 結果責任）を原則とする英米法において，例外的に免責を認めるための概念であり，一般的にいって，帰責事由よりも限定的な概念である。新たな概念による実務への影響が予想される。しかし，専門的債務者が予定されている国際取引とは異なり，素人の債務者にとっては酷な状況が生じる可能性があり，国内の取引については，安易な転換は妥当ではない。

責めに帰すべき事由（帰責事由, vertretender Umstand）は，故意・過失（Vorsatz, Schuld, ローマ法の consilium, culpa levis），およびそれと同旨するべき事由をいう。これと対応する概念として，善良なる管理者の注意義務を尽くさない場合がある。日本の民法では，債権総論では，ローマ法の概念を帰責事由（Vertretenmüssen）に置き換えたので，不可抗力の概念が残存しているのは例外的である（419条3項）。

(c) 履行不能にもとづいて損害賠償を請求するさいに，不能を生じたことに関する帰責事由については，債務者が，その不存在を立証しなければならない。415条後段の文言からすると，損害賠償を請求する債権者が債務者に帰責事由のあることを立証するべきもののようにみえるが，その必要はない。履行不能の場合には，債務者は本来の債務を負担していたのであり，損害賠償義務はその変形にすぎないからである。そこで，不能の事実から債務者の過失を推定することができ，また立証の軽減という意味から不法行為と異なる扱いが衡平であり，信義則にもかなうのである。さらに，金銭債務の履行遅滞の場合には，419条3項において，債務者は不可抗力をもって抗弁となしえないと規定されているが，これとの比較上も，金銭債務でない債務の履行遅滞では，債務者は，不可抗力の立証をして損害賠償義務のないことを主張しなければならない（大判大正14・2・27民集4巻97頁，大判昭和12・12・24新聞4237号7頁）。

---

20 もっとも，これは，一部滅失では，一部解除が行われるのであって，継続的な給付では，遡及効を否定としても同じになる。小野・前掲論文前掲注(19)体系771頁参照。なお，610条は，行為基礎の喪失の場合である（小野「収益の減収と賃料・小作料の減免請求権」反対給付論の展開（1996）232頁）。

前述のように，古い考え方の下では，債務者の帰責事由の証明を不要とするよちがあった。大正期になって，ドイツ法式に，帰責事由が意識されると，法文上，債権者に立証させようとする見解を生んだ（大正14年判決の原審にもみられる）。ドイツ民法の旧282条は，不能が債務者の帰責事由にもとづくかどうかに争いがある場合には，挙証責任は債務者にあると明文で定めたが，日本法には，これに相当する規定がないからである。これに対し，大審院は，債権者の立証を不要としたのである。たんに，ドイツ法解釈のみが理由であったわけではない。

　ちなみに，ドイツの2002年の債務法現代化法は，280条1項1文に，義務違反による損害賠償の規定をおき，同2文では，債務者が義務違反につき帰責事由がないときにはこの限りでないとした。この規定なら，挙証責任が債務者にあることは明白である。

　すなわち，不能と遅滞とを問わず，過失責任主義から，損害賠償責任の発生には，債務者の帰責事由が必要であり，またその立証は，債務者の負担となるのである。

　(d)　契約の体裁によっては，当事者の証明責任の範囲が問題になることがある。たとえば，「被共済者が急激かつ偶然の外来の事故で傷害を受けたこと」を支払事由とする中小企業の災害補償共済に関する規約にもとづき補償費を請求する者の責任である。最判平成19・7・6民集61巻5号1955頁，判時1984号108頁は，被共済者の傷害が同人の疾病を原因として生じたものではないことの主張立証責任をおわないものとした。契約文言からすれば，請求者が，事故の「外来性」を立証する必要があるようにみえるが，その負担を軽減するものである。具体的には，請求者は「もちが詰まったことによる事故だった」と立証すればたり，「病気が原因ではない」（内在的事情の不存在）との立証は要らない[21]。

---

[21]　最判平成25・4・16金判1416号14頁は，吐物の誤嚥は傷害保険普通保険約款において保険金の支払事由として定められた「外来の事故」に該当するとして破棄差戻した。学説には，これを肯定するもの（竹濱修・リマークス45号93頁）と，いったん胃に到達した食物の外来性を否定するドイツ法にならい，反対するものがある（土岐孝宏・法セ704号113頁，同・法セ678号127頁，山野嘉郎「吐物誤嚥と傷害保険における外来性の法的評価」損保研究74巻1号91頁，潘阿憲「傷害保険における外来性要件の判断基準」損保74巻3号1頁）。

(5) (a) 旧民法財産編542条では，不能のさいの債権者の義務の消滅を定めた。ただし，債務者が出捐したときには，支払義務があるとする。これは，実質的には，危険負担の問題であり，債務者主義の規定である。「債務者カ履行ノ不能ニ因リテ義務ヲ免カレタルトキハ，其債務者ハ已レノ受取ル可キ対価ニ付テハ其履行ノ為メ既ニ出捐シタル限度ニ於テノミ権利ヲ有ス」。

現行536条1項では，給付不能に対応して，反対給付義務の消滅を規定するが，この542条は，たんなる反対給付義務の消滅だけではなく，一部存続を認めている。その限りでは債権者主義ともいえるが，債務者の出捐に対する償還を認めたものであり，合理性を有する。すなわち，伝統的な債務独立説は，反対給付の債務が消滅するためには，独立した債務の消滅原因，たとえば弁済が必要であり，それがないかぎり，いったん成立した債務は独立して存続する，というものである。これは，給付相互の牽連関係を認めないことを意味し，不能の債務（反対債務も）解放原因たることを見過ごした議論である。しかし，ボアソナードのそれは，債務者の給付準備のための出費の償還を意図しており，合理性をもっているのである。英米法でも，こうした出費の償還を認めている[22]。

(b) ドイツの債務法現代化法では，新たに，284条において，むだになった費用の賠償の規定をおいた。すなわち，債権者が給付をうけることを信じて出費をし，かつそれが正当な場合には，債権者は，給付に代わる損害賠償に代えてその費用の賠償を請求することができる。ただし，債務者の義務違反がなかったとしても出費の目的を達することができなかったであろう場合は，このかぎりでないとされる。同条は，有責な障害であっても，非財産的な損害が生じる場合を考慮している。253条によれば，非財産的な損害は，原則として法律に規定のある場合にしか賠償されないからである。284条はその例外を規定したのである[23]。

(c) そして，旧民法の財産編543条は，代償請求権をも定め，目的物の滅失に際し，第三者に対する損害賠償請求権が発生したときには，債権者は，この請求権と残余の物の請求ができるとしていた。代償請求権についても，現行法は明文規定をおかず，学説・判例は，これを解釈として肯定している（最判昭

---

22 これにつき，小野・危険負担の研究（1965）197頁以下，244頁参照。英米法は235頁以下。

和41・12・23民集20巻10号2211頁，大判昭和2・2・25民集6巻236頁）。代償請求権は，フランス民法典1303条，ドイツ民法典285条などに明文規定がある[24]。

3　解除と解除条件，危険負担

(1)　現行民法は，形成権としての解除を認め，遅滞の場合の541条と不能の場合の543条の規定をおいている。

(a)　これに対し，旧民法は，財産編421条に，双務契約には解除条件が包含されていることのみを定めていた。すなわち，「①凡ソ双務契約ニハ義務ヲ履行シ又ハ履行ノ言込ヲ為セル当事者ノ一方ノ利益ノ為メ他ノ一方ノ義務不履行ノ場合ニ於テ常ニ解除条件ヲ包含ス。

②此場合ニ於テ解除ハ当然行ハレス損害ヲ受ケタル一方ヨリ之ヲ請求スルコトヲ要ス。然レトモ裁判所ハ第406条ニ従ヒ，他ノ一方ニ恩恵上ノ期限ヲ許与スルコトヲ得」。

さらに，旧民法財産編422条「①当事者ハ前条ノ解除ヲ行ハサル旨ヲ明約スルコトヲ得。

---

[23]　Vgl. BGHZ 114, 193; Jauernig, BGB, 2011, S. 281 (Vollkommer), S. 282; Stoll, Notizen zur Neuordnung des Rechts der Leistungsstörungen, JZ 2001, 589 (S. 595). Stollは，因果関係の問題ではないとする。日本法では，とくにこうした区別を設けないから，多くの場合に，当初から損害賠償の範囲に包含されるのではないかと思われる。

　反対給付論において，無責の障害で出費の賠償がえられることを前提に，一定の場合に，有責の場合にも出費の賠償を義務づけたものである。現代化法の問題は，多様な損害賠償が根拠条文を異にして概観しにくい点にある。

　有責の場合では，給付に代わる損害賠償の請求権のあることが必要であり，当然，債務者の有責な不履行が要件となる（ド民311a条2項2文参照）。他方で，支出は，債権者の自由な財産的負担の場合を意味し，たとえば，仲買人の費用，保険の締結，輸送のための委託，コンサートのための旅行や宿泊の料金で，給付が拒否された場合（BGH 114, 197）や，将来のための改造や宣伝の費用などがあてはまる（BT-Drs. 14/6040, S. 143）。履行された反対給付も含まれる。

　また，支出は，衡平（Billigkeit）の範囲と額によるとされ，あまり突飛な支出では賠償されない。これは，日本法では，因果関係の問題となろう。また，債務により追求した目的が，義務違反以外の理由で達成できないときにも（Zweckverfehlung）は，請求できない。そして，支出賠償の請求権は，給付に代わる損害賠償請求権と，選択的（wahlweise）である（ド民311a条2項1文）。

[24]　小野「代償請求と第三者関係」前掲書前掲注（20）379頁参照。

②又当事者ハ履行ノ遅滞ニ付セラレタル一方ニ対シテ解除ノ当然行ハル可キ旨ヲ明約スルコトヲ得。然レトモ遅滞ニ付セラレタル一方ハ他ノ一方カ其解除ヲ申立ツルニ非サレハ自己ヨリ之ヲ申立ツルコトヲ得ス」。

　この財産編 421 条は，フランス民法典 1184 条に相当する規定である。フランス民法典（1804 年）は，少なくとも法文上，形成権としての解除権をもたない。法典上の制度としては，合意解除のみが認められている。ただし，明示の合意は必要ではなく，双務契約には当然に解除条件が包含されているものとする。

　双務契約は，当事者の一方が債務を履行しない場合には，つねに解除条件が包含されている，とみなされている（同条 1 項）。つまり，当事者の一方の履行は，相手方の履行がなされることを条件としているのであるから，相手方が履行しない場合には，給付をうけない当事者は，明示に解除条件を付した場合と同じく，当該の契約がみぎの解除条件の成就によって解消された，とみなすことができる。もっとも，この場合に，契約は当然に解消されるのではなく（同条 2 項），その主張は裁判上の請求によらなければならない（同条 3 項）とされる。

　(b)　しかし，この 1184 条は，その後 2 面において拡張された。第 1 に，同条は，本来契約の不履行につき不履行当事者に帰責事由がある場合を予定しており，判例や学説でも，伝統的にはそのように解されていた[25]。しかし，その後，判例は，19 世紀から 20 世紀の初頭にかけて，不履行が偶然あるいは不可抗力によって（つまり当事者に帰責事由なくして）生じた場合にも，1184 条の適用を認める立場をとったのである[26]。これは危険負担への解除権の転用と拡張を意味している。ただし，法典には，契約ごとに，多くの危険負担規定が存在し，そこから，わが民法 536 条 1 項相当の一般原則が解釈上肯定されており，必ずしも解除条件によって統一されているわけではない。

　第 2 に，法文上それは当事者の解除につき裁判上の請求を必要とするが，請求の前提となる解除の意思は裁判外にも存在するとして，実質的に拡張された

---

[25]　小野・前掲書前掲注（22）48 頁以下，54 頁注 16 参照。以下の詳細は同書による。
[26]　小野・48 頁以下。そして，この方法が，20 世紀後半の転換点において，広く採用された構成となった。1964 年のハーグ統一国際動産売買法，1980 年のウィーン統一国際動産売買法，1997 年の Lando 委員会のヨーロッパ契約法原則（The Principles of European Contract Law, 1997）（なお，1998/99 年に改定），1994 年の UNIDROIT（Principles of International Commercial Contracts, 1994），2002 年のドイツ民法典の改正法（債務法現代化法）などにおいて，採用されたのである。

のである。また、当事者間において約定解除は可能である。しかし、この拡張によっても、比較法的に形成権としての解除権の機能が限定されていることは否定しえない。また、法定解除に比して、信義則などの制約をうけやすいのも当然である。

債務不履行による解除権以外に、瑕疵担保解除の可能性もある。その性質は法定解除の一種である。ここで、その内容の詳細に本稿で立ち入る必要はあるまい（1641条以下）。瑕疵担保解除権（action résolutoire）は、ローマ法の解除訴権（action rédhibitoire）の系譜をひくものであり、対象は限定されている（1644条）[27]。

詐欺または強迫による取消（1109条、1117条）にも、訴訟上の行使が必要とされる。したがって、ここでも、形成権としての機能は限定されている。

(c) 同じく自然法的な法典であるALR（プロイセン一般ラント法典、1794年）は、債務不履行による損害賠償のみを認め（1部5章393条）、法定解除権は例外的に認められたにすぎない（1部5章377条、396条〜399条）。普通法は、一般的な解除権を認めなかったからである。もっとも、個別の解除規定は存在する（売買に関する1部11章129条、130条、207条、938条、1001条）[28]。また、ALRは、詐欺などによる取消を肯定したが、これにも裁判上の請求が必要とされていた（1部4章45条、46条、85条、92条）。

これに対し、ABGB（オーストリア一般民法典、1811年）は、920条において、一般的に、契約の解除を認めた。「義務者の過失またはその責めに帰すべき偶

---

[27] 解除権をローマ法の解除訴権とは区別する見解では、形成権的な行使（de plein droit）が可能となるが（効果も絶対効）、区別せずに解除訴権を売買上の合意にもとづくものとする見解では訴訟が必要となる（効果も相対的）。比較的新しい学説は、前者による。Cf. Planiol-Ripert, Traité pratique de Droit civil français, t. X, 1956, nº 34（p. 150）。なお、1644条によれば、買主は、代金減額権との選択権を有する。

形成権の発展が、ドイツ法においては法典先行型であるとすれば、フランス法においては、実務・学説先行型である。訴権体系の古い法典において請求権や解除条件の形式しか備わっていないにもかかわらず、実務上、実質的に意思表示の本質性が認められたからである。しかし、ドイツ法的に、逆の立場からあらかじめ形成権の存在が容認されていたとしても、相手方が形成の効果を肯定しない場合には、訴訟が必要になる点は同様であるから、両者の相違は見かけほどには大きくはないのである。

[28] ただし、その草案268条、275条は、契約の一般的な解除権を認めた。これにつき、本田純一「近世ドイツ立法史における形成権の基礎」一論74巻2号228頁。Vgl. Richter, Studien zur Geschichte der Gestaltungsrechte des deutschen bürgerlichen Rechts, 1939, S. 132; Leser, Rücktritt vom Vertrag, 1975, S. 7ff.

然により，履行が挫折した場合には，相手方は，不履行による損害賠償を請求するか，契約を解除することができる。一部の挫折の場合には，行為の性質上，または義務者に知られた給付の目的上，一部履行が利益をもたないと解されるかぎり，解除権が帰属する」。

自然法的な法典において，一方的な解除を認め，かつ裁判上の手続を必要としないとした点において，ABGB は画期的な意義を有する。

(2) 19世紀の中葉まで，多くの立法例も，瑕疵担保解除の場合を除き，形成権としての解除権にはいたらず，合意解除の方式にとどまっていた。しかし，後期普通法では，新たな変化が生じた。1861 年のバイエルン民法典草案は，一般的な解除権を認めた。そこでは，解除は，一般的な救済方法と位置づけられており，訴訟を必要とすることもない（債務関係（第2部）の 138 条 1 項）。しかし，取消権については，原則として裁判上の請求を必要とした（第1部・法律行為の 83 条，84 条)[29]。

もっとも，一方的な解除権によって統一されたわけではなく，たとえば，ザクセン民法典（1865 年）は普通法に従い，一般的な解除権を否定した。すでに，19 世紀も半ば以降であった。このザクセン民法典は，普通法に忠実であり，あまり進取の傾向がない（危険負担の債権者主義もみられる。866 条。19 世紀のドイツ法系の立法には破格の構成であった）。ドレスデン草案（1866 年，Dresdener Entwurf eines allgemienen deutschen Gesetzes über Schuldverhältnisse, 1866）も，債務不履行の一般的な救済としては，損害賠償を規定したにとどまり（273 条），一般的な解除権については規定しなかった[30]。

しかし，ほぼ同年代のドイツ普通商法典（ADHGB, Allgemeines Deutsches Handelsgesetzbuch, 1861, ライヒ法になったのは，ドイツ統一時の 1871 年）は，債

---

29 Vgl. Entwurf eines bürgerlichen Gesetzbuches für das Königreich Bayern, Theil II. Recht der Schuldverhältnisse, 1861. S. 58（Artikel 138）; Theil. I Von den Rechtsgeschäften, S. 18（Artikel 83）; Motive zum Entwurf eines bürgerlichen Gesetzbuches für das Königreich Bayern, 1861, S. 94ff.（Art. 138）; S. 37（Art. 83）.

30 Vgl. Entwurf eines bürgerlichen Gesetzbuchs für das Königreich Sachsen nebst allgemeinen Motiven und Inhaltsverzeichniß, 1860, S. 143. 草案 889 条がこれに対応する。
　ドレスデン草案は，ドイツ民法典第1草案の債権編の基礎となったことから意義の大きい立法作業であるが，ナポレオン没落後に成立したドイツ連邦（1815 - 66）の脆弱さから，債権法のみを対象としたこと，および政治的にはプロイセンが参加しなかった点に制約を有していた。

務不履行による一方的な解除権を定めた。商行為の売買に関する規定のうち，買主の遅滞に関する254条と売主の遅滞に関する355条がこれを定めた。一般的な解除権の発展にとっては画期的な法典と位置づけられる[31]。

(3) ドイツ民法典（1900年）は，法定の解除を認めたが，その原始的な規定において（1900年法。以下の2002年法までの説明は1900年法による），主として合意解除を規定し，法定解除には合意解除を準用する方式を採用していた。すなわち，327条において，325条，326条の法定解除権にも，346条から356条の約定解除権の規定を準用するとして，意思表示による解除を一般的なものとしたのである[32]。

第1草案426条「契約当事者が契約解除権を留保した場合には，権利者が相手方に解除の意思を表示したときに解除される。

その意思表示は撤回できない」〔ド民349条相当。同条では，解除は，相手方に対する意思表示により行うとする〕。

第1草案は，給付障害について，不能の一元的体系をとっていたことから，解除権の発生事由も不能によっていたが（第1草案369条），1900年のドイツ民法典では，遅滞と不能の二元体系に改められ，解除権の発生原因も，この2つからとなったのである（不能に関する325条と遅滞に関する326条)[33]。

(4) 2002年の新債務法現代化法においては，解除は，約定解除とともに，当然に法定解除をも対象とする方式に改められた。解除の効果に関する346条

---

31 Leser, a.a.O. 前掲注 (28), S. 10. ただし，先例としては，プロイセンとオーストリアの商法草案にも，一般的な契約解除権が定められていた。Reyßner, Allgemeines Deutsches Handelsgesetzbuch nach Rechtsprechung und Wissenschaft, 1878, S. 368ff. S. 374 Anm. 23. フランス法とは異なり，権利者の決定のみでたりるのである。

普通商法典が民法的な事項を直接規定することを避けた例としては，危険負担の345条があり，そこでもラント法の規定に委ねるものとした。ただし，遠隔売買では，運送人への引渡により危険が移転するとする。ド民447条に相当するものである。

32 ただし，相手方に責がない事由により解除権が発生する場合には，相手方は，不当利得法による返還の義務を負担するにとどまる。すなわち，818条3項＝日民713条の利得の喪失規定が適用され，返還義務が軽減されるのである（327条2文）。

Motive II, S. 280f. = Mugdan II, Die gesamten Materialien zum Bürgerlichen Gesetzbuch für das Deutsche Reich, 1899, S. 155f.; Leser, a. a. O. 前掲注 (28), S.29ff.

33 給付障害の一元的体系はモムゼンに由来し，普通法上の支配的見解であったが（前掲注 (13) 参照），しだいに，遅滞がべつの類型とされ，そして，1900年の民法典成立後，1906年にシュタウプにより，積極的契約侵害の類型が分離するにいたるのである。小野・司法の現代化と民法（2004）176頁以下参照。

1項がこれを定めている。「契約当事者が契約により解除権を留保しまたは法定の解除権を有するときには，解除の場合には，受領した給付を返還し，収取した利用を返還しなければならない」。

合意解除の規定を法定解除に準用する327条は，削除された[34]。しかし，解除権の形成権としての性格には変更がない。349条「解除は，相手方に対する意思表示によって行われる」。

また，約定解除権の発生は，不能と遅滞によるのではなく，給付の不履行によるものと修正された。323条1項「双務契約において，債務者が履行期の到来した給付をしないとき，または契約に従ってしないときには，債権者は，債務者に対し給付または追完のための相当の期間を定め，これが徒過された場合には，契約を解除することができる」。この問題は，給付障害の事由の修正（一般的給付障害法の生成）としては大きな問題であるが，本稿では立ち入らない[35]。

(5) このようにドイツ民法（1900年）では，債務消滅原因としての解除には，それをもたらす方法としての形成権と，帰責事由が顕著な特徴となっている（2002年法では，帰責事由は修正）。わが民法の伝統的な構成でもある。これに対し，フランス法では，帰責事由は不要であり，外観上，形成権としての構成もみられないのが特徴である。しかし，これらは，いわば発展上の産物であり，必ずしも論理必然的なものとはいえない。

4 むすび

(1) 債務法の改正論議が盛んであることから，最後に，中間試案にみられる修正をも概観しよう〔脱稿後，要綱仮案，要綱案が出ているが，立ち入りえない〕。ひと言でいえば，そのモデルは，2002年のドイツ債務法現代化法をよりアメリカ法化したものである。現行法の給付障害論のモデルは，成立後しだいにフ

---

[34] 新債務法の基礎となった1992年の債務法改定草案に関連して，小野「ドイツ債務法改定草案における清算」給付障害と危険の法理（1996）212頁所収（214頁），「ドイツ債務法改定－解除と危険負担，給付障害論」同405頁所収。

[35] 小野・前掲書前掲注（33）現代化176頁所収。Vgl.Motive,I, S. 220f. = Mugdan, I, S. 474f. すなわち，意思表示の効力を失わせる意思を随意に表示しただけでは十分でなく，相手方に対して形成権者の拘束力のある意思表示をすることが必要とする。

ランス法から1900年のドイツ民法典上の学説や判例に接近したが，中間試案のそれは，初めからアメリカ法に近い[36]。そして，現代化法にもある債務免責規定（275条，不能，給付義務の限界）がなく，しかし，義務違反（Pflichtverletzung）による損害賠償（ド民280条）と解除（ド民324条）に対応して，損害賠償（415条）と解除（541条）が定められるという構造は，現行法の構造を残している。なお，本稿では簡単に概観するだけであり，多数の問題点を含む試案やその後の変遷に対する全面的検討ではない。

(2) 不履行（第10）。

(ｱ) 債務不履行に関する415条では，「債務の不履行」が用いられている。一般的な根拠規定としての意義は維持されている（同条1項）。また，債務の不履行が，「債務者の責めに帰することのできない事由」によるときには，債務者は，損害賠償責任をおわない。伝統的な過失責任主義によるものである。かつて，私的な研究会である「民法（債権法）改正委員会」が公表した私案にあった英米法的な発想による規定は，外観上は放棄されている[37]。

そして，この「債務の履行をしないとき」は，まったく履行しない場合（無履行）のほか，一応の履行はあるもののそれが必要な水準に満たない場合（不完全履行）をも包含するとされ，これは，解除の541条と同様である。

現行法で，文言上は425条後段にしかみられない帰責事由の要件は，一般的な免責要件とされている。一般的な過失責任主義によるものであり，これも外観上現在の学説にもとづき，フランス法的な客観的過失の概念をとらないこととされている。

契約以外の債務については，契約による債務についての規定内容とパラレルに，債務不履行の原因につき債務者においてそのリスクを負担すべきであった

---

36 中間試案（第10 債務不履行による損害賠償）38頁以下，（第11 契約の解除）46頁，（第12 危険負担）51頁など参照。中間試案は，全体としてドイツ債務法現代化法のコピーに近く，現行法の立法化とはほど遠いものとなっている。また，新自由主義的傾向が強く，将来に禍根を残す構成となっている（前掲注(16)参照）。

37 ただし，中間試案は，外形上厳格的構成を修正しているようにみえるが，実際はたんに批判回避のための表現にすぎない（目くらまし）との見解も強い（加藤雅信「『中間試案』に対するパブリックコメント提出意見」12頁，山田創一「民法（債権法）改正の中間試案に関する考察」専修ロージャーナル9号30頁など）。債務不履行構成への批判については，長坂純「債務不履行による損害賠償請求権の成立要件」民法改正案の検討（1巻・2013）20頁がまとまっている。小野「比較法の系譜と民法」民事法情報282号22頁（35頁）をも参照。

か否かを，債務の発生原因たる事実およびこれをめぐるいっさいの事情（「債務が生じた原因その他の事情」）に照らして判断されることを示すものとしている（同条3項）。

　(イ)　遅滞については，412条の規律を維持した上で，同条第2項の規律に付け加えて，債権者が不確定期限の到来したことを債務者に通知し，それが債務者に到達したときも，債務者はその到達の時から遅滞の責任をおうとする。期限の到来を債務者に通知し，それが到達した場合には，債務者の知・不知を問わないで，その到達の時から遅滞の責任が生じるとの解釈を明文化するものとする。

　(ウ)　415条後段を拡大し，以下の場合に，履行に代わる損害賠償の請求ができるものとする。

　(a)　その債務につき，履行請求権の限界事由があるとき。
　(b)　債権者が，債務不履行による契約の解除をしたとき。
　(c)　上の(b)の解除がされていない場合であっても，債権者が相当の期間を定めて債務の履行の催告をし，その期間内に履行がないとき。

　このうち，(a)は，不能の場合に相当する。(b)によって，解除が債務解放原因であることが明らかにされているが，過剰であろう。債務不履行により債権者が契約の解除をしたことを填補賠償を請求するための要件として明記したと説明されているが，解除の規定があれば，不要である。(c)は，債権者が相当の期間を定めて履行の催告をしたにもかかわらず債務者が当該期間内に履行をしなかった場合（民法第541条参照）には，契約の解除をしなくても填補賠償を請求することができる旨を定めるが，(a)の履行請求権の限界に比して小さく，次元を異にする。瑣末であり，技術的にも，むしろ541条と関連づけられるべきであろう。

　(d)　債務者がその債務の履行をする意思がない旨を表示したことその他の事由により，債務者が履行をする見込みがないことが明白であるときも，履行に代わる損害賠償請求ができるとする。英米法的な規定である。

　(エ)　履行期を経過し債務者が遅滞の責任をおう債務につき履行請求権の限界事由が生じた場合には，債務者は，その限界事由が生じたことにつき免責事由があるときでも，損害賠償の責任をおう。伝統的な遅滞中の不能の場合と同様であり，債務者の責任が拡大されるのである（大判明治39・10・29民録12輯641頁）。

(オ) 代償請求権を明文化する点については，立ち入らない。履行請求権の限界事由が生じたのと同一の原因により債務者が債務の目的物の代償と認められる権利又は利益を取得した場合において，債務不履行による損害賠償につき免責事由があるときは，債権者は，自己の受けた損害の限度で，その権利の移転または利益の償還を請求することができる（最判昭和41・1・23民集20巻10号2211頁）。それ自体には，あまり異論はないであろう。

(3) 解除（第11）

(ア)「当事者の一方がその債務を履行しない場合において，相手方が相当の期間を定めて履行の催告をし，その期間内に履行がないときは，相手方は，契約の解除をすることができる」。基本的には，541条を維持し，ただ付随的義務違反等の軽微な義務違反が解除原因とはならないとする判例法理に基づき，一定の事由がある場合には解除をすることができない旨の阻却要件を付加する（最判昭和36・11・21民集15巻10号2507頁など）。これには，あまり異論はないであろう。

(イ) 一定の要件の下では，催告が不要となる。

(a) 契約の性質又は当事者の意思表示により，特定の日時又は一定の期間内に履行をしなければ契約をした目的を達することができない場合において，当事者の一方が履行をしないでその時期を経過したこと。

(b) その債務の全部につき，履行請求権の限界事由があること。

(c) 上記(a)(b)に掲げるもののほか，当事者の一方が上記(ア)の催告を受けても契約をした目的を達するのに足りる履行をする見込みがないことが明白であること。

このうち(a)は，定期行為による解除（542条）に相当する。(b)は，不能に関する543条に相当する。(c)は，これらを補充する。

(ウ) 当事者の一方が履行期の前にその債務の履行をする意思がない旨を表示したことその他の事由により，その当事者の一方が履行期に契約をした目的を達するのに足りる履行をする見込みがないことが明白であるときにも，無催告解除が可能である。履行期前の履行拒絶に対するものであり，解除を可能としている。わが裁判例（大判大正15・11・25民集5巻763頁など）にもあるが，基本的には，英米法の発想である。

(エ) 新設規定としては，複合契約における特則がある。すなわち，同一の当事者間で締結された複数の契約につき，それらの契約の内容が相互に密接に関

連付けられている場合において，そのうち一の契約に債務不履行による解除の原因があり，これによって複数の契約をした目的が全体として達成できないときは，相手方は，当該複数の契約の全てを解除することができるとする。判例によるものである（最判平成8・11・12民集50巻10号2673頁）。

　(オ)　解除権行使の要件としての帰責事由については，明文がなく，基本的には要件としない趣旨である。これに対し，これを要件とするという考え方も併記されている。また，危険負担に関する部分（第12）において，解除によって，債権者の対価支払義務からの免責が行われることからも，解除権の行使には，帰責事由を必要としないことが明らかにされている（536条1項相当）。近時の多くの立法例に従うものである（ウィーン条約，ドイツ債務法現代化法など）。

　ただし，債権者の帰責事由がある場合に，解除権の行使は制限されるから，これは，実質的に，現行の536条2項に対応することになる。

　(カ)　解除と危険負担の一般論については，①前者に統一する，②選択的行使，③現状維持の方法がありうるが，①は困難であるから，ドイツの現代化法のように②とし，不能による反対給付義務の当然消滅の規定をおくことが必要である。解除の意思表示を不要とする場合（物理的な全部滅失），逆に解除の意思表示を制限する場合（賃貸借や労働など継続的契約）があるからである。ドイツの現代化法でも当初の統一論は修正されたのである（326条1項）[38]。

---

[38] 危険負担の問題は，契約の清算にも生じることから，給付の牽連関係の一環として，同時履行の抗弁権と同様必ず規定される必要がある（小野「清算関係と牽連関係」前掲書前掲注（34）73頁参照）。危険負担が解除権の存否を決する前提となるから，解除の意思表示によって左右するよちはないからである。

相 殺 論 史

石 垣 茂 光

1 問題の所在

　相殺には簡易決済機能・公平機能のほかに担保的機能がある。例えば、Aに対してBCが金銭債権を有しており、仮にAの財産がBに対する金銭債権しかなかった場合、Bがこれと自己の債権を相殺すれば、Cに優先して自己の債権を回収したことになる[1]。このような担保的機能は相殺の第三の機能として判例においても承認されているものである[2]。
　しかし、「担保」的機能という言葉の使われ方からしても[3]、この機能は両当事者間の問題ではなく、受働債権を譲り受けたり、受働債権を差し押さえたという関与第三者に対する関係において問題となってくる[4]。そのため、468条2項や511条において、債権譲受人や差押債権者に相殺を対抗するための要件、つまり相殺の対外効の根拠づけの問題として議論されてきた。すなわち、債権譲渡・差押えがなされた時点で両債権はどのような関係にあれば相殺を対抗することができるのかについて、その時点で相殺適状にある必要はないものの、自働債権の弁済期が先に到来する関係になければならないのか、そのような時的制限は不要であり、債権対立のみを要件とするのかといったいわゆる制

---

[1] 例えば、内田貴『民法Ⅲ　第3版』（東京大学出版会、2005）247頁、中田博康『債権総論　第三版』（岩波書店、2013）391頁、潮見佳男『債権総論〔第3版〕Ⅱ』（信山社、2005）344頁、など。
[2] 後掲最大判昭和45・6・24民集24巻6号587頁。以下、昭和45年判決という。
[3] 担保的構造から分析したものとして、鳥谷部茂「相殺の第三者効は、現状のままでよいか」椿寿夫編『講座・現代契約と現代債権の展望　第二巻』（日本評論社、1991）323頁。
[4] 潮見・前掲注（1）346頁は、担保的機能の意義と限界をめぐる問題が、受働債権からの満足について利害関係を持つ第三者が登場する局面で顕在化すると指摘する。

限説と無制限説の争いにおいて，この担保的機能をどこまで承認するのかという程度問題，あるいは相殺の担保的機能の承認と債権譲受人・差押債権者との利益衡量の問題とされた[5]。

他方，関与第三者に相殺を対抗することができるのは，相殺に対する期待が保護されるゆえであるという説明もなされている[6]。相殺適状にあっても，この相殺への期待が認められない場合には相殺権濫用の法理を用いるなどして相殺を対抗することができないと考えられている[7]。そうなると，同じく相殺の第三者効の根拠づけとして使われている相殺の担保的機能と，この相殺の期待とはどのような関係にあるのかが問題となってくる[8]。

さらには，相殺の公平維持機能との関係をいかに考えるのかも問題である。相殺の担保的機能を公平維持機能が認められた結果と考えるのか，あるいは独自の存在意義があると考えるのかという担保的機能の位置づけに連らなる問題となる[9]。

このようなことから，改めて相殺の担保的機能をどのようにとらえるべきかといったことを検討しなければならないことになるが，その前提作業として，担保的機能という言葉ないし概念自体がどのような背景をもって主張され，いつ頃から承認されてきたのかといったことも探る必要があると考えられる。

すなわち，歴史的に見れば，相殺を第三者に対抗するための要件は徐々に緩和されてきた，つまり相殺を対抗できる場面が拡大されてきたのであるが，それはどのような観点からなのかということと，このことが相殺の担保的機能を承認することとどのような関係にあるのかについて整理しようと考えたのである[10]。ただ，本稿においては，担保的機能が判例上承認される昭和45年まで

---

5 例えば，米倉明「相殺の担保的機能」ジュリ増刊『民法の争点II』(1985) 85頁。
6 この旨を明言する判例としては，後掲最判昭和32・7・19民集11巻7号1297頁，同じく後掲最大判昭和39・12・23民集18巻10号2217頁。
7 さしあたり，拙稿「相殺権濫用論と相殺要件に関する一考察（一）（二・完）」獨協法学45号 (1997) 261頁，46号 (1998) 129頁。
8 近時，このような問題関心からの論稿として，高橋眞「『相殺の担保的機能』について」高橋勝＝島川勝編『市場社会の変容と金融・財産法』（成文堂，2009）34頁がある。また，中田・前掲注 (1) 411頁は，差押と相殺の問題における議論として，担保的機能の評価と相殺に対する期待の評価を分けて記述する。
9 潮見・前掲注 (1) によると，公平維持機能にとっては相殺適状にあることが必要になるが，担保的機能に着目すると，自働債権を回収することについての相殺権者の期待と利益が法的な保護に値するかが問題になると指摘する。

の前半部分に焦点を当てて整理するものである[11]。また，議論状況についても，法定相殺に限定してまとめることとする。

2　相殺の本質としての担保的機能の承認

　旧民法において相殺は，フランス法同様，一定の要件のもと当然に債務消滅効が生じ，これはたとえ当事者双方が不知の場合であっても生ずる[12]。このような相殺が認められる理由は，互いに給付をやり取りすることが無益であること，一方が履行をしたにもかかわらず相手方が悪意ないし無資力で弁済をしないという危険を回避するためである[13]。

　つまり，旧民法では，両債権が相殺適状になれば当然消滅するとの主義を採用しており，ここでは相殺は債権債務の単なる消滅事由にすぎないことになる。したがって，相殺の担保的機能について当然に言及されていない。そのため，受働債権が譲渡されたり，差し押さえられた場合に，それ以前に相殺適状になければならないのは，当然消滅主義からすれば当然のことであり，現行468条2項，511条に関して問題視すらされていないようである。むしろ，第三者を害してまで相殺できないとの考え方も明示されている[14]。

　このような考え方はその後も踏襲されている[15]。例えば，富井は，相殺の目的は，弁済の簡略，一方が弁済を受けられない危険を回避，一方が弁済を拒んだときの起訴の手続きを省くという点を挙げている[16]。

10　なお，相殺の第三者効に関する体系的・包括的な著作として深谷格『相殺の構造と機能』（成文堂，2013），深川裕佳『相殺の担保的機能』（信山社，2008）がある。

11　なお，差押と相殺に関する学説史として，伊藤進「差押と相殺」星野英一編『民法講座　第4巻』（有斐閣，1985）373頁がある。

12　ボアソナード氏起稿『註釈　民法草案　財産編第1巻－第4巻』（復刻版）（雄松堂出版，1999）387頁。

13　ボアソナード・前掲注（12）381頁以下。

14　ボアソナード・前掲注（12）430頁。

15　『法典質疑録　巻之一　明治29年版』（復刻版）（宗文館，1989）349頁おける仁保亀松は，新旧民法において相殺の意義に関して違いはないと明言する。

16　富井政章講述『民法論綱　人権之部　下（明治23年）』（復刻版）（新青出版，2001）297頁。同旨，松波仁一郎＝仁保亀松＝仁井田益太郎『帝国民法正解（明治30年）』（復刻版）（信山社，1997）666頁，梅謙次郎『民法要義　巻之三　債権編』（復刻版）（信山社，1993）320頁，岡松参太郎『註釈民法理由　債権編』（有斐閣，1898）319頁。

また，川名[17]も労力・費用を省く，一方の無資力の危険防止といったことを挙げているが，仁保・横田[18]あたりからは，無資力の危険防止といったことが，不公平でありこれを除去する，ないし無資力の危険回避は公平の原則からとする記述が見え始める[19]。

　その後，ドイツ法の学説状況を紹介しながら担保的機能について論及したのが石坂[20]である。すなわち，相殺の目的として，給付の交換を省くこと，相殺によって双方の債権が消滅する公平維持機能のほか，債権の効力を確保することができるとする。一方のみが債権を請求し，受領したものを費消することによって自己の債務を弁済する資力がなくなることがある。そうなると先に弁済した方が損害を受ける危険が生ずるが，相殺はこの危険を防ぐことになる。「故ニ債権ノ効力ヲ確保スルハ相殺ノ主要ナル目的ト言フコトヲ得ヘシ」とする。そして，破産法において債権者は相殺をすることによって自己の債務を免れることができる，「即，相殺権ヲ有スル債権者ハ他ノ債権者ニ比シテ優先ノ地位ニ在ルモノトス」と述べる。

　ここから相殺における担保的機能が承認され，これに論及するものが現れる[21]が，いまだ担保的機能に論及しないものもある[22]。

　次いで，鳩山[23]は，相殺は便宜と公平に適合すると述べた後，自己の債権を処分するにとどまらず，他人の債権を処分して自己の債権の満足を得るものであるため，相殺を認めるために法律の規定が必要であると指摘する。

　さらに，我妻[24]は，相殺は，互いがそれぞれ別々に請求することの不便と不公平を除去しようとするにあるが，更に債権担保の作用をも営むことになる

17　川名兼四郎『債権総論』（金刺芳流堂，1904）351頁。
18　仁保亀松『法典質疑問答　民法債権　全』（復刻版）（信山社，1994）109頁，横田秀雄『債権総論』（清水書店，1908）941頁。
19　富井政章『債権総論　完』（復刻版）（信山社，1994）278頁は，無益の手数を省くほか，公平を保つためとする。
20　石坂音四郎『日本民法債権編第五巻』（有斐閣，1915）1525頁以下，特に1540頁。
21　例えば，川名兼四郎『債権法要論』（金刺芳流堂，1915）554頁は，弁済に類似する満足を債権者に与えるとし，遊佐慶夫『民法原理』（厳松堂，1937）587頁は，相手方の債権を処分することによって自己の債権の満足を得る制度であるとする。
22　例えば，岡村玄治『債権法総論』（厳松堂，1931），磯谷幸次郎『改訂債権法論（総論）』（厳松堂，1925）など。
23　鳩山秀夫『増訂改版日本債権法（総論）』（岩波書店，1927）445-446頁。
24　我妻栄『債権総論』（岩波書店，1940）160頁。

とする。本来債権の実質的価値は，債務者の資力によって定まるものであるのに，相互に債権債務を有する当事者は相手方の資力に関係なく信頼し合うものであるから，資力に関係なく数額の等しいものを等しく扱うことが公平に適するとして相殺制度の基礎がある。この結果，相殺は単に便宜と公平をもたらすのみならず，債権担保作用を営むとして，預金者に融資している銀行が預金者の破産があった場合に預金と相殺することによって損失を免れるという例を挙げ，この「相殺の経済的作用の大なるを思うべきである」とする。

相殺制度の根拠は，相互に債権債務を有して信頼し合った当事者間においてのみ妥当性を有するものであるから，この範囲を超えてこれを適用するときはかえって不公平な結果を導くとして，旧破産法104条の相殺制限を挙げている。ここから，相殺における当事者の信頼という思考枠組みがもたらされることになる。

ただ，このように担保的機能について再び正面から論及するものが現れたにもかかわらず，担保的機能については公平維持機能の延長としてとらえている。つまり，相殺された結果がほかの債権者に優先することになる，つまり，相殺の結果持たらされる機能，間接的な機能として担保的機能があり，担保的機能があるから相殺の第三者効が認められるという論理構造にはいまだなっていないようである。そのせいか，その後の学説においても，担保的機能に論及するものと[25]，いまだ担保的機能に論及しないものとがある[26]。

このような状況において決定的な影響を与えたと思われるのが，林・中務「担保的機能からみた相殺と仮処分」である。すなわち，相殺をする債務者からみれば自己に対する受働債権に対して相手方であるその債権者の意思によらないで消滅させることになるから，いわば訴訟外の掴取力を認められることになる，つまり債務者が有する自働債権の満足を得るために受働債権に対する掴取力を利用しており，この点を取り上げれば自働債権の満足方法，取立方法で

---

[25] 松坂佐一『民法提要』（有斐閣，1956）208頁，中川善之助編『債権総論』（青林書院，1957）260頁，加藤一郎『民法教室・債権編』（法令出版公社，1958）287頁，永田菊四郎＝山主政幸『民法の論点　債権総論・各論』（法学書院，1958）123頁，金山正信『債権総論』（ミネルヴァ書房，1964）217頁，など。

[26] 例えば，石田文次郎『債権総論』（早稲田大学出版部，1947），勝本正晃『債権法概論（総論）』（有斐閣，1949），小池隆一『債権法総論』（泉文堂，1954），柚木馨『判例債権法総論　下巻』（有斐閣，1956），など。

もあるとする。そして，この面を推し進めると相殺は債務者の有する自働債権の満足を確保する，いわば担保的効力をも有することは否定できないとする[27]。さらに，我妻説と同様の説明を加え，当事者双方が互いに同種の債権を有する場合には各当事者は相手方の資力とは関係なく自己の債権の満足せられることについて信頼を有するもので，相殺制度はこの信頼の保障という基盤の上に立っているとし，このように一方的意思表示によって相手方の有する債権をもって自己の債権の満足に当てうるということは，あたかも相手方の有する債権のうえに質権を持っているのと同様の担保的作用を営むということができ，これを相殺の担保的効力と呼ぶならば，「この担保的効力こそが，満足の確実性と，手続きの便宜さの故に，相殺が大きな経済的機能を果す原因をなすものであるということができるであろう」とする[28]。

そして，ここから担保的機能の位置づけが大きく変わっていき，独立の機能として承認されていくことになる[29]。

そして昭和45年判決が出ることによって相殺の担保的機能が，公平機能の延長線上の，いわば間接的効果ではなく，独立した第三の効果として，判例上承認されることになった。

このようにして，相殺の担保的機能が承認されたのは，せいぜい昭和に入ってからであり，しかも相殺の独立した第三の機能として承認されたのは昭和30年代後半である。

それでは，それまでの間，債権譲受人に対して相殺を対抗する，あるいは差押債権者に相殺を対抗することができるのはなぜか，そのための要件はどのように考えられていたのであろうか。そもそも担保的機能が承認されていないのであるから，別の理由から検討されていたことになろう。そしてそのことが相殺の本質としての担保的機能が承認されることによってどのような影響を受けたのかを次にみていくことにする。

27　林良平＝中務俊昌『担保的機能からみた相殺と仮処分』（有信堂，1961）6頁。
28　林＝中務・前掲注（27）46頁。
29　ただ，やはり担保的機能が全面から承認されるのではなく，例えば，遠藤浩＝打田俊一『民法（債権）講義』（青林書院新社，1969）126頁は，一方当事者の資力悪化の危険性から保護しようとする一種の債権担保作用を有するとする。磯村哲編『注釈民法（12）債権（3）』（有斐閣，1970）[乾昭三] 376頁は，公平維持機能の「結果として，債権担保の機能を営む」といった記述もまだ散見される。

3 債権譲渡と相殺

　債権譲渡が行われた場合に，譲渡債権の債務者が債権譲受人に相殺を対抗することができるか。旧民法であれば，相殺適状になれば当然に債権債務が消滅することから，債権譲渡の通知が到達した時点で相殺適状にあれば既に債権が消滅しているのであるから，相殺の抗弁というよりは債務消滅の抗弁ということになる[30]。

　これに対し，現行民法においては，相殺は意思表示によって，つまり意思表示があって初めて債務消滅効が生ずることになるのであるから，たとえ相殺適状にあっても債権は存続していることになる。したがって，相殺の意思表示がなされる前に債権譲渡が行われた場合，それでも債権譲受人に相殺を対抗することができるかが問題となるはずであるが，この点につき，相殺も譲受人に対する対抗事由となることでは疑念が生じなかった。問題は，対抗するために両債権がどのような状態になっていなければならないか，つまり相殺適状になければならないのかが議論されることになる。

　立法者の一人である梅は次のように述べる。相殺の条件が通知前に具備した場合に限って相殺を譲受人に対抗できるとするのが各国の法律である。ただ，ドイツ民法だけは債権譲渡を知る以前に反対債権を有し，しかも反対債権が受働債権の弁済期よりも先に到来する場合に相殺できると規定しているが，これは債務者の利益をなるべく害さないようにとの考えから導かれている。しかし，日本民法はこの考えを採用しなかった。債権譲渡によって債務者の利益が害されることは免れないのであり，むしろ一刀両断に譲渡を債務者に対抗することができる時までに相殺の条件が具備していなければ相殺できないとした方が簡明でよかろう[31]。

---

[30]　このような説明をするものとして，富井・前掲注（16）314頁は，債権譲渡前に相殺適状になれば「相殺ハ当然其効力ヲ生シ双方ノ債務（全部又ハ一部）ハ消滅シタルモノナリ」とする。したがって，これは権利消滅の抗弁となる。ただ，このような債務が消滅したとの抗弁も当事者が援用するかどうかは自由である。そして，まさに無留保承諾がこの放棄に当たるとするのである。なお，ボアソナード氏起稿『再閲修正民法草案注釈　第弐編人権之部下巻』299頁，井上正一著述『民法〔明治23年〕正義　財産編第弐部巻之弐』（復刻版）（信山社，1995）319頁，参照。

[31]　梅謙次郎「債権債務ノ承継ヲ論ズ」法学志林11巻4号（1909）43頁，45頁。

このような梅の考え方からの影響なのか，判例も同様に，債権譲渡の通知時点で相殺適状にある必要があるとする。たとえば，大判明治35・7・3民録8輯7巻14頁では，468条2項により譲受人に対抗できる「生シタル事由」とは，それが相殺の場合，「債権譲渡ノ通知ヲ受クル前ニ於テ民法第五百五条第一項ニ規定スル如ク相殺ヲ為スニ適スル債務カ相互ノ間ニ存シ其意思ノ表示アルトキハ相殺ニ因ル債権消滅ノ結果ヲ生スヘキ如キ場合アルコトヲ要ス」として，相殺適状にあることが必要であると明示した。ただ，相殺の意思表示まで必要かということに関しては，簡単に「債権譲渡ノ通知前相殺ニ適スル債権対立スルトキハ当時既ニ相殺ノ意思表示ヲ為シタルコトヲ要セサルヤ言ヲ俟タサル」と述べているに過ぎない。

いずれにしても，相殺適状にあることが必要とする理由は，「債権譲受人ハ其譲渡人ノ権利ヲ承継スル者ニ過キサルニ因リ譲受ケタル債権ニ付キ既ニ存在セル抗弁事由ヲ対抗セラルヘキハ固ヨリ当然ニシテ敢テ不服ヲ唱フヘキ正当ノ理由ヲ有セス」としていることからすれば，相殺適状によって抗弁が発生すると考えていたようである。

同様の判断をするものとして，大判明治40・7・8民録13輯16巻769頁は，債権譲渡の通知の当時すでに双方の債務が相殺を行うのに適するもの，すなわち両債務が同種の目的を有するとともに弁済期にあることとする[32]。

次いで，この弁済期到来に関しては自働債権について要求され，受働債権については期限の利益を放棄できる状態にあればよいのではないかが問題となった。前掲大審院明治35年判決は，受働債権につき譲渡通知時点までに期限の利益を放棄していればいわゆる生じたる事由すなわち相殺の事由が存在したことは明らかとなるとして，原審が譲渡通知前に期限の利益を放棄したかどうかを確定していないとして，本件を原審に差し戻している。このことからすれば，受働債権につき期限の利益を放棄することができる状態であるだけでは足りず，実際に期限の利益を放棄しなければならないと考えられていたようである。

そして，この点をはっきり明示するものとして，大判大正1・11・8民録18輯26巻951頁は，期限の利益の放棄に遡及効が認められない以上，譲渡通知があるまでに期限の利益を放棄していなければ，未だ相殺に適するものとはいえないとする。同様に，大判大正3・12・4民録20輯1010頁も，実際に期限

32　同じく，大判明治38・3・16民録11輯7巻367頁。

の利益を放棄していなければ相殺に適するものとはいえないとする。これによれば，受働債権が弁済期になければ相殺を譲受人に対抗できない。また，債権譲渡の通知あるまでに期限の利益を放棄した事実がなければ相殺適状にあるとはいえないとした大正元年判決があり，これを変更する必要はない。なぜなら，468条2項により譲受人に相殺を対抗するためには債権譲渡の通知を受けるまでに双方の債務が相殺に適したることを要し，双方の債務が相殺に適したというためには各弁済期にあることを要するのは505条により明らかだからとする。

このようにして，判例上は相殺適状になければならないとすることで確立しているようであるが，その理由とするところは，505条により，相殺をするためには相殺適状，つまり両債権とも弁済期が到来していなければならないからであるとする。つまり，相殺しようと思えば相殺できた状態になければならないとするのである。

しかし，学説においては明確に相殺適状にある必要がないと主張するものが現れた。すなわち，石坂は，譲渡通知を受けるまでに反対債権を取得すれば足り，その債権が既に弁済期にあることは要せず，相殺をする時点で弁済期が到来すれば足りるとする。この点についての直接の理由づけはないが，そもそも相殺が468条2項の債権者に対して生じた事由に含まれるのは，相殺への期待をもって債権を対立させる状況を生み出していることからすれば，債権譲渡によって相殺できないとすれば債務者に大きな不利益をこうむらせることになるから，これを認めたとする記述がある[33]。続いて前掲大正3年判決の判例批評では，同判決を批判し，次のように述べている。すなわち，まず相殺を行うには自働債権の弁済期が到来しているだけでよく，受働債権の弁済期が到来している必要はない。なぜなら相殺は弁済と実質上同一の結果をもたらすものであるから，弁済ができる場合にはまた相殺をすることができ，期限の利益を放棄して弁済ができる以上，期限の利益を放棄して相殺もすることができる。そうして，このように受働債権が弁済期になくとも相殺をすることができるときには相殺権が発生しているのであるから，債権譲渡があっても相殺することができるとするのである[34]。

これに触発されてのことか，川名兼四郎[35]も，通知時点で反対債権を有していれば，その時点で相殺適状になくともその後に相殺適状になれば相殺する

---

33 石坂音四郎『日本民法債権第四巻』（有斐閣，1914）1255頁．

ことができるとしている。その理由として，債務者の地位を通知時点でのままに保存しなければ損害を与えてしまうから，つまり債務者の地位の悪化防止ということが挙げられている。

鳩山[36]も，相殺の原因があればよいとし，相殺適状になくとも反対債権を有していればそれで十分だとする。その理由も債務者に不利益を与えるべからずとする立法趣旨が挙げられている。

このような，債権譲渡によって債務者の地位を不利にしてはならないとの理由づけをもって，譲渡通知時点での相殺適状を不要とする考えがその後主流を占めていくことになる[37]。ただ，どうして不利になるのかということについてさらに詳細な説明を加える磯谷[38]によれば，反対債権を持つということは当初から相殺をしようとの意思から生じた場合が少なくないからであり，それにもかかわらず相殺できないとすれば，狡猾な債権者が相殺権を回避するために債権譲渡するかもしれないとする。

このような学説を受けてか，実際に期限の利益を放棄する必要はないとする判例が現れた。大判昭和8・5・30民集12巻14号1381頁である。これは，債権譲渡の通知以前に期限の利益を実際に放棄していなければ相殺を対抗できないと判断した原審に対し，505条の解釈において受働債権の弁済期につき，期限の利益を放棄して相殺することがあまねく認められていること，債権譲渡によって譲受人は譲渡人以上の権利を取得することはないことからすれば，もし債権譲渡なかりせば期限の到来するのを待って，あるいは期限の利益を放棄して相殺する権利を有していたにもかかわらず，債務者が関与しない債権譲渡と

---

34 石坂音四郎「弁済期前ノ債務ノ相殺」法協34巻5号（1916）791頁以下。このような債務者保護についてはすでに早い段階から主張されていた。たとえば，岡松・前掲注（16）230頁は，468条の趣旨を債務者保護とし，相殺できないとすれば債務者が意外の損失を被る，つまり譲渡人に詐欺の道を開き債務者を危険におくからであるとする。ただ，相殺を対抗するための要件について論及していない。

35 川名・前掲注（21）466頁。なお，明治37年版（前掲注（17））にはこの点に関する記述はない。

36 鳩山・前掲注（23）358頁。

37 例えば岡村・前掲注（22）262頁，末川博「債権の譲渡と相殺の対抗」同『破毀判例民法研究第一巻』（弘文堂，1929）231頁。

38 磯谷・前掲注（22）821頁は，これに加え，受働債権の弁済期が先に到来する関係にあれば，請求されれば自働債権は弁済期前なので相殺できないもの勿論，としてドイツ民法404条406条を挙げ，いわゆる制限説を主張する。

いう事実によって相殺権を剥奪されるのは，468条2項の誤った解釈である，といった当時の学説を引用した上告理由を受け，次のように判示した。すなわち，相殺適状にあるというためには，自働債権につき弁済期が到来している必要はあるが，受働債権については弁済期が到来している必要はない。「債務者ニ於テ即時ニ其ノ弁済ヲ為スノ権利アル以上期限放棄ノ意思表示ハ現ニ之ヲ為サストモ債務者ハ直チニ相殺ヲ為スヲ妨ケサルモノトス」。つまり，債権譲渡の通知以前に自働債権の弁済期が到来しており，受働債権についてはいつでも期限の利益を放棄して相殺を有効に行えた状態にあればよいとするのである。

　その後の学説でも，従来同様，債権譲渡によって債務者の利益を害してはならないとの理由から，債権譲渡の通知時点で相殺適状にある必要はないとすることで一致している[39]。ただ，相殺適状にないとしても，両債権の弁済期の先後関係を問うのかどうかが改めて問題とされ始め，例えば有泉[40]は，昭和8年判決に賛意を示した上で，ドイツ民法と同様に自働債権の弁済期が受働債権のそれよりも先に到来していなければならないとする制限説を主張する。

　戦後における学説もいまだ制限説・無制限説の対立にまでは至っていない[41]。

　そして，最高裁になって，先の大審院の判例を変更し，さらに相殺の許容範囲を広げる判例が現れた。最判昭和32・7・19民集11巻7号1297頁である。これは，転付命令送達時に自働債権の弁済期は到来していたが，受働債権のそれは未到来であったという事例で，「債務者が債権者に対し債権の譲渡または転付前に弁済期の到来している反対債権を有するような場合には，債務者は自己の債務につき弁済期の到来するを待ちこれと反対債権とをその対当額において相殺すべきことを期待するのが通常でありまた相殺をなしうべき利益を有するものであって，かかる債務者の期待及び利益を債務者の関係せざる事由に

---

[39] 近藤英吉＝柚木馨『注釈日本民法（債権編総則）〔中巻〕』（厳松堂，1935）442頁，我妻・前掲注（24）254頁，小池・前掲注（26）247頁，など。反対説として，石田・前掲注（26）217頁は，譲渡通知時点で相殺適状になければならないとする。

[40] 有泉亨「判批」判民昭和八年度一四四事件（有斐閣，1937）。しかし，このような制限説を最初に主張したと思われるのは，磯谷・前掲注（22）821頁。

[41] たとえば，山中康雄『債権総論』（厳松堂，1953）は，弁済期が到来すれば直ちに相殺できるという利益を債務者の関与しない債権譲渡によって失わせるべきでないとする。これに加え，スイス債務法169条を挙げて制限説を支持する。しかし，多くは時的制限に触れることなく，相殺適状にある必要はないとだけしている。たとえば，吾妻光俊『判例民法精義』（白桃書房，1955）92頁，など。

よって剝奪することは，公平の理念に反し妥当とはいい難い。それ故に，債権の譲渡または転付当時債務者が債権者に対して反対債権を有し，しかもその弁済期がすでに到来しているような場合には，少くとも債務者は自己の債務につき譲渡または転付の存するにかかわらず，なおこれと右反対債権との相殺をもって譲受または転付債権者に対抗しうるものと解するを相当」とする。

つまり，自働債権が弁済期にあり，受働債権も弁済期にあるか少くとも債務者が期限の利益を放棄しうる場合でなければ相殺しえないとする従来の判例を一歩進め，自働債権の弁済期到来のみを問題とし，受働債権のそれについては問わないとする。結局，相殺に対する債務者の利益・期待を債権譲渡・転付という債務者が関係しない事由によって奪うことはできないとする。つまり，債権譲渡・転付によって債務者の地位を悪化させてはならないという468条2項の趣旨に基づく理由づけである。

本判決については，自働債権は弁済期にあり，受働債権は期限の利益を放棄できたという理由で相殺を認めることも可能であったところ，そのことについては全く問題とせず，転付前に弁済期の来た反対債権を有する債務者の相殺についての期待や利益を正面から取り上げ，これを債務者の関係しない事由によって剝奪することは公平に反するという理由を挙げていることから，譲渡通知時点で自働債権の弁済期が到来していない場合にも相殺する可能性を広げているとの指摘がある[42]。

ただ，そうなると問題は，第1に，債権譲渡通知時点で，自働債権を取得していればよく，その弁済期到来を問わないかどうか。第2に，昭和8年判決に対する有泉評釈において指摘されたように，ドイツ民法のような時的制限，すなわち自働債権の弁済期が受働債権の弁済期よりも先に到来する関係になければいけないのかどうかということになり，その後は第2の点を中心に議論されていくことになるのである[43]。

いずれにしても，本判決によって，将来相殺するとの期待が保護されることが明確になった。そして，将来相殺するとの期待を奪うことが公平でないとして保護されるとすることは，債権譲渡によって債務者の地位を悪化させてはならないとの原則に基づくものである。つまり，相殺の機能の一つである公平維

---

[42] 西原道雄「債権の移転と相殺」柚木馨ほか編『判例演習〔債権法1〕』（有斐閣，1963）195頁。

持機能とは異なるものであることに注意が必要である。

このようにしてみると，一方債権が譲渡され，同一当事者間で債権債務が対立していなければならないという相殺要件が消滅した場合であっても，債権譲受人に対して相殺を対抗することができるのは，債権譲渡によって債務者の地位を悪化させてはならないという原則から導かれるものであり，相殺に担保的機能があることによって認められるものではない。ただ，債務者の地位の悪化ということを具体的にみると，債権対立によって将来相殺しようという期待が裏切られてしまうということであり，そうなると，そもそも債権対立によって自己の債務の履行を免れるという期待か，自己の債権の回収という期待かという，いわゆる制限説と無制限説の争いにおいて，後者の担保的機能をどこまで認めるかということになって，結局相殺の担保的機能は，相殺の対外効の根拠としてではなく，その範囲において問題となってくる概念ということになる。

4　差押と相殺

受働債権が差し押さえられた場合，差押債権者に相殺を対抗することができるかという問題についてはどのように考えられていたのであろうか。旧民法においては，債権譲渡と同じ区別で，差押前に反対債権を取得していれば当然に債権は消滅し，差押債権者は存在しない債権を差し押さえたことになる。ただ，民訴の規定により，免責の原因を述べなければ懈怠の結果として相殺を対抗できない。差押後に反対債権を取得した場合に相殺を対抗できない理由として，相殺は第三者の権利を害すべからず（仏民1298条）ということを挙げられているものがある[44]。あるいはまた，仏民1298条と同様であることを述べ，当事者相互の便益のためにする相殺で第三者の利益を害してはならないとの趣旨[45]であるが，差押時に相互の債権が既に相殺をなしうべき状況にあれば相

---

[43] たとえば，第1について，山中康雄「判批」民商37巻2号215頁は，債務者は受働債権の弁済期が到来すれば，直ちに自働債権をもって相殺を主張しうべき利益をもっており，この利益は債務者抜きでなされる債権譲渡によって剥奪されるべきではないとすれば，肯定的に解すべきことになるとする。第2の問題である時的制限を加えるべきかどうかについて，制限説をとるものとして，例えば，長谷部調査官解説（長谷部茂吉「判解」最判解民昭和32年度72事件（法曹会，1958），田中実「判批」判評11号（判時134号）16頁。なお，本判決についての河村大助裁判官の補足意見などがある。

[44] 富井・前掲注（16）316頁。

殺できるといった説明もなされている[46]。

　現行民法については，例えば岡松[47]によると，511条は，差押によって弁済禁止効が生ずることから相殺も禁止されることを述べている。しかし，差押前に相殺に適した債権を有する者が相殺できるのは，相殺に遡及効があるからである。つまり，意思表示が差押後でもこれによって相殺の効力が差押前に生ずるからであるとして，ほかとは異なった理由づけがなされている。

　債権譲渡の場合に相殺適状が必要であるとした梅[48]は，債権譲渡の場合とは異なり，差押前に相殺の条件すべて満たした場合に相殺できるのは勿論のこと，後に条件が具備（期限到来）した場合も相殺は可能であるとする。ただし，旧民訴609条により，7日以内に支払い陳述をしなければならず，そこで陳述することによって相殺が可能になるとする。

　債権譲渡と相殺において，ドイツ法の解釈を展開した石坂[49]は，差押によって第三債務者は債権者に対して支払いが禁止され，同じく相殺も禁止されるところ，第三債務者は反対債権を取得することによって相殺するという希望を有しており，これを奪うことは酷となる。第三債務者はあたかも債権譲渡の場合の債務者と類似の地位にある。したがって，差押後に取得した債権をもってする相殺だけが禁止されるにとどまる。そして，差押通知送達後に至るまでに債権を取得すれば足り，弁済期に達することは要しないとする。これは差押の効力からの説明ではなく，債権譲渡と同じく第三債務者の期待保護からの説明となっている。

　しかし，多くは，差押前に反対債権を取得していれば相殺を対抗でき，その時点で相殺適状にある必要はないとすることでは一致しているが，その理由づ

45　松波＝仁保＝仁井田・前掲注（16）709頁。現行民法の立法者による説明においても同様の趣旨が述べられている（法務大臣官房司法法制調査部監修『法典調査会　民法議事速記録三』（商事法務研究会，1984）593頁）。

46　松波＝仁保＝仁井田・前掲注（16）713頁。

47　岡松・前掲注（16）333頁。なお，旧民法に関し，同じく差押による弁済禁止効から相殺が禁止されるといった説明をするものとして，井上・前掲注（30）323頁。

48　梅謙次郎講述『民法債権（第一章）』（復刻版）（信山社，1996）520頁，同『民法原理　債権総則　完』（復刻版）（信山社，1992）812頁。ただし，理由づけについては述べられていない。

49　石坂・前掲注（20）1576頁。

けについてはあまり論及されていない。むしろ反対債権の取得時期が差押後には相殺できないのは，それを認めては差押の効力をないがしろにするからであるとの説明がなされている[50]。

このようにしてみると，債権譲渡と相殺の問題に比べ，それほど問題視されていなかったようである。

この点について最高裁判決は，最大判昭和39・12・23民集18巻10号2217頁である[51]。これは旧国税徴収法による債権差押えの事例であるが，次のように述べている。すなわち，511条により第三債務者が差押前に取得した債権をもってする相殺は，例外的に差押債権者に対抗することができる。「第三債務者が差押前に取得した債権を有するときは，差押前既にこれを以って被差押債権と相殺することにより，自己の債務を免れ得る期待を有していたのであって，

---

50 例えば，川名・前掲注（17）361頁，鳩山・前掲注（23）452頁，岡村・前掲注（22）826頁，安孫子勝『債権法要論』（厳松堂，1928）244頁，我妻・前掲注（24）164頁，小池・前掲注（26）309頁，など。ただし，田島順＝柚木馨＝伊達秋雄＝近藤英吉『注釈日本民法（債権編総則）（下巻）』（厳松堂，1936）は，差押命令の送達時点で相殺適状にあることが必要であるとする。同じく，柚木馨『民法概要〔債権補遺鵜総論〕』（厳松堂，936）118頁も，本来であれば差押によって相殺することができないが，公平の見地から差押命令送達時に相殺適状にあれば相殺できるとする。

51 なお，大審院でこの問題を初めて扱ったとされる大判昭和14・9・5民集18巻16号1047頁がある。そこにおいて「Yガ相殺ノ用ニ供シタル反対債権ハ第三債務者タルYガ支払ノ差止ヲ受ケタル後ニ取得シタル債権ニ非ズ却テ支払差止前ニ取得シタル債権ナルガ故ニ右相殺ハ民法第五一一條ニ違背スルモノニ非ズ」と判示しており，これだけ見ると，差押え時点での相殺適状について触れられていないことから，あたかもそれが不要との見方も生じうるが，選択をすると債権発生時に遡及効が生ずることから差押え以前に相殺適状にあったと認定している。すなわち，「民法第四一一條ニ依レバ選択ハ債権発生ノ時ニ其ノ遡リテ其ノ効力ヲ生ズルモノナレバ本訴地代債権ノ相殺適状ノ時ハ該債権全部ノ発生シタル昭和一〇年三月八日ニシテ」との記述があり，差押え命令の送達は同一三年七月二〇日である。ただ，事案としては，XがYに対する地代債権の確認及び給付（三等玄米の弁済，この弁済が不能の場合には金銭）を請求したのに対し，YはXに対する金銭債権に基づいてXの右債権を差押え，さらには原審においてYはXの地代債権につき金銭を選択したうえで両債権を相殺するとの抗弁を提出した。そこで，Xの有する地代債権が選択債権なのかといったことがもっぱら問題とされたのであるが，Yがいかなる手続きにおいて差し押さえたのか，などの事実関係の不明瞭さが指摘されており，さらには五一一条が差押え債権者に第三債務者が相殺を対抗できるかという問題であるのが本件では差押え債権者が第三債務者自身であるという特殊性があり，先例的価値については疑問があるとされている。

かかる期待利益をその後の差押により剥奪することは第三債務者に酷であるからである」として、債権譲渡・転付を扱った昭和32年判決と同様の法理を述べた後、「かかる立法趣旨に徴するときは、第三債務者が差押前に取得した債権であるからといって、その弁済期の如何に拘らず、すべて差押債権者に相殺を対抗し得るものと解することは正当ではない。すなわち、差押当時両債権が既に相殺適状にあるときは勿論、反対債権が差押当時未だ弁済期に達していない場合でも、被差押債権である受働債権の弁済期より先にその弁済期が到来するものであるときは、前記民法511条の反対解釈により、相殺を以って差押債権者に対抗し得るものと解すべきである」とした。その理由は、自己の債務の弁済期に自働債権の弁済期が到来していればそれを相殺に供することができるのであり、そのような関係にある場合に限り相殺の期待が正当化されるが、その反対であれば自己の債務の弁済期に相殺することができず、自働債権の弁済期到来まで自己の債務を遅延することによって相殺適状を生じさせた場合には保護に値しないというものである。

本判決によれば、511条により、差押前に取得した債権をもって相殺ができるのは、相殺により自己の債務を免れるとの期待を差押によって奪うことは酷だからであるとする。そして、その期待の有無は、両債権の弁済期の先後で判断することになる。つまり、自己の債務の履行期に、自己の有する債権を引き当てにすることによって、自己の債務の履行を免れるとの期待が正当な期待として保護されるとするものである。ここでも担保的機能という言葉は使われておらず、あくまで相殺の期待保護から対外効が認められるということになっており、昭和32年判決との連続性が見て取れる。

この判決を受けた学説においても、相殺の期待が保護されるとの記述があり、特に担保的機能からの説明はなされていない[52]。

---

[52] 例えば、我妻栄編『判例コンメンタールⅣ債権総論』（日本評論社、1965）386頁は、第三債務者が相殺できるかは、相殺することができたかどうかではなく、第三債務者が将来相殺によって債務を免れうる正当な期待と持っているかどうかによるべきであるとする。また、有地亨「相殺の禁止」判例時報編集部編『民法基本問題50講Ⅱ債権』（一粒社、1969）363頁は、511条の解釈は、第三債務者が将来相殺によって債務を免れうる合理的な期待・利益を持っているかどうかによるべきであって、相殺することができたか否かによるべきではないとする。このような説明からみても、学説においても担保的機能が対外効の根拠として用いられてはいない。

そして，判例として担保的機能を正面から認めるものが現れるのである。最大判昭和45・6・24民集24巻6号587頁である。「相殺の制度は，互いに同種の債権を有する当事者間において，相対立する債権債務を簡易な方法によって決済し，もって両者の債権関係を円滑かつ公平に処理することを目的とする合理的な制度であって，相殺権を行使する債権者の立場からすれば，債務者の資力が不十分な場合においても，自己の債権については確実かつ十分な弁済を受けたと同様な利益を受けることができる点において，受働債権につきあたかも担保権を有するにも似た地位が与えられるという機能を営むものである。相殺制度のこの目的および機能は，現在の経済社会において取引の助長にも役立つものであるから，この制度によって保護される当事者の地位は，できる限り尊重すべきものであって，当事者の一方の債権について差押が行われた場合においても，明文の根拠なくして，たやすくこれを否定すべきものではない。」として相殺制度について述べた後，差押の効力が第三債務者の一方的な意思表示によってなされる相殺権行使を妨げるものではないとし，「第三債務者は，その債権が差押後に取得されたものでないかぎり，自働債権および受働債権の弁済期の前後を問わず，相殺適状に達しさえすれば，差押後においても，これを自働債権として相殺をなし得る」と判示した。

　ここで初めて裁判所として担保的機能を承認したことになる。しかし，この承認は相殺の対外効を認める一般的な根拠ではなく，無制限説の理論的補強として用いられている。すなわち，担保的機能があり，これはできる限り尊重すべきだとして，相殺権行使を広く認めるということからして，安易に時的制限を加えるべきではないとしているのである。

　このようにしてみると，差押と相殺の場面でも，担保的機能は対外効の根拠づけとして用いられているのではなく，相殺が認められる範囲の争いにおいて用いられていることがわかる。

5　結びに代えて

　このようにしてみると，相殺に担保的機能があることについては石坂音四郎を嚆矢として承認されてはいたものの，そのことによって相殺の第三者効が肯定されてきたわけではなく，第三者効はむしろほかの概念によって認められ，担保的機能はその広狭をめぐっての争いにおいて用いられてきた概念といえそ

うである[53]。

　むしろ，相殺の第三者効は，相殺に対する期待保護という観点から認められてきたようであり，この点については破産法の影響があるように思われる。民法おける担保的機能の位置づけ，あるいは第三者効を認める根拠づけについてはすでに見てきたとおりであるが，破産法においてはすでに早い段階から相殺の担保的機能について論及されているのである。たとえば，旧民法が公布される以前における法学協会雑誌上の討論において，破産した場合における相殺の可否についての議論において，穂積陳重が相殺に担保的機能があることを前提として論を展開しているのである[54]。また，その後においても，相殺が自己の債権の回収のために破産法においても認められており，別除権と同一の効用を営んでいることが指摘されている[55]。

　そして，相殺の担保的機能を承認した我妻も，相殺の説明において破産法の考えを指摘しているのである[56]。このようなことからすれば，相殺の第三者効について，それが相殺に対する期待から認められ，反対に相殺適状にあっても相殺が排除される場合があるなどの考えは実は破産法からの影響とも考えられ

---

[53] 例えば，一例として，味村治＝宮脇幸彦「回収Ⅰ　基本金融法務講座〔4〕」（金融財政事情研究会，1960）129頁以下では，受働債権の譲受人・差押債権者等に対する相殺に関する記述において，担保的機能という言葉は使われていない。

[54] 法協6号（1884）15頁。小柳春一郎「明治前期の民法学」水本浩＝平井一雄編『日本民法学史・通史』（信山社，1997）29頁の指摘による。

[55] 加藤正治『破産法研究第1巻』（巌松堂，1912）281頁，竹野竹三郎『破産法原論〔上巻〕』（巌松堂，1923）431頁，など。

[56] 我妻・前掲注（24）160頁。

[57] 民法の相殺と破産法の相殺を比較検討する最近の論稿として，潮見佳男「相殺の担保的機能をめぐる倒産法と民法の法理」田原睦夫先生古稀・最高裁判事退官記念論文集『現代民事法の実務と理論（上巻）』（金融財政事情研究会，2013）267頁があり，差押と相殺における無制限説には倒産法における相殺権の考え方が指導形象を成していると指摘する（275頁）。なお，その中で扱われた最判平成26・6・5民集68巻5号462頁に関しては，さしあたり山本和彦「相殺の合理的期待と倒産手続きにおける相殺制限」金法2007（2014）6頁参照。

るのである 57, 58。

　そうなると，相殺に担保的機能があることは，結果として当然のこととして，むしろ相殺の第三者効はその相殺に対する期待がどの範囲で保護されるのかという問題であり，ここにおいて担保的機能という用語を用いても，何らかの一定の帰結をもたらすというものではないのではないだろうか。相殺の第三者効の問題は相殺への期待保護という問題であり，むしろここで相殺の担保的機能という用語を用いるのは，無用の混乱をもたらすものと考えられるのである。

58　現在国会審議されている民法（債権関係）改正に関する要綱案においても，債権譲渡と相殺に関しては，いわゆる無制限説を採用したうえで，債権譲渡の対抗要件具備前の原因に基づく債権と，債権譲渡の対抗要件具備後に取得した債権であっても譲渡債権の発生原因と同じ契約に基づく債権については相殺を認め，差押と相殺に関しても，無制限説を採用したうえで，差押後に取得した債権が差押前の原因に基づいて生じたものであるときにも相殺することができるとする。そして，このように相殺権を拡張するのは，破産法との平仄を合わせるものであるとされる（岡正晶ほか「≪座談会≫債権法改正の審議の経過と残された課題」金法1986号（2014）21頁（松尾博憲発言），中井康之「民法改正要綱仮案における相殺の取扱い」金商1452号（2014）1頁，潮見佳男「民法（債権関係）の改正に関する要綱仮案の概要」金法2003号（2014）6頁，など）。

旧民法における合意の原因

平井一雄

1　はじめに

　旧民法財産編304条1項3号は，合意の要素の一つとして，「真実且合法ノ原因」を具備することを要すると定めていた。
　いうまでもなく，明治民法はこのような規定を有しない。すなわち，合意の成立ないし有効要件として"原因"不要としたのである。
　本稿は，明治民法が何故そのような構成を採用するに至ったのか，その一端に触れることを試みたものである。もとより，現行民法の解釈論に役立つ作業ではなく，参照した文献も多くない。いうならば趣味的訓詁の学とでもいうべきものだが，民法典の変遷を跡付けるという意味では許されるのではなかろうか。
　また，旧民法では，他人の物の売買は原則無効としていた（財産編42条1項）。ボアソナードは『民法弁疑』[1]において，「無原因ノ為メ合意ノ無効タル適例中最モ顕然簡明ニシテ且実際多キモノハ即チ他人物件ヲ売買シタル場合ナリ」と述べているので，原因を欠くがゆえに合意が無効となると考えられた典型例として，他人物売買の効力についても言及する。
　ところで，ここで"合意"の意義についても触れておかなくてはならない。旧民法財産編296条である。

　　第296条　合意トハ物権ト人権トヲ問ハス或ル権利ヲ創設シ若クハ移転シ又ハ之ヲ変更シ若クハ消滅セシムルヲ目的トスル二人又ハ数人ノ意思ノ合致ヲ謂フ
　　　合意カ人権ノ創設ヲ主タル目的トスルトキハ之ヲ契約ト名ツク

　留意すべき点は，次の二つである。

---

[1]　ボアソナード先生断案，森順正先生纂輯『民法弁疑』（公友舎，明治25　宗文館書店復刻，昭和59）

第1は，先の財産編304条にいう"合意"は，上記の意味で用いられていること。

　第2は，同条には，1項と2項とで「目的」という語がそれぞれ用いられているが，同条は，ボアソナードの『プロジェ』では317条にあたり，1項の目的に該当するものは but 2項の目的に該当する語は objet であって，ともに目的と訳されていることである。この点については，後に触れることにする。

2　合意の原因

(1)　フランス民法における cause

　周知のように，明治民法の起草者達は，旧民法を既成法典と呼んで，その各条ごとに検討を重ねながら明治民法の原案を作成していった。旧民法の多くの部分（主として財産法）がボアソナードの草案に拠っており，彼はまたフランス民法にその草案の基礎をおいたから，合意の「原因」についても，フランス法のコーズを瞥見しておかなければならない。

　フランス民法は，cause について次の3カ条をおいている。

　1131条　原因 cause がない債務又は虚偽の原因 fause cause 若くは 不法な原因 cause illicite に基づく債務は，いかなる効果も有することができない。
　1132条　合意はその原因が表明されていなくても，なお有効である。
　1133条　原因は，法律によって禁止されるとき，善良の風俗 bonnes mœurs 若くは公の秩序 ordre public に反するときは，不法である[2]。

　このコーズについて，わが国ではどのように説明されているのであろうか。山口俊夫『フランス債権法』[3]では，次のように記述されている。

　「cause とは，債務者が負担する債務の直接的な理由 raison immédiate et directe である。すなわち，双務契約においては，各当事者の債務の cause は，相手方の負担する債務（反対給付）である。例えば，売買においては売主の目的物引渡債務の cause は，買主の代金支払債務である。また，使用貸借，寄託などの要物片務契約においては，債務者（借主・受寄者）の目的物返還債務の

---

[2]　訳文は，法務大臣官房司法法制調査部編『フランス民法典－物権・債権関係－』（法曹会，昭和57）による。
[3]　山口俊夫『フランス債権法』（東京大学出版会，1986）45頁。

cause は，貸主・寄託者によってなされた物の交付（remise de chose）である。他方，例えば，贈与などの無償契約における贈与者の目的物所有権引渡債務のcause は，贈与者の恵与の意図（intention libérale）である。」

　ここに述べられたことは，フランスの学説では，古典的コーズ理論に分類できるものである。他方では，民法に規定があるにもかかわらず，債務の成立ないし契約の成立の要素としてコーズ不要と主張するアンチ・コーザリストもいれば，古典的コーズ理論とは異なった意義付けをしてなおコーズの必要性を説くネオ・コーザリストあって，学説は帰一するところを知らないといっても過言ではない。さらに，債務のコーズと契約のコーズの峻別を主張する者もあれば，かかる区別に関心を示さない者もいる。

　本稿は，フランス民法の cause を論ずるものではないから，これ以上立ち入らず，文献を列挙することもしない[4]。

(2)　旧民法の原因
(ア)　ボアソナードの説明

　ボアソナードが cause についてどのように述べているかを『プロジェ』によって見ておこう。

　「合意の原因（cause）とは，当事者が合意すると決めた決定的理由（raison déterminante）である。それは，当事者が達成しようと望む目的（but）である。人は気まぐれに合意するのではなく必ず理由がある。通常は，精神的もしくは金銭上のまたは儀礼上の満足をそこに見出すことができる。……

　合意に内在するゆえに，原因が存在するか合法であるかを探求する必要がない合意がある。すべての有名契約は，法規によって秩序立てられているものであるから必然的に合法の原因がある。ゆえに，売買においては，合意の原因は，売主では譲渡の代償として相応の金銭すなわち代金債権を得ようとする願いに他ならず，買主では，原因は，物給付の代償として所有権を得ようとする願いに他ならない。」

　4　次のもののみを掲げるにとどめる。
　　　Henri Capitan "De la cause des obligation"（Libraire Dalloz 1927）
　　　Judith Rochfeld "Cause et type de contrat"（L.G.D.J 1999）
　　　Jacques Gestin "Cause de l'engagement et validité du contrat"（L.G.D.J 2006）
　　　邦語文献として，安井宏「リーグの原因論」（『法と政治』32巻1号，1981）。

「贈与においては，原因は，贈与者では感謝の気持ちを得ようと思うよりも，他人に役立ちたいと願うことであり。受贈者では無償で物を得たいという自然の願望である。」5

(イ) 磯部の『民法釈義』

旧民法の注釈書である磯部四郎の『民法釈義』での"原因"の説明を見ておこう。

「合法ノ原因トハ其合意ヲ承諾スル直接ノ理由ヲ謂フ。売主ニ貴下ハ何ヲ以テ此物ヲ売ルカト問ヘハ売主ハ必ス答ヘン代価ヲ得ンカ為メナリト。又買主ニ貴下ハ何ヲ以テ代価ヲ払フヤト問ヘハ必ス答ヘン買物ヲ取得センカ為メナリト。即チ売主ニ取リテハ代価ヲ得ルノ理由ハ其物ヲ売渡スコトヲ承諾スル原因ニシテ買主ニ取リテハ買物ヲ取得スルノ理由ハ代価ヲ払フコトヲ承諾スル原因ナリトス。要スルニ凡テノ合意ニ付キ当事者ニ右ノ如キ問ヲ起シテ其合意シタルハ何ノ故ナリト直チニ答フヘキ所ノモノハ合意ノ理由ニシテ即チ原因ナリ。而シテ双務ノ契約ニ於テハ各当事者ノ合意ノ原因ヲ知ルコト最モ容易ナリトス。何トナレハ双務契約ニ於テハ一方ノ合意ノ目的ハ他ノ一方ノ合意ノ原因トナレハナリ。又片務ノ契約ニ於テ各当事者ノ合意ノ原因ヲ知ル為メニハ其契約ノ有償ナルト無償ナルトヲ区別シテ後チ之ヲ探求セサル可ラス」6

この先に，有償片務および無償片務契約における合意の原因についての説明があるが省略する。なお，引用には読みやすいように読点だけを私が加えた。

(3) 明治民法において原因不要とされた理由

(ア) 法典調査会における富井の説明

第七十五回法典調査会において，「契約ノ成立」が付議され，富井政章委員が次のように説明をした。

---

5 "Projet Code Civil pour L'Empire du Japon accompagné d'un commentaire" t.2 (明治16 (1883), 宗文館書店復刻版) pp.58〜60.

ボアソナードには，著者名はないが"Code Civil de L'Empire du Japon accompagné d'un Exposé des Motifs"があり，その邦語表題は，『[仏語公定訳] 日本帝国民法典並びに立法理由書』となっている (信山社復刻)。その第2巻が財産編理由書 (明治19 (1891)) だが，『プロジェ』の叙述とほとんど変わるところがない。念のためにいうと，旧民法財産編304条のmotifは同書346頁以下である。

6 磯部四郎『民法 (明治二三年) 釈義 財産編第二部人権及び義務 (上)』(信山社復刻版，平成9) 1275-6頁。

「第二ノ改正ノ要点ハ契約ノ一要素トシテ原因ト云フモノヲ認メナイコトデアル。財産編ノ第三百四条ヲ見ルト合意ノ要素ガ三ツアル。第一ハ承諾即チ意思ノ合致，第二ハ目的，第三ニハ原因，其他ニ特別ノ場合ニハ方式ノ履行。所謂原因ノ何タルニ付テハ諸学者ノ説ク所ガ中々不明瞭デアリマス。何程沢山ノ書物ヲ読ンデモドウシテモ分カラヌ。斯ウ云フ一種独立ノ要素ト云フモノヲ捉ムコトガ出来ヌ。是ガ原因デアルト学者ガ示メス所ノモノハ或ハ契約ノ要素タル意思ト混同スル或ハ契約ノ成立ニ関係ヲ持タナイ。ドウシテモ其三ツノ中ニ斯ウ云フモノガアルアルト言ッテ捉ムコトガ出来ナイノデアル。例ヘバ売買ヲ例ニ取ッテ見レバ売買ノ場合ニ於テ何ガ原因カト云フト或ル学者ノ説ニ依レバ売主ノ方カラ見レバ代金買主ノ方カラ見レバ物デアルト云フコトヲ申シテ居ル。又或ル学者ノ説ニ依レバ買主ノ方カラ言ヘバ物ヲ得ルト云フコトデアル。一層精シク言ヘバ物ノ所有権ヲ得ルト云フコトデアル。売主ノ方カラ言ヘバ代金を得ルコトニナル。買主ノ方カラ言ヘバ物ノ所有権ヲ得ルト云フコトニナル。夫レハ売買スルト云フ意思ニ帰スル。何モ其外ニ成立要素ガアルト云フコトヲ必要トシナイ。然ウ云フ契約ノ場合ニ何ガ原因デアルカト言ヘバ受贈者カラ言ヘバ買主ト同ジコトデ物ノ所有権ヲ得ルト云フコトデ詰リ矢張リ意思ニナッテ仕舞フ。贈遺者ノ方カラ言ヘバ償ヒナシニ人ニ利益ヲ与ヘル望ヲ有スル矢張リ贈与ヲスルト云フ意思ニナッテ仕舞フ。其他種々ノ極特別ナ場合デ二ツ三ツ想像シテ説イテ居リマスケレドモイヅレノ場合ニ於テモ目的ト混同スルカ意思ト混同スルカ或ハ要素デナイ縁由ト混同スルカドウシテモ別ニ特別ナ成立要素トシテ原因ガアルト云フコトハ考ヘガ浮バナイ。是ハ全ク沿革上ノ誤解カラ来タコトデアラフト思フノデアリマスガ之ニ付テ論評シダシマスト長クナリマスシ別ニ必要ガナイコトト思ヒマスカラ申シマセヌ……詰リ契約ノ成立要素ト云フモノハ意思ノ合致ト目的ノ二ツニ帰スルダラウト思フ……併シ是ハドウモ明文ヲ要シナイコトデアラウト思フ。契約ニ合致ガ要ルトカ目的ガナクテハナラヌト云フ様ナコトヲ言ヒ出シテハ法典ハ一万条ニナッテモマダ足ラヌ。然ウ云フコトハ言ハヌコトニシヤウト云フノデ三百四条三百五条ハ削除シテ仕舞ッタ」7（読点，筆者）。

　この富井委員の説明に対して，他の委員からは全く質問・意見もなく，原因の不採用は原案通り認められることになった。

　（イ）　梅の『民法要義』
　梅謙次郎は，その著『民法要義』において次のようにいう。

まず，法律行為の要素は，広義をもっていえば「行為の目的（objet, Gegenstand）」であると述べる。

　目的とは，当事者が表示した意思の主たる内容すなわち当事者が法律行為に由って生ぜしめんと欲する効力（「余が所謂目的」）であり，例えば，売買においては，売主は自己の権利を買主に移転しその代価として買主より若干の金銭の所有権を得んと欲し，買主は金銭の所有権を売主に移転しもって売主の権利を自己に移転せしめんと欲するのであって，両人の意思においては，通常相手方の誰であるかを問わず単に某の権利を他人に移転し又は自己に取得せんと欲し若干の金額を得又は与えんと欲するにすぎないから，売買においては当事者の何人たるかは以てその要素とするに足らず，唯某の権利の移転，代金の支払いこそが当事者双方が売買によって生じせしめんと欲したる主たる効力（目的）にして，売買の要素というべきのみ，と説く[8]。

　梅は，後に見るように，自分のいう目的には広義と狭義とがあり，売買において，目的を広義に用いた場合には，当事者はその成立要件ないし有効要件ではないけれども，狭義に用いた場合には，当事者は契約の要素たりうるというのであるが，その当否は別として，ここでは，梅が法律行為の主要な要素は"目的"であり，それは意思表示の主たる内容すなわち当事者が法律行為によって生ぜしめんとした効力をいう，と述べている点に留意しなければならない。そして，目的をこのように解するときは，それは，ボアソナードが説いたcauseすなわち行為のbutと意義的には変わらないのではないかと思われるということもあるが，さらに梅の"原因"についての叙述を見てみよう。

　旧民法は，佛国民法に倣い原因（cause）をもって契約の要素とした。これ

　7　『法典調査会民法議事速記録　三』（商事法務研究会，昭和59）646頁。
　　富井には，旧民法の概説書である『民法論綱』がある。その「人権之部　上巻」（岡島宝文館，明治23）121丁以下には，原因について「以上ハ佛民法ノ説明トシテ一般ニ行ハルル原因ノ解ナリ」として，コーザリストの説くところにしたがって詳細な記述があるが，その末尾には次のような一文がある。
　　「以上原因ナル契約成立ノ要件ハ前ニ説明シタル如ク羅馬法英国法ノ原因ト大ニ相異ナリ加之一般ノ場合ニ於テ他ノ要素（合意又ハ目的物ニ混同スル如クナルヲ以テ佛国ニ於テモ或ル学者ハ之ヲ契約特別ノ要素ト目スルコトニ躊躇セリ）又実際訟庭ニ於テモ原因論ノ起生シタルヲ聞カス全ク沿革法理ニ暗キ注釈者流ノ創造物ニシテ積年ノ弊習僅ニ其空名ヲ存セシメタルモノト思ハルルナリ」（同書139丁）。
　8　梅謙次郎『民法要義　巻之一　総則編』（明治44，有斐閣，復刻昭和59）220頁。

は主として契約に付いて論ずべきものなりと雖も，若し契約の要素として原因を認むべき必要ありとせば，他の法律行為においても亦これを認むべきこと多かるべし，故にこれをここに論ずるを妥当とす，として，以下のようにいう。

「原因トハ何ソヤ曰ク当事者カ法律行為ヲ為スニ至レル法律上ノ理由是ナリ前例第一ニ於テ売主ハ何カ故ニ売買契約ニ由リ自己ノ権利ヲ他人ニ移転スルコトヲ約スルニ至リタルカト云フニ是全ク相手方カ代金ノ支払ヲ為スヘキコトヲ約スルカ故ナリ故ニ其原因ハ相手方ノ代金支払ノ義務是ナリ買主ハ何カ故ニ売買契約ニ由リ代金ヲ支払フコトヲ約スルニ至リタルカト云フニ是全ク相手方カ其権利ヲ自己ニ移転スルコトヲ約スルカ故ナリ故ニ其原因ハ売主ヨリ買主権利ヲ移転スルノ義務是ナリ……

然ルニ其第一例ニ於テ所謂原因ハ我輩ノ言フ所ノ目的ニ過キス蓋シ売主ノ方ニ於テ契約ノ原因タル買主カ金銭ヲ支払フノ義務ハ買主ノ方ニ於テハ契約ノ目的ニ過キス買主ノ方ニ於テ契約ノ原因タル売主カ権利ヲ移転スルノ義務ハ売主ノ方ニ於テ契約ノ目的ニ過キサルコトハ佛法学者ノ皆認ムル所ナリ若シ然ラハ原因ト云ヒ目的ト云フモ唯其観察者ヲ異ニスルノ名称ニシテ彼我地ヲ易フレハ原因モ亦目的トナルコト明カナリ故ニ寧ロ之ヲ目的ト称スルヲ妥当トス……今仮に目的ナル語ヲ狭義ニ用フルトキハ法律行為ノ性質ニ依リ目的ノ外ニ相手方ノ誰タルカモ亦其要素タルコトアルモノトシテ可ナリ何ソ必スシモ原因ヲ以テ別個ノ要素ト為スコトヲ要センヤ是レ本法ニ於テ原因ヲ要素トセサル所以ナリ」[9]

かようにして，梅は，法律行為の要素としては目的を数えれば十分であり，旧民法の原因は我輩のいうところの目的に過ぎないといい，それゆえに本法（明治民法）では原因を要素とはしなかったというのである。ただ，疑問となるのは，梅が目的の原語として objet と Gegenstand とを挙げていることである。

ここで，煩鎖ではあるが，旧民法財産編304条1項を改めて引用する。
第三百四条　凡ソ合意ノ成立スル為メニハ左ノ三個ノ条件ヲ具備スルヲ必要トス
　第一　当事者又ハ代人ノ承諾
　第二　確定ニシテ各人カ処分権ヲ有スル目的
　第三　真実且合法ノ原因

9　梅・前掲注（8）222-224頁。

この第二号の「目的」は、旧民法の仏語公定訳とされているものでは"objet"であり、『プロジェ』でもそうである。第3号の"原因"とは明らかに別個の概念として規定されており、梅が、原因（cause）といい目的（objet）といい彼我地を易えれば原因もまた目的となること明らかとして、あたかも両者を同視しているかのような叙述が気になるのである。
　そこで、以下には、同号の「目的」について、ボアソナードと富井がどのような説明をしているかを見ることにしよう。

(4)　財産編304条1項2号の「目的」

　『プロジェ』では、「合意の成立に必要な第2の要素は objet である……objet は第325条（旧民法では財産編296条）によれば、確定しうるもの être certain ou déterminé でなければならず　当事者が処分し得るものでなければならない」[10]と述べ、その後の叙述は、現在のわれわれが給付の目的（物）の"特定"において論じていることとほぼ同様な内容が述べられている。すなわち、ボアソナードのいう objet とは、合意によって生ずべき権利の客体を意味すると捉えることができるのである。『プロジェ』の邦語訳とされる『ボアソナード氏起稿　再閲民法草案注釈』[11]では、objet は「目的物」と訳されている。
　富井の『民法論綱』では、より明瞭である。見出しを「合法ノ目的物」とし、この「目的物」には「オブゼー」と振り仮名が付されており、およそいかなる物件といえども、契約取引の目的物となるには左の三個の要件を具えなければならないとして、(イ)物件は契約取引をなす当時に存在すること、(ロ)物件は各人においてこれを処分する権利を有すること、(ハ)定まりたる物件又は定め得べき物件なること、が掲げられている[12]。
　加えて、契約はひとり物件を目的とするのみならず、行為もしくは不行為をもその目的となすこともあり、とも述べられているのであって、これらを見れば、富井が「目的物」としている objet は、契約から生じた権利の客体を指していることは間違いない。
　梅の『要義』では、objet のほかに Gegenstand も挙げてあるが、Gegenstand は Sache の上位概念[13]あるいは客体・対象・目的物を意味するのであるから、

10　前掲"Projet"p.56
11　『ボアソナード氏起稿　再閲修正民法草案注釈　第二編人権ノ部　上巻』96頁。
12　富井・前掲注(7)104丁以下。

"目的"を梅のように解するのであれば，むしろ but, Zweck とすべきではなかったかと思われるのだが，フランス民法に通暁している梅が誤りを犯す筈がないとすれば，私の『要義』の読みが不足であるということになる14。

(5) 若干のコメント

「原因」(cause) は，富井が法典調査会で述べたように判り難い概念である。古典的コーズ理論におけるコーズは，有償双務契約については非常に明瞭である。しかし，他方では，当事者が互いにいかなる債務を負担するのかは，ボアソナードが説くように有名契約では法の規定するところなのだから，ここにおいてコーズ理論の必要性があったのかは疑問に思われるのだが，その背景には歴史的意義があったのであろう（後掲，山口教授の所説参照）。法解釈論の平面のみからすれば，アンチコーザリストが有償双務契約における古典的原因論者の論法を"cercle vicieux"に陥っていると批判するのも無理もないところがある。また，とくに無償の片務契約についての原因の説明は何故にそのように説かなくてはならないのか理解に苦しむといわざるをえないであろう。

よく言われるのは，objet と cause の区別について，objet は債務者が「どのような給付を負担しているのか」という問いに答えるものであるのに対して，cause は債務者が「何故債務を負担するのか」という問いに答えるものであるといわれ，cause と動機（motif）の区別については，契約の締結をもたらした種々の動機のなかで，cause は決定的動機（motif déterminant）ともいわれるが，その区別はやはり判り難いといえよう。しかし，さまざま在り得る動機のなかでその決定的なものをコーズとしたことについて，山口教授は次のような理解を示されている。

「思うに，フランス法学における原因論の発展の背景には，契約領域への国家権力の介入をできるだけ排除しようとする個人主義・自由主義的契約概念が存在した。cause を motif と区別し，裁判所の介入を原則として前者に限定しようとしたものであり，こうした原因論は，意思自治・契約自由の原理，意思主義，裁判所の契約解釈原理などと密接に結びついていた。」15 と。

---

13 山田晟『ドイツ法律用語辞典』（大学書院，昭和56）。
14 cause 理論を確立したとされる Domat の cause の定義も，"le but en vue duquel les parties ont contracté" とされ，cause は契約をするに際しての but とされている。
15 山口・前掲注(3) 51頁。

ともあれ，富井によれば，契約の要素としては意思と目的で足り，梅によれば，原因は目的と同義であるということから，明治民法ではコーズは契約（合意）の要素から外された。しかし，明治民法においても，「目的」なる語の意味するところは必ずしも一義的とはいえないのである。
　例えば，「目的」なる語は，90条・399条・400〜402条・410条・428条・448条・483条では「内容」という意味で用いられ，179条・335条・343条・369条では「客体」という意味で用いられているという指摘は，川島武宜[16]，幾代通[17]の『民法総則』の概説書によって既になされているところである。さらには，幾代教授の書物では，我妻『講義』では「法律行為の目的」なる表題の下で語られている箇所が「法律行為の内容についての有効要件」という表題に変わっている。われわれは，民法において，「目的」なる語が用いられるとき，その意味するところを改めて探求する必要があるのではなかろうか。

3　他人の物の売買

(1) 『民法弁疑』

　旧民法財産取得編42条1項は，「他人ノ物ノ売買ハ当事者双方ニ於テ無効ナリ」と規定した。2点の問題がある。その1は，何故「無効」なのか，その2は，何故「当事者双方ニ於テ」無効としたのか，である。ここでは，その1について叙述するにとどめる。そして，この点についてボアソナードは合意の原因が存在しない故であると『民法弁疑』で説明していることは既に述べた。以下は同書について見ることとする。
　『民法弁疑』は，ある問いに対してボアソナードがこれに答える体裁になっており，その問い（第91問）とは，財産取得編42条1項は他人の物の売買を無効としているが，それは売主がその物の所有権を直ちに買主に移転することができないという理由によるものと考えられるところ，種類物の売買が有効とされることと対比すれば，特定物の売買においてもこれを無効とすることは均衡を失するのではないか，というものである。
　これに対し『弁疑』では，種類物の売買と特定物の売買とでは性質を異にす

16　川島武宜『民法総則』（有斐閣，昭和40）230頁。
17　幾代通『民法総則〔第2版〕』（青林書院新社，1984）196頁。

ること，特定物に関する他人の物の売買が無効であるということは，「本条理由書」及び「草案註釈」に詳らかであるからこれを略述する，と答えている。この「本条理由書」とは"Exposé"のことであり，「草案註釈」とは"Projet"のことであるので，これらをも参照してみると要は次のことに尽きる。

すなわち，(特定物の)売買においては，買主は直ちに所有権を得ることを望むものであって，この所有者たらんとすることがすなわち原因である。売主については代価の債権を取得することが原因である。しかし，買主の方に原因がない場合には，買主は契約の効力のみによっては所有者となりえないので，売主が売渡物の所有者ではないときは「買主ハ代価ヲ与フルノ原因ナク又売主ニ物ヲ与フルノ原因ナキカ故ニ」売買は双方のために無効となる，というのである[18]。

もっとも，次のようなことも付加されている。「但シ他人ノ物ノ売買ハ売主ノ処分権ヲ有セサル物ヲ目的トスカ故ニ当然無効ナリト云フヲ得ヘキモ其売買ヲ無効トスルハ無原因ニ起因スルモノナリトスルハ一層単簡ニシテ且学者ノ定説トスル所ナリ」[19]と。

他人の物の売買が無効である (nul) ことは，フランス民法1599条もそう定めている。ボアソナードは，旧民法はこれに倣ったとしているのだが，その理由が彼の説くように合意の原因を欠くからであるか否かはまた別の問題である。

ボアソナードによれば，売買における原因は，売主では譲渡の代償として代金債権を取得しようとする願い (désir) であり，買主では目的物の所有権を得ようとする願いであるのだから，他人物売買において，売買目的物の所有権が売主に属せず直ちに買主に移転することができないというのは，原因を欠くよりも不能を目的とする合意であることによるのではないかと思われる節もあるのだが，ここでは立ち入らない。ちなみに梅は，次に紹介するように，旧民法が無効としたのは，これを不能を目的としているからだと解している。そのことはさておいて，明治民法では，他人物売買を無効とはせず，売主に権利供与義務を負わせる構造となっていることは言うまでもない (民560条)。以下では，その理由を尋ねてみよう。

18　前掲注 (1)『民法弁疑』262頁。"Projet" t.3 pp.236〜237. "Exposé" t.3 pp.90〜91.
19　前掲注 (1)『民法弁疑』263頁。

(2) 明治民法において他人物売買が無効とされなかった理由

(ア) 法典調査会における梅の説明

　第84回法典調査会において，560条（原案では561条）が付議され，梅委員が説明にあたった。以下は，私が抜粋・要約して叙述する。

　羅馬法では他人の物の売買は有効であったが，近世の法律になって所有権は当事者に意思のみによって移転するということに定まり，特定物にあっては所有権は即時に移転するというのが普通の効力となった。そうすると他人の物の売買では即時に所有権を移転するということができないから売買が成り立たぬ目的が不能であるということになる。もっともそう解してよいかは議論のあるところで，仏蘭西民法の解釈としても他人の物の売買は甚だ不徳義なことだから無効とするという者もいる。無効と書いてあっても解除ができるとする者もあれば，取消し得べきものとする者もある。

　私（梅）などの考えるところでは，売買において所有権は意思のみによって直ちに移転するとなっているが，そのために必ず無効という結果を生ずべきものとは考えない。特定物の売買においても，特約で所有権移転時期を後日にするということはできる。ボアソナードはかような売買はできないものとみているのではないか。それは余程奇妙なことである。特定物にしても，いまは所有権を持っていない従って所有権を直ちに移転することはできないけれども，売主においてそれを買い取って買主に渡す見込みがあるその意思によって売買契約を結ぶということも何故にできないのであるか。

　財産取得編第42条2項は，「然カレトモ売主ハ売買ノ際其物ノ他人ニ属スルコトヲ知ラサルニ非サレハ其無効ヲ援用スルコトヲ得ス」とあるが，目的物が不能でそれで売買が無効であるのならば，善意悪意を問わずそれはいずれからでも無効を援用することが出来る筈である。唯場合によって損害賠償の責はあるかも知れないが目的物は不能であるが契約は成立するということは未だ聞かないことである。また，第56条に「他人ノ物ヲ売買シタル場合ニ於テ担保ノ事ニ付キ何等特別ナル合意モ有ラサシキトキハ買主ハ未タ追奪ノ恐アルニ至ラサルトキト雖モ売買無効ノ判決ヲ求ムルコトヲ得」とある。目的物が不能の為に無効というのならば，言い換えれば不成立と同じであり，わざわざ無効の判決を求めなければならぬとし，その判決を求めるまでは無効なりと云うことに至らぬというのは奇妙な話であって，これなども無効が普通の無効でないということを認めている一つの証拠である。

このほか，第60条（旧民法財産取得篇）についても売買が無効でないという証拠となるし，第62条（旧民法財産取得篇）が，売主が後日其物の所有者となったときは，買主に対してその売買を認諾するか担保訴権を行うかのいずれを選択するかを催告することができる，としているのも奇妙で，なぜなら取消し得べき行為を認諾するということは聞くが，無効のものを認諾するということは聞かないので，これも無効ということが明白ではないといえる。第63条（旧民法財産取得篇）は，権利の一部が他人に属しているため買主がその部分を取得することができず，そのために売買の目的を達することができないときは，損害賠償を得て契約を解除することができるとしているが，権利の一部が他人に属している場合にはその部分については売買は無効であるのに，契約の全部を解除できるとしているのは，結局その部分についても契約無効でなく損害賠償を求めるに過ぎないというのも，他人の物の売買は無効なりという主義を貫いていない点であろうと思う[20]。

　以上が梅が法典調査会において，他人の物の売買を無効とせず明治民法560条のように改めることを提案した説明の骨子である。

　先に紹介したように，ボアソナードが他人の物の売買を無効としたのは，それが無原因あるいは売主に処分権がないと見たことによるのであって，不能を目的とする契約とみたからではない。梅が無原因としたことの是非に触れなかったのは，或いはすでに"契約の成立"において，原因理論を不採用とすることがすでに決まっていたことによるのであろうか。

　なお，質疑のなかで，重岡薫五郎委員が，仏蘭西民法1599条が他人の物の売買を無効としたのはそれが原因を欠く故であると解されたからであるという趣旨を述べたが[21]，それに対する起草委員の応接はなかった。

　さて，梅の法典調査会における旧民法の諸規定に対する批判を紹介したことによって，これらの規定を全体として見た場合には，ボアソナードが他人の物の売買についてこれを絶対的無効とせずに取消的無効とみていたことが明らかになった。フランス民法1599条も，他人の物の売買を無効としているのだが，この無効を説明するのにフランスの学説は苦労しており，その中には絶対的無効と解さず取消し得べき行為であると解する者がある。このことについては，

20　前掲注（7）『議事速記録』899頁以下。
21　前掲注（7）『議事速記録』910頁。

富井，岡松の著書を紹介する折りに触れることになるが，原因を欠くが故に無効であるとすれば，取消しあるいは解除可能という処理と馴染むものかどうかは疑問であるといわざるをえない。

　(イ)　富井の『民法論綱』

　フランス民法1599条について，さまざまな学説を紹介し（ボードリー氏の説として取消し得べき行為とする見解も紹介する），その帰一するところを知らないという。ボアソナードの所説に関する箇所のみを引用しよう。

　「旧法起草者ボアソナード氏ハ不成立説ヲ採リ他人ノ物ノ売買ハ合意ノ原因ヲ欠クニ因リ双方ニ於テ無効ナリトセリ本条第1項ハ全ク此意義ニ外ナラス（草案第679条注釈第190節末項）然ルニ本条第2項ニ於テ悪意ノ売主ニ其無効ヲ言立ルコトヲ許ササルハ論理ニ反する所ナキヤボ氏草案注釈書ニ就キ考ルトキハ此規定ハ悪意ノ売主ニ対スル民法上一種ノ処罰ト見ルノ外ナキナリ（草案注釈第194節）」[22]。

　加えて，他の箇所では，「他人ノ物ノ売買ト雖モ若シ当事者ノ意思直チニ所有権ヲ移転スルニ非スシテ唯其所有権ヲ得セシムルノ義務ヲ創造スルニ在リト解釈ス可キ場合ニ於テハ無効ノ規定ヲ適用スルヲ得ス凡テ合意ハ当事者ノ意思ニ基キ之ヲ解釈ス可シ」[23] としているところからすれば，富井は，旧民法の解説書においても，すでに他人の物の売買を無効とする立場に批判的であることを闡明にしていたということができる。

　(ウ)　岡松参太郎の『民法理由』

　他人の物の売買の無効が"原因"の欠如によるという点には触れるものではないが，潮見教授が，当時の法比較・学説比較としては『民法理由』の記述がきわめて詳細であるとされているから[24]，以下に同書について触れておこう。

　羅馬法・佛国古法では有効としたが，佛・伊・蘭・西・普国・葡及び旧法典はこれを無効とした。その理由については，(1)他人の権利を売買するは不法の事項を目的とする故に無効なりとし，(2)直ちに其権利を移転すること能わざるをもって不能の給付を目的とする契約として無効なりとし，(3)売買の要素に錯誤あるをもって無効としている。(1)については90条の規定を適用すれば足り，

22　前掲注（7）『民法論綱』129〜130丁。

23　前掲注（7）『民法論綱』126丁。

24　潮見佳男「民法560条・561条・563条〜567条・570条」広中俊雄＝星野英一編『民法典の百年Ⅲ　個別的観察（2）　債権編』（有斐閣，1998）339頁。

(2)については，売買は即時に権利を移転することを要さず後日権利を移転すべき契約もまた売買に包含せしむる以上は採るに足らず，また，買主が売買の目的たる権利が他人に属することを知りたる場合には，すなわち第 3 の説を適用することを得ず。「之ヲ要スルニ他人ノ権利ヲ目的トスル売買ノ有効ナルコトハ疑ヲ容レサル所ナリ」。その他に，取消し得べき契約なりとし，或いは解除し得べき契約なりとなすといえども，これまた「牽強付会ノ見解ニシテ採ルニ足ラサルナリ故ニ本法ハ白草ニ倣ニ他人ノ権利ヲ目的トスル売買ハ有効ニシテ売主ハ其権利ヲ取得シ買主ニ之ヲ移転スル義務ヲ負フモノト規定セリ」[25]。

以上，岡松が述べるところは，梅が法典調査会において縷々力説したところと大きくは変わらず，同じくボアソナードが"無原因"であるとした点については反駁はなされていないのである。

(3) 若干のコメント

ボアソナードが他人の物の売買を無効としたのは，それが原因を欠くとしたからであった。これに対する直接の批判は，他人の物の売買という場に限っていえば見当たらなかったといってよい。ボアソナードのいう原因の欠如なる理由付けが適切であったか否かは別として，あくまでも私の推量にすぎないが，自然法論者である彼からすれば，無効としたのは，他人の物を売買するなどは徳義上許されないことであり，法的にも制約を加えるべきだと考えたからであろうと思われるのである。

本来，nemo dat qui non habet.（何人も所有せざる物を与えず）からすれば，他人の物の売買は無効となろう。しかし，他方では買主保護の要請も無視することはできない。この場合，二つの方法があろうと思われる。すなわち，他人の物の売買を無効としつつ，買主の保護として法定の担保責任を売主に課するとするものと，他人の物の売買を有効としつつ，当該の契約の効力によって買主を保護するものとである。

梅から批判された旧民法の在り方は，先に記した立場を採用したものと解すれば，他人の物の売買が無効とされたことにもさほど驚くことはないのではなかろうか。

繰り返しになるが，本稿では，合意の原因にかかわって他人の物の売買を採

---

25 岡松参太郎『注釈 民法理由 上巻』（有斐閣，明治 30）671 頁以下。

り上げたのであって，明治民法（現行民法）560条そのものを対象にしたのではない。したがって，同条に関する文献等を検討するものではないが，柚木博士が，「日本の判例や通説はフランス法におけると同じように，売買契約による所有権移転の効果を認めているのであるから，この筋道をたどっても，フランス民法のように他人の物の売買を無効とするといった方が均衡がとれているというべきがごとくである」[26]と述べられていることのみは指摘しておきたい[27]。

---

26 柚木馨『注釈民法（14）債権（5）』（有斐閣，昭和41）133頁。
27 本文中に断ったように，本稿は他人物売買の法理について検討するものではないが，次の文献のみは挙げておきたい。それは，おそらく三宅正男教授の論文「所有権移転義務の二重化——履行義務と担保責任の対立について」（法政論集48号49号）に啓発されて書かれたと思われる，川村泰啓教授の論文「追奪担保体系・権利供与体系と日本民法典（一）～（七）」（ジュリスト621号，622号，624号，625号，630号，633号，636号）である。同論文は，「比較法制度史的スケッチ」という副題が付されているように，「フランス民法典の追奪担保責任制度」なる稿が設けられており，"契約関係の構成原理としてのコオズの法理"というタイトルで，cause について同論文の（三），（四），（五）があてられている。そして（三）においては，"原型としてのコンシダレイションの法理"として，英法のコンシダレイションについても言及されている。なお，consideration が cause と類似の機能を果たしているという観点は，H.Capitant の書物のなかにも見られる（前掲 Capitant p.189 et suiv.）。

　出典の出版年について，西暦と和歴とが併用されているが，これはその書の奥付に記された通りを記載したものであることをお断りしておく。

贈与契約論

小島奈津子

1　旧民法，現行民法における贈与の撤回

(1)　旧 民 法
(ア)　条件の不履行

　旧民法363条は「贈与は，贈与者の要約した条件の不履行のために廃罷することができる」と規定する。第一草案1760条では，包括名義における贈与について，忘恩行為と並んでこの条件不執行の場合が贈与の特別な廃棄の原由とされている[1]。この「条件」とは，純然たる条件，未必条件ではなく，贈与によって受贈者に負担させた債務である[2]。

　起草者である磯部四郎博士は，この規定の趣旨について，受贈者の取得する利益が負担する義務より大である場合はなお贈与だから，片務契約たる贈与であっても，双務契約と同様に解除できるとの規定を置いたものであるとされる[3]。この場合には贈与が双務契約になるという説もあったという[4]。

1　石井良助編『明治文化資料叢書　第3巻　下』（風間書房，1960）129頁。
2　岸本辰雄『民法財産取得編講義　巻之三』311，312頁（講法會出版，19--)。例えば，受贈者が贈与者の特定の債務を弁済することを要約したが，その義務を履行しない場合である。また，家屋の贈与において，受贈者が第三者に年金を付与するという条件を要約するという例もある。これは停止の条件でもなく，解除の条件でもなく，負担という意義と解するべきであって，受贈者が負担を履行しない場合にはこれを解除すべしとの条件である（井上操『民法〔明治23年〕詳解　取得編之部　下巻　日本立法資料全集別巻231』（信山社，2002）387，388頁）。
3　磯部四郎『民法〔明治23年〕釈義　財産取得編（下）（相続法之部）　日本立法資料全集別巻87』（信山社，1997）263-265頁。双務契約であれば財産編421条（双務契約においては当事者の一方が義務を履行しないときには解除できる）の適用があるが，片務契約の場合は疑義があるためである（井上正一『民法〔明治23年〕正義　財産取得編　巻之参　日本立法資料全集別巻59』（信山社，1995）251，252頁も同旨）。

そこで，双務契約の不履行について解除を認める421条により当然廃罷が生ずるのではなく，当事者が裁判所に請求することを要し，裁判官は直ちに解除を言い渡さないで受贈者に履行のための期限を与えることもでき，贈与者は廃罷を求めず条件の履行を求めることもできるとされる[5]。

　しかし，最後の点については，贈与者が廃罷の訴権を行わず負担条件の履行を請求することはできない，贈与の廃罷を求めることができなくても受贈者の意思に反してその履行を強制することはできないとする見解がある。その理由は，負担条件があっても贈与の片務の性質を失うものではないし，当事者双方の意思からいっても受贈者に負担条件を履行しなければいけない義務を負わせるのは正当ではないというものである。贈与者が贈与をしようと欲する趣旨は「決してその負担条件の履行を得んが為にあらずして全く受贈者に恩恵を施さんとするにあるべ」く，また受贈者も恩恵の利益を得ようとするのであって，贈与者に対して義務を負担しようとする目的はない。そこで，負担条件は「付従たるに」にすぎず，受贈者が負担条件の履行を強制されるとその契約はもはや片務のものではなく，双務契約となって，贈与の性質にもとる，363条は不要の規定となってしまう，というのである[6]。

㈣　忘恩行為

　第一草案1760条，1764条は，包括名義の贈与について忘恩行為による廃罷を定め，その理由は，贈与は恩恵の契約であって，贈与者は受贈者に恵もうと欲する厚意から贈与を為すのだから，受贈者にその厚意に背かない振舞がないのみならずかえってこれに戻する行為あるときは，法律上これを黙止すべきでないとされる。受贈者が他日戻することを予知したときには贈与を為す厚意を有しないだろうからである[7]。しかし，審査会案では削除されており[8]，旧民

4　岸本・前掲注（2）312頁。

5　井上正一・前掲注（3）252頁。

6　井上操・前掲注（2）390-392頁（以下，引用文中の漢字は当用漢字に，カタカナは仮名に改めた）。これと対照的なものとして，第一草案1762条（包括名義の贈与について，裁判上の廃棄に限るとし，裁判所は受贈者に猶予期間を与えうる）は，理由書によると，贈与者の趣意は受贈者に条件を執行せしめるにあるのだから，到底履行する望みがないときでなければ廃棄できず，執行の見込みがあれば猶予期間を与え，贈与者の贈与した意思を貫徹させるようにすべきだとする（石井・前掲注（1）130,131頁）。そこでは贈与者が受贈者の義務を追求することに肯定的である。この第一草案は，後述のように，忘恩行為の規定も有する。

法には規定がない。

　起草者とされる磯部博士は[9]，これについて次のように述べている。贈与が恩恵の契約であるのに贈与者の厚意にもとる行為があるときは，忘恩甚だしきものである。しかし，他人に恩恵を施そうとする者は決して報恩を受けようとする意思に基づいて為すのではない。忘恩を廃罷の原因とするときは多少受贈者に対して報恩を望む意思あるものとみなさざるを得ないが，それはむしろ贈与者の厚意を害するものといわねばならない[10]。

(2)　現行民法

　負担付贈与については，双務契約に関する規定を適用するとされ (553条 (旧規定))，起草者穂積陳重博士は，負担付贈与の性質については諸説あるもの[11]，とにかくこの扱いで不都合はないとする[12]。穂積博士は，「負担付贈与は或は双務契約であると云う考えの方が本統であろうかと思います」とも述べ

7　石井・前掲注 (1) 129-132頁。
8　石井・前掲注 (1) 361頁。
9　柳澤秀吉「贈与の失効」名城法学42巻別冊 (1992) 588頁。
10　磯部四郎『民法〔明治23年〕釈義　相続法之部　財産取得編　下　日本立法資料全集　別巻87』(信山社，1997) 265-268頁。
11　平成16年の改正で「適用」が「準用」とされた (池田真朗『新しい民法——現代語化の経緯と解説』(有斐閣，2005) 82頁)。それ以前から，負担付贈与は贈与であって，553条の「適用」は準用か類推適用の意味であるとするのが通説であった (三潴信三『契約各論講義要領』(有斐閣，1931) 9頁，沼義雄『総合日本民法論 (5)』(巌松堂書店，1936) 342頁，鳩山秀夫『増訂日本債権法各論 (上巻)』(岩波書店，1924) 270，272頁，末川博『契約法　下 (各論)』(岩波書店，1975) 12，13頁，戒能通孝『債権各論』(巌松堂書店，1950) 120頁，石田文次郎『債権各論』(早稲田大学出版部，1948) 64頁。特に，末弘説は，当事者の主観的動機を探求して，受贈者は贈与を受けるため，贈与者は受贈者に負担債務を負担せしめようとする目的で出捐を約するから553条が設けられた，としながら，負担付贈与は片務・無償契約であるとする (末弘厳太郎『債権各論』(有斐閣，1919) 335頁)。これに対し，負担付贈与を性質上双務契約であるとして，553条を当然の事理を定めた注意規定とするのは，村上恭一『債権各論』(巌松堂書店，1914) 352頁。混合贈与と同一であって，双務契約たる性質をも有するとしつつ，準用の意味であるとするのは，岡村玄治『債権法各論』(巌松堂書店，1915) 191，192頁，無償・双務契約であるとするのは，岡松参太郎 (富井政章校閲)『注釈民法理由　下巻　債権編』(信山社，1991) 540頁。また，民法は負担付贈与を双務契約であると見ている，とするのは，岩田新『債権法概論』(同文館，1926) 28頁。
12　法典調査会『民法議事速記録　九』(学振版) (法務図書館，1981) 308頁。

ており13，梅博士も原則として売買交換と違うものではないとする14。

忘恩行為に関する規定を設けないことについては，次のような議論があった。穂積博士は，贈与とは好意，情愛，謝恩など相当の理由があるもので，恩を買うという趣旨ではないのに，恩に背いたら取り返してよいという規定は，裏から言えば他人に恩を売るためのものであるとみなすとほとんど同じことで，道理上面白くない規定であるとする15。しかし，旧民法363条を削除したことについて質問があり，親から子への贈与を例示し，受贈者がどのようなことをやっても取り消すことはできないことになるのか問われ（元田肇），穂積博士は，いかにも人の恩を買うためにしたように見えて高尚でないから，忘恩行為の制度は「法律の表」に認めることはしないが，贈与によって「人を奨励」するとか「学問上の費用を助けるとか」「公益上の事業を保護するとか」を妨げるつもりではないとする。背恩によって取り消すというようなことだけはそういう嫌いがあるから採用しないのであるという。旧民法363条は廃したつもりではなく，法律行為に条件を付することはできるし，負担付の場合が要約した条件の中に入っていると思われるから，双務契約の規定によることができるとする16。

このように，起草者は，贈与契約に負担，条件を付けることは認めており，恩を売るという起草者自身が否定した結果は，そのような一般的な構成により生じうる。しかし，負担付贈与は双務契約の性質を有すると捉えられていたようである。贈与においては報恩を強いることを忌避すべきとされる見解もあわ

---

13 法典調査会・前掲注（12）298頁。危険負担の債権者主義が負担付贈与に適用されることについて，穂積博士は，受贈者は利益を得ることを予期して負担を負うのであって，「売買や何かと少しも違わぬ」とし（309頁），修正しないこととする。

14 法典調査会・前掲注（12）310頁。梅博士は，553条により負担付贈与が双務契約であり有償契約であることは明らかであるとする。報償あるものであって，当事者双方が義務を負うからである。ただ，贈与という名称を用いた当事者の意思を推測し，贈与の他の規定を適用すべきとしたにすぎない。しかし当然，名称のみによらず，当事者の意思を探求して性質を決しなければならない（梅謙次郎『民法要義 巻之三 債権編』（信山社，1992）462, 463頁）。議事録を見ると，梅博士は，売買交換と違わないことも，違うこともあり，情況から当事者の意思を測る以外ないから，規則があまり違わない方がいいと述べている（法典調査会・前掲注（12）310頁）。富井博士も負担付贈与を無償行為でないとするようである。無償行為とは報償のない場合であるとし，例として負担なき贈与を挙げる（富井政章『民法原論 第1巻 総論下』（有斐閣，1921）396頁）。

15 法典調査会・前掲注（12）290, 291頁。

16 法典調査会・前掲注（12）301, 302頁。

せ考えると17, 贈与契約とは贈与者が一方的に恩恵を与えるものであるということが, 双務契約との対比において, 強く意識されていたのではないかと思われる。

2 判例・裁判例の展開

　判例には「忘恩行為」等の語を用いたものはないが, 裁判例にはこれに言及するものもある18。後述のように, 現在, 受贈者に積極的な背信行為がなく, 贈与者の期待通りにしなかったというだけの事例も, 忘恩行為の問題であるとする見解が多いので19, そのようなものも挙げてみたい。

　① 最高裁昭和23・9・18（民集2巻10号231頁）

　Aが自己の債務を返済できなかったため, Xの実父Aの所有であった土地建物を, Aの弟Yが買取り返済させた。Aがそこに居住を続け, 病気であったので, Yは, 東京で就職しているXが帰郷してAを看病して孝養を尽くし, 祖先の祭祀を行い, A家を承継することを条件として, Xに対しこの土地建物を贈与した。Aは隠居, Xは家督相続したが, Aの死亡まで帰郷しなかった。Xは贈与契約の履行を請求したが, 原審はこの贈与をXの帰郷を停止条件とするものであると認定し, 最高裁は不法な条件ではないと判示した。

　② 札幌地判昭和34・8・24（下民集10巻8号1768頁）

　第三者のためにする売買契約により, 家業に必要な営業用建物の敷地を養親Aが養子Xに贈与し, 登記を備えさせたが, 後にAに対する不信行為によりXを裁判上離縁し, 勝手にXからA名義に移転登記をした。Aの死後, XがAの相続人Yに対して移転登記の抹消を請求した。裁判所は, 履行済みの贈

17　岡松・前掲注 (11) 524, 525頁は, 旧民法と民法が忘恩行為を認めない理由として, これを認めると受贈者の報恩を強いることになることも挙げる。横田秀雄『債権各論』(1912, 清水書店) 246, 247頁もこの点を挙げる。

18　旧法時代, 養子である家督相続人の相続を回避するための贈与が為される事例があり (最判昭和25・11・16, 最判昭和25・4・28), 養親子に対立があり, 財産の取戻しが図られている点で, 養親子間の贈与に関する後述②等の裁判例と, 紛争の実質において類似する。

19　忘恩行為の問題について, 「はじめに贈与のなされた趣旨からして, 贈与者の期待が裏切られた場合に, その履行の拒否または贈与物の返還請求を認める, というのがその実質」とするのは, 加藤一郎「忘恩行為と贈与の効力」法学教室16号 (1982) 75頁。

与の問題であるとし，受遺欠格に準ずる事由が存する場合に限り贈与者が贈与を取り消すことができるとした。Xの請求が著しく信義に反する，また養親子関係の解消とともに所有権がAに復帰するとの明示又は黙示の合意があったというYの主張は退けられた。

③　東京地判昭和44・1・25（下民集20巻1・2号24頁）

祖母Aが孫Yに土地建物を書面により死因贈与し，仮登記が為され，YはAの要求で数か月間Aと同居し看護したが，Aはその後養子Xと同居し，X家族の看護を数か月受けて死亡，その間にXに本件土地を公正証書遺言で遺贈した。YがAを看護する義務を負っていたことについて争いはなく，裁判所は，Yに対する負担付死因贈与があったと解し，負担付死因贈与には遺贈の取消は準用されないとして，Aの一方的取消を認めなかった。また，AがYでなくXと同居したのは看護を受ける権利の放棄にあたるとし，負担は履行されているとした。

④　大阪地判昭和45・5・9（判タ253号289頁）

夫Aから妻Xへの贈与がされたが，その婿養子であるYが忘恩行為による撤回を主張した。裁判所は，贈与意思を形成する基礎となった人間関係が受贈者の責に帰すべき背徳的事由によって解消されたと認められる場合には，そのような受贈者が贈与の履行を求めることは信義則に反するものとして，贈与者ないし相続人において履行の請求を拒否し得ると解するのが相当と判示したが，この事案では撤回を認めなかった。

⑤　新潟地判昭和46・11・12（判時664号70頁）

養子縁組を契機として，養親Xから養子Yへ生活の本拠たる土地の贈与が為されたが，XYが一度も同居せず養親子としての実質が全く形成されぬままに縁組が破綻に至ったという事例で，贈与が親族間の情誼関係に基づき無償の恩愛行為としてなされたにもかかわらず，情誼関係が贈与者の責に帰すべき事由によらずして破綻消滅し，贈与の効果をそのまま維持存続させることが諸般の事情からみて信義衡平の原則上不当と解されるときは，諸外国の立法例における如く，贈与者の返還請求を認めるのが相当であると判示し，Xが勝訴した。

⑥　福岡地判昭和46・1・29（判時643号79頁）

養親Aが血統のつながるXに不動産を贈与し死亡，XはAの養子Y夫婦に明け渡しを請求したが，家業である農業に従事し祖先祭祀にあたってきたY夫婦はこれにより農業を持続していくことが困難な状況になり，Xは他地で生

活し祭祀承継は難しい。裁判所は，贈与契約は，祖先祭祀をＸにさせることが正当かつ必要でその地位にふさわしい財産をＸに与える必要があるとした動機に錯誤があり，それは贈与契約証書上に表示されていて，Ｘも了知していることから，無効であるとした。

⑦　東京地判昭和 51・6・29（判時 853 号 74 頁）

内妻の強い要請で，Ｘは養子夫婦の子であるＹに建物を贈与し，存命中はＸが無償でこれを使用することを認めること，Ｘと内妻の生活の世話と墓守，供養をすることが約定されたが，もともと不仲であり，内妻の死後も養子夫婦は供養に主体的・積極的でなく，Ｘを冷遇するので，Ｘが解除した。裁判所は，Ｘの世話等は養親子間にあっては当然のことであるが，Ｘと養子夫婦の関係のもとにおいては贈与の負担として法律的効力を認めるのが相当とし，その不履行を認めた。

⑧　最判昭和 53・2・17（判タ 360 号 143 頁）

ＡはＢに嫁して以来病弱で目の不自由な義母に代わり，Ｂの弟妹Ｙらの養育と家事をし，ＡＢ間に子がなかったのでＹを医師にし援助を惜しまなかった上，Ｂの死後はＹ夫婦を養子にして老後を託し，Ｂの相続財産すべてを贈与したが，Ｙはそれ以後Ａに嫌がらせをするようになり，協議離縁の和解が成立した。一審は忘恩行為により条理上贈与の撤回を認めるが，原審は，ＹがＡを扶養し，円満な養子関係を維持し，Ａから受けた恩愛に背かないことをＹの義務とする負担付贈与契約であるとした。最高裁はＹの上告を棄却した。

⑨　東京高判昭和 61・1・28（判時 1185 号 109 頁）

夫およびその親Ｘとの折り合いが悪く，妻Ｙがたびたび実家に帰ってしまっていたので，婚家に戻る条件としてＸからＹへ土地の贈与が為されたが，Ｙはまた実家に帰ってしまい以後夫の元へ戻らなかった。裁判所は，贈与は，妻として家族と同居し協力すべき義務を誠実に履行することを条件とするものであり，その具体的内容は一義的に明確であるとは限らないが，少なくともこの義務に著しく反する行為があった場合には贈与者に解除権を留保する趣旨のものと解した。

⑩　大阪地判平成元・4・20（判時 1326 号 139 頁）

Ｘは，Ｘの娘と結婚し歯科大学に入学したＹに対し，卒業までの 6 年間，ほぼ毎月金員を交付したが，Ｙは歯科医師国家試験合格直後，不貞の事実を明らかにし，離婚したい旨申し出て一方的に夫婦関係を破壊した。裁判所は，贈

与が親族間の情誼関係に基づきなされたにも関わらず、情誼関係が贈与者の責に帰すべき事由によらずして破綻消滅し、贈与の効果をそのまま維持存続させることが諸般の事情からみて信義則上不当と認められる場合には、贈与の撤回ができると解するのが相当であるとして、Xの贈与の撤回を認め、不当利得返還請求を認めた。

⑪　千葉地判平成7・6・27（LEX/DB 文献番号 28010446）

Xの次男YはXの農業を手伝っていたが、兄Aに借金があり、XがAのために財産を失うことを危惧した親戚の呼びかけで、親族会議が開かれ、その席上で、Yは、Aの借財のためにXが負った多額の債務を引受けること、Xとその妻を終生扶養することを負担として、Xからその所有する全不動産の贈与を受けた。その後家を出たX夫婦は、Yの負担不履行による解除等を主張し移転登記の抹消登記等を求めた。裁判所は、Yは妻の実家から借財をしてまで債務の弁済を行い、Xらが帰ってくれば面倒を見ると提案しているので、Yは負担義務の履行もしくは提供を為したとし、Xの解除等を認めなかった。

⑫　東京地判平成 25・8・29（LEX/DB 文献番号 25514254）

建物の持分権の贈与者Yと受贈者Xが贈与後も同居していたが、離婚し、Xが明渡しを求めた。裁判所は、同居を続けることは当然の前提とされていたのであって、Yの永住が条件、負担とされていたとは認められないとしたが、離婚がYの暴力をきっかけとすること等を考慮しても、財産分与についての話し合いもなされていない現時点で、XらがYに対して、明渡等を求めることは権利濫用であるとした。なお、贈与当時、離婚等の事態は予想されていないが、Yの永住が動機として明示的または黙示的に表示されていたとは言えないので、要素の錯誤は認められないとした。

これらの事例から統一的な基準を析出することは難しい。しかし、個々の判決で説かれていることから、一応次のように言うことができるであろう。

履行前も履行後も何らかの構成で贈与の解消を認める余地があるが、原則として、当事者の現実の意思を考え、贈与当時には思いもよらなかった行動を受贈者がとったという場合には、当然と思われていたことについて負担、条件は認定されない（⑩⑫）。そこで、親族関係から生ずる扶養義務のように、法定された当然の義務を果たすことは、円満な関係では改めて贈与の負担、条件として約定されているとは考えない。しかし、もともと贈与者と受贈者が円満と

は言えない場合には，負担，条件が設定されていると解釈できる（⑦⑨）。親族といっても親子でない場合も同様のようである（①③）[20]。また，実の親子であっても，何かの折に明示的に約定されていれば，条件，負担を認めることができる（⑪）。しかし，以上のことは貫徹されているわけではなく，⑧の判例は，贈与当時円満な関係にあった養親子の事例で，負担付贈与の構成を採った原審を是認して上告を棄却している。

　このように，法律行為を合理的に解釈して負担や条件を認定してしまうということは可能であるが，贈与の効力を否定する裁判例で常にそのような処理がされているわけではない。当事者が不仲である場合に負担を認める事例，一般条項を用いている事例を見ると，大体においては，むしろ，実際に合意されていたかという当事者の現実の意思が考慮されているのではないかと思われる[21]。

　贈与の解消がどの程度認められているかについて，実際には負担，条件の合意がなかったであろう事例を見ると，同じく養親子間の贈与でも，②が受遺欠格に準ずる事由を要求するのに対して，⑤，⑧ではそのような事由なくして返還請求が認められている。このうち，特に⑤は，受贈者に何ら積極的な背信行為がないことから，このような場合にも返還請求が認められることについては，学説上賛否が分かれる。そこでは，贈与契約上に現れない贈与者の期待が裏切られた場合に，贈与者は贈与の効力を否定できるとされているのである。

3　学　説

(1)　検討すべき点

　民法制定直後の学説は，多くが忘恩行為に触れて，外国の規定を紹介しているが，忘恩行為による撤回が認められていないとの指摘か，立法論に留まる[22]。

20　東京地判昭和40・11・22（下民集16巻11号1728頁）は，当事者が他人同士である場合に受贈者の債務を認めた。Xはその所有する土地を，公共の役に立つため，時価の半額で簡易裁判所の建設敷地としてY（最高裁判所）に売却したが，Yは14年間簡易裁判所の建設敷地として用いていない。裁判所は，本件土地を簡易裁判所の敷地として用いる債務がYにあるとし，この売買契約は売買と贈与の混合契約であるとしたうえで，忘恩行為で解除が認められることを考えても，債務不履行による解除権が認められるべきとした。控訴は棄却されたが，その上告審（最判昭和47・3・2）は，会計法50条が詳細な契約書の作成を義務付けており，契約書中に記載されていない特約は存在しなかったものと認めるのが経験則であるとし，原判決を破棄し差戻した。

また，その後の学説には忘恩行為の問題に触れないものも多い[23]。しかし，勝本説は，困窮の抗弁を挙げ（BGB519条），この場合に十分贈与者を保護し得ないことは明白であるから，「贈与が好意的の行為であることは通常疑なき所であって（例外あるも），私は贈与に関しても我民法上或程度の事情変更の原則の適用が解釈論として認め得らるべきであると思ふ」としている[24]。また，三潴説が条件を認めるという解釈論をとった[25]。

戦後は，勝本説の影響を受けてか，事情変更の原則が適用されると解するものが多く[26]，我妻説も，忘恩行為，困窮の場合の立法例を挙げ，「履行前における著しい事情の変更は解除権発生の理由となりうると思う」とする[27]。他に

---

21 動機の表示についても，贈与当時の人間関係を基に，実際に表示があったかが問題とされている（⑥⑫）。また，贈与に至る経緯に受贈者側の犠牲がある等の事情があり，それが考慮されたと思われるものもある。東京地判平成24・5・18は，家族を養うための建物の新築を任され，建築費の借入をし，妻を連帯保証人にし，贈与ら家族を無償で住まわせている当該土地建物の受贈者（子）が，賃借人からの建物の賃料について贈与者（父）の預金を差し押さえても，忘恩行為とならないとした。東京地判平成25・4・24は，親から子へ株式の譲渡がされたのち譲受人が譲渡人を解任し取締役報酬の支払いをやめた事案で，会社の資産を考慮して顧問税理士の助言で株式の価格を決めていることから，これは贈与であり，民法892条の準用あるいは類推適用により信義則上贈与の撤回・取消しができるという主張を斥けた。仙台高判昭和36・8・23は，分家のための農地の贈与で，知事に対する所有権移転許可申請書を書面と認めた判例の原審で，受贈者が贈与者の妻に暴力をふるい打撲傷を負わせたことを認定したが，ドイツ民法530条のような規定がないから，贈与の取消理由とはならないとした。具体的な事例ごとに，贈与者も利益を受ける場合か，義務的な贈与かといったことが考慮されているように思われる。なお，このほか，否定例には，東京地判昭和23・12・26，東京高判昭和55・12・15，東京地判平成19・3・27（負担の履行を認める）がある。東京高判昭和46・2・26は，贈与の履行が認められた事案で，受贈者の著しい忘恩の所行があったとか，相続人が困窮するとかが認められないから，相続人からする贈与の取消は信義に反するとして取消を否定する。

22 横田・前掲注（17）246，247頁は，贈与が恩恵的行為であることから，忘恩行為による取消は妥当であるが，受贈者に報恩を強いるとか，贈与者に口実を与える恐れ，当事者の権利関係を不確実にするという弊害から，規定されなかったとする。二上兵治「贈与雑説」法学新報22巻4号（1912）70，71頁は，立法論として，人情の自然な要求から，相当の制限を付して忘恩ゆえの取消を認めるべきであるという。また，末弘・前掲注（11）322頁，鳩山・前掲注（11）269頁。

23 例えば，岡村玄治『債権法各論』（嚴松堂書店，1929）185頁以下，末川・前掲注（11）7頁以下，戒能・前掲注（11）111頁以下）。

24 勝本正晃『民法に於ける事情変更の原則』（有斐閣，1926）260，261，871頁。

25 三潴信三『契約各論一』（出版社不明，1929）269頁。

も，信義則，権利濫用により履行前の請求を退ける見解があるが[28]，履行後における贈与物の取戻しには言及しないものが多かった[29]。未履行の贈与について，贈与の履行を拒絶し得るとする見解は学説に多く，「そのような理論構成は誰しも考え付くことであり，特別に問題にするに当たるまい」とされ，「だから，問題は，履行を終わった後に，贈与を撤回し贈与物を取り戻しうるかに関するといえよう」とされる[30]。

履行後の返還請求をも認める見解には，以下のように，民法に規定が置かれなかった理由を分析し，これを基礎に忘恩行為に対する評価を決しようとするものがある。

(2) 広中説

広中説は，履行後にも受遺欠格の規定を類推適用する。これは，負担や解除条件を認めない趣旨ではないし[31]，黙示の解除条件ないし取消権留保を認定しえない場合の処理である[32]。また，履行後の解消を認めた点では，解消の余地を広げたともいえよう[33]。しかし，これは前出②が判決の採るとみられる立場であり[34]，⑤の判決は要件が緩すぎると批判する。⑤は，前述のように，贈与

---

26 山中康雄『契約総論』（弘文堂，1949）258 頁は履行前には事情変更の原則によりうるとする。高梨公之『債権法各論』（桜門出版社，1949）52 頁，永田菊四郎『新民法要義 第三巻 下』（帝国判例法規出版社，1959）103 頁も事情変更の原則によるとするが，条件も認められうるとする。山主政幸『債権法各論』（法律文化社，1959）96 頁も事情変更の原則，黙示の特約によりうるとする。
27 我妻榮『債権各論 中巻一』（岩波書店，1957）232 頁。また，中川善之助『現代実務法律講座 契約』（青林書院新社，1962）340 頁も同旨だが，黙示の特約の場合もありうるとする。
28 石田文次郎『債権総論講義 第 4 版』（弘文堂書房，1937）12 頁，柚木馨＝高木多喜男編『新版注釈民法（14）』（有斐閣，1993）35 頁〔柚木馨・松川正毅〕は，履行前は信義則のほか事情変更の原則によるとし，我妻説とほぼ同旨であるとする。
29 加藤・前掲注（19）71 頁，来栖三郎『契約法』（有斐閣，1974）242 頁，柚木＝高木編・前掲注（28）35 頁，水辺芳郎『債権各論 第 2 版』（三省堂，1998）116 頁，江口幸治「贈与の取消について」社会科学論集 71 号（1990）85，86 頁，平井一雄「判批」独協法学 6 号（1975）174 頁。
30 水本浩『債権各論』（一粒社，1979）115 頁。
31 広中俊雄『債権各論講義』（有斐閣，1979）34 頁。
32 広中俊雄「解釈上の贈与撤回権の要件構成」法学セミナー 212 号（1973）129 頁。
33 このように評価するものとして，平井・前掲注（29）174 頁，来栖・前掲注（29）242 頁，川井健『民法概論 4（債権各論）』（有斐閣，2006）116 頁。

当事者間に実質的な養親子関係が形成されず破綻に至ったという事例で，受贈者に積極的な背信行為が特になく，受遺欠格の規定の類推は不可能な事案であったためである。しかし，後の学説は⑤の判決に賛成するようになっていき，広中説では贈与解消の要件が厳格すぎると批判する[35]。

注目すべきなのは，広中説が，「忘恩行為による贈与の取消」という言葉によって一般に日本人が観念するであろうところのものを恐れて，受遺欠格の類推という構成を採ることである。「恩」というものが，「特定の――身分的上下関係を前提とした特殊な――倫理的内容をもつ」もので，ドイツ法の法意識（贈与と受贈者の感謝との間の条件付けの意識を基礎とするもの）とは構造を異にするものであったことが，忘恩行為の制度が設けられなかった根本的原因であったというのである[36]。ここでは，「忘恩行為」という言葉が古い時代を引きずるもので，近代的でないという考えが見て取れる[37]。

(3) 来栖説

これに対し，来栖説は，日本民法典が忘恩行為を取り入れない等贈与を厚く保護しているという特色を有する理由を，次のように考える。この特色は自由契約尊重という考えと無関係ではないが，これと共同体関係と共同体思想の影

---

34 来栖・前掲注 (29) 242 頁。
35 加藤・前掲注 (19) 75 頁。
36 広中・前掲注 (32) 129 頁。
37 山主政幸『債権法各論』(法律文化社，1959) 96 頁は事情変更の原則や黙示の特約で撤回を認めるが，「贈与契約の近代性」を害しないように，慎重でなければならないとする。また，広中説に引用されているわけではないが，川島武宜『イデオロギーとしての家族制度』(岩波書店，1957) に次のような記述がある。恩というのは贈与であり，特別の好意によって恵み与えられたものであるから，その恩恵を受けた者は特別にこれを感謝し，恩に報いなければならない義務を負うが，この義務は社会構造によって，また与えられた恩の種類によって一様ではない。近代市民社会においては，感謝は内面的な道徳義務であり，当事者の地位を低めたり優越させたりはしない。これに対して，封建制社会においては，恩恵の授受は，一般に継続的，上級下級的な人身的関係を生じ，「恩」という言葉は特殊な封建的な意味を持つ。そこでは，平等者の間の贈与ではなく，本来的に上から下への恵みがあって，恩の恵みは物質的に計算することのできない深いものとされる。そして，恩の無限性・不可測性に応じて，報恩の義務も無限・不可測であり，人は一生の間，あるいは末代までも，恩に着なければならず，恵みに対応する忠誠により支えられなければならない。このようにして「封建的主従の人身的な関係」が設定されるという (102-107 頁)。

響を受けた独自の贈与観とが微妙に合体して，贈与を最も保護している外見を持つに至ったものである。その贈与観は，贈与を義務，義理，ないし恩と観念するものである。売買では解約手付の規定が要物性に執着して契約の拘束力を弱めているのに，贈与の拘束力は強いものとしているのも，矛盾するものではなく，共同体関係と共同体思想の楯の両面における表れである[38]。そこでは，贈与者において贈与しない自由がないのだから，受贈者は感謝すべきだということにはならない[39]。このように，来栖説によれば，日本でいう忘恩行為が特殊であるために起草者がこれを否定したというのではなく，日本の贈与観が特殊であるから，ヨーロッパにおけるような忘恩規定がないということになる。来栖説は，贈与の撤回を認める下級審判決に触れ，養子に対する贈与では，同居・扶養が負担・条件となっていたりするのであり，養親の主たる財産，生活の本拠である不動産の贈与の場合等にはそう解すべきとする。生前相続の意味を持った贈与において，負担，条件が認められない場合でも，なお贈与の撤回を認めるべきだとすれば，故意に贈与者を殺害，又は殺害しようとして刑に処せられたとき（965条，891条1号），その他受贈者の有責事由によって離婚離縁となり，あるいは贈与者が離婚離縁の訴えを提起して死亡したが受贈者に有責事由があるとき（ドイツ民法1933条参照）[40]であろうとされる[41]。これも相続法の規定を用いる説であって，広中説に基本的には従う見解であるとされるが[42]，来栖説自身は⑤の判決に反対するわけではない[43]。

(4) 於保説

於保説によれば，贈与は恩愛関係によるものなので，困窮したり，恩愛関係が裏切られた時は，その原因がなくなることになることから，諸外国における

---

38 手付を原則として解約手付とすることは，諾成契約としての売買の拘束力を弱め，売買を諾成契約より要物契約へとおしもどすことを意味する。そもそも契約無方式の原則は書面による明確化を好まない意識，つまり意思の拘束力の尊重に実質的に反するものからくるのであって，解約手付はその表れである（来栖・前掲注（29）42，43，49頁）。
39 来栖三郎「日本の贈与法」比較法学会編『贈与の研究』（有斐閣，1958）37頁以下。
40 被相続人の生存配偶者の過失に基づき離婚訴訟が提起される等したときは相続権等を有しないという規定である（田島順・近藤英吉『独逸民法Ⅳ 親族法』23頁（有斐閣，1939））。
41 来栖・前掲注（29）243頁。
42 平井一雄＝岸上晴志「判批」判タ363号（1978）80頁。
43 来栖・前掲注（29）242頁。

悔返しはむしろ当然であるという。しかし，この悔返しを法律上の権利として訴訟沙汰にするためには，高度な社会的権利意識，個人主義思想が必要である。そこで，日本民法典が悔返権を認めていないのは，「それだけ贈与における共同体的地盤なり道義的性格が強いことを示す」ものである。来栖説と同様，贈与における共同体的地盤をいうが，その反面として，高度な社会的権利意識，個人主義思想がないことに日本の独自性があるとしている。そこで，この点が改善されれば忘恩行為を認めてもよいのであって，実際，現在では社会的諸事情がかなり変わったので，「具体的事情によっては，悔返権の留保なり解除条件の黙示の特約を認定すべき」とする44。ここからはその範囲を窺うことができないが，忘恩行為による撤回に肯定的な立場ということができる。

(5) その後の学説

近年の学説にはこの問題に触れるものが多く45，贈与履行後においても返還請求を認める見解が多くみられる。広中説に近いものとしては，鈴木説が「忘恩行為」という語の一般的意味が広範すぎ，口げんかなども撤回原因に含めてしまう恐れがあるとして，受遺欠格に照応する重大な事由（殺害）がある場合

44　於保不二雄「無償契約の特質」『民法著作集Ⅰ』（新青出版，2000）420, 421 頁（初出は 1933 年）。

45　星野英一『民法概論Ⅳ』（良書普及会，1975）106 頁，松坂佐一『民法提要（第三版）』（有斐閣，1976）75 頁，伊藤進『契約法』（学陽書房，1984）119 頁，林良平『債権各論』（青林書院，1986）73, 74 頁，佐藤隆夫『債権法各論要説』（勁草書房，1986）78, 79 頁，平野裕之『コア・テキスト民法Ⅴ　契約法』（新世社，2011）291 - 294 頁，本城武雄・大坪稔『債権法各論』（嵯峨野書院，1987）42, 43 頁，乾昭三ほか編『債権各論』（青林書院，1994）75, 76 頁，森泉章『民法入門・契約法各論』（日本評論社，1996）15, 16 頁，石外克喜編『現代民法講義 5』（法律文化社，1994）141 頁〔中山充〕，北川善太郎『債権各論〔第 3 版〕』（有斐閣，2003）39 頁，山川一陽『債権各論講義』（立花書房，2004）87 - 89 頁，山本敬三『民法講義Ⅳ-1　契約』（有斐閣，2005）357 頁，近江幸治『民法講義Ⅴ　契約法〔第 3 版〕』（成文堂，2006）117, 118 頁，織田博子＝後藤巻則＝執行秀幸＝山崎敏彦『新・民法学 4 債権各論』（成文堂，2006）83 頁，柳澤秀吉＝堀田泰司編『債権法各論』（嵯峨野書院，2006）56, 57 頁〔森田悦史〕，西山井依子『債権各論（改訂版）』（大阪経済法科大学院出版部，2007）103, 104 頁，滝沢昌彦＝武川幸嗣＝花本広志＝執行秀幸＝岡林伸幸『ハイブリッド民法 4　債権各論』（法律文化社，2007）98, 99 頁，笠井修＝片山直也『債権各論Ⅰ』（弘文堂，2008）133, 134 頁，池田真朗『新標準講義民法債権各論』（慶應義塾大学出版会株式会社，2010）64, 65 頁山崎敏彦『債権法各論講義』（成文堂，2013）333, 334 頁，後藤巻則『契約法講義〔第 3 版〕』（弘文堂，2013）264, 265 頁ほか。

に，履行の有無を問わず撤回を認め，それに準ずる場合（些細な理由で殴打）に「忘恩行為による撤回」を認めるのみとする[46]。内田説も受遺欠格事由に相当する忘恩行為があった時に履行後の撤回を認める[47]。これらに対し，受遺欠格に加え，条件や負担によってより広く撤回を認めるものもある[48]。また，意思解釈のみで処理する見解には，解除権の特約による見解[49]，贈与意思の欠缺，条件による見解があり[50]，いずれも⑤の裁判例の結論を支持する。また，一般条項によるとする見解も多い。例えば，加藤一郎説は，受遺欠格の規定の類推適用に限定する見解は狭すぎると批判し，負担，条件のほか，受贈者の有責行為による離婚・離縁の場合の返還請求を認め，事情変更の原則が履行後にも適用されうることを指摘するが，「法の欠缺があるとして，忘恩行為による撤回（または解除）を条理として正面から認めるほかはないであろう」として，贈与の性質に深く根ざすものとしての条理で解決することを主張する[51]。加藤雅信説も，忘恩行為に対する警戒感は恩と報恩の社会的意味が大きかった時代のものであり，現在の日本社会では諸外国と同様にすべきとして，これに賛成する[52]。また，後述の加藤永一説は，判例の研究から，信義則による撤回・返還請求を認める[53]。川井説も，信義則を根拠に履行後の撤回を認める[54]。

　黙示の合意を認定する，相続法の規定を類推する，一般条項を用いるといった手法をとらず，民法に規定のない概念を持ち込む学説もある。このようなものには前述した事情変更の原則を用いる見解がまずあり，これにより履行後の

46　鈴木禄弥『債権法講義』（創文社，1980）207頁。
47　内田貴『民法Ⅱ　第3版』（東京大学出版会，2011）168，169頁（但し，⑧の判例について負担付贈与とする）。また，山口純夫『債権各論』（青林書院，1992）70頁も同旨。
48　柚木＝高木編・前掲注（28）37頁。同じく条件・負担・受遺欠格の類推によるとし，法的構成としては広中説に類似するのが，潮見佳男『契約各論Ⅰ』（信山社，2002）48－51頁で，これらの構成は相互排他的なものではなく，贈与の特質，贈与に及んだ経緯，贈与契約に盛り込まれた意思の評価に即して，それぞれの可能性が模索されるべきとする。柚木＝松川説も，潮見説も，判例・裁判例の広範な履行後の撤回を認めるようである。
49　中川説は於保説とだいたい同旨で，悔返権の留保又は解除権の黙示の特約の存在を認定すべきとするが，現行法で書面に拠らない贈与の撤回が履行の終わった部分について認められていないこととから，撤回は厳格かつ慎重でなければならないとし（中川淳「判批」ジュリスト693号（1979）72頁），忘恩という表現には抵抗を感ずるとする（中川淳「判批」判例評論165号（1972）22頁）。
50　島津一郎「判批」金融・商事判例331号（1972）4頁。⑤の裁判例について，実質的には有償・双務契約の事案であるから負担付贈与ではなく，条件付贈与と見るべきとする）。
51　加藤・前掲注（19）75頁。

返還請求をも認める見解も存するが[55]、そもそも事情変更の原則と条件・負担といった構成との差異はといえば、この問題を意思表示の解釈の問題とするか否かである。勝本説によれば、条件等と異なり、意思表示の構成要素となっていない事情変更の原則は、意思表示解釈の問題とすることはできない。表意当時の事情が変更しないことを黙示的な条件とし、事情変更の原則を意思表示の解釈によって解決しようとすることは意思表示を擬制するものに他ならず、取引の安全を害し、乱用の恐れがあるというのである[56]。

このように意思解釈のレベルの問題ではないとする点で、勝本説と共通すると考えられる一連の学説がある。そこでは、「条件付または負担付贈与をすることは、贈与当時の円満な関係から、通常ない」[57]との考えがあると思われる。平井＝岸上説は、広中説では導きえない⑤の裁判例の結論に賛成するが、日本法に定着を見ている、目的不到達による不当利得返還請求権によって解決しようとする。目的不到達による不当利得返還請求権は、結納・支度金の返還の事例で問題とされ、反対給付が法的に強制され得ないという事情の下で認められるものであって[58]、債務レベルでとらえきれない事情を考慮しようとする点では、事情変更の原則に類するものといえよう。その後、比較的近時の学説では、この点で共通するとみられる様々な概念を用いている。目的、前提（行為基礎）[59]、

---

52 加藤雅信『新民法大系Ⅳ　契約法』（有斐閣、2007）189、193頁。清水元教授もドイツ法の忘恩行為を挙げ、同様に解してよいとされる（清水元『プログレッシブ民法［債権各論Ⅰ］』（成文堂、2012）129頁）。解釈論として、外国法と同じ扱いをする必要があるとして、受遺欠格に準ずる行為のほか、それほどひどくない忘恩行為でも、受贈者の履行請求が信義に反するときに取消しを認めるのは、山口純夫編『債権各論』（青林書院、1992）70頁〔田上富信〕。

53 加藤永一「履行済みの贈与が撤回される場合があるか」『民法の争点Ⅱ』（有斐閣、1985）107頁。

54 川井健『民法概論4（債権各論）』（有斐閣、2006）116頁。

55 水辺芳郎『債権各論　第2版』（三省堂、2006）116頁は、履行後の返還請求について、撤回権・解除条件の黙示の合意のほか、事情変更の原則の適用も考えられるとする。石田穣『民法Ⅴ（契約法）』（青林書院、1982）110頁も事情変更の原則による取り戻しを認める。

56 勝本・前掲注（24）25-27頁。

57 三宅正男『契約法（各論）上巻』（青林書院、1983）14頁。

58 平井＝岸上・前掲注（42）81頁。そのために、調整は「目的の実現」でなく「給付（給付物又は価格）の返還」に向けられる（土田哲也「給付利得返還請求権——目的不到達の場合について」谷口知平教授還暦記念発起人編『不当利得・事務管理の研究(2)』（有斐閣、1971））。

原因，決定的な動機といったものである。大村教授は，近時の学説について，「抽象的な合意が契約の拘束力を基礎づけるわけではないという考え方」を採るものと分析される。そして，外国法の忘恩行為を超えて，より広い撤回事由を認めうるような基礎理論を展開しようという志向がみられるとされる[60]。

　これらの，より広く贈与の解消を認めていく見解の背景としては，一連の判例・裁判例の存在のほか，贈与契約の実態についての分析が進められたということがあるのではないかと思われる。前述のとおり，忘恩行為が規定されなかったのは，贈与者の態度として恩を買うようなことは許さないという考えからであろうが[61]，これは贈与をそれ自体で完結したものと捉えるものではないだろうか。この点，広中教授は，歴史的考察から，贈与とは，以前から存在しており将来も存続すべきである恒常的関係を基礎に，共同体内部の関係で長い間になんとなく相殺されていくべき無数の相互的諸給付の一つに過ぎないのであり，本来はそれだけを独立に取り出して眺めることができないものであるとされる。それにもかかわらず，贈与が法的に無償のものと扱われるのは，そのような贈与が背後にある過去の全生活関係から切り離されるということである。それはこの恒常的関係が法的操作の本来的に不可能なものだからであるが，また，法的な処理が問題となるときには恒常的関係は消滅してしまっているから，贈与がそのように切り離されて扱われることには理由があるといえるのである[62]。また，贈与の実態に関する見解として，加藤永一説が判例法の詳細な研究から，無償行為の判例では，「意思解釈にあたって，多かれ少なかれ当事者の社会関係や動機が考慮され，判決理由のなかで言及される」と指摘し[63]，「贈与が法外の世界にまたがらざるを得ないとすれば，消滅についてもこれを無視するわけにはいかないであろう」として，信義則により返還請求を広く認めた[64]。この見解は，広中説，来栖説を踏まえて，これらの学説の言う，共同

59　三宅・前掲注（57）16頁。養親子間の贈与について返還請求を認め，受贈者の有責事由はなくてよく，贈与者の有責事由による離縁だけを除外するとする。

60　大村敦志『典型契約と性質決定』（有斐閣，1997）101, 103頁。

61　柚木＝松川説は，困窮や忘恩による撤回を規定しないのは，東洋儒教思想の影響によるものであろうとする（柚木＝高木編・前掲注（28）34頁）。

62　広中俊雄「有償契約と無償契約」『広中俊雄著作集2　契約法の理論と解釈』（創文社，1992）35, 36頁（初出は1956）。また，『債権各論講義　第5版』（有斐閣，1979）29, 30頁。

63　加藤永一「贈与および遺言の研究——日本における無償行為法の現実的機能」法学34巻1号（1970）4頁以下。

体内における原初的な意味の無償行為と，相続制度の補正・代用，扶養，紛争解決など特別の事情があって為される現実の贈与とは異なり，「なんとなく相殺され」ていくものではないとする[65]。

このような分析は忘恩行為や困窮による撤回・解除についての議論に直接かかわりを持つわけではないが，特に広中説は後の学説に大きな影響を与え[66]，岡本説，武尾説，森山説は明確に広中説の無償契約の構造論を前提に論じている。なかでも岡本説は，「恒常的関係」をどの程度まで法的に操作可能であるかを考え，広中説による無償契約の構造論と，主観的な動機，経緯，人的関係等の事情を斟酌する実務との架橋として，イタリア法を参考に，当該贈与を導出した主観的事情である具体的原因が解消した場合に撤回を認める見解である[67]。また，武尾説は，有償契約と無償契約に関する広中説の歴史的考察から，無償契約においては動機が顧慮される余地があるとし，法的処理が問題となるときには贈与を誘導した「恒常的関係」が消滅するといえるのは儀礼的な贈答であり，判例が問題とするような贈与では決定的な動機が崩壊したときに贈与の解消を認めうるとする[68]。森山説も，恵与のコーズの研究から，多様な贈与には，将来のある目的に向けられるものもあり，「それだけを独立に取り出して眺めることができない」ものであるとは限らないとし，他の多数の恒常的関係の諸項のうち格段に抜きんでて現れる目的が到達されなかった場合に贈与の撤回を認める[69]。いずれも広中説の言う贈与の構造を前提に，贈与の背後に存する相互関係を一定程度法的に評価することを試みるものであるといえる。

この点，大村説は，忘恩行為を認める見解は，具体的な対価と捉えることのできない贈与の背後の人間関係を法の考慮の対象とするものであるとする。そ

---

64 加藤・前掲注 (53) 107 頁。

65 加藤永一「贈与および遺言の研究——日本における無償行為法の現実的機能」法学 34 巻 3 号 (1970) 31 頁。

66 共同体関係の場での財貨の分配に関わる「贈ったり，贈られたりのそれ」は，「その社会的実態において『無償』でないばかりか，商品交換法の基盤である私的所有の論理をも排斥する」とするのは，川村泰啓『商品交換法の体系 I ——私的所有と契約の法的保護のメカニズム』(勁草書房，1972) 66, 67 頁。

67 岡本詔治「無償契約という観念を今日論ずることには，どういう意義があるか」椿寿夫編『講座 現代契約と現代債権の展望』(日本評論社，1990) 37 頁。

68 武尾和彦「無償契約論序説」法律論叢 61 巻 6 号 (1989) 107, 108 頁。

69 森山浩江「恵与における『目的』概念——コーズ理論を手掛かりに」九大法学 64 号 (1992) 35, 36 頁。

して，有償契約において相手方の反対給付が失われた場合と対比して，贈与の目的，重要な動機（原因）が失われた場合には贈与が失効するとすべきであって，このフランス法，旧民法の「原因」は，双務契約においては反対給付の存在であるとする[70]。また，行為基礎が対価でありうるドイツ法の枠組みを用いれば，有償契約と構成できる場合があるとする見解もあり[71]，学説は対価性をとらえていく方向性をとっているとされている[72]。

ところで，以上のように，民法が忘恩行為についての規定を持たないために，判例・裁判例の理論づけとして，一般的な基礎理論に重点が置かれる。しかし，判例・裁判例が広く贈与の解消を認めることについて，明文規定を持つ外国法の忘恩行為とは異なることを指摘する見解もある。受贈者の重大な過誤を必要とするドイツ法を参照して，「恩」を基礎として不合理な忘恩行為の判断が為されることを警戒する見解[73]，また，フランス法における忘恩行為を参照して要件を立て，受贈者の有責性がさほど大きくないときにまで忘恩行為の法理を適用してはならないとする見解である[74]。忘恩行為の範囲は，それが拡大された現在，困難な問題となっている。

4　近時の改正の動き

近時，民法の債権法が改正されることとなり，法制審議会で議論が進んでいる。贈与については，忘恩行為と困窮を理由とする贈与の解除を認める中間試案が出され，注目される。審議会の部会資料によると，裁判例において，法的構成は一定していないものの，受贈者に一定の背信行為等があった場合に贈与

70　大村敦志『基本民法Ⅱ　第2版』（有斐閣，2005）168, 169頁。
71　小島奈津子『贈与契約の類型化――道徳上の義務の履行をてがかりにして』（信山社，2004）245頁。
72　特定の財の提供と扶養サービスとを有償双務契約とするところまでは行っていないとしつつ，①実質的に有償双務契約化していく方向，②前提や原因といった概念を用いて，無償契約における広い意味での「対価性」を確保しようとする方向の二つの方向に学説を集約することができるとされる（吉田克己『現代市民社会と民法学』（日本評論社，1999）214-218頁）。
73　後藤泰一「忘恩行為にもとづく贈与の撤回――ドイツ法を通して」民商法雑誌91巻6号（1985）27, 28頁。
74　加藤佳子「忘恩行為による贈与の撤回（五）完――フランス法を中心として」名古屋大学法政論集122巻（1988）356頁以下。

者が撤回・解除をすることを認める必要性は広く承認されているので，この場合の処理を安定的なものとするために，立法の提案がされたとしている[75]。しかし，中間試案にせよ[76]，そのもとになった提案にせよ[77]，判例・裁判例で贈与の解消が認められた事案を網羅するものではなく，より限定された場面に関するものである。部会資料によれば，これは解除の効果の重大性から要件を限定的かつ明確にするためのものであり，贈与は相続類似の機能を営むという理由で，相続法における規定が参照されている。それらは基本的に受贈者に悪性ある背信行為がある場合と考えられている[78]。

　この点，第２分科会第５回会議では，法科大学院に通って勉強するからといって資金を援助してもらうという例が挙げられて，贈与の解消を広く認めるべきであるという意見が出た（中井康之）。これに対しては，勉強することが契約内容となっていることはありうるが，そうでない場合，一般的に何かが贈与された時に，贈与者の気に入らないことをすると解除できると受け取られると広すぎるという懸念が示された（内田貴）[79]。学問の費用を出すというのは起草者の挙げた例でもあり，負担，条件によることが予定されていた場面と言えるが，受贈者に悪性ある積極的行為がなく，受贈者が贈与者の期待通りにしなかったにすぎない点で，多くの裁判例で問題とされる「忘恩行為」の問題に含

75　法制審議会，部会資料44（民法（債権関係）の改正に関する論点の検討（16））16頁（http://www.moj.go.jp/content/000100818.pdf）。

76　「贈与契約の後に，受贈者が贈与者に対して虐待をし，若しくは重大な侮辱を加えたとき，又は受贈者にその他の著しい非行があったときは，贈与者は，贈与契約の解除をすることができるものとする」（『民法（債権関係）の改正に関する中間試案（概要付き）』別冊NBL143号（商事法務，2013）151頁。

77　虐待，重大な侮辱その他の著しい非行のほか，詐欺，強迫により書面に拠らない贈与の撤回を妨げたこと，法律上の扶養義務に反して困窮する贈与者からの扶養請求の履行を拒絶したこと，が列挙されている（前掲注（74）14頁）。

78　この提案は，受贈者に贈与の前提を喪失させるような悪質な行為があった場合の撤回・解除の明文規定を設けるとの立法提案を取り上げたものとされる。そこで，困窮による贈与の解消について，「受贈者に背信行為等の悪性がある行為が認められない場面」と位置づけ，「必ずしも受贈者が寄与するとは限らない贈与者の困窮等のリスク」を贈与の撤回又は解除によって受贈者に転嫁することは受贈者の地位を不安定にするので妥当ではないとして，背信行為によるものと異なり，提案の本文には取り上げない（前掲注（75）18,19頁）。

79　法制審議会，第二分科会第５回会議　議事録52頁（http://www.moj.go.jp/content/000105903.pdf）。

まれうる。結局，中間試案では，推定相続人の廃除に関する民法892条に対応する規定が置かれ，このような例についての規定は置かれなかった。

しかし，部会資料では，「背信行為等による撤回・解除を明文化することは，背信行為等を負担付贈与の負担の不履行とみて贈与契約の解除を認めるなどといった，裁判実務において現在採られている解決方法を否定するものではない」とされ[80]，判例・裁判例の処理が併存することを認める趣旨であることが明らかにされている。そこで，おそらく解除事由が限定された趣旨は，広中説のように⑤の新潟地判のような事案で返還請求を否定することにはない。

この点については，第2分科会第5回会議で，背信行為の場合にだけ原状回復の特則を置くという提案との関係で[81]，難点があるという指摘がされた。同じ忘恩行為の事例であっても，解除による原状回復義務について，負担不履行という構成が採られた場合は解除時，背信行為による解除の場合にはその原因が生じた時を基準に，原状回復の範囲が定まるという差異が生じるからである。そこで，第2分科会では，忘恩行為について適切な要件設定ができない場合には不都合があるとされている[82]。

このような背信行為等による解除の場合の特則には，原状回復義務のほか，解除権の期間制限，一身専属性に関するものがある。受贈者に積極的な背信行為が認められる場合を明文化し，そうでない場合を従来の判例・裁判例の解決に委ねるというのであれば，例えば積極的な背信行為のある受贈者がそうでない受贈者より有利な効果を与えられる事態を避けるといった配慮は少なくとも必要であろう。但し，その場合でも，受贈者に背信行為がない場合に，贈与の解消をどのように認めていくかという判例・学説上の問題は解消されない。

5 まとめ

現行民法の起草者は，忘恩行為を法制度としては認めず，負担付贈与を性質

---

[80] 前掲注（75）17頁。

[81] 契約の解除による原状回復義務の一般原則に対する，贈与契約のための特則があるが，その上背信行為について更なる特則がある（前掲注（75）19-21頁）。中間試案にも同様の規定が設けられた（商事法務編『民法（債権関係）の改正に関する中間試案の補足説明』（商事法務，2013）436, 438, 439頁）。

[82] 前掲注（79）55頁。校正の段階で，結局，忘恩行為・困窮に関する規定は債権法改正の法律案には盛り込まれなかった。

上双務契約であると捉える。民法制定時，義務的な贈与が想定されていたのか，また封建的な恩というものに対する警戒といったものがあったのかは定かではないが，贈与においては受贈者に報恩を強いてはならないことが強調される。

しかし，現在，受贈者がいわば見返りを与えない場合に贈与の効力を否定する判例・裁判例が多くみられる。学説上も，広中説が受遺欠格の場合に限って履行後の返還請求を認めた後，広中説が批判する裁判例のような，受贈者が当然の前提であった期待を裏切った場合にも返還請求を認める事例に，多くの学説は，賛成するようになる。むしろ，こうした判例・裁判例の理論づけをするために，例えば，事情変更の原則，行為基礎等がいわれ，贈与の撤回を導く一般的な概念の研究が進んでいる。それはドイツ法等と異なり，日本法に忘恩行為に関する規定がないためであるが，日本法のいわゆる「忘恩行為」の問題は，ドイツ・フランス法の忘恩行為と異なることを指摘する研究も現れ，単に規定の有無だけが問題となっているわけではない。

近時の債権法改正の動きの中では，裁判例の蓄積から必要性が広く承認されているとして，忘恩行為についての規定が中間試案に設けられた。しかし，それは相続法の規定を参照した限定的な解除権であり，裁判例で問題となった事案を網羅するものではなく，残りの領域はこれまでの裁判実務の処理に委ねることとされた。そこで，解除等の認められる範囲を現在より限定する意味を持つものではないが，現実の問題を解決するのに十分なものでもない。受贈者に積極的な背信行為があったというよりも，当事者間の相互関係の中で，贈与の見返りとして当然に予定されていた事態が実現しなかった場合に，贈与の解消を認める実際上の必要がある，というところに，判例・裁判例の扱う困難な問題があるからである。

それにもかかわらず，このような規定が中間試案で設けられたのは，忘恩行為という警戒されてきた領域でこの問題を扱うことに限界があるからではないかと思われる。相続法の規定を参照しうる場合を除き，無限定な贈与の取戻しは，受贈者の立場をどこまでも弱くし得る。やはり，今日においても，不明確な忘恩行為を言うべきではない。より一般的な概念により贈与の解消を導こうとする学説の努力は重要であり，その概念の外延が明らかである限りで，基礎理論の研究が評価されるべきである。

請負契約論

大窪　誠

1　はじめに

　請負の冒頭規定である民法632条の「仕事」は，従来，有形のものでも無形のものでもよいと解されており，その結果，多様な契約が請負として扱われてきた。ところが，民法（債権法）改正検討委員会は，2009年3月31日にとりまとめた「債権法改正の基本方針」（検討委員会試案）の中で，請負の規定による規律の対象を，仕事の目的が有体物である場合，および，仕事の成果が無体物であっても，その成果物の引渡を観念できる場合に限定し，それ以外の純粋な無形請負を，請負の規定ではなく新設の役務提供契約の総則規定によって規律することを提案した[1]。この提案によると，これまで請負契約とされてきた契約の一部が，請負契約ではなく役務提供契約に分類されることになる[2]。請負は，雇用・委任・寄託とともに労務型の典型契約として分類されることが多いが，この提案は，このような分類を見直して典型契約における請負の位置づけを変更する点で，大きな意味を有する。もっとも，その後の（以下，「今回の」という）債権法改正作業では，法制審議会民法（債権関係）部会が2013年2月26日に決定した「民法（債権関係）の改正に関する中間試案」の段階で，請負の規定による規律の対象を限定するという提案は検討対象から外され[3]，今回の債権法改正において，請負の規定による規律の対象が限定される可能性は事実上なくなった[4]。

---

[1] NBL904号（2009）364頁，民法（債権法）改正検討委員会編『債権法改正の基本方針』別冊NBL126号（2009）364頁，同編『詳解 債権法改正の基本方針Ⅴ 各種の契約(2)』（以下，「詳解Ⅴ」と引用する）（商事法務，2010年）45頁。

[2] 請負の規定ではなく役務提供契約の総則規定によって規律される純粋の無形請負の例として，運送契約が挙げられている。前掲注（1）詳解Ⅴ 7頁。

しかし，そうであるとしても，請負の規定による規律の対象という問題は，請負の定義に関わる点で，請負の最も根本的な問題であるため，この問題に関するこれまでの議論をたどることには意義があると考えられる。そこで，本稿では，請負の規定による規律の対象に関するこれまでの議論を取り上げ，仕事の完成を目的とする契約の規律のあり方について考えてみたい。

2　旧　民　法

旧民法において，請負契約は，財産取得編第12章「雇傭及ヒ仕事請負ノ契約」の第3節「仕事請負契約」に規定されていた[5]。現民法632条に対応する旧民法の規定は，財産取得編275条である。

旧民法財産取得編275条
　　工技又ハ労力ヲ以テスル或ル仕事ヲ其全部又ハ一分ニ付キ予定代価ニテ為スノ合意ハ注文者ヨリ主タル材料ヲ供スルトキハ仕事ノ請負ナリ若シ請負人ヨリ主タル材料ト仕事トヲ供スルトキハ仕事ヲ為ス可キ条件附ノ売買ナリ[6]

同条は，「或ル仕事ヲ……為スノ合意」を，請負人が主たる材料と仕事とを供する場合には「条件附ノ売買」としており，現民法におけると請負の定義が異なっている。

---

[3]　『民法（債権関係）の改正に関する中間試案』NBL997号（2013）68-69頁，商事法務編『民法（債権関係）の改正に関する中間試案（概要付き）』別冊NBL143号（2013）170-174頁，『民法改正 中間試案の補足説明［確定全文＋概要＋補足説明］』（以下，「中間試案の補足説明」と引用する）（信山社，2013）471-487頁。

[4]　2014年8月26日開催の法制審議会民法（債権関係）部会第96回会議で決定された「民法（債権関係）の改正に関する要綱仮案」にも，請負の規定による規律の対象を限定する案は含まれていない。NBL1034号（臨時増刊）（2014）68-69頁，瀬川信久編著『債権法改正の論点とこれからの検討課題』別冊NBL147号（2014）268-269頁。

[5]　旧民法における請負契約について，丸山絵美子「民法634条における『仕事の目的物』と無形仕事・役務型仕事」新井誠＝山本敬三編『ドイツ法の継受と現代日本法』（ゲルハルド・リース教授退官記念論文集）（日本評論社，2009）505頁以下［506-508頁］，芦野訓和「請負契約──役務提供契約の一類型としての請負契約」（以下，「請負契約」と引用する）円谷峻編著『社会の変容と民法典』（成文堂，2010）397頁以下［402頁］を参照。

[6]　旧字体の漢字は現代字体に改めた。以下においても，引用対象の文献中で用いられている旧字体の漢字または仮名は現代字体に改めて引用する。

3　現民法632条の起草過程[7]

(1)　法典調査会

(ア)　雇用と請負

　1895年6月28日に開催された第98回法典調査会において，穂積陳重起草委員は，雇用の冒頭説明の中で，贈与，売買，交換，消費貸借，賃貸借，使用貸借を物に関する契約と説明し，雇用，請負，委任，寄託，組合を人に関する契約と説明している[8]。現在，13種類の典型契約は，移転型の契約，貸借型の契約，労務型の契約，および，その他の契約という4つに分類されることが多いが，穂積委員による物と人という2つの視点からの典型契約の分類は，現在一般的になっている4分類への過渡的な分類法ということができる。

　旧民法が雇用と請負を一括りにして1つの章（財産取得編第12章）に規定したのと異なり，法典調査会に提出された原案は雇用と請負を一括りにしない方針を採用した。その理由として，穂積委員は，雇用の冒頭説明の中で，雇用と請負のあいだには，前者は労力自体を目的とするのに対して後者は労力の結果を目的とするという法理上の違いがあるため，同じ規定を適用する形をとると除外規定が必要になり不便である，という点を挙げている[9]。

　1週間後の同年7月5日に開催された第100回法典調査会においても，穂積委員は，請負に関する冒頭説明の中で，雇用と請負のあいだの違いを再び取り上げている。すなわち，穂積委員は，法理上の違いとして挙げた前出の点を再び挙げたのち，雇用と請負のあいだの実際上の違いとして，雇用は人の方に関係が多く，請負は仕事の方に関係が多いという点を挙げ，さらに，このような違いを理由として，雇用は労力を賃貸するような形であり，賃貸借類似の規定が当てはまることが多いのに対して，請負は労力の結果を売るような形であり，売買の規定が当てはまることが多い，と説明している[10]。

　7　現民法の請負規定の起草過程について，丸山・前掲注（5）509-512頁，芦野・前掲注（5）請負契約403-405頁を参照。

　8　法務大臣官房司法法制調査部監修『法典調査 民法議事速記録 四』（以下，「速記録四」と引用する）（商事法務研究会，1984）456頁。

　9　前掲注（8）速記録四456頁。

　10　前掲注（8）速記録四526頁。請負を売買と関連づけるという視点は，前出の「債権法改正の基本方針」の解説においても言及されている。前掲注（1）詳解Ⅴ 51頁。

穂積委員が説明した雇用と請負を一括りにしない方針に対して，他の委員から意見が出されず，続いて，請負の冒頭規定について審議された。

(イ) 法典調査会原案639条

請負の冒頭規定として法典調査会に提出されたのは，旧民法財産取得編275条を修正した法典調査会原案（以下，「原案」という）639条である。

法典調査会原案639条
　請負ハ当事者ノ一方カ或仕事ヲ完成スルコトヲ約シ相手方カ其仕事ノ結果ニ対シテ報酬ヲ与フルコトヲ約スルニ因リテ其効力ヲ生ス 11

(a) 穂積陳重起草委員による冒頭説明

原案639条に関する冒頭説明の中で，穂積委員は，本条を置いた主たる目的として，雇用と請負の違いを明らかにして請負の規定が適用される対象を明確にする，という点を挙げている。続いて，雇用におけると異なり，請負においては，報酬は労力自体に対して支払われるのではなく，仕事の結果に対して支払われるものであるとして，「有形物カ無形物カ其出来上ツタ物ニ対シテ報酬ヲ与ヘルノデアリマスカラシテ夫故ニ如斯キ契約ニハ悉ク此請負ニ関スル規定ガ当ルモノト致シマシタ」と説明し，無形の仕事も請負の目的となることを明言している。無形の仕事として，穂積委員は，「人力車ニ乗ル」および「按摩ニ揉マセル」という具体例を挙げている 12。

(b) 法典調査会原案639条に関する審議

原案639条に関する審議の中で，穂積委員は，請負の規定を「日常沢山アル所ノ註文仕事等ニ当リマスル規定」と説明したのち，「此処デ言フ『請負』ト云フモノハコンナ広イモノデアルト云フコトヲ示ス必要ガアルノデ，定義ガ必要ニ為ツタノデアリマス」と述べて，請負が広いものであることを強調している。もっとも，穂積委員には，このような広い内容を有する契約に請負という言葉を充てることに躊躇があったようであり，「『請負』ト云フ字ハ如斯広イ意味ガアリマスルカラ甚ダまづいノデ何ニカ好イ文字ハナイカト思ツテ考ヘテ見マシタガドウモ『註文仕事』ト言フノモ変デアリマスルシ」と述べるとともに，「言葉ハ固ヨリまづいノデアリマス」と繰り返している 13。

11　前掲注(8) 速記録四 526頁。
12　前掲注(8) 速記録四 527-528頁。
13　前掲注(8) 速記録四 529頁。

3 現民法632条の起草過程

　審議の過程で、請負の定義に関連して、旧民法財産取得編275条に含まれていた「予定代価」という文言を条文に含めるか否かという点が激しく議論されたが[14]、請負の規定による規律の対象を広いものとするという穂積委員の説明に対しては、異論は出なかった。しかし、前述のように穂積委員も認識していた点であるが、原案639条による請負の内容が、それまで請負とされてきた内容よりも広いことを理由に、複数の委員から、契約の名称として請負以外の言葉を用いるべきであるという意見が出された。

　はじめに、土方寧委員が、請負という文字は今まで一般に用いられているが按摩まで入るような広いものではないとして、「賃仕事」の方が穂積委員が説明した内容を表していると主張した。続いて、重岡薫五郎委員は、原案639条の「或仕事」という文言について、「仕事」とは働く状態を指すことが多く、「其働ク仕事全体ニ付テ『仕事』ト云フコトハ余リ用イヌコトデアラウト思ヒマス」として、「或作業」の方が意味が広くなってよいと主張した。それに対して、穂積委員は、まず、土方委員の主張については、「『賃仕事』ト云フノモ何ンダカお婆さんが仕事ヲスルヤウニ聞エルノデアリマス」という消極的な意見を述べ、次に、重岡委員の主張については、「仕事」という字は分かりやすく、ある物に偏していないというメリットがあると述べて、「仕事」という文言を維持する立場をとった。すると、土方委員が再び発言し、請負よりも賃仕事の方が広いとして、契約の名称を請負から賃仕事に改めることを提案した。続いて、長谷川喬委員は、「賃仕事」という言葉を不完全であるとし、さらに、「『請負』ト云フノガ是迄日本ニ行ハレテ居ル意味ト法典ニ言フ意味ト違ウト云フコトニ為ツテハ為ラヌカラ是ハ是非トモ替ヘネバナラヌト思ヒマス」と述べて、契約名称の変更を提案した[15]。

　このように、契約の名称としての請負という言葉に対して複数の異論が出されたが、穂積委員は、請負という言葉に固執せずに、「是ヲ直オスト云フコトデアレバ私ハ極適当ナ文字ガアレバ直グニ賛成シタウゴザイマス」と述べている。しかし、穂積委員は、「此処ニ挙ゲテアル契約ノ種類ノ幅ヲ狭メサウシテ本節ニ極メテアルコトガ当ラヌト云フノハ是ハ実際上非常ニ不利益ノコトデアリマスカラ寧ロ実ヲ存シテ名ヲ改メラルルコトニシテ貰ヒタイト思ヒマス」と

14　前掲注（8）速記録四 532－537 頁。
15　前掲注（8）速記録四 530－532 頁。

述べ，契約の内容を広いものとするという立場は変えなかった[16]。

　その後，田部芳委員が，請負という言葉のこれまでの用いられ方を考慮すると，「仕事契約」という言葉を用いる方が分かりやすいとして，契約の名称を「仕事契約」とすることを提案し，また，土方委員が再度，「賃仕事」という名称を提案した。さらに，高木豊三委員は，「今日ノ『請負』ト云フモノニ総テノ仕事ノコトヲ籠メヤウト云フ意味デアリマスレバ詰リ今迄『請負』ト言ツタ意味トハ意味ガ違ウ」として，原案では従来の意味と異なる意味で請負という言葉が用いられているという認識を示すとともに，「以来斯ウ云フ具合ニ解シロト云フコトニ今度立法者ガ変ヘルノデスガ是ガサウ往クカ往カヌカ……（以下略）……」と述べ，契約の名称を請負とすることへの懸念を表明した[17]。

　その後の審議においては，契約の名称を請負とすることの是非に関する意見は出されず，箕作麟祥議長が，「夫レデハ他ニ御発議ガナケレバ原案ニ確定ヲシテ次條ニ移リマス」と告げて，この日の法典調査会における原案639条についての審議は終了した[18]。

　以上の審議の過程について，以下の3点が注目される。

　第1点は，現民法の起草者は，有形の仕事だけでなく無形の仕事も請負の規定による規律の対象となると解していたという点である。現在，民法632条の仕事は有形無形を問わないと解されているが，このような理解は現民法の起草者の理解と等しいことになる。

　第2点は，無形の仕事を含めた広い内容の契約を請負と呼ぶことは，現民法の起草当時における請負という言葉の一般的な意味を拡大するものであったという点である。

　第3点は，請負という言葉を広い意味で用いることに対して複数の反対意見があったが，反対意見は，請負の内容を狭めることを提案するのではなく，契約の名称として請負以外の言葉を用いることを提案するものであり，請負の規定を広範囲の契約に適用することに対しては異論がなかったという点である。複数の反対意見があったにもかかわらず原案の請負という言葉が維持されたのは，請負に代わる言葉として多数の賛同を得られるような言葉が提案されなかったためであると考えられる。

16　前掲注（8）速記録四533頁。
17　前掲注（8）速記録四535-536頁。
18　前掲注（8）速記録四539頁。

(2) 第9回帝国議会

(ア) 衆議院議案631条

　法典調査会案の全体は，民法中修正案として政府から第9回帝国議会に提出され，衆議院で1896年2月26日から，貴族院で同年3月18日から，順次審議された[19]。法典調査会原案639条は，中頃に「之ニ」という文言を追加されて，まず，民法中修正案の衆議院議案631条として衆議院に提出された。

衆議院議案631条
　請負ハ当事者ノ一方カ或仕事ヲ完成スルコトヲ約シ相手方カ其仕事ノ結果ニ対シテ之ニ報酬ヲ与フルコトヲ約スルニ因リテ其効力ヲ生ス[20]

(イ) 民法修正案理由書

　民法中修正案が帝国議会に提出されて間もない時期に作成された民法修正案理由書（以下，「理由書」という）[21]では，衆議院議案631条に関して，請負の目的は仕事の完成であるため，「単ニ労務ノミヲ供シテ或仕事ヲ為シ其結果ニ対シテ報酬ヲ受クル場合」も請負となると説明されており，無形の仕事も請負の目的となるという立場がとられている。無形の請負の例としては，「運送ヲ引受タル場合」が挙げられている。さらに，理由書は，衆議院議案631条のもとになった旧民法財産取得編275条が仕事の材料がある場合のみを想定している点を「狭キニ失スル」と批判するとともに，同275条が，注文者が材料を供する場合のみを請負とし，請負人が材料を供する場合を条件附売買とした点を，「不必要ノ限定ニシテ却テ不当ノ結果ヲ生セシムルコトナシトセス」と批判している[22]。

(ウ) 貴族院議案632条

　衆議院議案631条は，民法中修正案が衆議院から貴族院に送付されるときに条文番号が1つ繰り下がって貴族院議案632条となったが，条文の文言は変更されていない[23]。

---

[19] 廣中俊雄編著『第九回帝國議會の民法審議』（以下，「第九回帝國議會」と引用する）（有斐閣，1986）47頁，同編著『民法修正案（前三編）の理由書』（以下，「理由書」と引用する）（有斐閣，1987）3頁。

[20] 廣中・前掲注（19）第九回帝國議會366頁。

[21] 民法修正案理由書が作成された経緯について，廣中・前掲注（19）理由書3-50頁を参照。

[22] 廣中・前掲注（19）理由書609頁。

㈱　現民法632条

貴族院議案632条は，文言を変更されることなく，1898年7月16日に施行された民法典の632条となった。民法632条の文言は，その後，民法の一部を改正する法律（平成16年法律147号）（2004年12月1日公布，2005年4月1日施行）によって現代語化されて現在に至っている[24]。

4　典型契約における請負の分類と民法632条の「仕事」とに関する学説

(1)　労務型の契約としての請負

続いて，典型契約における請負の分類に関する学説の変遷を概観する。

まず，末弘嚴太郎博士は，請負を「労務供給ヲ目的トスル契約」に分類している。この分類は，請負を労務という視点で分類する点で現在一般的になっている分類と等しいが，末弘博士は，請負のほかに，雇用・懸賞契約・委任の3つの契約を「労務供給ヲ目的トスル契約」に分類しており，「労務供給ヲ目的トスル契約」に寄託が含まれていない点と懸賞契約が含まれている点との2点において，現在一般的になっている分類と異なっている[25]。

次に，我妻榮博士は，雇用・請負・委任・寄託を「労務型の契約」として分類し[26]，その後，用語の違いはあるにせよ，これらの4つの契約を労務という視点から一括りとする分類が一般的になった。近年は，労務という言葉に代えて役務またはサービスという言葉が用いられることもあるが，雇用・請負・委任・寄託を一括りとする分類は維持されている。

(2)　民法632条の「仕事」

前述（3⑴㈱⒜）のように，現民法の起草者は，有形の仕事だけでなく無形の仕事も請負の規定による規律の対象となると解していたが，このような理解は，末弘博士，鳩山秀夫博士，我妻博士によって受け継がれ[27]，現在も学説

23　廣中・前掲注（19）第九回帝國議會366頁。
24　現代語化に際して，それまでの民法632条に記されていた「之ニ」に対応する文言がなくなったが，条文の内容は変更されていない。
25　末弘嚴太郎『債權各論』（有斐閣，1918）目次11-13頁。
26　我妻榮『債權各論 中卷一（民法講義Ⅴ2）』（岩波書店，1957）220頁。

のあいだで定着している。無形の仕事の例として，初期の学者のうち，末弘博士は学術的研究の完成と物品の運送とを挙げ，鳩山博士は論文の作成と疾病の治療とを挙げているが[28]，近年は，演奏や講演が挙げられることが多い。その他に，無形の仕事の請負においては請負人が結果を注文者に交付することがないため，仕事の完成までの損失の負担・危険負担・担保責任・報酬支払時期等について，有形的な仕事の請負とのあいだに差異が生じるという指摘[29]や，「民法の請負の規定が主眼とするのは物（土地の工作物を含む）の製造・修繕・変更を為す契約であり，無形の仕事を目的とする契約に適用される規定は少ない」という指摘[30]も見られる。

5　債権法改正の動向

(1)　日本私法学会第62回大会シンポジウム民法部会「民法100年と債権法改正の課題と方向」

　民法典の施行から100年が経過した1998年の日本私法学会第62回大会において，「民法100年と債権法改正の課題と方向」と題するシンポジウムが開催された。その直前にシンポジウムの資料を兼ねて発行された別冊NBL 51号の中で，山本敬三教授と松本恒雄教授は請負の定義と位置づけとに関する提案をしている。

　まず，山本教授は，請負を，建築請負や製造・加工業のように労働が物に対して行われる場合と，原稿作成，翻訳，講演，演奏，理髪・美容契約のように労働が物と結合していない場合とに分け，前者を物中心型請負，後者を役務中心型請負と呼び分ける。そして，役務中心型請負の中には「そもそも労働そのものと労働の『結果』をはっきりと区別すること自体がむずかしい」ものがあるため，「労働そのものと区別された労働の『結果』を，いわば物と同じよう

27　末弘・前掲注（25）689頁，鳩山秀夫『日本債権法各論』（岩波書店，1922年）548頁，我妻榮『債権各論 中巻二（民法講義V 3）』（以下，「中巻二」と引用する）（岩波書店，1962）531頁。「仕事」および「仕事の目的物」に関する民法典施行直後から昭和中期までの時期における解釈論の展開について，丸山・前掲注（5）512-513頁を参照。

28　末弘・前掲注（25）689頁，鳩山・前掲注（27）548頁。

29　我妻・前掲注（27）中巻二 601頁。

30　三宅正男『契約法（各論）下巻』（青林書院，1988）880頁。

なものとして交換の対象としたものだとみる」という「物のアナロジー」がうまくあてはまらず，その結果，「そもそもこのようなものを請負のなかに含めて，独立の典型契約類型とする必要があるのかということが問題となってくる」，と指摘する。そのうえで，山本教授は，「請負契約は，むしろ物中心型請負に純化し，役務中心型請負はそこから切り離して，委任・準委任と統合することが考えられる」と提案し，役務中心型請負と委任・準委任とを統合したものを「役務提供契約」と呼ぶ31。以上の内容は前記私法学会のシンポジウムでは報告されなかったが，山本教授は，同シンポジウムの内容が掲載された私法61号への誌上参加という形で，「従来の委任・準委任のほか，請負のなかで役務性が中心となっているものを統合して役務提携[ママ]契約とすべきだと考えています」と述べ，既存の典型契約類型の組み替えを提案している32。

　その後，山本教授は，教科書の中で，請負における仕事をより細かく類型化している。それによると，請負における仕事は，大きく物型仕事と役務型仕事に類型化され，このうち，物型仕事は「注文者の所有物に対する仕事」と「新たに物を製作する仕事」に分類され，前者は，さらに，「注文者が提供した物に対する仕事」と「注文者の設備・施設に対する仕事」に，また，後者は，さらに，「製造・加工関係の仕事」と「建設関係の仕事」に，それぞれ分類される。また，役務型仕事は，さらに，「学術・芸術・娯楽関係の仕事」，「設計・開発関係の仕事」，「情報関係の仕事」，および，「注文者の身体に対する仕事」に分類される。物型仕事の中の「注文者が提供した物に対する仕事」の例の1つとして物品運送のような無形の仕事が挙げられ，また，役務型仕事の中の「学術・芸術・娯楽関係の仕事」の例の1つとして絵画・彫刻の作成のような有形の仕事が挙げられており，山本教授の分類によると，有形の仕事と物型仕事，または，無形の仕事と役務型仕事は，それぞれ常に対応するとは限らないことになる33。

　次に，松本教授は，まず，「有償のサービス契約についての節を典型契約の

31　山本敬三「契約法の改正と典型契約の役割」山本敬三ほか『債権法改正の課題と方向——民法100周年を契機として』別冊NBL51号（1998）4頁以下［14-15頁］。

32　私法61号（1999）107頁以下［108頁］。山本教授は，のちに，教科書においても同様の主張をしている。山本敬三『民法講義Ⅳ—1 契約』（以下，「契約」と引用する）（有斐閣，2005）643-644頁。

33　山本・前掲注（32）契約643頁。

1つとして新たにたてる。その対象は，従来，準委任契約とされていたタイプの契約，および従来，請負，雇傭，寄託のいずれにも該当しないとされていた労務給付型の契約とする。」と提案し，続いて，「請負のなかでも建築請負は特有の問題があり，独立した契約類型として存続させておく必要があるが，その他の請負契約はサービス契約に入れて共通のルールに服せしめることも考えられる」としたうえで，「性質が許すかぎり，賃貸借や請負，雇傭に分類可能なタイプの契約にも，『サービス契約』の節の規定を準用するとするのが適切と思われる」と主張している34。以上の内容は，前記私法学会のシンポジウムにおいても報告された35。

(2) 民法（債権法）改正検討委員会による「債権法改正の基本方針」

続いて，法務省が民法（債権法）の抜本的見直しに向けた検討に着手する旨を表明したことを受けて2006年10月7日に発足した民法（債権法）改正検討委員会（以下，「検討委員会」という）が2009年3月31日にとりまとめた「債権法改正の基本方針」（検討委員会試案）（以下，「基本方針」という）のうち，請負の定義と位置づけに関連する部分を取り上げる36。

(ア) 請負の定義

検討委員会は，基本方針の第9章「請負」・第1節「請負の意義と成立」において，次のように提案した。

【3.2.9.01】（請負の定義）
〈1〉 請負は，当事者の一方がある仕事を完成し，その目的物を引き渡す義務を負い，相手方がその仕事の結果に対してその報酬を支払う義務を負う契約である。
〈2〉 この章の規定は，請負人の仕事の結果が注文者に引渡しを要する無体物である場合についても準用する。

---

34 松本恒雄「サービス契約」前掲注（31）別冊NBL51号202頁以下［235, 237-238頁］。
35 松本恒雄「Ⅴ　サービス契約」前掲注（32）私法61号33頁以下［34, 39-40頁］。
36 請負の定義と位置づけに関連する検討委員会による提案について，芦野・前掲注（5）請負契約410-412頁，長谷川貞之「第1　役務提供型の典型契約（雇用，請負，委任，寄託）総論」円谷峻編著『民法改正案の検討　第3巻』（以下，「民法改正案の検討3巻」と引用する）（成文堂，2013）252頁以下［255-263頁］，芦野訓和「第2　請負」（以下，「請負」と引用する）・前掲注（36）民法改正案の検討3巻279頁以下［283-284頁］を参照。

本提案によると，請負は，仕事の目的が有体物である場合，および，仕事の成果が無体物であっても，その成果物の引渡を観念できる場合に限定され，それ以外の純粋な無形請負は請負の規定による規律の対象から除外されることになる。この点についての提案要旨は，「本試案は，仕事を完成し，仕事の目的物とその対価とを交換する契約として請負契約をとらえるという考え方に立って，現民法よりもその対象範囲を限定して規律を定めるものである」となっている[37]。

　検討委員会は，請負の規定による規律の対象を限定する理由として次の２点を挙げている。第１点は，現民法の請負に関する規定には，「仕事の成果（物）とその対価の交換として請負を捉えるモデルⅠ」と「役務提供とその対価である報酬との関係の観点からみて，一定の仕事の成果に対して一定額の報酬を支払う成果完成型の役務提供契約……（中略）……として請負を捉えるモデルⅡ」という，「理論的には区別されるべき２つのイメージが混在している」が，「上記モデルⅠとモデルⅡは，必ずしもその対象が一致するとはいえない」ため，「請負は，モデルⅠが妥当する規律として純化することが合理的である」という点である。第２点は，現民法の請負の「具体的な規律のほとんどは，仕事の目的が有体物である場合に関するもの（請負人の担保責任に関する規律［現民法634～640条］）であって，仕事の結果が有体物でない『無形請負』に関する規律はごくわずかである」が，「このように，仕事の目的が有形的な結果である場合について特有の規律が必要となるのは，この場合には，仕事の成果物を注文者に引き渡すことが請負人の債務の内容となることから，それに伴って特有の具体的規律が必要になることによる」ためであり，「したがって，無形請負については，有形請負と共通の規律の対象とする意義はあまりなく，むしろ役務提供契約一般の総則規定によってこれを規律する方が合理的である」という点である。さらに，「本提案が定める請負の具体的な規律内容から帰納的に考えると，仕事の成果が無体物であっても，その成果物の引渡し（準占有の移転）が観念できる場合」も請負契約に含めてよいと考えられる，と説明されている[38]。

　本提案が請負の規定による規律の対象から除外する，成果物の引渡を観念で

――――――――――
　37　前掲注（1）別冊 NBL126号 364頁，前掲注（1）詳解Ⅴ 45頁。
　38　前掲注（1）詳解Ⅴ 46-47頁。

きない無形請負は，基本方針によると，新設の役務提供契約の総則規定によって規律される。そこで，次に，役務提供契約に関する提案を，請負との関連において取り上げる。

　(イ)　役務提供契約

　検討委員会は，基本方針の第8章「役務提供」において，請負・委任・寄託・雇用を包摂する上位のカテゴリーとしての役務提供に関する規律を提案した。その第1節「役務提供の意義と成立」では，「役務提供の定義」と「役務提供契約の総則性」として次のように提案されている[39]。

【3.2.8.01】（役務提供の定義）
　　役務提供は，当事者の一方（役務提供者）が相手方（役務受領者）から報酬を受けて，または，報酬を受けないで，役務を提供する義務を負う契約である。
【3.2.8.03】（役務提供契約の総則性）
　　第8章の規定は，この法律その他の法令に別段の定めがある場合を除き，請負，委任，寄託，雇用その他すべての役務提供契約に適用される。

　検討委員会は，前記提案【3.2.8.01】の解説において，役務提供契約に関する一般的規定の必要性を次のように説明している。

　「現民法典の起草者の構想においては，役務提供契約は，請負と雇用のいずれかに分類されると考えられていた」が，「その後，労働契約の概念が形成されるに従って，学説によって，使用者の指揮命令に従って労務を提供するという『使用従属性』の要素が雇用にも取り込まれて理解されるようになった」「結果，請負でも雇用でもない役務提供契約が存在することになり，ここに契約類型の欠缺が生ずることになった。そのような欠缺を埋めるべく説かれたのが，『準委任』を事務処理契約一般に関する規律であると広く捉えることによって，役務提供契約一般を『準委任』に含めるという構成である」。しかし，「（準）委任に関する規定のすべてが，役務提供契約一般に適合するわけではない」ため，準委任構成には問題がある。「現代社会において役務提供契約の重要性が高まっていることにかんがみると，これを典型契約の欠缺としての無名契約として処理するのが適切であるとはいえない。そこで，『準委任』構成に

39　前掲注（1）別冊 NBL126 号 357-358 頁，前掲注（1）詳解 V 3,14 頁。

代わるその受け皿として，役務提供契約の一般的規定を民法典の中に典型契約として設けることで，適切な規律を定めることが必要である[40]」。

そして，【3.2.8.03】（役務提供契約の総則性）の提案要旨によると，「第8章『役務提供』に定める規律は，現民法の役務提供契約の規律を再編してその内容の整序と合理化をはかるものであって，雇用・請負・委任・寄託といった各種の役務提供契約に関する現民法の規律の中で，当該契約類型を超えて広く役務提供契約一般に妥当すると考えられる規律を役務提供の総則規定として括り出したものである」とされている[41]。また，このような役務提供に関する規定と請負等の各契約類型の規定との関係について，「『請負』（第9章）『委任』（第10章）『寄託』（第11章）『雇用』（第12章）といった役務提供契約の各類型における諸規定は，本章［第8章（筆者注）］に定める役務提供契約の総則規定を受けて，これを補充ないし修正する規律群として位置づけられる」と説明されている[42]。

(3) 民法改正研究会による改正案

検討委員会が基本方針を提案したのと同じ頃，民法改正研究会も民法の改正を提案した。同研究会による最初の改正案は，「日本民法改正試案・財産法編」（民法改正研究会・暫定仮案［平成20年10月13日仮提出］）（以下，「私法学会提出案」という）であり，2008年10月13日開催の日本私法学会第72回大会のシンポジウムにおいて公表された[43]。私法学会提出案における請負の冒頭規定は以下のとおりである[44]。

私法学会提出案554条
 1項 請負は，当事者の一方がある仕事を完成することを約し，相手方がその仕事の結果に対してその報酬を支払うことを約することによって，その効力を生ずる。

---

40 前掲注（1）詳解V 4-6頁。
41 前掲注（1）別冊NBL126号358頁，前掲注（1）詳解V 15頁。
42 前掲注（1）別冊NBL126号357頁，前掲注（1）詳解V 3頁。
43 シンポジウム「日本民法典財産法編の改正」私法71号（2009）3頁以下，加藤雅信「『国民の，国民による，国民のための民法改正』を目指して」民法改正研究会編『民法改正 国民・法曹・学界有志案』法時増刊（2009）6頁以下［6頁］。
44 民法改正研究会『民法改正と世界の民法典』（信山社，2009）538頁。

2項　請負人は，契約に定められた数量および品質に適合した仕事を完成し，必要な場合には引き渡す義務を負う。
3項　注文者は，請負人が仕事を完成するのに必要な協力をする義務を負う。

　私法学会提出案554条1項は，現民法における請負の冒頭規定である632条と同様であるが，同案554条2項と3項は新設の規定である。
　同研究会による2度目の改正案は「日本民法改正試案」（民法改正研究会・仮案［平成21年1月1日案］）（以下，「平成21年新年案」という）であり，2009年1月1日発行の判例タイムズ1281号で公表された。平成21年新年案では請負の冒頭規定は556条になったが，条文の文言は前出の私法学会提出案554条と同様である[45]。
　同研究会による3度目の改正案である「日本民法典財産法改正　国民・法曹・学界有志案」（仮案・［平成21年10月25日国民シンポジウム提出案］）（以下，「国民・法曹・学界有志案」という）では請負の冒頭規定は560条になり，条文の文言が前出の2つの改正案と若干異なっているが，条文の内容は変更されていない[46]。

国民・法曹・学界有志案560条
　1項　請負は，請負人がある仕事を完成すること，及びその仕事の結果に対して注文者が請負人に報酬を支払うことを当事者双方が約することによって，その効力を生ずる。
　2項　請負人は，契約に定められた数量および品質等に適合した仕事を完成し，必要な場合には引き渡す義務を負う。
　3項　注文者は，請負人が仕事を完成するために必要な協力をする義務を負う。

　以上の民法改正研究会による3つの改正案は，検討委員会による基本方針と異なり，請負の規定による規律の対象を限定するものではなく，請負の定義については現民法の立場を維持している。

45　判タ1281号（2009）126頁．民法改正研究会・前掲注（44）633頁。
46　前掲注（43）法時増刊213頁。国民・法曹・学界有志案における請負規定について，芦野・前掲注（36）請負284頁を参照。
47　法制審議会民法（債権関係）部会における審議について，長谷川・前掲注（36）267-270頁，芦野・前掲注（36）請負279-283，285-286，291-295頁を参照。

(4) 法制審議会民法（債権関係）部会における審議[47]

法務大臣の諮問第88号を受けて，2009年10月28日開催の法制審議会第160回会議において，民法（債権関係）部会（以下，「部会」という）が設置された。部会の審議は，審議対象となる論点を整理する第1ステージ，中間試案をとりまとめる第2ステージ，および，最終的な改正要綱案をとりまとめる第3ステージの3つの段階に分かれる[48]。以下では，請負の規定による規律の対象について審議された第2ステージまでの審議を取り上げる。

(ｱ)「民法（債権関係）の改正に関する中間的な論点整理」まで（第1ステージ）

(a)「民法（債権関係）の改正に関する検討事項」

部会における請負に関する最初の審議は，2010年10月19日開催の部会第16回会議で行われた。同会議に提出された民法（債権関係）部会資料（以下，「部会資料」という）17―2「民法（債権関係）の改正に関する検討事項(12)詳細版」には，請負に関する検討事項が補足説明とともに列挙されている。そのうち，請負の規定による規律の対象に関連する点は次のとおりである。

まず，「第2 請負」の「1 総論」前半において，「請負契約には多様なものが含まれており，それぞれによって求められる効果等は異なっているとして，請負の目的物に類型化した規定を設ける必要があるとの指摘もある。……（中略）……請負に関する規定の見直しに当たっては，どのような点に留意して検討すべきか。」という問いかけがなされている。請負の目的物に類型化した規定の必要性という点に関しては，「1 総論」後半の補足説明の中で，「コンピュータのソフトウェアの開発においては，一応の成果物を引き渡した後も継続的に使用上の機能性を高めなければならないことがあるため，完成の概念や報酬を請求し得る時期について従来の請負とは異なる考え方を取り入れること

---

48 『民法（債権関係）の改正に関する検討事項 法制審議会民法（債権関係）部会資料〈詳細版〉』（以下，「検討事項〈詳細版〉」と引用する）（民事法研究会，2011）1頁（発刊にあたって），内田貴『民法改正のいま 中間試案ガイド』（商事法務，2013）2－5頁，筒井健夫「民法（債権関係）改正の中間試案に至る審議経緯」ジュリ1456号（2013）12頁以下［12－13頁］を参照。

49 前掲注(48)検討事項〈詳細版〉604頁，商事法務編『民法（債権関係）部会資料集第1集〈第4巻〉』（以下，「部会資料集 第1集〈第4巻〉」と引用する）（商事法務，2011）604頁。コンピュータのソフト作成契約に言及するものとして，花立文子「請負契約をどう考えるか―請負目的別の類型化した規定は必要ないか」椿寿夫ほか編『民法改正を考える』法時増刊（2008）313頁以下［313頁］。

が有用である……（中略）……などとされている。」という具体例が挙げられている[49]。

次に，「2　請負の意義（民法第632条）」という項目の前半において，「請負の規律を，仕事の成果が有体物である類型や，仕事の成果が無体物であるが成果の引渡しが観念できる類型のものに限定すべきであるとの考え方が示されているが，どのように考えるか。」という問いかけがなされている。これに続く補足説明では，従来は請負契約に該当すると考えられていた契約のうち，このような考え方によると請負契約に該当しないことになると考えられる契約として，注文者の設備や施設に対する仕事（機械の設置，施設の保守点検，家屋の修理，清掃等），役務型仕事（講演，舞台の上演，通訳，マッサージ，理髪，旅客運送等）が列挙されたのち，「このように社会的に定着したと見られる用語を変更することに対しては，批判もある」とされている[50]。

この日の審議では，請負の規定による規律の対象を限定することに対して，まず，限定する目的や意味が明らかではない，現行規定のもとで不都合は生じていない，請負の外延を明確にしないと混乱が生じる，その場で修理する場合と目的物を持ち帰って修理する場合とで不均衡が生じる等といった消極的な意見が出された。他方で，請負の規定による規律の対象を限定することを支持する立場からは，引渡の有無は区分として分かりやすく，それが受領と結びつくことによって，より意味がはっきりするという意見や，準委任が受皿規定の役割を担っているのは適当ではなく，新たな受皿規定と個別の典型契約類型との関係を明確にしようとすると引渡の有無で請負を区別することには意味があるという意見等が出された。

その後，引渡や受領というプロセスを伴うものについてひとかたまりの規定を置くかという問題と，引渡を伴わないものを請負と呼ばないという選択をするかという問題とを分けて論じる方が良いという意見や，完成があって引渡があるタイプは従来の請負の議論の中では1つの典型であるため，それをまず議論したうえで，引渡を要しないタイプをどこでどのように処理するかを議論してはどうかという提案等があり，最後に，部会長から，請負の具体的な内容と受皿契約の中身を検討したうえで全体の契約の類型化，配置を決めていくとい

50　前掲注（48）検討事項〈詳細版〉605-606頁，前掲注（49）部会資料集　第1集〈第4巻〉606-607頁。

う議論の進め方が提示されて，この問題に関する審議が終了した[51]。

(b) 「民法（債権関係）の改正に関する中間的な論点整理のたたき台」

2011年2月22日開催の部会第24回会議には，請負の意義に関する問題点を記載した部会資料24「民法（債権関係）の改正に関する中間的な論点整理のたたき台（4）」が提出された。同資料中の請負の意義に関する記載は，以下のとおりである。

「請負には，請負人が完成した目的物を注文者に引き渡すことを要する類型と引渡しを要しない類型など，様々なものが含まれており，それぞれの類型に妥当すべき規律の内容は一様ではないとの指摘がある。そこで，現在は請負の規律が適用されている様々な類型について，どのような規律が妥当すべきかを見直すとともに，これらの類型を請負という規律にまとめるのが適切かどうかについて，更に検討してはどうか。例えば，請負に関する規定には，引渡しを要するものと要しないものとを区別するもの（民法第633条，第637条第2項）があることなどに着目して，請負の規律の適用対象を，仕事の成果が有体物である類型や仕事の成果が無体物であっても成果の引渡しが観念できる類型に限定すべきであるという考え方がある。このような考え方に対しては，同様の仕事を内容とするにもかかわらず引渡しの有無によって契約類型を異にするのは不均衡であるとの指摘があることも踏まえ，『引渡し』の意義に留意しつつ，その当否について，更に検討してはどうか。」[52]。

この日の審議においては，請負の規律の適用対象を限定することの当否という問題は取り上げられなかった[53]。

(c) 「民法（債権関係）の改正に関する中間的な論点整理案」

同年4月12日開催の部会第26回会議に提出された部会資料26「民法（債権関係）の改正に関する中間的な論点整理案」の中の請負の意義に関する論点整理案は，前出の第24回会議に提出された部会資料24「民法（債権関係）の改正に関する中間的な論点整理のたたき台（4）」における記載と同様である[54]。

---

51 前掲注（49）部会資料集 第1集〈第4巻〉181－196頁。議事の概況等について，商事法務編『民法（債権関係）の改正に関する中間的な論点整理の補足説明』（以下，「中間的な論点整理」と引用する）（商事法務，2011）376－379頁を参照。

52 商事法務編『民法（債権関係）部会資料集 第1集〈第6巻〉』（以下，「部会資料集 第1集〈第6巻〉」と引用する）（商事法務，2012）512頁。

53 前掲注（52）部会資料集 第1集〈第6巻〉215－221頁。

54 前掲注（52）部会資料集 第1集〈第6巻〉832頁。

この日の審議においても，請負の規律の適用対象を限定することの当否という問題は取り上げられなかった[55]。

(d) 「民法（債権関係）の改正に関する中間的な論点整理」

同会議の最後に，「民法（債権関係）の改正に関する中間的な論点整理」（以下，「中間的な論点整理」という）の部会決定がなされ，この日の審議結果を反映させる作業を経たのちの2011年5月10日に，その内容が法務省のウェブサイト上で公表された[56]。請負の意義に関する論点整理は，前出の第26回会議に提出された部会資料26「民法（債権関係）の改正に関する中間的な論点整理案」における記載とほぼ同様である[57]。

(イ) 「民法（債権関係）の改正に関する中間的な論点整理」に対して寄せられた意見

その後，2011年6月1日から同年8月1日までの2ヶ月間，「中間的な論点整理」についてパブリック・コメントの手続が実施され[58]，請負の規定による規律の対象を限定することに関して多くの意見が寄せられた。その中には，適切な規律が可能になること等を理由として，請負の規定による規律の対象を限定することに賛成する意見もあったが，請負の規定による規律の対象を限定することに反対する意見の方が多かった。反対する理由として挙げられたのは，現行の請負概念は明確・有益であり特段の不都合は生じていない，現行の請負概念は実務上定着している，変更の必要性が乏しい，規律が複雑化し混乱を招く，実務に多大な影響が及ぶ，無体物の引渡の判断基準が不明確である，その場で仕事をする場合と仕事を持ち帰る場合とで規律が異なることになり不均衡が生じる，大方の国民の常識と合致しない，用語を通常の用法と異なる意味で使用することになり，一般市民に分かりやすい民法という理念に反する等という点である[59]。

55　前掲注（52）部会資料集 第1集〈第6巻〉356-358頁。
56　前掲注（52）部会資料集 第1集〈第6巻〉375-376頁，前掲注（51）中間的な論点整理1頁。
57　変更点は，「民法（債権関係）の改正に関する中間的な論点整理案」の中頃の「第637条第2項」が「第637条」になったという点のみである。前掲注（51）中間的な論点整理376頁。
58　前掲注（51）中間的な論点整理 i 頁。
59　商事法務編『民法（債権関係）部会資料集 第2集〈第3巻（下）〉』（商事法務，2013）529-539頁。

(ウ)「民法（債権関係）の改正に関する中間試案」まで（第2ステージ）
(a)「民法（債権関係）の改正に関する論点の検討」

2011年7月26日開催の部会第30回会議から，中間試案のとりまとめを行う第2ステージの審議が始まり60，2012年9月11日開催の部会第56回会議において，請負の意義について審議された。部会第56回会議に提出された部会資料46「民法（債権関係）の改正に関する論点の検討(18)」の中で，「第1 請負」の「9 請負の意義（民法第632条）」として以下の2つの案が提示された61。

【甲案】 請負とは，当事者の一方がある仕事を完成する義務を負う有償の契約を言うものとする（請負の意義を変更しないものとする）。
【乙案】 当事者の一方がある仕事を完成する義務を負う有償の契約のうち，仕事を完成させる側の当事者の履行過程において，成果が契約に適合しているかどうかを注文者が確認した上で受領するというプロセスが予定されていないものは，請負から除外するものとする。

審議の過程で，乙案について，物理的な引渡はないが履行として認容するというプロセスがあるものを請負のカテゴリーに入れようという提案だと思うという発言に続いて，役務提供契約の概念の議論のあとにこの問題に戻ることになるという意見が述べられたが，甲乙2案から1つの案に絞るということはなされなかった62。

(b) 役務提供契約の規定に関する審議

続いて，同日の審議で言及された役務提供契約の規定に関する審議を取り上げる。

前述（5(2)(イ)）のように，民法（債権法）改正検討委員会は，請負・委任・寄託・雇用を包摂する上位のカテゴリーとしての「役務提供」に関する規律を設けることを提案したが，それを受けて，役務提供契約の規定の要否が部会においても審議された。まず，「中間的な論点整理」において，「第50 準委任に代わる役務提供型契約の受皿規定」の「1 新たな受皿規定の要否」として，

---

60 商事法務編『民法（債権関係）部会資料集 第2集〈第2巻〉』（商事法務，2013）5頁。
61 商事法務編『民法（債権関係）部会資料集 第2集〈第8巻〉』（以下，「部会資料集 第2集〈第8巻〉」と引用する）（商事法務，2014）404頁。
62 前掲注（61）部会資料集 第2集〈第8巻〉122-124頁。

「既存の典型契約に該当しない役務提供型の契約について適用される規定群を新たに設けることの要否について，請負の規定が適用される範囲や，準委任に関する規定が適用される範囲との関係などにも留意しながら，更に検討してはどうか。」という問いかけがなされ[63]，2012年10月2日開催の部会第58回会議において，この点に関する詳しい審議が行われた。同会議で使用された部会資料47「民法（債権関係）の改正に関する論点の検討（19）」では，「第1　準委任に代わる役務提供型契約の受皿規定」の「7　役務提供型契約に関する規定の編成方式」として，以下の2つの案が提示された[64]。

【甲案】　雇用，請負，委任，寄託及び役務提供契約に関する規定を並列して配置するものとする。
【乙案】　役務提供契約に関する規定を役務提供型契約に共通して適用される規定と位置づけ，雇用，請負，委任及び寄託に関する部分には，役務提供契約に関する規定を修正する規定や，役務提供契約に関する規定が扱っていない事項に関する規定のみを置くものとする。

　この日の審議では，役務提供契約には交渉力等の点で役務提供者側が強い場合と役務受領者側が強い場合とがあるが，想定されている役務提供契約の例が交錯しているため，このような状況で規定を設けることは危険である，役務提供契約についての共通ルールを設けることは難しい，役務提供契約というレッテルを貼ることによって雇用や労働契約に関する規律が無視される恐れがある等，役務提供契約の規定を新設することに消極的な意見が出されたほか，規定の新設ではなく現民法の準委任の規定について所要の見直しをするという方向を示唆する発言等があった[65]。

　この問題が次に取り上げられたのは，2013年2月5日開催の部会第68回会議においてである。もっとも，同会議に提出された部会資料57「民法（債権関係）の改正に関する中間試案のたたき台（5）（概要付き）」の「第7　準委任に代わる役務提供型契約の受皿規定」には，【取り上げなかった論点】として，前出の部会資料47「民法（債権関係）の改正に関する論点の検討（19）」の「第

---

[63] 前掲注（51）中間的な論点整理420頁。
[64] 前掲注（61）部会資料集 第2集〈第8巻〉501頁。
[65] 前掲注（61）部会資料集 第2集〈第8巻〉197-205頁。審議の概要について，前掲注（3）中間試案の補足説明501-502頁を参照。

1 準委任に代わる役務提供型契約の受皿規定」で挙げられた論点がすべて列挙されており[66]，その結果，準委任に代わる役務提供型契約の受皿規定を設けるという案は消えて，同会議における審議は，役務提供型契約の受皿規定を設けないという方向で進められた[67]。

(c) 「民法（債権関係）の改正に関する中間試案」

役務提供契約の規定の新設ではなく現民法の準委任の規定について所要の見直しをする，という方向を示唆する発言があった前出の部会第58回会議ののち，請負に関する審議は，まず，2012年10月9日開催の部会第1分科会第6回会議においてなされたが，そこでは，請負の意義の見直しについては審議されなかった[68]。請負が議題となった次の会議は前出の部会第68回会議（2013年2月5日開催）であるが，同会議に提出された前出の部会資料57では，請負の意義という問題は【取り上げなかった論点】として挙げられ[69]，請負の意義の見直しについては審議されなかった[70]。

その後，部会は，2013年2月26日開催の第71回会議において，「民法（債権関係）の改正に関する中間試案」（以下，「中間試案」という）の部会決定を行った。それまでの審議を反映して，中間試案には，請負の規定による規律の対象を限定するという案も，準委任に代わる役務提供型契約の受皿規定を設けるという案も含まれておらず，これらの問題は検討対象から外れることとなった[71]。

66　部会資料57「民法（債権関係）の改正に関する中間試案のたたき台（5）（概要付き）」33-34頁（http://www.moj.go.jp/content/000107196.pdf）。

67　法制審議会民法（債権関係）部会 第68回会議 議事録31-46頁（http://www.moj.go.jp/content/000113298.pdf）。

68　法制審議会民法（債権関係）部会 第1分科会 第6回会議 議事録34-39頁（http://www.moj.go.jp/content/000106116.pdf）。

69　前掲注（66）部会資料57・26頁。

70　前掲注（67）法制審議会民法（債権関係）部会 第68回会議 議事録26-31頁。

71　中間試案について，前掲注（3）NBL997号68-69，71-72頁，前掲注（3）別冊NBL143号170-174，181-182頁，前掲注（3）中間試案の補足説明471-487，499-500頁を参照。「民法（債権関係）の改正に関する要綱仮案」（2014年8月26日決定）について，前掲注（4）NBL1034号68-70頁，前掲注（4）別冊NBL147号268-270頁を参照。

6　結びに代えて

　請負の規定による規律の対象を限定すべきかという点が問題になる背景には，社会の多様化が進むとともに新たな科学技術が普及したために多種多様な仕事が現れ，その結果，請負の仕事は有形無形を問わないという民法典の施行当時からの伝統的な解釈のもとで，請負の規定による規律の対象が著しく拡大したという事情がある。今回の債権法改正作業の過程では，請負の意義を見直して請負の規定による規律の対象を限定するという提案は採用されなかったが，新たな内容の仕事は今後一層増えていくことが予想され，そうだとすると，そのような仕事の完成を目的とする契約を請負の規定によって規律することの当否という点，すなわち，請負の規定による規律の対象を限定すべきかという点は，今後も問題になり続けることになる。そこで，以下では，仕事の完成を目的とする契約に関する規律のあり方について考えてみたい。

　請負の規定による規律の対象を限定するとなると，今回の債権法改正作業の過程におけると同様に，まず，限定の仕方が問題になるが，これまで請負の典型例の1つとされてきた契約が請負から除外されるような形での限定は避けるべきであろう。白紙の状態から請負の内容を規定するのと異なり，請負の内容については，民法典の施行から100年以上かけて形成されてきた国民の意識が存在するのであるから，請負の規定による規律の対象の限定は，そのような国民の意識と適合する形でなされる必要がある。そのような形での限定が困難であれば，請負の規定には手を付けずに，仕事の完成を目的とする契約のうちで請負の規定による規律が適切でない契約については，特別法を設けて対処する等，別途対応を講じる方がよいと思われる。

　次に，請負の規定による規律の対象を限定する場合には，これも今回の債権法改正作業の過程におけると同様に，請負の規定による規律の対象を限定する結果として請負から除外されることになる契約をどのように扱うかという問題，すなわち，受皿規定の問題が生じる。この問題については，①役務型契約の総則規定を新設して対処するという，民法（債権法）改正検討委員会が提案した方法（本稿5⑵(イ)を参照）のほかに，②請負から除外される契約のうちの一定のものを新たな典型契約として位置づけて規定を新設する，③特別法を設けて対処する，④特別な手当てをせずに非典型契約として当事者の自律に委ねる，

という方法が考えられる。これらの方法のうち，まず，①の方法には，役務型（労務型）の契約にだけ総則規定が設けられると，移転型や貸借型の契約との関係でバランスが崩れる点で，民法典の体系に歪みが生じるという問題がある。次に，②の方法は，当該契約が契約の典型の1つといえるほど社会に浸透している場合でなければ採用するべきではない。さらに，請負以外の契約の中にも新たな典型契約として位置づけ，または，特別法を設けて対処することが相応しい契約がある場合には，請負から除外される契約についてだけ②や③の方法をとることは均衡を欠くことになる。最後に，④の方法によると，従来から請負とされてきた契約の一部について，規定が存しない状況が生じるが，請負の規定による規律が適切でない役務型契約の例として専門性の高い契約が挙げられることがあり（「民法（債権関係）の改正に関する検討事項」（本稿5(4)(ア)(a)）を参照），そのような契約においては契約当事者が有する情報の量と質に大きな格差があることに鑑みると，当該契約から生じる権利義務の内容を白紙の状態で契約当事者の自律に委ねることには，合意内容の適正さの確保という点で問題がある。以上のように，①～④の方法は，いずれも何らかの問題を有しているが，請負から除外される契約をどのように扱うかという問題は，請負の規定による規律の対象を限定する場合には避けて通れない問題であり，この問題を解決することが請負の意義を変更する場合の不可欠の前提となる[72,73]。

---

72 ジュリストに連載された「債権法改正の争点」の第13回「役務提供契約」ジュリ1441号（2012）70頁以下において，板垣修司弁護士と水野博章弁護士は請負規定の適用範囲を限定する必要性と受皿規定を設けることの妥当性とを主張し（「役務提供契約の再編成について」70頁以下［71-73頁］），池本誠司弁護士は受皿規定の類型について提案し（「役務提供型契約の類型と規律」74頁以下［74-75頁］）。また，丸山絵美子教授は役務提供契約の再構成を支持している（「役務提供契約における類型の意義と規定の射程」83頁以下［86頁］）一方で，水口洋介弁護士は請負の定義の変更に反対している（「『役務提供型契約』について」78頁以下［81-82頁］）。なお，小粥太郎教授は，役務提供契約に関する総則規定を設けるという民法（債権法）改正検討委員会の提案について，1階が各種の役務提供契約類型，2階が役務提供契約一般類型という2階建てになっている点は興味深いとされ，このような構造を複層的性質決定と呼ぶ。小粥太郎「典型契約の枠組み」法時86巻1号（2014）45頁以下［48頁］。

73 請負契約に関する検討事項について，芦野・前掲注(5)請負契約413-416頁，同・前掲注(36)請負288-289頁を参照。

［追記］

　脱稿後，2015年2月24日に法制審議会第174回会議で「民法（債権関係）の改正に関する要綱」が成立し，同年3月31日に「民法の一部を改正する法律案」が国会に提出された。いずれにおいても，民法632条を改正して請負の規定による規律の対象を限定するという内容は含まれていない。なお，本稿における「現民法」とは，上記「民法の一部を改正する法律案」に基づく改正が行われる前の民法を指している。

正当化事由論

清水　元

1　はじめに

　標題の正当化事由論とは，広くは，民法709条の規定する一般不法行為の要件を形式的には満たすも，損害賠償責任が否定される事由（免責事由）をめぐる議論を指す。伝統的には，これは711条および712の規定する責任無能力制度と，民法720条の規定する正当防衛・緊急避難等の違法性阻却事由の2つの制度が含まれるが，両者は別個の免責事由と考えられてきた。また，「違法性」なる概念は少なくとも民法典制定当時においては用語として用いられておらず，初期学説においてもさほど重視されてこなかったように思われる。しかし後述のように，近時において，両者を広く免責事由として統一的に捉える見解が登場してきている。しかし，さしあたって本稿では，後者に問題を絞ってその制度史および学説史を概観することとしたい。

2　違法性阻却事由としての「正当防衛」，「緊急避難」

(1)　旧民法

　旧民法では，財産編に「不正ノ損害即チ犯罪及ヒ準犯罪」の規定が置かれ，「過失又ハ懈怠ニ因リテ他人ニ損害ヲ加ヘタル者ハ其賠償ヲ為ス責ニ任ス」と規定していた（370条）が，免責に関する格別の規定は置かなかった。ボアソナードは，「不正ノ損害」の含意するところから，権利の適法な行使や義務の実行によって生じた損害については損害賠償責任を負わず，官吏が職務の執行中に他人の身体・財産について加えた損害について責任を負わない，と述べるにとどまっている[1]。後に正当業務行為として説明されるものであるが，同条の註解では，もっぱら過失 *faute* または懈怠 *négligence* に関わるものであるこ

とから，当然に faute なしと考えられたためと想像される。母法たるフランス民法典（Code Civil）でも，同様に免責についての直接の規定は存在していなかった。しかしむろんこれを否定する趣旨ではない。フランス法における不法行為 délit もまた刑法典上の犯罪と同義であり，刑法上の免責事由は民事上の責任にも妥当するものとして，当然に責任を阻却するものと考えられたのである。現在のフランス民法学では，刑法の正当防衛 légitime défense の規定[2]が援用されて，責任阻却事由として広く認められている[3]。伝統的には，フランス法においては faute との関連で言及され[4]，独立した（消極的）要件として取り扱われることは少ない。

このようにして，旧民法はフランス法と同様に，正当防衛・緊急避難に関する明文の規定を置かなかったため，両者の関連異同は問題にはならなかった。現在のフランス民法学においても両者の違いに関する関心は希薄であるように思われる。

1　Boissonade, Projet de code civil pour l'empire du Japon accompagné d'un commentaire, t.3, 1882. n° 390. ボワソナード氏起稿再閲修正民法草案注釈第二編人権ノ部上巻［明治19］592 頁以下。なお，旧民法についての体系書である井上正一・民法正義財産編［明治23］にも，正当化事由についての言及はない。

2　フランス刑法 328 条，329 条。なお緊急避難 l'état de nécessité については刑法上も規定はないが，解釈上認められている。

3　Jourdain, Juris classeur civil, fasc.121-20, p.3 et s. は，cause d'irresponsabilité objective と呼んで，責任無能力に関する cause d'irresponsabilité subjective と対置している。

4　フランス民法 1382 条は，「他人に損害を引き起こする人の行為はすべて，それを faute によってもたらした者に補償することを義務づける」と規定し，また，1383 条は，「各人は，行為 fait によるのみならず，過失 négligence または不注意 imprudence によって引き超された損害についても責任を負う」と規定しているから，faute はこれらの上位概念であることは明らかである。しかしその概念内容はなお明確ではない（野田良之「フランス民法における faute の概念」『損害賠償責任の研究（上）』（我妻還暦）［1957］111 頁以下）。他方，旧民法財産編 370 条 1 項が「過失又ハ懈怠」と規定していることから，ここでいう「過失」は現民法 709 条の「過失」よりも広い概念であり，むしろ同条 2 項の「有意」，「無意」が現民法の「故意」，「過失」に対応するものと考えられる。faute の淵源であるローマ法上の culpa が，かならずしも主観的なものではなかったとの指摘（原田慶吉・日本民法典の史的素描［1954］351 頁以下）もあり，その後のフランス民法学の発展は faute を客観的なものと捉えていくことになる。この点は，現民法の起草過程における 720 条の性格理解とも密接に関連していたことは，次に述べるとおりである。なお，Lexique des termes juridiques は，過失，不注意または悪意によって契約上の役務を守らず（契約上の faute），または他人に損害を生じさせない義務を守らない（不法行為または準不法行為による民事上の faute）人の態度 attitude と説明する。

(2) 現行民法 720 条の制定過程

(ア) フランス法とことなって，ドイツ法は刑法とは別個に，民事責任の責任阻却制度として正当防衛等の明文を置いており 5，かつ，両者にはその範囲および効果において差違が存在する。そして，現行民法においても，720 条において同様に独立した免責事由を定め，かつ，刑法上の違法性阻却事由との差違が存在していたため，解釈学的問題を生じさせることになった。

現行民法の起草過程で原案として提出された 728 条は，修正を施されることなく，現行 720 条として成立したが，ドイツ民法（BGB）とは異なり，不法行為法の章に規定されたが，その理由はかならずしも明らかではない 6。

起草委員の穂積は，本条の趣旨を次のように述べる。

「本条ハ不法行為ノ原則ヲ過失主義ニ採リマシタ以上ハ必要ハ必要ノ結果デアリマシテ一寸変例ノ規則ノヤウニ見ヘテ是ハ変則ヲ確カメル所ノ規則トナル」，

「本条ノ事実ニ付テハ格別説明ヲ要スルコトハナイ」，

「所謂正当防衛トカ生命保護トカ称シマス場合ニハ損害賠償ノ責ハ生ゼヌ如何ト

5　BGB では，物権法における占有および民法総則の法律行為に関して規定されている。同条の規定は以下の通りである。

　227 条〔正当防衛 Notwehr〕
　　正当防衛によってした行為は違法ではない。
　　正当防衛とは，現在の違法な攻撃に対し，自己または他人を防衛するために必要な行為をいう。

　228 条〔緊急避難 Notstand〕
　　他人の物による急迫の危険に対し，自己または他人を防衛するためその物を毀損または破壊する行為は，その毀損または破壊が危険の防止に必要にして，かつ，その損害が危険に比して不相当でないときは，違法としない。行為者が危険の発生について責任があるときは，行為者は損害賠償の義務を負う。

　904 条
　　物の所有者は，所有物に対する他人の干渉が現在の危険を防止するのに必要で，かつ，急迫の損害が干渉によって所有者に生じる損害より不相当に大きいときは，所有物に対する他人の干渉を禁止する権利を有しない。所有者は干渉によって生じた損害の賠償を請求することができる。

6　修正民法草案理由書第七百十九条の説明は，「既成法典ニ其例ナシト雖モ多数ノ立法例ニ倣フテ本条ノ規定ヲ設ケ」と述べるにすぎない。わずかに，岡松参太郎・民法理由に危急防衛の規定は主として不法行為に関係するものであるがゆえに，不法行為の章において規定したとの記述があるにとどまる岡松参太郎・民法理由（下）〔1897〕495 頁以下。

　なお，同条についての解説として，ドイツ財産法研究会「ドイツ不法行為法一仮訳と解説」判例タイムズ 382 号 45 頁（潮海一雄執筆）。

ナレバ……損害ヲ生ゼシメタノニ故意ガアルベキ道理ハナイ過失ガアルベキ道理ハナイノデアリマスカラ勿論損害賠償ノ責ヲ生ズベキ道理ハナイ」。

　要するに，明文を設けた理由は，自己または他人の権利を保護するために他人に損害を引きおこすことがあり，それが不法行為でないということには，「幾ラカ疑ヒヲ生ズル」からであるという[7]。もっとも起草委員側にも一致があったわけではなく，たとえば，富井政章は「此規定ガナケレバ立派ナ不法行為デアラウ」と述べており[8]，正当防衛は「故意による不法行為」となりうるとの立場であった。上述のように，ボアソナード，そしてフランス民法では，正当防衛等は faute に関連させて理解されており，穂積の立場はそれに近い。これに対して，富井は主観的責任としての故意・過失とは別個の責任阻却事由として捉えたのではないかと推測される。そして富井のこの立場が後の責任無能力制度とは別個の正当化事由＝違法性阻却事由論の先触れとなるもの考えられる。

　次に問題とされたのは，正当防衛および緊急避難は，刑法典にも規定がある（36条，37条）が，両者の差違をどう捉えるかである。すなわち，民法典とは異なり，刑法では侵害が人によるか，物によるかで区別されていない。のみならず，刑法では防衛行為が第三者に転嫁される場合においては違法性を阻却されない点でも異なっている。したがって，第三者はこれに対する反撃行為を正当防衛として逆に違法性を認められる余地が存在する。他方で，刑法36条では，正当防衛が「急迫不正ノ侵害」に対する緊急行為であるのに対して，緊急避難は「現在の危難」に対する緊急行為であって，「他人の物」によるものでなくとも（たとえば自然災害等に対するものであっても）免責されるからである。この点をめぐっては法典調査会でも異論が出た。すなわち，磯部四郎委員が（旧）刑法の緊急避難を引き合いに出しつつ，次のような疑義を呈した。

　「二項ノ場合ハ他人ノ物ヨリト云フコトニナツテ居ツテ所謂他人ノ所有物トイフコトガ条件ニナツテ居リマス……独リ此処デ私ガ疑ヒヲ起シマスノハ所謂洪水カ何カデ今人ノ持ツテ居ル物ヲ除ケナレバ己レノ命ガ助カラストイフ場合ハ相手ニ不法行為ハナイ只自衛ノ為メニ天然ノ危険ヲ避ケル為メニ人ニ損害ヲ及ボシタト

---

[7] 民法議事速記録第五巻（商事法務版）第122回（明治28年10月9日409頁）。
[8] 前掲注（7）411頁，なお磯部，横田も議事の席上同趣旨を述べる。412頁，413頁。
[9] 前掲注（9）410頁。

云フノハ矢張リ不法行為ノ責ニ任ズルノデアリマスカ」9

「刑法ハ罰セヌガ此処ハ罰スル民法上デハ天然ノ危険ヲ避クル為メニヤッタ事柄ハドウシテモ害ヲ及ボセバ損害ノ責ニ任ズル御主旨デアラウ……サウナルト二項ハ分ラナクナル……何ゼ分ラヌカト言ヘバ他人ノ物ヨリ生ジタル急迫ノ必要ニ依リ生ジタ危難デアリマスカラ他人ガ防止スルニ怠リガアツテ害ヲ及ボシタト云フ場合ハ此条文デハ立ツマイト思フ」(傍点,清水)

「暴風ガアッテソコヲ通リ損ッテ屋根ガ落チテ来タ……其危難ヲ避ケル為ニドンナモノデモ毀損スルコトハ差支ヘナイ責ガナイト云フコトニナルト一項ノ方ハ損害賠償ガ本ニナツテ居ルカラ不法行為ニナイトキニハ如何ナル己レノ身ヲ自衛シテモ害ヲ及ボシタトキハ責ニ任ズルト云フヤウナ立法主義ニナリハセヌカト云フ疑ヒガアル」

「天然ノ危険ヲ避ケルト云フコトハ不法デモ何デモナイ」10

「他人ノ物ガ損害ノ原因デアル,ダカラ之ヲ打壊ハシテモ宜イト云フガ私ハ怖ラク物ガ原因デアルマイ……必ズ所有者ガ保存ニ不注意ガアツタトカ或ハ暴風ガアツタトカ物自ラハ犬トカ馬トカ云フコトニナレバ適当ノ責任ヲ持タセテ宜イガ……建築物トカ堤防デアルトカ云フモノハ何ニモ責任ガナイ……必ズ他力ニ依ツテ動クモノデアル……他力ニ依ツテ動ク者ハ打壊ハシテモ宜イト云フ理屈ハドウシテモ出テ来ナイ……詰リ二項ノ場合ニスルト人ノ行為カラ来ヤウガ物ノ行為カラ来ヤウガ天然カラ来ヤウガ兎ニ角行為ニ付テ自衛スルノ権利ダケハアルト云フ所カラ往カナケレバ弁解ガ付カヌデハナイカ」11

穂積は刑法との差違を認めつつも,次のように述べる。

「洪水ガ出テ来タ其洪水ヲ避ケル為メニ他人ノ家ニ飛込ンデ戸障子ヲ壊ハシタト云フノハソレハ固ヨリ自衛ノ行為デアリマスガ是レガ故意又ハ過失ニ依テ他人ノ権利ヲ侵害シタト云フナラバ固ヨリ急迫ノ場合トハ言ヘナイ」

「天災ガ加ハッテ例ヘバ暴風ガ吹イテ他人ノ持ッテ居リマス樹木ノ枝ガ折レルト云フコトガアル……其為メニ物ヲ壊ハスト云フコトヲ此処丈ケ分ケテ置クノガ可笑シイト云フ御話デアリマスガソレモ一理アリマスガ……此処ハ其物ヲ毀損スルダケノ時デアリマス……洪水ガ出ル或ハ雷ガ落チル其場合ニ第三者ノ物ヲ毀損スルト云フコトニナリマシタナラバ過失又ハ故意アルト否トニ依テ賠償ノ責任問題ガ出テクル……是レハ所有者ニ対スルコト丈ケノ極狭イコトニナツテ居リマス……決シテ此場合ハ天災等ノ場合ヲ入レテ外ノ場合ヲ入レテ居ラヌト云フコトデ

---

10 前掲注(9)412頁。
11 同書417-418頁。
12 前掲注(7)410頁。

ハナイノデアリマス」12

　穂積は「危難が物から生じた場合」を広く捉えており，磯部の指摘するような場面については，緊急避難として免責させる意思であった。すなわち，倒れそうになっている他人の樹木の枝を切り落とすことは許されるが，危難を避けるために無関係な付近の家に飛び込むことは許さない，との趣旨であろう。後者の例については，穂積は，「所謂天災ノ場合ニ於テモ人ノ生命財産身体ト云フモノハ大切ナモノデ」あるとして，免責を拒絶したのである。ただし，次のような留保をしている。

　　「所謂天災ノ場合ニ於テモ人ノ生命財産ト云フモノハ大切ナモノデアリマスカラ……ソノレニ必要ナル防御方法ヲシタノハ責ニ任ゼズト云フ明文ヲ置クガ善イカ悪ルイカト云フ実際問題ハ尚ホ御考ヘ願ヒタイ……本条ノ儘デハ此処ニハ這入ッテハ居ラヌ七百十九条（現709条）ニモ這入リ難イ場合ガ多カラウ」13

　結局この点についての議論はなされず，原案通り確定する。
　(イ)　上に述べたように，正当防衛が他人の加害行為に対する緊急行為であり，他方，緊急避難が他人の物から生じる危難に対する緊急行為である点において，現行民法はドイツ法の態度を受容したといえるが，現民法では，防衛行為は加害者に向けられる場合（反撃型）のみならず，加害者以外の第三者に対して行使すること（転嫁型）が許容されている（720条1項但書）点で，BGBにない特徴を有している14。起草過程では，この転嫁型をめぐって活発な議論がなされた。

　穂積によれば，本条を設けた理由は転嫁型（同条1項但書）を認めるところにあった15。彼は次のように趣旨説明をする。

　　「他人カラ不法ニシテ且ツ急迫ナル攻撃ヲ受ケテ自分ガ已ムヲ得ズシテ防御致シ

13　前掲注（7）411頁。
14　もっとも，ドイツの学説は解釈論的として転嫁型も正当防衛として許容している。*Palandt, Kommnentar zu §277.* 緊急避難については，現民法は転嫁型は免責されないが，ドイツ法でも同様であり（攻撃的緊急避難と呼ばれる），損害賠償責任が認められている（904条）。ただし，相手方（被害物の所有者）は緊急行為を受忍しなければならないという意味で違法性は阻却されると解されている。したがって，ここでの損害賠償責任は不法行為責任ではなく，関係者間の公平を図るための犠牲にもとづく請求権 Aufopferungsanspruch であると言われる。潮海・前掲注（6）。
15　前掲注（7）409頁。

マス場合ニ誤ツテ第三者ニ疵ヲ附ケルトカ誤ツテ第三者ノ財産ヲ害シマストカ脇ニ立ツテ居ル人ニ杖ノ先ガ当ツタトカ或ハ屋台店ヲ転覆シタト云フヤウナコトハ幾ラモアリマス……ソレハ防御者ノ行為ニ非ラズシテ其原因ヲ為シタ所ノ攻撃者ノ行為ニアリマスカラ其場合ニハ加害行為ヲ加ヘマシタ者ニ責ガナイト云フコトヲ明ニ示ス為メニ此但書ガ這入ツタノデアリマス」[16]

「但書等ノ場合ニ於キマシテハ現ニ疑ヒガ方々デ幾ラモ起ツテ居ル……自分ガ或ハ他人カラ攻撃ヲ受ケテソレヲ防御スル為メニ他人ヲ害シタ……其近隣ノ店ニ飛込ンデ其店ノ品物ヲ壊ハシタ……或ハ彼ノ英吉利ニ起ツタ有名ノ事件デ他人カラ花火ヲ打付ケラレタノヲ払フタソレガ他人ノ店ニ這入ツテソレガ為メニ原告ガ明ヲ失ナツタ……ソレガ訴ヘヲ起セルヤ否ヤト云フ問題ガ起ツテクル」[17]

梅謙次郎委員も，第一項と緊急避難について転嫁型を認めない第二項の差違の理由を次のように述べる。

「第一項ノ場合ハ只他人ノ不法行為デアルカラ第二項ノ場合ヨリモ押広メテ其場合ヨリモモウ一歩進ンデ他人ノ不法行為ガ原因ニナツタトキニ限ツテ第三者ノ物ヲ壊ハシタトキデモ矢張リ不法行為ト見ナイト云フ丈ケガ違フ……第一項ノ場合ハ他人ノ行為ガアルノデ其場合ハ第二項ノ場合ヨリ一層保護ヲ強クシテアルト云フダケデアリマス」[18]

しかし，両者の不均衡については異論が出た。まず，土方寧委員は，「第三者ノ権利ト云フモノガ広過ギハセヌカ」との疑問を提起したうえ[19]，次のように述べる。

「私ハ修正説ヲ出シマス……本条ニ規定シテアル中デ「自己又ハ第三者ノ権利ヲ防衛スル為メ」トアル此自己又ハ第三者ノ権利ノ中デ私ハマダ制限スベキコトガアラウト思フ……然ルニ此様ニ広ク書イテ置クト人ノ権利ヲ侵害スルコトガアラウ……一体此場合ハ権利ノ衝突スル場合デアルカラ極権利ノ軽重ヲ計ラネバナラヌト思フ……ソレデ私ハ是ハ身体生命ノ安全ト云フコトニ限リタイ……サウシテ二項ハ削ツテ仕舞フガ宜イ……財産権ト云フモノハ其権利ノ犯サレルトキニ防衛サレル普通ノ場合ヲ言ヘバ訴ノ方デ回復ガ出来ル性質ノモノデアル……身体生命ハソレガ出来ヌモノデアル……ソレ故ニ身体生命ニ付テハ法律ガ保護スル必要ガアル……自己ノ生命身体安全ノ権利ニ付テハ法文ヲ待タヌト思ヒマスケレドモ第

16　前掲注（7）409頁。
17　前掲注（7）411頁。
18　前掲注（7）416頁。
19　前掲注（7）417頁。

三者保護ノ為メニ必要デアルカラ置クノハ宜イガ少シ狭クシタイ権利ト云フノハ広イカラ是ヲ狭クシテ文章ハ能ク出来マセヌガ意味ハ自己又ハ第三者ノ生命及ビ身体ノ安全ヲ防衛スル為メト云フコトニシタイ」[20]

　「二項ハ置イテ置キマセウ一項ダケヲ『自己又ハ第三者ノ生命及ビ身体ノ安全ヲ防衛スル為メ』ト云フコトニ狭クシタイ」[21]

長谷川喬委員，横田國臣委員がこれを支持した[22]。長谷川は支持しつつ，次のような対案を出している。

　「私モ狭クシタイ考ヘデ土方君ヲ賛成シタガ併シ財産ヲ除クト云フコトハ賛成シナイ……御参考迄ニ申シテ置キマスガ私ハ斯ウ云フ意味ノ文章ニシタイ……自己又ハ第三者ノ権利ヲ防衛スル為メ已ムコトヲ得ズシテ暴行者ニ害ヲ加ヘタトキハ此限ニアラズ……ト云フコトニシタイ」[23]

ここでは，土方の議論が加害者と被害者の権利の均衡を問題としているのに対して，長谷川では，転嫁型が明確に否定されている。これには穂積は「第三者ノ権利ノ中デ重イモノト軽イモノトカ分ツコトハ甚ダ六ケシイ」と言い，また，富井も，「本条ニ規定シテアルモノハ所為ソレ自身ガ正当ト見ルカラ相手ヲ誰ト定ムベキデナイ……理屈ニ於テハ甲ニ対シテハ正当デアルガ乙ニ対シテハ正当デナイト云フノハ穏カデナイ」[24]と述べるにとどまっている。

　第1項と第2項との不均衡に関しては，さらに，次のような反論があった。

　（磯部四郎委員）「本案ト云フ者ハ一寸権衡ヲ得ヌト思フテ見マシタ……不法行為者ニ対シテサウシテ自衛ノ権利ヲ行フトカ又第三者権利ヲ防衛スルトカ云フコトハ是レハ損害賠償ノ責ニ任ゼヌト云フコトハ当リ前デアルケレドモ不法行為者以外ノ者ニ害ヲ及ボシタルトキハ丁度天然ノ危難ヲ避ケル為メニ余所ノ家ニ飛込ンデ障子ヲ壊ハシタト云フコトニ当ル……其時ニハ行為者ニ掛レル逃げ込ンダ者ハ全ク責ヲ免ガレルト云フコトニナル……ソレデ人カラ来タルトキハ生命ナリ財産ナリヲ防衛スル為メニハ第三者ノ物ヲ壊ハシテモ宜イト斯ウアル……ソレカラ天然カラ来タトキハ自分ノ生命ヲ害スルノハ甘ンジテモ人ノ生命ハ害シテハナラヌ……若シ害シタラ不法行為ニナルゾト云フコトニ……帰着スル……成程幸ニ此処ニ不法行為者ト云フ者ガアルカラソコニ掛ツテ場ヲ求メルト云フコトニナリマスガ併シ其不法行為者ガ天然デアツタトキハ何人モ賠償ノ責ニ任セズシテ害ス

20　前掲注（7）419頁。
21　前掲注（7）420頁。
22　前掲注（7）420頁。
23　前掲注（7）420頁。
24　前掲注（7）426頁。

（長谷川喬委員）「自己若クハ他人ノ権利ヲ防衛スルニ当ツテ其害ヲ加フル人ソレノミナラズ其害ヲ加フル人以外ノ者迄モ殺シテモ宜イト云フコトニナル……其原因ハ何カト言ヘバ自分若クハ第三者ノ身体生命等ヲ保護スルコトニ外ナラヌ……其身体生命等ヲ保護スルガ為メニ加害者以外ノ者迄モ矢張リ殺シテモ宜イト云フナラバ天然ノ危害ニ依テ自分若クハ第三者ノ生命身体ノ危イ場合ニハ他人ヲ打ツテモ宜イト云フコトニスベキデアル……然ルニ前カラ云フヤウニ天然ノ場合ハ除イテ居ルカラサウスルト今少シ制限ヲ加ヘタガ宜イト思フ……何ゼナラバ不法行為以外ノモノハ過失モナケレバ悪意モナイ……泥坊ガ這入ツテ来テ財産ヲ取ツテ往ク……或ハ生命ヲ害スルカラ其泥坊ヲ殺スノハ宜イガソレハ為メニ又其他ノ者ヲ殺シテモ宜イト云フノハ不法行為ノ防衛ヲ許ス権利ガ広過ギルト思フカラ其場合ハ天然ノ場合ト同一ニシテ暴行者丈ケニ対シテハ打ツテモ殺シテモ宜イ刑法ニハサウナツテ居ルカラ私ハ範囲ヲ狭クシタイト云フ考ヘデアリマス」[26]

これに対して，起草者は次のように答えている。

　（富井委員）「天災ト云フ危難ガアル場合デ其場合ニ如何ニ自分ヲ防衛スル為メトハ言ヘ人ノ権利ヲ害シテモ宜イト云フコトハ理屈ニ於テひどいコトハナイカ」[27]
　（梅委員）「自分ノ財産ヲ保護スル為メニ他人ノ財産ヲ減ラシテモ宜イ……自分ノ生命ヲ保護スル為メニ他人ノ生命ヲ無クシテモ宜イト云フコトハ若シサウ云フコトヲシタナラバ罪人デ即チ道徳上ノ罪人デアル……刑法ソレヲ罰スルガ宜イカドウカト云フコトハ第二ノ問題デア［る］」[28]
　「他人ノ不法行為デモ何デモナイ只天然ノ危難ニ遭遇シテ洪水トカ火災トカ云フ時ニ自分ノ生命ガ惜シイ為メニ自分ノ財産ヲ他人ノ家ニ投込ンデ他人ニ侵害ヲ加ヘタ……ソンナ場合ニ於テハ無論第七百十九条［＝現709条］ノ範囲内ニ於テ是レハ損害ヲ賠償シテ宜イノデアル……御陰デ以テ自分ノ財産ガ助カツタ自分ノ生命ガ助カツタノデアル……其為メニ他人ニ加ヘタ損害ハ賠償シテ善イ筈デアル……自分ノ財産ヲ助ケル為メニ他人ノ財産ヲ減ラシテモ宜イト云フコトハナイ」[29]
　「只今ノヤウナ場合ニ損害賠償ヲシナケレバ見様ニ依ツテハ不当利得ヲスル……自分ノ財産ヲ保護スル為メニ他人ノ財産を減ジテモ宜イト云フコトハドウシテモ

25　前掲注（7）419頁。
26　前掲注（7）421頁。
27　前掲注（7）413頁。
28　前掲注（7）415頁。
29　前掲注（7）414-415頁。
30　前掲注（7）415頁。

理屈ガナイ」30

「私ノ見ル所ハ本条ノ大体ノ精神ハ如何ニ自分ガ急迫ノ危難ニ遭遇シタリトモ急迫ノ危難ニ遭遇スレバドンナコトヲシテモ宜イトイウハナイ……危難ノ原因トナル者ヲ取除クニ付テハ他人ニ損害ヲ掛ケテモ宜イト云フノガ本案ノ主義デアル……」

「[緊急避難の]場合ハ第三者ニ疵ヲ附ケタ,若シ其第三者カラ防衛者ニ向ツテ賠償ヲ求ムルノ権アリトスレバ其結果必ズ防衛者ト云フ者ハ賠償ヲ求ムルノ権利アルコトハ疑ヒヲ容レスト思フ……サウスレバ畢竟ハ其不法行為ガ賠償ノ負担ヲスベキモノデアツテ手数モ二重ニナツテサウシテ動モスレバ諸君ガ保護シタイ所ノ防衛者ガ先ニ立替ヘナケレバナラヌト云ツテハ大変不利益デアル」31

(3) 現行民法典制定後の議論

(ア) 総 説

民法典制定後において，正当防衛・緊急避難に関するかぎり，判例・学説上さほどの論議を生むことは少なかった。平成24年現在にいたるまでの関連裁判例は50件をわずかに超える程度であり，学説上の対立もごくわずかであった。幾代教授がが指摘するように32，これらの緊急行為は個人的な身体行動によるものであることから，訴訟事件となる場合が少なく，時代と社会の変化がこうした事態に与える影響は大きなものではなかったことに原因があると考えられる。では，法典審議会で議論された各論点（(2)(ア)〜(イ)）について，その後の判例・学説はどのような態度を採ったのであるかを以下に見ることにしよう。

(イ) 正当防衛・緊急避難の射程について

現行法が刑法とは異なって，緊急避難行為が「他人の物から生じた」危難にかぎり，自然現象に対する緊急行為に及ばない点は，若干の裁判例にも現れている。いずれも緊急避難は認められていない33。学説においても格別の異論は

---

31 前掲注（7）418-419頁。
32 幾代通「民事上の正当防衛・緊急避難と第三者被害」法学48巻3号［1984］2頁。もっとも，刑法上の緊急行為については，判例・学説のかなりの蓄積があり，議論はかならずしも終熄をみていないとの指摘がある。曽根威彦「刑法からみた民法720条」早法78巻3号［2003］105頁以下。
33 大判明治31・5・27民録4輯91頁（水害の際に上流の者が鉄道線路を破壊したことが正当防衛となるかが争われた事例），大判大正3・10・20刑録20輯1764頁（洪水による部落の危険を救うために県道兼用の堤防を決壊した事例），大判大正6・5・15法律新聞1272号28頁（出水に際して，堤防を決壊した事例）。

出なかった。洪水に関して，我妻博士は，「河川は堤防を含めての観念なのだから，事情によっては緊急避難の成立を認めることも不可能ではあるまい」と述べられ，緊急避難ではないとしても，公序良俗によって許容しえないといえるか疑問である，との指摘されるにとどまっていた[34]。しかし，戦後の国家賠償法の制定による営造物責任（2条）の成立は，水害[35]等の自然災害を国の不作為による不法行為として被害者救済の途を開いた。これによって，従来とは異なり，正当防衛の成立する場面が認められる余地が拡がったと言ってよいかもしれない。

　(ウ)　反撃型と転嫁型の区別について

　法典審議会において，正当防衛は，それが①防衛行為者以外の第三者に対する攻撃であっても，また，②防衛行為が加害者以外の第三者に対して向けられた場合（転嫁型）であっても認められるが，学説上これについての異論はほとんど見られない。転嫁型が緊急避難について否定された点については上に見たとおりであるが，少数ながら，これに対する批判説が存在する。

　まず，法典審議委員であった土井寧は，第三者への転嫁行為が損害賠償責任を生じるとしても，故意・過失を欠く場合があることを指摘して[36]，次のように言う。

　　「例ヘバ途上狂犬アリ将ニ予ヲ噛マントス依テ予ハ其危害ノ原因ヲ避クル為メ洋杖ヲ揮ツテ之ヲ撲殺（狂犬ヲ撲殺セシハ第二項ノ適用上無責任ナリ）セシニ偶々背後ニ人アリ洋杖ノ触レル所トナリテ傷ヲ負フコトアルモ予ニ過失アリト見ルベキ場合ニ非ザル以上ハ何等ノ責任ナキモノトス蓋シ其負傷ハ法律上認容セラレタル行為ノ不慮ノ結果ニ外ナラサレバナリ」

　岡村玄治は，より積極的に急迫の危難を避けるために第三者の権利を侵害した場合でも720条1項を準用スベキと主張する。すなわち，避難者は第三者に損害を与えたことによって，自己の権利を保全したがゆえに，不当利得が成立するという。そして，危難によって生じた物の所有権も，その滅失毀損がない

34　我妻栄・事務管理・不当利得・不法行為（新法学全集）[1937] 150頁。

35　最判昭和59・1・26民集38巻2号53頁（大東水害訴訟），最判平成2・12・13民集44巻9号1186頁（多摩川水害訴訟），最判平成8・7・12民集50巻7号1477頁（平作川水害訴訟）等。

36　土井寧・民法論叢384頁（中島英次編・損害賠償学説判例実例総攬（下）[昭和16] 1984頁による）。

ので，保全された限度において，避難者と連帯して不当利得返還義務負うが，その負担部分は全部所有者にあるという。また，避難者に故意，過失がないときは，物所有者に対しては不当利得返還義務のみがあるとする[37]。

しかし，解釈論のレヴェルでは，これ以上の活発な議論が展開されたわけではない。こうした状況の中で，昭和59年に幾代教授が同条に対する立法論的批判を展開されたのが注目される。教授は，「有責原因者が存在しない場合の転嫁型緊急行為」（＝緊急避難）を免責しない反面，「有責原因者が存在する場合の転嫁型緊急行為」（＝正当防衛）について免責する720条の立場に対して，「転嫁型緊急行為」は——正当防衛，緊急避難の別を問わず——不免責とすることが立法論として妥当ではないかと主張され[38]，次のように述べられる。

まず，正当防衛については，第1に，他人Pの不法行為に対する緊急行為として第三者の法益を侵害することを許すのは，不法行為の被害者Dを無責の第三者Qよりも保護されてよいとする価値判断であろうが，「トバッチリを受けた被害者」からすれば，緊急行為が不法行為によるか否かは関係のない事情であって，自己の責に帰すべからざる原因によって不測の損害を受ける点では，状況は同じである。第2に，QはPに対する損害賠償請求権を認めることによって救済されるというが，Pが責任無能力者であったり，無資力であった場合には実質的に保障されない結果になる。そこで，立法論としては，Qの損害については，PおよびDが賠償義務を負い，両者は不真正連帯債務の関係に立たせるべきであるとする。

他方，有責原因者が存在しない緊急避難の場合に転嫁型緊急行為について免責しない同条の立場を支持されるが，その理由は，次の点にある。

Dが緊急行為としてQに損害を生じさせた場合に，Qに賠償しなければならないのは，危難に遭っている法益を保全ないし防衛するためのコストであると考えることもできる。これについて，緊急行為を一定要件のもとで適法なものとしてQが補償ないし償金請求権を取得するという法的処理も一考に値する。しかし，緊急避難は，他人R（受益者）の法益について急迫の危難を避けるためにも認められるから，それがQの法益を侵害する形でなされたときは，補償支払義務者は緊急行為者D'ではなく，Rとなるが，それでよいか問題で

---

37 岡村玄治・債権法各論［昭和5］287頁。
38 幾代・前掲注（31）26頁以下。

ある39。また，不当利得返還請求権の場合に，損失は与えたが受益は結果的に無かったか損失よりも小さかった場合はどうするか問題である。要するに，緊急行為が利他的であろうとなかろうと，自己の法益が害されるQにとっては変わりがなく，緊急行為者が経済的リスクを負担する覚悟で事を行うべきではないか，と述べられるのである40。しかし，幾代教授が解釈論として（とりわけ，転嫁型正当防衛について）どのように考えられるかは，明らかではない41。

このように，現行法は正当防衛と緊急避難とでは，転嫁型の処理について異なる態度を採っているが，その立法論的当否については，①これを正当なものとする価値判断，②立法論的に批判されるべきであり，転嫁型についてすべて免責すべきであるという価値判断42，③これとは反対に，いずれも免責すべきではないとの価値判断がありうる43。また，④免責にせよ，不免責にせよ，一定の条件ないし絞りをかけるという立場もありえる。たとえば，生命・身体に対する危難と財産に対する危難とで別個の処理をするとか，絶対権侵害とそれ以外の不法行為とを異別に処理する等の手法である。しかし積極的に論じる文献は少ない。これに対して，緊急避難についての解釈論としては，現時点では，①原則通り免責されないとする立場，②正当防衛と同様に，転嫁型についても緊急避難として免責されるとの立場，③刑法の緊急避難の要件を満たせば免責されるとする立場，④危難の種類と緊急の事情いかんによっては，第三者に比較的少ない損害を与える場合には，違法性を阻却するとする立場，⑤緊急避難として免責されないが，なお自力救済として免責される余地があるとする立場等が考えられる44。学説の大勢は問題ありとしつつも①といえる。しかし，近時刑法学の立場からこれを検討する曽根教授の見解が現れた。同教授は，違法性を全法秩序の下で統一的に理解されるべきであるが，ただ，その発現形式にはさまざまは種別・軽重があり，各法の目的に応じて，そこで要求される違法性の質・量に違いが出て来ることは認められなければならない。こうした立場から，次のように主張を展開される。

---

39 幾代・注（31）31頁以下。
40 幾代・注（31）34頁以下。
41 幾代通・不法行為［1977］97頁参照。
42 加藤一郎・不法行為（法律学全集）［1957］137頁。
43 幾代・前掲注（31）。
44 四宮和夫・事務管理・不当利得・不法行為（中）［1983］370頁は，④の立場を採る。なお，私見は⑤の立場を採る。

まず，民事上免責されるものが刑法上刑罰の対象となることは許されない．正当防衛について，民法720条1項の「不法行為」は刑法36条の「不正の侵害」と一致する．民法学者は「やむを得ずしてした行為」につき，急迫性，補充性，法益の均衡性を要求するが，反撃型については，補充性の要件は不可欠なものではなく急迫性および必要性で足りる[45]．これに対して，転嫁型については，法益均衡の程度は合理的均衡では足りず，少なくとも刑法37条が要求している程度の厳格な法益の均衡性すなわち，防衛行為から生じた害が避けようとした害の程度を超えないことを要求すべきであるとする．次に緊急避難については，まず，「物より生じた危難」は，「不正の侵害」であって，刑法36条にあたると解すべきである．そして，民法学の通説は720条2項についても，「やむを得ずして加害行為」を補って解釈するが，正当防衛と同様に，反撃型における筆者の解釈がここでも妥当するという[46]．転嫁型については，緊急避難は原則として認めるべきではないとする．

　要するに，曽根教授の立場は，現在の民法学の③に近いものと思われる．ただ，立法論としてではなく，解釈論として展開されたところに独自性が認められる．

(4) 正当防衛・緊急避難の理論的位置

(ア) 民法典が明文で認めた責任阻却事由は，責任無能力制度を別とすれば，「正当防衛」および「緊急避難」のみであり，法典調査会でもそれ以外の免責事由について格別の論議はなされなかった．しかし，それは免責事由が上の2つに限定される趣旨でないことは，ボアソナードにおいても断片的に言及がなされていることからも明らかである[47]．たとえば，権利の行使や正当業務行為とりわけ公務員による法の執行は適法であるゆえにことさら免責事由として意識されることはなかった．フランス法においては（そしておそらくは旧民法においても），不法行為責任の成否が *faute* との関連で決定されることから，独立した不法行為成立の要件とは解されていなかったように考えられる．これに対して，現行民法が新たに720条を設けたことによって，これらの規定が不法行為の成立要件としての故意・過失とは独立した消極的要件として捉えられる

45　曽根・前掲注（31）119頁以下．
46　曽根・前掲注（31）120頁以下．
47　前掲注（1）．

ことになった。現在の学説は民法720条等の事由をもって違法性阻却事由として論じるが、そうした概念は民法典制定当初において意識されていなかった。民法典制定過程および初期学説においても、民法720条の免責事由は「違法性」と関連づけて論じられていない。それは、むしろ、その後のドイツ法学（おそらくは、ドイツ刑法学における違法性と有責性の峻別の理論）の影響の下に、不法行為成立の要件の「違法性」と「有責性」の区別の下に、同条をもって「違法性阻却事由」として捉えられた結果である[48]。

不法行為の成立要件は伝統的には、「故意・過失」、「権利侵害」、「因果関係」であり、ことさらに違法性を要件として扱われることは少なかった。有名な「雲右衛門レコード事件」[49]は、「権利」を侵害したわけではないゆえに、不法行為は成立しないと断じている。この判例を変更したものといわれる「大学湯事件」[50]は、「法規違反ノ行為ニ出デテ他人ヲ侵害シタル者ハ之ニ因リテ生ジタル損害ヲ賠償スル責ニ任ズ」と述べるが、それがただちに「権利侵害」を「違法性」要件に置き換えたと評価することは困難であろう。「権利」を「法律上保護セラルル一ノ利益」に拡張したにすぎないということもできるからである。しかし、学説においては、すでに鳩山秀夫が、「他人ニ損害ヲ加フルモ何等権利ヲ侵害シタルニアラザルトキハ不法行為セシメザルコト法文上明ナリ」としながらも、「違法ナル加害行為ノミヲ以テ不法行為ト為スベキコト明ナルガ故ニ其違法ノ意義ヲ権利侵害ノミニ限ルベキヤ否ヤハ別論トシ違法ト謂ヘル分子ヲ不法行為ノ観念ヨリ排除スルコトヲ得ザルハ疑ヲ容レザル所ナリ」と述べられているのが注目される[51]。

不法行為成立要件としての「権利侵害」から「違法性」へと理論を切り開いたのは、末川博士の『権利侵害論』であった。博士は、次のように述べられる。

---

48 初期の民法学説には格別の言及はないが、大正期以後、違法性への言及がなされるようなる。鳩山・日本債権法各論（下）［大正13］887頁。末弘厳太郎・債権各論［大正5］512頁。石田文次郎・債権各論［昭和12］262頁。戒能通孝・債権各論［昭和21］433頁以下。勝本正晃・債権各論概説［昭和24］288頁。同時に正当防衛・緊急避難以外の「違法性阻却原由」の存在が意識されて、正当業務行為、社会的相当行為、被害者の同意、自力救済、事務管理等が論じられることになった。
49 大判大正3・7・4刑録20集1360頁。
50 大判大正14・11・28民集4巻670頁。
51 鳩山・前掲注（48）859頁。

「従来の学説判例は，一般に第七百九条の規定をそのまま文字通りに解して，不法行為の成立には必ず権利侵害を要するという見地から，この規定の適用範囲を不当に局限している傾がある。即ち権利侵害は不法行為に欠くべからざる本質的要件であると解している結果，不法行為を問題とするときには，常に，侵害された権利が存在するか否か，またそれは個別的にいかなる権利であるかというようなことのみを穿鑿するに汲々たる余り，却って不法行為制度による救済を不当に減縮する弊に陥っている」

「民法が権利侵害を不法行為の成立要件としているのは，他人に損害を加える行為が違法でなければならぬことを求めていると観ることができる。しかし，行為が違法であると評価されるのは，ただ権利侵害があるときにのみ限られるべきであろうか。」

「違法と評価されるものは権利侵害という形態において認められ得るのが普通であるけれども，なお命令的法規がそれ自身で評価的機能を有することによって独自に違法という評価の規準たることもあれば，また顕現的法規が欠けている場合には公の秩序又は善良の風俗に反するというので，違法という評価が為されるべきこともある……即ち，違法と評価されるものは，必ずしも権利侵害という形態においてのみ現れるとは限らないのである。」

「権利侵害という代わりに単に違法というような言葉を用いるか，……原則として権利侵害を要件とするもののほかに，保護法規違反とか反公序良俗とかによる不法行為の成立を認める規定を置くか，何れかを選ぶことが，立法技術としては妥当であると考えられる。」[52]

このように権利侵害は違法性の徴表であるが，違法性は権利侵害に限定されないと末川博士は主張された。もっとも，「違法性」そのものは具体的な権利侵害とよりは抽象的な観念であるため，違法性評価の規準が問題となる。博士の理論は，それは，ドイツ不法行為の構造，すなわち，BGB823条以下が，①絶対権侵害，②強行法規違反，③公序良俗違反を不法行為とするの構造に依拠した理論であった。そして，これを承けて我妻栄は，これを具体的に発展させて，侵害される「利益」には，所有権のような強い権利（絶対権）から，「債権」のような比較的弱い権利等濃淡があり，また，侵害行為の態様にもさまざまなものがあるとしたうえで，被侵害利益の種類と侵害行為の態様とお相関関係において違法性を決すべきだと主張されたのである。この理論が「相関関係理論」と呼ばれるのは周知のところであろう。

---

52 末川博・権利侵害論［1944］305, 294, 301, 312頁。

このような理論的発展は，われわれのテーマである正当化事由にも一定の影響をおよぼした。「権利侵害」であっても，正当防衛・緊急避難は「違法性」を欠く，すなわち，違法性「阻却事由」として説明されるとともに，「違法性阻却原由」は正当防衛・緊急避難に限られない。そして，正当業務行為等それ以外の諸々の事由もまた，「違法性」を欠くものとして認識されていくことになる。これ以後，学説の体系書においても，正当防衛・緊急避難以外の「違法性阻却原由」が列挙されて論じられることになっていく。のみならず，違法性の有無が相関関係において論じられる結果として，違法性阻却原由の有無もまた，こうした理論に服するものとなっていった。我妻は次のように言う[53]。

> 「正当防衛・緊急避難・事務管理・正当なる権利の行使・被害者の承諾等は普通に違法性阻却事由とせられる。蓋しこれ等の事由あるときは権利侵害行為も不法行為とならないといふのである。然し，私のやうに権利侵害等をもって結局違法性を意味するものとなすときは，これ等の事由も違法性を決定すべき行為の態様なる点に於て前段に掲げた行為の態様とその性質を同うする。殊に所謂違法性阻却事由に在っても，必ずしもその悉くが絶対的に違法性を失わしむるものではなく，被侵害利益の種類と相関的に考察せらるべきものなのである。

戦後の不法行為の代表的教科書である加藤一郎『不法行為』（法律学全集）［1957］においても，これが踏襲されている[54]。

> 「これらの違法性阻却事由も，その程度は被侵害利益の種類と関連してきめられることになろう。違法性が被侵害利益と侵害行為との相関関係から捉えられるとすれば，その裏の面ともいうべき違法性阻却事由も，消極的な形においてではあるが，やはり被侵害利益との相関関係において捉えられるべきである。」

これに対して，近時平井宜雄教授からの批判がある。教授は，民法709条はドイツ不法行為法と接近するように見えるけれども，その構造はむしろ旧民法と変わりがなく，「権利侵害」の要件は単に，同条の規定があまりに無限定であることを修正するという消極的なものにすぎないこと，わが民法における「違法性」は「権利侵害」をいわば置き換えたものにすぎず，ドイツ法におけるそれとは異質なものであること，そして，その特殊＝日本的「違法性」論も，判例上機能を失っていること，を指摘して，「過失」に一元化することを試み

---

53 我妻・前掲注（34）147頁。
54 加藤・前掲注（42）135頁。

られた（「過失一元論」）55。このような立場から，正当防衛等についてもまた，次のように説かれることになる。

　「『違法性阻却』という位置づけは，『違法性』を法律関係一般につき故意過失に対立する客観的要件と捉える立場を前提とするものであるが，このような立場は日本の不法行為法では理論的意義を有しない。」56

かくて，従来「違法性阻却事由」として説かれてきたものは，責任無能力制度とともに，「不法行為の成立を阻却する事由」として整序されることになる57。

3　その他の違法性阻却事由

(1) 権利の行使

権利の行使は違法性を阻却すると解されている。同時履行の抗弁権や留置権の行使は債務不履行（履行遅滞）を生じさせない58。判例上以下のものが現れている。

①　古来の慣行によって土俵築積工事が権利として認められている場合，それによって他人に損害を与えても賠償責任を負わないとした事例59。

②　土地の所有者がその土地を堀さくして温泉を湧出させるときは，その泉脈を同じくする各所の温泉に影響を及ぼし，他の土地で従来これを利用する者の利益を害することがあっても，如上の行為を禁止制限する法令の規定または一般の慣習法が存しないから，他に特別の慣習のない限り土地所有者の自由に属する60。

③　電気軌道株式会社が軌道条例その他の法令により行政官庁より軌道の布設を特許され，その命令の指定した線路に認可を経て架橋をなしたときは，そ

55　平井宜雄・債権各論Ⅱ不法行為［1992］22頁以下。
56　平井・前掲注（55）92頁。
57　平井・前掲注（55）91頁。
58　たとえば，建物賃貸借契約終了後に賃借人が留置権を主張して建物の居住使用を続ける場合（大判昭和10・5・13民集14巻10号876頁，最判昭和47・3・30判例時報665号51頁），借地法（現借地借家法）による建物買取請求権を行使して同時履行の抗弁権にもとづき土地の明渡しを拒絶する場合（大判昭和7・1・26民集11巻169頁）。
59　大判明治35・5・16民録8輯69頁。
60　大判明治38・12・20民録11輯1702頁。

のため他人の漁業権を害する結果となっても，会社の不法行為ではないとした[61]。

④ 電気事業者が，電気事業法7条・10条の手続を履践し地方長官の許可を得た以上，たとえ施設の変更につき主務大臣の許可を得なくとも，工事施設のために他人の土地に立入りまたはこれを使用することは，他人の私権の違法な侵害にはならないとした[62]。

⑤ 部落有の共同墓地が適法に廃止された場合に，管理者が警察署の許可を得て改葬するのは，所有者がこれを拒んでも，正当の理由のない以上，不法行為とはならないとした[63]。

(2) 正当業務行為

(ア) 刑法35条の正当行為に対応する免責事由であり，被疑者の逮捕（刑訴199条，213条）や刑の執行（刑訴475条以下），親権にもとづく懲戒権の行使（民822条）や教員の懲戒行為（学校教育11条）[64]，労働法上の争議行為（労組法8条）がその典型例であるが，ただし，範囲外の行為や濫用の場合に違法性を阻却しないのは当然である[65]。

(イ) 法令上，または業務行為とはいえないが，社会的に認知されている行為，すなわち，社会的相当行為（スポーツ，遊戯等）についても違法性を阻却すると解されている。ただし，社会通念上逸脱とみられる場合には，違法性を阻却しない。

(ウ) 遊戯行為については，以下のような裁判例がある。

① 小学校二年生の児童Aが「鬼ごっこ」中に一年生の児童Bに背負われて逃げようとした際誤ってBを転倒させて右上腕骨骨折の負傷を与えた場合，

---

61 大判大正5・5・16民録22輯973頁。
62 大判昭和9・12・20法律新聞3808号7頁。
63 大判昭和18・9・7民集22巻927頁。
64 なお，同条但書は体罰を禁止している。暴行がスポーツの指導の際になされた事例につき，前橋地判平成24・2・17判例時報2192号86頁。
65 タクシー会社において，ストライキ中の組合員らが，その期間中，営業用自動車の運行を阻止するために，これら自動車等を排他的占有下においてしまうなどの行為は正当な争議行為とはいえず，会社は同人らに対し損害賠償請求権を有するとされたものとして，最判平成4・10・2判例時報1453号167頁。なお，公務員には争議権が与えられていない（公労法，地方労法，国労法等）ため，違法性を阻却しないが，その合憲性は争われている。

右傷害行為は違法性がない，とした66。

②　小学生同士がふざけあっていた際に，そのうちの一人が自転車で進行中の被害者の背後からドッジボールを投げつけて転倒させ，被害者が頭部打撲の傷害を負ったとしても，この程度の行為は社会生活上非難に値するものではなく，加害者が被害者に加えた行為は違法性を阻却すべき事由のあるとした67。

しかし他方で，違法性は阻却されないとされた裁判例として，以下のものがある。

③　戦争遊戯が一般に容認されるからといって，長さ5,6尺の竹棒を肩にして他人に身体障害を引起すような行動は，違法性を阻却しない68。

④　遊戯に通常伴うと認められる程度の行為によって，偶発的に他人を傷害せしめる結果を生じたとしても，右行為は違法性を欠くものと考えられるが，相向きあった姿勢で立っていた相手方に対し，竹棒を突如，相手の眼をねらって突出したという行為は，一般に容認された遊戯に通常伴うと認められる程度を著しく逸脱した，粗暴なものであって，到底違法性を欠くとはいえない69。

⑤　子供同志の「インデイアンごっこ」という遊戯中に，一人が誤って他の子供の左眼に矢を当て，失明させてしまった場合には，遊戯中の行為であるからといってもその行為の態様，ことに重大な結果を発生する虞があることなどからみて社会的に是認されるものということはできず，違法性がないとはいえない，とした70。

⑥　「プロレスごっこ」での加害生徒の両親は，格別放任していたわけではなく，また，加害生徒の性格，素行，従前の生活態度等に照せば，学校で親しい同年生に対して冗談半分でプロレス技を掛けていることに気付かなかったとしても，保護者としてなすべき監督義務を怠っていたとまではいえないのであるから，民法709条の責任はないとした71。

㈡　医療行為は通常客観的には身体に対する侵襲行為であるから，形式的には傷害・暴行に当たるが，その適法性は疑いがない。違法性を阻却する旨の明

66　最判昭和37・2・27民集16巻2号407頁。
67　大判昭和16・9・14法律新聞4728号7頁。
68　東京高判昭和60・12・11東高（民）時36巻10〜12号188頁。
69　東京昭和44・12・23判例時報591号75頁。
70　最判昭和43・2・9判例時報510号38頁。
71　大阪地判昭和59・12・25判例タイムズ550号190頁。

文の規定は法令にはないが，学説は正当業務行為として違法性阻却事由となると解している[72]。被害者の意思によらない場合とりわけ意思に反する場合にも正当業務行為ということはできないであろう。その意味で「被害者の同意」を要する点で，また，意識不明のような相手方の意思が確認できない状況下では，「事務管理」によってのみ違法性を阻却するという意味において，別個の違法性阻却事由ということもできる。近時，医療をめぐるいわゆるインフォームド・コンセント *informed consent* が重要な原則となっている。これは，投薬・手術・検査など医療行為や治験などの対象者（患者や被験者）が，その内容について説明を受けて十分に理解した上で，自らの自由意思に基づいて医療従事者と合意することを指すものであり，医療行為の結果として生じた損害についても，一定の限度で責任を阻却するものと考えられる。しかし，本稿ではこれ以上立ち入ることはできない。問題を指摘するにとどめざるをえない。

(3) 被害者の同意

被害者の同意が違法性阻却事由として意識されたのは比較的新しい。しかし，次のような例を挙げるならば，これは当然視されるであろう。すなわち，Ａが建物の取壊しをＢに請け負わせ，Ｂがこれを取り壊した場合である。客観的にみれば，ＢはＡの権利を侵害しており，民法709条の要件をすべて満たしている。しかし，それが不法行為を構成しないのは，取壊しそのものが契約上の債務の履行だからであり，契約の存在すなわち被害者の同意が違法性を阻却するからにほかならない。もっとも，現在の多数説的見解では「権利侵害」は「違法性」に置き換えられているから，そのような行為は違法性を欠くと説かれることになり，不法行為の積極的要件を満たさないともいえよう。ただし，合意そのものが不法であったり，公序良俗違反であれば，違法性を阻却しないことはいうまでもない[73]。

被害者の承諾が妥当するのは肖像権ないしプライバシー侵害であろう。貞操権侵害については，相手方の承諾を得て肉体関係を結んだ場合であっても，強迫，詐術により，あるいは自己の優越的地位を利用するなどして肉体関係を承

---

[72] 加藤・前掲注(42) 139頁，幾代＝徳本・不法行為法 [1993] 106頁，徳本伸一・注釈民法 (19) 336頁，四宮・事務管理・不当利得・不法行為 (下) 373頁。

[73] 承諾殺人がその典型である。ただし慰謝料請求を否定した裁判例として，大阪地判昭和61・12・25 判例時報1247号111頁。

諾させたときには，貞操侵害として不法行為が成立するというのが，判例・通説である[74]。これは，「承諾」が自由な意思にもとづくものであることを意味するものであり，損害の意味を理解できるだけの判断能力を具備していることが必要とするのが現在の多数説である[75]。

　同意は明示の場合のみならず，黙示でもよいと解されている。とりわけスポーツ競技中で通常予測しうるような危険は，損害を受忍することに同意したとみなされる場合が多いとされる[76]。交通事故での好意同乗等もこれに関連する[77]。近時，生活妨害ないし公害事件において，損害発生についての社会的承認や，被害者の先住性ないし故意または過失による危険への接近が「承諾」とみなされるか問題とされることがある（「危険への接近の理論」）が，現実にこれを認めた裁判例は存しない[78]。被害者の承諾とは損害に対する具体的なものであるべきであり，むしろ，違法性の存在を前提としつつ過失相殺ないし賠償額の減縮が判例・学説の大勢である。

(4) 自力救済

　自力救済は，侵害が現在継続している場合ではなく，過去になされた侵害に

74　最判昭44・9・26民集23巻9号1727頁。近時でも，金銭の貸主，美容院の経営者たる地位を利用して美容院に勤務する独身女性に情交関係を求め，更に情交関係の反復とわいせつ行為の反復を求める行為は，女性の承諾が存在したとしても，右女性に対する不法行為を構成するとした裁判例がある（名古屋地判平成4・12・16判例タイムズ811号172頁）。

75　幾代＝徳本・前掲注（72）108頁。ただし，鈴木禄彌・債権法講義[ ]頁は責任能力で足り，行為能力を要しないとする。

76　東京昭和39・12・21下級裁判所民事裁判例集15巻12号2966頁（スキー事故），神戸地伊丹支判昭和47・4・17判例時報682号52頁，名古屋地判昭和57・9・24判例時報1063号197頁（ゴルフの打球によるキャディの事故），剣道練習中の傷害事故（東京地判昭和48・6・11判例タイムズ298号260頁）等。

77　塩谷毅「危険引き受けについて―『ダートトライアル同乗者死亡事件』を素材にして」立命館法学253号［1997］615頁。「危険の引受」理論として，ドイツ法およびフランス法において近時議論がある。前田達明「Hans Stoll 著『自己危険にもとづく行為』」法学論叢85巻4号，不法行為法研究会・日本不法行為法リステイトメント［1988］124頁。アメリカ法については，執行秀幸「アメリカ法の危険の引受けの法理の行方」国士舘法学11号85頁。

78　福岡地判昭和63・12・16判例時報1298号32頁（福岡空港騒音公害訴訟）が一般論としてこれを認める。なお，田処博之「生活妨害における先住性の評価：『危険への接近』」札幌学院法学2巻1号［2008］参照。

対するものである点で正当防衛や緊急避難と異なっている。ドイツ法では，自力救済の規定があり[79]，比較法的にも広くこれを認められているが，わが国では，一般規定を置いていない（わずかに，233条が立木の枝の切除，根の切取りを認めるにとどまっている）。判例は一般論としては認めている[80]が，現実にこれによって免責したものは見当たらない。以下の裁判例がある。

①　通行権者は，他人の設置した板塀が不法行為を構成するとしても，その救済手段とて自らこれを撤去する権利を有しない[81]。

②　家屋の所有者が，被害者に対し家屋明渡の訴を起しながらその結果を待って適法の手段に出でず，その立退を早めるため名を修繕にかり家屋の周囲に板囲をなし，その実被害者の営業を妨害した場合は，刑法234条の罪責を免れない。

③　賃金不払を理由として契約を解除した場合に，借家人が明渡を履行しないからといって，家主が自力救済のためこれに侵入する所為は，所有権に対する急迫不正の侵害の排除を目的とする正当防衛権の行使に当らない[82]。

④　借家人が賃貸借解除による明渡義務を履行せず引続き居住していても，その占有が適法に回復されない限り，家主がこれに出入するのは，正当防衛とはいえない[83]。

⑤　電燈会社が電気使用料の不払を理由として電気引込線を切断した場合でも，需要者がみだりにこれを接続するのは，電気工作物の施設の変更であって自救行為として許されるべきではない[84]。

⑥　県の築造した堰堤が慣行および約旨に違反したものであるとしても，民法720条2項，刑法37条所定のような場合を除き，ほしいままにこれを損壊

79　ドイツ民法（BGB）229条［自助 Selbsthilfe］
　　自助の目的で物を収去，破壊まはた毀損した者，または自助の目的で逃亡の疑いのある義務者を検束した者，または忍容の義務のある行為に対する義務者の抵抗を除去した者の行為は，適時に官庁の救済を求めることができず，かつ，即時にこの侵害行為をするのでなければ，請求権の実現が不能または著しく困難となるおそれがあるときは，違法としない。

80　最大判昭和24・5・18刑事裁判集10巻231頁，最判昭和40・12・7民集19巻9号2101頁。

81　大判大正7・11・5刑録24輯1335頁。

82　大判大正15・3・23法律評論15巻刑法99頁。

83　大判昭和3・1・24法律評論17巻刑法253頁。

84　大判昭和9・12・13刑集13巻1725頁。

するのは，権利行為といえない85。

⑦　他人の土地に無断で植栽した場合に，所有者ないし占有者がこれを折り切った行為につき，自力救済として許容されない86。

⑧　被告人が，賃借している家屋を不法に占拠し古物商を営んでいる者に対し，威力を用いその業務を妨害した場合には，たといそれが右家屋の明渡を求めるためであっても，適法行為とすることはできない87。

⑨　自己の所有家屋を増築する必要上，その借地内に突出ていた他人所有家屋の玄関の軒先の一部をその承諾を得ないで切取った行為は，たとい右玄関が建築許可を得ないで不法に増築されたものであり，軒先の切除により相手方の被る損害に比しこれを放置することにより自己の受ける損害が甚大であったとしても，自救行為として許されるべきものではない88。

⑩　自己の営業用の広告ポスターの上に選挙ポスターを取りつけられたことによってその利益を害されたとしても，選挙管理委員会や警察に法の保護を求める余裕がないほどの急迫性も認められないのに，直ちに自ら右選挙ポスターを取りはずすことは，相当な自救行為と認めることはできない89。

⑪　差押処分が違法無効であっても，差押物件を取戻すためには所轄行政庁に対する法律上の救済を求めるべき筋合のものであって，これを実力で取戻した場合に，自救行為として違法性を阻却するものとはいいがたい90。

⑫　賃借人が賃借家屋の一部につき使用権限を有しないとしても，現に事実上居住して生活を営んでいる以上，家屋所有者が賃借人の意思に反して右部分に侵入するときは，住居侵入罪が成立する91。

⑬　借家人が賃貸借契約が解除されたにもかかわらずその明渡しをせず引続き居住していても，家主がその家屋に立ち入り管理権の行使を自力救済に訴えることは法の許容しない92。

⑭　有線放送設備の設置および有線放送業務開始の届出が遅延した場合にお

85　大判昭和 10・7・25 刑集 14 巻 829 頁。
86　大判昭和 17・10・12 法律新聞 4807 号 10 頁。
87　最判昭和 27・3・4 刑集 6 巻 3 号 345 頁。
88　最判昭和 30・11・11 刑集 9 巻 12 号 2438 頁。
89　東京高判昭和 54・1・26 判例タイムズ 382 号 133 頁。
90　東京高判昭和 40・9・27 判例タイムズ 189 号 151 頁。
91　東京高判昭和 29・2・27 判例タイムズ 39 号 59 頁。
92　東京高判昭和 27・12・23 判例タイムズ 27 号 66 頁。

いて，有線放送業界において事前届出をせず，なかには設備設置後数年間も届出のない事例があり，被告人の経営する有線放送の技術水準が比較的高度で他の通信等に悪影響を与える虞が少ないからといって，可罰的違法性を欠くものと認めることはできない[93]。

学説に目を転じると，昭和36年の明石教授の研究がある[94]。同書は，ローマ法・ゲルマン法以来の沿革から，ドイツ法，フランス法，英米法の文献を広く渉猟した本格的な研究であり，わが国の理論として，次のように述べられる。
　まず，自力救済の基礎として2つのアプローチがあり，1つは，権利の行使・実行からのものであり，他の1つは，違法性阻却事由からのものであるとされる。前者の場合は，適法性の限界すなわち権利濫用の問題となるのに対して，後者では，権利の範囲外の行為として捉えられることになるが，同石教授は後者の面からの考察がよいとされる[95]。
　そして，自力救済は一種の権利行為であり，また，私的緊急権である。また，自力救済は私権であり，公権ではない[96]。自力救済の法理的根拠として，教授は，「個人は何時の時代にも，自己の権利を救済するためにみずから何らかのイニシァチーヴはとらねばならない。ただ，拱手傍観していて，権利が保護されるものではない。……しかし国家の救済をえるには，今日でも訴の提起という個人のイニシァチーヴは必要である。だから，個人の役割は，救済自体のイニシァチーヴから，手続上のイニシァチーヴへ移ったといえる」，「国家の救済が間に合わず，したがって手続上のイニシァチーヴがとりえない場合は，救済自体のイニシァチーヴが，個人に暫定的に許されるべきである」といわれる[97]。そして，イェーリンクの「権利のための闘争」を援用して，自力救済は権利の本質から是認されると説かれる[98]。
　自力救済の要件としては，①請求権の存在，②請求権の保全の目的，③事情

93　大阪高判昭和49・2・14判例時報752号111頁。
94　明石三郎・自力救済の研究［1961］（以下，『研究』と略記する）．同・自力救済（総合判例研究叢書民法（21））［1963］。同教授の業績は現在にいたるまでほとんど唯一のものである。
95　明石・研究281頁。
96　明石・研究284頁。
97　明石・研究287頁。
98　明石・研究293頁。

が緊急であること，④手段の相当性をあげられる99。

　最後に立法論として自力救済に関する規定を設けるべきかを検討されたうえ，「許さるべき自力行使と，許すべからざる暴力とを明確に区別して，その限界を確立することによって，却って暴力を阻止することができるであろう」とし，立法にふみ切るべきであろうと主張される100。

4　名誉毀損における違法性阻却

　名誉毀損については特殊な問題がある。すなわち，名誉が不法行為法的保護の対象となる法益であることは当然であるが，他方で，表現の自由やメディアによる報道の自由と衝突する可能性があり，その調整のため一定条件の下で違法性を阻却するものとしている。刑法230条の2は，名誉毀損罪について，①公共の利害に関する事実にかかり，②その目的がもっぱら公益を図るためであり，③真実の証明があったときは，罰しないと規定しており（刑230条の2），通説・判例は民事責任についてもこれに準拠して免責を認めている。そして，この意味での違法性阻却事由をめぐる判例・学説は現在までかなりの集積をみているといってよいであろう。

　㋐　まず，「公共の利害」の意味については，①公訴が提起されるに至っていない人の犯罪行為に関する事実，②公務員または公選による公務員の候補者に関する事実を含む，と規定する（同条3項）が，民事責任についても同様に解されているが，これに限られない。これに関しては，月刊ペン事件101が参照されなければならない。この事件は，雑誌社が宗教団体のA会長の女性スキャンダルを記事に取り上げたところから，会長およびそのスキャンダルの相手方とされた女性の名誉毀損が問題とされたものであり，最高裁は，Aらの行状は「公共ノ利害ニ関スル事実」にあたるものであって，私的な出来事ではないと判示した。本判決の事案では，公務員または公選による公務員の候補者でない者であっても純然たる私人ではない，との理由で同条の適用がある（同条2項ではなく，1項が直接適用される）と判示した点で注目されよう。

99　明石・研究297頁。
100　明石・研究313頁。
101　最判昭和56・4・16刑集35巻3号84頁。

(イ) 同条項の「真実性の要件」についても，近時議論がある。真実の証明は緩和される傾向にあり，判例は事実の重要な部分が真実であれば足りると解している[102]。また，報道機関による名誉毀損については，真実であることが証明されなくても，行為者が真実と信じるにつき「相当の理由」があったときは免責されるという判例も現れた。すなわち，Yの発行する新聞の社会面に，衆議院議員選挙に立候補したXが学歴・経歴を詐称し，これによって公職選挙法違反の疑いにより警察から追及され，前科があった旨の記載がなされたので，Xは，この記事が名誉毀損にあたるとして，慰謝料および謝罪文の掲載を求めて出訴した事案につき，裁判所は，「右記事の内容は，経歴詐称の点を除き，いずれも真実であり，かつ，経歴詐称の点も，真実ではなかったが，少くとも，Yにおいて，これを真実と信ずるについて相当の理由があった……。」と判示している[103]。この「相当の理由」は本判決後も踏襲されているが，実際上，ほとんどが否定されている[104]。相当の理由があったといえるためには，詳細な裏付け取材が必要と考えられている。とりわけ，新聞社が他からの情報を受けて自己の発行する新聞紙にそのまま掲載した場合や，他人が取材・執筆した記事を何ら裏付け取材をすることなくそのまま公表した場合は，「相当の理由」を肯定することはできないということになろう[105]。これに対して，通信社からの配信に関しては，いわゆる「配信サービスの抗弁」によって新聞社の免責を認めるべきであるという考え方がある。配信サービスの抗弁とは，報道機関が定評のある通信社から配信された記事を掲載した場合には，当該記事が他人の名誉を毀損するものであったとしても，原則として当該報道機関は損害賠償責任を負わないという法理であり，アメリカの複数の法域において定着した考え方であるといわれている[106]。近時，最高裁はこれを採用する判決を示した

---

102 最判昭和58・10・20判例時報1112号44頁。事案は，医療法人であるXに入院中の精神病患者に対して，医療および保護の必要性がないのに，ベッド拘束，電気ショック等暴行を加えたという告発事実を新聞記者に公表した結果，新聞報道されたものである。
103 最判昭和41・6・23民集20巻5号1118頁。
104 最判昭和47・11・16民集26巻9号1633頁，最判昭和49・3・29裁判集民111号493頁，最判昭和55・10・30判例タイムズ429号88頁。
最判昭和41・6・23民集20巻5号1118頁。
105 最判平成14・1・29民集56巻1号185頁，最判平成14・3・8判例タイムズ1091号71頁（ロス疑惑事件判決）

ものがある[107]。

　(ウ)　近時インターネットによる名誉毀損についても問題となっている[108]。学説にはこれに関して，いわゆる「対抗言論 *more speech* の法理」によって免責要件を緩めるものがある。これは，言論により名誉を毀損された者が，対抗言論により名誉の回復が可能であれば国家が救済のために介入する必要はなく，当人達の自由な言論に委ねるべきであるとする考え方とされ，とりわけ，①インターネット上での表現行為の被害者は，名誉毀損的表現行為を知り得る状況にあればインターネットを利用できる環境と能力がある限り，容易に加害者に対して反論することができること，②マスコミや専門家などがインターネットを使って発信するような特別な場合を除くと，個人利用者がインターネット上で発信した情報の信頼性は一般的に低いこと，として公共の利害に関する場合の特例である刑法230条の2第1項は適用されないという[109]。同法理に依拠したと見られる裁判例も散見される[110]。これに対して，最高裁は，個人利用者がインターネット上に掲載したものであるからといって，閲覧者が信頼性の低い情報として受け取るとは限らないこと，インターネット上に載せた情報は不特定多数のインターネット利用者が瞬時に閲覧可能であり，これによる名誉毀損の被害は時として深刻なものとなり得ること，一度損なわれた名誉の回復は容易ではなく，インターネット上での反論によって十分にその回復が図られる保証があるわけでもないことなどを指摘して，インターネットの個人利用者による表現行為の場合においても従来の基準に従い名誉毀損罪の成否を判断すべきである旨判示している。

　(エ)　意見ないし論評が名誉毀損となるかも近時の論点である。すでに大審院は，新聞記事において他人の人物を批評する際に事実なくして意見を発表しても，他人の声価を害するものであれば名誉侵害となると判示していた[111]が，

106　紙谷雅子「名誉毀損と配信サービスの抗弁」法時69巻7号［1997］90頁。
107　最判平成23・4・28民集65巻3号1499頁。
108　最決平成22・3・15刑集64巻2号1頁。事案は，自己が開設したインターネット上のホームページ内において，フランチャイズによる飲食店の加盟店の募集および経営指導等を業とする被害会社がカルト集団である，と記載した文章や，同社が会社説明会の広告に虚偽の記載をしている旨の文章を不特定多数の者に閲覧させたとして，名誉毀損罪を問われたものに関する。
109　山口成樹「パソコン通信上の名誉毀損と対抗言論の法理」メディア判例百選226頁。
110　東京地判平成13・8・27判例時報1778号90頁。

免責についても，「事実の摘示」と同様に要件に服するものであるか問題となる。最高裁は，「事実の摘示」と「意見表明ないし論評」とで免責要件が異なるものであるとしたうえ，①公共性，②公益目的，③前提事実の真実性ないし④前提事実の相当性および，⑤意見ないし論評の域を逸脱したものでないこと要件とする112。なお，意見表明ないし論評に関しては，英米法上「公正な論評」fair comment であれば名誉毀損の成立が否定される，との「公正な論評」の法理が説かれており，裁判例において言及されることもある113。

[付記]
　清水氏は，本論文において，「とりわけ公務員による法の執行は適法であるゆえにことさら免責事由として意識されることはなかった。」(本書458頁) と述べておられる。免責事由としての扱いはその通りだが，公務員はなんらの責任を負わなかったのかといえば，職権濫用行為や故意行為については損害賠償義務を負担したのであり，その債権については，被害者に先取特権が認められていた。旧民法債権担保編第146条第6がそうであり，プロジェの第1151条8を承継したものである。これは，明治民法にも承継された。すなわち，第311条4号は，「公吏ノ職務上ノ過失」を，債権者の動産先取特権の原因としていたのである。本号は，国家賠償法の施行にともなって，現行民法からは削除された。[以上，平井補足]。

　　　(清水元先生が原稿提出後逝去されたので，編者平井が校正した。)

111　大判明治43・11・2民録16輯745頁。
112　最判平成9・9・9民集51巻5号3804頁。
113　他に，意見表明ないし論評が名誉毀損として争われたものとして，最判平成元・12・21民集43巻12号2252頁がある (公立小学校における通知表の交付めぐる混乱について，小学校教師の氏名・住所・電話番号等を記載するとともに，「有害無能な教職員等」の表現で大量のビラを繁華街で配布した事案)。

共同不法行為史

渡邉知行

1 はじめに

　民法719条は，共同不法行為の要件・効果について，1項において「数人が共同の不法行為によって他人に損害を加えたときは，各自が連帯してその損害を賠償する責任を負う。共同行為者のうちいずれの者がその損害を加えたかを知ることができないときも，同様とする。」，2項において「行為者を教唆した者及び幇助した者は，共同行為者とみなして，前項の規定を適用する。」，と規定する。本条は，1項前段に「狭義の共同不法行為」，同項後段に「加害者不明の共同不法行為」，2項に「教唆及び幇助」を規定し，当該行為者らに連帯債務を負わせるものである。

　719条1項の共同不法行為の要件と効果については，多彩な学説の論争が，多様な事案において被害者を救済して当事者に公平に損害を負担させるために，比較法的考察も交えながら展開されるとともに[1]，判例が集積されてきた[2]。学説と判例は，多様な事案に公平に対応できるように相互に影響を与えながら展開を進めている。

　本条2項は，起草者によれば，教唆行為または幇助行為について，「純然タル共同行為アリト謂フヘキ場合極メテ多ク」，共同行為と解することができない場合でも「其行為ハ相連繋シテ密着離ルヘカラサル関係ヲ有スル」ので，連帯債務を負わせるものであると説明されている[3]。加害行為を教唆する行為や幇助する行為には，通常，加害行為を認識する主観的要素があり，本条1項前段が適用されることが多い。最判昭和43・4・26判時520号47頁は，自動車運転者（加害行為者）に飲酒を勧誘した者（教唆者）について，本条1項前段を適用している。

　そこで，本稿では，共同不法行為に関する論点は多岐にわたっているが，

719条1項の要件（関連共同性）と効果について，学説が，立法から平成初期に至るまでにどのように展開し，判例にどのような影響を与えて紛争の解決に寄与してきたのか，他方，集積する判例からどのような示唆を受けて展開しているのか，考察していくことにしたい[4]。

本稿では，学説を考察するにあたって，719条1項前段の「狭義の共同不法行為」と同条項後段の「加害者不明の共同不法行為」について，一括して取り上げることにする。自動車事故や公害に関する同一の事案のなかで，これらの不法行為のうちいずれが成立するのか問題となるが，719条1項前段の「狭義の共同不法行為」が成立しない加害行為について，同条項後段の適用が問題と

1　ドイツ法，フランス法，英米法を総合的に考察するものとして，能見善久「共同不法行為の基礎的考察（1）～（8・完）」法協94巻2号159頁，8号1208頁（1977），95巻3号500頁，8号1340頁，11号1789頁（1978），96巻2号150頁，5号597頁（1979），102巻12号2179頁（1985）。ドイツ法とフランス法を比較法的に考察するものとして，浜上則雄『現代共同不法行為の研究』（信山社，1993）。ドイツ法について，松坂佐一「共同不法行為」民商62巻5号（1970）3頁，前田達明「共同不法行為論序説（1）～（3・完）」法学論叢99巻4号1頁，5号1頁，6号1頁（1976）（前田達明『不法行為帰責論』（創文社，1978）に所収。以下に本書で引用する。），右近健男「ドイツ共同不法行為論」法時50巻6号（1978）72頁，田口文夫「共同不法行為論の要件論に関する基礎的考察」専修法学論集29号（1979）197頁，德本伸一「加害者不明の共同不法行為」法学49巻6号（1986）101頁，蘇恵卿「交通事故における共同不法行為責任（1）（2・完）））九大法学63号（1992）51頁，65号（1993）163頁，松原孝明「共同不法行為における関連共同性要件の再検討——日独における通説の形成過程から得られた現在の解釈論に対する示唆（1）（2・完）」上智法学48巻1号（2004）57頁，2号（2005）43頁。フランス法について，高木多喜男「フランスにおける共同不法行為論」法時34巻12号（1962）30頁，國井和郎「フランス共同不法行為論」法時50巻6号（1978）80頁，松原哲「加害者不明の共同不法行為（1）（2・完）」早稲田大学法研論集33号（1984）235頁，34号（1985）237頁。英米法について，山崎寛「英米における共同不法行為理論の展開」法時34巻12号（1962）22頁，塩原真理子「共同不法行為責任における責任範囲の問題（1）～（3・完）」東京都立大学法学会雑誌42巻2号95頁，43巻1号377頁（2002），43巻2号（2003）151頁，拙稿「『加害者不明の共同不法行為』について（1）～（5・完）」名古屋大学法政論集140号197頁，144号449頁（1992），145号463頁，148号449頁，151号449頁（1993）。中国法について，趙晶「複数行為者による不法行為についての日中比較研究——共同不法行為制度を中心に（1）～（5・完）」法学論叢171巻3号92頁，4号99頁，5号85頁，6号104頁，172巻1号83頁（2012）。

2　椿寿夫「共同不法行為」『総合判例研究叢書民法（12）』（有斐閣，1959）101頁，德本伸一『民法総合判例研究43 I 共同不法行為（1）』（一粒社，1987），能見・前掲注（1）法協94巻2号173頁以下，8号1208頁以下など。

3　梅謙次郎『民法要義巻之三債権編』（明法堂，1897）908頁。

なるからでる。

　本稿は，まず，民法の立法資料から立法趣旨を一瞥し (2)，初期の学説を契機として (3)，判例が集積して通説が形成される過程をみる (4)。次いで，昭和 30 年代以降の高度経済成長期に深刻な社会問題となった自動車事故 (5) や公害 (6・7) による被害者を救済するために，判例・学説がどのように展開してきたのか考察する。公害については，複合大気汚染公害訴訟の先例である四日市ぜん息事件判決 (津地四日市支判昭和 47・7・24 判時 672 号 30 頁。以下に，「四日市判決」と記す。) の前後に分けてみていくことにする。最後に，判例・学説の到達点を示すとともに，今後の課題を提示する (8)。

2　立法趣旨

　本項では，旧民法の規定を一瞥したうえで，現行民法 719 条 1 項について，法典調査会の議事録と修正案理由書を通じて，立法趣旨をみていこう。

(1)　旧民法
　財産編 378 条は，複数の賠償義務者の責任について，「本節ニ定メタル総テノ場合ニ於テ数人カ同一ノ所為ニ付キ責ニ任シ各自ノ過失又ハ懈怠ノ部分ヲ知ル能ハサルトキハ各自全部ニ付キ義務ヲ負担ス但共謀ノ場合ニ於テハ其義務ハ連帯ナリ」，と規定した。行為者らに共謀がある共同不法行為においては，本条但書が適用されて，行為者らは連帯債務を負うことになる[5]。

(2)　現行民法
　(ア)　法典調査会[6]
　(a)　現行法 719 条 1 項に該当する草案 727 条は，「数人カ共同ノ不法行為ニ

---

[4]　共同不法行為の学説史について，右近健男「共同不法行為学説史・Ⅰ」法時 50 巻 6 号 14 頁，國井和郎「共同不法行為学説史・Ⅱ」法時 50 巻 6 号 (1978) 22 頁，神田孝夫「共同不法行為」星野英一編集代表『民法講座　第 6 巻』(1985) 565 頁 (神田孝夫『不法行為責任の研究』(一粒社，1988) に所収)。瀬川信久「共同不法行為論展開の事案類型と論理」平井宜雄古稀記念『民法学における法と政策』(有斐閣，2007) 657 頁など。
[5]　淡路剛久『連帯債務の研究』(弘文堂，1975) 141-145 頁。
[6]　法典調査会『民法議事速記録』41 巻 115 丁以下。

因リテ他人ニ損害ヲ加ヘタルトキハ各自連帯ニテ其賠償ノ責ニ任ス」（1項），「共同行為者中ノ孰レカ損害ヲ加ヘタルカヲ知ルコト能ハサルトキ亦同シ」（2項），「教唆者及幇助者ハ之ヲ共同行為者ト看做ス」（3項），と規定する。起草者は，多数の諸外国の民法典や判例を参照しているが，そのなかでドイツ民法第一草案714条（ドイツ民法830条）に最も近似する規定となっている。

(b) 起草者の穂積陳重は，草案727条1項について，次のように説明する。

「共同不法行為，数人ノ行為ヨリシテ権利侵害ノ事実ガ生ジタ斯ウ云ッフ場合ニ於キマシテハ仮令其不法行為ヲ為シマシタ者ガ数人アリマシテモ其行為ハ一ッテアル行為ガ一ッデアリマス以上ハ其人ノ多イ少ナイニ拘ワリマセズ是ニ生ズル債務ト云フモノモ矢張リ一ッデナケラネバ行カヌ併シ唯其責任者ガ多イトーツノ連帯ガアリマスル故ニ其債務ト云フモノガドウ云フモノデアルカ其債務ノ程度及ビ性質ト云フモノハドウ云フモノデアルカト云フコトヲ定メ」る[7]。

「一ツノ行為ニ付キマシテ各々働キマシタル部分ト云フモノハ違ヒマスルケレドモ皆ノ行為ガ重ナッテ権利侵害ノ事実ガ生ジタモノテアリマスカラ夫レ故ニドノ人デモ矢張リ不法行為ヲ為シテサウシテ不法行為ニ就イテ損害ヲ生ゼシメタモノデアル其幾分ヲヤッタモノテアルト云フコトハ出来ヌノデアリマスカラ何レニ掛ツテ請求シテモ又ハ順次ニ請求シテモ宜シイ」「連帯債務ノ規定ニ因ル」[8]，と。

すなわち，現行法の719条1項前段について，複数の加害行為によって同一の権利侵害が発生した場合には，これらの加害行為が一つの行為と評価されるので，行為者らが負う損害賠償債務も連帯債務であると規定したものである，と解している。

(c) 次いで，穂積は，草案727条本条2項について，次のように説明する。

「直接ニ害ヲ加ヘタ者丈ケヲ差示スト云フコトヲ要スルトナリマスレバ多クノ場合ニ於テ大勢ガ乱暴ヲ働イタトカ云フソンナ場合ニハ実際其証明ガ六カ敷クシテ害ヲ受ケマシタ者ハ夫レ丈ケノ損ヲシナケレバナラヌ其場合ニ於テハ法律ノ保護ハナイト云フコトニナリマスソレ故ニ公益上カラシテ斯ノ如ク規定スルノガ相当テアラウト考ヘマス」[9]，と。

---

[7] 前掲注 (6) 116丁。
[8] 前掲注 (6) 117丁。同旨，梅・前掲注 (3) 906–907頁。
[9] 前掲注 (6) 118丁。同旨，梅・前掲注 (3) 907–908頁。

すなわち，現行法の719条1項後段について，加害行為が競合して加害者を特定する証明が困難である場合に，公平の見地から被害者を保護する規定である，と解している。

(d) 穂積は，「共同」について，「共同ハ1項ハ合意ガアル2項ハ合意ガナイトモコトテ使フタノテハナイ」，1項は，「兎ニ角大勢ガ或ル事ヲ為シタ併シ其結果トモフモノハ即チ719条ニ当ル皆ガ故意カ又ハ過失ガアル或ル場合ニ於テハ共謀モアリマセウ又或ル場合ニ於テハ過失モアリマセウ即チ大勢ガ同時ニ起ツタ併シ其結果侵害ノ行為トモフモノハ皆一緒ニ集マツテ出来タ一人一人ノ行為ハアル一人一人ノ意思ハアル権利侵害ハーツ事柄ニナルソレテ共同不法行為トモフ其行為ノ結果ガ他人ノ権利侵害トモフコトニ至ツタソコテ第1項ノ場合ハオマヘハ留守ヲシテ居レ私ガ往ツテ打ツトモフヤウナ場合モ勿論這入ル」。2項には，「自分ガ予メ諾ツタ通謀シタトモフコトモナク何カ事ガ起ツテ一時ニパットシテ人ヲ打ツタ其時ニドチラガ打ツタカ分カラヌトモフトキ」を想定している，という[10]。

法典調査会の議事録は，719条1項の関連共同性については，共謀が必要でないことだけを明らかにしている。

(ｲ) 修正案理由書[11]

修正案理由書は，前段について，「数人カ共同シテ一個ノ不法行為ヲ為シ之ニ因リテ他人ニ損害ヲ加ヘタルトキハ之レヨリ生スル債務モ亦一ナルニ因リ共謀ノ有無ヲ問ハス各自ヲシテ連帯ニテ賠償ノ責任ヲ負ハシムル」，すなわち，旧民法378条と異なり，加害者らの共謀の有無を問わず，加害者らに連帯債務を課した，と解する。

また，後段について，「共同ニテ一個ノ不法行為ヲ為シタルニ非スト雖モ共同行為者中ノ何人カ損害ヲ加ヘタルカヲ知ルコト能ハサル場合ニ於テ被害者ハ必スシモ加害ノ本人ヲ証明シテ此者ノミニ賠償ノ責任ヲ負ハシメサルヘカラストセハ其証明ハ極メテ困難ニシテ被害者ハ往々賠償ヲ求ムルコト能ハサルノミナラス令共同行為者中ノ或人ノミカ真ニ損害ヲ加ヘタルニ止マルモ共同行為者ハ幾分カ其損害ヲ生セシムルニ助勢シタルモノナリトモフモ敢テ不当ニ非サル」ので，加害行為者らが連帯して賠償責任を負うのは「実際ノ必要ニ適セシ

---

10 前掲注 (6) 124～125丁。
11 廣中俊雄編著『民法修正案（前三編）の理由書』（有斐閣，1987）681-682頁。

メタリ」，すなわち，加害者不明の場合にも，被害者を保護するために，損害発生に関与したといえる共同行為者に連帯債務を課した，と解する。

(3) まとめ

立法の段階では，現行民法719条1項前段について，共同不法行為によって損害が発生した場合に，行為者らに連帯債務を負わせて，427条に基づく分割責任を排除する趣旨であり，行為者らに関連共同性が認められるのは，旧民法のように共謀がある場合に限られないことが明らかにされていた。同条項後段について，加害行為が競合して加害者を特定する証明が困難である場合に，公平の見地から被害者を保護するために，狭義の共同不法行為と同様に行為者に連帯債務を負わせる趣旨であることが説明されているが，「共同行為者」について，前段と同様に共謀がある場合に限られないというだけで，その範囲は明確にされていない。

3　明治期・大正初期の学説の展開

現行民法が制定された後，債権法の体系書において，共同不法行為の要件及び効果が概説されている。本項では，後の学説や判例に大きな影響を与えたと思われる学説について，時系列的にみていこう。

(1)　岡松参太郎『註釈民法理由』(明治32年)[12]

岡松は，719条1項前段の「共同ノ不法行為」と後段の「共同行為」を同義であるものと解して，共同不法行為の要件及び効果について次のように解している。

(ア)　要件について，「共同行為者トハ数人連合シテ一ノ不法行為ヲ為スノ謂ニシテ其条件ヲ分テ二ト為ス」。第一に，「主観的条件トシテ其数人間ニ連合アルコトヲ要ス」，すなわち，「他人カ行ハントスル行為ノ何タルコトヲ知リ」，かつ「共ニ之ヲ行ウノ意思アルコトヲ要ス」。第二に，「客観的条件トシテ其各自カ不法行為ヲ為スコトヲ要ス」[13]，と。

12　岡松参太郎『註釈民法理由（下）』（有斐閣，1899）。
13　岡松・前掲注（12）492頁。

(イ)　効果について，「共同不法行為者ノ各自ハ連帯ニテ被害者ニ対シテ損害全部ヲ賠償スルノ責ニ任ス是レ各国法制ノ殆ント一致スル所ニシテ本法モ亦タ之ニ倣ヒタリ」，「被害者ニ対シテハ各自カ加エタル損害ノ多寡ニ依リ賠償額ヲ左右スルコトヲ得サル」14，と。

　(ウ)　岡松は，共同不法行為が成立する関連共同性について，主観的共同かつ客観的共同が必要であると解し，その効果として，共同不法行為者は，全部賠償する連帯債務を負うものと解して，各行為者の寄与度に応じた分割責任が排除されることを強調する。

(2)　横田秀雄『債権各論』（明治45年）15

　横田は，共同不法行為の要件及び効果について，719条1項前段の「狭義の共同不法行為」と同条項後段の「加害者不明の共同不法行為」とに分けて，詳細に論じている。

　(ア)　前段の要件について，「数人カ共同シテ同一ノ不法行為ニ関与シタル場合ニ於テ各自ノ行為ト因テ生シタル損害トノ間ニ因果ノ連絡アルコトヲ意味シ数人ノ行為ノ合同スルコト其合同シタル行為カ同一ノ結果ノ発生ニ必要ナリシコトヲ必要トス」。「加害者相互間ニ於テ客観的ニ行為ノ合同アリテ同一ナル損害ヲ生シタル以上ハ共同ノ不法行為ニ因リテ他人ニ損害ヲ加ヘタルモノト謂フコトヲ得ヘク其相互間ニ於テ主眼的ニ通謀意思ノ連絡アルコトヲ必要トセス」。「加害者間ニ意思ノ連絡アル場合」，すなわち，「数人ノ者カ共同シテ不法行為ヲ為サント決意シ之ヲ分担実行シタルトキハ其間ニ共同ノ関係ヲ生スルハ疑ヲ容レス」。「不法行為カ多数共同ノ意思ニ基ツク場合ニ於テ其中ノ一名又ハ数名カ実行ヲ担任シタルトキハ実行者ハ自己ノ為メ並ニ他ノ共同者為メニ其行為ヲ為スモノニ外ナラサルヲ以テ現ニ其実行ニ関与セサル者モ亦其結果ニ対シテ責任ヲ負フモノト為ス」。「数人ノ不法行為者ニ意思ノ連絡ナキ場合ト雖モ各自合同シテ不法行為ヲ為シ且各自ノ行為カ相共ニ同一ノ結果ヲ発生スルノ必要条件ヲ構成スルトキハ之ヲ以テ共同不法行為トシ各自ニ其全部ノ損害ニ対シテ責任ヲ負ハサルヘカラス」16，と。

14　岡松・前掲注（12）493頁。
15　横田秀雄『債権各論』（清水書店，1912）（以下に，『債権各論（訂正第7版）』（清水書店，1915）で引用する。）
16　横田・前掲注（15）884-888頁。

すなわち，同一の損害について，各行為者が独立して不法行為の要件を満たし，かつ，行為者らに主観的または客観的な共同関係があることが必要である，と解している。

(イ) 後段の要件について，「数人カ共同シテ不法行為ヲ為シタル場合ニ其中ノ何人カ損害ヲ生セシメタルヤヲ知ルコト能ハサルトキハ其行為ニ関与シタル者ヲ以テ共同不法行為者ト為スモノナリ」。「数人ノ関与シタル行為ハ不法行為タルコトヲ要」する。「又各自ノ行為ト損害トノ間ニ因果ノ連絡ヲ認メスニシテ各自ノ行為ガ損害ノ発生ニ機会ヲ与エタルノミヲ以テ足レリ」[17]，と。

すなわち，因果関係以外の不法行為の要件を満たる行為が，被害者に損害を発生させる危険を与えたことが必要である，と解している。

(ウ) 横田は，行為者らに客観的関連共同性があれば共同不法行為の成立を認める一方で，効果として，「前段ノ規定ヨリ生ズル結果トシテ損害ヲ加ヘタル人ノ何人タルヤガ証明セラレタルトキハ其人ノミ責任ヲ負担シ他ノ共同行為者ハ其責任ヲ免レルルモノトス」，すなわち，行為者が加害者を特定して免責を受ける余地を認め，また，後段が成立する場合には，「共同行為者ヲ以テ加害者ト推測スルモノニ外ナラサルヲ以テ共同者ハ各自其損害ハ自己ノ加ヘタルモノニアラサルコトヲ証明シテ其責任ヲ免カルルコトヲ得ヘキ」，すなわち，行為者が因果関係不存在について反証を挙げて免責を受ける余地を認めている[18]。

(3) 川名兼四郎『債権法要論』(大正4年)[19]

川名は，前段及び後段の要件について，横田説((2))と同様に解している。

(ア) 719条1項前段の要件について，各行為者について個別的に不法行為が成立することを前提に，「数人間ニ意思ノ共同アル場合」にとどまらず，「意思ノ共同ナキ場合ニ於テモ」，「数人カ同時ニ又ハ時ヲ異ニシテ独立ノ行為ニ因リテ他人ノ権利ヲ侵害スル」場合にも成立する，と[20]。

(イ) 同条項後段の「共同行為者」について，「生シタル権利ノ侵害ニ対シテ其原因タル不法行為ヲ為シタル疑アル状況ニ在リシモノヲ意味スル」，と[21]。

---

17 横田・前掲注 (15) 891頁。
18 横田・前掲注 (15) 892頁。
19 川名兼四郎『債権法要論』(金刺芳流堂, 1915)。
20 川名・前掲注 (19) 742-744頁。
21 川名・前掲注 (19) 746頁。

(ウ) 前段と後段の効果については，被害者を保護する趣旨に基づいて，行為者らに分割債務でなく連帯債務を負担させるものである，と解する[22]。行為者の免責にはふれていない。

(4) まとめ

719条1項前段の「狭義の共同不法行為」においては，行為者らは共同して被害者に損害を発生させているのに対して，同条項後段の「加害者不明の共同不法行為」においては，行為者は共同で被害者に損害を発生させる危険を与えている。

岡松説（(1)）は，両者の共同不法行為が同一の条項に規定されて，行為者らの関連共同性を要件として，行為者らに分割責任を排除して連帯債務を負わせて免責の余地を認めないものであるから，行為者らが損害を発生させる危険を与えた場合にも連帯債務を負うことを基礎づける帰責原因に値する関連共同性である，主観的共同かつ客観的共同が必要であると解しているものと思われる。

これに対して，横田説（(2)）及び川名説（(3)）は，行為が共同して損害を発生させたか，行為が共同して損害を発生させる危険を与えたかに応じて，加害者に帰責できる行為者らの共同の内容が異なるものと解している。719条1項前段の関連共同性について，主観的共同または客観的共同があればよいと解し，他方，同条項後段の「共同行為者」について，関連共同性を論じず，損害を発生させる危険を与えた行為者であると解している。横田説は，719条1項前段及び後段を通じて，岡松説よりも広く共同不法行為が成立させる一方で，行為者らに免責の余地を認めている。

明治末期から大正初期にかけて，学説は，719条1項について，加害者を特定できない被害者を救済するために，後段が適用される事案を前段よりも広く解する方向を示しているが，前段と後段の機能の区別を明確に意識していない。

4 判例準則と通説の形成

前項でみたように，719条1項前段の「狭義の共同不法行為」が成立する関連共同性について，学説は，明治期より，主観的な関連共同性が必要であると

---

22 川名・前掲注（19）745頁。

解する見解（主観説），客観的な関連共同性で足りると解する見解（客観説）に分かれていた。このような状況のもとで，大審院は，客観説によることを判示し，客観説が通説の地位を占めるようになった。

本項では，判例を一瞥したうえで，主観説も有力に主張されるなかで，通説が形成される過程をみていこう。

(1) 判例の動向[23]

(ｱ) 大判大正2・4・26民録19輯281頁は，倉庫証券偽造で故意と過失の加害行為が競合した事案において，「民法719条第1項前段ハ共同行為者ノ各自カ損害ノ原因タル不法行為ニ加ハルコト換言スレハ客観的ニ共同ノ不法行為ニ因リ其損害ヲ生シタルコトヲ要スルニ止マリ共謀其他主観的共同ノ原因ニ由リ其損害ヲ生シタルコトヲ要スルコトナシ」，「蓋シ此場合ニハ損害ハ一ニシテ之カ賠償ノ責ニ任スヘキ者ハ数人アリ如何ナル範囲ニ於テ其賠償ヲ為スヘキモノナリヤヲ明ニスル必要アリ其責任ノ連帯ナルコトヲ定ムル為メ規定ヲ設ケタルモノニシテ意思ノ共通ヲ要スルコトヲ定ムル為メ規定ヲ設ケタルモノニアラサルナリ」，と判示した。本判決によれば，719条1項前段の要件として，行為者らに客観的関連共同性があれば足り，主観的関連共同性があることを要しない。

(ｲ) 大判大正8・11・22民録25輯2068頁は，岩石の採掘によって家屋が毀損した事案において，共同不法行為の成立要件について，大正2年判決を踏襲して，「其不法行為ヲ為シタル加害者間ニ必スシモ通謀意思ノ連絡アルコトヲ要セスト雖モ其数名ノ加害者ハ同一ノ不法行為ニ干与シ之レニ依リテ被害者ニ同一ノ損害ヲ与フルコトヲ要スルモノニシテ即チ加害者各自ノ行為ト之ニ因リテ生シタル損害トハ其間ニ因果ノ関係ヲ有スルモノナラサル可カラス」，と判示して，行為者らに主観的関連共同性があることが必要であると解した原判決を破棄した。

本判決によれば，行為者らに客観的関連共同性がある場合に「狭義の共同不法行為」が成立する前提として，①各自の行為について独立して不法行為が成立していること，及び，②各自の行為と損害との間に個別的に因果関係が存在

---

[23] 判例を総合的に考察したものとして，岩田新「判例に現れたる共同不法行為の構成(1)～(3・完)」民商9巻1号37頁，2号241頁，3号437頁（1939）。

することが必要である。

　㈦　続いて，大判大正8・12・9刑録29輯1255頁（窃盗と贓物の牙保及び故買），大判大正13・7・24民集3巻376頁（村議会小学校合併紛争），大判大正14・10・23民集4巻640頁（山林伐採）なども，719条1項前段の要件として，客観説による判例準則を踏襲した。

　大判大正13・7・24は，村議会で小学校合併の議案の審議に際して議事妨害や暴行脅迫に被告が助勢した事案において，社会の静謐を保護法益とする騒擾罪や公務執行妨害罪の共犯が刑事上の処罰を受ける理由と異なって，「未タ以テ人ヲ脅迫シ其ノ他意思ノ自由ヲ害シタルニ過キサル者カ民事上ニ於テ自己ノ行為ニ対スル責ヲ負フハ格別他ノ身体ヲ傷害シタル者ト同シク因リテ生シタル損害賠償ノ責ニ任スヘキ理由ト為スニ足ラス何トナレハ民法第719条第1項前段ニ依リ数人カ共同不法行為者トシテ損害賠償ノ責ニ任スルニハ其ノ間ニ通謀若ハ意思ノ共通ヲ要セサルモ権利侵害ニ対シ客観的ニ共同ノ原因アルコトヲ必要トスレハナリ」と判示して，騒擾罪の共犯として民事上の共同不法行為による責任を負う，と解した原判決を破棄した。

　㈢　薬師寺伝兵衛は，前掲大判大正8・11・22（㈣），及び前掲大判大正8・12・9（㈦）の判例研究（「共同不法行為の成立要件」（大正9年））において，719条1項前段の関連共同性について，次のように解した[24]。

　「後段ノ共同危険行為ニ対照シテ考ヘルトキハ，共同不法行為ノ成立ニハ，損害ヲ伴ウ権利侵害ノ共同ヲ以テ足ル」。「後段ノ権利侵害共同ノ疑アル場合ヲ前段ノ権利侵害共同ノ場合ト同一ニ取リ扱ツタモノデアルト解シ，」「前段ハ，実ニ権利侵害ノ共同ノ場合ヲ規定シタル，」[25]。また，「専ラ損害ノ発生ト云ッコトガ高調セラレ，行為者ノ心理作用ハ寧ロ責任免除ノ事由トシテ消極的役目ヲ勤メントスル民法ノ区域ニ於テハ，共同不法行為ニ付キ行為者ノ共同行為ノ認識ヲ要件トスルコトハ，全クノンセンスデアル，各行為者ノ行為ガ，損害ニ対シ孰レモ因果関係ヲ有スルコト換言スレバ権利侵害ノ共同アルコトヲ以テ足ルト解スベキデアル。」「民事責任ノ本質ニ鑑ミ，民法上ノ共同不法行為ノ観念ハ，刑法共犯論カラ解放サレナケレバナラヌ」[26]，と。

24　薬師寺伝兵衛「共同不法行為の成立要件」法学志林22巻5号（1920）101頁。
25　薬師寺・前掲注（24）105-108頁。
26　薬師寺・前掲注（24）109頁。

薬師寺は，関連共同性について，719条1項前段の「狭義の共同不法行為」と同条項後段の「加害者不明の共同不法行為」において同義に解すべきあるとし，また，損害の原因である加害行為をなした者に損害を転嫁する民事責任について，共犯の刑事責任との相違を指摘して，判例準則の正当性を補強する。

㈥　これに対して，末弘厳太郎は，前掲大判大正13・7・24の判例研究（『判例民事法大正13年度』77事件（大正15年））において，被告が群衆に率先して助勢した行為と「其の騒擾中Aが原告を殴打した行為との間に相当因果関係ありや否やによって，被告をしてAの殴打行為に対してまでも共同責任を負担せしむべきや否やが定まることになる」ので，原告の助勢行為とAの殴打行為との間に相当因果関係があるか否か審理すべきであり，「騒擾の際行われた個々の不法行為の独立別個なることのみから直ちに被告の無責任を論定すべきで」ない，と反論した[27]。

㈦　その後，大判昭和9・10・15民集13巻1874頁は，水利組合の灌漑に関する紛争で被告が決死隊の組織を協議した事案において，「権利侵害ニ対シ客観的ニ共同ノ原因ヲ成スコトヲ要シ従テ加害者各自ノ行為ト之ニ因リテ生シタル損害トノ間ニハ因果ノ関係ヲ有スルコトヲ要スル」判例準則を踏襲して，「其ノ因果関係アリトスルニハ必シモ加害者カ自ラ加害ノ現場ニ任ルコトヲ要セサルモノニシテ」，「尋常ノ手段ニテ目的ヲ達セサルトキハ非常手段特ニ闘争ノ手段ニ訴ヘテモ目的ヲ達センコトヲ議決シ関係者カ其ノ議決ニ基キ出動シ各兇器ヲ携ヘテ目的地ニ集合シ遂ニ闘争ニ及ヒ相手ヲ殺傷シタルカ如キ事実アリトセハ右ノ決議ト該殺傷行為トノ間ニハ因果関係アルモノト謂ヒ得ヘキヲ以テ其ノ決議ニ参加シタル者ハ現場ニ於テ手ヲ下シタル加害者ト倶ニ共同不法行為者タルノ責ニ任セサルヲ得サルヘク又現場ニ出動シタル者ハ相互ノ間ニ意思ノ共通ナキモ数人ノ行為相集リテ殺傷ノ結果ヲ発生又ハ助長シタル場合ニ於テハ行為者カ其ノ結果ヲ認識シ又ハ認識シ得ヘキ状況ニ在ルトキハ共同不法行為者トシテノ責任ヲ負担セサルヘカラサルモノニシテ現実ニ殺傷ノ行為ニ手ヲ下サヽリシ故ヲ以テ責ヲ辞スルコトヲ得ス」，と判示して，協議をした者につき客観的な関連共同性がないとして責任を否定した原判決を破棄した。

27　末弘厳太郎「判例民事法大正13年度」77事件（1926）343頁。末弘は，後述するように，「狭義の共同不法行為」の関連共同性について主観説を主張するが，この判例研究では判例準則の客観説にしたがって検討している。

(2) 通説の形成

(ア) 鳩山秀夫『日本債権法各論』（大正 11 年）[28]

(a) 鳩山は，719 条 1 項前段の「狭義の共同不法行為」について，その「意義ハ共同不法行為ヲ認メタル立法理由及ビ実際ノ結果ニ付テ之ヲ決定スベク」，「如何ナル意義ニ於テモ主観的共同ヲ必要トスルノ理由ナク苟クモ数人皆当該損害ノ原因タル権利侵害ヲ為シタルトキハ共同不法行為成立スルト解スルヲ正当」である，と解した[29]。その前提として，「各不法行為者ノ行為ガ不法行為ノ要件ヲ具フコト」から必然的に，行為者らについて「各不法行為者ノ権利侵害ト損害トノ間ニ因果関係アルコト」が必要である，という。因果関係を認定するにあたっては，「固ヨリ相当因果関係タルヲ以テ足ルガ故に単独ニテ其結果ヲ生ジタルコトヲ要セズ又他ノ原因ガ単独ニテ其結果ヲ生ジ得ベカリシ事ヲ妨ゲザルモノトス」と述べて，他の行為と相互に影響を及ぼしあうことを認めている。

(b) 同条項後段の「共同行為者」について，共同で権利侵害を為した者と権利侵害と全く関わりのない行為を為した者との「中間ニ於テ権利侵害ヲ為スノ危険アル行為ヲ共同ニ為シタル者」であり，「立法ノ理由ハ権利侵害ノ危険アル行為ニ加担シタル者ヨリモ直接ノ加害者ヲ証明スルコトヲ得ザル被害者ヲヨリ厚ク保護セントスルニアル」ので，行為者が因果関係不存在について反証を挙げて，「其責任ヲ免レ得ザルモノト解スルヲ正当トスベシ」である，と解した[30]。

(c) 共同不法行為者の責任については，起草者に従って，「対外関係ニ付イテモ対内関係ニ付テモ第 432 条以下ノ規定」が適用される連帯債務である，と解している[31]。

(イ) 我妻栄『事務管理・不当利得・不法行為』（昭和 15 年）[32]

(a) 我妻は，719 条 1 項前段の関連共同性について，各行為者につき故意または過失と責任能力の要件が充たされていることを前提に，「共同行為者間に

28　鳩山秀夫『日本債権法各論』（岩波書店，1922）（以下に，『日本債権法各論（増訂版）（下）』（岩波書店，1924）で引用する。）
29　鳩山・前掲注（28）934 - 937 頁。
30　鳩山・前掲注（28）937 - 939 頁。
31　鳩山・前掲注（28）939 - 940 頁。
32　我妻栄『事務管理・不当利得・不法行為』（日本評論社，1940）。

主観的連絡を必要とせず，相当因果関係の範囲内に於て関連共同した行為」で足りると解し，「数人の行為が何れも当該違法行為の原因となって居る場合なのであるから，その違法行為を原因として客観的に相当因果関係に立つ損害はその行為者に於て賠償すべき」であり，「他人の行為が競合して損害を生じた場合であっても，その競合によって生ずる結果が相当因果関係に立つ以上その結果の全部について責任を負うべき」である，と解した[33]。

(b) 同条項後段の関連共同性について，「違法行為を為す危険ある行為を共同に為せる」「客観的共同をもって足る」と解し，「被害者を厚く保護し共同行為者を戒めんとする趣旨」から加害行為者の免責を否定する[34]。

(c) 719条の「連帯債務」については，不真正連帯債務と解すべきであるという問題を提起した。「共同不法行為者の責任を共同にすることの目的は共同の行為者の各自にその共同の行為により生じた全損害を賠償せしめることに存する」が，連帯債務の絶対的効力事由（434条ないし440条）が適用されると，共同不法行為が成立せず不真正連帯債務が課せられる使用者責任（715条）の方が「却って被害者に有利な点が多い」。「共同不法行為者の全部的責任をこれ等の場合よりも軽減する結果を認めることは果たして妥当であろうか。共同不法行為者の連帯とは結果の全部に対する責任という意味に過ぎず，理論上謂ふときは不真正連帯債務にして民法434条以下の適用なしとすることが妥当なのではあるまいか。疑問を提出して置かうと思ふ。」，と[35]。

(ウ) 戒能通孝『債権各論』（昭和21年）[36]

(a) 戒能は，719条1項前段の「狭義の共同不法行為」の要件について，「各不法行為者の行為が夫々不法行為」であること，及び，「各人の行為が関連共同して損害の原因となったこと」であると解して，客観説を支持した。他方，「客観的に関連共同の事実がどの程度まで存するかは，相当厳格に解して良い」ので，「全然偶然に過失が競合して結果が増大したような場合には，両者の行為間に一定の結果をもたらすに足るべき，客観的事情が存したか否か，又特別な事情ある場合には，少なくとも両者が之を認識し得たか否かを重視する必要

---

33 我妻・前掲注（32）193－194頁。
34 我妻・前掲注（32）196頁。
35 我妻・前掲注（32）192頁。反対，谷口知平＝植林弘『損害賠償法概説』（有斐閣，1964）171－172頁。
36 戒能通孝『債権各論』（厳松堂，1946）。

がある」，と主張した[37]。船舶の衝突事故については，客観的共同を否定し，工事が排出した薬品が化合して有毒化した事案では，相当因果関係の有無を検討すべきである，という。

(b) 同条項後段について，「共同不法行為の違法性を重視して，単純な不法行為以上の反倫理性を有するものと考へた結果であらう。故に賠償の請求を受けた者は自己が加害者たらざることを挙証して，責任を免れ得ないと思はれる」，と解した[38]。

(c) 719条の効果の連帯債務については，我妻の問題提起を引用する[39]。

(エ) 加藤一郎『不法行為』（法律学全集）（昭和32年）[40]

(a) 加藤は，719条1項前段の「狭義の共同不法行為」について，「各人の行為は，それぞれ独立して，不法行為の要件を備えていなければならない」として，各行為者の加害行為と損害との間に因果関係があることを前提として，その関連共同性について，「沿革的にもボアソナード民法では共謀が要求されていたのが，削られて，共謀の有無を問わず，客観的に一個の不法行為があればよい」，「被害者の救済を厚くするというのが本条の立法趣旨でもあるから，不法行為者の主観的共同関係の有無を問わずに，客観的共同関係があれば足りる」，と解した[41]。「各人の行為と損害の発生との因果関係については，各人の行為と直接の加害行為との間に因果関係がありそこに共同性が認められれば，共同の行為という中間項を通すことによって，損害の発生との間に因果関係がある」，すなわち，個別的な因果関係が，中間項として関連共同性を通じて損害との間に認められる，という。

(b) 同条項後段の「加害者不明の共同不法行為」の関連共同性について，「加害者の挙証が困難で被害者が賠償を取ることができなくなるのを防ぐために，政策的に責任者の範囲を拡張した」趣旨から，「直接の加害行為でなく，

37　戒能・前掲注（36）438-439頁。

38　戒能・前掲注（36）440頁。

39　戒能・前掲注（36）440頁。

40　加藤一郎『不法行為』（有斐閣，1957）（以下に，『不法行為（増補版）』（有斐閣，1974）で引用する。）

41　加藤・前掲注（40）207-208頁。加藤一郎編『注釈民法（19）』（有斐閣，1965）325頁〔德本鎮〕は，「あまりに拡大されて適用されると，かえって公平を失することになる」として，取引行為のように正当業務とされる行為と関連する場合には，相当因果関係を慎重に判断する必要がある，という。

その前提となる集団行為について客観的共同関係がある場合」であると解し，その効果について，「加害行為自体についての共同性がない場合であるから，免責を認める」，と解した[42]。

(c) 719条の連帯債務については，ドイツ民法と比較して，「絶対的効力を持つ債務の消滅事由が多いわが国では，不真正連帯債務として，各自が別個に全部の給付義務を負うと解するのが妥当である」，と解した[43]。

(3) 主観説
(ｱ) 末弘巌太郎『債権各論』（大正7年)[44]
末弘は，719条1項前段の関連共同性について，行為者間に，「通謀ヲ必要トセザルモノ」の，「共同ナルノ意識」があることが必要である，解した[45]。同条項後段の「共同行為者」について，「数人中ノ或者ガ損害ヲ加フルノ機会ヲ作出スルコトニ関与シタル者」であると解し，関与者らの中で加害者が「明ナルトキハ，他ノ者ハ責任ヲ免ルベク」，という[46]。

(ｲ) 川島武宜『判例民事法昭和9年度』133事件（前掲大判昭和9・10・15）（昭和16年)[47]

(a) 川島は，719条1項前段の関連共同性について，他の行為者の行為によって発生した損害についても，加害行為を共同して遂行したことを根拠として，自らの行為と相当因果関係がある損害のように責任を負う制度であるとして，行為者らに主観的な共同関係が必要であると解した。「『横の共犯』，『横の因果関係』の問題として考察」して，次のようにいう。

「甲乙が共同して加害をした場合には，乙の行為によって生じた結果についても，その『共同』故に，あたかも甲の行為から相当因果関係によって生じた結果なるかのごとく甲が責任を負ふのである。だからこの『共同』といふのは本件事実におけるやうに，具体的の加害行為自体についての共同である必要はなく，加害行為の遂行全体の一部における共同でよいのである。要するに，

---

42 加藤・前掲注 (40) 211頁。同旨，加藤編・前掲注 (41) 326-327頁。
43 加藤・前掲注 (40) 206頁。同旨，加藤編・前掲注 (41) 328頁。
44 末弘巌太郎『債権各論』（有斐閣，1918）。
45 末弘・前掲注 (44) 1099-1100頁。
46 末弘・前掲注 (44) 1100-1101頁。
47 川島武宜「判例民事法昭和9年度」133事件 (1941)。

『横の共犯』においてはその広義の共同の故に，各人の行為が法律上は一括して全体として一個の行為なるかのごとく取扱われ，従って又それに参加した各人の行為の結果も一括して全体として一個の結果として，右の一括された行為の結果と見られるといふ意味において，『原因の競合』が拡張的乃至擬制的に認めらるるに外ならない」[48]。

「かかる一体的な全過程の各部分の行為の結果が全一体として取り扱はれ各人に」帰責される効果を前提として，「共同関係は『偶然の競合』であってはならず，人の『行為の共同』でなければならない。だから他人の行為と『共同する意思』『共同行為の認識』はやはり必要」であり，「社会観念上全体として一個の行為と見られる如き数個の行為全過程の一部に参加することを以て足る」[49]，と。

(b) 川島は，後に，使用者責任と被用者の責任との関係につき時効完成の絶対的効力を否定した大判昭和 12・6・30 民集 16 巻 19 号 1285 頁の判例研究において，共同不法行為者の連帯債務を真正の連帯債務と解すると，時効完成の絶対効の「不都合は他の場合と異なる所なく，斯様な文字解釈には十分疑問の余地が」あるとして，「むしろ民法 719 条は民法 427 条に対する関係に於てのみその意義を有すると解すべきではなかろうか」，と疑問を呈した[50]。被害者の賠償を確保するために，共同不法行為の責任を不真正連帯債務であると解すべきことを主張している。

(4) ま と め

719 条 1 項前段の「狭義の共同不法行為」について，客観説を基調とする判例準則が確立されるなかで，719 条 1 項の要件及び効果について，判例準則に沿って通説（加藤説，((2)(エ)）が形成された。

(ア) 通説によれば，719 条 1 項前段の「狭義の共同不法行為」の要件は，①各行為者の行為が独立して不法行為の要件を満たしていること，及び，②各行為者らの行為に客観的関連共同性があることである。その効果として，行為者は，減免責を受ける余地はない。

---

48 川島・前掲注（47）437－438 頁。
49 川島・前掲注（47）440－441 頁。
50 川島武宜「判例民事法昭和 12 年度」89 事件（1938）615 頁。

鳩山説（(2)(ア)）は，共同不法行為を構成する不法行為について，個別的因果関係が存在することが必要と解する一方で，相互に影響しあうことを認めていた。我妻説（(2)(イ)）は，各行為者の不法行為について個別的な因果関係を要件とせず，共同行為と権利侵害ないし損害との間に相当因果関係があれば足りるものと解し，加藤説は，各自の加害行為について関連共同性を通じて損害との間に因果関係を認めている。このような見解は，6でみるように，個別的に因果関係を証明することが困難な事案において被害者救済に資するものである。

　通説に対して，加害者への帰責根拠を明確にして損害の衡平な負担を図るために，主観説が有力に主張された（(3)）。また，戒能説（(2)(ウ)）は，客観説を支持するが，客観的関連共同性が成立する範囲を限定し，相当因果関係の及ぶ損害の範囲を十分に検討すべきことを主張している。これらの見解は，多数の汚染源が競合する公害事案を解決するための基本的な視点を示している。

　(イ)　通説によれば，719条1項後段の「加害者不明の共同不法行為」の要件は，①各行為者の行為が独立して因果関係以外の不法行為の要件を充足していること，②加害行為の前提となる損害を発生させる危険のある集団行為に客観的関連共同性があることである。

　「共同行為者」について，大正初期の学説は，被害者に損害を発生させる危険を与えた者であると解し，行為者らに客観的な共同関係にあることが必要であると解していなかった。鳩山説が，「狭義の共同不法行為」と同様に，行為者らに客観的関連共同性があること必要であると解し，我妻説を経て，加藤説に承継されている。

　通説によれば，719条1項後段は，被害者を保護するために因果関係を推定する規定であるので，加害行為者は因果関係不存在について反証を挙げて免責を受けることができる。鳩山説は，行為者が損害を発生させる危険を与えたにとどまることに着目して，行為者の免責を認めた。反対に，戒能説は，加害行為の反倫理性を重視して，我妻説は，被害者の保護を重視して，行為者の免責を認めなかった。加藤説は，加害行為に関連共同性がない場合に政策的に被害者を保護する範囲を広げていることから，客観的関連共同性がある加害行為によって損害を発生させた行為者らに免責を認めない「狭義の共同不法行為」と異なって，行為者に免責の余地を認めたのである。

　(ウ)　通説によれば，719条の効果は，本条が被害者を救済する趣旨から，行為者らに「不真正連帯債務」を負わせるものである。

学説は，鳩山説に至るまで，立法経緯から，434条以下が適用される真正の連帯債務であると解してきた。これに対して，川島説（(2)(イ)），我妻説が，連帯債務の絶対的効力事由が，不法行為が競合する場合よりも，被害者に不利であるとして，連帯債務についての434条以下の規定が適用されることに疑問を呈した。このような見解が，戒能説を通じて加藤説に承継された。加藤説は，ドイツ民法と比較して不真正連帯債務と解すべきことを明確にした[51]。

その後，判例は，通説に従って，719条の「連帯債務」について，不真正連帯債務であると解している（最判昭和57・3・4判時1042号87頁，最判平成6・11・24判時1514号82頁など）。

5　自動車事故事案と学説の展開

昭和30年代以降，高度経済成長期にかけて，道路網が整備されてモータリ

---

[51] 浜上則雄「損害賠償法における『保証理論』と『部分的因果関係の理論』(2・完)」民商66巻5号（1972）741頁は，フランス法から示唆を得て，「複数原因が，因果関係上競合する」「場合には，それぞれの加害原因は，必ずしも等価的に条件的なに因果関係上の影響力を持つものではなく，それぞれ固有の因果関係上の影響力をもって，全体の損害に連結しているものであり，したがって全体の損害に対して部分的な因果関係のみをもつものであるから，責任も部分的な責任しか生じないものである」，という理論，いわゆる「部分的因果関係」の理論（「同(1)」民商66巻4号534-535頁）に基づいて，719条1項後段の共同不法行為について，「加害原因として因果関係上損害惹起に関連した二つの行為がある場合の因果関係の分担の問題であり」，「因果関係が損害惹起に共同していれば十分である」，「『関連共同性』は，損害惹起に対して複数の原因が因果関係上関連するという以外の何ものでもない」と解した。「共同不法行為者は推定された等分の『部分的因果関係』に基づく分割債務と他の共同不法行為者の分割債務の担保義務を負って」，相互に分割債務を保証して連帯債務を負うことになる。被害者は，加害者の無資力や訴訟上の困難など「権利行使の事実上の障害」に対して，保証されている。

同『現代共同不法行為の研究』（信山社，1993）178頁は，719条1項前段の「狭義の共同不法行為」については，「強い関連共同性」の基準によることなく，「数人が一つの不法行為をなしたことについてのの意思決定と，その意思決定を分業的に実行して損害を惹起することによって成立する」，と解する。

加賀山茂「共同不法行為」『新・現代損害賠償法講座第4巻』（日本評論社，2007）373頁は，7(6)にみる大気汚染公害訴訟（西淀川，川崎，倉敷など）で加害者の寄与度が認定されることにも着目して，浜上説に賛同する。

浜上説の問題点について，前田・前掲注(1) 290-291頁。

ゼーションが発展するに伴って，自動車事故による深刻な人身損害が多発するようになり，深刻な社会問題となった。自動車事故の人身損害について，多重衝突事故などで多数の加害行為が関与することがある。運転者の過失と道路の瑕疵が競合する場合，自動車事故と医療過誤が競合する場合もある。このような事案において，加害行為者らに共同不法行為が成立するのか，問題となる。

判例は，事案の性質に応じて，共同不法行為の成立を認定し，あるいは，共同不法行為の成立を認めることなく，被告らに全部連帯責任を課すもの，寄与度に応じて一部連帯責任を課すもの，また，分割責任を課すものに分かれている[52]。

複数の原因が関与する競合的不法行為において，被告らの責任は原則として分割責任であり，被告らに全額連帯責任を負わせるには，原告は，各被告の行為と全損害との間に相当因果関係があることを証明することが必要であるが，このような証明は困難である[53]。責任保険で賠償額を填補しうる加害者の責任を限定するよりも，複数の原因が関与したために因果関係を証明できない被害者を救済するために，加害行為に客観的関連共同性があることを肯定して，共同不法行為の成立を認めて，加害行為者らに全部連帯責任を課して分割責任を排除することが公平に適うといえる[54]。

自動車事故に関する共同不法行為について，学説は，道路の瑕疵が競合する事案を中心に考察している。医療事故が競合した事案において，最高裁は，共同不法行為の成立を認めて分割責任を排除した。これらの学説と判例をみてい

---

52 舟本信光「自動車事故における責任の共同――共同不法行為を中心として」『自動車事故民事責任の構造』（日本評論社，1969）90頁以下，國井和郎「自動車事故における共同不法行為に関する一考察――道路管理者と運転者の場合（2）」民商71巻2号（1974）243頁以下，「同（3）」民商71巻3号（1975）387頁以下，宮原守男「事故の競合と原因競合」ジュリスト増刊「総合特集交通事故」（1977）111頁以下，蘇恵卿「交通事故における共同不法行為責任（1）」九大法学63号（1992）54頁以下など参照。

53 大塚直「原因競合における割合的責任論に関する基礎的考察――競合的不法行為を中心にして」星野英一古稀記念『日本民法学の形成と課題（下）』（有斐閣，1996）880頁以下。

54 中村行雄「共同不法行為の成立範囲」判タ268号（1972）109頁，稲葉威雄「共同不法行為――自動車事故を中心として」貞家克己退官記念『民事法と裁判（上）』（きんざい，1995）428頁以下，山川一陽「交通事故と医療過誤の競合」『新・現代損害賠償法講座5』（日本評論社，1997）253-257頁，宮川博史「医療過誤との競合（交通事故と医療過誤の競合）」『現代裁判法大系（6）』（新日本法規，1998）125-129頁。

こう。

(1) 國井和郎「自動車事故における共同不法行為に関する一考察
　　——道路管理者と運転者の場合（昭和49〜50年）[55]

(ア) 國井は，共同不法行為について，「類型的考察から導出された理論は，他の紛争類型にも敷衍され，新しい事態にも対処しうるものでなければならない。具体的内容の多様化にもかかわらず，要件は，かかる観点から一元的に構成されるべきである」，という基本的視点を示した[56]。このような視点から，道路の瑕疵が競合する自動車事故の判例の考察を通じて，要件論の試論を次のように提示した[57]。

「共同不法行為における過失や違法性は，」「単独不法行為における成立要件を個別に充足する必要はなく，『関連共同性』を承認された他の行為との一体性において判断」されるべきであるので，「共同不法行為を構成する個別的行為の不法行為性は，これを『関連共同性』要件のうちに吸収すべき」である。関連共同性要件の機能は，「成立範囲の限定と全部責任の共同を正当化することで」あり，関連共同性「を支えるものは，損害発生システムとしての共同行為『損害発生に対する原因行為の不可分一体性』に尽きる」。「『関連共同性』は，共同行為者をめぐる一切の事情を考慮して総合的に判断されるべきであ」り，「各行為は共同行為の構成要素たる側面と損害発生要因たる側面を有するから，」「両側面に対する評価により決せられなければならない。」719条「1項前段では共同行為の結びつきと不法行為性との相関関係により『関連共同性』の存否が判断される。これにより，主観的共同はもちろん客観的共同の場合にも『関連共同性』の成立が可能になるだけでなく，その枠づけが，全部責任の共同を認めるに足る『加害行為の損害発生に対する不可分一体性』と直結する。これに対し，後段では，共同行為に損害発生の不可分性を付加した『関連共同

---

[55] 國井和郎「自動車事故における共同不法行為に関する一考察——道路管理者と運転者の場合 (1) 〜 (5・完)」民商71巻1号3頁，2号 (1974) 227頁，3号387頁，6号1006頁，72巻1号37頁 (1975)。

[56] 國井・前掲注 (55) 71巻6号 1008 - 1015頁。

[57] 國井・前掲注 (55) 72巻1号 38 - 42頁。共同不法行為の成立を否定する見解として，伊藤進「運転者と道路管理者——行為競合の一考察」『公害・不法行為論』(信山社，2000) 117 - 121頁。

性』が定められており，寄与度もしくは直接の加害者が判明しない場合が。こ
れに該当する」，と。

　(イ)　このような考察に基づいて，719条1項前段と後段の関連共同性の具体
的内容を次のように示している[58]。

　前段の関連共同性については，3つの類型を挙げる。第一に，原因行為が
「損害発生に関して条件的な関係にある場合」（条件的結合）である。個別的責
任法理が要求する有責・違法性が認められて，関連共同性を肯定できる。第二
に，原因行為が「相合して損害を発生する場合」（必要的結合）である。共同行
為の有責・違法性が認められて，関連共同性を肯定できる。第三に，原因行為
の「結合により損害発生を必然とする場合」（必然的結合）である。行為結合が
緊密であるから，それだけで関連共同性を肯定できる，という。

　これに対して，後段の関連共同性については，条件的結合に損害事実の不可
分性が付与された場合に認められるが，行為者らは個別的因果関係の一部また
は全部の不存在を立証して，関連共同性を否認できる。

(2)　田口文夫「自動車事故と共同不法行為責任」（昭和54年）[59]

　(ア)　田口は，本論文に先立って，判例・学説について，ドイツ法を参照しな
がら考察し，「共同不法行為責任の特殊性を明らかに」して，「判例の現実的な
機能を基礎にして共同不法行為の要件論を再構成すること」を試みた。719条
について，「複数加害者が同一の損害に関与している場合に，それら複数加害
者の間に損害に対する社会的な一体性が認められる限り，各人が当該損害に直
接の原因を与えたかどうかにかかわりなく，各人に全額不真正連帯の賠償責任
を負わす旨を定めた規定である」として[60]，関連共同性（社会的な一体性）に
ついて，主観的共同がある場合に限定せず，客観的共同がある場合にも広く認
めるべきことを主張していた[61]。

　(イ)　本論文では，まず，運転者の加害行為と道路の瑕疵が競合する事案につ
いて，「道路環境の不備が損害発生システムを構成する可能性の強いことを重

58　國井・前掲注（55）72巻1号42-44頁，國井和郎「共同不法行為論再構成への覚書」
　　民事研修374号（1988）20頁以下。
59　田口文夫「自動車事故と共同不法行為責任」専修法学論集30号（1979）63頁。
60　田口・前掲注（1）234頁。
61　田口・前掲注（1）236-241頁。

視し，道路管理者の責任をより強化する必要性があ」り，「被害者に生じた損害の填補をより強固なものにする」ために，「行為的評価から判断され，安全性確保のための高度の注意義務が前提にあると考えることができる」「瑕疵責任を過失責任と同一視しえないまでも，両者は作為・不作為の注意義務違反として連続的なものととらえられる」ので，過失責任と瑕疵責任をとを共同不法行為の構成に組み込むことができる，と解した[62]。

そして，事故の発生に関与した原因行為の間に一体をみることができる行為結合性ないし不可分一体性が存在する場合に，関連共同性を通じて共同不法行為が成立するように，719条1項前段の「狭義の共同不法行為」の要件を再構成した[63]。関連共同性について，「共同不法行為者の範囲を限定し，かつ，全額賠償責任を正当化する理論的根拠となるものであり，719条の存在理由を裏づける法技術概念」と解して[64]，瑕疵責任と過失責任が客観的に競合する事案について，共同不法行為が成立する方向に導く解釈論を提示した。

(3) 医療過誤と競合した事案の判例

(ア) 最判平成13・3・13民集55巻2号328頁は[65]，自転車を運転していたAが交差点で自動車に接触されて転倒して負傷し，搬送された病院の医師の誤診が原因で死亡した事案において，次のように判示して，被告に分割責任を認めた原審を破棄した。

「本件交通事故と本件医療事故とのいずれもが，Aの死亡という不可分の一個の結果を招来し，この結果について相当因果関係を有する関係にある。した

---

62 田口・前掲注(59) 74-75頁。反対，平井宜雄『債権各論Ⅱ（不法行為法）』（弘文堂，1992）198頁は，「関連的共同不法行為においては，加害行為の『一体性』がなくてはならないのであるから，加害行為として「何らか外界の事実の変化が存在しなければならない」ので，「設置管理や瑕疵のごとく法律的評価を加えることが必要事実は，これに当たらないと解すべきである」，という。

63 田口・前掲注(59) 80-81頁。

64 田口・前掲注(59) 94-95頁。

65 調査官解説として，最高裁判所判例解説平成13年度228頁。判例評釈として，山口成樹「判批」法教282号153頁，田高寛貴「判批」法セ563 (2001) 105頁，吉田邦彦「判批」判評516号12頁，橋本佳幸「判批」民商125巻4＝5号157頁，國井和郎「判批」リマークス25号70頁，窪田充見「判批」平成13年度重要判例解説92頁，吉村良一「判批」判例セレクト01・21頁，松原孝明「判批」上智法学論集45巻5号195頁，金子順一「判批」判タ1096号 (2002) 88頁など。

がって，本件交通事故における運転行為と本件医療事故における医療行為とは民法 719 条所定の共同不法行為に当たるから，各不法行為者は被害者の被った損害の全額について連帯して責任を負うべきものである。本件のようにそれぞれ独立して成立する複数の不法行為が順次競合した共同不法行為においても別異に解する理由はないから，被害者との関係においては，各不法行為者の結果発生に対する寄与の割合をもって被害者の被った損害の額を案分し，各不法行為者において責任を負うべき損害額を限定することは許されないと解するのが相当である。けだし，共同不法行為によって被害者の被った損害は，各不法行為者の行為のいずれとの関係でも相当因果関係に立つものとして，各不法行為者はその全額を負担すべきものであり，各不法行為者が賠償すべき損害額を案分，限定することは連帯関係を免除することとなり，共同不法行為者のいずれからも全額の損害賠償を受けられるとしている民法 719 条の明文に反し，これにより被害者保護を図る同条の趣旨を没却することとなり，損害の負担について公平の理念に反することとなるからである」，と。

(ｲ) 本判決によれば，少なくとも，「双方が全損害と相当因果関係を有する」交通事故と医療過誤が競合し，「時間的にも接着性があり，被害者からみても一体的な行為と捉え得るもので，客観的関連共同性という評価が可能な関係にあ」り，「渾然一体となった 1 個の死亡という損害」を各行為が将来した場合には，共同不法行為が成立して加害者らに不真正連帯債務が課せられて，分割責任が排除されることになる [66]。

(4) まとめ

自動車事故の事案において，学説は，人身損害の発生の実態に対応して，共

---

[66] 最高裁判所判例解説・前掲注 (65) 240−241 頁，橋本・前掲注 (65) 593−595 頁。國井・前掲注 (65) 73 頁は，「択一的損害惹起」または「損害一体型」として 719 条 1 項後段の共同不法行為の成立を認めたものと解している。下級審判例の動向について，吉田・前掲注 (65) 14−18 頁。稲垣喬『医療過誤訴訟の理論』(日本評論社，1985) 107−108 頁は，「交通事故は，」「招来された状態が被害者の後の病症を決定するのに対し，医療事故は，」当該「状態に対する段階的な医療侵襲の過程で生起し，一定の状態に対応する診療の過誤によって，障害が拡大ないし発生する」ので，義務違背の内容が異なり，「もはや同質的な不法行為の集約することのできないものを含んで」おり，「事実的因果の競合から直ちに行為そのものが共同すると評価することもできない」，という。

同不法行為を通じて被害者を救済して当事者に公平に損害を負担させるように展開した。國井説（(1)）は，個別行為の過失ないし違法性についても，共同不法行為の要件として判断すべきであるとして，「共同行為の結びつきと不法行為性との相関関係により」，共同不法行為に成否を判断するものと解した。田口説（(2)）は，瑕疵責任についても共同不法行為が成立することを理論的に明確にして，共同不法行為の成立を広い範囲で認めている。

後に，最判平成13・3・13（(3)）は，自動車事故と医療過誤が順次に競合して被害者が死亡した事案において，従来の判例準則を踏襲して，客観的共同関係があると評価できる場合には，共同不法行為の成立を肯定して分割責任を排除する方向を示した。

6 公害事案と学説の展開Ⅰ（四日市判決まで）

昭和40年代以降，高度経済成長による産業社会に発展に伴って，四大公害訴訟にみられるように，公害による集団的な健康被害が深刻化してきた。複合汚染の事案では，共同不法行為による被害者の救済が問題となる。

山王川事件判決（最判昭和43・4・23民集22巻4号964頁）を契機として，共同不法行為をめぐる学説の論争が展開された[67]。

本件の事案は，国営アルコール工場が多量の窒素を含む廃水を山王川に排出して，下流地域の水田の稲が徒長する被害が発生した，というものである。被害者の農民らは，国に対して損害賠償を請求した。被告は，工場の排水がなくても都市下水等に含まれる窒素によって損害が発生した，と反論した。最高裁は，従来の判例準則を踏襲して，「共同行為者各自の行為が客観的に関連し共同して違法に損害を加えた場合において，各自の行為がそれぞれ独立に不法行為の要件を備えるときは，各自が右違法な加害行為と相当因果関係にある損害

---

[67] 調査官解説として，最高裁判所判例解説昭和43年度461頁。判例評釈として，野村好弘「判批」判タ224号（1968）51頁，淡路剛久「判批」経営法学ジャーナル1969年1月号126頁，前田達明「判批」民商60巻3号460頁（前田達明『判例不法行為法』（青林書院新社，1978）に所収。以下に本書で引用する。），品川孝次「判批」判評120号38頁，牛山積「判批」昭和43年度重要判例解説（1969）61頁，森島昭夫「判批」民法の判例（第2版）（1971）184頁，川井健「判批」公害・環境判例百選（1994）48頁。藤村和夫「判批」環境法判例百選（第2版）（2011）44頁など。

についてその賠償の責に任ずべきであり、この理は、本件の如き流水汚染により惹起された損害の賠償についても、同様であると解するのが相当である」、と判示した。

山王川事件判決によれば、複合汚染の事案で共同不法行為が成立するには、①各行為者が独立に不法行為の要件を満たしていること（各行為者の加害行為と全損害との間に相当因果関係があること）、及び、②行為者らに客観的関連共同性があることが必要である。

要件①については、被害者が個別的な因果関係を証明するのは過重な負担なのではないか、また、要件②については、集団的な健康被害が発生する場合に、排出量の少ない者にも全損害の賠償責任を負担させるのは公平に反するのではないか、という問題がある。

このような課題に対して、学説は、共同不法行為の効果や要件に絞りをかける見解を提示し[68]、さらに、四日市訴訟が提起されると、コンビナート公害など複合大気汚染の公平な被害者救済を目的として、共同不法行為を再構成する議論を展開した。

本項では、四日市判決に至るまで、これら学説の展開をみていこう。

(1) 「狭義の共同不法行為」による連帯責任に絞りをかける見解
(ア) 川井健「共同不法行為の成立範囲の限定」(昭和43年)[69]

川井は、狭義の共同不法行為が成立する場合に、各行為の違法性に応じて、一部連帯責任を認めるべきである、と主張する。

「一般の不法行為においては、行為者は自ら原因を与えた限度で責任を負うのが原則であり」、719条1項前段は、この原則を修正することなく、「連帯債務という形で損害賠償請求権を強化しただけのことであり、各行為者が自ら与えた原因をこえてまで責任を負うと解すべき根拠はない」[70]。共同不法行為において「加害者側で損害につき原因の与え方に大小の差がある以上、各自の与

---

[68] 品川・前掲注(67) 40頁、42頁。加藤一郎＝野村好弘「事故責任」石井照久ほか編『企業責任』(ダイヤモンド社、1968) 87頁、野村・前掲注(67) 53頁は、共同不法行為においても分割責任を認めうる、という。

[69] 川井健「共同不法行為の成立範囲の限定」判タ215号(1968) 58頁。(川井健『現代不法行為研究』(日本評論社、1978)に所収。以下に本書で引用する。)

[70] 川井・前掲注(69) 228-229頁。

えた原因が共通の限度で，いわば最大公約数的に一部連帯を認め，残余はより多く原因を与えた者の個人的賠償義務となる」。他方，「被害者の保護の要請をみたすため，可能な最大の限度で連帯の賠償責任を認める必要がある」。「一部連帯の限度を決する基準は，各行為者の行為の違法性にある」[71]。

よって，「複数の加害行為者の行為の共同ということを主張・立証すれば，民法719条1項後段によりともかく全部連帯となりうるが，加害者側で各自の違法性に強弱があることの主張・立証に成功すれば，同条1項前段により一部連帯となる」，と[72]。

(イ)　松坂佐一「共同不法行為」(昭和45年)[73]

松坂は，719条1項前段についても，因果関係を推定する規定であると解して，行為者が因果関係の不存在について反証を挙げて免責を受ける余地を認めている。

意識的共同を必要とするドイツの判例・学説においても，共同行為と全損害との間に因果関係を認めることには批判があるとして，「意識的共同を要せず，客観的共同があれば足りるとする場合においては，なおさら客観的共同関係がただちにかつ必然的に全損害に対する各行為者の因果関係をつくりだすと解することはできない」ので，本条項前段は，「ただ因果関係を推定させるにとどまる」，という[74]。

(2)　「狭義の共同不法行為」の要件に絞りをかける主観説

(ア)　前田達明「山王川事件判決判批」(昭和44年)

(a)　前田は，山王川判決の判例研究において，判例・通説について，①「客観的関連共同性」がある「侵害の共同原因を与えたということになって，行為と損害の因果関係の問題へ，これは移行し，そこで因果関係を絞ることによって，共同不法行為成立の範囲を制限」するが，「相当因果関係は，全ての不法

---

[71] 川井・前掲注(69)230頁。判例・通説の立場から，問題点を指摘するものとして，伊藤瑩子「共同不法行為における関連共同性と因果関係」ジュリスト増刊「総合特集交通事故」(1977)110頁。

[72] 川井・前掲注(69)231頁。

[73] 松坂佐一「共同不法行為」民商62巻5号(1970)755頁，同『民法提要　債権各論(第5版)』(有斐閣，1993)322頁。

[74] 松坂・前掲注(73)民商62巻5号755頁。

行為の要件である」。②「複数人が，同一損害について賠償義務を負う場合，」独立した不法行為が競合する場合にも，共同不法行為が成立する場合にも，不真正連帯債務を負うことになる，として，「719 条の存在意義は，非常に希薄化する」と評価した[75]。

そして，このような考察を踏まえて，719 条 1 項前段の「狭義の共同不法行為」について，「自己の行為と相当因果関係にない全損害についても負うべきことを定めた規定であると解」した[76]。「各行為が，社会通念上全体として一個の行為とみられる必要があり，」「他人の行為と『共同する意思』『共同行為の認識』」を必要とする川島説（4(3)(イ)）に賛同し，前段の関連共同性について，「他人の行為を利用し，他方，自己の行為が他人に利用されるのを認容する意思をもつこと」と解し，このような意思によって，「自己の行為と相当因果関係にないが，他人の行為と相当因果関係にある全損害についても負わねばならないことになるといえる」，という。

(b) 前田は，四日市判決の後に，「共同不法行為論序説」（昭和 51 年)[77] において，ドイツ法との比較法的考察を踏まえながら，「狭義の共同不法行為」について，主観的関連共同性が必要である根拠を解明し，その類型を提示した。

加害者に連帯責任を負わせる帰責の根拠については，「私法上，重要な法律効果付与の要件が。人間の『行為』である，といういわゆる意思ドグマ」にあるので，人間の意思に基づく『行為』に求める」と[78]，「何らかの形で『意思』が働く」ものとして，起草者したドイツ民法 830 条の共同不法行為の成立要件として主観的要素が必要であるとされていることも踏まえて，主観的関連共同性が必要である，と解した[79]。

行為者らに連帯責任を帰責する根拠となる主観的共同の類型として，第一に，「各自が当該権利侵害を目指して他人の行為を利用し，他方，自己の行為が利

---

[75] 前田・前掲注（67）173-174 頁。加藤雅信『新民法大系Ⅴ事務管理・不当利得・不法行為（第 2 版）』（有斐閣，2005）366 頁は，「帰責相当性判断による事実的因果関係の拡大が定型的に認められるとはいえるが，それは一般不法行為における相当因果関係論のなかに吸収されてしまう議論にすぎず，719 条 1 項前段が因果関係につき特殊な効果を与えているわけではない」，という。

[76] 前田・前掲注（67）174-175 頁。

[77] 前田・前掲注（1）。前田達明「共同不法行為論の最近の動向」日弁連『現代法律実務の諸問題（上）』（第一法規，1988）163 頁以下参照。

[78] 前田・前掲注（1）196 頁以下，250 頁。

用されるのを認容する意思のある場合」，第二に，「各自当該権利侵害以外が目的を目指してそのために他人の行為を利用し，他方，自己の行為が他人に利用されるのを認容する意思がある場合」，第三に「一方は当該権利侵害を目指し，他方は当該権利侵害を派別の目的を目指して各自他人の行為を利用し，他方，自己の行為が他人に利用されるのを認容する意思のある場合」である[80]。

(c) 同条項後段については，「共同行為者」を「当該損害を惹起する危険性を含んでいる行為をなした者」として，「独立不法行為の競合のすべての場合に，各人の行為と損害の因果関係の立証責任を加害者側に転換し，その立証に失敗した加害者達は，全損害について不真正連帯債務を負うとした規定であると解」した[81]。「すべての場合」とは，「部分的な惹起者についても適用されるという意味である。」原告は「その共同不法行為者を主張立証して，それらを被告とし，立法趣旨からして，その被告らの行為と権利侵害との間の因果関係を立証しなければならない」[82]。

(d) 前田説を「要約すれば，719条1項前段は，主観的関係のある各不法行為者の全損害についての不真正連帯責任を規定したもので，免責減責を許さない。」「後段は，独立不法行為者の競合の場合の規定で，すべての場合に，行為と損害の因果関係の立証が加害者に転換されていて，彼が，その不存在か一部不存在を立証したときのみ，免責減責がなされるのであって，さもないと，損害惹起の危険性を有する行為者すべてが，全損害についての不真正連帯債務を負う[83]」，ということになる。因果関係を擬制する前段の「狭義の共同不法行

---

79 前田・前掲注（1）291-292頁，前田達明『民法Ⅵ₂（不法行為法）』（青林書院，1980）180-181頁。森島昭夫『不法行為法講義』（有斐閣，1987）105頁は，「社会的に一体と見られるような行為をした者については一体的な行為から生じた損害について責任を負わせることが妥当だとして，特に意思による責任という説明をしなくてもよい」，という。反対，伊藤・前掲注（71）101-109頁，清水兼男「共同不法行為の成立要件」民商73巻3号（1978）315頁は，判例・通説の立場から，719条1項前段の関連共同性について，行為者らに全額連帯責任を負わせるに足りる根拠が客観的な事実に関連して存在すれば十分である，という。

80 前田・前掲注（1）292-296頁。前掲注（79）181-184頁。

81 前田・前掲注（1）296頁，前掲注（67）175-176頁，前掲注（79）191-192頁。同旨，塚原朋一「共同不法行為に関する諸問題——複数関与者の賠償責任を中心に」『新・実務民訴法講座4』（1982）223-225頁。

82 前田・前掲注（79）192頁。

83 前田・前掲注（67）176頁。

為」の関連共同性については，他人の行為と相当因果関係にある損害を帰責する根拠として，行為者らに主観的な関係が必要であると解し，他方，後段の「加害者不明の共同不法行為」については，行為者らに関連共同性があることが必要でなく，寄与度不明の事案にも適用されると解したのである。このような解釈を通じて，公害訴訟においては，後段の「共同行為者」の「危険性」が，「『蓋然性』『疫学的因果関係』と同じあるいはそれよりも希薄された行為と損害との連関を示」して，因果関係の立証が困難である被害者の保護に資することになる[84]。

(イ) 主観説を支持する見解

前田説は，共同不法行為者が自らの行為との間に相当因果関係がある損害を超えて賠償責任を負う根拠を明確にするものとして，多くの支持を得た[85]。

(a) 伊藤進「公害の私法的救済と共同不法行為論」(昭和43年)[86]

伊藤は，「共同行為とされることによって，加害者は各人，全損害について連帯して責任を負うことになるが。それは，法律上全体を一個の行為および結果として擬制的ないし拡張的に取り扱うためである。そして，その結果は現実的な因果関係を超えて他人の行為について責任を負わされることになるが，このような責任の帰属は，単に偶然に客観的な行為の共同があっただけでは足らず，行為者各自において共同の意識をもって行動するときにおいてはじめて承認しうる」，という[87]。

(b) 森島昭夫「公害における責任の主体」(昭和45年)[88]

森島は，「前段の狭義の共同不法行為の要件として，個々の行為について相当因果関係を問うのは，制度の意味を減じる」ので，「むしろ，狭義の共同不

---

84 前田・前掲注 (67) 176-177 頁。
85 伊藤高義「共同不法行為」遠藤浩ほか編『演習民法（債権）』(青林書院新社, 1973) 520-522 頁。神田孝夫「『共同不法行為』について——機能と要件をめぐる論議を中心に」山畠正男・五十嵐清・藪重夫古稀記念『民法学と比較法学の諸相I』(信山社, 1996) 91 頁は，後段の推定の覆滅は実際上不可能に近く，実際上被害者の救済にかけるおそれはないので，「主観的共同に限定しても実際上の不都合はなく，ことがらを簡明にするという点で優れている」，という。
86 伊藤進「公害の私法的救済と共同不法行為論」明治大学法制研究所紀要11号 (1968) 21 頁 (伊藤進『不法行為法の現代的課題』(総合労働研究所, 1980) に所収。以下に本書で引用する。)。
87 伊藤・前掲注 (86) 174-176 頁。
88 森島昭夫「公害における責任の主体」ジュリスト458号 (1970) 365 頁。

法行為の成立には意思の共同ないし共同行為の認識を要するとしたうえで，いったん共同不法行為が成立した場合には，個々の行為について厳格な因果関係を問題にしない」，と解するべきである，という[89]。

そして，公害事案において，損害に寄与する有害物質の排出行為については，719条1項後段を適用すべきである[90]。「それぞれの発生源の排出する物質が，排出口においてそれぞれ全損害（ないしかなりの損害）を発生させるに十分な質・量である場合には，」「具体的にどの発生源の物質が現実の損害をもたらしたかという到達経路の立証を要することなく，各自全損害について連帯責任を負わしめるべき」であり，「ある公害発生源から排出される物質が，排出口において，損害の一部を発生させうるほどのものだが，他の排出源から排出される物質と合するとはじめて全損害を生じうる程度であるという場合」には，「ある物質がどの程度の損害をもたらすかを確定することは著しく困難である」ので，「加害者不明の場合として，反証なきかぎり加害者に全損害を負担させることにすべきである」，という。

(3) 四日市訴訟提起以降の学説の展開[91]

昭和42年9月，四日市市磯津地区の公害認定患者ら9名が，コンビナートを形成する企業ら6社を被告として，損害賠償を求めて提訴した。争点の一つとして，共同不法行為の成否を巡って争われた。

(ア) 公害訴訟座談会（ジュリスト）[92]

昭和46年，裁判官，弁護士，研究者らによって公害訴訟の研究会が開催されて，ジュリストに連載された。研究会は，一つの重要な論点として，共同不法行為について検討し議論を展開した。

平井宜雄は，共同不法行為について，次のように提案した[93]。主観的要素の

---

89 森島・前掲注(88) 370頁。
90 森島・前掲注(88) 369頁。
91 吉村良一「公害・環境法理論の発展に果たした学者（研究者）の役割——淡路・澤井両教授の所説を中心に」淡路剛久古稀記念『社会の発展と権利の創造』（有斐閣, 2012）595頁以下参照。
92 近藤完爾＝沢井裕＝新堂幸司＝鈴木潔＝竹下守夫＝野崎幸雄＝平井宜雄＝宮原守男「研究会公害訴訟（第7回）（実体法上の問題その1〜11）」ジュリスト473号18頁，475号138頁，478号120頁，480号119頁，483号128頁，485号142頁，486号110頁，487号115頁，488号101頁，489号124頁，490号114頁（1971）。

ほかに「たとえばもう少し客観的なものできめていったらどうか，たとえばある工業地帯に，工業地帯であることを知りながらあえて工場をたてるという主観的要件はなくても，工業地帯であるものに工場をたてる，そういう客観的な行為があれば，それだけで関連共同性の要件を満たすと考えるべきでないのか。つまり，従来の主観的要件を脱皮した別の要件を公害については考えるべきではないのか，こういう議論が出てきたわけです。ここで取り上げる問題は，関連共同性の要件をあたらしく考えたらどうか」，と。

澤井裕は，アメリカのリステイトメントから示唆を得て，次のように発言した[94]。「リステイトメントによると，故意に合同して不法な行為をなすもの，あるいは不法行為の場に居合わせ，そして自分たちの共同不法行為から侵害が生ずるよう積極的かつ共通の意図を持って，その不法行為を援助しまたはこれに関与する者は全損害について連帯責任を負わされる。しかし，他人と完全に無関係に，そして利害の共通もなく，また行為の協力あるいは共謀もせず，ニューサンスを発生し，または持続した場合には，各人は自分の行為がその損害に寄与する限りでのみ賠償責任を負う。」「認識とか意図とかいうものがなくても，被害が非常に大きいとか，同時性，地域的結合性，寄与率の大きさなど総合して，連帯責任にしていいのではないかと思っております」「要するに，連帯責任を負わせるほどに共同性が強いか，あるいは強くないかの問題でしょう。全然ばらばらでもなければ連帯責任を負わせるほどまとまっていない，その中間のものを分割責任としてとらえるわけです」，と。

澤井は，主観的関係にとどまらず，諸般の事情を考慮して，共同性が強い場合に，狭義の共同不法行為を通じて企業らに連帯責任を課すことを主張している。

　(イ)　牛山積「公害と共同不法行為論」(昭和46年)[95]

牛山は，「共同行為の存在を分析することから，賠償義務者の範囲を決定する方法をとることが妥当であ」るとして，「地域開発政策の一環として進出した企業群，特にコンビナートの場合には，地域的結合のほか，資本，技術，生産，産業基盤の利用等の諸場面で結合関係が強く，かつ群の構成分子も特定可

93　近藤ほか・前掲注（92）486号 110-111 頁
94　近藤ほか・前掲注（92）486号 112-113 頁。
95　牛山積「公害と共同不法行為論」法時43巻8号（1971）16頁（牛山積『公害裁判の展開と法理論』（日本評論社，1976）に所収。以下に本書で引用する。）。

能である。」「このように群構成が緊密な場合には，これを一体としてとらえ，共同不法行為の成立を認めて差支えない」，と主張した[96]。

　(ウ)　平井宜雄「共同不法行為に関する一考察」(昭和47年)[97]

　平井は，公害の被害者救済を念頭において，719条の存在理由について，「一個の損害との間に事実的因果関係が認められる以上，寄与度の如何を問わず，全損害につき被告に賠償責任を負わせる」ことにある，と解した[98]。被告に帰責する関連共同性について，「行為者の主観的事情に重点を置いた基準によっては，共同不法行為論が現代的意味を帯びつつある現在，基準として機能し得る程度は高くないと思われる。基準を決定する終局的な価値判断は，『連帯して損害賠償義務を負わせるのが妥当だと思われる程度の社会的にみて一体性を有する行為』につきる」[99]，と主張した。

　そして，従来，「『共同不法行為』として一括して扱われてきた問題」について，「『因果関係』概念との関連において」，次のように類型化した[100]。

　第一に，「『主観的共同』の類型。事実的因果関係がなくても，『関連共同性』の及ぶ範囲において責任を負う。」(「意思的」共同不法行為)

　第二に，「主観的要素以外の『関連共同性』を要する類型。寄与度をこえる一個の損害について連帯して責任を負う。」(「関連的」共同不法行為) コンビナートを構成する工場からの煤煙の排出のように，加害行為の一体性，すなわち，時間的場所的近接性及び社会観念上の一体性が必要である[101]。

　第三に，「独立した不法行為が単に『共同』したにすぎないもの。寄与度に応じて責任を負うか，寄与度が立証されないときは連帯責任を負う。」(「独立的」共同不法行為) 加害者が不明である場合には，競合不法行為の特則である719条1項が適用されて，因果関係不存在について反証を挙げることができない行為者らは連帯責任を負う[102]。

96　牛山・前掲注 (95) 108-110頁。
97　平井宜雄「共同不法行為に関する一考察」川島武宜還暦記念『現代民法学の課題』(岩波書店，1972) 289頁。
98　平井・前掲注 (97) 300頁。
99　平井・前掲注 (97) 301頁。同旨，広中俊雄「共同不法行為についての考え方」法セ216号 (1973) 57頁，同『債権各論講義 (第6版)』(有斐閣，1994) 488頁。
100　平井・前掲注 (97) 303頁，平井宜雄『債権各論II』(弘文堂，1992) 193-199頁。類型化アプローチの問題点について，窪田充見『不法行為法』(有斐閣，2007) 427頁。
101　平井・前掲注 (100) 196-197頁。

㈣　淡路剛久「最近の公害訴訟と私法理論」(昭和47年)103

　淡路は,本件事案を中心に複合汚染の公害事案に適合するように,共同不法行為を再構成して,719条1項前段については,行為者らに「強い関連共同性」があることが必要であり,因果関係を推定する同条項後段については,「弱い関連共同性」があれば足りる,と解した。

　(a)　前段の要件について,「『各人の行為と損害の発生との間の因果関係』および『行為の関連共同性』という要件を共同行為＝各人の行為の関連共同性という要件と,共同行為と損害の発生との因果関係という要件とに置き換えるべきである。したがって,共同＝各人の行為の関連共同性という要件は,各人の行為と損害の発生との間の個別的因果関係の立証を不要にする,という観点から再構成」する104。

　「まず,数人の行為が社会観念上全体として一個の行為とみられる加害行為の全過程の一部に参加していることが必要で」(「弱い客観的関連」),次に,「加害行為の一部への参加という意味を超えた,より緊密な関連共同性がなければならない」(「強い関連共同性」)105。「強い関連共同性」が認められるのは,第一に,「共同行為への積極的加担があるといえる」,「数人の間に『共謀』あるいは『共同する意思』がある場合」(「強い主観的関連」)である。第二に,「客観的にみて,損害発生の原因行為に強い一体性がある場合か,あるいは,損害発生の結果への強い寄与がある場合」(「強い客観的関連」)である。「強い客観的関連」の存否は,「被害者保護の要請を基本にすえつつ,企業間の衡平および」「前段の趣旨から機能的に考え」ると,原因行為における「強い客観的関連」は,「複数企業が場所的および時間的に他の企業から切り離された一つの企業群を形成し,それが何らかの意味で一種の『利益共同体』を形づくっている場合」(コンビナート公害など),結果発生における「強い客観的関連」は,「ある企業が,結果の発生に対して条件説的に寄与をしている場合」に認められる。

　(b)　後段の「共同行為者」について,「『弱い客観的共同』があれば十分であ

102　平井・前掲注(100)210-211頁。
103　淡路剛久「最近の公害訴訟と私法理論(2)」判タ271号(1972)2頁(淡路剛久『公害賠償の理論』(有斐閣,1975)に所収。以下に本書で引用する。)。
104　淡路・前掲注(103)127頁。
105　淡路・前掲注(103)129-132頁。

り，同時的共同不法行為のみならず異時的不法行為を含めてよいと解すべき」であり，「具体的には，原因物質を含む排煙や廃液が複数企業から排出され，これらが空気や水を通じて被害地域に到達していることの証明で十分である」。「被害地域に到達した原因物質が全体として被害を生ぜしめたことを証明しなければならない」[106]。「複数企業のそれぞれの排出量が単独でも全損害ないし損害の一部を発生しうるものである」と「解すると，被害者側の立証責任は増大し，後段を適用する大半の意味は失われる。後段は，単に因果関係の立証責任を転換したにすぎないのであるから，そこまで厳格に解する必要はない」。

(4) **四日市判決**（津地四日市支判昭和47・7・24判時672号30頁）[107]

昭和47年7月，津地裁四日市支部は，次のように判示して，被告企業ら6社について，共同不法行為の成立を肯定した。

(ア) 共同不法行為の因果関係

「719条1項前段の狭義の共同不法行為の場合には，各人の行為と結果発生との間に因果関係のあることが必要である。

ところで，右因果関係については，各人の行為がそれだけでは結果を発生させない場合においても，他の行為と合して結果を発生させ，かつ，当該行為がなかったならば，結果が発生しなかったであろうと認められればたり，当該行為のみで結果が発生しうることを要しないと解すべきである。けだし，当該行為のみで結果発生の可能性があることを要するとし，しかも，共同不法行為債務を不真正連帯債務であるとするときは，709条のほかに719条をもうけた意味が失われるからである。

そして，共同不法行為の被害者において，加害者間に関連共同性のあることおよび，共同行為によって結果が発生したことを立証すれば，加害者各人の行為と結果発生との間の因果関係が法律上推定され，加害者において各人の行為と結果の発生との間に因果関係が存在しないことを立証しない限り責を免れな

---

[106] 淡路・前掲注（103）132-133頁。
[107] 判例評釈として，森島昭夫「四日市公害判決における共同不法行為」ジュリスト514号（1972）47頁，新美育文「判批」民法の基本判例（第2版）(1986) 177頁，川井健「判批」民法判例百選Ⅱ（第3版）(1989) 176頁，加藤雅信「判批」公害・環境判例百選 (1994) 10頁，德本伸一「判批」民法判例百選Ⅱ（第4版）(1996) 178頁，小賀野晶一「判批」環境法判例百選（第2版）(2011) 10頁など。

いと解する。」
　(イ)　弱い関連共同性
　「共同不法行為における各行為者の行為の間の関連共同性については，客観的関連共同性をもってたりる，と解されている。
　そして，右客観的関連共同の内容は，結果の発生に対して社会通念上全体として一個の行為と認められる程度の一体性があることが必要であり，かつ，これをもってたりると解すべきである。」
　「磯津地区に近接して被告ら6社の工場が順次隣接し合って旧海軍燃料廠跡を中心に集団的に立地し，しかも，時をだいたい同じくして操業を開始し，操業を継続しているのであるから，右の客観的関連共同性を有すると認めるのが相当である。
　このような客観的関連共同性は，コンビナートの場合，その構成員であることによって通常これを認めうるものであるが，必ずしもコンビナート構成員に限定されるものではないと解される。」
　「共同不法行為における各人の行為は，それだけでは結果を発生させないが，他の行為と相合してはじめて結果を発生させたと認められる場合においても，その成立を妨げないと解すべきであるが，このような場合は，いわば，特別事情による結果の発生であるから，他の原因行為の存在およびこれと合して結果を発生させるであろうことを予見し，または，予見しえたことを要すると解すべきである。」
　被告らの工場は，「互いに隣接し合って所在し，かつ，コンビナート関連工場として操業しているのであるから，他の被告ら工場の操業の内容や規模の概略は認識可能であり，これらが自社と同様重油を燃焼するなどして，いおう酸化物等のばい煙を排出していることは当然予見可能であり，かつ，前認定のような磯津地区と被告ら工場との間の位置，距離関係，四日市市における年間最多風向等の気象条件からして，自社の右ばい煙が他社のばい煙と合して右原告居住地に到達し，」「ばい煙の人体に対する影響の予見可能性と相まって，右地区住民に被害を発生せしめるであろうことの予見可能性があったと認められる」。
　(ウ)　強い関連共同性
　「被告ら工場の間に右に述べたような関連共同性をこえ，より緊密な一体性が認められるときは，たとえ，当該工場のばい煙が少量で，それ自体としては

結果の発生との間に因果関係が存在しないと認められるような場合においても，結果に対して責任を免れないことがあると解される。」

「被告3社工場は，密接不可分に他の生産活動を利用し合いながら，それぞれその操業を行ない，これに伴ってばい煙を排出しているのであって，右被告3社間には強い関連共同性が認められるのみならず，」国際石油資本と提携して石油化学工場群を形成した「設立の経緯ならびに資本的な関連も認められるのであって，これらの点からすると，右被告3社は，自社ばい煙の排出が少量で，それのみでは結果の発生との間に因果関係が認められない場合にも，他社のばい煙の排出との関係で，結果に対する責任を免れないものと解するのが相当である。」

(エ) 判旨の概要

本判決は，719条1項前段の「狭義の共同不法行為」において，被告らに「弱い関連共同性」がある場合には因果関係が推定され，「強い関連共同性」がある場合には因果関係が擬制される，と解した。

「弱い関連共同性」は，「結果の発生に対して社会通念上全体として一個の行為と認められる程度の一体性」である「客観的関連共同性」があれば足りる。コンビナートを構成する被告企業らには，「弱い関連共同性」が認められる。さらに，複合汚染による健康被害について因果関係が認められて共同不法行為が成立するには，被告に結果発生の予見可能性が必要であるが，本件のコンビナート公害の事案では，他社の排出するばい煙と混じり合って原告の居住地に到達して原告に健康被害を発生させることについて予見可能性が認められる。

「強い関連共同性」は，「弱い関連共同性」を超えた「より緊密な一体性」が被告らにある場合に認められる。本件では，生産活動を密接不可分に利用しあう関係がある被告企業らに認められている。

(5) まとめ

山王川事件判決を契機として，学説は，複合汚染公害で集団的な被害が発生する事案において，被害者を救済して公平に損害コストを負担させるために，「狭義の共同不法行為」の要件または効果に，従来の判例や通説よりも絞りをかける議論を展開した。719条1項の効果について，連帯債務が成立する賠償範囲を限定する川井説 ((1)(ア))，因果関係を推定する規定であると解する松坂説 ((1)(イ)) が提唱され，他方，関連共同性について，因果関係の擬制を基礎付

ける根拠として主観的関連共同性が必要であると解する前田説（(2)(ア)）が主張された。さらに，四日市訴訟が提起されると，コンビナート公害の被害者救済に対応できるように，主観的要素だけでなく客観的な要素も含めて考察して，行為者らに全部責任を負わせるべきであると考えられる社会的な一体性が認められる場合には，因果関係を擬制することが正当化されると解する平井説（(2)(イ)）や淡路説（(3)(ウ)）が有力になった。

四日市判決は，このような学説の動向に沿って，719条1項前段において，「社会通念上全体として一個の行為と認められる程度の一体性」（「弱い関連共同性」）がある場合には因果関係が推定され，「より緊密な一体性」（「強い関連共同性」）がある場合には因果関係が擬制されると解した。被害者を救済するために，「狭義の共同不法行為」が成立する範囲を広く認める一方で，加害行為の一体性の程度が小さい場合には，その効果に絞りをかけて，因果関係が推定されるものとして，被告が因果関係不存在について反証を挙げて免責を受ける余地を認めている。

四日市判決は，大気汚染公害の事案において，被告らに「弱い関連共同性」がある場合には因果関係が推定され，さらに被告らに「強い関連共同性」がある場合には因果関係が擬制される，という判断枠組みを定立した。当時，西淀川や川崎など各地で訴訟が提起されている都市型複合大気汚染の事案において，「弱い関連共同性」または「強い関連共同性」をどのような場合に認めるべきか，課題が残された[108]。

7　公害事案と学説の展開Ⅱ（四日市判決後）

四日市判決の後，多数の工場などの固定汚染源と道路を大量に通行する大型ディーゼル車などの移動汚染源による都市型大気汚染事案について，被害者の救済を求めて，西淀川や川崎などの各地で訴訟が進められてきた。学説は，公害のほか，自動車事故など多様な共同不法行為に関する判例を総合的に考察し，これまで集積した学説の動向を踏まえながら論争を展開した。西淀川大気汚染

---

[108] 野崎幸雄「因果関係論・総論――実体法上・訴訟法上の諸問題」『現代損害賠償法講座5』（日本評論社，1973）90-92頁。森島昭夫「大気汚染」同書213-214頁。水質汚濁事案について，淡路剛久「水質汚濁」同書248-249頁。

公害第1次訴訟判決（大阪地判平成3・3・29判時1383号22頁。以下に「西淀川第1次判決」と記す。）において，都市型汚染に適合するような共同不法行為の判断枠組みが示されると，学説は，その判例準則を取り込んで共同不法行為を再構成する方向に進んでいる。

本項では，このような学説の動向について，西淀川第1次判決を介して，時系列的にみていくことにしよう。

(1) 幾代通『不法行為』（昭和52年）[109]

幾代は，共同不法行為について，「709条その他の一般理論によっては当然には全部賠償義務を負わせることの不可能な場合であって，なお，何らかの理由から，一般理論を修正して数人に全部賠償の義務を負わせる」制度であるとして[110]，719条1項前段の「狭義の共同不法行為」と後段の「加害者不明の共同不法行為」について，前田説（6(2)(ア)）と同様に解した。

(ア) 前段の関連共同性については，「数人が共同する意思をもって行動した結果として，他人に損害を与えた場合」であり，「換言すれば，当該損害との関係においては，当該数人の行為は，社会通念上，全体として一個の行為と認められる程度の一体性がある，といいうる場合」である，と解した[111]。

(イ) 後段については，「特定された数人のうちの誰かの行為が損害を発生せしめたことは証明されたが，そのだれかを特定するだけの確証のない場合についての責任」を規定し，「当該数人の間には」，前段の「主観的共同関係が存在しない場合にも，なお被害者の保護の機会を大きくするために特に政策的に認められた推定規定である」，と解した[112]。加害行為者に損害賠償を請求するために，加害者でありうる全ての者を特定する必要があるが，前田説のように，加害者でありうる全ての者を被告とする必要はない，という。

また，寄与度不明の場合にも，被害者の利益のために，719条1項後段が適

---

109 幾代通『不法行為』（筑摩書房，1977）（幾代通（徳本伸一補訂）『不法行為法』（有斐閣，1993））で以下に引用する。）
110 幾代・前掲注(109) 224頁。
111 幾代・前掲注(109) 224-225頁，幾代通『民法研究ノート』（有斐閣，1986）222-225頁。
112 幾代・前掲注(109) 228-229頁，前掲注(111) 226-229頁。「共同行為者」の範囲について，徳本・前掲注(1) 994-995頁，幾代・前掲注(111) 229-231頁。

用ないし類推適用される，と解した[113]。加害者が不明である事案よりも「むしろ，現実の社会で生起する可能性が多い」「ある被告Yが責に任ずべき損害と，他者Zが責に任ずべき損害との，両損害が事の性質上相互に隣接・接着し，または連続しているために，両損害それぞれの正確な範囲・限界が曖昧である」からである。

(2) 能見善久「共同不法行為の基礎的考察」（昭和52〜60年）[114]

能見は，昭和51年の私法学会個別報告において，719条1項前段の共同不法行為の類型論を提唱した[115]。その類型は，719条1項前段の「狭義の共同不法行為」として，因果関係が擬制される「主観的共同不法行為」，及び，因果関係が推定される「客観的共同不法行為」である。さらに，判例・学説の動向を踏まえながら，ドイツ法，フランス法，イギリス法を参照して，各類型の要件・効果を次のように詳細に提示している。

(ア) 「主観的関連共同による共同不法行為」について，前田説（6(2)(ア)）の「主観的共同」の内容とほぼ同様であり，「結果発生の危険ある行為について共同の意思があればよく，その危険行為を遂行する過程で一人の過失によって損害が発生した場合」にも成立する[116]。

「原告が証明すべき要件は，『共同行為』（関連共同の関係にある共同不法行為者の一人の行為）と損害の間の事実的因果関係である。」[117]「故意・過失の要件については，直接損害を惹起した者について証明されればよい。」[118] 被告は，「『共同行為』と相当な関係にある損害を賠償する義務が生じる。特別事情によって生じた後続損害については，共同不法行為者の一人に予見可能性があれば，他の者にはない場合であっても，全員が当該後続損害について賠償義務を負う」[119]。

---

113 幾代・前掲注（111）233－239頁。
114 能見・前掲注（1），能見善久「複数行為者の責任」司法研修所論集82号（1990）1頁参照。
115 能見善久「共同不法行為理論の再構成」私法39号（1977）181頁以下，高木多喜男ほか『民法講義6』（有斐閣，1977）256頁以下〔能見善久執筆〕。
116 能見・前掲注（1）102巻12号2235－2236頁。
117 能見・前掲注（1）102巻12号2236頁。
118 能見・前掲注（1）102巻12号2236－2237頁。
119 能見・前掲注（1）102巻12号2237頁。

㈦ 「客観的関連共同による共同不法行為」について，自動車事故や公害のように，「社会的に一つの行為と見られるような密接な関係が加害者間にあればよい。」[120]

「因果関係以外の要件は各人につき証明されなければならない。」「因果関係については，『共同行為』と損害との間に因果関係が証明されればよく，各人の行為と損害との間の因果関係は推定される」[121]。因果関係の一部または全部の不存在を証明して減免責を受ける場合には，「完全な反証でなければならず，全損害を惹起した可能性がないというだけでは十分な反証とはならないと解すべきで」あるので，「共同不法行為者の一人が損害の一部しか惹起していないことを主張して，全額責任を免れるためには，その損害の部分を特定しなければならない」。

「共同行為と相当因果関係にある後続損害が賠償範囲に含まれる。特別事情による損害については各人がその事情を予見しなかったことを反証した場合には，賠償範囲から除外される。」[122]「社会的一体的な行為がある場合であるから，一応，共同行為との相当性があれば，各人の行為との相当性は推定」できる。

㈦ 「加害者不明の共同不法行為」については，幾代説（⑴）と同様に解する[123]。

㈡ 「全額責任を負わせるのが諸般の事情から公平でないと考えられる場合に，微小寄与者の責任を例外的に減額する」寄与度減責について[124]，「主観的関連共同による共同不法行為」においては，「原則として認められないが，」「幇助的な役割しか担わなかった者など」には認められる余地がある[125]。「客観的関連共同による共同不法行為」及び「加害者不明の共同不法行為」においては，一般ルールに従って，「寄与の割合が小さく，全損害についての責任を負わせることが公平に反すると考えられる場合には，」認められる[126]。

㈤ 「各行為者が損害の一部を惹起したことは確かであるがその範囲が明ら

---

120 能見・前掲注（1）102巻12号2237-2238頁。
121 能見・前掲注（1）102巻12号2238頁。
122 能見・前掲注（1）102巻12号2238-2239頁。
123 能見・前掲注（1）102巻12号2239-2240頁。
124 能見・前掲注（1）102巻12号2244-2246頁。
125 能見・前掲注（1）102巻12号2237頁。
126 能見・前掲注（1）102巻12号2239頁，2241頁。

かでない」寄与度不明の場合には，「因果関係の推定を肯定すると，加害者側からすれば，一部の損害しか惹起していないことが明らかであるにもかかわらず，全部の損害についての因果関係が推定されることになり，その意味において択一的損害惹起の場合よりも，強い因果関係の推定がなされることになる」ので，このような推定には，「客観的共同という要件が加重される」[127]。すなわち，「客観的関連共同による共同不法行為」類型に該当する場合に，因果関係が推定されることになる。

(カ) 能見説は，719条1項前段の「狭義の共同不法行為」について，前田説・幾代説が適用範囲を限定する「主観的関連共同」よりも広く，「客観的関連共同」類型にも適用範囲を広げる一方で，後者の類型には，因果関係のある損害を特定して減責を受ける余地を認め，また，寄与度の小さい行為者に寄与度減責を認めている。

因果関係を推定する同条項後段の「加害者不明の共同不法行為」の成立範囲について，前田説・幾代説と同様に行為者らに客観的関連共同性がある場合に限定せず広く解するのに対して，寄与度不明の事案については，加害者が全損害を惹起する危険のある行為をなしていないことを重視して，「客観的関連共同」を要件として因果関係が推定されると解し，被害者保護を重視して「加害者不明の共同不法行為」と同様に因果関係を推定する幾代説よりも，因果関係が推定される範囲が狭く解されている。

(3) 四宮和夫『事務管理・不当利得・不法行為』（現代法律学全集）（昭和60年）[128]

(ア) 四宮は，「自己の行為の因果関係または寄与度を越えて，生じた損害全部について賠償責任を負わせる」，719条1項前段の関連共同性の基準について，「社会生活の複雑化に伴う種々なる紛争形態の出現に対応」して，「判例が，被害者保護のために，」「範囲を拡張してきた努力をできるだけ尊重しようとする立場から」，709条の「一般原則の修正を要求する事由」として，「意思共通」（主観的共同）と「因果関係のからまりおよび発生した損害の一体性」（客観的

---

127 能見・前掲注（1）102巻12号2240-2241頁。
128 四宮和夫『事務管理・不当利得・不法行為』（青林書院，1985）760頁。藤岡康宏『民法講義V不法行為法』（信山社，2013）372-373頁は，719条が権利保護を強化する規定であるとして，719条1項前段の関連共同性について，四宮説と同様に解している。

共同）を挙げる129。

「主観的共同」は、「不法な協働に意識的に関与した者は、その協働に属する他の行為者の行為を認容し、ないしはその行為による結果についての責任を引受けた、とみられるからである。」130 後者の「客観的共同」は、「各人の寄与度を決定するのにその必要な事実を明らかにすることは困難であり、しかも、被害者には、一回だけの訴訟で、できるだけ迅速に、そして確実に、賠償を受けさせる必要が存する」からであるが、共同不法行為の成立する範囲の「際限のない拡大を招く」ことがないように、「『社会観念上の一体性』という基準によって限定されるのが望ましい」131。さらに、一般原則を修正する事由として、「主観的要素（主観的共同に達しないが、行為者への全部責任へと作用する要素）と客観的要素（損害の一体性のみ存する場合）との組み合わせを考える」132。

このような考察に基づいて、3つの具体的な類型の要件及び効果を提示する。

第一に、「主観的共同」類型である133。「当事者の意思に由来するにせよ、法の意思に由来するにせよ、一定の関係にある行為者の行為を認容し、ないしは、そこから生ずる結果を引き受けるものとみられる」。その結果として、主観的共同に参加した者は、全部責任を課せられる。

第二に、「客観的共同」類型である134。「加害原因の複合による、因果関係のからまり、ないし発生した損害の一体性、そしてそれによる被害者保護の必要は、一体型の場合において最も顕著であり、この場合には、そのような事情の存在それ自体が、部分責任の可能性の排除、全部責任の方向に作用する」。「全部責任は、政策的判断による」もので、「損害の公平な配分という不法行為法の理念によって制約される」ので、「全部責任を負わせることが著しく正義に反する」特別の事情がある場合には、減責を認めて差し支えない」135。

第三に、「主観的・客観的共同」類型である136。公害の事案で「共同惹起の認識をもって複数者が有害物を排出して、一体不可分の『権利』侵害＝損害を

129　四宮・前掲注（128）779－781頁。
130　四宮・前掲注（128）780－781頁。
131　四宮・前掲注（128）781頁。
132　四宮・前掲注（128）781頁。
133　四宮・前掲注（128）783－786頁。
134　四宮・前掲注（128）786頁。
135　四宮・前掲注（128）787頁。
136　四宮・前掲注（128）786－787頁。

生ぜしめた場合」が該当する。「数個の行為の因果関係のからまりは弱く，責任の量的分割もさほど困難でないから，客観的要素だけでは『共同』とするに足らず，また，共同惹起の認識というだけでは，他人の行為による結果を帰せしめる主観的要素として弱すぎるけれども，両要素が合すれば部分責任排除を認めるに足りる」。公害の事案では，「加害者多数の場合は少数排出者に減責の抗弁を認めるべき」である 137。

(イ)　719 条 1 項後段の要件・効果については，幾代説 ((1)) と同様に解している。全ての「共同行為者」の特定を要することについて，「範囲が無限定に拡がるのを防ぐという意味もある」ほか，「被告にも自己防衛のための手がかりを与える必要がある」，という 138。

(ウ)　寄与度不明の事案では，被害者を保護する後段の趣旨から，「被告がわにおいて損害に対する自己の寄与度を証明しない限り，一定の責任を負うべきもの」と解し，「必要的競合」において，「各人が全額について責任を負うべきものとすると自己の行為の危険性の及ばないことの明らかな損害に対しても責任を負うことになって，不当である」ので，「頭割りにすべきで」あり，事態が「必要的競合」と類似する「分別し難い複数損害の場合」においても同様に解する。「択一的競合か必要的競合かさえも不明である場合」においては，「誰かの行為が全損害を惹起した可能性があるの」で，後段を類推適用できる 139。

(エ)　四宮説は，因果関係を擬制する 719 条 1 項前段の「狭義の共同不法行為」の関連共同性について，主観的要素と客観的要素を総合的に考慮するもので，この点では，都市型複合大気汚染公害の事案の解決に資するものである。因果関係を推定する同条項後段の「加害者不明の共同行為」が成立する範囲についても，前田説 (6(2)(ア))・幾代説と同様に行為者らに客観的関連共同性がある場合に限定しないが，寄与度不明の事案については，能見説 ((2)) と同様に，加害者が全損害を発生させる危険のある行為をなしていないことを重視して，同条項後段を類推適用せず，分割責任と解している。

137　四宮・前掲注 (128) 787-788 頁。
138　四宮・前掲注 (128) 794 頁。
139　四宮・前掲注 (128) 796-797 頁。

(4) 牛山積「共同不法行為再論」（昭和61年）[140]

牛山は，四日市判決を中心に判例を踏まえて，719条1項前段の「狭義の共同不法行為」の要件を次のように整序した。

(ア) 判例について，「共同行為者の各行為が損害の発生に寄与している限り，因果関係の存在を肯定し，それを超えて，損害のいかなる部分との間に各自の行為は因果関係があるかについて詮索することはしなかったのである。共同不法行為の要件について，実質的にみると，関連共同性を有する共同行為の認定をまず行い，その枠組みを通して各行為者について不法行為の要件を検討する，という思考方法は共通の理論であったといいうる」，と評価する[141]。

判例に基づいて共同不法行為の要件を再構成すると，「第一に，共同不法行為者の間に関連共同性がなければならない。関連共同性は客観的関連共同性があれば足りる。第二に，各人の行為はそれぞれ不法行為の要件を備えていることを要する。しかし，各人の行為について要件が満たされているか否かの判断は関連共同性ある共同行為の枠組みを媒介として行われる」[142]。

したがって，過失については，「予見義務違反も結果回避義務違反も，共同行為を前提として判断される。自己の行為が他の共同行為者の行為と結合して損害を発生させることが予見の対象と解されるし，関連共同する行為を前提とした結果回避義務違反が問われることになる。」[143]「注意義務の範囲を拡大し，他の共同行為者の行為による結果の発生を防止するため他人の行為を抑制すべき注意義務を定立することができるか否か」検討すると，「環境の有限性という共同行為者間の主観的共同とは異質な要素が，共同行為者に一定の拡大された注意義務を負わせる根拠となりうる」[144]。

(イ) 牛山説は，共同不法行為における過失の前提となる予見義務ないし結果回避義務について，共同行為を媒介として判断し，客観的な関連共同性を前提に過失要件を規律する。公害事案では「環境の有限性」もその根拠となりうる

---

140 牛山積「共同不法行為再論」早稲田法学64巻3・4号（1986）1頁（牛山積『公害法の課題と理論』（日本評論社，1987）に所収。以下に本書で引用する。），松原哲「共同不法行為に関する牛山理論の意義」牛山積古稀記念『環境・公害法の理論と実践』（2004，日本評論社）293頁。
141 牛山・前掲注（140）187頁。
142 牛山・前掲注（140）187頁。
143 牛山・前掲注（140）195-196頁。
144 牛山・前掲注（140）198頁。

ことを主張して，共同不法行為について，都市型大気汚染事案で加害者側に損害コストを負担させて被害者を救済する方向に再構成しようと試みている。

(5) 淡路剛久「共同不法行為」（平成２年)[145]

淡路は，四日市訴訟が提起された後に，コンビナート公害の被害者を救済するために，「強い関連共同性」がある場合に719条１項前段が適用されて因果関係が擬制され，「弱い関連共同性」がある場合には同条項後段が適用されて因果関係が推定される，という見解を主張し，淡路説は，判例の判断枠組みの基礎となった。さらに，本論文では，判例を総合的に分析し，平井説 (6(3)(ウ)) と四宮説 ((3)) から示唆を得て，719条１項前段の客観的共同による共同不法行為を類型化した。

(ア) 淡路は，「複数の行為が共同の原因になって一個の損害を引き起こすに至った場合で，複数の行為から損害の発生に至る一連の経過からみてそれらの行為が社会観念上全体として一個の行為と評価するのが適切なような一体性をもつ場合」と定義して，次のような具体的類型を提示している[146]。

第一に，「同時発生的な複数の行為がともに必要な条件となって損害を発生せしめた場合」（「同時的共同原因型」），第二に，「異時発生的行為が，連鎖的に一つの行為が他の行為を惹起するという仕方で必要な条件となって損害を発生させるに至った場合」（「連鎖的共同原因型」），第三に，「複数の行為の結果が複合し一体的な侵害となって，相互に区別しえない一体不可分型の損害を発生させた場合」（「一体侵害型」）である。「一体侵害型」には，「複数の行為の結果が結合し，一体的な侵害行為を形成して一体不可分の損害を引き起こしているとともに，それぞれが何らかの程度で損害を発生させている場合」（「一体的侵害＝複合的共同原因型」），及び，「複数の行為の結果が結合し，一体的な侵害行為を形成して一体不可分の損害を引き起こしているが，それぞれの行為が何らかの程度で損害を発生させているという要件は満たされていない場合」において，「複数の行為の間に存する何らかの機能的ないし利益の共同関係，一般的いえば，社会観念上一体の行為とみてそれぞれに全部責任を負わせることが妥当と

---

[145] 淡路剛久「共同不法行為」石田善久夫・西原道雄・高木多喜男還暦記念『損害賠償法の課題と展望』（日本評論社，1990）335頁。

[146] 淡路・前掲注（145）358-359頁。

されるような関係を考慮して，関連共同性が肯定される」場合（「一体的侵害＝関連的共同原因型」）がある。

(イ) 淡路説は，損害が発生する過程が地域によって多様である大気汚染公害の被害者救済に資するように，四日市判決の判断枠組みにおいて，因果関係が擬制される「強い関連共同性」が客観的関連共同性として認められる事案を，加害行為から損害が発生する過程に照らして類型化している。

(6) 西淀川第1次判決とその後の判例の動向

(ア) 西淀川第1次判決（大阪地判平成3・3・29）[147]

本件の事案は，西淀川地域に居住する公健法認定患者とその相続人ら117名が，18か所の工場からのばい煙と幹線道路からの自動車排ガスによる複合大気汚染によって，認定患者87名らが気管支喘息など健康被害を被ったとして，企業10社と道路管理者ら（国及び阪神高速道路公団）らに対し，損害賠償を求めて提訴した，というものである。大阪地裁は，次のように判示した。

(a) 719条1項前段の共同不法行為

「共同不法行為の効果としては，共同行為者各人が全損害についての賠償責任を負い，かつ，個別事由による減・免責を許さないものと解すべきである。このような厳格な責任を課する以上，関連共同性についても相応の規制が課されるべきである。

したがって，多数の汚染源の排煙等が重合して初めて被害を発生させるに至ったような場合において，被告らの排煙等も混ざり合って汚染源となっていることすなわち被告らが加害行為の一部に参加している（いわゆる弱い客観的関連）というだけでは不充分であり，より緊密な関連共同性が要求される。

ここにいうより緊密な関連共同性とは，共同行為者各自に連帯して損害賠償義務を負わせるのが妥当であると認められる程度の社会的に見て一体性を有する行為（いわゆる強い関連共同性）と言うことができる。

その具体的判断基準としては，予見又は予見可能性等の主観的要素並びに工場相互の立地状況，地域性，操業開始時期，操業状況，生産工程における機能

---

[147] 判例評釈として，澤井裕「判批」法時63巻6号2頁，瀬川信久「判批」法教133号86頁，市川正巳「判批」ひろば44巻11号 (1991) 55頁，淡路剛久「判批」リマークス5号 (1992) 74頁，大塚直「判批」環境法判例百選（第2版）(2011) 34頁など。

的技術的な結合関係の有無・程度，資本的経済的・人的組織的な結合関係の有無・程度，汚染物質排出の態様，必要性，排出量，汚染への寄与度及びその他の客観的要素を総合して判断することになる。」

(b) 719条1項後段の共同不法行為

「後段の共同不法行為は，共同行為を通じて各人の加害行為と損害の発生との因果関係を推定した規定であり，共同行為者各人は，全損害についての賠償責任を負うが，減・免責の主張・立証が許されると解されている。後段の共同不法行為についても，関連共同性のあることが必要であるが，この場合の関連共同性は，客観的関連共同性で足りる（いわゆる弱い関連共同性で足りる）と解すべきである。」

(c) 本件事案における共同不法行為の成立

判決は，被告企業らによる大気汚染が損害の発生に寄与した割合に応じて，被告企業らに「弱い関連共同性性」を認め，資本的人的な結びつきがあり製品や燃料を相互に供給しあう被告3社について，さらに，昭和45年以降の環境問題の認識可能性によって全ての被告企業らについて，「強い関連共同性」を認めた。

(d) 判決の意義

本判決は，これまでみてきた学説の示唆を得て，因果関係が擬制される719条1項前段の要件として，「強い関連共同性」があることが必要であり，他方，加害者不明の事案のほか寄与度不明の事案についても，因果関係が推定される同条項後段の要件として「弱い関連共同性」があれば足りるものと解している。「強い関連共同性」の判断基準として，判決が例示したように，主観的要素及び客観的要素が総合的に考慮される。

四日市判決は，効果の異なる異なる類型の共同不法行為が719条1項前段の解釈を通じて成立すると解していたが，本判決は，通説にしたがって，「強い関連共同性」を要件とする719条1項前段が適用される場合には因果関係が擬制され，「弱い関連共同性」を要件とする同条項後段が適用される場合には因果関係が推定される，と簡明に構成されている。「関連共同性」を判断する多様な具体的基準を示すことによって，汚染源が多様である都市型の大気汚染に対応できる判断枠組みとなっている。

(イ) 判例の動向

その後，各地の大気汚染公害訴訟判決は，西淀川第1次判決を踏襲して，諸

般の事情を考慮して，719 条 1 項前段または後段の関連共同性の存否を判断している[148]。

(a) 都市型汚染事案である川崎第 1 次訴訟判決（横浜地川崎支判平成 6・1・25 判時 1481 号 19 頁）[149]は，被告企業らにつき，その位置関係，原料・製品の供給関係，施設の利用関係などから後段の関連共同性を，さらに，昭和 40 年代後半以降の公害防止対策の一体性によって前段の関連共同性があることを認めた。同第 2〜4 次訴訟判決（横浜地川崎支判平成 10・8・5 判時 1658 号 3 頁）[150]は，被告道路管理者らにつき，本件道路の位置関係，供用・拡張の経緯，利用形態，大気汚染物質の排出状況，及び，汚染物質の排出の一体性によって，少なくとも後段が適用できる関連共同性があることを認めた。

尼崎訴訟判決（神戸地判平成 12・1・31 判時 1726 号 20 頁）は，被告道路管理者ら（国，公団）につき，「大阪西宮線は，尼崎市内において，国道 43 号線の真上に設置され，国道 43 号線と 2 階建構造の道路を形成して」，「国道 43 号線の道路排煙と不可分一体となって」，「沿道の局所的な大気汚染を形成している」として，前段が適用される関連共同性を認めた。

名古屋南部訴訟判決（名古屋地判平成 12・11・27 判時 1746 号 3 頁）は，被告企業らにつき，「本件各工場立地についての誘因の共通性，これに基づく所在地の近隣性，大量の大気汚染物質の排出，これによる付近住民の健康被害，右についての注意義務の共通性等の事情を考慮」して，「大気汚染が認められる昭和 36 年」以降の「社会通念上客観的な一体性，共同性の存在」によって前段の関連共同性を認めた。

(b) コンビナート公害事案である倉敷訴訟判決（岡山地判平成 6・3・23 判時 1494 号 3 頁）は，地域的一体性，立地，操業，拡大の一体性，経済的一体性，人的，組織的一体性，共同利用の一体性によって，前段の関連共同性を認めた。

---

148 判例を総合的に考察するものとして，大塚直「共同不法行為論」法時 73 巻 3 号（2001）20 頁，吉村良一『公害・環境私法の展開と今日的課題』（法律文化社，2002）262 頁以下，前田達明＝原田剛『共同不法行為論』（成文堂，2012）22 頁以下。川崎第 1 次訴訟判決及び倉敷訴訟の評釈として，河野弘矩「判批」判評 431 号（1995）55 頁。
149 野村好弘＝小賀野晶一「寄与率・因果関係・共同不法行為」判タ 845 号（1994）20 頁。
150 田山輝明「判批」判評 500 号（2000）33 頁。

(7) 澤井裕『テキストブック事務管理・不当利得・不法行為』(平成5年) 151

　澤井は，四日市訴訟を公平に解決するために，719条1項の共同不法行為において，行為者らに強い共同関係がある場合には行為者らは連帯責任を負い，そのような共同関係にない場合には分割責任を負うにとどまることを主張し (6(3)(ア))，四日市判決の共同不法行為の判断枠組みの基本的な考え方を示していた。さらに，西淀川第1次判決の後に，共同不法行為が成立する具体的な基準を判示する判例が集積されていくなかで，公害事案を中心に多様な事案の判例を総合的に考察して，共同不法行為の要件・効果を再構成した。

　(ア)　澤井は，工作物責任，大気汚染防止法15条など無過失責任について，被害者を救済する規定を緩やかに解すべきであるとして，判例にしたがって719条1項を適用できると解したうえで 152，719条1項前段の関連共同性について，「主観的関連と客観的共同を相関関係的に較量し，不真正連帯責任を負わせるに値する社会的一体性があるか否かの観点から判断されるべきである」として 153，次のように類型化した。

　第一に，主観的関連共同性がある場合である 154。「数人が加害行為をなすについて共通の意思を有するとき（共謀）は，」「強度に非難されるべき意思的モメント」であり，全部賠償を義務づける根拠として十分である。また，「共同行為を行っているという認識の下に行為することによって不法行為を生じた場合」には，「共同行為であることは認識しつつそれをあえて行った者はそこから生ずべき結果を認容し，責任を引き受けたものと解される。」

　第二に，客観的関連共同性がある場合である 155。衝突事故や毒物の化合など「物理的一体性」がある場合のほか，「複数人の行為が物理的に一つの加害

151　澤井裕『テキストブック事務管理・不当利得・不法行為』(有斐閣，1993)（以下に，『同（第3版）』(有斐閣，2001) で引用する。）

152　澤井・前掲 (151) 345頁。加藤編・前掲注 (41) 323頁は，すでに，共同不法行為について，鉱業法など無過失責任の企業賠償のもとで「きわめて重要」になっていることを指摘していた。大塚・前掲注 (148) 24頁は，「無過失責任は危険責任，報償責任などの根拠に基づくものであり，加害者間の関係を見て責任を加重する共同不法行為とは根拠を異にしており，積極的に解してよい」，という。

153　澤井・前掲注 (151) 347頁。同旨，内田貴『民法II債権各論（第3版）』(東大出版会，2011) 537頁，松原孝明・前掲注 (1) 2号83-84頁。

154　澤井・前掲注 (151) 347-349頁。

155　澤井・前掲注 (151) 349-350頁。

行為を構成しているとはいえず，価値判断によって結論が分かれうるが，生じた損害の公平な分担という見地から見て，加害者らに個別の相当因果関係内の損害賠償を負担させるだけでは不公正と考えられる」「社会観念上の一体性」が認められる場合である。公害の事案では，「工場群の近接性よりも排煙の『入り混じり』（被害者の居住地域を一体になって汚染している）と汚染を構成する量が重要である」[156]。

「被告らが強い関連性をもって共同行為を組成し，この共同行為と結果との間の相当因果関係が立証された以上，個別行為と結果との間の因果関係不存在の立証の余地はないというべきである[157]。これに対して，弱い一体性は全部責任が推定されるにとどまり，因果関係の不存在とか個別行為の違法性レベルの低さ，想定される寄与度の小ささ如何によっては責任の減免責が認められるべきである。」

第三に，主観的客観的関連共同性がある場合である[158]。「関連共同性は主観的客観的両要素を総合して規範的に判断されるべきであるから，自ずから『強い関連共同性』と『弱い関連共同性』の2種類の共同不法行為を認めざるをえないであろう。前者においては，被告の因果関係不存在・寄与度の立証が認められないタイプであり，後者は減免責を認めるタイプである。」

寄与度不明の事案については，「加害行為の緩やかな共同性と損害の寄与度不明の両者が全部責任の根拠となっている点から前段と後段の両条項の類推適用，すなわち規範統合の類型であると考える。」[159]

(イ) 澤井説は，判例が行為者らに連帯責任を負わせる主観的関連共同性または客観的関連共同性の具体的な要素を抽出して，各類型の共同不法行為について因果関係を擬制して行為者に帰責する根拠を明確にしている。

(8) 吉村良一「大気汚染公害と共同不法行為」（平成7年)[160]

吉村は，学説の動向にしたがって，「共同した不法行為に参加したことを理由に自己の行為の結果を越えた全損害に対し責任を負わせる」「存在意義との

156　澤井・前掲注（151）350-351頁。
157　澤井・前掲注（151）350頁。
158　澤井・前掲注（151）351-352頁。
159　澤井・前掲注（151）359頁。

関連で，その要件，とりわけ関連共同性要件を再構成」した[161]。「複数の加害者が関与する形態が極めて多様である」大気汚染公害に対応できる枠組みを次のように構築した。

　㋐　「関連共同性の最小限の要件」は，西淀川第1次訴訟判決が「排煙が『混ざり合って汚染源になっている』場合」に弱い関連共同性を認定したように，「加害行為が一体のものとしてなされたかどうか，大気汚染公害にそくして言えば，被告（群）の排出した汚染物質が複合して一つの大気汚染という加害行為を形成した」ことである[162]。

　「この基礎的な共同性に加えて，それを補強しうる他の要素が存在する場合，関連共同性はより強固となり，被告の側の減免責の主張を許さないものとなる。」主観説において結果に向けられたものでない意思が全部責任の根拠足りうるのは，「『各自自己がその権利侵害を発生しないように注意する義務』と『共同する他人が権利侵害しないように注意する義務』が存在するからである[163]。」

　「このような『拡大された注意義務』ないし『横の義務』」は，「当該地域の汚染に対してそれを防止すべき義務を共同で負う関係にある」場合，または，「複数の行為者が共同で行為することにより利益を受けている」場合に存在する[164]。前者は，汚染の継続性や深刻な環境破壊が生じる可能性から，「たとえ共同の意思が存在しない場合でも，例えば，地理的・時間的に近接して立地・操業している企業が当該地域の大気汚染を発生させたような場合には，共同して当該地域の汚染を防止すべきことが要請されることはある」。後者は，「汚染企業に『集積の利益』，すなわち，地域的に近接して立地することにより社会資本や産業基盤の共同利用を含めて有形無形の利益を受けている」場合である。

　四宮説（(3)）が示すように，「この両者の要素は相互補完的なものと見るべ

160　吉村良一「大気汚染公害と共同不法行為――西淀川，川崎公害訴訟判決を手がかりに」奥田昌道還暦記念『民事法理論の諸問題（下）』（成文堂，1995）511頁（前掲注（148）に所収。以下に本書で引用する。）。

161　吉村・前掲注（148）276頁。吉村良一『不法行為法（第4版）』（有斐閣，2010）250頁。

162　吉村・前掲注（148）276頁，吉村・前掲注（161）250頁。

163　吉村・前掲注（148）277頁。吉村・前掲注（161）251頁。前田＝原田・前掲注（148）255頁は，判例準則について，「他人の行為に『意思的関与』して結果発生を防止せよ」という法義務に違反すれば，その「帰責」根拠をもって，「強い関連共同性」が認められる」，と解する。

164　吉村・前掲注（148）277-278頁。吉村・前掲注（161）251頁。

きで」,「重層的・補完的に作用することにより強固な関連共同性を形成する場合がありうる。すなわち，関連共同性の強固さの判断にあたっては，『防止義務の存否』と『集積の利益の存否』という二つの柱を軸に様々な要素を重層的に組み合わせることにより，全部責任を負わせるのにふさわしい程度の一体性を判断すべき」である[165]。

(イ)　吉村説は，都市型複合大気汚染公害事案において，西淀川第 1 次判決の事案における「強い関連共同性」がある場合に，719 条 1 項前段を適用して行為者らに連帯責任を負わせる根拠が，「防止義務」または「集積の利益」にあることを解明した。

(ウ)　潮見佳男は，『不法行為法』（平成 11 年）において，吉村説を支持するとともに，さらに，責任の根拠を体系的に考察した[166]。

「全部連帯責任を正当化できるためには，権利・法益侵害の危険から被害者を保護するべく行為者の行動の自由を制約するという不法行為制度の枠組みのもとでは，『共同の行為』のもとでの権利・法益侵害の危険に対して，行為者の回避行動を義務づけるのが合理的であるという状況が必要である。」「したがって，『場所的および時間的』近接性に加え，競合行為者に対して危険の共同支配・管理を要請できるだけの客観的状況が備わってなければならない。共同不法行為責任が危険共同体ないし利益共同体な観点から説かれることが多いのも，この点にかかわることである。」「危険共同体・利益共同体の存在を基礎として，減責の主張を許さないほどの関連があるとの規範的評価をもたらすにふさわしい『拡大された注意義務』を当該行為者に認めることができるかどうかが決定的である」，と。

(9)　まとめ

四日市判決以降，各地で大気汚染公害訴訟が提起され，共同不法行為の成否が争点となった。学説は，集積された判例・学説を踏まえて，さらに四日市判決とその課題も考慮しながら，多数の多様な汚染源が競合する都市型大気汚染の事案において被害者を救済して公平な解決に資するように，さらに公害のほか自動車事故など多様な事案においても公平な解決を図るために，共同不法行

165　吉村・前掲注 (148) 278 頁，吉村・前掲注 (161) 251 頁。
166　潮見佳男『不法行為法Ⅱ（第 2 版）』（信山社，2011）170 頁。

為を再構成する議論を展開してきた。

　学説は，719条1項前段の「狭義の共同不法行為」について，多様な事案で被害者を広く救済できるように，通説のように，行為者に主観的関連共同性がある場合にとどまらず，社会的な一体性がある客観的関連共同性がある場合にも成立すると解する方向に進んだ。行為者らに主観的関連共同性がある場合，客観的関連共同性がある場合，両者の要素がある場合に類型化する傾向にある（能見説（(2)），四宮説（(3)），淡路説（(5)），澤井説（(7)））。行為者らに客観的関連共同性がある場合には，主観的な関係がなくても，他人による損害を防止する拡大された注意義務や集積の利益を根拠に帰責できると解している（牛山説（(4)），吉村説（(8)）。発生した損害全部について帰責するのが公平に反する場合には，行為者を減責する余地を認めることも主張している（能見説，四宮説，澤井説）。

　同条項後段の「加害者不明の共同不法行為」については，行為者が因果関係の不存在について反証を挙げて免責を受ける余地があることから，被害者を広く救済すべく，加害者であり得る者の範囲が特定されていれば，行為者らに一体性が認められなくても，因果関係が推定されると解する見解が通説的地位を占めている[167]。

　寄与度不明の事案については，同条項後段を適用ないし類推適用できるか否か争いがある。肯定説は，複数の加害行為による損害が「相互に隣接・接着し，または連続している」ので，加害者不明の事案と同様に規律されるべきであると解し（幾代説(1)）[168]，他方，否定説は，加害行為に損害全部を発生させる危険がないので，加害行為が損害全部を発生させる危険のある加害者不明の事案と同様に規律できないと解する（能見説，四宮説）[169]。

　西淀川第1次判決は，学説が展開するなかで，「強い関連共同性」を要件とする719条1項前段が適用される場合には因果関係が擬制され，「弱い関連共同性」を要件とする同条項後段が適用される場合には因果関係が推定される，という判例準則を定立した。

　この準則によれば，因果関係を擬制する「強い関連共同性」は，「共同行為

---

[167] 同旨，澤井・前掲注（151）357－359頁，吉村・前掲注（161）252－253頁，内田・前掲注（153）534頁，潮見・前掲注（166）218頁，加藤・前掲注（75）368頁など。
[168] 同旨，内田・前掲注（153）534－535頁。
[169] 同旨，潮見・前掲注（166）209－210頁。

者各自に連帯して損害賠償義務を負わせるのが妥当であると認められる程度の社会的に見て一体性を有する」場合に認められ，具体的な事案において，主観的要素や客観的要素を総合的に考慮して判断される。因果関係を推定する「弱い関連共同性」は，「被告らの排煙等が混ざり合って汚染源となっていること」，すなわち「被告らが加害行為の一部に参加している」場合に認められ，寄与度不明の場合にも同条項後段が適用される。

その後の判例は，西淀川第1次判決が定立した判例準則の判断枠組みに従って，共同不法行為の成否を判断している。

8 判例・学説の到達点と今後の課題

(1) 判例・学説の到達点

719条の共同不法行為の要件・効果について，立法の段階で明らかにされていたのは，関連共同性が認められるのは行為者らに共謀がある場合に限られないこと，行為者らが連帯債務を負わされて分割責任が排除されることである。その後，体系書や判例評釈のなかで学説が議論を展開し，719条1項前段の関連共同性について客観説による判例が集積されるにしたがって，通説が形成された。

通説によれば，719条1項前段の「狭義の共同不法行為」の要件は，①各行為者の行為が独立して不法行為の要件を満たしていること，及び，②各行為者らの行為に客観的関連共同性があることであり，このような要件が満たされれば因果関係が擬制される。719条1項後段の「加害者不明の共同不法行為」の要件は，①各行為者の行為が独立して因果関係以外の不法行為の要件を充足していること，②加害行為の前提となる損害を発生させる危険のある集団行為に客観的関連共同性があることであり，このような要件が満たされれば因果関係が推定される。

高度経済成長期に産業社会の発展に伴って，自動車事故や公害などによる被害者救済が深刻な社会問題となり，共同不法行為による公平な解決が問われるようになった。

学説は，自動車事故については従来の判例・通説にしたがって，分割責任を排除して被害者を救済するように展開した。他方，多数の多様な汚染源によって莫大な健康被害が発生する公害事案では，西淀川第1次判決の判例準則のよ

うに，加害行為の態様，損害への寄与度，加害行為者の結びつきなどを考慮して公平に損害コストを負担させることが必要である。

学説は，このような問題を公平に解決するために，共同不法行為を類型化するなどして，行為者に帰責する根拠や帰責できる損害の範囲を検討しながら，共同不法行為を再構成する議論を展開している。

これまでみてきた学説・判例の到達点は，不法行為研究会による「日本不法行為リステイトメント」に集約されている[170]。719条において「主観的共同関係のある共同不法行為」，719条の2において「客観的共同原因のある共同不法行為」が規定され，後者については寄与度が著しく小さい行為者の減責を認められている。719条の3において「原因者不明の共同不法行為」が規定され，行為者らの関連共同性が要件とされず，行為者が減免責を受けることが認められている。

(2) 今後の課題

最後に，本稿で考察してきた判例・学説の到達点を踏まえて，共同不法行為に関する今後の課題を提示する。

第一に，複数の加害行為が競合するにとどまらず，多数の特定できない加害原因が競合して損害が発生した事案について，共同不法行為を通じて公平に被害者を救済することができるか。大気汚染公害において，特定できる複数の汚染源のほかに，多数の汚染源が存在する場合には，特定すべき汚染源の範囲と行為者が負う責任の範囲が問題となっている[171]。

原告住民らと被告企業らとの和解が成立した後，西淀川大気汚染公害第2～4次訴訟判決（大阪地判平成7・7・5判時1538号17頁）[172]は，関連共同性を認

---

[170] 不法行為研究会『日本不法行為リステイトメント』（有斐閣，1988）104頁以下。

[171] 松村弓彦「共同不法行為」『転換期の取引法――取引法判例10年の軌跡』（商事法務，2004）422-424頁，吉村・前掲注（148）278-280頁，潮見・前掲注（166）213-216頁。

[172] 大塚直「最近の大気汚染訴訟判決と共同不法行為論――西淀川第2～4次訴訟判決を中心として」判タ889号（1995）3頁，大塚直「共同不法行為論――最近の大気汚染訴訟判決を中心として」淡路剛久＝寺西俊一編著『公害環境法理論の新たな展開』（日本評論社，1997）165頁。判例評釈として，吉村良一「判批」法時67巻11号（1995）6頁，德本伸一「判批」民法判例百選II（第5版）（2001）178頁，新美育文「判批」民法判例百選II（第6版）（2009）172頁，「判批」環境法判例百選（第2版）（2011）38頁など。

めがたい被告道路管理者らの責任について、「競合行為者の行為が客観的に共同して被害が発生していることが明らかであるが、競合行為者数や加害行為の多様性など、被害者側に関わりのない行為の態様から、全部又は主要な部分を惹起した加害者あるいはその可能性のある者を特定し、かつ、各行為者の関与の程度などを具体的に特定することが極めて困難であり、これを要求すると被害者が損害賠償を求めることができなくなるおそれが強い場合であって、寄与の程度によって損害を合理的に判定できる場合には、右のような特定が十分でなくても、民法719条を類推適用して、特定された競合行為者（「特定競合者」）に対する損害賠償の請求を認めるのが相当である」として、「特定競合者のうちで被告とされた者は、個々の不特定競合者との共同関係の有無・程度・態様等について、適切な防御を尽くすこともできないので」「結果の全体に対する特定競合者の行為の総体についての寄与の割合を算定し、その限度で賠償させることとするほかはない」、と判示した。

第二に、複数の加害行為が時間的場所的に広い範囲で競合して損害が発生した事案において、719条1項後段を適用して、公平に被害者を救済することができるか。多数の労働現場で有毒物質に曝露されて健康被害を受けた労働者について、多数の使用者らや建材製造業者らの共同不法行為責任が問われている。

じん肺労災訴訟判決は、複数の炭鉱や採掘場などで粉じんに曝露されてじん肺に罹患した原告らについて、719条1項後段を適用して、または、債務不履行が請求原因の場合には類推適用して、被害者の救済を進めてきた[173]。時を異にして複数の使用者のもとで、多量の粉じんを吸入する危険がある複数の職場で労働に従事したことによってじん肺に罹患した原告らの賠償請求について、学説の動向に従って、被告使用者らに「弱い関連共同性」があることを問うことなく、719条1項後段が適用または類推適用されている。

建設現場でアスベスト粉塵を吸引して、中皮腫、肺がん、アスベスト症などに罹患した原告らが、アスベスト建材を製造販売したメーカーに対して、損害賠償を請求する訴訟を各地で提起している。一部の地裁では、請求を棄却する

---

173 東京地判平成2・3・27判時1342号16頁、長崎地判平成6・12・13判時1527号21頁、福岡地飯塚支判平成7・7・20判時1543号3頁など。前田陽一「共同不法行為論・競合的不法行為論の再検討——じん肺訴訟・アスベスト訴訟を機縁に原因競合論の観点から」加藤一郎追悼『変動する日本社会と法』（有斐閣、2011）535頁以下、前田＝原田・前掲注（148）171頁以下参照。

判決が言い渡されて174,原告らが控訴している。

　建材製造業者らは,少量でも重篤な疾患を発症させうるアスベストを含有する建材を市場に流通させ,建設現場で使用された建材から飛散したアスベスト粉塵を吸入することによって,労働者らは重篤な疾患に罹患する。多くの現場で就業する建設労働者は,疾患の原因がアスベストであることが判明していても,建材が数10社によって製造されているので,どの製造業者の建材が原因で疾患に罹患したのか証明することは極めて困難である。このような事案に,719条1項後段を適用ないし類推適用して,被害者らを救済できるか問題となる。学説は,719条1項後段の解釈を通じて,公平に製造業者らに損害コストを負担させて被害者を救済することを模索している175。

174　横浜地判平成24・5・25訟月59巻5号1157頁（横浜建設アスベスト訴訟),東京地判平成24・12・5判時2183号1頁（首都圏建設アスベスト訴訟)。

175　吉村良一「『市場媒介型』被害における共同不法行為論」立命館法学344号（2012）212頁,「建設アスベスト訴訟における国と建材メーカーの責任」立命館法学347号（2013）1頁,松本克美「共同不法行為と加害行為の到達問題」立命館法学339・340号515頁,淡路剛久「首都圏建設アスベスト訴訟判決と企業の責任」環境と公害42巻2号（2012）39頁,大塚直「建設アスベスト訴訟における加害行為の競合」野村豊弘古稀記念『民法の未来』（商事法務,2014）263頁,前田陽一「民法719条後段をめぐる共同不法行為論の新たな展開－建設アスベスト訴訟を契機として」同書291頁。

跋　　文

　故水本浩先生との共同編集で，『日本民法学史・通史』，『日本民法学史・各論』（以下，『各論』という）を出版したのは，平成9年でした。共同編集といっても，私は，書物という一つの形に整えるお手伝いをしたに過ぎません。ただ，二冊の書物となったあとで，先生は，『各論』に収めたテーマが少なかったからいずれ「続編」を出したい，という御意向を洩らされました。先生がお亡くなりになってから，すでに十年以上の歳月を閲しますが，その間，この先生のお言葉が私の胸中にはずっと宿題を与えられたように引っ掛かっていました。今回，執筆の諸先生の御協力によって本書が出版されることとなり，生前の先生から蒙った学恩にすこしは御報いすることができたのではないかと，宿題を果たしたような気持がいたします。
　編集の方針としては，『各論』に掲載してあるテーマを除いて，財産法上の主要な制度について，『各論』と同じく，民法制定当時から現在に至るまでの学説・判例の推移を追い，当該の制度の現在の状況を明らかにしていただくということです。御執筆の諸先生のお名前を一々ここで挙げることはしませんが，いずれの方々も，何かと御多忙のなかにもかかわらず，充実した立派な御論稿をお寄せくださいました。本書が，民法学の発展に寄与するところがあるとすれば，すべては執筆してくださった諸先生の賜物です。衷心からお礼を申し上げます。
　以上，既刊の『各論』の続編ですので，簡単な「跋文」といたします。
　なお，本書の共同編者である清水元先生は，昨（平成26）年の12月に突然逝去されましたので，まことに残念ながら本書の完成を見ていただくことができませんでした。清水先生への追悼の意も籠めて，共編者としてお名前を載せさせていただくことにいたします。御執筆の先生方も諒として下さるでしょう。

　ここで，本書出版の労をとられた信山社の渡辺左近さんにお礼を申し上げます。『通史』，『各論』でもお世話になりました。渡辺さんの後押しがなかったなら，本書は日の目を見なかったでしょう。また，渡辺さんとともにいろいろ

とお世話になった同社の鳥本裕子さんにもお礼を申し上げます。実は，本書の装丁について私の希望を容れてくださるとのことで，どのような書物として出来上がるのかを楽しみにしております。

　平成 27 年 9 月

平 井 一 雄

〈編者紹介〉

平井 一雄（ひらい・かずお）
　　獨協大学名誉教授

清水　　元（しみず・げん）
　　元中央大学法科大学院教授

日本民法学史・続編

2015（平成27）年10月27日　第1版第1刷発行

編者　平井　一雄
　　　清水　　元

発行者　今井　　貴
　　　　渡辺　左近

発行者　信山社出版株式会社
〒113-0033　東京都文京区本郷6-2-9-102
電　話　03（3818）1019
ＦＡＸ　03（3818）0344

Printed in Japan

© 平井一雄 2015.　　印刷・製本／亜細亜印刷・日進堂製本
ISBN978-4-7972-2727-7 C3332

――――― 好評既刊 ―――――

清水　元・橋本恭宏・山田創一 編
■財産法の新動向　　　　　　　　　18,000 円
　－平井一雄先生喜寿記念－

水本　浩・平井一雄 編
■日本民法学史・通史　　　　　　　8,000 円

水本　浩・平井一雄 編
■日本民法学史・各論　　　　　　　10,000 円

平井一雄・清水　元 編
■基本講座民法 1（総則・物権）　　3,800 円

平井一雄・清水　元 編
■基本講座民法 2（債権法）　　　　4,200 円

平井一雄 著
■民法拾遺 第 1 巻　　　　　　　　18,000 円

平井一雄 著
■民法拾遺 第 2 巻　　　　　　　　14,000 円

――――― 信山社 ―――――